Staatlichkeit und Souveränität in der Europäischen Union
am Beispiel Frankreichs

Europäische Hochschulschriften
Publications Universitaires Européennes
European University Studies

Reihe II
Rechtswissenschaft

Série II Series II
Droit
Law

Bd./Vol. 3600

PETER LANG
Frankfurt am Main · Berlin · Bern · Bruxelles · New York · Oxford · Wien

Hélène Lepoivre

Staatlichkeit und Souveränität in der Europäischen Union am Beispiel Frankreichs

PETER LANG
Europäischer Verlag der Wissenschaften

Bibliografische Information Der Deutschen Bibliothek
Die Deutsche Bibliothek verzeichnet diese Publikation in der Deutschen Nationalbibliografie; detaillierte bibliografische Daten sind im Internet über <http://dnb.ddb.de> abrufbar.

Zugl.: Göttingen, Univ., Diss., 2002

D 7
ISSN 0531-7312
ISBN 3-631-50268-0

www.peterlang.de

A ma famille
und für
Alicia, Jörg und Sebastian

Vorwort

Die vorliegende Untersuchung wurde im Sommersemester 2002 vom Juristischen Fachbereich der Georg-August-Universität Göttingen als Dissertation angenommen. Literatur und Rechtsprechung konnten bis April 2002 berücksichtigt werden.

Mein tiefer Dank gilt Herrn Professor Dr. Werner Heun für seine allzeit interessierte, kritische und zugleich motivierende Betreuung dieser Arbeit sowie für meine Anstellung als wissenschaftliche Hilfskraft am Institut für Allgemeine Staatslehre und Politische Wissenschaften der Georg-August-Universität Göttingen.

Herrn Professor Dr. Volkmar Götz danke ich besonders für seine Bereitschaft, das Zweitgutachten zu erstellen sowie Herrn Prof. Dr. Christian Starck, Herrn PD Dr. Thomas Schmitz und Herrn Prof. Dr. Dr. Michael Silagi für ihre fachlichen Anregungen.

Des weiteren möchte ich mich bei Thomas Reller für seine stetige persönliche und technische Unterstützung bei der Fertigstellung dieser Arbeit bedanken.

Es ist mir ein besonderes Anliegen, mich auf diesem Wege auch bei all meinen Institutskollegen für ihren freundschaftlichen Beistand zu bedanken, ohne die mein Untersuchungsvorhaben in dieser Form nicht hätte gelingen können. Dies gilt insbesondere für Jan Hellermann und Torben Hagen für ihre wissenschaftlichen Anregungen, sowie für unsere Sekretärin Frau May, für ihre stets wohlwollende Unterstützung.

Namentlich möchte ich mich hiermit noch herzlich bei Burkhard Klemke, Markus Piccio, Renate Nordmann und Christiane Eidam für ihre Freundschaft und Einsatzbereitschaft in Bezug auf die sprachliche Überarbeitung der Dissertation bedanken.

Bedanken möchte ich mich auch beim Land Niedersachsen für die gewährte finanzielle Unterstützung durch ein Promotionsstipendium nach dem Niedersächsischen Graduierten- Förderungsgesetz sowie bei Herrn Erich Schneidereit für seinen freundlichen Beistand.

Diese Arbeit ist meinem ehemaligen Deutschlehrer Herrn Viret gewidmet.

Göttingen, im Oktober 2002 *Hélène Lepoivre*

Inhaltsverzeichnis

Abkürzungsverzeichnis

A. F. D. I.	–	Annuaire français de droit international
A. I. J. C.	–	Annuaire international de justice constitutionnelle
A. J. D. A.	–	Actualité juridique - Droit administratif
C. C.	–	Conseil constitutionnel
C. D. E.	–	Cahiers de droit européen
C. E.	–	Conseil d'Etat
Cass. Ch. mixte	–	Cour de cassation, chambre mixte
Cass. Crim.	–	Cour de cassation, chambre criminelle
Cass. Plén.	–	Cour de cassation, chambre plénière
C. N. R. S.	–	Centre national de la recherche scientifique
D.	–	Recueil Dalloz Sirey
F. N. S. P.	–	Fondation nationale des sciences politiques
I. U. H. E. I.	–	Institut Universitaire des Hautes Etudes Internationales
J. C. P.	–	Juris-Classeur Périodique (La Semaine Juridique)
J. O. R. F.	–	Journal officiel de la République Française. Lois et décrets
L. P. A.	–	Les petites affiches
R. A.	–	La revue administrative
R. C. A. D. I.	–	Recueil des Cours de l'Académie de Droit International de La Haye
R. D. P.	–	Revue du droit public et de la science politique en France et à l'Etranger
Rec.	–	Recueil (Entscheidungssammlung)
R. F. D. A.	–	Revue française de droit administratif
R. F. D. C.	–	Revue française de droit constitutionnel
R. F. S. P.	–	Revue française de science politique
R. G. D. I. P.	–	Revue générale de droit international public
R. I. D. C.	–	Revue générale de droit comparé
R. M. C.	–	Revue du Marché commun
R. P. P.	–	Revue politique et parlementaire

R. R. J.	–	Revue de la Recherche juridique
R. T. D. civ.	–	Revue Trimestrielle de Droit Civil
R. T. D. E.	–	Revue trimestrielle de droit européen
R. U. D. H.	–	Revue Universelle des Droit de l'homme
S. F. D. I.	–	Société française pour le droit international

Für die deutschsprachigen Abkürzungen wird verwiesen auf *Kirchner, Hildebert*, Abkürzungsverzeichnis der deutschen Rechtssprache, 4. Aufl., Berlin, New-York 1993.

Einleitung

Die Verstärkung des Phänomens der „interdependenten“[1] Souveränitäten im Rahmen wirtschaftlich bedingter internationaler Beziehungen seit dem Ersten Weltkriege hat zur Intensivierung der „Zweifel an der Tragfähigkeit, Leistungsfähigkeit und Haltbarkeit“[2] der Souveränitätsdoktrin geführt[3]. Viele Autoren

---

1 Zum Begriff der „indépendance“ und der „interdépendance“, *Charpentier*, Le phénomène étatique à travers les grandes mutations politiques contemporaines, in: Société française pour le droit international, Colloque de Nancy: L'Etat souverain à l'aube du XXIe siècle, Paris 1994, S. 11-38. Siehe auch schon *Scelle*, Le Pacte des Nations et sa liaison avec le Traité de Paix, Paris 1919, S. 92 ff. Ferner aus deutscher Sicht z. B. *Hobe*, Der offene Verfassungsstaat zwischen Souveränität und Interdependenz. Eine Studie zur Wandlung des Staatsbegriffs der deutschsprachigen Staatslehre im Kontext internationaler institutionalisierter Kooperation, Veröffentlichungen des Walther-Schücking-Instituts für internationales Recht an der Universität Kiel, Bd. 122, Berlin 1998; *Lemmens*, Die Souveränität der Bundesrepublik Deutschland und die Integration der Europäischen Gemeinschaft. Konsequenzen der deutschen Vereinigung für eine künftige Europäische Union im Spiegel der EG-Entwicklung von 1957 bis 1992. Europäische Hochschulschriften, Reihe 31, Politikwissenschaft, Bd. 264, Frankfurt a. M. 1994, S. 32. Seine Befürchtungen gegen diese rein wirtschaftliche, politisch ungewollte Interdependenz äußernd, *Maritain*, L'Europe et l'idée fédérale, Textes inédits (1940), in: L'Europe et l'idée fédérale, Textes publiés par le cercle d'études Jacques et Raïssa Maritain, Paris 1993, S. 131 f.: „Le fait fondamental est l'interdépendance désormais incontestable des nations, fait qui n'est pas un gage de paix, comme on a souhaité de le croire, mais bien plutôt un gage de guerre: pourquoi? Parce que cette interdépendance des nations est essentiellement une interdépendance économique, et non pas une interdépendance politiquement consentie et voulue, et politiquement établie; en d'autres termes, parce qu'elle résulte d'un processus purement technique ou matériel, non d'un processus simultané d'ordre authentiquement politique ou rationnel“.

2 *Dreier* (Hrsg.), Staatslexikon, Bd. 4, Freiburg u. a. 1988, „Souveränität“, S. 1207; vgl. *Doehring*, Internationale Organisationen und staatliche Souveränität, in: ders. (Hrsg.), Festschrift Ernst Forsthoff, München 1967, S. 105 ff.

3 Das 19. Jahrhundert war schon durch gegenläufige Bewegungen charakterisiert, nämlich den Prozess der Abwertung und Eliminierung des Souveränitätsbegriffs einerseits und ein forciertes Bemühen um seine Beibehaltung andererseits; Gremien wie der Haager Gerichtshof oder der Völkerbund heben die Völkerrechtsgebundenheit staatlicher Souveränität hervor, *Boldt*, Staat und Souveränität, in: Brunner / Conze / Koselleck (Hrsg.), Geschichtliche Grundbegriffe, Historisches Lexikon zur politisch-sozialen Sprache in Deutschland, Bd. 6, Stuttgart 1990, S. 148 ff., 152. Nach dem ersten Weltkrieg führte die Verdichtung der internationalen Beziehungen zur Intensivierung der Kritik am Souveränitätsbegriff. In Frankreich vor allem *Duguit*, Le droit social, le droit individuel et la transformation de l'Etat, 3. Aufl., Paris 1922, S. 1f.: „La croyance à l'existence d'une puissance souveraine étatique ne correspond à rien de réel, qu'elle est en train de disparaître“; *ders.*, Les transformations du droit public, 3. Aufl., Paris 1925, S. 12 ff.; 36 ff. *Scelle*, Manuel de droit international public, Paris 1948, S. 96 ff.; *ders.*, Le Pacte des Nations (FN. 1), S. 86: „L'espèce d'anarchie latente qui sommeille au sein de la Société des Nations, même en temps de paix, et qui se réveille périodiquement pour déchaîner des catastrophe, n'aurait-elle pas pour origine ce postulat que l'on a mis à la base de

tendieren dazu, sie als Anachronismus schlechthin zu betrachten[4]. Diese Enwicklung nimmt im Rahmen der Europäischen Integration eine besondere Bedeutung an[5], da die Souveränität zwar nicht auf die Europäische Union übergeht, nach überwiegender Meinung aber längst zwischen Europa und den Nationalstaaten tatsächlich geteilt ist. Diese Entwicklung führt zum Problem der

---

tout l'organisme, le dogme de la souveraineté des Etats? A bien l'examiner, ce postulat, que vaut-il? Répond-il à la réalité des choses, aux besoins d'une organisation sociale quelconque? Faut-il, au contraire, l'abandonner et lui substituer, dans l'organisme qu'il corrompt, un autre principe plus sain?"; *ders.*, Précis de droit des gens, Pincipes et systématique, 2 Bde., Paris 1932, 1934, Bd. 1, S. 80. In Deutschland durch *Preuß,* Gemeinde, Staat, Reich als Gebietskörperschaften. Versuch einer deutschen Staatskonstruktion auf Grundlage der Genossenschaftstheorie, Berlin 1889, Ndr. Aalen 1964, S. 111, der den Souveränitätsbegriff als „Proteus unter den Begriffen" bezeichnete. In der deutschen Lehre prägen ferner zwei Autoren diese Zeit: *Kelsen* versteht die Souveränität als Eigenschaft der Staats- oder Rechtsordnung, *Kelsen*, Das Problem der Souveränität und die Theorie des Völkerrechts. Beitrag zu einer reinen Rechtslehre, 1920, 2. Aufl., Tübingen 1928, Ndr. Aalen 1960, insbes. S. 9 ff.; *ders.*, „Souveränität", in: Wörterbuch des Völkerrechts, hrsg. von Schlochauer Bd. 3, Berlin 1962, S. 278-285 (279). *Jellinek* seinerseits bezeichnet die Souveränität als „Selbstbindungsfähigkeit", die mit den Strukturen der Volkssouveränität (Konstitutionalismus, Grundrechtsgarantien, Gewaltenteilung, Rechtsstaatsprinzip) verbunden sein soll, *Jellinek*, Allgemeine Staatslehre, 3. Aufl., Darmstadt 1959, S. 481; auch *Politis*, Le problème de la limitation de la souveraineté et la théorie de l'abus des droits dans les rapports internationaux, in: Revue critique de législation et de jurisprudence, 1925, (VI), S. 110 ff., nach dem der Staat als „souverän" bezeichnet werden kann nur unter der Bedingung, an Rechtsnormen nicht gebunden zu sein. Der Selbstverpflichtungslehre *Jellineks* liegt aber die Negation des Völkerrechts zugrunde, dazu *Lemmens*, Die Souveränität (FN. 1), S. 32.

4 Z. B. aus innerer Sicht *Leroy*, Requiem pour la souveraineté, anachronisme pernicieux, in: Présence du droit public et des droits de l'homme, mélanges offerts à Jacques VELU, Bd. 1, Bruxelles 1992, S. 91-106 (106); aus internationaler Sicht *Giraud*, Le rejet de l'idée de souveraineté. L'aspect juridique et l'aspect politique de la question, in: La technique et les principes du droit public. Etudes en l'honneur de Georges Scelles, Paris 1950, Bd. 1, S. 250-266 (265): „principe périmé".

5 Z. B. *Marc*, pour en finir avec l'Etat, in: L'Europe en formation, Nr. 284 (1992), S. 27-45; *Soulier*, Union européenne et dépérissement de l'Etat, in: *Duprat* (Dir.), L'Union européenne, droit, politique, démocratie, Paris 1996, S. 289-314; *Collas*, Souveraineté des Etats et entreprises supranationales, in: R. R. J. (1993), S. 511-530; *Stéphanou*, L'Union européenne et la souveraineté des Etats membres, in: *Dupuy* (Dir.), Mélanges en l'honneur de Nicolas Valticos, Droit et justice, Paris 1999, S. 355-366; *Alland*, L'Etat sans qualités (La souveraineté nationale et le traité de Maastricht); in: Droits, 1992, Heft 16, S. 1-11; *Foyer*, Union européenne et Etats membres selon le Traité d'Amsterdam, in: *Dupuy* (Dir.), Mélanges en l'honneur de Nicolas Valticos, Droit et justice, Paris 1999, S. 341-353; *Luchaire*, L'Europe et la souveraineté des Etats, in: Cahiers juridiques franco-allemands (Saarbrücken), Nr. 19 (1994), S. 5-18. Aus deutscher Sicht und immer noch aktuell, *Koppensteiner*, Die Europäische Integration und das Souveränitätsproblem, Baden-Baden 1963; siehe auch *Ehrhardt*, Europa zwischen nationaler Souveränität und Integration, in: Außenpolitik 38 (1987), Heft 2, S. 103-119.

Anpassungsfähigkeit[6] der bisher rein national bestimmten französischen Souveränitätstheorie an die Erfordernisse der Europäischen Integration[7].

Die Analyse der Staatlichkeit und Souveränität Frankreichs als Mitglied der Europäischen Union führt zu dreierlei Betrachtungen, die im Folgenden analysiert werden. Das französische Verständnis souveräner Staatlichkeit ist geschichtlich geprägt bzw. findet seine Wurzeln sowohl in der Souveränitätstheorie *Bodins* als auch in der „nationalen" Souveränitätstheorie der französischen Revolution von 1789. Diese geschichtliche Prägung hat zu einer Auffassung des „Etat-nation" geführt, die Frankreich von den anderen europäischen Ländern absondert[8] (Teil 1). Ferner führt die – aus der Geschichte des Souveränitätsbegriffs entnommene – Feststellung, dass der Souveränitätsbegriff ein Funktions-, kein Inhaltsbegriff ist, zur Frage, welche Funktion das französische Prinzip der nationalen Souveränität im Hinblick auf die französische Staatlichkeit erfüllt hat und im Hinblick auf die Erfordernisse der europäischen Integration noch erfüllen kann (Teil 2). Diese beruht grundsätzlich auf Kompetenzübertragungen seitens der EU-Mitgliedstaaten auf die europäischen Institutionen. Fraglich ist, wie das französische Prinzip der nationalen Souveränität sich „unter dem Dach Europas" anpassen lässt. (Teil 3).

---

6 Vgl. *Maritain*, L'Europe (FN. 1), S. 125 f.: „ (…) il suit de là que, tant que les Etats agiront en conformité avec leur prétendue souveraineté, aucun jour ne peut arriver où ils pourraient abandonner leur suprême indépendance afin d'entrer dans un corps politique plus large ou dans une société mondiale".

7 Die Fortschritte der europäischen Integration haben in Frankreich eine Reihe von Analysen über die Souveränität sowie über ihre aktuelle Ausdrucksform, die Verfassung, hervorgerufen, z. B. *Beaud*, La Puissance de l'Etat, Paris 1994; *Baghestani*, Le titulaire de la souveraineté et son exercice dans la jurisprudence du Conseil constitutionnel, Dijon 1996; *Roux*, Le principe de la souveraineté de l'Etat dans la jurisprudence du Conseil constitutionnel, 2 Bde., Montpellier I 1998.

8 Dazu *Chaltiel*, La souveraineté de l'Etat et l'Union européenne, l'exemple français. Recherches sur la souveraineté de l'Etat membre, Bibliothèque constitutionnelle et de science politique, Bd. 99, Paris 2000, S. 58 ff.

Teil 1: Aktuelle Aspekte von Staatlichkeit und Souveränität aus französischer Sicht

Die souveräne Staatlichkeit Frankreichs ist von der Idee der Einheit geprägt, eine Einheit, die einen symbolischen Charakter hat und auf den Mythos der französischen Revolution zurückzuführen ist. Sie spiegelt sich im französischen Verständnis des „Etat-nation" wider. Die klassische Gleichsetzung von Staat und Nation führt zur Verwechselung vom Staat und seiner wesentlichsten Eigenschaft, der Souveränität. Die französische Souveränitätstheorie ist insofern geprägt von einer gewissen Verwobenheit der Begriffe, die im Folgenden dargelegt werden soll.

Kapitel 1: Das französische Verständnis des „Etat-nation"

Das französische Verständnis des „Etat-nation" beruht auf zwei Begriffen – Staat und Nation –, die geschichtlich geprägt sind und im internationalen und europäischen Kontext der „interdependenten" oder „geteilten" Souveränitäten nicht mehr gleichgesetzt werden können.

A. Der Staatsbegriff

Der Staatsbegriff erfüllt ursprünglich eine politische[9] bzw. eine „Friedensfunktion"[10] und nimmt verschiedene Bedeutungen an, die sich parallel zur staatlichen Entwicklung miteinander verwoben haben, um ein kohärentes Repräsentationssystem zu bilden, und nur mit Mühe zu trennen sind.

I. Ursprünge

Das Wort „Etat" („Staat") stammt vom lateinischen Wort „status", wobei dieses Wort ursprünglich eine Gruppierung oder ein soziales Verhältnis bezeichnet[11]. In

---

9 Vgl. zur Geschichte des Staatsbegriffs, *Kriele*, Einführung in die Staatslehre. Die geschichtlichen Legitimitätsgrundlagen des demokratischen Verfassungsstaats, 5. Aufl., 1994, S. 68.

10 *Kriele*, Einführung (FN. 9), S. 68.

11 *Burdeau*, Traité de science politique, Bd. 2, Paris 1980, S. 4.; siehe auch z. B. *Beaud*, La notion d'Etat, in: Archives de philosophie du droit (1990), Bd. 35, S. 119-141 (120 ff.)

diesem Sinne wird von den „Estats“ einer Provinz gesprochen, die die Versammlung der Vertreter dieser Gruppen bezeichnen[12]. Parallel zu dieser Bedeutung ist in Frankreich zu Anfang des 16. Jahrhunderts im Gefolge *Machiavellis* eine neue Anwendung des Wortes zur Bestimmung der juristischen Struktur der Gesellschaft zu verzeichnen. In diesem Sinne spricht *Machiavelli*[13] vom „Etat“ im Singular (Stato), im Sinne einer „entité politique“ (politische Einheit), die er mit der „Principauté“, „Cité“ oder „République“ gleichsetzt. Dadurch bewirkt er bereits eine Verallgemeinerung der Anwendung des Wortes „Etat“ in seinem modernen Verständnis, die alte Bedeutung des Staats in seiner Pluralform wurde jedoch nicht sofort aufgegeben[14].

Erst mit den Religionskriegen wird der abstrakte Staatsbegriff bei den reformierten Staatsrechtlern zum üblichen Sprachgebrauch. Im 16. Jahrhundert wird der moderne Staatsbegriff in der politischen Sprache verwendet, und zwar als Gegensatz zum alten Traum von einer universellen Souveränität mit seiner dreifachen – romanischen, christlichen, germanischen – Resonanz[15]. Dort bezeichnet er die Erscheinung von absoluten Mächten, die durch Grenzen lokalisierbar sind und an eine bestimmte Bevölkerung gebunden sind. Er beschreibt den Widerstand der Monarchie gegen die kaiserliche und die päpstliche Souveränität. Der Begriff ist mit dem Konflikt zwischen dem französischen Königtum und dem österreichischen Kaiser, mit den Religionskriegen und dem Westfälischen Frieden verbunden. Im Nachhinein wird das Wort „Etat“ von den französischen Königen übernommen[16], bevor *Loyseau* in seinem 1614 erschienen „Traité des seigneuries“ das Wort „Etat“ in seinem modernen Verständnis endgültig in die Lehre übergehen lässt.

II. Vieldeutigkeit des Staatsbegriffs

Es gibt heute keine absolute, aus irgendwelchen Prämissen ableitbare Definition des Staates[17]. Dafür spielt der psychologische Faktor[18] eine allzu große Rolle. Der

---

12 Ferner dazu *Brancourt*, Des „estats“ à l'Etat, évolution d'un mot, in: Archives de philosophie du droit (1976), Bd. 21, S. 45 ff.

13 *Machiavelli*, Der Fürst, „il Principe“, hrsg. von Zorn, 4. Aufl., Stuttgart 1972.

14 *Burdeau*, Traité (FN. 11), Bd. 2, S. 4.

15 *Donnedieu de Vabres*, L'Etat, Paris 1992, S. 4.

16 Von Henri III bei den Generalständen von Blois 1576, von Henri IV, der sich selbst 1596 als der „restaurateur de l'Etat“ bezeichnet hat, *Burdeau*, Traité (FN. 11), Bd. 2, S. 4.

17 *Mouton*, L'Etat selon le droit international: diversité et unité, in: L'Etat souverain à l'aube du XXIème siècle, Colloque de Nancy, S. F. D. I., Paris 1993, S. 79-106; vgl. *Kriele*, Einführung (FN. 9), S. 68.

18 Dazu *Donnedieu de Vabres*, L'Etat (FN. 15), S. 7.

Staat ist aber nicht nur ein „abstraktes Konzept"[19] oder eine „geistige Vorstellung"[20]. Die französische Staatslehre betrachtet den Staat allgemein als einen Mythos, eine juristische Einheit und eine Institution zugleich[21]; er ist „ein vom Recht erfasstes historisches, soziologisches und politisches Phänomen"[22]. Für *Burdeau* ist der Staat vor allem die „institutionalisierte Macht"[23], und in einem weiteren Sinne ist der Staat die „Institution selbst, in der sich die Macht verkörpert"[24] bzw., die von Menschen als Institution gedacht wird[25]. Als „Institution"[26] verkörpert der Staat eine „Leitidee"[27], das heißt eine bestimmte „Rechtsidee"[28], deren Verfolgung die vom Staat monopolisierte Zwangsgewalt legitimiert.

Der Staatsbegriff bezeichnet nämlich sowohl die nationale Gemeinschaft, auf der er beruht, als auch den Führungsapparat dieser Gemeinschaft, mit seinen verschiedenen Zwangsmitteln[29]. Im sozialen Leben erscheint der Staat daher als allgegenwärtig, ja der Staat „erlebt sich im Alltag"[30]. Er verdichtet und polarisiert

---

19 *Chevallier*, L'Etat, Paris 1999, S. 1.

20 *Gicquel / Hauriou*, Droit constitutionnel et institutions politiques, 7. Aufl., Paris 1980, S. 96: „représentation de l'esprit". Vgl. *Donnedieu de Vabres*, L'Etat (FN. 15), S. 12.

21 Dazu *Chevallier*, L'Etat (FN. 19), S. 2 ff. Vgl. *Burdeau*, Traité (FN. 11), Bd. 2, S. 245 ff., für den der Staat einerseits ein Konzept ist, das „n'a pas d'autre raison d'être que de fournir ainsi à l'esprit une représentation de l'assise du Pouvoir politique" (S. 249). Dabei soll jedoch jegliche Art von Fetischismus vermieden werden (S. 250). Andererseits ist der Staat eine Institution (S. 252 ff.; 259 ff.), wobei diese Institution eine „entreprise au service d'une idée, organisée de telle sorte que l'idée étant incorporée dans l'entreprise celle-ci dispose d'une puissance et d'une durée supérieures à celles des individus par lesquels elle agit" (S. 255) ist. Die Theorie der Institution wurde insbesondere von *Hauriou*, La théorie de l'institution et de la fondation, Cahiers de la Nouvelle journée, Bd. 4, 1925, insbes. S. 10 vertreten: „C'est une idée d'œuvre ou d'entreprise qui se réalise et qui dure juridiquement dans un milieu social".

22 *Nguyen Quoc*, Droit international public, Paris 1999, S. 404; vgl. zusammenfassend *Pactet*, Institutions politiques, Droit constitutionnel, 17. Aufl., Paris 1998, S. 40: „L'Etat est un phénomène historique, politique et juridique, qui tient à la fois de la construction de l'esprit et de la réalité sociologique nationale et internationale".

23 *Burdeau*, Traité (FN. 11), Bd. 1, S. 118 ff.; Bd. 2, S. 259.

24 *Burdeau*, Traité (FN. 11), Bd. 2, S. 259: „(...) institution elle-même dans laquelle s'incarne le Pouvoir".

25 *Krüger*, Allgemeine Staatslehre, Stuttgart 1966, S. 168 ff.

26 Zum Begriff der Institution in ihrer Beziehung zur Rechtsidee, *Hauriou*, La théorie de l'institution et de la fondation (essai de vitalisme social), in: ders., Aux sources du droit. Le pouvoir, l'ordre et la liberté, Cahiers de la nouvelle journée, Bd. 23, Paris 1933, S. 89-128.

27 *Burdeau*, Traité (FN. 11), Bd. 2, S. 259: „Idée directrice". Vgl. *Hauriou*, La théorie de l'institution (FN. 26), S. 98: „Idée d'œuvre à réaliser".

28 *Burdeau*, Traité (FN. 11), Bd. 1, S. 15 ff.; Bd. 2, S. 259 ff.: „Idée de droit".

29 *Pactet*, Institutions (FN. 22), S. 40 f.

30 *Chevallier*, L'Etat (FN. 19), S. 1: „ (...) *l'Etat se vit au quotidien*".

die Gesamtheit der Zwangs- und Herrschaftsverhältnisse und verkörpert die Macht, die Herrschaft, die Autorität, und jeder Einzelne ist dauerhaft mit ihm durch seine Vertreter konfrontiert. Die wesentliche Schwierigkeit beim Versuch einer Definition des Staates liegt darin, dass die soziologischen Aspekte staatlicher Wirklichkeit von ihren juristischen Aspekten nicht getrennt werden können[31].

Schlägt man zum Beispiel das „Dictionnaire encyclopédique de théorie et de sociologie du droit“[32] auf, so stellt man fest, dass verschiedene Aspekte der Staatlichkeit auf innerer Ebene hervorgehoben werden können. Der Staat ist zwar vor allem eine „abstrakte Einheit“[33] bzw. eine „symbolische Gestalt“[34], er kann aber auch als eine Gruppe von Tätigkeiten, die sich durch bestimmte Organisationsprinzipien und Tätigkeitsverfahren von anderen sozialen Tätigkeiten unterscheidet; als eine Gruppe von Interessen[35]; als eine „association“[36] und aus

31 Manche Autoren haben dennoch behauptet, beide Aspekte – den juristischen und den sozialen – voneinander trennen zu können. Für *Turgeon*, Une définition de l'Etat et de sa souveraineté, in: R. D. P. (1899), S. 75, ist der Staat „eine sehr lebendige Realität“ („une réalité très vivante“). Vgl. *Scelle*, Le Pacte des Nations (FN. 1), S. 114, für den Staat und Nation „lebendige Sachen“ sind. Vgl. *Duguit*, Traité de droit constitutionnel, 4 Bde., (1923-1930), Bd. 1: La règle de droit – le problème de l'Etat, 3. Aufl., Paris 1927, S. 649 ff., der auch eine realistische Auffassung des Staates vertritt, wobei der Staat auf dem Phänomen der politischen Differenzierung zwischen Regierenden und Regierten, Starken und Schwachen, beruht, wobei die Stärke der erstgenannten sich aus sozialen Umständen ergibt, die je nach den historischen Umständen veränderlich sind. Diese Auffassung ist keine juristische, sondern eine soziologische Auffassung vom Staat, dazu *Reglade*, La notion juridique de l'Etat en droit public interne et en droit international public, in: La technique et les principes du droit public. Etudes en l'honneur de Georges Scelle, Bd. 2, Paris 1950, S. 507-533 (515). Vgl. *Fardella*, Le dogme de la souveraineté de l'Etat. Un bilan, in: Le privé et le public, Archives de philosophie du droit (1997), Bd. 22, S. 115-134. Nach diesem Autor ist der Staat zuerst „eine reale Person, bevor er eine juristische Person“ ist („une personne réelle avant d'être une personne juridique“). Vgl. *Jellinek*, Allgemeine Staatslehre (FN. 3), S. 50. A. A. *Kelsen*, Das Problem der Souveränität (FN. 3), S. 9 ff.; *ders.*, „Souveränität“ (FN. 3), S. 279, für den der Staat eine juristische Ordnung, eine Gesamtheit von Normen ist.

32 *Arnaud u. a.*, Dictionnaire encyclopédique de théorie et de sociologie du droit, Paris 1988, „Etat“, S. 147 ff. Ferner zum Staatsbegriff z. B. *Beaud*, La notion d'Etat (FN. 11); *Reglade*, La notion juridique de l'Etat (FN. 31), S. 507-533; *Hecquard-Théron*, La notion d'Etat en droit communautaire, in: R. T. D. E. 26 (1990), S. 693-711.

33 Dazu *Arnaud*, „Etat“ (FN. 32), S. 148.

34 Ebenda.

35 *Scelle*, Le Pacte des Nations (FN. 1), S. 42 unterscheidet zwischen dem juristischen Aspekt des Staates als „juristisch organisierte Nation“ („Nation juridiquement organisée“) und dem materiellen Aspekt des Staates als „Gesamtheit von Interessen“: „Le contenu effectif de la personne Etat, comme celui de toute personne juridique incorporelle, est un ensemble d'intérêts: les intérêts communs à tous les individus physiques qui composent la Nation. Ce ne sont pas *tous* les intérêts de ces individus, ce sont ceux seulement qui leur appartiennent en tant que membres de la Nation“.

historisch-soziologischer Perspektive als ein bestimmter Modus politischer Organisation im Sinne einer institutionalisierten Befehlsgewalt[37] betrachtet werden. Im letzteren Sinne ist er die „institutionalisierte Macht"[38], wobei die Funktion des Politischen darin besteht, das Fortbestehen einer bestimmten Gesellschaft zu sichern und zu gewährleisten[39]. Der Staat gilt demnach als Bewahrer sozialer Identität und als dauerhafte Machtgrundlage. In diesem Sinne verkörpert der Staat ein Kohäsions- und Ordnungsprinzip, auf dem die Existenz der Gesellschaft beruht. Er ist der Ort sozialer Integration und Einigung. Er verkörpert sowohl das Gemeinwohl, als auch das öffentliche Interesse[40]. Diese Auffassung

---

36 *Duguit*, Traité (FN. 31), Bd. 1, S. 481 ff., 650 ff., wo *Duguit* eine „realistische Auffassung" („conception réaliste") des Staates vertritt. Nach *Duguit* ist der Staat ein Verein im deutschen Sinne, in dem Individuen (die „Regierenden", „gouvernants") über die materielle Gewalt verfügen und eine unwiderstehliche Zwangsgewalt ausüben können.

37 Vgl. *Weber*, Wirtschaft und Gesellschaft, Grundriß der verstehenden Soziologie, 5. Aufl., Tübingen 1980, der den Staat als „Verwaltungs- und Rechtsordnung" (S. 30); als „anstaltmäßiger Herrschaftsverband mit dem Monopol legitimer Gewaltsamkeit" (S. 821 ff., 822) versteht.

38 *Burdeau*, Traité (FN. 11), Bd. 2, S. 183: „Pouvoir institutionnalisé"; vgl. *Leclercq*, Droit constitutionnel et institutions politiques, 9. Aufl., Paris 1995, S. 55 ff.

39 Dies erfolgt durch die Behauptung und die Verteidigung der kollektiven Identität – Symbolisierungsfunktion („fonction de symbolisation") –; durch den Schutz und die Gewährleistung der bestehenden sozialen Ordnung – Herrschaftsfunktion („fonction de domination") –; durch die Harmonisierung der verschiedenen Gesellschaftskomponenten und durch die Lösung von Gesellschaftskonflikten – Regulierungsfunktion („fonction de régulation"), *Arnaud*, „Etat" (FN. 32), S. 149.

40 Vgl. *Arnaud*, „Etat" (FN. 32), S. 148. Vgl. den Staatsbegriff bei *Hegel*, Grundlinien der Philosophie des Rechts oder Naturrecht und Staatswissenschaft im Grundrisse: mit *Hegels* eigenhändigen Notizen und den mündlichen Zusätzen, 5. Aufl., Frankfurt am Main 1996, S. 398, wobei der Staat als „Wirklichkeit der sittlichen Idee", als Totalitätsprinzip und höchster Ausdruck der Vernunft die Synthese des Allgemeinen und des Individuellen bewirkt. Diese Auffassung erinnert an die französische Auffassung des Staates als der Personifizierung der Nation, wobei der Staat die Nation handlungsfähig macht, indem er ihre Gesamtinteressen wahrt. Andererseits bildet der Staat gleichzeitig die Grundlage jeglicher Herrschaft. Hinter den Regierenden als physische Personen befindet sich dann der Staat als juristische Person, die die Verantwortung für jegliche Gewaltakte trägt. Die Regierenden entscheiden nicht in ihrem eigenen Namen, sondern im Namen eines Rechtswesens, welches als dauerhafte Machtgrundlage gilt.

des Staates als Kohäsionsfaktor für die Gesellschaft[41] haben die unterschiedlichen französischen Staatstheorien gemeinsam[42].

Aus rein juristischer Sicht ist der Staat durch seine Eigenschaft als „souverän" bestimmt. Er ist eine juristische Person, die Träger der Souveränität ist[43], er ist eine „souveräne juristische Person des öffentlichen Rechts"[44]. Als juristische Person verfügt der Staat über Rechte (Eigentum; Vertragschließung) und Pflichten (Staatshaftung); als juristische Person des öffentlichen Rechts verfügt der Staat über sogenannte „prérogatives exhorbitantes du droit commun" (öffentlich-rechtliche, vom Zivilrecht abweichende Befugnisse), die dem einfachen Individuum nicht offen stehen. Diese öffentlich-rechtlichen Befugnisse sind auf das allgemeine Interesse bezogen, wie zum Beispiel das Recht auf Enteignung zum Wohle der Allgemeinheit[45]. Als souveräner juristischer Person des öffentlichen Rechts kommt dem Staat die höchste Macht zu: Er übt die inneren und äußeren Kompetenzen aus, die mit der Souveränität verhaftet sind. Die juristische französische Definition des Staates als souveräne juristische Person des öffentlichen Rechts führt dazu, dass in Frankreich die Staatlichkeit an der Souveränität zu messen ist[46].

III. Zum Begriff der Staatlichkeit

Das deutsche juristische Konzept der „Staatlichkeit"[47] wird in das Französische mit den Ausdrücken „nature étatique" (staatliche Rechtsnatur), „fait d'être un

---

41 Für *Burdeau*, Traité (FN. 11), Bd. 2, S. 266 f. bildet die staatliche Institution der „Kohäsionszentrum der nationalen Gemeinschaft" („centre de cohésion de la communauté nationale"). Vgl. im Hinblick auf die V. Republik, *Hubrecht*, Quarante ans après, un Etat garant de la cohésion nationale, in: R. D. P. 114 (1998), S. 1361-1378 (1364 ff.); vgl. *Braibant*, L'avenir de l'Etat, in: Etudes en l'honneur de Georges Dupuis, Paris 1997, S. 39-46 (42).

42 Dazu *Pactet*, Institutions (FN. 22), S. 41.

43 *Leclercq*, Droit constitutionnel (FN. 38), S. 56.

44 *Villiers*, Dictionnaire de droit constitutionnel, Paris 1998, S. 89: „Personne morale souveraine de droit public".

45 Zur Ersetzung des Souveränitätsbegriffs durch die Idee des öffentlichen Dienstes („service public"), *Duguit*, Les transformations (FN. 3), S. 41 ff., 52 ff., 65 ff.

46 Ferner dazu Teil 1 Kap. 2 C.

47 Dazu z. B. *Jeckel*, Die Staatlichkeit Deutschlands in der Europäischen Union aus verfassungsrechtlicher und gemeinschaftlicher Sicht, Diss., Köln 1997; *Beutler*, Offene Staatlichkeit und europäische Integration, in: Grawert / Schlink / Wahl / Wieland (Hrsg.), Offene Staatlichkeit. Festschrift für Ernst-Wolfgang Böckenförde zum 65. Geburtstag, Berlin 1995, S. 109-124. Als solches ist das Wort „Staatlichkeit" in den deutschen Wörterbüchern nicht zu finden.

Etat“[48] (die Tatsache, ein Staat zu sein) und „étaticité“[49] (Staatlichkeit) übersetzt[50]. Aus völkerrechtlicher wie aus staatsrechtlicher Perspektive[51] lässt sich die Staatlichkeit bzw. der „fait d'être un Etat“ aus bestimmten Kernvoraussetzungen bestimmen, die sich auf die im 19. Jahrhundert von dem österreichischen Staatsrechtslehrer *Jellinek* entwickelte Theorie der Drei-Elemente-Lehre beziehen. Danach ist der Staat eine „mit ursprünglicher Herrschermacht ausgerüstete Verbandseinheit sesshafter Menschen“[52]. Diese Kernvoraussetzungen für die Anerkennung der Staatlichkeit eines politischen Verbands sind eng miteinander verbunden[53]. In Frankreich sind diese traditionellen Staatselemente die „population“ (Bevölkerung), „territoire“ (Territorium) und „gouvernement“ (Regierung), drei Kriterien, die zwar im Rahmen der zunehmenden Globalisierung fragwürdig geworden sind[54], die jedoch immer noch als Kriterien für die Staatsanerkennung auf internationaler Ebene gelten[55].

Problematisch ist, ob die Staatlichkeit eines Verbands unabhängig von seiner politischen Funktion zu betrachten ist. Der deutsche Begriff der Staatlichkeit weist auf einen formellen und auf einen materiellrechtlichen Aspekt. Formell bezieht sich das deutsche Wort „Staatlichkeit“ auf zwei Staatlichkeitsebenen, die das Französische aufgrund der Staatsform als Einheitsstaat nicht kennt, nämlich die bundesstaatliche und die länderstaatliche Ebene. Materiellrechtlich verweist

---

48 So z. B. *Beaud*, La Puissance de l'Etat (FN. 7), S. 463.

49 *Beaud*, La Puissance de l'Etat (FN. 7), S. 151.

50 Der Ausdruck „Etat français“ hat ferner in Frankreich eine negative Bedeutung. Er diente der Bezeichnung der Vichy-Regierung zwischen 1940 und 1944. Im Namen der nationalen Revolution hat diese Regierung die republikanischen Prinzipien missachtet. In Art. 2 Abs. 1 des Regierungsgesetzes vom 9. August 1944 wurde seine Rechtsakte für nichtexistent erklärt, abgedr. in: *Debbasch / Pontier*, Les Constitutions de la France, 3. Aufl., Paris 1996, S. 219 ff.

51 Allgemein dazu z. B. *Doehring*, Allgemeine Staatslehre. Eine systematische Darstellung, Heidelberg 1991, S. 16 ff.

52 *Jellinek*, Allgemeine Staatslehre (FN. 3), S. 183.

53 Vgl. *Dupuy*, Droit international public, 5. Aufl., Paris 2000, S. 31, nach dem: „un gouvernement ne saurait prétendre engager, du fait de sa seule formation, la création d'un Etat lorsqu'il n'exerce pas effectivement son autorité à l'égard d'une population sise sur le territoire qu'il prétend régir“. Kritisch zu der Verwendung der Drei-Elemente-Lehre im Völkerrecht *Alland* (Dir.), Droit international public, Paris 2000, S. 101: „Il est notamment aisé de constater que ni le territoire, ni la population n'ont besoin d'être clairement définis pour qu'apparaisse un Etat (...). Pour la population, l'indétermination est encore plus grande en l'absence de règles relatives à la nationalité, lesquelles ne peuvent évidemment apparaître qu'après la constitution de l'Etat. La solution alternative consiste à affirmer l'existence *a priori* d'un groupe homogène ou d'une „nation“ fixée sur un certain espace“.

54 Vgl. im Hinblick auf Staatsvolk / Staatsgebiet / Staatsgewalt, *Saladin*, Wozu noch Staaten?, Bern 1995, S. 16 ff.

55 *Dupuy*, Droit international (FN. 53), S. 30 ff.

die Staatlichkeit gemäß Art. 79 Abs. III GG i. V. mit Art. 20 Abs. I GG auf einen bestimmten Grad an Rechtsstaatlichkeit, Sozialstaatlichkeit, Bundesstaatlichkeit.

Diese materiellrechtlichen Aspekte der Staatlichkeit sind in Frankreich nicht unmittelbar im Staatsbegriff enthalten, werden aber in der verfassungsrechtlich geschützten „republikanischen Staatsform“[56] oder in dem Konzept der „services publics“[57] (öffentliche Dienste) angedeutet. So beschreibt *Duguit* das moderne öffentliche Recht als eine „Gesamtheit von Regeln, die die Organisation der öffentlichen Dienste bestimmt und ihre reguläre und ununterbrochene Tätigkeit bewahrt“[58]. Diese Auffassung hat dem Autor zufolge das Verhältnis Souverän / Untertanen sowie das subjektive Recht der Souveränität ersetzt[59]. Die Regel, die den Regierenden dazu verpflichtet, die „services publics“ zu gestalten, ihre Tätigkeit zu kontrollieren und jede Unterbrechung zu vermeiden ist nach *Duguit* die Grundregel, aus der alle anderen Regeln abgeleitet werden[60]. Als Reaktion auf die zunehmende europäische Integration weisen heute einige Autoren darauf hin, dass der öffentliche Dienst „à la française“[61] Teil der französischen Auffassung der Souveränität des Staates ist[62], ja die französische Auffassung des Staates widerspiegelt[63].

---

56 Art. 89 Abs. 5 der Verfassung von 1958, ferner dazu Teil 1 Kap 3 B IV.

57 Zu diesem Begriff, *Chapus*, Droit administratif général, 2 Bde., Bd. 1, 12. Aufl., Paris 1998, S. 528 ff.

58 *Duguit*, Les transformations (FN. 3), S. 52: „Le droit public moderne devient un ensemble de règles déterminant l'organisation des services publics et assurant leur fonctionnement régulier et ininterrompu“.

59 Ebenda.

60 Diese Auffassung könnte im Prinzip der „Kontinuität des Staates“ (Art. 5 der Verfassung von 1958) widergespiegelt werden, der Verfassungsrat zieht es aber vor, auf das Prinzip der Kontinuität des öffentlichen Dienstes zu verweisen, so C. C. Nr. 79-105 DC vom 25. Juli 1979, Rec. S. 33, Erwägung Nr. 1, wo der Verfassungsrat dem Prinzip der Kontinuität des öffentlichen Dienstes Verfassungsrang anerkannt hat, dazu *Favoreu / Philip*, Les grandes décisions du Conseil constitutionnel, 9. Aufl., Paris 1997, S. 382.

61 Dieser ursprünglich politisch-journalistische Ausdruck war eine Reaktion auf die gemeinschaftsrechtliche Idee des „service universel“. Dazu und zur von Premierminister Juppé am 10. Oktober 1995 in einer Fernsehsendung vorgetragenen Idee, den Begriff und die Prinzipien des „service public“ in der Präambel der Verfassung festzuschreiben, *Chapus*, Droit administratif (FN. 57), Bd. 1, S. 531 f.

62 *Chaltiel*, La souveraineté de l'Etat (FN. 8), S. 425, 426 ff., wo die Autorin darauf hinweist, dass die im französischen Begriff des „service public“ beinhaltete Idee der staatlichen Kompetenzvollkommenheit durch die europäische Integration gefährdet wird. Siehe auch *Esplugas*, Conseil constitutionnel et service public, Paris 1994, S. 25, wo der Autor den öffentlichen Dienst als „Instrument der nationalen Souveränität“ bezeichnet.

63 So etwa *Oberdorff*, Signification de la notion de service public à la française, in: *Kovar / Simon* (Dir.), Service public et Communauté européenne: entre l'intérêt général et le marché,

Eine materiellrechtliche Auffassung des Staates wäre wahrscheinlich besser geeignet, die heutige Situation der Staaten als Mitglieder der Europäischen Union zu beschreiben. Aus der Rechtsprechung des Europäischen Gerichtshofs können zum Beispiel nach der Analyse von Professor *Hecquard-Theron*[64], bestimmte konstitutive Elemente eines – als europäisch leider nur aus der Rechtsprechung des Europäischen Gerichtshofes zu entnehmenden – Staatsbegriffs hervorgehoben werden, die der europäischen „Wirklichkeit" mehr entsprechen und den Staat von seinem abstrakten, symbolischen Aspekt entlasten. Der Staatsbegriff nimmt in der Rechtsprechung des Europäischen Gerichtshofs grundsätzlich zwei Züge an und wird vom Gericht als „Gesamtheit von Behörden"[65] einerseits, als „Gesamtheit von Aufgaben"[66] andererseits dargestellt. Die gemeinschaftsrechtliche Auffassung des Staates hebt das institutionelle und das organische Element des Staates hervor und führt zu einer – materiell-organischen – Auffassung des Staates als Organ („conception organique et matérielle"[67]), das für die Durchführung des Gemeinschaftsrechts die Verantwortung trägt[68] und als Instrument einer harmonischen Integration des Gemeinschaftsrechts in die Rechtsordnungen der Mitgliedstaaten benutzt wird[69]. Da die Gemeinschaftsverträge keine Definition des Staates geben, bleibt diese funktionelle, organische Auffassung lediglich Sache der Rechtsprechung[70]. Ferner lässt diese Auffassung die Idee des Staates als institutionali-

Actes du Colloque de la CEDECE à Strasbourg, 17-19 octobre 1996, Documentation française, Paris 1998, Bd, 1, S. 89 ff.

64 *Hecquard-Theron*, La notion d'Etat (FN. 32), S. 693-711.

65 Dazu mit ausführlichen Hinweisen auf die Rechtsprechung des EuGH, *Hecquard-Theron*, La notion d'Etat (FN. 32), S. 695 ff.

66 *Hecquard-Theron*, La notion d'Etat (FN. 32), S. 698 ff. Wobei der EuGH zwischen Souveränitäts- oder Autoritätsaufgaben (missions de souveraineté ou d'autorité) und wirtschaftlichen- oder Interventionsaufgaben (missions économiques, d'intervention) unterscheidet.

67 *Hecquard-Theron*, La notion d'Etat (FN. 32), S. 708.

68 Ebenda: „En désignant les autorités publiques constitutives de l'Etat, elle désigne pour l'avenir les autorités responsables de l'exécution du droit communautaire". Vgl. *Saladin*, Wozu noch Staaten? (FN. 54), S. 237 ff., der den Staat als „pouvoir intermédiaire" bezeichnet.

69 Dazu *Hecquard-Theron*, La notion d'Etat (FN. 32), S. 704 ff., 711. Die Autorin unterscheidet zwischen der „negativen" (S. 704 ff.) und der „positiven" Integration (S. 707 ff.). Die negative Integration hat die Freizügigkeit und den freien Wettbewerb zum Ziel; die positive Integration strebt die Verwirklichung und die Koordinierung der gemeinsamen sektoriellen Politik („politiques sectorielles communes") und der globalen Interventionspolitik („politiques globales d'intervention") an.

70 Diese funktionale Auffassung entspricht dennoch der zwischen den Staaten existierenden „*communauté de fonctions*", die von *Antoine Pillet* hervorgehoben wurde, *Pillet*, in: Mélanges Antoine Pillet. Reproduction de diverses études et notes de jurisprudence écrites par Antoine Pillet, 2 Bde., Paris 1929, Bd. 1, S. 227-270 (232): „La seule communauté qui existe entre Etats est, à notre avis, une communauté de fonctions. Tout gouvernement, quel que soit son nom ou sa forme, a les mêmes devoirs à remplir envers ses sujets. En tant que ceux-ci se

siertes politisches System bzw. als „Institution“ unberücksichtigt, die die juristische Dimension des staatlichen Phänomens zur Deutung hervorhebt.

Nichtdestoweniger erscheint der Staat immer deutlicher als eine „Machteinheit unter anderen“[71], die sich durch seine instrumentale Funktion bestimmen lässt, als „Rahmen der Ausübung von Kompetenzen“[72]. Der Bezug des Staates zur Nation führt aber dazu, dass der Staat der Rahmen der Legitimität und insofern Träger der Letztentscheidung und der Letztverantwortung[73] bleibt.

B. Der Begriff der „Nation“

Ähnlich wie der Staatsbegriff ist der Begriff der „Nation“ ein „polemischer“, „politischer“ und von einem gewissen Mythos geprägter Begriff[74]. Die „Nation“ ist zwar nicht a-juristisch, aber auch nicht juristisch definiert, sie ist also kein juristischer Begriff[75]. Und dennoch prägt dieser Begriff das französische Verfassungsrecht seit der Revolution[76]. Fraglich ist, was unter dem Begriff der „Nation“ zu verstehen ist. Jeder Versuch, diese Frage zu beantworten, bringt deutlich zum Vorschein, dass bei dem Begriff der „Nation“ das Recht noch stärker als bei den Begriffen „Staat“ und „Souveränität“ hinter der Symbolik zurücktritt. Die Ursprünge der französischen „Nation“ sind in der französischen Revolution zu finden.

---

trouvent engagés dans le commerce international, leurs souverains se trouvent par la force des choses amenés à exercer ensemble ces devoirs analogues; c'est ce qui constitue les diverses nations en communauté internationale“.

71 *Chaltiel* La souveraineté de l'Etat (FN. 8), S. 75: „unité de pouvoir parmi d'autres“.

72 *Pierré-Caps*, in: La Ve République et la souveraineté, Débat entre Bertrand Badie et Stéphane Pierré-Caps. Entretien réalisé par Jean-Michel Blanquer, in: R. D. P. 114 (1998), S. 1474-1484 (1477): „cadre d'exercice de compétences“.

73 Vgl. dazu *Götz*, Das Maastricht-Urteil des Bundesverfassungsgerichts, in: JZ (1993), S. 1081-1086 (1082). Siehe auch *Schmitz*, Integration in der Supranationale Union. Das europäische Organisationsmodell einer prozeßhaften geo-regionalen Integration und seine rechtlichen und staatstheoretichen Implikationen, Schriftenreihe Europäisches Recht, Politik und Wirtschaft, Bd. 245, Baden-Baden 2001, S. 247 ff.

74 Vgl. *Gangl*, Verfassungsfragen der fünften Republik, Grazer rechts- und staatswissenschaftliche Studien, Bd. 13, Graz 1964, S. 99 f.

75 In diesem Sinne *Mazères*, L'Un et le Multiple dans la dialectique Marché-Nation, in: Marché et Nation, regards croisés, Montchrestien, CEDIN, Paris I Perspectives internationales, 1995, S. 94.

76 Allgemein dazu *Pierré-Caps*, Nation et Peuples dans les Constitutions modernes, Nancy 1987; ferner *Gohin*, La nation est-elle une réalité constitutionnelle en droit français?, in: Civitas Europa Nr. 1, September 1998, S. 93-106 (94 ff.).

I. Die revolutionären Ursprünge

Die Nation ist die große Entdeckung der revolutionären Epoche[77]. In seiner nicht politischen Bedeutung ist das Wort hingegen viel älter[78]. Die 1740 erschienene Ausgabe des „Dictionnaire de l'Académie française“[79] bezeichnet die Nation noch als „alle Einwohner des selben Landes, obgleich sie nicht unter denselben Gesetzen leben und Untertanen verschiedener Fürsten sind“[80]. In einem Brief an *Dupont de Nemours* stellt der Minister *Turgot* 1766 die Nation als eine „Familien- und Völkersammlung, die dieselbe Sprache sprechen“[81] dar. Der sich am Ende des Ancien Régime bereits ankündigende Übergang zur „stato-nation“[82] findet erst mit der Revolution statt. In diesem Zusammenhang kann die „kolossale Macht der Ideen und der Wörter“[83] betont und darauf verwiesen werden, dass vor 1789 weder die kulturelle und sprachliche Einheit, noch das Gefühl der Zusammengehörigkeit vorhanden sind[84]. Mit der Revolution wird die Nation zu einer politischen Einheit, die mit dem Dritten Stand gleichgestellt wird[85]. Sie wird

---

77 *Chantebout*, L'Etat et la Nation, in: *Bourjol* (Dir.), La commune, l'Etat et le droit. Bicentenaire de la Révolution et Marché unique européen, Paris 1990, S. 97-106 (97).

78 „Nation“ stammt ursprünglich aus dem Lateinischen „natio“, „nationis“, abgeleitet von „nasci“, („naissance“), später erfährt es eine Spezialisierung im Sinne einer Metonymie und bezeichnet die Gesamtheit von Individuen, die zur selben Zeit und am selben Ort geboren sind. Zur Zeit Christus bezeichnet die Pluralform „nationes“ die heidnischen Bevölkerungen, im Gegensatz zum Volk Gottes. Im Mittelalter wird das Wort „natio“ auch zur Bezeichnung von „Abteilung der Universität Paris“ („Division de l'Université de Paris“) verwendet. Ausführlich zur Etymologie und zur Geschichte des Wortes *Rey* (Dir.), Dictionnaire historique, Le Robert, Bd. 2, Paris 1992, S. 1306 f., „nation“. Ferner zum französischen Begriff der Nation z. B., *Koselleck u. a.*, Volk, Nation, Nationalismus, Masse, in: Brunner / Conze / Koselleck (Hrsg.), Geschichtliche Grundbegriffe. Historisches Lexikon zur politisch-sozialen Sprache in Deutschland, Bd. 7, Stuttgart 1992, S. 141-431 (282 ff., 321 ff.); *Schulze*, Das Europa der Nationen, in: Berding (Hrsg.), Mythos und Nation. Studien zur Entwicklung des kollektiven Bewusstseins in der Neuzeit 3, Frankfurt am Main 1996, S. 65-83 (66).

79 Zit. in: *Chantebout*, L'Etat et la Nation (FN. 77), S. 97.

80 „(...) tous les habitants d'un même pays, encore qu'ils ne vivent pas sous les mêmes lois et qu'ils soient sujets à différents princes“.

81 „(...) une collection de familles et de peuples parlant la même langue“.

82 *Héraud*, Vues prospectives pour une Europe des régions et des peuples, in: Bourjol (Dir.), La commune, l'Etat et le droit, S. 266-275 (269).

83 *Février*, Réflexions sur les fonctions de la souveraineté nationale dans l'histoire constitutionnelle française, in: R. R. J. (2000), Heft 1, S. 159-282 (165): „formidable pouvoir des idées et des mots“.

84 Beispiele bei *Braudel*, L'identité de la France, Bd. 1, Paris 1986, Kap. I: „Que la France se nomme diversité“, insbes. S. 27.

85 *Sieyès*, Was ist der dritte Stand?, übersetzt und hrsg. von Schmitt / Reichardt, Emmanuel Joseph Sieyès. Politische Schriften 1788-1790, Politica Bd. 18, Darmstadt und Neuwied 1975,

dann zu einer juristischen Person, die aus der Gesamtheit der Individuen, die den Staat bilden, zusammengesetzt[86] und Träger der Souveränität ist. Ursprünglich erfüllt die Idee der Nation eine „doppelte, ideologische Funktion“[87], nämlich das Volk als Abstraktheit als Träger der Souveränität zu konstituieren und gleichzeitig das Volk als Wirklichkeit von der Ausübung der Macht fern zu halten. Die nationale Souveränität drückt diese Idee aus, indem das Volk zwar zum Souverän wird, jedoch nur in seiner abstrakten Form, der Nation[88].

Auf Grund eines Rechtssystems, welches über das Politische und die Vernunft hinaus geht[89], führt die „große nationale Orchestration“[90] der französischen Revolution zur Entstehung eines wirklichen nationalen Mythos[91], ja einer „romantischen Metapher“[92]. Dies steht aber im Gegensatz zur eher „technischen“ Definition der Nation durch Sieyès als einer „Körperschaft von Gesellschaftern, die unter einem gemeinschaftlichen Gesetz leben und durch dieselbe gesetzgebende Versammlung repräsentiert werden“[93]. Die Folgen der Mystifizierung sind aber noch heute spürbar[94].

S. 117-195 (124 f.): „Der Dritte Stand umfaßt also alles, was zur Nation gehört; und alles, was nicht der Dritte Stand ist, kann sich nicht als Bestandteil der Nation ansehen“.

86 Vgl. *Turgot*, für den „l'intérêt des nations n'est autre que l'intérêt même des individus qui les composent“, zit. in: *Schelle*, Turgot, Paris 1909, S. 121.

87 Siehe z. B. *Chantebout*, L'Etat et la Nation (FN. 77), S. 98.

88 Ferner dazu Titel 2 Kap II B I.

89 *Nora*, “Nation”, in: *Furet / Ozouf* (Dir.), Dictionnaire critique de la révolution française, Paris 1988, S. 808: „L'ordre où s'est enraciné la Nation et développées la conscience et l'idéologie nationales dépasse de loin celui du politique et du rationnel. Les métaphores impuissantes qui le décrivent sans le définir relèvent du végétal, du biologique, de l'instinctif, du religieux“.

90 *Nora*, „Nation“ (FN. 89), S. 804: „grande orchestration nationale“. Der Autor spricht von einer Fixierung („blocage“) der Idee der Nation auf die Revolution, welche die französische bzw. europäische politische Auffassung im 19. Jahrhundert, bestimmt hat.

91 Interessant in dieser Hinsicht z. B. *Reichardt*, Die Stiftung von Frankreichs nationaler Identität durch die Selbstmystifizierung der französischen Revolution am Beispiel der „Bastille“, in: Berding (Hrsg.), Mythos und Nation (FN. 78), S. 133-163, insbes. S. 159 ff.

92 *Nora*, „Nation“ (FN. 89), S. 804.

93 *Sieyès*, Was ist der dritte Stand? (FN. 85), S. 124; vgl. *ders.*, „Exposition raisonnée des droits de l'homme“, in: Archives parlementaires, Serie I, Bd. 8, S. 256 ff.: „La nation est l'ensemble des associés, tous égaux en droits et libres dans leurs communications et dans leurs engagements respectifs“.

94 Als Beispiel dazu z. B. *Citron*, Le mythe national. L'histoire de France en question, Les éditions ouvrières / études et documentation internationales, Paris 1987; *Renner*, La Nation, Mythe et Réalité, Presses universitaires de Nancy 1998. Im selben Sinn bereits *Duguit*, Souveraineté et liberté, Leçons faites à l'Université Columbia (New-York), 1920-1921, Librairie Félix Alcan, Paris 1922, S. 8, wo der Autor vom „mythe de la souveraineté nationale“ spricht.

II. Die Vieldeutigkeit des Begriffs der Nation

Der Begriff der Nation ist nicht einheitlich und es muss wieder auf die Wörterbücher zurückgegriffen werden. *Cornu*[95] zum Beispiel bietet drei Definitionen der Nation. Zuerst ist die Nation als konstitutives Element des Staates die Gemeinschaft der Individuen, die ein Volk bilden und der Herrschaft der gleichen Regierung unterworfen sind. In der Regel ist diese Gemeinschaft auf eines bestimmtes Territorium fixiert, ihr Charakter wird durch ethnische, sprachliche, kulturelle Eigenschaften sowie soziale Gewohnheiten, historische und religiöse Traditionen geprägt. Diese Faktoren bewirken ein Zusammengehörigkeitsgefühl sowie politische Bestrebungen, die sich im wesentlichen in dem kollektiven Willen ausdrücken, sich im Hinblick auf das Völkerrecht als „corps politique souverain" zu behaupten. In einem zweiten, weiteren Sinne wird die einheitliche Nation mit der staatlichen Einheit gleichgesetzt, die ihre Herrschaft über die Nation im ersten Sinne ausübt. Im dritten Sinne – der klassischen, aus der französischen Revolution stammenden französischen Souveränitätstheorie – ist die Nation die juristische Person, die Träger der Souveränität ist bzw. ihr Wesen erhält und ihre Ausübung Vertretern überträgt.

Zusammenfassend kann man sagen, dass die Nation vor allem zwei Aspekte umfasst: Einen historisch-symbolischen und einen sozial-juristischen.

Zum historisch-symbolischen Aspekt der Nation gehört die Auffassung, sie sei eine „Synthese aus historischer Kontinuität, Solidarität zwischen den Generationen und Dauerhaftigkeit der großen kollektiven Interessen"[96]. So bezeichnet die klassische französische Rechtswissenschaft die Nation als eine „Gruppe von Individuen, die durch eine gemeinsame Vergangenheit, Gegenwart und Zukunft verbunden sind"[97], sie ist eine „historisch- und gefühlsbedingte globale Konzeption"[98].

---

95 *Cornu* (Dir.), Vocabulaire juridique, Association Henri Capitant, 6. Aufl., Paris 1996, S. 545 f.

96 *Bastid*, in: J. O. R. F., Débats, Sitzung vom 3. September 1946, S. 3478: „synthèse de la continuité historique, de la solidarité des générations et de la permanence des grands intérêts collectifs"; vgl. *Esmein*, Eléments de droit constitutionnel français et comparé, 8. Aufl., 2 Bde., (1927-1928), Bd. 1, Paris 1927, S. 1, 321 f., der die Nation als eine Reihe aufeinander folgender Generationen („série des générations successives") sieht; vgl. *Duguit*, Manuel de droit public, Bd. 1: Droit constitutionnel, Paris 1907, S. 78: „L'humanité, a-t-on dit, est faite de plus de morts que de vivants, la nation est faite, elle aussi, de plus de morts que de vivants (...)".

97 *Baechler*, Dépérissement de la Nation?, in: Commentaire, Nr. 41 (1988), S. 104.

98 *Leclercq* Droit constitutionnel (FN. 38), S. 79 f., 80: „La Nation s'exprime à travers un groupement d'hommes unis entre eux par des éléments communs à la fois d'ordre objectif (race, langue, religion, mode de vie) et d'ordre subjectif et spirituel, fondés sur un même passé et sur un sentiment d'identique parenté (civilisation, histoire, tradition), et orientés vers

Durch das sozial-juristische Element wird der Begriff der Nation inhaltlich von drei Hauptelementen bestimmt: Eine Gruppe von Individuen, die sich sowohl materiell als auch geistig miteinander solidarisch fühlen und sich von anderen Gruppen unterscheiden wollen[99]. Sie ist die „Gemeinschaft der Staatsbürger"[100]. Einige Autoren[101] unterscheiden zwischen dem juristischen Begriff der „Nation" als eine als Staat organisierte Menschengemeinschaft und dem „fait national", der hauptsächlich eine psychosoziologische Bedeutung hat: Als Phänomen der kollektiven Identifikation innerhalb einer Gruppe ist der „fait national" das Gefühl der Zusammengehörigkeit und des gemeinsamen Schicksals, welches in historischen und kulturellen Ereignissen begründet ist. Soziologisch gesehen gibt es eine Vielzahl von konstitutiven Faktoren der Nation, wobei umstritten ist, welcher Faktor als wesentlich gelten kann.

Die Vieldeutigkeit des Nationsbegriffs wird ferner dadurch verstärkt, dass das französische Schrifttum die Begriffe „nation" „patrie" und „peuple" bzw. „population" oft undifferenziert verwendet[102]. Diese Begriffe befinden sich im Kern der Souveränität des Staates und sind stark symbolisch. Dennoch sind „peuple" und „Nation" trotz enger Verbundenheit nicht identisch[103]. Das Volk bildet nur den sozialen Aspekt der Nation[104]. In diesem Sinne wird „peuple" (Volk) mit „population" (Bevölkerung) gleichgesetzt. Ferner wird zwischen „Nation" und „nation" unterschieden, wobei die „Nation" mit großem „N" das Volk mit seinen kulturellen und Gemütselementen umfasst, das in einem bestimmten Gebiet über Jahrhunderte lebt und mit einer gewissen „Unsterblichkeit" ausgestattet ist[105]; die „nation" mit kleinem „n", die Teil der

l'avenir par une volonté de vivre ensemble. Ces caractères les rendent solidaires et en font une entité distincte des autres communautés humaines, [elle est] „une conception globale d'ordre à la fois historique et sentimental".

99 Vgl. *Gicquel /Hauriou*, Droit constitutionnel (FN. 20), S. 98.

100 *Schnapper*, La communauté des citoyens. Sur l'idée moderne de nation, Paris 1994.

101 *Soulier*, L'Europe fédérale et les Etats-Nations, in: Actualité de la question nationale, Etudes réunies par Cao-Huy Thuan, Publications de la Faculté de droit et des sciences politiques et sociales d'Amiens, 1980, S. 9-32 (11).

102 Zur Begriffsverwirrung und zum Versuch, Begriffe wie „souveraineté nationale", „démocratie", „patrie" und „peuple" voneinander zu unterscheiden *Caron*, La nation, l'Etat et la démocratie en France de 1789 à 1914, Paris 1995, S. 15 ff.

103 *Leclercq* Droit constitutionnel (FN. 38), S. 79.

104 So etwa. *Ardant*, Institutions politiques et droit constitutionnel, Paris 1998, S. 21: „En simplifiant, on pourrait dire que le peuple est un concept *sociologique*, la nation un concept *politique*, l'Etat un concept *juridique*".

105 Vgl. *Leclercq* Droit constitutionnel (FN. 38), S. 80. Dies entspricht aber nicht der Auffassung *Renans*, Qu'est-ce qu'une Nation?, in: *Forest*, Ernest Renan, Paris 1992, S. 42, demzufolge „Les nations ne sont pas quelque chose d'éternel. Elles ont commencé, elles finiront. La confédération européenne, probablement, les remplacera. Mais telle n'est pas la loi du siècle

„souveraineté nationale“ ist, ist ihrerseits ein rein juristisches Konstrukt, ein Abstraktum mit politischer Bedeutung: Sie ist ein vom Volk getrenntes Gebilde und kann deswegen Träger der Souveränität sein[106]. Erst über den Umweg der Souveränitätstheorie fußt also die Nation auf dem positiven Recht und verbindet Souveränität, Staat und Demokratie.

Der Realität näher ist die Auffassung der Nation als ein „politisch-geographischer Rahmen“[107], die von *Vedel* vertreten wird. Diese Auffassung findet ihren Ausdruck in Art. 3 der Erklärung der Menschen- und Bürgerrechte, nach dem die nationale Souveränität wesentlich in der Nation „liegt“ („réside“[108]). Sie bezieht sich ferner auf die ursprüngliche Auffassung der nationalen Souveränität im Sinne einer demokratischen Forderung, wobei die nationale Souveränität als nationaler Raum demokratischer Legitimität betrachtet wird.

Diese Auffassung hat aber zum Nachteil, aus der Vorstellung eines „politisch-geographischen Rahmens“ schließen zu wollen, dass jegliche Legitimität, die außerhalb dieses Rahmens statt finden soll, z. B. auf europäischer Ebene, als undenkbar vorkommt[109]. Dieser Auffassung zufolge kennzeichnet das Adjektiv „nationale“ den Träger der Souveränität und den Raum der Ausübung dieser Souveränität zugleich. Die Tatsache, dass die Verfassung von 1958 die Souveränität als „nationale“ dem Volke zuspricht führt dazu, dass die Souveränität als Gegensatz zu einer Souveränität als „extra-nationale“[110] zu

où nous vivons. A l'heure présente, l'existence des nations est bonne, nécessaire même. Leur existence est la garantie de la liberté, qui serait perdue si le monde n'avait qu'une loi et qu'un maître“.

106 Ebenda: „Autrement dit, si la Nation (au sens global et le plus général du terme) est une donnée finalement immédiate de la conscience universelle, la nation (indissolublement liée, par son objectif, à la souveraineté), dans son sens plus juridique et plus restreint d'entité indivisible distincte des citoyens qui composent une République, est une création purement française, forgée par la volonté des révolutionnaires modérés d'établir un écran entre le peuple et l'Etat“.

107 *Vedel*, Souveraineté et supraconstitutionnalité, in: Revue Pouvoirs Nr. 67 (1993), S. 79-97 (79): „cadre politico-géographique“.

108 Zum Begriff der „résidence“ bzw. der „résidence essentielle“ *Le Coustumer*, La notion de souveraineté nationale dans la jurisprudence du Conseil constitutionnel français, Mémoire de D. E. A., Université de Caen, 1995, S. 22 ff. Der Autor deutet insbesondere auf die zwei Bedeutungen des Begriffs „wesentlich“ hin, der einerseits „notwendig, zwingend“, andererseits „hauptsächlich“ bedeuten kann. Die erste Bedeutung verweist auf den notwendigen nationalen Rahmen der Souveränität, die zweite Bedeutung auf die mögliche Vorstellung von Souveränitätselementen, die sich außerhalb der Nation befinden können. Ebenda, S. 31.

109 Vgl. *Vedel*, Les racines de la querelle constitutionnelle sur l'élection du Parlement européen, in: Revue Pouvoirs, Nr. 2, (1977), S. 23-36 (26); *ders.*, Schengen et Maastricht, à propos de la décision n° 91-294 DC du Conseil constitutionnel du 25 juillet 1991, in: R. F. D. A. (1992), S. 173-180 (175).

110 *Baghestani*, Le titulaire de la souveraineté (FN. 7), S. 30.

betrachten wird. Verbunden mit der Auffassung der Unveräußerlichkeit und Dauerhaftigkeit der Souveränität seit der französischen Revolution soll dieses Verständnis des Adjektivs „nationale“ als Wächter („garde-fou“[111]) dienen, zum Schutz gegen jeden Willen, die französische Souveränität zu beeinträchtigen, um eine nichtnationale Souveränität zu schaffen[112].

Die Fortsetzung der europäischen Integration führt dazu, dass immer häufiger das Erfordernis der Achtung der Demokratie auf europäischer Ebene als ausdrücklicher Bedingung für weitere Kompetenzübertragungen auf die Europäische hervorgehoben wird[113]. Die Europäische Union geht über die einzelnen Nationen hinaus, die sie bilden. Die Betrachtung der Nation als „politisch-geographischer Rahmen“ könnte dazu geeignet sein, der Notwendigkeit, die Europäische Union mit transnationalen, demokratischen Strukturen zu gestalten[114], gerecht zu werden bzw. die Nation von ihrem Mythos zu befreien, ohne dafür die Demokratie zu gefährden.

III. Die subjektive Theorie der Nation im Wandel

Angesichts der Vielgestaltigkeit der Beschreibungen der Nation, ist es schwierig, Kriterien für ihr Existenz zu finden[115]. Diese Frage ist ferner mit der Frage verbunden, ob der Staat vor oder nach der Entstehung der Nation entstanden ist. Die Debatte ist durch Meinungsverschiedenheiten[116] geprägt und nimmt rein

---

111 Ebenda.

112 Contra *Roux*, Finitude de la souveraineté de l'Etat et intangibilité de la souveraineté du peuple (remarques sur la valeur supraconstitutionnelle du principe de la souveraineté démocratique), in: Civitas Europa, Nr. 3, September 1999, S. 15-39 (27).

113 In diesem Sinne *Prétot*, La conformité à la Constitution de la loi autorisant l'approbation de la Convention d'application de l'Accord de Schengen (Décision n° 91-294 DC du 25 juillet 1991), in: R. T. D. E. 28 (1992), S. 194-212 (212), wobei der Autor sich ausdrücklich auf der Rechtsprechung des Bundesverfassungsgerichts zum Vertrag von Maastricht stützt, vgl. BVerfGE 89, 155.

114 Dazu *Ferry*, La question de l'Etat européen, Paris 2000, insbes., S. 22 ff. und ferner S. 146 ff., wo der Autor die Idee einer „*démocratie cosmopolitique*, dont l'Europe pourrait être une préfiguration“ vertritt. Vgl. *Badura*, Bewahrung und Veränderung demokratischer und föderativer Verfassungsprinzipien der in Europa verbundenen Staaten, in: Zeitschrift für Schweizerisches Recht, N. F. Bd. 109 (1990), S. 115-134 (134) mit der Erwähnung „einer bündisch verfaßten übernationalen Demokratie“.

115 Vgl. auch *Nguyen Quoc*, Droit international (FN. 22), S. 407. Interessant dazu *Chantebout*, L'Etat et la Nation (FN. 77), S. 104 ff. 106. Laut *Chantebout* wird am Ende die Nation immer vom Staat geschaffen. Die Nation ist „la communauté de tous ceux qui sont favorables – ou au contraire définitivement hostiles – à l'Etat dont ils sont sujets“.

116 Manche Autoren wie z. B. *Ardant*, Institutions (FN. 104), S. 21 behaupten, dass sich der französische Staat vor der Nation gebildet habe. Andere, wie z. B. *Leclercq*, Droit

theoretische Züge an, die weniger mit Wissenschaft als mit Ideologie zu tun haben. Im Hinblick auf die europäische Integration gewinnt diese Diskussion an Bedeutung. In der Tat kann man sich fragen, ob in Europa die Staaten eine europäische Nation schaffen werden, oder ob im Gegenteil die europäische Nation ein staatliches Konstrukt schaffen wird[117].

Abgesehen von der wichtigen Rolle der Monopolisierung bzw. Vereinheitlichung des Rechts durch den Staat und der Vereinheitlichung der Sprache[118], hat sich die französische Einheit durch die territoriale Einheit, die Institutionalisierung der Macht und das Nationalgefühl[119] gebildet. Die Nation ist nicht nur eine psychologische Grenze, sondern auch das Symbol der Zusammengehörigkeit und ein „Instrument“ der engen Bindung an Erde und Boden. Nach dem Krieg von 1870 nimmt das Wort „Nation“ leidenschaftliche Züge an und wird zum Gegenstand „wissenschaftlicher“ Auseinandersetzungen[120].

Renan[121] geht davon aus, dass die Nation durch ein psychologisches Element gebildet wird, nämlich den Wunsch der Individuen, die eine Gruppe bilden, zusammen zu leben. Für *Renan*, ist die Nation „eine Seele“[122], ein „spirituelles

---

constitutionnel (FN. 38), S. 81 vertreten die Auffassung, dass die Herausbildung des Staates und der Nation gleichzeitig statt gefunden habe.

117 Ferner dazu Teil 3, Kap. 1 A I.

118 Mit der „Ordonnance de Villers-Cotterêts“ von 1539 ist das Französische die Sprache des „Etat civil“ und der „actes officiels“.

119 Die nationale Identität entstand aus drei Hauptthemen, die mit der Entstehung der Nation während der Revolution verknüpft sind, nämlich das Ausland, die Einheit und die Idee der Allgemeinheit, *Nora*, „Nation“ (FN. 89), S. 806 ff. Dem Autor zufolge verweist die Universalität auf die Mobilisierungs- und Personifizierungsfähigkeit der Nation und beruht auf einer unentwirrbaren Mischung aus Nationalismus und universalistischem Expansionismus.

120 Auseinandersetzung zwischen *Mommsen* und *Strauss* gegen *Fustel de Coulanges* und *Renan*, dazu *Girardet*, Le Nationalisme Français, Paris 1966, S. 62 ff.; *Finkielkraut*, La défaite de la pensée, Paris 1987, S. 39 ff.

121 *Renan*, Qu'est-ce qu'une Nation? (FN. 105), S. 54 f.

122 Dieser Terminus der Nation als „Seele“ erinnert aber an die Hegelschen Theorie des „Volksgeistes“, wobei die „Seele eines Volkes“ eine konkret-organische Einheit bildet, welche der Nation ihre Identität und ihre ethische Originalität gibt, *Hegel*, Gesammelte Werke, hrsg. von der Rheinisch-Westfälischen Akademie der Wissenschaften, 21 Bde., Bd. 9, Phänomenologie des Geistes, hrsg. von Bonsiepen / Heede, Hamburg 1980, S. 238 ff., 240 ff.: „Der Geist ist das sittliche Leben eines Volks, insofern er die unmittelbare Wahrheit ist“. Die deutsche Lehre des 19. Jahrhunderts versieht das Konzept der „nationalen Seele“ mit einer romantischen Prägung, welche das rationalistische Ideal und den juristischen Optimismus der französischen Aufklärung vertuscht, so *Herder*, Ideen zur Philosophie der Menschheit, 4 Theile (1784-1791), Riga und Leipzig. Siehe z. B. *Moser*, Von dem Deutschen national-Geist, 1765, S. 10 ff.; *Fichte*, Reden an die deutsche Nation, Berlin 1808, S. 20, 205, 237 f., wobei bei Fichte der Nationalgeist durch Erziehung erworben werden soll (S. 281 ff., 377 ff.); dazu z. B. *Meyer*, Fichte's Reden an die deutsche Nation, Hamburg 1862, S. 15 ff., ferner S. 29 ff.;

Prinzip"[123], das auf zwei Grundlagen beruht. Einerseits auf dem „gemeinsamen Besitz eines reichen Erbes von Erinnerungen"[124], andererseits auf dem „aktuellen Willen bzw. auf dem Wunsch, zusammen zu leben und dem Willen, das Gesamthandserbe weiterhin geltend zu machen"[125]. Eine Nation ist eine „große Solidarität" und ein „alltägliches Plebiszit"[126]. Diese eher emotionale Auffassung der Nation findet sich in den neueren Beschreibungen der Nation wieder, in denen die Nation als „Traum einer gemeinsamen Zukunft"[127], als „kollektiver Willen des Zusammenlebens"[128] oder als „Gefühl"[129] betrachtet wird.

Die französische, „subjektive" Theorie der Entstehung der Nation[130], derzufolge eine Nation durch den Willen der Menschen, die sie bilden, entsteht, wurde sehr lange als Gegensatz zur deutschen, sog. „objektiven"[131] Theorie der Entstehung

Renaut, L'idée fichtéenne de Nation, in: Cahiers de Philosophie politique et juridique, Nr. XIV, Etat et Nation (1988), S. 189-206. Zur Zeit des Nationalsozialismus in Deutschland wurde die Begeisterung für die Nation als ideologisches Instrument benutzt, z. B. *Gadamer*, Volk und Geschichte im Denken *Herders*, Wissenschaft und Gegenwart, Bd. 14, Frankfurt 1942, ein Missbrauch, der bis heute ein tiefes Misstrauen gegenüber jeglichem nationalen Gefühl in Deutschland hinterlassen hat. Sehr interessant in dieser Hinsicht z. B. *Biedenkopf* (Hrsg.), Zur Lage der Nation. Reden anläßlich der ersten Jahresversammlung der Deutschen Nationalstiftung am 21. April 1994 im Deutschen Nationaltheater Weimar, Reinbek bei Hamburg 1994.

123 *Renan*, Qu'est-ce qu'une nation? (FN. 105), S. 54.

124 Ebenda: „possession en commun d'un riche legs de souvenirs".

125 Ebenda.: „le consentement actuel, le désir de vivre ensemble, la volonté de continuer à faire valoir l'héritage qu'on a reçu indivis".

126 Ebenda.

127 *Burdeau / Hamon / Troper*, Droit constitutionnel, 25. Aufl., Paris 1997, S. 27: „un rêve d'avenir partagé".

128 Die Formel des „vouloir vivre collectif" wurde von der späteren Doktrin übernommen: Z. B. *Capitan* (Dir.), Vocabulaire juridique, Paris 1930, „Nation", S. 343: „Groupe d'hommes habitant généralement un même territoire, ayant une certaine unité de race de langue et de religion, leur créant des aspirations, des traditions et des souvenirs communs qui se caractérisent par un „vouloir vivre collectif"; *Burdeau*, Traité (FN. 11), Bd. 2, S. 115: „C'est qu'en effet la nation est d'abord un sentiment attaché aux fibres les plus intimes de notre être: le sentiment d'une solidarité qui unit les individus dans leur volonté de vivre ensemble"; *Robert*, Dictionnaire alphabétique et analogique de la langue française, Bd. 4, Paris 1978, Art. „Nation", S. 575 f. (575): „Groupe humain, généralement assez vaste, qui se caractérise par la conscience de son unité et la volonté de vivre en commun".

129 *Dupront*, Du sentiment national, in: François (Dir.), La France et les Français, Paris 1972.

130 *Gicquel / Hauriou*, Droit constitutionnel (FN. 20), S. 98.

131 Dazu aus vergleichender Perspektive, *Schulze*, Das Europa der Nationen (FN. 78), S. 74 ff.; *Kallscheuer / Leggewie*, Deutsche Kulturnation versus französische Nation? Eine ideengeschichtliche Stichprobe, in: Berding (Hrsg.), Nationales Bewußtsein und kollektive Identität. Studien zur Entwicklung des kollektiven Bewußtseins in der Neuzeit Bd. 2, Frankfurt am Main 1994, S. 112-162; siehe auch *Caron*, La nation (FN. 102), S. 17 ff.

der Nation, derzufolge die Nation nur durch objektive Kriterien wie Rasse oder Sprache entsteht, aufgefasst. Diese strenge Gegenüberstellung muss jedoch nach dem heutigen Verständnis relativiert werden[132]. Zwar ist die Auffassung der Nation als Ausdruck einer „sprachlichen, kulturellen Zusammengehörigkeit“[133], die in Deutschland überwiegend vertreten wird, bisher in Frankreich nur selten vertreten worden[134]. Immer häufiger wird aber auch im französischen Schrifttum die Meinung vertreten, die Nation sei eine „communauté de culture“[135] (Kulturgemeinschaft), eine Bezeichnung, die an das deutsche Verständnis von der Nation[136] erinnert und der Europäischen Integration gegenüber anpassungsfähiger erscheint.

C. Zur klassischen Gleichsetzung von Staat und Nation

Die französische klassische Auffassung des „Etat-nation“ wird von *Chevallier* wie folgt zusammengefasst: Bei Nation und Staat handelt es sich um abstrakte Einheiten, mythische Institutionen und symbolische Vorstellungen, die die notwendige Identität schaffen, diese stellen die Voraussetzungen für die Existenzfähigkeit der Gesellschaft dar: In der Nation drücken sich die Schicksalsgemeinschaft und die Solidarität der Interessen zwischen den Mitgliedern aus; Der Staat verkörpert das Ordnungsprinzip, auf dem die soziale Autorität beruht[137].

---

132 Die deutsche „objektive“ Theorie der Entstehung der Nation, die zur Theorie der Rasse-Nation geführt hat, wird seit dem Ende des zweiten Weltkrieges immer mehr mit subjektiven Elementen relativiert, so z. B. *Doehring*, Allgemeine Staatslehre (FN. 51), S. 25, über die Bedeutung des subjektiven Willens eines Staatsvolks, eine Gemeinsamkeit bzw. eine gesonderte Nation zu bilden.

133 *Biedenkopf*, Zur Lage der Nation I, in: *Biedenkopf*, Zur Lage der Nation (FN. 122), S. 25-44 (28).

134 *Lévy*, in: Le Monde du 5. Janvier 1978, S. 2: „La langue française est à la fois ma plus chère et ma seule patrie possible“; vgl. *Dollé*: „Quand l'histoire n'a plus de génitrice, les hommes s'animent à leur langue maternelle, zit. in: *Rey*, Dictionnaire historique (FN. 78).

135 Zur Bestimmung der Nation durch die Kultur, ferner *Polin*, Nation et culture, in: Philosophie politique, Nr. 8, (1997), S. 71. Interessant auch *Fabre*, Principes républicains de droit constitutionnel, 4. Aufl., Paris 1984, S. 22, Fn. 7, der darauf hinweist, dass die Außenpolitik Frankreichs diese kulturelle Auffassung der Nation, übernimmt, indem sie zwischen den fremden Staaten und den frankophonen Staaten unterscheidet.

136 Dazu *Grawert*, Staatsvolk und Staatsangehörigkeit, in: Isensee / Kirchhof (Hrsg.), Handbuch des Staatsrechts der Bundesrepublik Deutschland, Bd. 1, Heidelberg 1987, § 14, S. 663-690, S. 668 f.; ferner zur Idee des „Kulturstaates“, *Häberle* (Hrsg.), Kulturstaatlichkeit und Kulturverfassungsrecht, Wissenschaftliche Buchgesellschaft, Darmstadt 1982.

137 *Chevallier*, L'Etat-nation, in: R. D. P. 96 (1980), S. 1271-1302 (1271): „Nation et Etat constituent des entités abstraites, des instances mythiques, des représentations symboliques, qui produisent l'identité indispensable à l'existence même de la société: la Nation exprime la

Nach dieser Auffassung stehen Staat und Nation in einer „relation de mutuelle *congruence*“[138]. Der Staat ist der Signifikant („*signifiant*“) der Nation und kann auf den national bestimmten Signifikat („*signifié* national“) nicht verzichten[139]. Der Staat ist die höchste Form, die die Nation annehmen kann und stellt die institutionelle Projektion dar, die der Nation die Dauerhaftigkeit, die Organisation und die Macht verleiht[140].

Diese strukturelle Verbindung spiegelt sich auf juristischer Ebene wider und ist eine Folge der Theorie der nationalen Souveränität. Als Rechtssubjekte können Staat und Nation souverän sein. Innerhalb ein und desselben Territoriums können aber zwei Souveränitäten nicht koexistieren und konkurrieren. Da ihre Souveränitäten sich gegenseitig ausschließen müssen Staat und Nation als eine Einheit konzipiert werden[141]. Ob nun die Nation als „Organ“ des Staates betrachtet wird oder der Staat als „Personifizierung der Nation“[142], es gibt nur eine Souveränität. Die Nation ist eine juristische Person[143], die selbst Träger von

---

communauté de destins, la solidarité d'intérêts, entre les membres; l'Etat incarne le principe d'ordre sur lequel repose l'autorité sociale“.

138 *Chevallier*, L'Etat-nation (FN. 137), S. 1281.

139 Ebenda.

140 Ebenda: „la forme supérieure que prend la Nation, la projection institutionnelle qui lui confère durée, organisation, puissance“.

141 Ebenda. A. A., *Sabourin*, L'Europe: fédération ou intégration d'Etats-Nation?, in: *Bourjol*, La commune, l'Etat et le droit, S. 241-256 (247). Dem Autor zufolge führt der Übergang von der Souveränität des Königs zur Souveränität des Volks zur Trennung von Staat (Unterwerfungsprinzip) und Nation (Freiheitsprinzip).

142 *Carré de Malberg*, Contribution à la théorie générale de l'Etat spécialement d'après les données fournies par le droit constitutionnel français, 2 Bde., Paris 1920, 1922, Bd. 1, S. 9, 13; *Esmein*, Eléments (FN. 96), Bd. 1, S. 1 f.: „L'Etat est la personnalité juridique d'une nation; (...) c'est le sujet et le support de l'autorité publique. Le fondement du droit public consiste en ce qu'il donne à la souveraineté en dehors et au-dessus des personnes qui l'exercent à tel ou tel moment, un sujet ou titulaire idéal et permanent qui personnifie la nation entière; cette personne, c'est l'Etat qui se confond ainsi avec la souveraineté, celle-ci étant sa qualité essentielle“; *Hauriou*, La souveraineté nationale, Recueil de législation de Toulouse, 1912, S. 149; *ders.*, Principes de droit public, Paris 1916, S. XIII: „L'Etat tend à devenir la personnification juridique de la nation“, vgl. S. 304: „L'Etat est la personnification juridique d'une nation, consécutive à la centralisation politique, économique, juridique des éléments de la nation, réalisée en vue de la création du régime civil“. Kritisch *Duguit*, Les transformations (FN. 3), S. 36 ff.; *Burdeau / Hamon/ Troper*, Droit constitutionnel (FN. 127), S. 29; *Reglade*, La notion juridique de l'Etat (FN. 31), S. 527.

143 Im Gegensatz dazu *Duguit*, L'Etat, le droit objectif et la loi positive, Paris 1901, der dem Staat und der Nation eine Rechtspersönlichkeit abspricht. Für *Duguit*, spiegelt der Staat das Differenzierungsphänomen zwischen Regierenden und Regierten und ist insofern ein soziales und historisches Ereignis, das als solches nicht juristisch qualifiziert werden kann. Weder der Staat noch die Nation sind Rechtssubjekte, die Träger von Souveränitätsrechten sein können.

Souveränität sein kann[144]; sie ist sich ihres historischen Schicksals bewusst und findet ihre politische Verwirklichung, indem sie sich in der Form eines Staates organisiert. Der Staat wird dann als „Gruppe von Individuen“[145], als die „nationale Gemeinschaft“[146] schlechthin betrachtet; als juristische Personifizierung der Nation offenbart der Staat gleichzeitig die Einheit, die Dauerhaftigkeit und die Macht der Gesellschaft[147].

Diese Auffassung wird sowohl „von oben als auch von unten“[148] in Frage gestellt. Von oben durch die rasante Transnationalisierung der Wirtschaft und der Kultur, durch die europäische Integration und die zunehmende Mischung der Kulturen

---

144 So z. B. die Definition der „Nation“ bei *Capitant*, Vocabulaire juridique, (FN. 128), „Nation“, S. 343: „Dans la théorie classique issue de la Révolution française, personne juridique constituée par l'ensemble des individus composant l'Etat, mais distincte de ceux-ci et titulaire du droit subjectif de souveraineté“. Ein Beispiel zur terminologischen Verwirrung zwischen den Begriffen „Staat“, „Nation“ und „Souveränität“ bietet, *Boutet*, Vers l'Etat de droit. La théorie de l'Etat et du droit, Paris, 1991, S. 189: „L'Etat-nation, personne juridique de la souveraineté“ („Der „Etat-nation, juristische Person der Souveränität“).

145 *Capitant*, Vocabulaire juridique (FN. 128), „Etat“, S. 236: „Groupement d'individus fixé sur un territoire déterminé et soumis à l'autorité d'un même gouvernement, auquel les juristes, le plus souvent, attribuent la personnalité juridique“. Diese Definition des Staates als Gruppe von Individuen ähnelt die Definition der Nation selbst.

146 *Pactet*, Institutions (FN. 22), S. 40 f.: „(...) communauté nationale particularisée par son passé et par une certaine unité, qui peut devoir davantage à la volonté et aux efforts des hommes qu'aux données naturelles, notamment si des populations différentes sur le plan ethnique et linguistique cohabitent dans le cadre d'une même communauté. Celle-ci comporte nécessairement certains caractères politiques et juridiques qui la rendent différente des autres communautés infra ou supra-étatiques“.

147 Vgl. *Chevallier*, L'Etat-nation (FN. 137), S. 1274 ff., der die Nation als „intermédiaire“ zwischen der Gesellschaft sieht, deren Einheit sie symbolisiert und offenbart und dem Staat, dessen Fundament sie bildet.

148 Vgl. *De Rougemont*, der über die Etats-nation sagte: „Je ne propose pas de les détruire, c'est impossible. Je propose de les dépasser, à la fois par en haut et par en bas, et cela, c'est devenu possible au XXe siècle. Dépasser l'Etat-nation par en haut, signifie *Fédération* continentale, et par en bas, signifie *Régions*“, zit. in *Sidjanski*, L'avenir fédéraliste de l'Europe. La Communnauté européenne, des origines au traité de Maastricht, Paris 1992, S. 270; *Héraud*, Réflexions sur la souveraineté. Comment la réduire par le haut et par le bas, in: Autour de l'avenir est notre affaire, Entretiens de Crêt-Bérard, textes réunis et présentés par Gérard de Puymège, Fondation Ch. Veillon, Lausanne 1984; Ders., Vues prospectives pour une Europe des régions et des peuples, in: *Bourjol* (Dir.), La commune, l'Etat et le droit. Bicentenaire de la Révolution et Marché unique européen, Paris 1990, S. 266-275. Ferner *Philip / Soldatos* (Dir.), Au-delà et en-deçà de l'Etat-nation, Paris 1996; *Bourjol* (Dir.), La commune, L'Etat et le droit. Bicentenaire de la Révolution et Marché unique européen, Paris 1990; vgl. *Soulier*, Union européenne et dépérissement de l'Etat (FN. 5), S. 297.

und der Bevölkerungen[149], die durch die „Grenzüberspringungen"[150] bewirkt wird; von unten durch die Machtbehauptung kleinerer Einheiten innerhalb des Staates. Die zentrale Idee der „kulturellen, politischen und wirtschaftlichen Einheit der Nation und der positiven Kraft des Nationalstaates als Instrument zur Überwindung der Partikularismen und der Privilegien"[151] ist überholt. Der Staat erscheint immer weniger als das Einheitsprinzip der Gesellschaft und der Nation[152].

Betrachtet man zum Beispiel den Staat als „Organ"[153], als „intermediäre Gewalt"[154] oder einfach als „Instrument"[155], das seine Funktion als „Rahmen der Ausübung von Kompetenzen"[156] erfüllt, können Souveränität und Staat bzw. Staat und Nation voneinander getrennt werden[157]. Stellt sich aber die Frage des Schutzes des Gemeinwohls („bien commun"). So stellt sich die Frage, ob sich nicht der nationalstaatliche Raum zu diesem Schutz besser eignet als ein supranationaler Raum.

Ferner wird die Identität von Staat und Nation auch im juristischen Schrifttum zunehmend widerlegt[158], indem einerseits der soziale Aspekt der Nation betont

---

149 *Touraine*, Un désir d'histoire, Paris 1977, S. 219; *ders.*, L'Etat et la question nationale, in: *Lenoir / Lesourne* (Dir.), Où va l'Etat? La souveraineté économique en question, Paris 1992, S. 74-90.

150 Vgl. *Saladin*, Wozu noch Staaten? (FN. 54), S. 21: „Staatsgrenzen werden immer mehr systematisch ‚übersprungen'".

151 *Touraine*, L'Etat et la question nationale (FN. 149), S. 77: „unité culturelle, politique et économique de la nation et de la force positive de cet Etat national comme instrument de dépassement des particularismes et des privilèges".

152 *Touraine*, L'Etat et la question nationale (FN. 149), S. 89.

153 *Hécquard-Théron*, La notion d'Etat (FN. 32).

154 *Saladin*, Wozu noch Staaten? (FN. 54), S. 237.

155 Ebenda.

156 Ebenda.

157 Interessant dazu *Millon-Delsol*, Déclin de l'Etat et subsidiarité, in: *Philip / Soldatos*, Au-delà et en-deça de l'Etat-nation, Paris 1996, S. 237-255 (241): „L'affaiblissement de l'Etat n'est pas un problème en soi. Ce qui fait problème, c'est la sauvegarde du bien commun".

158 So schon *Duguit*, Traité (FN. 31), Bd. 1, S. 607: „(...) dans la doctrine française, telle qu'elle a été exprimée dans nos constitutions de l'époque révolutionnaire et de 1848, la nation est le titulaire originaire de la souveraineté. La nation est une personne avec tous les attributs de la personnalité, la conscience et la volonté. La personne nation est, en réalité, distincte de l'Etat, elle lui est antérieure; l'Etat ne peut exister que là où il y a une nation, et la nation peut subsister même quand l'Etat n'existe plus ou n'existe pas encore". Siehe auch *Scelle*, Le Pacte des Nations (FN. 1), S. 42: „L'Etat n'est pas la Nation. La Nation c'est l'ensemble, la collectivité des citoyens, c'est le peuple de l'Etat. L'Etat, s'en distingue précisément parce qu'il n'apparaît que dans la sphère juridique: il est la Nation juridiquement organisée, c'est-à-dire ayant une base territoriale stable et déterminée, et, surtout, des organes qui parlent en son

wird[159]: Da der Staat eine juristische, die Nation aber eine soziale Erscheinung ist, können beide Phänomene nicht in einer Person vereinigt werden[160]. Die Idee der Nation ist nach dieser Auffassung vor allem mit einer gewissen Spontaneität verbunden, die Idee des Staates ihrerseits setzt eine Organisation voraus, die mehr oder weniger künstlich sein kann[161]. In diesem Sinne bildet der Staat lediglich die „Armatur bzw. die juristische Hülle eines soziologischen Phänomens: Der Gesamtgemeinschaft oder in einem präziseren Sinne der Nation“[162]. Andere Autoren heben hervor, dass der Staat lediglich der Ausdruck der Nation sei[163] bzw. die nationale Gemeinschaft zwar der Adressat des staatlichen Systems, nicht aber dessen Substanz ist[164]. Andererseits wird darauf hingewiesen, dass der europäische Integrationsprozess dazu führt, dass der Staat nicht mehr als einziger und ausschließlicher Ausdruck der Nation in der juristischen und politischen Ordnung betrachtet werden kann. Insofern wird von einer „Entstaatlichung der Nation“[165] gesprochen: Die allmählichen Kompetenzübertragungen, die die

nom, agissent et veulent pour lui, procurent ainsi à l'ensemble du peuple les avantages de ces actes de volonté, auxquels le droit procure l'efficacité“. Interessant dazu mit Hinweis auf das deutsche Schrifttum, *Baghestani*, Le titulaire de la souveraineté (FN. 7), S. 45, Fn. 3. Ferner *Chevallier*, L'idée de Nation et l'idée d'Etat dans l'idée de Nation, in: Annales de philosophie politique, Paris 1969, Nr. 8, S. 49 ff., siehe auch, aus europäischer Perspektive, *Sabourin*, L'Europe (FN. 141), S. 246 ff.

159 *Burdeau / Hamon/ Troper*, Droit constitutionnel (FN. 127), S. 29 f. Die angesichts des hohen Grads an Dezentralisierung im Schrifttum vorgeschlagene Unterscheidung zwischen „Etat-puissance“ (Herrschaftsstaat) und „Etat-République“ übernimmt aber zum Teil die Idee einer Einheit zwischen Staat und Nation („Etat-République“), dazu *Leclercq*, Droit constitutionnel (FN. 38), S. 83 ff.; vgl. *Schwartzenberg*, in: le Monde vom 8. Januar 1972.

160 Vgl. *Février*, Réflexions (FN. 83), S. 166. Die Trennung von Staat und Nation auch befürwortend, *Sabourin*, L'Europe (FN. 141), S. 247. Diese Sichtweise verstößt gegen das vom amerikanischen Präsidenten Wilson verteidigte Nationalitätsprinzip, das das Zusammenleben von mehreren Nationen in derselben staatlichen Struktur ausschließt.

161 Vgl. *Brugmans*, „L'Europe des Etats“ un double échec, in: Revue de droit prospectif (1977), Nr. 3 / 4 – spécial Europe, S. 55-59 (56). Ferner *Ardant* Institutions (FN. 104), S. 21: „La nation est une réalité beaucoup plus charnelle que l'Etat, elle se prolonge dans l'idée de patrie, de terre des pères. On meurt pour la patrie, pour la France ou l'Allemagne, on ne meurt pas pour l'Etat“.

162 *Hauriou / Gicquel*, Droit constitutionnel (FN. 20), S. 96. „armature ou enveloppe juridique d'un phénomène sociologique, la collectivité tout entière appelée plus précisément la nation (...)“.

163 *Leclercq*, Droit constitutionnel (FN. 38), S. 81 ff., 83, 85.

164 Vgl. *Burdeau*, Manuel de droit constitutionnel et institutions politiques, 20. Aufl., Paris 1984, S. 26. Es wird darüber hinaus betont, dass der Zwangsgewalt des Staates auch die sich auf dem Staatsgebiet befindenden Ausländer unterworfen sind, so dass man in dieser Hinsicht nicht von einer logischen Verbindung zwischen Staat und Nation sprechen kann, vgl. *Ardant*, Institutions (FN. 104), S. 22.

165 *Soulier*, Union européenne et dépérissement de l'Etat (FN. 5), S. 301: „désétatisation de la nation“.

Entwicklung der europäischen Integration ermöglicht haben, führen dazu, dass die Nation allmählich ihren Charakter als autonome politische Einheit, die deren Gleichsetzung mit dem Staat im System des „Etat-nation" widergespiegelt wurde, verloren hat[166].

Als Pendant zur Entstaatlichung der Nation kann die auch die „Entnationalisierung des Staates"[167] erwähnt werden. In der Tat kann die klassische Auffassung des Staates als Personifizierung der Nation der europäischen Einigung nicht gerecht werden, da das Volk im Staatsbegriff dadurch aufgezehrt („absorbé"[168]) wird.

Die Nation als „politisch-geographischer Rahmen" ist auf infranationaler wie auf supranationaler Ebene überholt. Andere Untertänigkeitsverknüpfungen („liens d'allégeance"[169]) bilden sich sowie andere Solidaritätsebenen und dies sowohl auf infranationaler als auch auf transnationaler Ebene. Fraglich ist, ob auf diese neuen Solidaritätsvernetzungen auch auf supranationaler Ebene statt finden werden. Fraglich ist zum Beispiel, wie die demokratische Souveränität, die nicht mehr ausschließlich im nationalstaatlichen Raum ausgeübt werden kann, auf europäischer Ebene wiederbeleb werden kann[170]. Ferner bleibt es offen, ob eine europäische Schicksalsgemeinschaft mit dem entsprechenden Zusammengehörigkeitsgefühl im Sinne *Renans* eines Tages ihrer selbst bewusst sein wird. Zwar hat die Kompetenzübertragung auf supranationaler Ebene nicht unbedingt die Beseitigung des nationalen Gefühls zur Folge, solange aber die Nation als „Widerstandsort" und „Mittel des kollektiven Gefühls der Sicherheit"[171] betrachtet wird, erscheint der Versuch, die kollektive Identifizierung auf supranationale Ebene zu übertragen als unrealistisch[172]. Betrachtet man aber den Staat als lediglich Instrument zu Diensten des ursprünglichen Souveränitätsträger, der Nation oder als juristischer Rahmen von Kompetenzen, ist die Schaffung durch die Nation eines anderen juristischen Rahmen ihrer politischen Ausdruck denkbar[173].

---

166 Ebenda.

167 *Soulier*, Union européenne et dépérissement de l'Etat (FN. 5), S. 303: „dénationalisation de l'Etat".

168 *Pierré-Caps*, La Ve République (FN. 72), S. 1477.

169 Vgl. *Chevallier*, L'Etat-nation (FN. 137), S. 1292.

170 *Badie*, La Ve République (FN. 72), S. 1478. Ferner dazu Teil 3, Kap. 3 B.

171 *Chevallier*, L'Etat-nation (FN. 137), S. 1298.

172 Ferner *Schulze*, Das Europa der Nationen (FN. 78), S. 83, für den „nur der nationalstaatliche Rahmen einstweilen imstande [ist], eine schützende Hülle für demokratische und freiheitliche Institutionen zu sein".

173 Vgl. dazu *Noblecourt*, Essai d'une construction juridique de la supranationalité, in: Civitas Europa, Nr. 3, September 1999, S. 279-308 (281, 288, 296 ff.).

C. Zusammenfassung

Die französische klassische Auffassung des „Etat-nation" beruht auf zwei Begriffen – Staat und Nation –, deren enge Verknüpfung zu einer gewissen begrifflichen Verwobenheit führt.

Es gibt keine absolute, aus irgendwelchen Prämissen ableitbare Definition des Staates. Aus institutioneller Perspektive bildet der Staat den Rahmen der Ausübung bestimmter Kompetenzen. Aus materiell-rechtlicher Sicht ist der Staatsbegriff in Frankreich mit der Idee der republikanischen Staatsform und mit dem Konzept des „service public" verbunden. Politisch betrachtet wird der Staat immer deutlicher zu einer Machteinheit unter anderen.

Die französische klassische Auffassung, nach der der Staat die Personifizierung der Nation ist, wird sowohl auf nationaler als auch auf übernationaler Ebene immer deutlicher widerlegt. Nur durch die „Dissoziierung"[174] zwischen Staat und Nation könnte aus französischer Sicht eine übernationale Demokratie, z. B. im Rahmen der Europäischen Union, denkbar werden[175]. Die Anpassungsschwierigkeit des französischen Souveränitätsverständnisses an die Europäische Integration beruht ferner auf der Tatsache, dass der Souveränitätsbegriff mit dem Staatsbegriff eng verknüpft ist, so dass der Verzicht auf die Souveränität den Verzicht auf die Staatlichkeit zur Folge hätte.

---

[174] *Sabourin*, L'Europe (FN. 141), S. 246; auch *Pierré-Caps*, L'Union européenne, demos et légítimité: de l'Etat-nation à la multination, in: Civitas Europa, Nr. 1, September 1998, S. 35-54 (37 ff.); vgl. *Soulier*, Union européenne et dépérissement de l'Etat (FN. 5), S. 297 ff., 305, der seinerseits von der „désintrication" des Staates und der Nation spricht.

[175] Ferner dazu Teil 2 Kap. 3 B.

Kapitel 2: Der französische Souveränitätsbegriff

Im französischen Schrifttum hat seit *Carré de Malberg*[176] und *Burdeau*[177] keine juristische, dogmatische bzw. systematische Analyse des Souveränitätsbegriffs in der Allgemeinen Staatslehre stattgefunden, obwohl der Souveränitätsbegriff als eine Art „principe des principes“[178] des öffentlichen Rechts bezeichnet werden kann. Die neueren Analysen beschränken sich überwiegend auf die innere Souveränität bzw. auf die Verfassungsgesetzgebung[179] oder bestehen aus einer Analyse der verfassungsrechtlichen Rechtsprechung auf dem Gebiet der inneren Souveränität. Ein Beitrag der französischen Staatsrechtslehre zur europäischen Diskussion über eine allgemeine Theorie der Souveränität des Staates als Mitglied der Europäischen Union wurde erst vor kurzem veröffentlicht[180].

Der Souveränitätsbegriff ist ein vieldeutiger Begriff (A), der sowohl eine innere, als auch eine äußere Seite hat (B) und in Frankreich durch seine besondere Verbindung mit der Staatlichkeit geprägt ist (C).

A. Begriffliche Aspekte

Die dem Souveränitätsbegriff oft vorgeworfene Vieldeutigkeit[181], seine Abstraktheit[182], seine Unschärfe, seine fehlende Präzision[183] oder seine Unklar-

---

176 *Carré de Malberg*, Contribution (FN.142).

177 *Burdeau*, Traité (FN. 11), Bd. 2.

178 *Beaud*, La Puissance de l'Etat (FN. 7), S. 11-12.

179 Maßgeblich auf diesem Gebiet ist die Analyse von *Beaud* La Puissance de l'Etat (FN. 7). Der Autor behandelt zunächst „l'Etat de sujets“ (Teil I), und anschließend „l'Etat de citoyens“ (Teil II). Dort entwickelt er die Idee, dass die Verfassung den modernen Ausdruck der Souveränität darstellt.

180 *Chaltiel*, La souveraineté de l'Etat (FN. 8). Die Autorin bildet ihre Theorie der Souveränität des EU-Mitgliedstaates in zwei Schritten. Im ersten Teil ihrer Arbeit betrachtet sie die Souveränität des Staates als Gründerin („fondatrice“) der Europäischen Union, im zweiten Teil analysiert sie die Europäische Union als Neu-Gründerin („re-fondatrice“) der Souveränität des Staates.

181 In *Burdeau / Hamon / Troper*, Droit constitutionnel (FN. 127), S. 180 f., werden nicht weniger als vier Bedeutungen des Worts „souveraineté“ bzw. „souverain“ vorgeschlagen. Doch bereits die daraus entstehende Konfusion zwischen dem Substantiv und dem Adjektiv lässt erhebliche Kritik bezüglich an der Verständlichkeit dieser Definition zu. Zum Problem der Vieldeutigkeit des Souveränitätsbegriffs in Deutschland *Jahreiss*, Die Souveränität der Staaten. Ein Wort – mehrere Begriffe – viele Missverständnisse, in: Hofmann (Hrsg.), Die Entstehung des modernen souveränen Staates, Köln, Berlin 1967, S. 35-51. Auch *Creifelds*, Rechtswörterbuch, München 1996, „Souveränität“, S. 1124; vgl. *Kelsen*, „Souveränität“ (FN. 3), S. 278.

heiten[184], die zu einer gewissen begrifflichen Verwirrung führen[185], haben sich in einer kaum mehr überschaubaren einschlägigen Literatur niedergeschlagen. Eine Definition wird auch dadurch erschwert, dass der Souveränitätsbegriff sich an der Grenze zwischen dem Politischen und dem Juristischen befindet[186], ja in einer Schlüsselposition zwischen dem Recht und der Wirklichkeit[187] und oft Gegenstand von allerlei Mystifizierungen wird[188].

---

182 Vgl. Die Definition der Souveränität von *Bouretz*, „Souveraineté", in: *Duhamel / Mény*, Dictionnaire constitutionnel, Paris 1992, S. 989: „principe abstrait désignant l'instance détentrice de l'autorité légitime"; vgl. *Beaud* La Puissance de l'Etat (FN. 7), S. 11 f., wo der Autor die Souveränität als eine Art „principe des principes" des öffentlichen Rechts bezeichnet.

183 *Burdeau / Hamon / Troper*, Droit constitutionnel (FN. 127), S. 180.

184 *Randelzhofer*, Staatsgewalt und Souveränität, in: HStR., Bd. 1, Heidelberg 1987, § 15, S. 602.

185 Kritisch z. B. *Maritain*, L'Europe (FN. 1), S. 123: „La question n'est pas seulement une question de mots. Nous sommes, certes, libres de dire „souveraineté" alors que nous pensons pleine autonomie ou droit de décision sans appel, comme nous sommes libres de dire „omnipotence" quand nous pensons pouvoir limité ou „tambour" quand nous pensons flûte. On peut cependant douter de la valeur du résultat pour notre propre pensée comme pour la communication intelligible avec nos semblables". Viele Autoren bedauern die daraus folgenden Missverständnisse, von denen die Souveränitätstheorie geprägt ist, so z. B. *Carré de Malberg*, Contribution (FN. 142), Bd. 1, S. 79; vgl. *Duguit*, Manuel (FN. 96), Nr. 28; *Rehm*, Allgemeine Staatslehre, Freiburg u. a. 1899, S. 59; vgl. *Jellinek*, Die Lehre von den Staatenverbindungen (1882), hrsg. von Pauly, Goldbach 1996, S. 16ff.

186 *Vedel*, Introduction au colloque, la Constitution et l'Europe, Paris 1992, S. 23. „La souveraineté se trouve au cœur de la rencontre du politique et du juridique"; Für *Pierré Caps*, La Ve République (FN. 72), S. 1476, ist die Souveränität kein „concept juridiquement saisissable", da sie ein „concept foncièrement politique" ist. Für *Le Gloannec* (Dir.), Entre Union et Nations. L'Etat en Europe, Paris 1998, insbes. S. 139, lässt sich die Vieldeutigkeit der Souveränität zum Teil dadurch erklären, dass „la souveraineté ressort du discours politique interne autant que des relations internationales et manque par conséquent de clarté juridique". Zur politischen Dimension der Souveränität im Hinblick auf eine potentielle europäische Einigung siehe schon *Giraud*, Le rejet (FN. 4), S. 250-266. Vgl. *Jellinek*, Allgemeine Staatslehre (FN. 3), S. 435 ff.: Für *Jellinek* ist die Souveränität „eine politische Vorstellung", die eine Wandlung erlebt hat, um der politischen Macht des Staates eine juristische Grundlage zu geben. Siehe auch *Randelzhofer*, Staatsgewalt (FN. 184), S. 692: „Recht und Politik sind im Hinblick auf das Problem der Souveränität eng miteinander verwoben". Vgl. *Chaltiel*, La souveraineté de l'Etat (FN. 8), S. 14, nach der das Juristische oft lediglich die Gestaltung des Politischen darstellt.

187 *Randelzhofer* (FN. 184), S. 692: „Die Souveränität steht auf der Grenze zwischen Recht und Wirklichkeit"; ähnlich *Sacher*, Staatslexikon, Bd. 4, Freiburg im Breisgau 1931, „Souveränität", S. 1639.

188 So z. B. *Combacau*, Pas une Puissance, une liberté: la souveraineté internationale de l'Etat, in: Pouvoirs, Nr. 67, (1993), S. 48, der von einem politischen Mythos („mythe politique") spricht; ein Mythos, der dennoch von *Duguit* und *Scelle* bekämpft wurde. Andere Autoren wie *Chaumont*, Recherche du contenu irréductible du concept de souveraineté de l'Etat, in: Hommage d'une génération de juristes au Président Basdevant, Paris 1960, S. 114-151 (114),

Dem deutschen Staatslehrer stehen drei Wörter zur Verfügung, um die Souveränitätsidee auszudrücken: „Souveränität" bezeichnet die „Eigenschaft des Staates, der zu Folge diesem die höchste Entscheidungsgewalt auf seinem Hoheitsgebiet zukommt"[189]; „Staatsgewalt" bezeichnet die „Herrschaftsmacht des Staates über sein Gebiet und die auf diesem befindlichen Personen"[190]; „Herrschaft" ist geschichtlich geprägt und bezeichnet die „eigens institutionalisierte Ausübung tatsächlicher Kontrolle über Erhaltung und Veränderung eines gesellschaftlichen Zustands (...)"[191].

Im Französischen wird das Wort „souveraineté" (Souveränität) dagegen in der politischen und juristischen Sprache häufig mit Nachbarbegriffen wie „pouvoir" (Macht), „compétence" (Kompetenz) oder „puissance" (Herrschaft) bzw. „puissance étatique" (Staatsgewalt) oder „puissance publique" (öffentliche Gewalt) verwechselt[192], so dass eine kurze Abgrenzung der Begriffe notwendig erscheint.

I. „Souveraineté" und „pouvoir"

„Souveraineté" und „pouvoir"[193] sind zwei Begriffe, die aufgrund der Stellung der Souveränität an der Grenze zwischen dem Politischen und dem Juristischen eng miteinander verbunden sind und manchmal synonym verwendet werden. Aus juristischer Perspektive bezeichnet das Wort „pouvoir" eine juristische Befugnis („prérogative juridique") und eine rechtliche Macht („pouvoir de droit", „fondé en droit"[194]). Im verfassungsrechtlichen Sinn nimmt das Wort „pouvoir" mehrere Bedeutungen an[195]: so etwa die Gesamtheit der juristischen Kompetenzen und der materiellen Handlungsmittel des Staates oder die höchste Kompetenz, welche es dem Staat ermöglicht, die anderen Kompetenzen zu kontrollieren oder die Gesamtheit der Organe, welche über diese Macht verfügen[196].

---

sprechen von einem „reinen Mystizismus" und betonen dadurch den beinahe religiösen, ja „heiligen Charakter" der Souveränität.

189 *Creifelds*, Rechtswörterbuch (FN. 181), „Souveränität", S. 1028.

190 *Creifelds*, Rechtswörterbuch (FN. 181), „Staatsgewalt", S. 1048.

191 „Souveränität", in: *Kunst / Herzog / Schneemelcher* (Hrsg.), Evangelisches Staatslexikon, 2. Aufl., Kreuz Verlag Stuttgart, Berlin 1975, S. 966.

192 Vgl. *Aglaé*, La souveraineté transfigurée, in: R. R. J. (1995), S. 925-950 (926).

193 Etymologie und Entwicklung des Wortes bei *Rey*, Dictionnaire historique (FN. 78), Bd. 2, „Pouvoir", S. 1605-1606.

194 *Cornu*, Vocabulaire juridique (FN. 95), S. 629; vgl. *Robert*, Dictionnaire (FN. 128), Bd. 5, S. 392. Das Wort „pouvoir" bedeutet also die faktische oder rechtliche Fähigkeit, etwas zu tun.

195 *Cornu*, Vocabulaire juridique (FN. 95), S. 629.

196 In diesem Sinne spricht man von „pouvoir central" oder „pouvoir fédéral".

Das Wort wird auch als Bezeichnung einer Funktion verwendet[197]. Der Ausdruck „pouvoirs publics" ist durch seine fehlende Präzision[198] charakterisiert. Schlägt man das juristische Wörterbuch von *Cornu*[199] auf, findet man drei mögliche Definitionen: So bezeichnet der Ausdruck „pouvoirs publics" entweder die wichtigsten Staatsorgane und Staatsbehörden, weil sie an der Ausübung der Legislative und der Exekutive teilnehmen; oder zweitens in einem allgemeineren Sinne alle Autoritäten, die unmittelbar durch die Verfassung errichtet wurden. In diesem Sinne spricht man von „pouvoirs publics constitutionnels"[200]. In einem dritten, noch allgemeineren Sinne bezeichnet das Wort alle öffentlichen Gewalten („autorités publiques"). Interessant für die vorliegende Analyse ist die Tatsache, dass „pouvoir" auch eine allgemeinere Bedeutung hat im Sinne von faktischer Herrschaft („puissance de fait"[201]), wobei „pouvoir" dann mit Macht („force"[202]) oder Gewalt („puissance") bzw. Befehlsgewalt („puissance de commandement"[203]) gleichgesetzt wird. In diesem Sinne bezeichnet das Substantiv „pouvoir" dennoch die politische Macht („pouvoir politique") bzw. allgemein jede Macht, der das Individuum als Staatsbürger unterworfen ist und kann auch, obwohl diese Bedeutung veraltet ist, die Regierung bezeichnen („pouvoir monarchique", „pouvoir démocratique" usw.)[204].

---

197 *Capitant*, Vocabulaire juridique (FN. 128), „Pouvoir", S. 381 f.: „Fonction juridiquement distincte de l'Etat, incarnée dans un organe séparé". In diesem Sinne spricht man vom „pouvoir constituant" (organe chargé d'élaborer la Constitution) oder „pouvoir législatif" (organe chargé d'élaborer la loi), „pouvoir exécutif" (chargé du gouvernement et de l'administration), „pouvoir judiciaire" (chargé de la fonction de juger).

198 *Guillien / Vincent* (Dir.), Lexique de termes juridiques, 12. Aufl., Dalloz, Paris 1999, „Pouvoirs publics", S. 405: „Termes souvent employés, bien qu'au contenu juridique assez imprécis, pour désigner les organes de l'Etat, et même parfois ceux des collectivités locales. Dans ce sens, on parle aussi d'autorités publiques, encore que ces mots paraissent avoir un contenu encore plus extensif". Siehe z. B. Die Definition von *Capitant*, vocabulaire juridique (FN. 128), „Pouvoirs publics": „Ensemble des autorités ou corps constitués titulaires du pouvoir d'imposer des règles ou de donner des ordres aux citoyens".

199 *Cornu*, Vocabulaire juridique (FN. 95), S. 629.

200 In diesem Sinne zum Beispiel Art. 18 der Verfassung vom 4. November 1848 (II. Republik): „Tous les pouvoirs publics, quels qu'ils soient, émanent du peuple", abgedr. in: *Debbasch / Pontier*, Les Constitutions (FN. 50), S. 147 ff., 150.

201 *Duguit*, Traité (FN. 31), Bd. 3, S. 73 f.; vgl. *Weber*, Wirtschaft (FN. 37), S. 28 f., 122 ff., 541 ff., wo der Autor „Macht" und „Herrschaft" voneinander unterscheidet.

202 Vgl. *Burdeau*, Traité (FN. 11), Bd. 1, S. 10: „Le pouvoir est une force au service d'une idée. *C'est une force née de la volonté sociale, destinée à conduire le groupe dans la recherche du Bien commun et capable, le cas échéant, d'imposer aux membres l'attitude qu'elle commande*".

203 *Jouvenel*, Du Pouvoir, 1947, S. 124.

204 *Robert*, Dictionnaire (FN. 128), Bd. 5, S. 394.

II. „Souveraineté“ und „compétence“

Der Kompetenzbegriff[205] unterscheidet sich zwar auf rechtstheoretischer Ebene vom Souveränitätsbegriff, in der Praxis ist er aber eng mit dem Souveränitätsbegriff verknüpft, ja sie werden sogar verwechselt[206]. Wie der Souveränitätsbegriff ist der Kompetenzbegriff ein „Grundbegriff des öffentlichen Rechts“[207]. Der Kompetenzbegriff ist ein wesentliches Element der Rechtsstaatlichkeit, da er eine Hierarchie der Rechtsnormen voraussetzt, welche der Hierarchie der Organe entspricht, die für die Erzeugung dieser Rechtsnormen zuständig sind. Eine Kompetenz lässt sich entweder durch ihren Inhaber oder durch ihren Inhalt (Kompetenz ratione materiae), durch ihr Geltungsgebiet (Kompetenz ratione loci), durch ihr Dauer (Kompetenz ratione temporis) oder noch durch die Ermessungsfreiheit ihres Inhabers bestimmen[208].

Die Auffassung der Souveränität als Kompetenz ist an die juristische Auffassung der Souveränität des Staates anknüpft, da die Souveränität sich von dem politischen Begriff, der sie ursprünglich war, zu einem juristischen Begriff entwickelt hat[209]. Die Auffassung der Souveränität als Kompetenz[210] ermöglicht es, die Souveränität als teilbar zu denken, sie ermöglicht ihr „démembrement“[211] (Abspaltung) oder ihr „partage“[212] (Aufteilung) wie im Fall der Europäischen Gemeinschaft oder eines Bundesstaats. Die Kompetenz erscheint dann als eine „juridicisation“[213] (Verrechtlichung) der Souveränität bzw. das Recht erscheint als der Versuch, die Souveränität in eine Kompetenz zu verringern[214]. Nach dieser

---

205 *Cornu*, Vocabulaire juridique (FN. 95), „Compétences“, S. 170, *Villiers*, Dictionnaire (FN. 44), „Compétence“, S. 35: „Aptitude juridique à prendre les actes correspondant à l'exercice d'une fonction gouvernementale, administrative, juridictionnelle ou d'un mandat électif“;

206 *Aglaé*, La souveraineté transfigurée (FN. 192), S. 926, 930 ff.

207 *Villiers*, Dictionnaire (FN. 44), S. 35.

208 Dazu ferner *Jèze*, Essai d'une théorie générale de la compétence pour l'accomplissement des actes juridiques en droit français, in: R. D. P. (1923), S. 58 ff.

209 *Hauriou, A.*, Droit constitutionnel et Institutions politiques, 4. Aufl., Paris 1970, S. 137. Vgl. *Jellinek*, Das Recht des modernen Staates, Bd. 1, 2. Auflage, Berlin 1905, S. 421.

210 Vgl. *Cubertafond*, „Souverainetés en crise?“, in: R. D. P. 105 (1989), S. 1273-1303, S. 1297 ff. Der Autor spricht sich für den Begriff der „souveraineté-compétence“ aus, da der Kompetenzbegriff besser imstande ist, die Interdependenzen zu gestalten (S. 1302).

211 *Cubertafond*, Souverainetés en crise? (FN. 210), S. 1298 ff.

212 Vgl. *Aglaé*, La souveraineté transfigurée (FN. 192), S. 931.

213 *Cubertafond*, „Souverainetés en crise?“ (FN. 210), S. 1300.

214 Ebenda. Der Autor spricht in diesem Sinne von einem „désamorçage de la souveraineté en compétence“.

Auffassung wäre eine Kompetenzübertragung mit einer Souveränitätsübertragung gleichzusetzen[215].

Dennoch muss der Souveränitätsbegriff vom Kompetenzbegriff unterschieden werden[216]. Der Souveränitätsbegriff unterscheidet sich durch seinen Charakter als „oberste Impulskraft innerhalb der politischen Ordnung“[217] und knüpft am doppelten Phänomen der Legalität und der Legitimität an[218]. Insofern befindet sich die Souveränität zwischen Recht und Politik[219]. Im Gegensatz dazu ist die Kompetenz lediglich eine rechtliche Ermächtigung („*habilitation juridique*“[220]), auf Grund derer die Staatsorgane auf einem bestimmten Gebiet und in einem bestimmten Bereich handeln dürfen. Die Kompetenz bedeutet die Ausübung einer juristischen Befugnis, die in einer anderen Norm des positiven Rechts vorgesehen oder eingeschränkt ist[221].

III. „Souveraineté“ und „puissance de l'Etat“ oder „puissance étatique“

Das Wort „puissance“ wurde von „puissant“ abgeleitet, welches selbst eine Form des Verbs „pouvoir“ ist[222]. Wie das Wort „pouvoir“ enthält das Wort „puissance“ mehrere Bedeutungsebenen. Eine mögliche Gleichstellung von „puissance de l'Etat“ und „Staatsgewalt“ wird dadurch erschwert[223]. Das Wort „puissance“[224]

---

215 Kritisch *Aglaé*, La souveraineté transfigurée (FN. 192), S. 943 ff.

216 *Beaud*, La notion d'Etat (FN. 11), S. 127.

217 *Aglaé*, La souveraineté transfigurée (FN. 192), S. 931 ff.: „force d'impulsion suprême dans l'ordre politique“.

218 *Beaud* fasst dieses Paradoxon wie folgt zusammen: *Beaud*, La notion d'Etat (FN. 11), S. 128: „Le paradoxe de la souveraineté réside précisément dans le fait *qu'elle opère la difficile conciliation de deux idées qui s'excluent: celle d'une volonté humaine capable de créer du droit (le droit positif); et celle d'une autorité certes légitime, mais pourtant puisant sa légitimité dans une source supérieure à celle du droit.*“

219 Vgl. *Beaud*, La notion d'Etat (FN. 11), S. 128: „La souveraineté est à la fois *prérogative juridique et principe politique*. Le discours de la souveraineté se situe donc nécessairement à l'intersection des deux domaines du juridique et du politique“.

220 Vgl. *Chevallier*, L'Etat de droit, 2 Aufl., Paris 1994, S. 12; *ders.*, L'Etat de droit in: R. D. P. 104 (1988), S. 313-380 (318).

221 *Beaud*, La notion d'Etat (FN. 11), S. 127: „ (...) exercice d'un pouvoir juridique prévu ou encadré dans une autre norme de droit positif“

222 *Cornu*, Vocabulaire juridique (FN. 95), S. 668.

223 Die Begriffe „puissance d'Etat“, „puissance étatique“, „puissance publique“ werden im französischen Schrifttum oft als Synonyme verwendet. Dabei ist „puissance publique“ verwaltungsrechtlich geprägt. Seine Verwechselung mit der „souveraineté“, wie z. B. bei *Beaud*, La Puissance de l'Etat (FN. 7), S. 18, führt zu Missverständnissen: „En fait (...) cette puissance étatique ne signifie rien d'autre que la puissance publique, entendue au sens de

kann zunächst mit dem Wort „pouvoir" im Sinne von Befugnis („prérogative") oder einer Gruppe von Befugnissen („ensemble de pouvoirs"[225]) gleichgestellt werden. Ferner bezeichnet das Wort „puissance" den Träger dieser Befugnisse („titulaire de ces pouvoirs"[226]), und in diesem Sinne spricht man von „puissance publique"[227]. So wie dem Ausdruck „pouvoirs publics" fehlt es dem Ausdruck „puissance publique" an Präzision[228], da „puissance publique" sowohl die Gesamtheit der Staatsbefugnisse („pouvoirs de l'Etat") und die Befugnisse der anderen öffentlich-rechtlichen Körperschaften, als auch den Staat selbst und die anderen öffentlich-rechtlichen Körperschaften bezeichnet[229]. Das Wort „puissance" bezeichnet auch die Befehlszuständigkeit, wird aber oft im Sinne von faktischer Macht verstanden[230]. In einem erweiterten Sinn spricht man ferner von einer „Puissance", um einen souveränen Staat zu bezeichnen[231]. Schließlich bedeutet der Ausdruck „en puissance" eine Sache oder ein Phänomen, das zwar vorhanden ist, sich aber nicht offenbart und ohne aktuelle Wirkung ist[232]. Der

---

puissance de commandement unilatéral imputée à l'Etat. Elle est donc synonyme de la souveraineté".

224 Etymologie und Entwicklung des Wortes bei *Rey*, Dictionnaire historique (FN. 78), Bd. 2, „Pouvoir", S. 1606.

225 *Capitant*, Vocabulaire juridique (FN. 128), „Puissance", S. 395.

226 Ebenda.

227 Ebenda.

228 *Guillien / Vincent*, Lexique (FN. 297), S. 427: „Terme flou, désignant dans son sens le plus général l'ensemble des personnes publiques. Le recours à cette terminologie procède des conceptions les plus anciennes en matière d'Etat, qui voient en celui-ci non une organisation de services publics voués à la satisfaction des besoins généraux de la collectivité, mais une entité supérieure par essence qu'aux individus et possédant un pouvoir de souveraineté sur ceux-ci". Bei *Cornu*, Vocabulaire juridique (FN. 95), S. 668, findet man eine präzisere Definition: Das Wort „puissance publique" bezeichnet erstens „l'ensemble des pouvoirs de l'Etat et des autres personnes publiques" und in diesem Sinne wird „puissance publique" mit „souveraineté" gleichgestellt; zweitens bezeichnet man damit den Staat und die anderen öffentlichen Körperschaften.

229 *Capitant*, Vocabulaire juridique (FN. 128), „Puissance" im Sinne von „Puissance publique", S. 395.

230 Dazu die Definitionen bei *Robert*, Dictionnaire (FN. 128), „Puissance", Bd. 5, S. 544: „Etat ou situation de celui qui peut beaucoup, qui a une grande action sur les personnes, les choses; (...) domination qui résulte de cet état"; (...) grand pouvoir de fait, qu'une personne, un groupe, exerce dans la vie politique d'une collectivité. Im erweiterten Sinne „pouvoir d'un pays fort, en état d'imposer le respect aux autres pays; (...) caractère de ce qui peut beaucoup, produit de grands effets".

231 *Robert*, Dictionnaire (FN. 128), Art. „puissance", Bd. 5, S. 545. So z. B. bei dem Ausdruck „Puissance étrangère".

232 *Robert*, Dictionnaire (FN. 128), „puissance", Bd. 5, Paris 1978, S. 54: „ (...) qui existe sans se manifester, qui est sans effet actuel". Die Bezeichnung der Europäischen Union als „fédération en puissance" ist im Sinne dieser Präzisierung zu verstehen.

Ausdruck „puissance publique" ist im öffentlichen Recht im Sinne von „Gesamtheit der Befugnisse des Staates und der anderen öffentlich-rechtlichen Körperschaften"[233] zu verstehen, bezeichnet aber auch den Zentralstaat oder die anderen öffentlich-rechtlichen Körperschaften als solche. In diesem Sinne ist „puissance publique" mit „pouvoirs publics" synonym. In der französischen allgemeinen Staatslehre wird überwiegend die „puissance", welche als „puissance étatique" oder „puissance publique" bezeichnet wird, mit der „souveraineté" gleichgestellt[234]. Die „puissance publique" bezeichnet in dieser Auffassung nichts anderes als die Souveränität selbst, obgleich in einem engeren Sinn, nämlich als „einseitige Befehlsgewalt, die dem Staat zuzurechnen ist"[235].

Die Gleichsetzung von „souveraineté" und „puissance étatique" wurde jedoch von *Burdeau* widerlegt, nach dem „souveraineté" und „puissance d'Etat" „weder dieselbe Rechtsnatur, noch denselben Inhaber oder denselben Gegenstand haben"[236]. Die Rechtsnatur von „souveraineté" und „puissance d'Etat" ist deshalb unterschiedlich, weil die Souveränität eine politische Eigenschaft ist, die sich aus einer Gesamtheit von historischen Umständen ergibt, welche einen gewissen Ausgleich der verschiedenen Kräfte, die sich in der Gesellschaft befinden, verursacht haben. Die „puissance d'Etat" ihrerseits ist mit dem Idee des Rechts verknüpft bzw. ist die juristische Form, die die verschiedenen Energien, die sie beinhaltet, verkörpert. Ferner haben „souveraineté" und „puissance d'Etat" nicht denselben Inhaber, da die Souveränität Individuen zukommt, die sie durch historische Umstände verlieren können. Im Gegensatz dazu ist dic „puissance d'Etat" vom Staat untrennbar, da sie als unauslöschliche Eigenschaft („qualité

233 *Doucet / Fleck*, Wörterbuch der Rechts- und Wirtschaftssprache, Bd. 1, München 1997 „puissance publique", S. 622.

234 Schon *Duguit*, Traité (FN. 31), Bd. 1, S. 402; Heute *Beaud*, La Puissance de l'Etat (FN. 7), S. 17 ff. Dem Autor zufolge ist die synonyme Verwendung von puissance publique und souveraineté schon bei *Bodin* vorhanden; *Beaud.*, La souveraineté dans la „Contribution à la théorie générale de l'Etat" de Carré de Malberg, in: R. D. P. 110 (1994), S. 1251-1301 (1254 ff.); *ders.*, Fédéralisme et souveraineté, notes pour une théorie constitutionnelle de la fédération, in: R. D. P. 114 (1998), S. 83-122 (104 ff.). Für *Beaud* beschreiben beide Begriffe von „souveraineté" (Souveränität) und puissance (Staatsgewalt) eine einzige Realität. *Bodin*, Les six livres de la République, deuxième réimpression de l'édition de paris 1583, Aalen 1977. Zitiert wird nach der Übersetzung der französischen Ausgabe 1583 durch Wimmer: *Bodin*, Sechs Bücher über den Staat, eingeleitet und herausgegeben von P. C. Mayer-Tasch, München 1981 (Bd. 1, Buch I-III), 1986 (Bd. 2, Buch IV-VI).

235 *Beaud*, La Puissance de l'Etat (FN. 7), S. 18: „puissance de commandement unilatéral imputée à l'Etat". Der Autor weist andererseits darauf hin, dass der deutsche Begriff „Staatsgewalt" ursprünglich die deutsche Übersetzung der französischen Begriffe von „souveraineté" und „puissance publique" war, wie sie von *Bodin* und den Theoretikern des monarchischen Staates benutzt wurden.

236 *Burdeau*, Traité (FN. 11), Bd. 2, S. 312. Zur Unterscheidung zwischen dem „souverain" und der „puissance étatique", S. 297 ff.; 309 ff.

indélébile") der im Staat eingesetzten Macht betrachtet werden muss. Schließlich haben „souveraineté" und „puissance d'Etat" nicht denselben Gegenstand, da die Souveränität sich auf den „contenu de l'idée de droit" bezieht, die „puissance étatique" jedoch auf das Verhalten einer Menschengruppe zielt, mit dem Ziel, dass sich diese Gruppe von Menschen den Erfordernissen der Rechtsidee („idée de droit") unterwirft.

Das Verständnis des Souveränitätsbegriffs wird ferner dadurch erschwert, dass die Souveränität zwei Seiten hat, die zwar eng miteinander verbunden sind, auf rechtstheoretischer Ebene aber unterschieden werden müssen.

B. Die zwei Seiten der Souveränität

Die Souveränitätstheorie unterscheidet zwischen der inneren (staatsrechtlichen) und äußeren (völkerrechtlichen) Seite der Souveränität[237]. Die äußere Souveränität als Rechtsbegriff wurde zwar von *Bodin* als „rechtliche Weisungsfreiheit"[238] definiert, die Unterscheidung wurde aber in Frankreich in der „Contribution à la théorie générale de l'Etat" von *Carré de Malberg* systematisiert, wobei die innere (staatsrechtliche) und die äußere (völkerrechtliche) Souveränität nicht zwei unterschiedliche Souveränitäten sind, sondern zwei Seiten derselben Sache[239], da die eine die andere voraussetzt. Diese Differenzierung spiegelt sich ferner in der Unterscheidung zwischen der Souveränität „im" Staat und der Souveränität „des" Staates wider, die von den meisten französischen Autoren in der Regel übernommen wird[240]. Die Souveränität „im" Staat bezeichnet den höchsten Träger der Macht innerhalb des

---

[237] *Carré de Malberg*, Contribution (FN. 142), Bd. 1, S. 70: „La souveraineté de l'Etat est habituellement présentée comme double: on la divise en souveraineté interne et externe"; vgl. *Kriele*, Einführung (FN. 9), S. 65. In diesem Sinne auch z. B. die Definition von *Combacau / Sur*, Droit international, Paris 1997, S. 228: „Dans l'ordre interne, on dit de l'Etat qu'il est souverain en se référant à tous les degrés inférieurs de l'échelle des personnes publiques et à ses sujets eux-mêmes (...). Dans l'ordre international (...), affirmer de l'Etat qu'il est souverain signifie qu'on ne trouve au-dessus de lui aucune autorité dotée à son égard d'une puissance légale: la souveraineté internationale se définit négativement comme la non-soumission à une autorité supérieure".

[238] *Quaritsch*, Souveränität. Entstehung und Entwicklung des Begriffs in Frankreich und Deutschland vom 13. Jahrhundert bis 1806, Schriften zur Verfassungsgeschichte, Bd. 38, Berlin 1986, S. 63.

[239] *Carré de Malberg*, Contribution (FN. 142), Bd. 1, S. 71: „ (...) deux versants d'une même réalité"; vgl. *Esmein*, Eléments (FN. 96), Bd. 1, S. 1; auch *Quaritsch*, Souveränität (FN. 237), S. 64.

[240] Z. B. *Pactet*, Institutions (FN. 22), S. 44, Fn. 1; *Aglaé*, La souveraineté transfigurée (FN. 192), S. 936.

Staatsgebiets, die Souveränität „des" Staates" setzt die Unabhängigkeit voraus und führt zur Nichteinmischung der anderen Staaten in die inneren Angelegenheiten. Die äußere Souveränität ist somit nichts anderes, als der Ausdruck der inneren Souveränität eines Staates gegenüber anderen Staaten[241]. Die Tatsache, dass die innere und die äußere Souveränität zwei Seiten derselben Sache sind führt dazu, dass beide Aspekte der Souveränität im Schrifttum oft verwechselt werden[242].

I. Die innere (verfassungsrechtliche) Souveränität

Mit Hilfe der deutschen Sprache konnte *Jellinek* die verschiedenen Facetten des französischen Wortes „souveraineté" beschreiben und zwischen der Souveränität des Staates und der Souveränität im Staat unterscheiden. Diese Unterscheidung wurde in Frankreich von *Carré de Malberg*[243] übernommen, indem er zwischen der „souveraineté-indépendance", der „souveraineté puissance" und der „souveraineté-source" unterschied. So bezeichnet die Souveränität erstens das Zuhöchstsein einer vollkommen unabhängigen Gewalt, insbesondere der des Staates, zweitens die Gesamtheit der Kompetenzen, die in der „puissance publique" („Staatsgewalt") enthalten sind, wobei dann „souveraineté" mit „puissance publique" gleichgesetzt wird. Drittens kennzeichnet sie die Stellung des höchsten Trägers der Staatsgewalt innerhalb des Staates, so dass nach diesem Verständnis die Organgewalt in der Souveränität aufgeht[244]. Leicht führt die Unkenntnis eines dieser Aspekte der Souveränität zu Unklarheiten und Missverständnissen[245], und das gegenwärtige Schrifttum stellt sich am Beispiel *Carré de Malbergs* immer kritischer zur Verwechselung der drei Bedeutungen der Souveränität, die die „souveraineté-indépendance", die „souveraineté-puissance"

---

241 *Carré de Malberg*, Contribution (FN. 142), Bd. 1, S. 71.

242 *Jacqué*, Droit institutionnel communautaire, Collège d'Europe, année académique 1998-1999, insbes. S. 25, (Fn. 40): „On confond sous la même dénomination la souveraineté de l'Etat et la question du titulaire de cette souveraineté au sein de l'Etat".

243 *Carré de Malberg*, Contribution (FN. 142), Bd. 1, S. 79.

244 *Carré de Malberg*, Contribution (FN. 142), Bd. 1, S. 79: „Le mot de souveraineté a acquis dans le passé trois significations principales bien distinctes. Dans son sens originaire, il désigne le caractère suprême d'une puissance pleinement indépendante, et en particulier de la puissance étatique. Dans une seconde acceptation, il désigne l'ensemble des pouvoirs compris dans la puissance de l'Etat, et il est par suite synonyme de cette dernière. Enfin il sert à caractériser la position qu'occupe dans l'Etat le titulaire suprême de la puissance étatique, et ici la souveraineté est identifiée avec la puissance de l'organe".

245 Vgl. *Combacau* Pas une Puissance, une liberté (FN. 188), S. 48: „ (...) l'ignorance, l'oubli ou le mépris d'un de ces sens (...) brouillent l'intelligence du mythe politique, interne et international, auquel renvoie l'usage de ce mot fabuleux".

und die „souveraineté-source" umfassen[246]. Diese Vieldeutigkeit ist in den neueren Souveränitätsdefinitionen wieder erkennbar[247], spiegelt aber nur die Vielschichtigkeit der Souveränität an sich wider.

1. Souveränität als das Zuhöchstsein einer vollkommen unabhängigen Gewalt

Im Sinne einer absoluten Souveränitätsauffassung bezeichnet diese allgemein das Zuhöchstsein (suprématie) der Macht des Staates[248] und wird mit „summa potestas"[249] gleichgesetzt. Grundsätzlich steht dieses Prinzip jeder Möglichkeit einer höheren Macht entgegen. Denn nach dieser Auffassung bedeutet die Souveränität Unabhängigkeit und höchste Macht, die beide für sich und auf transzendentale Art zuhöchst sind und von oben ausgeübt werden[250]. Ferner führt

---

246 A. A. *Beaud*, La Puissance de l'Etat (FN. 7), S. 17 ff., *ders.* La souveraineté dans la „Contribution (...)" (FN. 234), S. 1251. Für *Beaud* sind die beiden ersten Bedeutungen identisch.

247 So z. B. *Villiers*, Dictionnaire (FN. 44), „Souveraineté", S. 193; vgl. *Cornu*, vocabulaire juridique (FN. 95), S. 795; vgl. *Burdeau / Hamon / Troper*, Droit constitutionnel (FN. 127), S. 180 f. Interessant die Zusammenfassung von *Aglaé*, La souveraineté transfigurée (FN. 192), S. 933 ff., der die Souveränität als „force d'impulsion suprême dans l'ordre politique" bezeichnet. Siehe im Bezug auf die Vieldeutigkeit des Souveränitätsbegriffs *Troper*, Souveraineté de l'Etat et hiérarchie des normes dans la jurisprudence constitutionnelle. En guise d'introduction: La théorie constitutionnelle et le droit positif, in: *Les Cahiers du* Conseil constitutionnel, Nr. 9 (2000), S. 93-118 (95).

248 Die französischen klassischen Autoren zum Thema sind *Burdeau*, Traité (FN. 11); *Carré de Malberg*, Contribution (FN. 142), S. 70; *Jouvenel*, La souveraineté, à la recherche du bien politique, Paris 1955; *ders.*, Du Pouvoir (FN. 203). Diese Auffassung spiegelt sich in den neueren Definitionen französischer Rechtswörterbücher wider, so z. B. *Guillien / Vincent*, Lexique (FN. 198), S. 495: „caractère suprême du pouvoir étatique". Diese Bedeutung entspricht dem ursprünglichen Sinn des Souveränitätsbegriffs. Vgl. *Cornu*, Vocabulaire juridique (FN. 95), S. 795: „Caractère suprême d'une puissance (...) qui n'est soumise à aucune autre. Puissance suprême et inconditionnée (...)"; vgl. *Villiers*, Dictionnaire (FN. 44), S. 193: „Caractère d'un pouvoir originaire et suprême".

249 *Carré de Malberg*, Contribution (FN. 142), Bd. 1, S. 71: „Le mot de souveraineté sert donc ici à exprimer que la puissance étatique est la plus haute puissance existant à l'intérieur de l'Etat, qu'elle est une *summa potestas*"; vgl. *Cornu*, Vocabulaire juridique (FN. 95), S. 795: „Caractère suprême d'une puissance (summa potestas) qui n'est soumise à aucune autre".

250 *Maritain*, L'Europe (FN. 1), S. 124: „La souveraineté signifie une indépendance et un pouvoir qui sont *séparément* et *transcendentalement* suprêmes, et sont exercés *d'en haut* sur le corps politique: parce qu'ils sont un droit naturel et inaliénable appartenant à un tout (originellement la personne du prince souverain) supérieur au tout constitué par le corps politique ou par le peuple et qui, par conséquent, leur est surimposé ou les absorbe en soi". Der Autor ist der Meinung, der Souveränitätsbegriff sei mit dem Begriff des Absolutismus gleichzusetzen und insofern sei er abzulehnen, ebenda, S. 123: „(...) rejeter le concept de souveraineté qui ne fait qu'un avec le concept d'absolutisme".

die doppelte Stellung des Souveränitätsbegriffs als Adjektiv und Substantiv dazu, dass unter „souveraineté" sowohl die Eigenschaft der staatlichen Macht, zuhöchst zu sein, verstanden wird, als auch die staatliche Macht selbst als rechtliche, originäre und höchste Macht; rechtlich, weil institutionalisiert, originär, weil aus keiner anderen Macht abgeleitet und höchste, weil sie keinen Gleichen im Inneren und keinen Höheren im Äußeren anerkennt[251]. Das Nebeneinander von Souveränität als Eigenschaft und Souveränität des Organs in manchen Souveränitätsdefinitionen kann zu allerlei Verwirrungen führen[252]. Die Souveränität gehört zwar immer noch zur „catégorie des absolus"[253], als absolutes Konzept ist die Souveränität jedoch eine historisch geprägte Auffassung, die heute größtenteils aufgegeben wurde[254].

Die Betonung der Einzigkeit und Einseitigkeit der Souveränität findet sich auch in der deutschen Staatslehre[255], dort jedoch mit Nuancen, die den absoluten Charakter der Souveränität relativieren. Wenn die Souveränität „ganz allgemein die höchste, unabgeleitete, ihrerseits keiner weiteren, fremden Bildung oder Derogationsmöglichkeit unterliegende staatliche Herrschaftsgewalt"[256] ist, dann ist sie „niemals ungebundene „Omnipotenz, Omnipräsenz und Omnikompetenz", sondern lediglich ein stets relatives Grad an Unabhängigkeit der zentralen Letztentscheidungsgewalt von wichtigen sozialen und politischen Kräften"[257].

2. Souveränität als Gesamtheit von Kompetenzen

Ein großer Teil des neueren französischen Schrifttums betrachtet die Souveränität als eine Gesamtheit („ensemble") oder als eine Summe („somme") von Kompe-

---

251 *Guillien / Vincent*, Lexique (FN. 198), S. 495: Im abgeleiteten Sinne „ (...) le pouvoir étatique lui-même, pouvoir de droit (en raison de son institutionnalisation) originaire (c'est-à-dire ne dérivant d'aucun autre pouvoir) et suprême (en ce sens qu'il n'a pas d'égal dans l'ordre interne ni de supérieur dans l'ordre international, où il n'est limité que par ses propres engagements et par le droit international)"; vgl. *Pactet*, Institutions (FN. 22), S. 44.

252 So z. B. bei *Burdeau / Hamon / Troper*, Droit constitutionnel (FN. 127), S. 180: Nach diesen Autoren bezeichnet die Souveränität nichts weniger als „die Eigenschaft bzw. die Gewalt eines sich an der Spitze der Hierarchie befindenden Organs, das keiner Kontrolle unterworfen ist und dessen Willen Recht produziert".

253 *Aglaé*, La souveraineté transfigurée (FN. 192), S. 934.

254 *Seidl-Hohenveldern*, Ergänzbares Lexikon des Rechts, 1 / 4, Darmstadt 1992, „Souveränität", S. 1.

255 Z. B. *Seidl-Hohenveldern*, Ergänzbares Lexikon (FN. 254), „Souveränität", S. 1: „uneingeschränkte Herrschaft des Herrschers, der keinen Höheren mehr über sich hat".

256 *Dreier*, Staatslexikon (FN. 2), „Souveränität", S. 1203.

257 *Dreier*, Staatslexikon (FN. 2), „Souveränität", S. 1205.

tenzen. Schon der deutsche Staatstheoretiker *Carl Schmitt*[258], betrachtet die rechtsstaatliche Tätigkeit als „Summe von Zuständigkeiten“[259]. Nach *Schmitt* geht das Bestreben des bürgerlichen Rechtsstaates dahin, das Politische zurückzudrängen, alle Äußerungen des staatlichen Lebens in einer Reihe von Normierungen zu begrenzen und alle staatlichen Tätigkeiten in Kompetenzen, das heißt genau umschriebene, prinzipiell begrenzte Zuständigkeiten zu verwandeln[260]. In Frankreich wurde die Auffassung der Souveränität als „Gesamtheit“, als „Summe“ von Kompetenzen besonders von *Georges Scelles* vertreten, demzufolge der Kompetenzbegriff den Souveränitätsbegriff sogar ersetzt hat[261]. Scelle definiert die Kompetenz als „*le pouvoir conféré aux individus membres de la société d'émettre des actes de volonté qui se réaliseront dans le milieu social.* C'est le pouvoir de créer des situations juridiques“[262]. In diesem Sinne umfasst die Souveränität die Kompetenzen und Privilegien, die vom Souverän ausgeübt werden können[263]. Weder die „Souveränität“, noch der Begriff der „Kompetenz-Kompetenz“ sind dazu imstande, die Rechtsidee zu verwirklichen, da die Souveränität mit der Macht[264], die Kompetenz-Kompetenz mit einer – an das positive Recht gebunden – „fonction sociale“[265], verbunden ist, so dass allein die „Kompetenz“ die Rechtsidee verwirklichen kann.

Verbunden mit dem Verständnis der Souveränität als dem Zuhöchstsein ermöglicht aber die Auffassung der Souveränität als Summe von Kompetenzen die Unterscheidung zwischen „qualitativer Souveränität“ („souveraineté qualitative“) – Eigenschaft der Staatsgewalt, zuhöchst zu sein – und „quantitativer Souveränität“ („souveraineté quantitative“) – die verschiedenen Befugnisse, die

---

258 Zum Einfluss *Schmitts* auf die französische Staatslehre, *Wittekindt*, Materiell-rechtliche Schranken, von Verfassungsänderungen im deutschen und französischen Verfassungsrecht. Eine verfassungsvergleichende Untersuchung, Diss., Frankfurt u. a., 1999. Aus französischer Sicht, *Beaud*, „Repräsentation“ et „Stellvertretung“: sur une distinction de C. Schmitt, in: Droits (1987), Nr. 6, S. 11-19; *David*, A propos de la souveraineté: Deux relectures de Carl Schmitt, in: R. D. P. 115 (1999), S. 661-696 (663 ff.)

259 *Schmitt*, Verfassungslehre, 3. Aufl., Berlin 1957, S. 131. Aus heutiger Sicht z. B. *Lemmens*, Die Souveränität (FN. 1), S. 32: „Kern der Hoheitsgewalt ist die Fülle der Staatsgewalt und nicht nur einzelne Rechte und Kompetenzen“.

260 Diese Auffassung wird aber kritisiert, so z. B. *Von der Heydte*, „ Souveränität, in: Staatslexikon, Bd. 7, Freiburg 1962: „Souveränität kann niemals als eine Summe von Einzelrechten verstanden werden (...) Es gibt im Grunde keine halbe Souveränität. Ein Verband ist entweder souverän oder er ist es nicht“.

261 *Scelle*, Précis (FN. 3), Bd. 1, S. 13 f., 80

262 *Scelle*, Précis (FN. 3), Bd. 1, S. 7 f.

263 *Cornu*, Vocabulaire juridique (FN. 95), Art. „Souveraineté“, S. 795: „Ensemble des compétences et privilèges susceptibles d'être exercés par un être souverain“.

264 *Scelle*, Précis (FN. 3), Bd. 1, S. 13.

265 *Ebenda* ; ferner S. 78 f.

den Inhalt der Staatsgewalt bilden[266]. Die Unterscheidung zwischen qualitativer und quantitativer Souveränität ist im Hinblick auf die vorliegende Analyse insofern interessant, als sie darüber hinaus eine Differenzierung zwischen einer „unteilbaren“ und einer „teilbaren“ Souveränität ermöglicht. Als Eigenschaft desjenigen, der zuhöchst ist, kann die Souveränität nicht geteilt werden. Als Gesamtheit der Befugnisse, die vom Souverän ausgeübt werden können, ist eine Teilbarkeit hingegen möglich[267] bzw. können diese „Souveränitätsattribute“[268], welche die „puissance d'Etat“[269] bilden, auf verschiedene Gewalten verteilt werden. Dabei befinden sich aber nicht alle Souveränitätsattribute auf derselben Ebene. Eines von ihnen setzt die Ausübung einer höheren Gewalt voraus, die es ihrem Träger erlaubt, über den anderen zu stehen, mit der Fähigkeit, Gesetze zu erlassen[270].

Die Auffassung, die Souveränität sei als Summe von Kompetenzen zu verstehen, findet auf völkerrechtlicher Ebene die meisten Anhänger[271]. Auf verfassungsrechtlicher Ebene hat die Vorstellung der Souveränität als „addition de compétences“[272] während der Debatten zum Maastricht-Vertrag eine Wiederbelebung erfahren[273]. Nur in diesem Sinne ist es möglich, die an sich einheitliche, unteilbare und unübertragbare Souveränität in einzelne Kompetenzen aufzuspalten und ihre Ausübung verschiedenen Organen zuzuordnen[274].

---

[266] Vgl. *Fabre*, Principes (FN. 135), S. 201. Für *Baghestani*, Le titulaire de la souveraineté (FN. 7), S. 143 ff. führt die Zweideutigkeit des Souveränitätsbegriffs als Zuhöchstsein einerseits, als Gesamtheit von Kompetenzen andererseits zu einer Unterscheidung zwischen einer abstrakten (unteilbaren) und einer materiellen (teilbaren) Seite der Souveränität.

[267] Vgl. *Burdeau / Hamon / Troper*, Droit constitutionnel (FN. 127), S. 180.

[268] Die „Souveränitätsattribute“ haben zwar terminologisch die „vrayes marques de la souveraineté“ von *Bodin* ersetzt, die Idee ist aber dieselbe geblieben. Zitiert werden z. B. das Münzrecht, das Recht, Gesetze zu erlassen oder Recht zu sprechen, so *Burdeau / Hamon / Troper*, Droit constitutionnel (FN. 127), S. 180.

[269] *Baghestani*, Le titulaire de la souveraineté (FN. 7), S. 143.

[270] Im näheren dazu Teil 2, Kap. 1 C.

[271] So z. B. *Combacau*, Pas une Puissance, une liberté (FN. 188), S. 53 ff.

[272] *Luchaire*, L'Europe et la souveraineté (FN. 5), S. 13; *ders.*, La souveraineté, in: R. F. D. C. 43 (2000), S. 451-470 (454).

[273] So versteht zum Beispiel *Luchaire* unter dem irreführenden Ausdruck: „la souveraineté est un pouvoir illimité de commandement“, die Befugnis „de disposer des compétences permettant de décider“, *Luchaire*, L'Union européenne et la constitution, Teil I, in: R. D. P. 108 (1992), S. 589-616 (595). Vgl. *Grewe*, La révision constitutionnelle en vue de la ratification du Traité de Maastricht, in: R. F. D. C., Nr. 11 (1992), S. 413-438 (424).

[274] Siehe *Lorenz*, Die Übertragung von Hoheitsrechten auf die Europäischen Gemeinschaften, Frankfurt am Main u. a. 1990, S. 12: Der Autor spricht von der „Summe der Herrschaftsbefugnisse“.

Dieses Verständnis der Souveränität als Summe von Kompetenzen kommt sogar in der französischen Verfassung (Art. C. 88-2) zum Ausdruck, seit sie durch das Verfassungsgesetz von Juni 1992[275] im Hinblick auf den Maastrichter Vertrag geändert worden ist. Im Gegensatz zum deutschen Art. 23 GG, in dem von „Hoheitsrechten" die Rede ist, erwähnt der Art. 88-1 der Verfassung ausdrücklich die gemeinsame Ausübung von Kompetenzen. Diese „materielle"[276] Sichtweise wurde vom Verfassungsrat zum größten Teil übernommen[277]. Das Verständnis der Souveränität als einer Summe von Kompetenzen wurde darüber hinaus und im Bezug auf Neukaledonien dadurch bestätigt, dass das Verfassungsgesetz vom 20. Juli 1998[278] die Kompetenzverteilung („partage de compétence") erwähnt, obwohl im Noumea-Abkommen vom 5. Mai 1998 von einer geteilten Souveränität („souveraineté partagée"[279]) die Rede war. Insofern ist der Ausdruck „souveraineté partagée" mit der Ausübung[280] von Kompetenzen gleichzusetzen bzw. als die Fähigkeit, kollektive Leistungskompetenzen auszuüben[281], zu verstehen.

3. Souveränität als Kennzeichnung des höchsten Trägers der „puissance étatique"

Die Souveränität dient auch zur Kennzeichnung des höchsten Trägers[282] der „puissance étatique". Dieser Aspekt weist darauf hin, dass das Verständnis des

---

275 Verfassungsgesetz Nr. 92-554 vom 25. Juni 1992, J. O. R. F. vom 26. Juni 1992, S. 8406.

276 *Collas*, Souveraineté des Etats (FN. 5), S. 519 ff.

277 C. C. Nr. 97-394 DC vom 31. Dezember 1997, Rec. S. 344, Erwägung Nr. 6. Kritisch *Collas*, La souveraineté des Etats (FN. 5), S. 519 ff. Der Autor vergleicht die Souveränität mit der Freiheit, die ebenfalls nicht materiell definitiv bestimmt werden kann.

278 Durch das Verfassungsgesetz vom 20. Juli 1998 wurden die Artikel 76 und 77 in die Verfassung eingefügt, unter dem Titel „Übergangsbestimmungen für Neukaledonien", dazu *Luchaire*, L'Europe et la souveraineté (FN. 5), S. 454 f.

279 Zum Begriff der „souveraineté partagée" im Hinblick auf Neukaledonien, *Weber*, L'ordre juridique français: de la centralisation à la souveraineté partagée, in: Faberon / *Agniel*, La Documentation française, Paris 2000, S. 26.

280 *Moyrand*, Théorie de la souveraineté partagée, Rapport introductif 2, in: *Faberon / Agniel*, (Dir.), La souveraineté partagée en Nouvelle-Calédonie et en droit comparé, La Documentation française, Paris 2000, S. 29-38 (31 ff.).

281 *Weber*, L'ordre juridique français (FN. 279), S. 26: „capacité d'exercer des compétences de gestion collective".

282 Zur Beantwortung dieser Frage in der deutschen Staatslehre des 19. Jahrhunderts, *Boldt*, Staat und Souveränität (FN. 3), S 144. Im Rahmen der Frage, wer über die Souveränität verfügen soll, wurde in der deutschen Staatsrechtslehre zwischen Staats-, Rechts- und Volkssouveränität unterschieden. Der Gedanke einer Souveränität der „Vernunft" existierte auch während der französischen Revolution 1789 ihren Ausdruck, indem die Vernunft zu einer Gottheit gemacht wurde. Die Souveränität des „Rechts", die schon bei französischen

neuzeitlichen Staates im Inneren grundsätzlich von zwei Begriffen geprägt ist, die einander bedingen: Souveränität und Legitimität[283]. Die Souveränität des Staates hängt von seiner Legitimität ab, welche wiederum die Souveränität begründet, so dass „die Legitimitätsfrage die Innenseite der Souveränitätsfrage“[284] bildet. Die Legitimitätsfrage ruft das Problem der Bestimmung des Trägers der Souveränität hervor. Im repräsentativen Regierungssystem bezeichnet die Souveränität die Eigenschaft des Rechtswesens „Nation“ oder „Volk“, die die Grundlage der Autorität der höchsten Staatsorgane darstellt; in letzter Instanz wird die „puissance publique“ in ihrem Namen durch die Staatsorgane ausgeübt[285]. Damit hat die Souveränität auch die Funktion, den Träger der höchsten Gewalt im Staat zu bezeichnen[286]. Die Verbindung des Verständnisses der Souveränität als Träger der höchsten Gewalt mit der Souveränität als Gesamtheit von Kompetenzen führt zur Unterscheidung zwischen „materieller Souveränität“ („souveraineté matérielle“) – im Sinne von „Souveränitätsattributen“ – und „Organsouveränität“ („souveraineté organique“)[287] – im Sinne von dem Träger der Souveränität. Darüber hinaus kann – ähnlich wie bei der Verbindung zwischen Souveränität als Zuhöchstsein und Souveränität als Summe von Kompetenzen – die materielle Souveränität als teilbar konzipiert werden.

Staatstheoretikern wie *Cousin* oder *Guizot* vorhanden war, tauchte in Deutschland bei *Krabbes* und bei *Kelsen* anfangs des 20. Jahrhunderts wieder auf, *Cousin*, Cours d'histoire de la philosophie morale au dix-huitième siècle, Bd. 2, Paris 1839-1840, S. 300; *Guizot*, Du gouvernement de la France depuis la restauration et du ministère actuel, Paris 1821, S. 201; *Krabbe*, Die Lehre der Rechtssouveränität. Beitrag zur Staatslehre, Groningen 1906, S. 5: „Jede Gewalt, welche in der Gesellschaft Geltung beansprucht, ist einzig und allein Rechtsgewalt. Wie jede andere, natürliche oder Rechtsperson hat auch der Staat nur insofern Rechte und Befugnisse, nur insofern Autorität, als es aus einer positiven Rechtsordnung hervorgeht“; *Kelsen*, Das Problem der Souveränität (FN. 3), S. 9 ff.

283 Ausführlich dazu *Rigaudière*, L'invention de la souveraineté, in: Revue Pouvoirs, Nr. 66 / 67 (1993), S. 5-20.

284 *Kriele*, Einführung (FN. 9), S. 19.

285 *Cornu*, Vocabulaire juridique (FN. 95), S. 795: „ (...) attribut d'un être, nation ou peuple, qui fonde l'autorité des organes suprêmes de l'Etat parce que c'est en son nom qu'est exercée par eux en dernière instance la puissance publique“. Oft wird im Schrifttum an dieser Stelle zwischen „Volk“ und „Nation“ nicht unterschieden, so z. B. auch *Bouretz*, „Souveraineté“ (FN. 182), S. 989 ff.

286 *Villiers*, Dictionnaire (FN. 44). Zur Funktion der Souveränität siehe Teil 2.

287 *Chaltiel*, La souveraineté de l'Etat (FN. 8), S. 25: „l'idée de souveraineté comme monopolisation du droit positif sous-tend d'une part la notion matérielle de plénitude du pouvoir, et d'autre part la notion organique de détenteur de ce pouvoir“.

4. Souveränität als Rechtserzeugungsmonopol

Verbunden mit der Lehre vom Rechtsstaat verstehen andere neuere Souveränitätsdefinitionen die innere Souveränität als Monopolisierung des positiven Rechts[288] durch den Staat, welcher keinen Konkurrenten[289] innerhalb seiner Grenzen kennt[290]. Diese Auffassung knüpft einerseits an die Souveränitätstheorie *Bodins*[291] an, derzufolge die Gesetzgebung unter den „vrayes marques de la souveraineté" die höchste ist, aus der alle anderen Souveränitätsmerkmale hergeleitet werden; andererseits an den Positivismus *Carré de Malbergs*. Da die Fähigkeit, Gesetze zu erlassen, als höchste Gewalt betrachtet wird bzw. da die Gerichtsentscheidungen lediglich die Durchführung der Gesetze darstellen, besteht die Souveränität als Organsouveränität in der Ausübung der Legislative[292]. Als Monopolisierung des positiven Rechts betrachtet, ist die Souveränität ferner die Gewalt, die durch das Recht legitimiert wird und wird in diesem Sinne mit „puissance publique" gleichgestellt[293]. Sie ist die Befehlsgewalt („puissance de commandement"[294]), die

---

288 Z. B. *Chaltiel*, La souveraineté de l'Etat (FN. 8), S. 25: „La monopolisation du droit positif peut en effet synthétiser le triple monopole de l'Etat souverain, en matière de législation, de contrainte et de juridiction" (...)„cette monopolisation, fruit d'une évolution historique et théorique, conduit à l'affirmation du caractère absolu de la souveraineté". Zu diesem dreifachen Monopol *Isoart*, Souveraineté étatique et relations internationales, in: Bettati, u. a. (Dir.), La souveraineté au XXe siècle, Paris 1971, S. 15 f. Vgl. *Sacher*, Staatslexikon (FN. 187), „Souveränität", S. 1639, der die Souveränität als „die Macht, im eigenen Gebiet das Gemeinschaftsleben selbständig zu regeln" bezeichnet.

289 *Chaltiel*, La souveraineté de l'Etat (FN. 8), 21: „A l'intérieur de son territoire, l'Etat, s'il est doté de la souveraineté, ne connaît pas de concurrent. Il est maître chez lui en tant qu'il détient le monopole de la production et de la sanction du droit". In diesem Sinne auch *Ardant*, Institutions (FN. 104), S. 24, nach dem der Staat „ne reconnaît aucun pouvoir au-dessus de lui, supérieur ou concurrent" und über „un pouvoir non subordonné" verfügt; *Carreau*, Droit international, Paris 1997, S. 15: „pouvoir suprême", der mit der Fähigkeit, Gesetze zu erzeugen („capacité de faire des lois") gleichgesetzt wird; *Combacau / Sur*, Droit international (FN. 237), S. 23; *Touscoz*, Droit international, Paris 1994, S. 67, wo der Autor von „indépendance" und „pouvoir suprême ou absolu de l'Etat" spricht.

290 Vgl. *Pactet*, Institutions (FN. 22), S. 44: „l'Etat fonde et délimite l'ordre juridique national".

291 Dazu Teil 2.

292 *Burdeau / Hamon / Troper*, Droit constitutionnel (FN. 127), S. 180 f. Die Autoren weisen darauf hin, dass die Souveränität in diesem Sinne unteilbar ist. Wären zwei Gewalten mit der legislativen Funktion gleichzeitig ausgestattet, wäre keine von beiden souverän. Dennoch kann die Legislative zwei oder mehreren Gewalten unteilbar anvertraut werden angesichts einer gemeinsamen Ausübung, so zum Beispiel in einem parlamentarischen Zweikammersystem oder im Fall eines Vetorechts zugunsten der Exekutive.

293 So z. B. *Beaud*, La Puissance de l'Etat (FN. 7), S. 9: „(...) lorsque la puissance est légitimée par le droit, elle devient ce qu'on appelle communément le pouvoir. Mais les juristes nomment ce pouvoir imputé à l'Etat la *puissance publique* ou encore la *souveraineté*".

sich durch einseitige Rechtsakte offenbart, die ein hierarchisches Verhältnis zwischen dem Autor der Norm und ihrem Adressat erkennen lassen. Der Staat bestimmt selbst seine Kompetenzen und Grundnormen, die normalerweise in der Verfassung festgeschrieben sind und die andere im Staatsgebiet geltende Regeln ausnahmslos bedingen.

Ferner ist allein der Staat in der Lage, für die Beachtung dieser Regeln zu sorgen, indem er die öffentliche Zwangsgewalt einsetzt, für die er das Monopol innehat. Der Staat begründet die nationale Rechtsordnung, das heißt die Gesamtheit der Regeln, die er sich selbst gibt so wie die Regeln, die daraus entstehen, und beschränkt sie zugleich[295]. Die deutschen Autoren nennen dies die Kompetenz-Kompetenz. Das Verständnis der Souveränität als Kompetenz-Kompetenz wurde vom deutschen Staatslehrer *Haenel*[296] entwickelt und wird heute in Deutschland überwiegend vertreten. Dieser Auffassung zufolge bezeichnet die Souveränität eine Eigenschaft des Staates „derzufolge diesem die höchste Entscheidungsgewalt auf seinem Hoheitsgebiet zukommt (...)“[297]. Als „höchste Macht“ ist die Souveränität die „oberste Regelungs-Befugnis“[298], die „zentrale Letztentscheidungsgewalt“[299]. In diesem Sinne ist Träger der Souveränität „diejenige Staatsgewalt, die über das Recht verfügt, die Kompetenzzuweisungen zu ändern“[300]. Wer über diese Kompetenz-Kompetenz verfügt ist souverän: Er ist faktisch und rechtlich fähig, den Umfang der eigenen Zuständigkeiten selbst festlegen zu können und ist dabei nicht von der Einwirkung Dritter abhängig[301]. Diese Auffassung wurde vom Bundesverfassungsgericht übernommen, demzufolge „den Organen des Bundes Kompetenzen zugewiesen [sind], die die Überordnung der Gesamtgewalt über die Gliedstaatengewalt erkennen lassen, insbesondere die Kompetenz-Kompetenz“[302].

---

294 Ebenda, S. 16; vgl. *Esmein*, Eléments (FN. 96), Bd. 1, S. 1: „(...) la souveraineté intérieure, ou le droit de commander à tous les citoyens composant la nation, et même à tous ceux qui résident sur le territoire national (...)“.

295 Vgl. *Pactet*, Institutions (FN. 22), S. 44.

296 *Haenel*, Studien zum Deutschen Staatsrechte, Bd. 1: Die vertragsmäßigen Elemente der Deutschen Reichsverfassung, Leipzig 1873, S. 66.

297 *Creifelds*, Rechtswörterbuch (FN. 181), „Souveränität“, S. 1028; vgl. *Seidl-Hohenveldern*, Ergänzbares Lexikon (FN. 254), „Souveränität“, S. 1.

298 *Reineck*, Allgemeine Staatslehre und Deutsches Staatsrecht, 12. Aufl., Herford 1993, S. 34.

299 *Dreier*, Staatslexikon (FN. 2), „Souveränität“, S. 1204.

300 *Seidl-Hohenveldern*, Ergänzbares Lexikon (FN. 254), „Souveränität“, S. 1.

301 In diesem Sinne *Fink*, Garantiert das Grundgesetz die Staatlichkeit der Bundesrepublik Deutschland?, in: DÖV, Heft 4, Februar 1998, S. 133.

302 BVerfGE 13, 57 [78-79]; vgl. BVerfGE 89, 155 [192 f.].

In Frankreich wird manchmal der deutsche Begriff übernommen („compétence de la compétence“[303]), manchmal wird von „souveraineté de l'Etat“ gesprochen. In diesem Sinne ist die „souveraineté de l'Etat“ eine ursprüngliche, unbedingte und höchste Rechtsmacht[304]. Eine „Rechtsmacht“, weil es sich nicht um eine Gewaltsituation handelt, sondern um eine Macht, die zugleich Teil der von ihr gegründeten Rechtsordnung ist; „ursprünglich“, weil sie die Quelle dieser Rechtsordnung ist; „unbedingt“, weil sie von keiner äußeren oder früheren Norm abgeleitet ist und „höchste“, weil keine höhere Norm existiert.

Daraus ergibt sich, dass der Souverän zur Willensordnung gehört[305], er ist „Herr über die in der Gemeinschaft geltende Rechtsidee[306] und gestaltet die Vorstellung der „sozialen Ordnung“[307], der „Gesellschaftsform“[308] und der „Zukunft“[309].

Die Auffassung der Souveränität als Rechtserzeugungsmonopol ist insofern interessant, als die „politische“ und institutionelle Struktur der Souveränität dann nicht unbedingt ein Staat sein muss[310], der dann als „unité de pouvoir parmi d'autres“[311] (Machteinheit unter anderen) betrachtet werden kann. Anders ist es mit der äußeren Seite der Souveränität, die ihre Bedeutung durch die Mitgliedschaft des Staates in der Staatengemeinschaft erhält.

II. Die äußere (völkerrechtliche) Souveränität

Das Völkerrecht ist eine „zwischenstaatliche Ordnung“[312]. Im französischen Schrifttum wird die äußere Souveränität als die „suprématie de la puissance“[313]

---

303 *Carré de Malberg*, Contribution (FN. 142), Bd. 1, S. 147 ff., 175; im neueren Schrifttum und im Hinblick auf die Europäische Union *Favret*, L'intégration européenne et la France: quelques réflexions sur la divisibilité de la souveraineté, in: R. D. P. 115 (1999), S. 1741-1764 (1746, 1747 ff.).

304 *Laferrière*, Manuel de droit constitutionnel, 2. Aufl., Paris 1947, S. 358 ff., ferner S. 363 f., wo der Autor die „souveraineté de l'Etat“ als Macht und Recht, zu befehlen bezeichnet.

305 *Beaud*, Le souverain, in: Revue Pouvoirs, Nr. 67 (1993), S. 33-45 (36).

306 *Burdeau*, Traité (FN. 11), Bd. 2, S. 306-307.

307 Ebenda, S. 307.

308 *Burdeau*, Traité (FN. 11), Bd. 1, S. 281.

309 Ebenda, S. 306-309.

310 Vgl. *Chaltiel*, La souveraineté de l'Etat (FN. 8), S. 112: „(...) la souveraineté, entendue comme monopolisation du droit, n'entre pas nécessairement dans le cadre d'un Etat“.

311 Ebenda, S. 75.

312 *Jahreiss*, Die Souveränität (FN. 181), S. 44. Vgl *Haggenmacher*, L'Etat en tant que sujet de droit international, de Victoria à Vattel, in: Droits, Nr. 16, L'Etat / 2 (1992), S. 11 ff.; vgl. Art. 2 Abs. 1 und 7 UNO-Charta. Zum „dépassement de l'interétatisme“, *Nguyen Quoc*, Droit international (FN. 22), S. 64 ff.

verstanden. Dieser Begriff bedeutet, dass der Staat keiner höheren[314] bzw. keiner gleichen Macht unterworfen ist[315]. Auf völkerrechtlicher Ebene hängt die Souveränität des Staates von der Gleichheit der Staaten ab[316]. Daraus folgt, dass allein das Prinzip der Gegenseitigkeit die Erlangung dessen ermöglicht, was kein Staat bei einem anderen erzwingen kann[317]. Die Souveränität der Staaten schließt also nicht die freiwillige, „souveräne"[318] Selbstbindung des Staates aus. Indem er seine internationalen bzw. gemeinschaftlichen Verpflichtungen achtet, gehorcht der Staat im Grunde genommen nur sich selbst[319]. Insofern wird die äußere Souveränität im französischen Schrifttum vor allem als Unabhängigkeit („indépendance"[320]) und Autonomie („autonomie"[321]) in der Völkerrechtsordnung

---

313 *Alland*, Droit international (FN. 53), S. 21 f.; vgl. *Combacau*, Pas une Puissance, une liberté (FN. 188), S. 47-58.

314 Vgl. *Alland*, Droit international (FN. 53), S. 22: „Cela signifie que l'Etat est souverain parce qu'il n'est pas soumis à un pouvoir supérieur, il est souverain parce qu'il n'a pas de supérieur (...)".

315 Auf internationaler Ebene wurde daraufhin die Theorie des „domaine réservé" entwickelt, um den Staat vor Beeinträchtigungen seiner Souveränität durch andere „souveräne" Staaten zu schützen. Dazu *Rousseau*, L'indépendance de l'Etat dans l'ordre international, in: R. C. A. D. I., (1948), II, Bd. 73, S. 171-253.

316 Vgl. *Alland*, Droit international (FN. 53), S. 22: „Dans le milieu international, la souveraineté de l'Etat est indissociable de l'égalité des Etats".

317 Vgl. Ebenda, S. 22: „Il en résulte que seule la réciprocité (...) permet d'obtenir ce qu'il est impossible à un Etat d'imposer à un autre".

318 In der „Affaire Wimbledon" vom 17. August 1928, Serie A n° 1, in : Recueil des Arrêts. Publications de la Cour permanente de justice internationale, Leyde 1923, S. 5 ff., 25 hat der Ständige Internationale Gerichtshof erklärt, dass die Souveränität des Staates auch darin liegt, sich selbst binden zu können: „la faculté de contracter des engagements internationaux est précisément un attribut de la souveraineté de l'Etat". So definiert *Esmein*, Eléments (FN. 96), Bd. 1, S. 1 die äußere Souveränität als „le droit de représenter la nation et de l'engager dans ses rapports avec les autres nations".

319 In der deutschen Lehre wird die äußere Souveränität überwiegend als Befehlsunabhängigkeit und Völkerrechtsunmittelbarkeit betrachtet, was den Vorteil hat, dass das höherrangige Völkerrecht begrifflich wahrgenommen wird. Die Idee der Souveränität als „unmittelbare Völkerrechtsunterworfenheit" oder „ausschließliche Völkerrechtsunmittelbarkeit" wurde von *Verdross* Anfang des 20. Jahrhunderts entwickelt und fand einen überzeugten Vertreter in *Kelsen*. Vgl. *Verdross*, Die Einheit des rechtlichen Weltbildes auf Grundlage der Völkerrechtsverfassung, Tübingen 1923, S. 35; *ders.*, Die Verfassung der Völkerrechtsgemeinschaft, Wien, Berlin 1926, S. 8; vgl. ebenda, S. 130, 145; *Kelsen*, „Souveränität" (FN. 3), S. 281. Dort spricht der Autor von „Völkerrechtsunmittelbarkeit" und von der „rechtlichen Unabhängigkeit von anderen Staaten". Zum Unterschied zwischen „Befehlsunabhängigkeit" und „Ordnungsunabhängigkeit" siehe *Jahreiss*, Die Souveränität (FN. 181), S. 35-51. Dazu auch *Randelzhofer*, Staatsgewalt (FN. 184), S. 694.

320 So schon *Scelle*, Le Pacte des Nations (FN. 1), S. 94: „Au lieu de souveraineté il faut dire indépendance, le terme est beaucoup plus juste, car il correspond, entre Etats, à une notion de rapports sociaux analogue à ce qu'est la liberté des individus"; heute z. B. *Rousseau*,

bzw. gegenüber den anderen Staaten[322] verstanden. In dieser Hinsicht ist die Unabhängigkeit zugleich Voraussetzung und Kriterium der Souveränität, die ihrerseits wiederum als Garant der Unabhängigkeit wirkt[323]. Die Unabhängigkeit bildet eine rein faktische Situation, deren rechtliche Gestaltung durch die Souveränität verwirklicht wird[324] und sowohl im Inneren als auch im Äußeren wirkt. Daher kann z. B. in Frankreich im Inneren kein Departement, keine Provinz, keine Region souverän sein, da diese Rechtssubjekte in einem juristischen Abhängigkeitsverhältnis von einer zentralen Gewalt für die Führung ihrer internationalen Beziehungen bleiben[325]. Im Hinblick auf die neuen Befugnisse der französischen Regionen, interregionale Verträge zu schließen – auch mit angrenzenden Regionen anderer Staaten – wird diese Sichtweise zunehmend in Frage gestellt[326].

L'indépendance de l'Etat (FN. 316), S. 171 ff.; *Reglade*, La notion juridique de l'Etat (FN. 31), S. 530. Dieser Wunsch, den Souveränitätsbegriff durch den Begriff der Unabhängigkeit („indépendance") zu ersetzen, beruht auf einer pazifistischen Ideologie, wie etwa bei *Kelsen*. Kritisch zu dieser Terminologie *Chaltiel*, La souveraineté de l'Etat (FN. 8), S. 82 f.

321 *Maritain*, L'Europe (FN. 1), S. 138. Der Autor schlägt vor, das Wort „souveraineté" durch das Wort „autonomie" zu ersetzen. „Autonomie" ist aber mit „autolimitation" vereinbar, vgl. *Combacau / Sur*, Droit international (FN. 237), S. 246: Obwohl die Souveränität „exclut la soumission de l'Etat à l'ordre juridique d'un de ses pairs", ist sie „compatible avec sa soumission à l'ordre juridique international produit par leur action commune (...) l'autolimitation de l'Etat est le mécanisme qui concilie souveraineté et obéissance au droit".

322 Vgl. *Reineck*, Allgemeine Staatslehre (FN. 298), S. 34: „Freiheit von fremdstaatlicher Macht". Im Sinne von „Unabhängigkeit gegenüber den anderen Staaten der internationalen Gemeinschaft", *Sacher*, Staatslexikon (FN. 187), „Souveränität", S. 1640; *Dreier*, Staatslexikon (FN. 2), „Souveränität", S. 1203: „Die sog. „äußere" (völkerrechtliche) Souveränität bezeichnet die Unabhängigkeit und Gleichheit der impermeabel gedachten Staaten als unmittelbare Subjekte des Völkerrechts"; Siehe auch *Creifelds*, Rechtswörterbuch (FN. 181), S. 1028; *Seidl-Hohenveldern*, Ergänzbares Lexikon (FN. 254), „Souveränität", S. 249. Für *Seidl-Hohenveldern* ist das Freisein von formeller Unterordnung unter einen anderen Staat entscheidend.

323 So etwa *Dupuy*, Droit international (FN. 53), S. 29 ff.

324 Ebenda.

325 Zur Möglichkeit für die französischen Gebietskörperschaften und ihren Gruppierungen, bei einer ausländischen öffentlichen Organisation Mitglied zu werden oder am Kapital einer juristischen Person des ausländischen Rechts teilzunehmen, siehe im Hinblick auf die wesentlichen Bedingungen der Ausübung der Souveränität in Bezug auf die grenzüberschreitende Zusammenarbeit die Entscheidung C. C. Nr. 94-358 DC vom 26. Januar 1995, Rec. S. 183, Erwägungen Nr. 50 bis 53. Ferner im Hinblick auf das französische Polynesien, C. C. Nr. 96-373 DC vom 9. April 1996, Rec. S. 43, Erwägungen 11, 14. Vgl. die deutsche Diskussion über die Rechtsfähigkeit der deutschen Länder, internationale Verträge zu schließen.

326 Siehe dazu die Entscheidung C. C. Nr. 94-358 DC vom 26. Januar 1995, Rec. S. 183, Erwägungen Nr. 50 bis 53. Vgl. die deutsche Diskussion über die Rechtsfähigkeit der deutschen Länder, internationale Verträge zu schließen.

Im äußeren umfasst die Souveränität die souveräne Gleichheit und die souveräne Freiheit, auch wenn dieser letzte Ausdruck die „Freiheit im Rahmen des Völkerrechts“[327] bedeutet. In diesem Sinne ist die Souveränität der Garant der Unabhängigkeit und Gleichheit, da aus der Anerkennung als „Staat“ folgt, dass die anderen Staaten dem neuen Staat gegenüber die Pflicht haben, sich so zu verhalten, wie sie es von anderen Staaten ihnen selbst gegenüber erwarten. Dies bedeutet insbesondere, dass sich die anderen Staaten weder in die Führung der äußeren Angelegenheiten, noch in die Führung der inneren Angelegenheiten[328] des neuen Souveräns einmischen dürfen.

Die internationale Souveränität des Staates führt ferner dazu, dass der Staat über das Monopol der Anordnung und der Sanktion[329] des von den staatlichen Institutionen – welche wiederum die souveräne Nation vertreten – erzeugten positiven Rechts verfügt[330]. Die internationale Souveränität ist aber keine Befehlsgewalt[331], da sie einerseits die Zustimmung des Normadressaten voraussetzt, andererseits Normen verbietet, die von anderen Staatsgewalten vorgeschrieben sind. Nach *Combacau* unterscheidet sich die „Vertikalität“ der inneren Rechtsordnung von der „Horizontalität“ der internationalen Rechtsordnung[332]. Im Rahmen dieser souveränen Gleichheit (Art. 2 UN-Charta) werden die internationalen Verträge ausgearbeitet. Obwohl die äußere Souveränität nur noch als „interdependente Souveränität“[333] zu verstehen ist, ist also das Völkerrecht weiterhin durch die Souveränität der Staaten bestimmt und gestaltet[334].

---

327 *Von der Heydte*, „Souveränität“ (FN. 260), S. 136 f.; vgl. *Hubert*, Nationalstaat und Verfassungsstaat, Studien zur Geschichte der modernen Staatsidee, Stuttgart 1965, S. 285: „Souveränität kann heute sinnvoll nur heißen: das Recht jedes Nationalstaates auf Existenz, auf ein gleiches Maß von Unabhängigkeit neben den anderen Nationalstaaten (...) Souveränität bedeutet heute das Recht der staatlich organisierten Nationen auf Einheit, Freiheit und Gleichheit innerhalb der gemeinsamen Ordnung der Welt“.

328 *Combacau / Sur*, Droit international (FN. 237), S. 255. Die Entwicklung der Interventionspflicht auf internationaler Ebene stellt aber dieses Prinzip in Frage.

329 Dazu schon im Hinblick auf den Souveränitätsbegriff, *Combothecra*, La conception de la souveraineté, in: R. D. P. 8 (1897), S. 243 ff.

330 Vgl. *Nguyen Quoc*, Droit international (FN. 22), S. 118. Siehe auch *Chaltiel*, La souveraineté de l'Etat (FN. 8), S. 3, 21: „L'aspect externe permet à l'Etat de passer des traités internationaux dont il garde la maîtrise en vertu même de sa souveraineté“;

331 *Beaud*, La Puissance de l'Etat (FN. 7), S. 16.

332 *Combacau*, Le droit international: bric-à-brac ou système, in: A. P. D., Bd. 1 (1986), S. 105, wobei diese Unterscheidung die grundsätzliche Einheit des Systems schlecht verbirgt, dazu *Beaud*, La Puissance de l'Etat (FN. 7), S. 17.

333 *Lemmens*, Die Souveränität (FN. 1), S. 32.

334 *Demichel*, Le rôle de la souveraineté dans les relations internationales contemporaines, in: Mélanges offerts à Georges Burdeau, Paris 1977, S. 1053-1071 (insbes. S. 1061, 1063). Vgl. *Bleckmann*, Nationales und europäisches Souveränitätsverständnis. Strukturalistisches

C. Wechselwirkung von Staatlichkeit und Souveränität

Als „Schlüsselbegriff im Entwicklungsprozess des modernen Staates"[335] gilt die Souveränität in der französischen Staatslehre überwiegend als grundsätzliches, rechtliches Charakteristikum des Staates, als juristisches wesentliches Kriterium der Staatlichkeit schlechthin[336]. Diese klassische Auffassung ist im Hinblick auf die europäische Integration und der Wirklichkeit der Souveränitätsübertragungen auf die Europäische Gemeinschaft heute äußerst problematisch.

I. Die Souveränität als Kriterium der Staatlichkeit

Der Staat ist eine souveräne, juristische Person. Nach dieser Auffassung drückt die Souveränität die doppelte Natur des Staates aus, da sie einerseits die höchste Gewalt innerhalb eines Gebiets ist, und andererseits die Unabhängigkeit des Staates gegenüber anderen politischen oder nichtpolitischen Einheiten bezeichnet[337].

Sowohl aus verfassungsrechtlicher[338] als auch aus internationaler Perspektive[339], bildet also die Souveränität in Frankreich in diesen beiden Rechtsordnungen das

---

Modelldenken im Europäischen Gemeinschaftsrecht und im Völkerrecht, in: Ress (Hrsg.), Souveränitätsverständnis in den Europäischen Gemeinschaften, Schriftenreihe des Arbeitskreises Europäische Integration e. V., Bd. 9, Baden-Baden 1980, S. 33-70 (39), nach dem das Souveränitätsprinzip im allgemeinen Völkerrecht das leitende „Konstitutionsprinzip" der Völkerrechtsordnung ist. Zusammenfassend *Lemmens*, Die Souveränität (FN. 1), S. 32: „Souveränität ist ideengeschichtlich nichts anderes als die unableitbare oberste Zuständigkeit, die zwar aufgefächert und politisch als „interdependente Souveränität" zu verstehen ist, aber als Kriterium des Staates noch besteht".

335 *Dreier*, Staatslexikon (FN. 2), „Souveränität", S. 1203. Vgl. *Rigaudière*, L'invention de la souveraineté (FN. 283), S. 5.

336 Vgl. *Ardant*, Institutions (FN. 104), S. 24: „(...) caractéristique juridique *essentielle* de l'Etat". Ferner dazu *Duverger*, Institutions politiques et droit constitutionnel, 12. Aufl., Bd. 1, Paris 1971, S. 33. Das deutsche Schrifttum ist nuancierter, so z. B. *Koselleck*, Vorbemerkung, in: *Boldt*, „Staat und Souveränität" (FN. 3), S. 1: „ ‚Staat' und ‚Souveränität' sind zwei Begriffe, die in ihrer geschichtlichen Entstehung und ihrer rechtlichen Zuordnung aufeinander verweisen (...). Dennoch bleiben sie weder in der Wirklichkeit noch in der Rechtstheorie zur Gänze voneinander abhängig. Es gab souveräne Fürsten, die nicht über einen Staat geboten, so wie es Staaten gab, und gibt, die nicht souverän sind".

337 Vgl. *Reglade*, La notion juridique de l'Etat (FN. 31), S. 530: „(...) en Droit international, la souveraineté c'est l'indépendance et le droit de défense vis-à-vis des autres Etats également indépendants; en Droit interne, c'est la domination suprême, le droit à l'exercice de la plus grande force par les gouvernants au-dessus des gouvernés".

338 So z. B. *Burdeau / Hamon / Troper*, Droit constitutionnel (FN. 127), S. 180: „la souveraineté est la qualité de l'être, réel ou fictif, au nom de qui est exercé le pouvoir (...)".

339 *Dupuy*, Droit international (FN. 53), S. 54: „la souveraineté constitue l'apanage de l'Etat (...).

wesentlichste Merkmal des Staates. Auf innerer Ebene aber lässt sich die Souveränität nie ganz mit dem Staat gleichsetzen[340]. Der Staat ist das Instrument und der Ort der Verwirklichung des Willens des Souveräns, nicht aber der Motor dieser Handlung[341]. Die Auffassung, nach der die Souveränität als Kriterium des Staates betrachtet werden soll, wird zunehmend in Frage gestellt[342]. Einerseits tritt der politisch-funktionelle Aspekt des Staates dadurch hervor, dass der Staat als Gesamtheit von Aufgaben als „cadre d'exercice de compétences"[343] oder als „unité de pouvoir parmi d'autres"[344] betrachtet wird. Die Unterscheidung von Staatlichkeit und Souveränität ermöglicht andererseits die Denkbarkeit einer demokratischen Legitimierung der Macht auf überstaatlicher Ebene. Diese Auffassung könnte das Problem der Kompetenzübertragungen auf die Europäische Union in einem neuen Licht erscheinen lassen. Der Versuch *Carré de Malbergs*, innerhalb der französischen Souveränitätstheorie zwischen „puissance publique" und „souveraineté" zu unterscheiden, wurde zwar zu seiner Zeit nicht weiter verfolgt, findet im neueren Schrifttum jedoch immer mehr Anhänger.

II. Der Versuch einer „Rezeption" der deutschen Unterscheidung zwischen Souveränität und Staatsgewalt in Frankreich

Im Frankreich des 19. Jahrhunderts wurde der Versuch unternommen, anhand der deutschen Staatsrechtslehre zwischen Souveränität und Staatsgewalt zu unterscheiden. Die französischen Staatsdenker haben sich mit der Frage befasst, nach welchen Kriterien sich der Staat als Gebietskörperschaft von den anderen Gebietskörperschaften unterscheidet[345]. Die Analyse des Verhältnisses zwischen den Begriffen „Etat" („Staat") und „souveraineté" („Souveränität") in der französischen Staatslehre ist von der Frage geprägt, ob einerseits ein Staat

340 Vgl. *Torcheux*, Le statut de la souveraineté dans la Constitution de 1958, in: De la souveraineté, Cahiers Louis XVI, 1991, S. 65.

341 Vgl. *Beaud*, Le souverain (FN. 305), S. 36.

342 *Guillien / Vincent*, Lexique (FN. 198), S. 495; *Maritain*, L'Europe (FN. 1), S. 124 f.: „La qualité ainsi définie n'appartient pas à l'Etat (...) Attribuée à l'Etat, elle vicie l'Etat".

343 *Pierré-Caps*, La Ve République (FN. 72), S. 1477.

344 *Chaltiel*, La souveraineté de l'Etat (FN. 8), S. 75.

345 Die deutsche Lehre hat sich auch diese Frage im Hinblick auf die Staatsgewalt gestellt. Fraglich ist, wie sich die Staatsgewalt von der Gewalt der dem Staat eingegliederten Verbände oder anderer Gewalthaber unterscheidet, *Kriele*, Einführung (FN. 9), S. 77. *Jellinek* beantwortet diese Frage, indem er zwischen ursprünglicher oder abgeleiteter Gewalt unterscheidet, *Jellinek*, Allgemeine Staatslehre (FN. 3), S. 430.

notwendigerweise souverän ist und andererseits, ob ein nichtsouveräner Staat immer noch als „Staat" bezeichnet werden kann[346].

Die deutsche Allgemeine Staatslehre des 19. Jahrhunderts ist von der sog. „Herrschaftslehre"[347], die das Wesen des Staates in der Herrschaft („pouvoir de domination") sieht[348], geprägt. Leitautoren dafür sind *Jellinek* (1851-1911), *Mayer* (1846-1924) und *Laband* (1838-1918). Nach der positivistischen Auffassung der Vertreter der Herrschaftstheorie ist der Staat die einzige juristische Person, die Recht erzeugt, für rechtswirksam erklärt und bestraft. Der entscheidende Schritt zur Trennung von Staatsgewalt und Souveränität hat *Gerber*[349] unternommen, indem er erklärte, dass Souveränität nicht selbst Staatsgewalt sei, sondern nur eine Eigenschaft der Staatsgewalt bezeichne[350]. Diese Theorie wurde durch die Errichtung einer Zentralgewalt neben den Einzelstaaten in der Reichsverfassung von 1849 gefördert. Sie ermöglicht es, die Souveränität dem Bund zuzuerkennen, ohne dass die Länder dadurch ihre Staatlichkeit verlieren[351]. Somit bleibt das Land, da es über die Legislative oder sogar über die verfassunggebende Gewalt verfügt, ein Staat, obwohl es keine Souveränität besitzt[352]. Kraft der inneren Souveränität ist die Staatsgewalt nach innen die „rechtlich höchste Gewalt, die über allen anderen steht"[353].

Aufgrund der radikalen Ablehnung des Föderalismus in Frankreich während der Revolution[354] ist die französische Staatsrechtlehre nicht mit der Notwendigkeit

---

346 *Carré de Malberg*, Contribution (FN. 142), Bd. 1. Diese Frage ist immer noch aktuell, vgl. *Beaud*, La Puissance de l'Etat (FN. 7), S. 9 ff., 14.

347 Die Herrschaftslehre wurde von *Von Gerber*, Grundzüge des deutschen Staatsrechts, 3. Aufl., Leipzig 1880, S. 1-3 gegründet. Interessant dazu aus französischer Sicht *Duguit*, Traité (FN. 31), Bd. 1, S. 613 ff.

348 Kritisch *Carré de Malberg*, Contribution (FN. 142), Bd. 1, S. XIX, der diese Theorie zwar für richtig hält, die deutschen haben sie seiner Ansicht nach aber missbraucht; Kritisch auch *Duguit*, L'Etat, le droit objectif et la loi positive, Paris 1901, S. 16. Ferner dazu *Gaudemet*, Paul Laband et la doctrine française, in: R. D. P. 105 (1989), S. 957-979 (969 ff.).

349 *Von Gerber*, Grundzüge (FN. 347), S. 22.

350 In diesem Sinne war der Deutsche Bund von 1815 im Geist seiner Stifter ein Bund souveräner Einzelstaaten *Boldt*, „Staat und Souveränität" (FN. 3), S. 146.

351 Vgl. *Krüger*, Allgemeine Staatslehre (FN. 25), S. 186 f.

352 Vgl. *Laband*, Das Staatsrecht des Deutschen Reiches, Freiburg, Tübingen 1883, S. 17: „Es gibt demnach souveräne und nicht souveräne Staaten; die Souveränetät ist nicht ein wesentliches Merkmal des Staatsbegriffs, sondern die Eigenschaft des unabhängigen Staates, der vollen Staatsgewalt".

353 *Randelzhofer*, Staatsgewalt (FN. 184), S. 705. Dieses Zuhöchstsein nach Innen wird heute oft mit den Begriffen der „Einzigkeit" und „Einseitigkeit" der Staatsgewalt umschrieben, eine Terminologie, die von *Krüger*, Allgemeine Staatslehre (FN. 25), S. 847 ff., S. 879 ff., geprägt wurde.

354 Dazu Teil 2, Kapitel 2 B. II. 2.

der Unterscheidung zwischen Staatsgewalt und Souveränität konfrontiert worden[355]. Der Begriff der „puissance d'Etat" im Sinne von „Staatsgewalt" ist dennoch von *Carré de Malberg*[356] zur Zeit der Dritten Republik im Rahmen seiner Analyse des Föderalismus verwendet. Die Analyse *Carré de Malbergs* bildet somit den ersten Versuch, den französischen Souveränitätsbegriff an föderalistische Gedanken anzupassen, indem zwischen einer abstrakten und einer materiellen Seite der Souveränität unterschieden wird.

Allein die „puissance d'Etat" („Staatsgewalt") kann aber als wesentliches und charakteristisches Attribut des Staates dienen, ein Attribut, das in Frankreich „souveraineté" genannt wird[357]. Für *Carré de Malberg* ist die „souveraineté" im Vergleich mit den deutschen Begriffen der „Souveränität" und „Staatsgewalt" zu unpräzise[358]. Für ihn bezeichnet das Wort Souveränität („souveraineté") den Herrschaftsgrad[359], das Wort Staatsgewalt („puissance d'Etat") aber den materiellen Aspekt der Souveränität[360]. Betrachtet man die Souveränität als eine Eigenschaft der Staatsgewalt, lassen sich beide Begriffe nicht mehr verwechseln[361]. Nach *Carré de Malberg* soll der Begriff „puissance d'Etat" wesentlich die Rechtsfähigkeit, über die sowohl der föderale Gesamtverband („entité fédérale"), als auch dessen Mitglied („entité fédérée") verfügt,

---

355 Die Verwechselung in der französischen Sprache zwischen dem Substantiv „souverain" und dem Adjektiv „souverain" erschwert auch die Unterscheidung zwischen Souveränität und Staatsgewalt, so z. B. *Burdeau*, Traité (FN. 11), Bd. 2, S. 198; vgl. *David*, La souveraineté et les limites du pouvoir monarchique du IXe au XVe siècle, Annales de la Faculté de droit et des sciences politiques de Strasbourg, Paris 1990, S. 17.

356 *Carré de Malberg*, Contribution (FN. 142).

357 Ebenda, Bd. 1, S. 70: „L'existence d'un pouvoir supérieur de corporation sur ses membres n'est pas particulière à l'Etat: même des sociétés privées peuvent avoir un pouvoir disciplinaire sur leurs affiliés. Mais la puissance qui appartient à l'Etat, lui est propre en ce second sens qu'elle est d'une essence à part (...).Aussi pourrait-on déjà suffisamment la caractériser en la désignant du nom de puissance d'Etat, c'est-à-dire une puissance qui ne se conçoit qu'en l'Etat et qui forme son signe distinctif. La terminologie française, pour distinguer cette puissance qui est l'attribut essentiel et caractéristique de l'Etat, se sert d'un autre terme: elle la désigne sous le nom, spécial et technique, de souveraineté".

358 Ebenda. Das zweite Kapitel der „Contribution" lautet: „De la puissance de l'Etat. I. – La notion française de l'Etat souverain". Der dort vertretene Grundgedanke ist, dass die französische Terminologie zur Bezeichnung dieser „puissance" als wesentliches und charakteristisches Attribut des Staates, einen anderen Terminus verwendet, nämlich das spezielle und technische Wort „souveraineté".

359 Ebenda: „La souveraineté, c'est le caractère suprême d'un pouvoir: suprême, en ce que ce pouvoir n'en admet aucun autre ni au-dessus de lui, ni en concurrence avec lui".

360 Dazu *Chaltiel*, La souveraineté de l'Etat (FN. 8), S. 5, ferner S. 325 ff., wo die Autorin den Begriff „puissance" in diesem Sinne benutzt, um die Ausübung der Souveränität durch die Europäische Union zu bezeichnen.

361 *Carré de Malberg*, Contribution (FN. 142), S. 76, Fn. 28; vgl. *Duguit*, L'Etat, Bd. 1, S. 340.

bezeichnen. In diesem Sinne ist die „puissance d'Etat" die Herrschaftsmacht des Staates über sein Gebiet und die sich auf diesem befindenden Personen.

Carré de Malberg entfernt sich dennoch von der deutschen Herrschaftstheorie seiner Epoche, indem er die Meinung vertritt, der Staat sei bei der Ausübung seiner Herrschaft an moralische Gesetze gebunden, die von dessen Willen unabhängig sind[362]. *Carré de Malberg* weist ferner darauf hin, dass die Souveränität im 16. Jahrhundert noch nur als Attribut der Staatsgewalt und als Teil des Staatsbegriffs betrachtet wird. Seiner Meinung nach haben die Autoren des 16. Jahrhunderts dann die Staatsgewalt durch ihre wesentlichste Eigenschaft – die Souveränität – bezeichnet und auf diese Weise die Staatsgewalt mit einer ihrer Eigenschaften gleichgesetzt[363]. *Carré de Malberg* weist jedoch darauf hin, dass die unter den „wahren Souveränitätsmerkmalen"[364] durch *Bodin* aufgezählten Befugnisse nicht Folge des Souveränitätsbegriffs[365], sondern Teil der Staatsgewalt sind[366]. Dies bedeutet, dass die französischen Autoren die Tatsache außer acht gelassen haben, dass unter diesen Befugnissen einige zu finden sind, die einem nicht souveränen bzw. nicht unabhängigen Staat zukommen können[367]. Der Fehler der französischen Autoren sei es gewesen, aus einem unter historischen, spezifisch französischen Einflüssen entstandenem Souveränitätsbegriff das logische und absolute Kriterium des Staates zu machen[368].

Die Unterscheidung zwischen Staatsgewalt und Souveränität ermöglichte es demnach *Carré de Malberg*, gegen die Souveränitätstheorie seiner Epoche die Staatlichkeit des Mitgliedstaats eines Bundesstaats zu erklären, der zwar nicht über die Souveränität verfügt, aber dennoch als Staat bezeichnet werden kann, da er über die Staatsgewalt („puissance"), das heißt über eine gewisse Anzahl von konkreten Machtattributen verfügt. Da die Souveränität kein wesentliches Kriterium für die Existenz des Staates ist, unterscheide sich der nichtsouveräne

---

362 *Carré de Malberg*, Contribution (FN. 142), Bd. 1, S. XIX: „(...) il n'est pas douteux que l'Etat soit dominé dans l'exercice de sa puissance par des règles de morales indépendantes de sa volonté". Andererseits denunziert *Carré de Malberg* die Tatsache, dass die Deutschen diese Theorie der Herrschaft missbraucht haben.

363 Ebenda, Bd. 1, S. 76, Fn. 29.

364 *Bodin*, Sechs Bücher über den Staat (FN. 234), Buch I, Kap. VIII und X.

365 Nach *Carré de Malberg*, Contribution (FN. 142), Bd. 1, S. 72, ist der Souveränitätsbegriff negativ geprägt bzw. als Nichtunterwerfung und Unabhängigkeit zu verstehen.

366 Ebenda, S. 76; vgl. dazu *Chaltiel*, La souveraineté de l'Etat (FN. 8), S. 46 ff.

367 *Carré de Malberg*, Contribution (FN. 142), Bd. 1, S. 76 f.

368 Ebenda, S. 77: „D'une notion de souveraineté qui était née sous l'empire de causes historiques spéciales à la France, on a eu le tort de vouloir faire le critérium logique et absolu de l'Etat".

Staat vom souveränen Staat nur noch durch seinen Tätigkeitsraum[369]. Die Unterscheidung zwischen Souveränität und Staatsgewalt führt zu einer Art „Verdoppelung“[370] der Souveränität, die in der französischen Staatslehre als Unterscheidung zwischen „puissance d'Etat“ und „souveraineté“ zum Teil befürwortet wird[371]. Doch ist der Versuch *Carré de Malbergs*, die deutsche Lehre der Selbstbeschränkung des Staates mit der französischen Lehre der nationalen Souveränität zu vereinbaren[372], kritisiert worden[373].

Die Kritiker der Unterscheidung zwischen „puissance d'Etat“ (Staatsgewalt) und „souveraineté“ weisen darauf hin, dass sich aus der näheren Analyse der deutschen Begriffe „Staatsgewalt“ und „Souveränität“ ergibt, dass sowohl „Souveränität“ als auch „Staatsgewalt“ eine einzigartige, ausschließliche und unwiderstehliche Befehlsgewalt bezeichnen[374]. Demzufolge können im Französischen die „puissance étatique“, die „puissance publique“ und die „souveraineté“

---

369 Vgl. *Carré de Malberg*, Contribution (FN. 142), Bd. 1, S. 137 f.: „On part ici de l'idée que par ce traité les Etats particuliers ont remis à l'Etat fédéral une certaine partie de leurs attributions antérieures, mais qu'ils en ont conservé une autre partie pour eux-mêmes (...) On déduit de là que, si dans la sphère de ses attributions, l'Etat fédéral est souverain, les Etats confédérés le sont aussi dans la sphère de leurs compétences propres“.

370 *Chaltiel*, La souveraineté de l'Etat (FN. 8), S. 325: „dualisation de la souveraineté“, S. 391. Für die Autorin handelt es sich bei *Carré de Malberg* um zwei Souveränitäten: eine allgemeine Souveränität („souveraineté de droit commun“) und eine zweitrangige bzw. derogatorische Souveränität („souveraineté de second rang“ oder „souveraineté dérogatoire“), welche der allgemeinen Souveränität unterordnet ist und als „puissance“ bezeichnet wird.

371 Zur notwendigen Unterscheidung zwischen „puissance d'Etat“ und „souveraineté“, auch *Burdeau*, Manuel (FN. 164), S. 358 ff. Der Autor spricht für eine Ersetzung des Worts „souveraineté“ durch das Wort „puissance d'Etat“.

372 Später und im Hinblick auf die nationale Souveränität hat er die Idee verteidigt, nach der die legislative parlamentarische Gewalt ihre Quelle in einer Norm findet, die über den Verfassungsnormen steht. Diese Norm ergibt sich aus dem Konzept der Repräsentation des Gemeinwillens durch eine gewählte Legislative, welches die Ur- und Grundnorm des französischen öffentlichen Rechts darstellt, *Carré de Malberg*, Confrontation de la théorie de la formation du droit par degrés avec les idées et les institutions consacrées par le droit positif français relativement à sa formation, 1931, S. 65: „La puissance parlementaire législative a sa source dans une grande norme plus haute que les règles constitutionnelles: elle découle de ce concept de représentation de la volonté générale par les législatures élues, qui est en effet la norme primitive et fondamentale du droit public français“.

373 Z. B. *Boutet*, Critique du positivisme étatique de Raymond Carré de Malberg, in: *Bourjol* (Dir.), La commune, l'Etat et le droit, Bicentenaire de la révolution et Marché unique européen, Paris 1990, S. 161-172 (163 ff.). Kritisch zur Differenzierung *Carré de Malbergs* zwischen „puissance de l'Etat“ und „souveraineté nationale“, *Beaud*, La Puissance de l'Etat (FN. 7), S. 18 f.; Zugunsten der Unterscheidung: *Burdeau / Hamon / Troper*, Droit constitutionnel (FN. 127), S. 29.

374 *Beaud*, La Puissance de l'Etat (FN. 7), S. 18: „ (...) puissance de commandement unique, exclusive et irrésistible“. Der Autor spricht andererseits von einer „pseudo-distinction“.

als Synonyme verwendet werden[375]. Es wird andererseits hervorgehoben, dass im Hinblick auf die Frage nach dem Wesen der Macht (nature du pouvoir) die Souveränität des Souveräns und die Souveränität des Staates logischerweise in ihrem Wesen nur als identisch betrachtet werden können. Es handelt sich dann im Grunde genommen um dieselbe Macht. Daraus ergeben sich zwei Fragen[376]: wer ist der „titulaire ultime", der Souverän einerseits; welche Folge hat das Wesen der Macht im Hinblick auf die Ausübung der „puissance étatique" andererseits. Diese restriktive Auslegung des Souveränitätsbegriffs hat die Diskussion über die Vereinbarkeit des Vertrags von Maastricht mit der französischen Verfassung beherrscht.

D. Zusammenfassung

Der Souveränitätsbegriff ist vieldeutig und befindet sich in einer Schlüsselposition zwischen Recht und Wirklichkeit, gilt aber in der französischen Lehre immer noch als Kriterium der Staatlichkeit schlechthin.

Zwar befindet sich die französische Souveränitätstheorie in dieser Hinsicht in einem Wandlungsprozess; die Tatsache aber, dass die französische Souveränitätstheorie die Souveränität formell mit der Staatlichkeit verknüpft, materiell immer noch als „ein und unteilbar" versteht, erschwert die Anpassungsfähigkeit des französischen Souveränitätsverständnisses an die europäische Integration. Diese beruht im wesentlichen auf Souveränitätsübertragungen von den Mitgliedstaaten auf die Europäische Union. Insofern wird die Souveränität überwiegend als Gesamtheit von „Kompetenzen" aufgefasst. Diese Ansicht lässt aber das Problem des Kerns der Souveränität bzw. der Schwelle der möglichen „Kompetenzübertragungen" auf die Europäische Union unbeantwortet. Fraglich ist, wann die Kompetenzenübertragungen auf die Europäische Union einen solchen Grad erreicht haben werden, dass die Souveränität – als Gesamtheit von Kompetenzen betrachtet – zu einer leeren Hülle wird. Im Folgenden soll untersucht werden, wie die Souveränität auf verfassungsrechtlicher Ebene geschützt wird.

---

[375] Ebenda.

[376] *Rials*, La puissance étatique et le droit dans l'ordre international, in: Archives de philosophie du droit (1987), Bd. 32, S. 189 ff. (197 f.).

Kapitel 3: Staat, Souveränität und Verfassung

Bevor die Verbindung von Staat und Verfassung, Souveränität und Verfassung analysiert wird soll eine begriffliche Bestimmung durchgeführt werden. Im Hinblick auf die europäische Integration nehmen diese sprachlich-theoretischen Aspekte eine große Bedeutung ein.

A. Begriffliche Aspekte

Das französische Wort „constitution" (Verfassung) kommt vom Lateinischen „constitutio" und ist abgeleitet von dem Verb „constituere" (errichten)[377]. Das Wort „constitution" hat verschiedene Bedeutungen: Die Autoren der Erklärung der Menschen- und Bürgerrechte 1789 sehen in ihm zum Beispiel die Gewährleistung der Rechte und die Gewaltenteilung[378]; andere weisen sowohl auf den seelischen als auch auf den praktischen und institutionellen Aspekt der Verfassung hin[379]. Das Konzept lässt sich aber durch mehrere Facetten bestimmen, insbesondere durch die „dualité droit / politique"[380], die es verkörpert. Die Errichtung einer Verfassung drückt einerseits den Wunsch nach einer rationalen Organisation des Staates aus[381], andererseits ist das verfassunggebende Verfahren als Erneuerung der Staatsgründung, diesmal aber mit der aktiven und bewussten Teilnahme der Nation, zu betrachten[382]. Die Verfassung ist ein „acte de volonté unilatérale de la nation"[383] (einseitiger Willensakt der Nation). Als

---

377 *Capitant*, Vocabulaire juridique (FN. 128), „Constitution", S. 151.

378 Art. 16 lautet: „Eine Gesellschaft, in der weder die Gewährleistung der Rechte gesichert noch die Gewaltenteilung festgelegt ist, hat keine Verfassung", wobei „keine Verfassung" eher „keine würdige Verfassung" bedeutet, dazu *Troper*, Pour une théorie juridique de l'Etat, Paris 1994, S. 267.

379 Nach dem berühmten Ausspruch *de Gaulles*: „ (...) un esprit, des institutions, une pratique", Pressekonferenz vom 31. Januar 1964; vgl. *Mitterand* „ (...) la pratique des choses, le tempérament des hommes, les habitudes de penser et d'agir d'un peuple, tout ça joue un rôle plus important encore que les conceptions des juristes", Gespräch mit Jean Lacouture in: l'Express vom 4. September 1987.

380 *Avril*, La Constitution, Lazare ou Janus?, in: R. D. P. 106 (1990), S. 949-960 (959).

381 Z. B. bei *Capitant*, Vocabulaire juridique (FN. 128), „Constitution", S. 151: „Ensemble des règles fondamentales qui régissent l'organisation et les rapports des pouvoirs publics et fixent les grands principes du droit public d'un Etat". Zur Offenbarung („officialisation") der Rechtsidee durch die Verfassung, *Rousseau*, Une résurrection: la notion de Constitution, in: R. D. P. 106 (1990), S. 5-22 (10 ff.).

382 Vgl. *Beaud*, La Puissance de l'Etat (FN. 7), S. 25.

383 *Le Mong*, Contribution à la théorie de la Constitution souveraine par le peuple, in: R. D. P. 87 (1971), S. 923-986 (950 f.). Der Autor weist darauf hin, dass diese Auffassung der

Grundlage des politischen Systems eines Staates befindet sich die Verfassung zwischen Recht und Politik: sie ist nicht nur der Akt, durch den das Volk die Voraussetzungen zur Ausübung der politischen Macht bestimmt, die Gesellschaft gestaltet und ihr Struktur und Sinn gibt, sondern die Verfassung ist auch ein offener, „lebendiger“ Akt („acte vivant“[384]), der der fortlaufenden Schaffung von Rechten und Freiheiten dient[385]. Sie ist die „charte fondamentale“[386] (Grundcharta) der Nation. Politisch gesehen ist die Verfassung folglich auch ein Symbol[387].

B. Das Verhältnis zwischen Verfassung und Staatlichkeit in Frankreich

Staat und Verfassung wurden in der klassischen französischen Staatslehre sehr lange miteinander gleichgesetzt[388]. Dies ist eine Folge des Anfang des 20. Jahrhunderts entwickelten juristischen Positivismus, der in Frankreich durch *Carré de Malberg* vertreten wurde. Für den Autor ist ein Staat dann vorhanden, wenn die Nation regelmäßig und dauerhaft organisiert ist, bzw. über eine Verfassung verfügt[389]. Die Gleichstellung von Staat und Verfassung stützt sich

---

Verfassung, die von Sieyès entwickelt wurde, sich von der Auffassung der Verfassung als Vertrag („théorie de la Constitution-contrat“), die bei *Hobbes* und *Locke* zu finden ist, löst.

384 *Rousseau*, Chronique de jurisprudence constitutionnelle (juillet 1989-août 1991), in: R. D. P. 108 (1992), S. 37-109 (95); *ders.*, in: *Duhamel / Mény*, Dictionnaire constitutionnel, Paris 1992, „Constitution“, S. 208 ff., 212.

385 Dazu *Jacqué*, La Constitution de la Communauté européenne, in: *Flauss* (Dir.), Vers un droit constitutionnel européen, quel droit constitutionnel européen?, Actes du colloque des 18 et 19 juin 1993, 40ème anniversaire de l'Institut des Hautes études européennes, Strasbourg, Université Robert Schuman, in: R. U. D. H. (1995), Nr. 11-12, S. 397-428 (424). Indem er die Idee einer europäischen Verfassung befürwortet, bezeichnet *Jacqué* die Europäische Gemeinschaft als „un ensemble institutionnel doté d'une finalité propre qu'elle cherche à atteindre dans le respect de valeurs fondamentales“. Zum Begriff einer europäischen Verfassung, siehe Teil 3 Kapitel 2 D.

386 *Ardant*, Institutions (FN. 104), S. 57.

387 Vgl. *Lacroix*, La fonction symbolique des Constitutions, in: Le constitutionnalisme d'aujourd'hui, Paris 1984; in diesem Sinne auch *Ardant*, Institutions (FN. 104), S. 53, 57. Diese symbolische Funktion der Verfassung erklärt auch zum Teil die Schwierigkeiten bei der Diskussion um eine „europäische Verfassung“, dazu aber Teil 3, Kap. 2 C.

388 *Scelle*, Le droit constitutionnel international, in: Mélanges Raymond Carré de Malberg, Paris 1933, S. 501-515 (505). Ferner führt die Tatsache, dass der Verfassungsbegriff hauptsächlich dem Staat als politischer Gemeinschaft zuerkannt wird, dazu, dass die juristischen Lehrbücher immer noch den Eindruck vermitteln, eine Verfassung sei allein im Rahmen eines Staates denkbar, vgl. *Zoller*, Droit constitutionnel, Paris 1998, S. 21.

389 *Carré de Malberg*, Contribution (FN. 142), Bd. 1, S. 62: „Du point de vue juridique, ce fait générateur de l'Etat consiste précisément en ceci qu'un groupe national se trouve constitué en une unité collective en tant qu'à un moment donné il commence à être pourvu d'organes

ferner auf die klassische Opposition zwischen legislativer und vertraglicher Norm, die unter anderem zur strengen Unterscheidung zwischen Vertrag und Verfassung führt bzw. den Verfassungsbegriff ausschließlich dem Staat zuordnet. Diese Auffassung schließt die Verwendung des Begriffs „Verfassung" im internationalen bzw. zwischenstaatlichen System aus[390]. Das Wort „Verfassung" heißt dennoch nicht unbedingt, dass ein Staat vorhanden ist[391] bzw. ist nicht ein Kriterium der Existenz des Staates[392]. Schon Sieyès definierte die Verfassung als die Organisation bzw. die Gesamtheit von Verfahrensregeln und Gesetzen, die einer „Körperschaft" ermöglichen, die ihr gesetzten Aufgaben zu erfüllen[393], ohne damit den Staat als solche zu erwähnen. Der Verfassungsbegriff ist aber vom Begriff der „politischen Gesellschaft" nicht zu trennen[394]. Kehrt man zu den Wurzeln der Verfassung, nämlich dem demokratischen Verfahren der französischen Revolution zurück, findet man diese Neutralität in der Formel des Art. 16 der Menschenrechtserklärung von 1789. Demnach hat „eine Gesellschaft, in der weder die Gewährleistung der Rechte gesichert noch die Gewaltenteilung festgelegt ist, keine Verfassung". Dabei erwähnt die Erklärung die Gesellschaft, nicht aber den Staat[395].

---

voulant et agissant pour son compte et à son nom. A partir du moment où elle est ainsi organisée d'une façon régulière et stable, la communauté nationale devient un Etat (...) En définitive, quelle que soit l'influence des faits antécédents, le juriste ne doit, quant à la formation de l'Etat, qu'en retenir un seul: l'existence d'une constitution, puisque c'est avec elle que coïncide l'apparition de l'Etat". Vgl. *Kelsen*, „Souveränität" (FN. 3), S. 279, für den der Staat eine juristische Ordnung, eine Gesamtheit von Normen ist und der jedoch über die Verfassung hinausgeht, um die Quelle des Staates in der Grundnorm zu sehen, an die die Verfassung selbst geknüpft ist.

390 Dazu *Scelle*, Le droit constitutionnel international (FN. 388), S. 504. *Scelle* weist jedoch darauf hin, dass diese Auffassung nicht mehr vertreten wird, *ders.*, Précis (FN. 3), Bd. 1, S. 193.

391 Auf internationaler Ebene kann der Vertrag zur Gründung der internationalen Organisation für die Arbeit 1919 erwähnt werden, der als „Verfassung" bezeichnet wurde.

392 Vgl. *Scelle*, Précis (FN. 3), Bd. 1, S. 193.

393 *Sieyès*, Was ist der dritte Stand ? (FN. 85), S. 166.

394 *Scelle*, Le droit constitutionnel international (FN. 388), S. 505: „Pour nous, il y a Constitution et normes constitutionnelles toutes les fois qu'il y a élaboration de règles normatives destinées à traduire les nécessités essentielles des rapports sociaux et à fournir, fût-ce de façon rudimentaire, les moyens de mise en œuvre de ces règles fondamentales (...). Nous croyons (...) que la notion de Constitution est inséparable de la notion de Société politique, qu'il existe un régime constitutionnel dans toute société politique, qu'il existe un régime constitutionnel dans toute société politique et que la Société étatique n'est qu'un cas limite du phénomène social, comme la Constitution d'un Etat unitaire n'est que le cas limite du phénomène constitutionnel universel".

395 Zur Diskussion über Art. 16 der französischen Erklärung der Menschen- und Bürgerrechte, in der allein „die Gesellschaft", nicht aber „der Staat" erwähnt ist, *Troper*, Pour une théorie juridique (FN. 378), S. 269, 273. Siehe auch *Peters*, Elemente einer Theorie der Verfassung

Wichtig ist ferner die in der Staatslehre vorgenommene Unterscheidung zwischen der deskriptiven und der normativen Auffassung der Verfassung[396]. Aus deskriptiver Sicht wird die Verfassung mit dem Regierungssystem des Staates gleichgestellt, wobei dann zwischen dem materiellen und dem formellen Aspekt der Verfassung unterschieden wird[397]. Materiell ist die Verfassung die Gesamtheit der wichtigsten Regeln des Staates, mit anderen Worten die Gesamtheit der Rechtsnormen, die dem Verfassungsrecht angehören. In diesem deskriptiven Sinne verfügt jeder Staat über eine Verfassung. Formell betrachtet ist die Verfassung die Gesamtheit der Rechtsnormen, deren Änderung ein höheres Verfahren als das für die ordentliche Gesetzgebung vorgesehene, erfordert[398]. Aus normativer Sicht ist die Verfassung der von einem freien Volk verabschiedete grundsätzliche, höchste gesetzliche Akt. Sie ist Ausdruck der höchsten Macht, der sogenannten verfassunggebenden Gewalt, die selbst souverän ist.

C. Die Verfassung als moderner Ausdruck der Souveränität

Die moderne Form der Souveränität ist die Ausstattung des Volkes mit der verfassunggebenden Gewalt[399], sie ist das wesentlichste Merkmal der Souveränität[400]. Die durch die Verfassungsänderung vom 25. Juni 1992, ergänzt durch die Verfassungsänderung vom Januar 1999, in Frankreich stattfindende Konstitutionalisierung der Europäischen Union hat die Frage aufgeworfen, ob die Erhaltung des Prinzips der nationalen Souveränität mit dieser Konstitutionalisierung kompatibel ist und ob die Freiheit des „pouvoir constituant" soweit reicht, dass der „Souverän" auf seine Souveränität verzichten darf.

Europas, Veröffentlichungen des Walther-Schücking-Instituts für Internationales Recht an der Universität Kiel, Bd. 137, Berlin 2001, S. 97.

396 *Zoller*, Droit constitutionnel (FN. 388), S. 9 ff.

397 Interessant dazu im Hinblick auf die Verfassung von 1958, *Rials*, Les incertitudes de la notion de Constitution sous la Ve République, in: R. D. P. 100 (1984), S. 587-606 (588 f.).

398 Vgl. *Gicquel*, Droit constitutionnel et institutions politiques, 15. Aufl., Paris 1997, S. 168 f.

399 *Beaud*, La Puissance de l'Etat (FN. 7); vgl. *Burdeau*, Manuel (FN. 164), S. 128: „Il est cependant une affirmation à laquelle (...) toutes les doctrines politiques modernes sont prêtes à souscrire, c'est que la souveraineté réside dans le peuple"; Diese Auffassung wird auch in der deutschen Staatsrechtlehre überwiegend vertreten, vgl. *Sacher*, Staatslexikon (FN. 187), „Souveränität" S. 1639.

400 Vgl. *Burdeau*, Manuel (FN. 164), S. 34: „La marque essentielle de la souveraineté, c'est la possession du pouvoir constituant"; vgl. *Beaud*, La Puissance de l'Etat (FN. 7); *ders.*, La souveraineté de l'Etat, le pouvoir constituant et le traité de Maastricht, in: R. F. D. A. (1993), S. 1045-1068 (1048): Für den Autor ist „la maîtrise de la Constitution (...) la manifestation par excellence de la souveraineté".

I. Keine Unterscheidung zwischen verfassunggebender und verfassungsändernder Gewalt

In Frankreich kann von einer „fascination du pouvoir constituant“[401] seit der französischen Revolution gesprochen werden, eine Faszination, die manche Autoren dazu veranlasst hat, über eine „magische oder religiöse Funktion“[402] der verfassunggebenden Gewalt zu sprechen. Diese Einstellung führt zu einem Verständnis von der verfassunggebenden Gewalt, das absolute Züge annimmt. Die absolute Auffassung der verfassunggebenden Gewalt ist wesentlich auf die Theorie *Sieyès* zurückzuführen, nach dem „auf welche Art und Weise eine Nation auch will, allein die Tatsache, daß sie will, ist ausreichend; dazu sind alle Formen gut, und ihr Wille ist immer das höchste Gesetz“[403].

Die Unterscheidung zwischen dem „pouvoir constituant originaire“ (originäre verfassunggebende Gewalt) und dem „pouvoir constituant dérivé“ (abgeleitete verfassunggebende Gewalt) ist fast in alle modernen Lehrbücher übernommen worden, wobei manchmal statt „dérivé“ das Adjektiv „institué“ verwendet wird[404]. Diese Unterscheidung ist auf *Bonnard* zurückzuführen[405]. Die „originäre“ verfassunggebende Gewalt existiert außerhalb jeglicher juristischer Ermächtigung, die „abgeleitete“ verfassunggebende Gewalt ihrerseits wurde von der „originären“ verfassunggebenden Gewalt abgeleitet und dementsprechend gegenüber der originären verfassunggebenden Gewalt als zweitrangig betrachtet. Die abgeleitete verfassunggebende Gewalt muss die Form- und Inhaltserfordernisse beachten, die ihre Schaffung bestimmt haben. Die Theorie der Unterscheidung zwischen „pouvoir constituant originaire“ und „pouvoir constituant dérivé“ vermittelt zwischen den Theorien, die die Integrität der verfassunggebenden Gewalt dem „pouvoir constituant originaire“ zusprechen und den Theorien,

---

401 *Klein*, Théorie et pratique du pouvoir constituant, Paris 1996, S. 67 ff.

402 Ebenda, S. 86, auf der der Autor von der „fonction magique ou religieuse du pouvoir constituant“ spricht.

403 *Sieyès*, Was ist der dritte Stand? (FN. 85), S. 169. Zur emblematischen Rolle Sieyès während der Revolution bis heute, *Klein*, Théorie et pratique (FN. 401), S. 7 ff. Dazu auch der immer noch aktuelle Beitrag von *Zweig*, Die Lehre vom pouvoir constituant. Ein Beitrag zur Staatstheorie der französischen Revolution, Tübingen 1909, S. 355; auch *Redslob*, Die Staatstheorien der französischen Nationalversammlung von 1789. Ihre Grundlagen in der Staatslehre der Aufklärungszeit und in den englischen und amerikanischen Verfassungsgedanken, Leipzig 1912, S. 154 ff.; *Loewenstein*, Volk und Parlament nach der Staatsauffassung der französischen Nationalversammlung von 1789. Studien zur Dogmengeschichte der unmittelbaren Volksgesetzgebung, München 1922, Ndr. Aalen 1964, S. 305.

404 *Beaud*, La Puissance de l'Etat (FN. 7), S. 314; *ders.*, Maastricht et la théorie constitutionnelle. La nécessaire et inévitable distinction entre le pouvoir constituant et le pouvoir de révision constitutionnelle, in: L. P. A. vom 31. März 1993, Nr. 40, S. 9 ff. (15).

405 *Beaud*, La Puissance de l'Etat (FN. 7), S. 314.

welche die Integrität der verfassunggebenden Gewalt dem „pouvoir constituant" „dérivé" oder „institué" zusprechen. Die erste Theorie hat zum Ziel, den „pouvoir constituant" von den Verfassungsregeln zu befreien und das Verfassungsänderungsverfahren zu bestimmen[406].

Die zweite Theorie hat zum Ziel, die juristische Existenz des „pouvoir constituant originaire" zu verneinen. Dies ist die positive Theorie von *Carré de Malberg*[407], für den die Rechtserzeugung exklusiv beim Staat liegt. In diesem Fall ist der originäre Akt der Schaffung einer Verfassung nicht Rechtssache, sondern reine Tatsache. Nach der Schaffung der ersten Verfassung kann nur ein „pouvoir constituant" juristisch anerkannt werden, nämlich der „pouvoir de révision" (Verfassungsänderungsgewalt), der durch die Verfassung organisiert wurde[408].

Einige Autoren weisen aber darauf hin, dass sowohl die „originäre", als auch die „abgeleitete" verfassunggebende Gewalt als „pouvoir constituant" betrachtet werden, so dass sie von Natur aus gar nicht zu unterscheiden sind[409]. Die verfassungsändernde Gewalt wird auch als „pouvoir souverain de révision" (souveräne verfassungsändernde Gewalt) bezeichnet. Diese Anwendung des Adjektivs „souverain" für die Bezeichnung der verfassungsändernden Gewalt betont, dass in Frankreich sowohl die verfassungsändernde Gewalt, als auch die verfassunggebende Gewalt Ausdruck der Souveränität sind[410], unter dem Vorbehalt, dass die verfassungsändernde Gewalt im Rahmen eines vorgesehenen Verfahrens ausgeübt wird. Dieses Verfahren kann Gegenstand einer Verfassungs-

---

406 *Burdeau*, Traité (FN. 11), Bd. 4, S. 204; *ders.*, Essai d'une théorie de la révision des lois constitutionnelles en droit positif français, Paris 1930, S. 11: „ (...) dès qu'une modification à l'acte constitutionnel est décidée, le peuple reprend son indépendance et exerce le pouvoir constituant (...) en dehors de toutes formes". Einige Autoren haben das Heranziehen zur Verfassungsänderung des Art. 11 der Verfassung von 1958 durch General *de Gaulle* im Jahre 1962 als eine Folge dieser Sichtweise gesehen, Siehe *Texidor*, La procédure de révision de la Constitution sous la Vè République, Paris II, 1987. Dieses Verfahren hat aber für eine große Empörung im französischen juristischen Schrifttum gesorgt.

407 *Carré de Malberg*, Contribution (FN. 142), Bd. 2, S. 491.

408 Kritisch *Duguit*, Traité (FN. 31), Bd. 3, S. 598-599, für den „il est (...) impossible (...) de ne pas reconnaître qu'à tout moment il peut y avoir des principes du droit supérieurs à l'Etat, qui ne sont formulés ni dans les déclarations des droits, ni dans les lois constitutionnelles et qui, quoique non écrits, obligent l'Etat aussi rigoureusement que s'ils avaient été solennellement proclamés".

409 Z. B. *Vedel*, Schengen (FN. 109), S. 179: „Le pouvoir constituant dérivé n'est pas un pouvoir d'une autre nature que le pouvoir constituant initial: la Constitution lui donne sa procédure (...) elle ne borne point son étendue"; kritisch: *Beaud*, La Puissance de l'Etat (FN. 7), S. 459.

410 *Renoux / Villiers*, Code constitutionnel commenté et annoté, Paris 1994, Art. C. 89, S. 621: „Le pouvoir de révision de la Constitution est constitué par sa forme, mais constituant par son objet. S'il est soumis à des contraintes de procédure qui le distinguent du pouvoir constituant fondateur du régime, habituellement qualifié d'originaire, il est lui aussi souverain".

änderung sein[411]. Die absolute Auffassung der verfassunggebenden Gewalt hat sich der Verfassungsrat in seiner Rechtsprechung angeeignet, indem er im Hinblick auf die Europäische Integration und insbesondere im Rahmen der Diskussion um die Ratifizierung des Vertrags von Maastricht die prinzipielle Freiheit der verfassunggebenden Gewalt besonders betont hat.

Die Nichtunterscheidung zwischen verfassunggebender und verfassungsändernder Gewalt wurde von *Beaud* angesichts der Ratifizierung des Vertrags von Maastricht kritisiert. *Beaud* stützt sich dabei auf die deutsche Lehre, die zwischen verfassunggebender und verfassungsändernder Gewalt stark trennt, und besonders auf die These *Murswieks*[412]. Die fehlende Trennung von dem „pouvoir constituant originaire" und dem „pouvoir constituant institué" in der französischen Staatslehre führt zur Missachtung der Tatsache, dass allein das Volk Träger der Souveränität ist. Es ist eine Souveränität, die sich im Volksentscheid ausdrückt, nicht aber durch das als Kongress zusammengesetzte Parlament. Aus diesem Grund stellt *Beaud* wie sein deutscher Kollege die Legitimität der Verfassungsänderung vom 25. Juni 1992 in Frage[413]. Nach *Beaud* hätte die Verfassungsänderung nicht durch den Kongress als Verfassungsgesetzgeber („législateur constitutionnel"), sondern durch das Volk als originären Verfassungsgeber verabschiedet werden sollen, da der Vertrag von Maastricht einen „pacte constitutionnel fédératif"[414] (föderatives Verfassungspakt) bildet, dessen Einfügung in die Verfassung das Wesen der Verfassung modifiziert.

Diese Stellungnahme lässt aber die Tatsache unbeachtet, dass nach Art. 3 der Verfassung von 1958 „die nationale Souveränität beim Volk liegt, das sie durch seine Vertreter und durch den Volksentscheid ausübt". Die Verwendung der Konjunktion „und" sollte insofern zu keiner Hierarchie zwischen unmittelbarer und repräsentativer Demokratie führen[415]. Der Wille, die verfassunggebende

---

[411] Vgl. *Vedel*, Schengen (FN. 109), S. 179; *ders.* Souveraineté et supraconstitutionnalité (FN. 107), S. 90. Für *Vedel* beruht die Bezeichnung des „pouvoir constituant" als „dérivé" ausschließlich auf dessen organischem und formellem Aspekt. Aus materieller Sicht, d. h. angesichts des Inhalts der Verfassungsänderung ist der „pouvoir constituant dérivé" mit dem „pouvoir constituant originaire" gleichzustellen.

[412] *Murswiek*, Die verfassunggebende Gewalt nach dem Grundgesetz für die Bundesrepublik Deutschland, Berlin 1978; *ders.*, Maastricht und der pouvoir constituant. Zur Bedeutung der verfassunggebenden Gewalt im Prozess der europäischen Integration, in: Der Staat 32 (1993), Heft 1 / 4, S. 161-190. Die These *Murswieks* hat zu einer umfangreichen Diskussion in Deutschland geführt, da das Grundgesetz das Verfahren des Volksentscheids nicht vorsieht.

[413] *Beaud*, La souveraineté de l'Etat (FN. 400), S. 1060 ff.

[414] Dazu Teil III, Kap. 2 C.

[415] Vgl. *Chaltiel*, La souveraineté de l'Etat (FN. 8), S. 187 ff.; vgl. *dies.*, La Constitution française et l'Union européenne. A propos de la révision constitutionnelle du 25 janvier 1999, in: R. M. C. Nr. 427 (1999), S. 228-237 (230).

Gewalt dem Volk zuzusprechen, findet zwar seine Wurzeln in der französischen Revolution[416], der von der Verfassung von 1958 bewirkte „Kompromiss"[417] zwischen nationaler Souveränität und Volkssouveränität führt aber dazu, dass dem Volk weder die Initiative der Verfassungsgebung[418] noch der Verfassungsänderung zukommt. Das Antragsrecht für eine Verfassungsänderung steht sowohl dem Präsidenten der Republik auf Vorschlag des Premierministers wie auch den Mitgliedern des Parlaments zu[419].

Einige Autoren haben versucht zu zeigen, dass Art. 89 der Verfassung die Priorität dem Volk erteilt[420]. Im Fall eines Änderungsentwurfs[421] schreitet dennoch das Volk nur ein, wenn der Präsident der Republik nicht beschließt, den

---

416 Verkündung vom 21. September 1792, nach der „il ne peut y avoir de Constitution que celle qui est acceptée par le peuple", zit. nach *Duguit / Monnier / Bonnard*, Les Constitutions et les principales lois politiques de la France depuis 1789 précédées de notices historiques, 6. Aufl., Paris 1943, S. 31.

417 Dazu *Pierré-Caps*, Nation et peuples (FN. 76), S. 117, 329 ff.

418 Für *Beaud*, La Puissance de l'Etat (FN. 7), S. 270 ist die Schaffung der Verfassungen von 1946 und 1958 ein Beispiel dafür, dass dem Volk das letzte Wort schon bei der Initiative zugesprochen wird. Dennoch steht die wirkliche Initiative, die darin besteht, die Frage der Institutionsänderung zu stellen, weder 1946, noch 1958 dem Volk zu. Das vom „Comité français de libération national" erlassene Regierungsgesetz vom 21. April 1944 sieht vor, dass das Volk souverän über seine zukünftige Institutionen verfügen soll („le peuple disposera souverainement des ses futures institutions"). In seiner Investiturrede vom 1. Juni 1958 schlägt der neue Regierungschef de Gaulle der Versammlung vor, der Regierung die Vollmacht zur Ausarbeitung der notwendigen Änderungen zu erteilen bzw. sie dem Volk per Referendum vorzuschlagen („d'élaborer, puis de proposer au pays par la voie du référendum les changements indispensables").

419 Art. C. 89 Abs. 1. Allgemein zur Verfassungsänderung unter der V. Republik *Brachet*, La révision de la Constitution sous la Ve République, Paris 1994.

420 So *Debré*, der am 5. August 1958 vor dem Comité consultatif constitutionnel erklärte, das Referendum sei das normale Verfassungsänderungsverfahren bzw. die Berufung auf den Kongress sei nur in den Fällen in Betracht zu ziehen, in denen die Umstände eine schnelle Verfassungsänderung forderten: „ (...) le référendum est la voie normale de la révision, et le recours au Congrès n'est envisagé que dans les cas où les circonstances exigeraient une révision rapide", zit. in: *Texidor*, La procédure de révision (FN. 406), S. 129. Kritisch *Chaltiel*, La souveraineté de l'Etat (FN. 8), S. 190. Die Autorin weist darauf hin, dass der Volksentscheid zwar als erster erwähnt werde, die Entscheidung aber dem Präsidenten der Republik zukäme, *dies.*, Le pouvoir constituant, marque contemporaine de souveraineté. A propos du refus présidentiel de révision constitutionnelle, D (2000), Nr. 14, S. 225-228 (227 f.). Ein anderes Argument zugunsten der Priorität des Volkes stützte sich auf die Verfassungsänderung von 1962, die auf Grund des Art C. 11 geschah. Einige Autoren haben daraus geschlossen, dass jede umfassende Verfassungsänderung („révision constitutionnelle d'envergure") per Referendum zu geschehen habe.

421 Man unterscheidet zwischen „projet" (Entwurf) und „proposition" (Vorschlag) eines Gesetzes bzw. eines Verfassungsgesetzes. Ein Änderungsentwurf entsteht auf Vorschlag der Regierung, ein Änderungsvorschlag auf Vorschlag beider Kammern.

Entwurf dem als Kongress einberufenen Parlament vorzulegen[422]. Das Referendum vom 20. September 1992 hat dennoch auf Grund des Art. 11 der Verfassung stattgefunden. Nach Art. 11 der Verfassung kann der Präsident der Republik jeden Gesetzesentwurf zum Volksentscheid bringen, der auf die Ermächtigung zur Ratifizierung eines Vertrages abzielt, der, ohne gegen die Verfassung zu verstoßen, Auswirkungen auf das Funktionieren der staatlichen Institutionen hätte. Dies war beim Vertrag von Maastricht der Fall. Durch die Verfassungsänderung vom 25. Juni 1992 wurde dennoch die Verfassungswidrigkeit beseitigt, so dass dieser Vertrag innerhalb des Gestaltungsbereichs des Art. 11 der Verfassung erfasst werden konnte. Dieses Verfahren führt dennoch zur Anerkennung des Referendums vom 20. September 1992 als „formellement législatif" und „matériellement constituant"[423].

Die absolute Auffassung der verfassunggebenden Gewalt drückt sich ferner in der Tatsache aus, dass der „direkte Ausdruck" der nationalen Souveränität in seiner demokratischen Form, nämlich dem Volksentscheid, keiner verfassungsgerichtlichen Kontrolle unterworfen ist.

II. Keine verfassungsrechtliche Kontrolle des direkten Ausdrucks der nationalen Souveränität

In der französischen politischen Tradition gilt das Verfahren des Volksentscheids als Symbol eines demokratischen „Mythos"[424], der auf der Vorstellung vom Volk als Träger der „originären" verfassunggebenden Gewalt beruht. Dennoch stellt sich die Frage, ob das Volk seine Souveränität bei der Verfassungsgebung konsumiert, sie also mit Inkrafttreten der Verfassung aufgrund Selbstbindung erlischt[425]. Das Volk wird dann als „Gesetzgeber" rechtsetzend tätig und somit als

---

422 Art. 89 Abs. 3 der Verfassung von 1958.

423 *Chaltiel*, La souveraineté de l'Etat (FN. 8), S. 193; vgl. *Beaud*, La Puissance de l'Etat (FN. 7), S. 483.

424 Vgl. *Bouissou*, Pour une réhabilitation de l'institution référendaire, in: Mélanges offerts à Georges Burdeau: Le pouvoir, Paris 1977, S. 25-41 (25). Der Autor verwendet das Wort „Mythos" in seinem Freudschen Sinne: „les mythes sont des débris formés des imaginations et des désirs des nations entières".

425 In diesem Sinne *Burdeau*, Droit constitutionnel et Institutions politiques. Conforme au programme des facultés de droit et ecoles d'enseignement supérieur, Paris 1969, S. III, der sich über die Entscheidung des Verfassungsrats C. C. Nr. 62-20 DC vom 26. November 1962, Rec., S. 27 wie folgt ausdrückt: „Dire que „l'expression directe de la souveraineté nationale" ne peut être assujettie à aucun contrôle, c'est rabaisser la Constitution au rang d'un recueil de recettes techniques valables seulement pour les activités des représentants. C'est aussi, et plus gravement, confondre les deux qualités du peuple, selon qu'il agit comme souverain ou comme gouvernant. En tant que souverain, il est absolument libre, car c'est la force politique

konstituiertes Verfassungsorgan betrachtet, dessen Akte der Verfassung untergeordnet sind[426]. Entscheidet das Volk durch Volksentscheid über ein Gesetz, dann handelt es als „pouvoir législatif", nicht aber als „pouvoir constituant", eine Sichtweise, die den Autor des Akts mit dem Akt selbst gleichstellt und insofern auf einer formellen Unterscheidung beruht[427]. Nach dieser Auffassung, die zwischen den durch Parlamentsgesetze und den durch Volksentscheid angenommenen Gesetzen nicht unterscheidet[428], könnte dann der Volksentscheid Gegenstand einer Verfassungsmäßigkeitskontrolle werden. Dafür könnte auch die Tatsache sprechen, dass die durch Referendum angenommenen Gesetze vom Parlament geändert werden können. Die Sonderstellung von Volksentscheiden beinhaltet also nicht zwangsläufig eine Höherrangigkeit auch gegenüber Parlamentsgesetzen[429].

Der Verfassungsrat ist dieser Auffassung jedoch nicht gefolgt. Die Einschränkung der Kontrolle des Verfassungsrates ist zwar nicht direkt in der Verfassung enthalten, sondern folgt aus der Auslegung des Art. 61 der Verfassung durch den Verfassungsrat[430]. Nach dem Referendum vom 28. Oktober 1962 wurde der Verfassungsrat vom Präsidenten des Senats angerufen, um die Verfassungsmäßigkeit eines vom Volk ratifizierten Gesetzes („loi référendaire") nachzuprüfen, welches das Wahlverfahren zum Amt des Präsidenten der Republik änderte. Der Verfassungsrat hat sich in seiner Entscheidung 62-20 DC vom 26. November 1962[431] für unzuständig erklärt, da das Gesetz angesichts seiner Verabschiedungsverfahren direkter Ausdruck der nationalen Souveränität ist[432]. Der Verfassungsrat stützte sich dabei auf Art. 61 der Verfassung ergänzt vom Geist der Verfassung („esprit de la Constitution"), um an seine Stellung als

qui s'exprime par sa volonté. Mais comme gouvernant – et c'est le cas dans la démocratie directe – son activité est, au même titre que celle des autres gouvernants, dominée par le statut que la Constitution impose aux agents d'exercice du pouvoir".

426 Interessant dazu *Prévost*, Le droit référendaire dans l'ordonnancement juridique de la Constitution de 1958, in: R. D. P. 93 (1977), S. 5-54 (11).

427 Vgl. *Beaud*, La Puissance de l'Etat (FN. 7), S. 483.

428 So *Etien*, Maastricht: le contrôle des opérations électorales par le Conseil constitutionnel, in: La Revue administrative (1992), S. 413; vgl. *Conac*, in: *Luchaire / Conac* (Dir.), La Constitution de la République française. Analyses et commentaires, Paris 1987, Art. 11, S. 458.

429 *Starke*, Die verfassungsgerichtliche Normenkontrolle durch den Conseil constitutionnel. Zum Kompetenztitel des Art. 61 der französischen Verfassung, Schriften zum internationalen und zum öffentlichen Recht, Bd. 38, Frankfurt am Main u. a. 2000, S. 28.

430 Dazu *Starke*, Die verfassungsgerichtliche Normenkontrolle (FN. 429), S. 20 ff.

431 C. C. Nr. 62-20 DC vom 26. November 1962, Rec., S. 27, Erwägung Nr. 5.

432 Die Verfassungsmäßigkeit der parlamentarischen Verfassungsgesetze wird auch nicht vom Verfassungsrat geprüft.

einfaches „organe régulateur de l'activité des pouvoirs publics" zu erinnern[433]. Die Entscheidung Nr. 92-313 DC vom 23. September 1992 bestätigt die Entscheidung Nr. 62-20 DC. Der Verfassungsrat gründet dennoch seine Unzuständigkeit auf die Tatsache, dass der Volksentscheid als direkter Ausdruck der nationalen Souveränität zu betrachten und infolgedessen vom Verfassungsrat nicht kontrollierbar sei[434].

Die Unzuständigkeitserklärung des Verfassungsrats beruht aber mehr auf seiner Unzuständigkeit im Hinblick auf das „loi référendaire", als auf der „non-justiciabilité" des „pouvoir constituant"[435]. Und dennoch erscheint das Kriterium des Autors des Aktes im Gegensatz zum Kriterium der juristischen Bezeichnung des Aktes entscheidend zu sein: „Direkter Ausdruck der nationalen Souveränität". Der eigentliche Souverän ist also das Volk, wenn es sich per Volksentscheid ausdrückt. Die Tatsache, dass er an der europäischen Konstitutionalisierung nicht direkt beteiligt wird, erscheint also problematisch.

Die überwiegend vertretene „absolute" Auffassung des „pouvoir constituant" in Frankreich hat ferner zur Folge, dass die französische Verfassung immer noch als rein formell betrachtet wird.

III. Die französische formelle Auffassung der Verfassung

Die französische Empfänglichkeit[436] für den „pouvoir constituant" wird bereits durch die Vielzahl an Verfassungen, die die Verfassungsgeschichte Frankreichs seit der Revolution kennen gelernt hat[437] deutlich. Grundlegend dafür ist die Auffassung, nach der ein Volk immer über das Recht verfügt, seine Verfassung zu ändern[438], da es eine Art „pouvoir constituant permanent"[439] innehat. Diese

---

433 C. C. Nr. 92-313 DC vom 23. September 1992, Rec. S. 94, Erwägung Nr. 2.

434 C. C. Nr. 92-313 DC vom 23. September 1992, Rec. S. 94, Erwägung Nr. 2: „(...) au regard de l'équilibre des pouvoirs établis par la Constitution, les lois que celle-ci a entendu viser dans son article 61 sont uniquement les lois votées par le parlement et non point celles qui, adoptées par le peuple français à la suite d'un référendum (...) constituent l'expression directe de la souveraineté nationale".

435 Vgl. *Klein*, Théorie et pratique (FN. 401), S. 84.

436 Ebenda, S. 70: „(...) prédisposition française à l'égard du pouvoir constituant"

437 Überblick bei *Hartmann*, Französische Verfassungsgeschichte der Neuzeit (1450-1980). Ein Überblick, Grundzüge, Bd. 61, Darmstadt 1985. Verfassungstexte abgedr. bei *Debbasch / Pontier*, Les constitutions (FN. 50).

438 Vgl. *Condorcets* berühmte Formel, nach der „un peuple a toujours le droit de revoir, de réformer et de changer sa constitution. Une génération n'a pas le droit d'assujettir à ses lois les générations futures (...)", *Condorcet*, Œuvres complètes, Bd. 12, Paris 1847, S. 422 (projet de déclaration des droits).

Auffassung beruht auf der aus der Revolution geerbten Sichtweise, nach der die Verfassung ein einseitiger Willensakt der Nation ist, so dass die Nation die Verfassung jederzeit frei ändern kann[440].

Die formelle Auffassung der Verfassung ist die Folge des Positivismus des 20. Jahrhunderts und wurde hauptsächlich von *Carré de Malberg*[441] vertreten. Nichtsdestoweniger gehört die Verfassung von 1958 zur Kategorie der starren Verfassungen („constitutions rigides“[442]), die nicht auf dem Wege des normalen Gesetzgebungsverfahren geändert werden können. Im Hinblick auf eine Verfassungsänderung kommen nach der Abschaffung des Titels XIII der Verfassung[443] durch das Verfassungsgesetz vom 4. August 1995, Art. 89[444] und Art. 11[445] der Verfassung von 1958 für die Verfassungsänderung in Betracht. Art.

---

439 *Le Mong*, Contribution (FN. 383), S. 933, 943, 948.

440 Vgl. Ebenda, S. 952 ff.

441 *Carré de Malberg*, Contribution (FN. 142), Bd. 2, S. 579.

442 *Leclercq*, Droit constitutionnel (FN. 38), S. 459.

443 Ursprünglich Titel XII der Verfassung, der die „Communauté franco-malgache“ organisierte. Art. 85 der Verfassung von 1958 sah eine Verfassungsänderung vor, um die Unabhängigkeit mancher afrikanischer Staaten zu ermöglichen. Dies geschah mit dem Verfassungsgesetz Nr. 60-525 vom 4. Juni 1960, J. O. R. F. vom 8. Juni 1960. Von da an hatte Titel XII keine Anwendung mehr.

444 Art. 89 Abs. 1 der Verfassung von 1958: „Das Antragsrecht für die Verfassungsänderung steht sowohl dem Präsidenten der Republik auf Vorschlag des Premierministers wie den Mitgliedern des Parlaments zu“.
Abs. 2: „Der Änderungsentwurf oder –vorschlag muß von beiden Kammern in übereinstimmender Fassung beschlossen werden. Die Verfassungsänderung wird endgültig, wenn sie durch einen Volksentscheid angenommen wird“.
Abs. 3: „Der Änderungsentwurf wird jedoch nicht zum Volksentscheid gebracht, wenn der Präsident der Republik beschließt, ihn dem als Kongreß einberufenen Parlament vorzulegen. In diesem Fall gilt der Entwurf nur dann als angenommen, wenn sich eine Mehrheit von drei Fünfteln der abgegebenen Stimmen für ihn ausspricht. Das Präsidium des Kongresses ist das der Nationalversammlung“.
Abs. 4: „Wird die Unversehrtheit des Staatsgebiets verletzt, so darf ein Verfahren zur Verfassungsänderung weder eingeleitet noch fortgesetzt werden“.
Abs. 5: „Die republikanische Staatsform kann nicht zum Gegenstand einer Verfassungsänderung gemacht werden“.

445 Art. 11 Abs. 1 der Verfassung von 1958: „Der Präsident der Republik kann auf Vorschlag der Regierung während der Sitzungsperioden des Parlaments oder auf gemeinsamen Vorschlag beider Kammern, die im Journal officiel veröffentlicht werden, jeden Gesetzesentwurf zum Volksentscheid bringen, der die Organisation der öffentlichen Gewalten betrifft, Reformen der staatlichen Wirtschafts- und Sozialpolitik sowie die dazu beitragenden öffentlichen Dienste oder auf die Ermächtigung zur Ratifizierung eines Vertrags abzielt, der, ohne gegen die Verfassung zu verstoßen, Auswirkungen auf das Funktionieren der Institutionen hätte“.
Abs. 2: „Findet der Volksentscheid auf Vorschlag der Regierung statt, so gibt diese vor jeder Kammer eine Erklärung ab, der sich eine Aussprache anschließt“.

46 der Verfassung von 1958 erlaubt zwar eine Verfassungsänderung durch eine „loi organique", aber nur für das, was Art. 34 der Verfassung von 1958 betrifft[446]. Die formelle Auffassung der Verfassung in Frankreich führt zur Möglichkeit der „révision de la révision" und zur überwiegenden Nichtanerkennung der Supra-konstitutionalität, zwei Problemstellungen, die insbesondere anlässlich des Vertrags von Maastricht im französischen Schrifttum erörtert wurden.

1. Die Möglichkeit der „révision de la révision"

Die Idee der „révision de la révision" wurde von *Duguit* und später von *Lafferrière* vertreten. Dieser Auffassung nach ist es immer möglich[447], die Verfassung zu ändern, so dass die Verfassungsvorschriften, welche die Verfassungsänderung materiell beschränken, selbst durch Verfassungsänderung beseitigt werden können[448]. Diese Auffassung stützt sich auf die „Gleichheit" der Souveränität der verfassunggebenden Gewalt und der verfassungsändernden Gewalt. Dies führt aber zur Gefahr eines „Deckungseffekts" durch die verfassungsändernde Gewalt[449]. Zieht man die bisher in der französischen Lehre überwiegend vertretene Auffassung[450] in Betracht, nach der etwa die Integrationsschranken durch Volksentscheid geändert werden können, könnte die „Souveränität" der verfassungsändernden Gewalt im Hinblick auf die Europäische Integration auf verfassungsrechtlicher Ebene als problematisch erscheinen.

2. Die Wahl der „révision-adjonction".

Abs. 3: Führt der Volksentscheid zur Annahme des Entwurfs, so verkündet der Präsident der Republik das Gesetz innerhalb von 15 Tagen nach Verkündung der Ergebnisse des Volksentscheid".

446 Art. 34 Abs. 7 der Verfassung von 1958: „Die Bestimmungen dieses Artikels können durch ein verfassungsausführendes Gesetz näher bestimmt und ergänzt werden". Dies Geschah durch das Verfassungsgesetz Nr. 96-138 vom 22. Februar 1996, J. O. R. F. vom 23. Februar 1996, S. 2911; dazu z. B. *Pierré-Caps*, Les révisions de la Constitution de la Cinquième République: temps, conflits et stratégies, in: R. D. P. 114 (1998), S. 409-431 (425 f.).

447 Daraus entsteht keine Verpflichtung. Der Verfassungswidrigkeitserklärung der europäischen Charta der Regional- und Minderheitssprache durch den Verfassungsrats in seiner Entscheidung C. C. Nr. 99-412 DC vom 15. Juni 1999, Rec. S. 71, folgte keine Verfassungsänderung, dazu *Chaltiel*, Le pouvoir constituant (FN. 420).

448 *Vedel*, Schengen (FN. 109), S. 173; auch *Chaltiel*, La souveraineté de l'Etat (FN. 8), S. 180.

449 *Klein*, Théorie et pratique (FN. 401), S. 118: „danger de „couverture" par le pouvoir de révision.

450 *Sander*, Europäischer Gerichtshof und nationale Verfassungsgerichtsbarkeit, in: DÖV (2000), Heft 14, S. 588-596 (593).

Im Gegensatz zu Deutschland kennt die französische Verfassung keine Ewigkeitsklausel im Sinne des Art. 79 Abs. III GG. Die Unterzeichnung des Vertrags von Maastricht im Februar 1992 löste jedoch eine Debatte aus über die Zweckmäßigkeit der Einfügung einer Generalklausel in die Verfassung von 1958 für die Übertragung von Kompetenzen auf die Europäische Union[451]. Die Verfassungsgesetze vom 25. Juni 1992 haben diesen Vorschlag aber nicht übernommen, sondern einen neuen Titel in die Verfassung eingefügt, der die im Vertrag über die Europäische Union vorgesehenen Kompetenzübertragungen ermöglicht. Somit wurde eine Änderung der Verfassungsvorschriften über die Souveränität Frankreichs vermieden und gleichzeitig die weitere Konstitutionalisierung der Europäischen Union ermöglicht. In der Tat hätte eine Änderung des Art. 3 der Verfassung sehr wahrscheinlich zu einer Ablehnung der Verfassungsänderung geführt.

Dieses Verfahren wird als Verfahren der „révision-adjonction" benannt. Die Verfassung verhindert zwar die Ratifizierung eines verfassungswidrigen Vertrags, bestimmt aber nur wenige Regeln über die Art und Weise der Verfassungsänderung. Gemäß Art. 54 der Verfassung von 1958 kann die Ermächtigung zur Ratifizierung oder zur Zustimmung einer internationalen Verpflichtung, die nach dem Verfassungsrat eine oder mehrere verfassungswidrige Klausel enthält, erst nach der Verfassungsänderung erfolgen[452]. Da in seiner Entscheidung Nr. 92-308 DC („Maastricht-I") der Verfassungsrat auf mehrere Verfassungsvorschriften ausdrücklich hinwies, hätte der „pouvoir constituant" jede von ihnen in einem solchen Maße ändern können, dass sie kein Hindernis mehr für die Ratifizierung darstellen. Dies wäre eine „révision-modification" gewesen. Der „pouvoir constituant" hat sich aber für die „révision-adjonction" entschlossen, indem er die vom Verfassungsrat als verfassungswidrig erklärten Vertragsvorschriften in die

---

[451] Siehe die Debatten in J. O. R. F. Débats A. N., 12. Mai 1992, S. 1134. Dazu *Chaltiel*, La Constitution française (FN. 415), S. 231, wo die Autorin die Einfügung einer Generalklausel in die Verfassung vorschlägt, die die Kompetenzübertragungen auf die Europäische Union ermöglicht, wobei diese Generalklausel durch die Festsetzung des Subsidiaritätsprinzips in der Verfassung ergänzt wäre. Für *Chaltiel* zeigt das Beispiel Deutschlands, dass eine solche Generalklausel nicht den Verzicht auf die nationale Souveränität zur Folge hat, da trotz einer solchen Generalklausel eine Verfassungsänderung für die Ratifizierung des Vertrags von Maastricht notwendig war.

[452] Seit 1992 wurde die Verfassung auf Grund einer Verfassungswidrigkeitserklärung des Verfassungsrats drei Mal geändert. Es handelte sich um den Vertrag von Maastricht: C. C. Nr. 92-309 DC vom 9. April 1992, Rec. S. 55, Verfassungsgesetz Nr. 92-554 vom 25. Juni 1992, J. O. R. F. vom 26. Juni 1992, S. 8406; um den Vertrag von Amsterdam: C. C: Nr. 97-394 DC vom 31. Dezember 1997, Rec. S. 344, Verfassungsgesetz Nr. 99-49 vom 25. Januar 1999, J. O. R. F. vom 26. Januar 1999, S. 1343; um den Römischen Vertrag zur Schaffung eines internationalen Strafgerichts: C. C. Nr. 98-408 DC vom 22. Januar 1999, Rec. S. 29, Verfassungsgesetz vom 28. Juni 1999.

Verfassung einfügte[453]. Damit wurde nicht nur die Verfassungswidrigkeit aufgehoben, sondern der „pouvoir constituant“ hat einen ganzen Verfassungstitel der Europäischen Union gewidmet.

Die Regeln des neuen Titels XV der Verfassung sind spezielle Regeln, sie müssen restriktiv ausgelegt werden[454]. Durch die Wahl der „révision-adjonction“ hat sich der „pouvoir constituant“ 1992 und 1999 für eine „minimale Verfassungsänderung“[455] entschieden. Dies ist als eine Art Kompromiss zu verstehen zwischen der Notwendigkeit der europäischen Integration, ohne aber die Blankovollmacht der Union zu geben. Zu befürchten ist aber, dass die europäische Integration durch diese aufeinanderfolgenden Verfassungsänderungen „a minima“[456] begrenzt wird, da insbesondere der Verfassungsrat in seiner Entscheidung vom 9. April 1992 seine Rechtsprechung über die rechtliche Natur der Europäischen Gemeinschaft und deren Institutionen nicht geändert hat[457]. Trotz ihrer Konstitutionalisierung bleibt die Europäische Gemeinschaft außerhalb der Institutionen der Republik[458].

IV. Von der „dualen Verfassung“ zur „dualen Souveränität“

Die Antragsteller im Verfahren „Maastricht II“[459] haben dem verfassungsändernden Gesetzgeber vom 25. Juni 1992 vorgeworfen, er habe neue Artikel in die Verfassung eingefügt, ohne Artikel 3 der Erklärung der allgemeinen Menschen- und Bürgerrechte, die Art. 3, 24, 34 und 20 Abs. 1 der Verfassung von 1958 geändert zu haben. Der Vertrag über die Europäische Union bleibe deswegen, trotz der Einführung der neuen Art. 88-3 und 88-2 der Verfassung von 1958, verfassungswidrig. Von der politischen Bedeutung dieser Lösung auf Seiten

---

453 Diese Option wurde vom „pouvoir constituant“ sowohl für den Vertag von Maastricht, als auch für den Vertrag von Amsterdam bevorzugt.

454 *Grewe*, La révision constitutionnelle (FN. 272), S. 422, die anderen Normen der Verfassung sind Auffangnormen, ihre Aufhebung war also unnötig.

455 *Chaltiel*, La Constitution française (FN. 415), S. 229, 231 f. In diesem Sinne auch *Badinter*, Sénat, J. O. R. F. vom 16. Dezember 1998, S. 6514: „révision nécessaire, révision prévisible, c'est aussi une révision limitée“.

456 *Favret*, Le Traité d'Amsterdam: une révision *a minima* de la „Charte constitutionnelle“ de l'Union européenne. De l'intégration à l'incantation?, in: Cahiers de droit européen, Nr. 5-6 (1997), S. 555-605.

457 Vgl. *Favoreu / Philip*, Les grandes décisions (FN. 60), S. 814.

458 Vgl. im Hinblick auf das Europäische Parlament, C. C. Nr. 76-71 DC vom 30. Dezember 1976, Rec. S. 15, Erwägung Nr. 6.

459 C. C. Nr. 92-908 DC vom 9. April 1992, Rec. S. 55.

des „pouvoir constituant" abgesehen[460] hat der Verfassungsrat den Antragstellern erwidert, dass „die Gewalt des verfassungsändernden Gesetzgebers unbeschränkt ist (...), und dass die verfassungsändernde Gewalt Bestimmungen mit Verfassungsrang in der von ihr bevorzugten Form abschaffen, ändern oder ergänzen kann; dass sie also nicht daran gehindert ist, neue Bestimmungen in die Verfassung einzufügen, die für die Fälle, die sie regeln sollen, ausdrückliche oder implizite Ausnahmen von bestehenden Verfassungsbestimmungen vorsehen"[461]. Der verfassungsändernde Gesetzgeber kann also Ausnahmen in die Verfassung in Form einer „révision-adjonction"[462] einfügen, ohne dazu verpflichtet zu sein, die ursprünglichen Artikel zu ändern, mit denen die neuen Vorschriften unvereinbar sein könnten[463]. Für alle zukünftigen Abkommen und Verträge, die die Errichtung der Europäischen Gemeinschaft benötigt, wird man neue Artikel in die Verfassung einfügen müssen, die, wie die Art. 88-1 und 88-2 der Verfassung von 1958, das Datum des internationalen Vertrags erwähnen werden[464]. Im Hinblick auf den Vertrag von Amsterdam hat also das Verfassungsgesetz vom 25. Januar 1999 den 1992 eingefügten Art. 88-2 der Verfassung einfach geändert.

In seinem Artikel über die Verfassungsänderung vom 25. Juni 1992 warnt Professor *Favoreu* vor der Gefahr einer „Constitution duale"[465]. Seiner Meinung nach existieren von jetzt ab zwei Verfassungen nebeneinander: Die erste entspricht der traditionellen Auffassung der nationalen Souveränität bzw. ihrer Ausübung durch die Vertreter des französischen Volkes, die andere führt zur Idee einer geteilten Souveränität bzw. eines Staates, welcher Mitglied eines Gesamtverbands mit quasi föderalen Zügen ist[466]. Es handelt sich darum, die nationale

---

460 Es wäre wahrscheinlich politisch schwierig, ja sogar riskant gewesen, die Vertreter der Nation mit der Änderung von Verfassungsvorschriften zu beschäftigen, welche die Grundlagen des Staates und die Souveränität betreffen, so *Chaltiel*, La souveraineté de l'Etat (FN. 8), S. 177.

461 C. C. Nr. 92-312 DC vom 2. September 1992, Rec. S. 76, Erwägung Nr. 19, dazu *Favoreu / Philip*, Les grandes décisions (FN. 60), S. 804, 825 f.; siehe auch *Walter*, Die drei Entscheidungen des französischen Verfassungsrats zum Vertrag von Maastricht über die Europäische Union, in: Europäische Grundrechte Zeitschrift (1993), S. 183-196 (194 ff.).

462 Vgl. *Favoreu / Philip*, Les grandes décisions (FN. 60), S. 804.

463 C. C. 92-312 DC vom 2. September 1992, Rec. S. 76, Erwägung Nr. 19; dazu *Walter*, Die drei Entscheidungen (FN. 461), S. 194.

464 Dazu. *Grewe*, La révision constitutionnelle (FN. 272), S. 418, 420; kritisch *Favoreu / Philip*, Les grandes décisions (FN. 60), S. 813 f.

465 *Favoreu*, in: Le Figaro vom 22. April 1992.

466 *Favoreu*, in: Le Figaro vom 22. April 1992: „ (...) l'une correspondant à la conception traditionnelle de la souveraineté nationale et de son exercice par les représentants du peuple français et l'autre introduisant l'idée d'une souveraineté partagée et d'un Etat membre d'un ensemble plus vaste de type quasi fédéral"; *ders.*, Souveraineté et supraconstitutionnalité, in: Revue Pouvoirs, Nr. 67 (1993), S. 71-77 (73). Vgl. *Soulier*, L'Europe: Histoire, Civilisation, Institutions, Paris 1994, S. 363, wo der Autor von einer „ (...) fédération librement consentie

Souveränität und ihre Ausübungsmodalitäten speziell zu gestalten: Eine „klassische Souveränität" für die internationalen Abkommen Frankreichs und für die Tätigkeiten, die vom Gemeinschaftsrecht nicht betroffen sind und eine „derogatorische Ausübung dieser Souveränität"[467] im Rahmen der Gemeinschaftsverträge und der Europäischen Union.

Die Konstitutionalisierung der Europäischen Gemeinschaften bzw. der Europäischen Union beseitigt demnach zwar die vom Verfassungsrat in seiner Entscheidung „Maastricht-I"[468] hervorgehobenen Verfassungswidrigkeiten, lässt aber die Souveränitätsbeeinträchtigungen durch den Vertrag unberührt. Innerhalb der Verfassung befinden sich neben den normalen Souveränitätsvorschriften spezielle Verfassungsvorschriften, die auch die Souveränität betreffen, ja gegen die klassischen Auffassung der Souveränität verstoßen, so dass nicht nur von einer dualen Verfassung, sondern von einer „impliziten dualen Souveränität"[469] gesprochen werden kann. Die Idee einer „dualen Souveränität" führt aber zur Idee einer „derogatorischen Souveränität", die im Bereich der Währung[470] und der Staatsbürgerschaft[471] begrenzt wäre.

Umstritten ist, ob die französische Staatslehre materielle Schranken der verfassunggebenden Gewalt anerkennen sollte, welche z. B. die verfassunggebende Gewalt daran hindern könnten, auf ihre Souveränität zu verzichten.

V. Die Frage der materiellen Schranken der verfassunggebenden Gewalt

Die Wahl des „pouvoir constituant" zugunsten einer Konstitutionalisierung der Europäischen Union stellt eine Entwicklung des Souveränitätsbegriffs dar. Auf materiell-rechtlicher Ebene haben die vertraglichen Souveränitätsbeeinträchtigungen zur Frage nach den Grenzen des „pouvoir constituant" geführt. Fraglich ist, ob trotz formeller Auffassung der Verfassung in Frankreich dennoch materielle Grenzen in, außerhalb bzw. sogar über der Verfassung hinaus bestehen.

---

de communautés nationales ayant décidé de s'unir pour développer en commun certaines activités, mais aussi pour protéger collectivement leurs singularités, non pour les dissoudre" spricht.

467 *Oberdorff*, L'Union européenne, l'Etat-nation et les collectivités territoriales: l'exemple français, in: *Philip / Soldatos* (Dir.), Au-delà et en-deçà de l'Etat-nation, Bruxelles 1996, S. 257-288 (265).

468 C. C. Nr. 92-312 DC vom 2. September 1992, Rec. S. 76.

469 *Chaltiel*, La Constitution française (FN. 415), S. 228, 237, 234 f.

470 Verordnung Nr. 974 / 98 vom 3. Mai 1998.

471 Verfassungsergänzendes Gesetz Nr. 98-404 vom 25. Mai 1998, J. O. R. F. vom 25. Mai 1998. Das verfassungsergänzende Gesetz wurde vom Verfassungsrat für verfassungsmäßig erklärt: C. C. Nr. 98-400 DC vom 20. Mai 1998, Rec. S. 251, Erwägung Nr. 34.

1. Die Prinzipielle Ablehnung der materiellen Schranken des „Pouvoir constituant“

Nach mehrheitlicher Meinung lässt sich die abgeleitete verfassunggebende Gewalt von der originären verfassunggebenden Gewalt lediglich formell unterscheiden, nicht aber materiell[472], da der Souverän sich nicht selbst binden kann[473]. Die Diskussion über die materiellen Schranken der Verfassungsänderung findet ihre Wurzeln in Frankreich aber schon zu der Zeit der Revolution und knüpft an die Unterscheidung von *Sieyès* zwischen dem unbeschränkten „pouvoir constituant“ und den beschränkten „pouvoirs constitués“[474]. Der Wille, die Souveränität als unantastbare Norm zu schützen, hat einige Autoren zu der Behauptung geführt, bestimmte Verfassungsnormen könnten nicht modifiziert werden und seien sogar vor dem „pouvoir constituant“ selbst geschützt[475]. Dies ist die Lehre der materiellen Schranken der verfassunggebenden Gewalt. In Frankreich[476] ist diese Lehre im Gegensatz zu Deutschland bisher ohne große Widerhall geblieben[477].

Das französische Verfassungsrecht kennt immer noch keine gerichtliche Kontrolle von verfassungswidrigen Verfassungsnormen, obwohl Andeutungen materieller Schranken der verfassunggebenden Gewalt in der Rechtsprechung des Verfassungsrates zu finden sind[478]. Außer der Schranke der republikanischen Staatsform gemäß Art. 89 Abs. IV der Verfassung von 1958 hat der Verfassungsrat in seiner Entscheidung Nr. 92-312 DC[479] zum Prinzip erklärt, dass die Gewalt des Verfassungsgebers bzw. verfassungsändernden Gesetzgebers unbeschränkt sei. Die einzigen Ausnahmen sind zeitlich definiert und ausdrücklich in der

---

472 Vgl. *Vedel*, Souveraineté et supraconstitutionnalité (FN. 107), S. 90: „Le pouvoir constituant dérivé n'est dérivé que sous son aspect organique et formel; il est l'égal du pouvoir constituant originaire du point de vue matériel, c'est-à-dire pour ce qui regarde le contenu de la révision“.

473 Vgl. *Chaltiel*, La souveraineté de l'Etat (FN. 8), S. 181 ff., 184: „C'est nier la souveraineté que de lui imposer des limites qu'elle ne pourrait franchir“.

474 *Sieyès*, Was ist der Dritte Stand? (FN. 85), S. 164 ff., 167 ff.

475 Für *Henrichs*, Der Vertrag über die Europäische Union und seine Auswirkungen auf die Verfassungen der Mitgliedstaaten, in: DÖV (1994), S. 368-377 (370), bleibt diese Frage aber „offen“.

476 *Rigaux*, La théorie des limites matérielles à l'Exercice de la fonction constituante, Bruxelles 1985. Die Autorin sieht die Souveränität nicht als unantastbar, sondern weist darauf hin, dass die Ausübung des „pouvoir constituant“ durch nationale und internationale Zwänge beschränkt werde. Diese Theorie wurde von einigen Autoren übernommen, um den „pouvoir constituant“ im Hinblick auf die Souveränität zu beschränken. Z. B. *Beaud*, La Puissance de l'Etat (FN. 7).

477 Vgl. *Grewe*, La révision constitutionnelle (FN. 272), S. 425.

478 C. C. Nr. 76-71 DC vom 29. / 30. Dezember 1976, Rec. S. 15, Erwägung Nr. 2; C. C. Nr. 92-312 DC vom 2. September 1992, Rec. S. 76, Erwägungen Nr. 19 und 34.

479 C. C. Nr. 92-312 DC vom 2. September 1992, Rec. S. 76, Erwägung Nr. 19.

Verfassung erwähnt. Es handelt sich um die Perioden, während derer die Art. 7[480], 16[481] und 89 Abs. IV[482] der Verfassung das Einleiten oder Weiterverfolgen einer Verfassungsänderung ausdrücklich untersagen. Die Erwähnung der Anwendungszeit des Art. 16 der Verfassung als Schranke der verfassunggebenden Gewalt zeigt, dass der Verfassungsrat die Perioden, während derer eine Verfassungsänderung verboten ist, weit auslegt. Fraglich bleibt, wozu der Verfassungsrat so feierlich die souveräne Gewalt der verfassunggebenden Gewalt hervorhebt, wenn er gleich danach darauf hinweist, dass diese „souveräne" Gewalt unter Vorbehalt („sous réserve") steht[483]. Unter diesem Vorbehalt steht die republikanische Staatsform.

2. Die republikanische Staatsform als materielle Schranke

Im Rahmen der europäischen Diskussion hat sich die deutsche Staatsrechtslehre gefragt, ob Art. 79 Abs. III GG als Garantie für die deutsche souveräne

---

480 Art. 7 Abs. 11 der Verfassung von 1958 lautet: „Die Art. 49, 50 und 89 der Verfassung dürfen während der Vakanz der Präsidentschaft oder während des Zeitraumes zwischen der endgültigen Verhinderung des Präsidenten der Republik und der Wahl seines Nachfolgers nicht angewandt werden". Dieser Absatz wurde durch das Gesetz Nr. 62-1292 vom 6. November 1962 zur allgemeinen Direktwahl des Präsidenten der Republik in die Verfassung eingefügt.

481 Wenn die Institutionen der Republik, die Unabhängigkeit der Nation, die Integrität ihres Staatsgebiets oder die Erfüllung ihrer internationalen Verpflichtungen schwer bedroht sind und wenn die ordnungsgemäße Tätigkeit der verfassungsmäßigen öffentlichen Gewalten unterbrochen ist (Art. 16 Abs. 1 der Verfassung von 1958) trifft der Präsident der Republik Maßnahmen, die „von dem Willen bestimmt sein [müssen], den verfassungsmäßigen öffentlichen Gewalten innerhalb kürzester Frist die Mittel zur Erfüllung ihrer Aufgaben sicherzustellen" (Art. 16 Abs. III der Verfassung).

482 Art. 89 Abs. IV der Verfassung lautet: „Wird die Unversehrtheit des Staatsgebiets verletzt, so darf ein Verfahren zur Verfassungsänderung weder nicht eingeleitet noch fortgesetzt werden". Eine ähnliche Vorschrift findet sich in der Verfassung vom 27. Oktober 1946 (Art. 94). Es handelte sich darum, ein Verfassungsänderungsverfahren wie im Jahre 1940 zu vermeiden.

483 So z. B. *Rousseau, D.*, Droit du contentieux constitutionnel, Paris 1994, S. 185: „(...) en affirmant dans le même mouvement que le pouvoir constituant est souverain et que les lois constitutionnelles peuvent être contrôlées par le Conseil constitutionnel, la logique interne de la décision du 2 septembre n'apparaît pas (...) clairement: ou le constituant est souverain et son œuvre ne peut être contrôlée; ou elle le peut et il n'est plus souverain". Diese Sichtweise widerspiegelt die Verwechslung zwischen der Natur einer Macht und dem, worauf sie sich bezieht (nature d'un pouvoir et ce sur quoi il porte). Es ist nicht widersprüchlich zu sagen, dass man über eine unbegrenzte Macht auf einem endlichen, begrenzten Raum verfügt. Für *Chaltiel*, La souveraineté de l'Etat (FN. 8), S. 191, prüft der Verfassungsrat nur, ob die von der Verfassung festgelegten Regeln beachtet wurden.

Staatlichkeit gelten kann[484]. In der deutschen Staatsrechtslehre herrscht Einigkeit darüber, dass das Grundgesetz mit Art. 79 Abs. III eine als materiell-rechtlich zu qualifizierende, justiziable Schranke für den verfassungsändernden Gesetzgeber enthält[485]. Im Gegensatz dazu ist in Frankreich umstritten, ob die in Art. 89 Abs. V der Verfassung von 1958 erwähnte republikanische Staatsform als „materielle Schranke" der europäischen Integration gelten kann[486]. Im französischen Schrifttum ist umstritten, ob die Verfassung von 1958 mit Art. 89 Abs. V, der die republikanische Regierungsform für irreversibel erklärt, ein materielles Änderungsverbot im Sinne von Art. 79 Abs. III GG enthält. Die Frage, ob Art. 89 Abs. V als Schutz französischer Staatlichkeit dienen kann, führt zu den allgemeinen Fragen nach den materiellen Schranken der Verfassungsänderung und darüber hinaus zu den grundsätzlichen Fragen nach dem Verhältnis von Verfassungsgebung und Verfassungsänderung, verfassunggebender und verfassungsändernder Gewalt sowie Verfassungsstabilität und Verfassungsdynamik. Die französische Verfassung enthält zwar keine „Ewigkeitsklausel" im Sinne des Art. 79 Abs. III GG, dennoch kann man sich fragen, ob der Schutz der republikanischen Staatsform vor dem verfassungsändernden Gesetzgeber gemäß Art. 89 Abs. V als Schutz der französischen souveränen Staatlichkeit gelten kann.

a. Die Reichweite des Artikels 89 Abs. V der Verfassung

Die Reichweite des Art. 89 Abs. V kann mit Hilfe der geschichtlichen Verfassungsentwicklung näher bestimmt werden. Der unmittelbare Vorfahre des Art. 89 Abs. V ist zur Zeit der Dritten Republik im Verfassungsänderungsgesetz vom 14. August 1884 zur Änderung des die Verfassungsrevision regelnden Art. 8 des Verfassungsgesetzes vom 25. Februar 1875[487] zu finden. Art. 8 Abs. 3 des Verfassungsgesetzes vom 25. Februar 1875 wurde dahingehend ergänzt, dass die republikanische Staatsform nicht zum Gegenstand eines Verfassungsänderungsvorschlags gemacht werden durfte[488]. Da zugleich den Mitgliedern der

[484] Dazu z. B. *Penski*, Bestand nationaler Staatlichkeit als Bestandteil der Änderungsgrenzen in Art. 79 Abs. III GG. Zugleich eine auf das Thema bezogene Stellungnahme zur Maastricht-Entscheidung des Bundesverfassungsgerichts, in: ZRP (1994), Heft 5, S. 192-196; *Fink*, Garantiert das Grundgesetz (FN. 301), S. 133-141.

[485] *Wittekindt*, Materiell-rechtliche Schranken (FN. 258), S. 120.

[486] Dazu *Jouanjan*, La forme républicaine de gouvernement, norme constitutionnelle?, in : Mathieu / Verpeaux (Dir.), La République en droit français, Paris 1996, S. 267-290 (269).

[487] Gesetz vom 14. August 1884 zur Teiländerung der Verfassungsgesetze, abgedr. in: *Duguit / Monnier / Bonnard*, Les Constitutions (FN. 416), S. 501.

[488] Interessant dazu *Duguit*, Traité (FN. 31), Bd. 4, S. 538 ff., 540, wo der Autor die Unantastbarkeit der Regierungsform kritisiert. Zur Rezeption der französischen

königlichen Familien das Recht aberkannt wurde, den französischen Staatspräsidenten zu stellen, hatten sich damit die Republikaner gegen die Monarchisten durchgesetzt und die Republik als die aktuelle Staatsform Frankreichs in der Verfassung festgeschrieben[489]. Das verfassungsrechtliche Verbot an die verfassungsändernde Gewalt, die republikanische Regierungsform anzutasten, wurde in der Verfassung vom 27. Oktober 1946, Titel XI, Art. 95 übernommen[490], übrigens und trotz Errichtung eines Verfassungskomitees („Comité constitutionnel") auch ohne Sanktionsmöglichkeiten[491].

In Anlehnung an das verfassungsändernde Gesetz vom 14. August 1884 sowie an Art. 95 der Verfassung der IV. Republik enthält Art. 89 Abs. V das Verbot, die Republikform zum Gegenstand einer Verfassungsänderung zu machen. Obwohl die Aufnahme des Schutzes der republikanischen Regierungsform in die Verfassung von 1958 schon in verschiedenen Interviews und Reden General *de Gaulles* während des Krieges und in der Nachkriegszeit angekündigt wurde[492], waren die Absichten und Vorstellungen, die der Aufnahme des Art. 89 in die Verfassung der V. Republik im einzelnen zugrunde lagen, noch nicht vollständig geklärt[493]. Die Idee, dass Art. 89 Abs. V der Verfassung dem Schutz der

---

„Republikklausel" von 1884 im deutschen Kaiserreich, *Wittekindt*, Materiell-rechtliche Schranken (FN. 258), S. 48 ff.

489 Zu der Frage, welche rechtlichen Konsequenzen aus dieser politischen Entscheidung zu ziehen waren *Wittekindt*, Materiell-rechtliche Schranken (FN. 258), S. 30 ff.

490 Die Verfassung der IV. Republik wurde per Volksabstimmung am 13. Oktober 1946 angenommen, trat am 27. Oktober in Kraft. Art. 94 untersagte darüber hinaus jegliche Verfassungsrevision für den Fall der Besetzung französischen Hoheitsgebiet durch fremde Truppen.

491 Das Verfassungskomitee sollte gemäß Art. 91 letzter Absatz in einer Art präventivem abstrakten Normenkontrollverfahren auf Anruf des Staats- und Republikratspräsidenten entscheiden, ob die von der Nationalversammlung verabschiedeten Gesetze eine Verfassungsrevision bedingten. Den Prüfungsmaßstab bildeten dabei die gesamte Verfassung mit Ausnahme der einen Grundrechtskatalog enthaltenden Präambel sowie der in Titel XI enthaltenen Revisionsbestimmungen, *Drevet*, La procédure de révision de la Constitution du 27 octobre 1946 et ses applications, Paris 1958, S. 89. Nicht Gegenstand dieser Kontrolle war also ausgerechnet der in Art. 94 und 95 enthaltene Verfassungskern.

492 In einem Interview von seinem Londoner Exil aus hatte der General die Wiederherstellung der „republikanischen Form der Regierung" in Frankreich gefordert. Dies fand später Eingang in der von *de Gaulle* 1946 in seinen berühmten Ansprachen von Bayeux und Epinal vorgetragenen Entwurf einer grundlegend neuen Verfassung. Interview vom 27. Mai 1942, in: *Gaulle*, Discours et messages, Bd. 1, Paris 1970, S. 204; Rede vom 16. Juni 1946 in Bayeux, später als „Constitution de Bayeux" bezeichnet, abgedruckt in: *Gaulle*, Discours et messages, Bd. 2: Dans l'attente: février 1946-avril 1958, Paris 1970, S. 7 ff; Rede vom 20. September 1946 in Epinal, abgedruckt ebenda, S. 26 ff.

493 *Wittekindt*, Materiell-rechtliche Schranken (FN. 258), S. 77, 78. Der Autor verweist auf eine neuere Studie zur Entstehung der Verfassung, wonach betont wird, wie weitgehend der gesamte Prozess der Verfassungsausarbeitung im Dunkeln geblieben ist. Ferner *François*, La

republikanischen Regierungsform dienen sollte, wurde aber ohne strittige Debatte angenommen[494].

Angesichts der europäischen Integration ist aber fraglich, ob Art. 89 Abs. V der Verfassung als Schutz souveräner Staatlichkeit dienen könnte[495] und wie weit der Schutz der republikanischen Regierungsform reicht. Es ist umstritten, ob über die republikanische Regierungsform stricto sensu hinaus die den republikanischen Verfassungsstaat konstituierenden Grundprinzipien wie zum Beispiel die in Art. 2 der Verfassung niedergelegte Unteilbarkeit der Republik[496], das von Art. 3 Abs. 1 der Verfassung verbürgte Prinzip der nationalen Souveränität sowie die in der Präambel erwähnten Grund- und Menschenrechte von diesem Schutz umfasst werden[497].

b. Die Rechtsprechung des Verfassungsrats zum Artikel 89 Abs. V der Verfassung

Mit der Ratifizierung des Unionsvertrages von Maastricht wurde der Verfassungsrat zum ersten Mal mit der Problematik materiell-rechtlicher Grenzen der Verfassungsänderung konfrontiert[498]. Die Frage, ob und inwieweit der verfassungsändernden Gewalt von der Verfassung Grenzen gesetzt werden, stand im Mittelpunkt der Ausführungen des Verfassungsrates in der Entscheidung vom 2. September 1992 („Maastricht II"). Nach Meinung des Verfassungsrats steht es dem „pouvoir constituant" frei, die Verfassung zu ändern, soweit er dabei die sich aus Art. 7, 16, 89 Abs. IV und V der Verfassung ergebenden Grenzen der

naissance d'une Constitution. La cinquième République 1958-1962, Paris 1996, S. 17 ff.; 74 ff.; 153 ff.

494 Comité national chargé de la publication des travaux préparatoires des institutions de la Ve République, Documents pour servir à l'histoire de la Constitution du 4 octobre 1958 / Comité national chargé de la publication des travaux préparatoires des institutions de la Ve République. La Documentation française, Paris 1987, 3 Bde., Bd. 1, S. 394, Bd. 2, S. 74 f.; 187, 532 f.; Bd. 3, S. 432 f.

495 Dazu *Jouanjan*, La forme républicaine (FN. 486), S. 286; Bejahend *Beaud*, La Puissance de l'Etat (FN. 7), S. 463 f.; *ders.*, La souveraineté de l'Etat (FN. 400), S. 1061 ff. Nach *Beaud* setzen die Republik und die Verfassung die Staatlichkeit – im deutschen Sinne – voraus.

496 Dazu *Maestre*, in: *Luchaire / Conac* (Dir.), La Constitution de la République française (FN. 428), Art. 2, S. 129 ff.; *Renoux / Villiers*, Code constitutionnel (FN. 410), Art. C. 2, S. 221 ff.

497 *Beaud*, La Puissance de l'Etat (FN. 7), S. 475, 482; *Klein*, Théorie et pratique (FN. 401), S. 201 ff.; *Jouanjan*, La forme républicaine (FN. 486), S. 286 f.; *Rousseau*, Sur le Conseil constitutionnel, Paris 1997, S. 190. Über diese Frage hinaus geht es hier um die Beschränkbarkeit bzw. Unbeschränkbarkeit der verfassungsändernden Gewalt und ferner über die materielle oder formelle Auffassung der Verfassung sowie zur Existenz suprakonstitutioneller Normen.

498 *Wittekindt*, Materiell-rechtliche Schranken (FN. 258), S. 173.

Verfassungsänderung beachtet[499]. Dabei präzisiert der Verfassungsrat weder den Inhalt noch die Reichweite dieser Verfassungsänderungsgrenzen. Die Antragsteller haben gefragt, ob Art. 89 Abs. V der Verfassung über ein Verbot der Wiedereinführung der Monarchie und des dynastischen Prinzips hinaus den Schutz republikanischer Verfassungsprinzipien wie etwa das von Art. 3 Abs. I der Verfassung verbürgte Prinzip der nationalen Souveränität, die die Republik voraussetzende Staatlichkeit sowie die in der Präambel erwähnten Grund- und Menschenrechte umfasst. Dies wurde auch von der jüngeren französischen Staatsrechtslehre im Vorfeld der Entscheidung gefordert[500], wurde aber vom Verfassungsrat nicht beantwortet.

Andere Autoren haben den Versuch unternommen, die verfassunggebende Gewalt zu begrenzen, indem sie die Meinung hervorgehoben haben, das Prinzip der nationalen Souveränität sei vor einem Eingriff durch den „pouvoir constituant de révision" geschützt.

VI. Das Prinzip der nationalen Souveränität als Schranke der verfassunggebenden Gewalt

Im französischen Schrifttum wurde darüber gestritten, ob das Prinzip der nationalen Souveränität als unberührbar durch die verfassungsändernde Gewalt gelten kann[501]. Das Problem liegt aber darin, dass im Gegensatz zur republikanischen Staatsform, der im Art. C. 89 Abs. V ausdrücklich eine gesonderte Position unter den anderen Verfassungsvorschriften zukommt, dem Prinzip der nationalen Souveränität kein besonderer Schutz zuerkannt ist. Aus diesem Grund geht die überwiegende Meinung davon aus, dass dieses Prinzip vom „pouvoir constituant de révision" dadurch beseitigt werde, dass die Verfassungsvorschriften, die dieses Prinzip enthalten[502], beseitigt werden. Fraglich ist, ob dieses Prinzip, das dem französischen Verfassungssystem zugrunde liegt, sogar über der Verfassung steht. Im Hinblick auf den Vertrag von Maastricht hat sich das französische Schrifttum gefragt, ob die nationale

---

[499] Erwägungsgrund Nr. 19. Zum widersprüchlichen Charakter dieser Aussage und zur beeinflussenden Intervention *Vedels* bezüglich der Aufnahme der neueren französischen Staatsrechtlehre zu den materiell-rechtlichen Schranken der Verfassungsänderung in das Urteil, *Wittekindt*, Materiell-rechtliche Schranken (FN. 258), S. 178 f.

[500] *Beaud*, La Puissance de l'Etat (FN. 7), S. 473 ff.; *ders.*, La souveraineté de l'Etat (FN. 400), S. 1057 f.; *ders.*, Maastricht et la théorie constitutionnelle (FN. 404), S. 9 f.; *Jouanjan*, La forme républicaine (FN. 486), S. 286 f.; *Klein*, Théorie et pratique (FN. 401), S. 161 ff.

[501] Für die Unberührbarkeit des Prinzips der nationalen Souveränität, *Beaud*, La souveraineté de l'Etat (FN. 400), S. 1045 ff.; Contra *Oberdorff*, L'Union européenne (FN. 467), S. 264.

[502] Art. 3 der Erklärung der Menschen und –Bürgerrechte, Art. 3 und 4 der Verfassung von 1958.

Souveränität ein suprakonstitutionelles Prinzip ist und als ein von dem „pouvoir constituant" unantastbares Prinzip betrachtet werden kann.

Die Idee der Suprakonstitutionalität verstößt direkt gegen die französische formelle Auffassung der Verfassung. Die Suprakonstitutionalität befindet sich außerhalb des Rechts[503], knüpft an die Naturrechtstheorie an und lässt sich deshalb schwer juristisch erfassen. Schon zur Zeit der Dritten Republik fand die Idee der Suprakonstitutionalität Befürworter[504]. Zu dieser Zeit gab es aber keine Verfassungsgerichtsbarkeit. Verfassungsänderungen waren selten und die supranationalen bzw. Gemeinschaftsnormen waren noch nicht vorhanden[505]. Die Theorie der Suprakonstitutionalität stützt sich auf *Carl Schmitts* Unterscheidung zwischen Verfassung und Verfassungsgesetzen[506]. Danach bildet sich eine Hierarchie der Verfassungsnormen, wobei bestimmte Normen einen unantastbaren Kern bilden, der selbst von Verfassungsnormen nicht berührt werden darf. Im französischen Schrifttum haben sich schon vor den Debatten zur Ratifizierung des Vertrags von Maastricht Stimmen zugunsten der Suprakonstitutionalität bestimmter Verfassungsbestimmungen erhoben, die den „pouvoir constituant" unabhängig von jeglicher Verfassungsbestimmung binden[507]. Das Konzept der

503 Vgl. *Vedel*, Souveraineté et supraconstitutionnalité (FN. 107), S. 175, der die Suprakonstitutionalität als „site extra-juridique", als „mytérieuse supra-constitutionalité", die „emprunte au droit naturel sa commode plasticité et au droit positif sa vertu de contrainte", bezeichnet. Dagegen *Favoreu*, Souveraineté et supraconstitutionnalité (FN. 466), S. 73.

504 Vgl. die Debatten während der Dritten Republik über die Rechtskraft der Erklärung der Menschen- und Bürgerrechte, da die Verfassungsgesetze von 1875 sich nicht ausdrücklich darauf bezogen. Bejahend *Duguit*, Traité (FN. 31), Bd. 2, S. 599: „Le système des déclarations de droit tend à déterminer les limites qui s'imposent à l'Etat (...) on formule des principes supérieurs que doivent respecter le législateur constituant comme le législateur ordinaire"; *Hauriou*, Précis de droit constitutionnel, 2. Aufl., Paris 1929, S. 625: „La Déclaration des droits est le texte constitutionnel de la Constitution sociale". Dagegen *Carré de Malberg*, Contribution (FN. 142), Bd. 2, S. 579. *Rials*, Supraconstitutionnalité et systématicité du droit, in: Archives de philosophie du droit (1986), Bd. 31, S. 57-76 (58 f.); siehe auch *Oberdorff*, A propos de l'actualité juridique de la Déclaration de 1789, in: R. D. P. 105 (1989), 665-684 (668).

505 *Favoreu*, Souveraineté et supraconstitutionnalité (FN. 466), S. 72.

506 *Schmitt*, Verfassungslehre, 3. Aufl., Berlin 1957, S. 11 f., 19, 22, 25 f., 76.

507 *Rials*, Les incertitudes de la notion de Constitution (FN. 397), S. 601 ff., 604, wo der Autor den unvermeidlichen („inévitable") Charakter der Suprakonstitutionalität behauptete; *ders.*, Supraconstitutionnalité (FN. 504), S. 57 ff. Für *Rials* sind die Wurzeln der Idee einer Suprakonstitutionalität schon im Ancien Régime zu finden, da die „Lois fondamentales du Royaume" den „Lois divines et naturelles" untergeordnet waren. Die Revolutionäre warfen dem König vor, dieses Naturrecht nicht zu achten. Dies wäre für *Rials* der Grund dafür, dass die Erklärung der Menschen- und Bürgerrechte von 1789 die „droits naturels inaliénables et sacrés de l'homme" festlegt; Ferner *Arné*, Existe-t-il des normes supraconstitutionnelles? Contribution à l'étude des droits fondamentaux et de la constitutionnalité, in: R. D. P. 109 (1993), S. 459-512 (461, 481 ff.), dem zufolge die Anerkennung von suprakonstitutionellen

Suprakonstitutionalität ist insofern dazu geeignet, der Grundnorm *Kelsens* Rechnung zu tragen[508]. Die Suprakonstitutionalität wird beschrieben als die „Höherrangigkeit bestimmter Regeln oder Prinzipien – als „Normen" bezeichnet – vor dem Inhalt der Verfassung, wobei diese Normen ausdrücklich oder stillschweigend im Verfassungstext vorhanden sind"[509].

Da die Verfassung keine Hinweise über die Prinzipien gibt, die vor einer Verfassungsänderung geschützt sind, stellt sich die Frage nach den Kriterien zur Bestimmung der Unantastbarkeit bestimmter Prinzipien sowie die Frage nach dem Inhalt und der Rechtsgrundlage dieser Prinzipien[510]. Die Idee, nach der innerhalb der Verfassung eine Hierarchie zwischen den Verfassungsnormen aufzustellen ist, wird jedoch überwiegend abgelehnt. Diese Auffassung des Verfassungsrates bestätigt die von der Mehrheit der Lehre vertretene formelle Auffassung der Verfassung, und lehnt zugleich die Möglichkeit einer „supraconstitutionnalité" ab[511].

Ferner wurde darauf hingewiesen, dass die Theorie der Suprakonstitutionalität zu einem Paradoxon führt. Einerseits kann sie von den Verteidigern einer verstärkten Integration auf internationaler Ebene[512] benutzt werden, andererseits von den Befürwortern einer unbeschränkten Souveränität als Grenze des internationalen Rechts betrachtet werden[513].

Normen den Verfassunggeber bindet; dagegen *Vedel*, Souveraineté et supraconstitutionnalité (FN. 107), S. 80.

508 *Rials*, Supraconstitutionnalité (FN. 504), S. 57 ff., 62, *Rials* bestimmt aber den Inhalt dieser Prinzipien nicht. Kritisch *Chaltiel*, La souveraineté de l'Etat (FN. 8), S. 181.

509 *Arné*, Existe-t-il des normes supraconstitutionnelles? (FN. 507), S. 461: „supériorité de certaines règles ou principes qualifiés de „normes", sur le contenu de la Constitution, normes pouvant figurer expressément dans le texte ou existant implicitement".

510 *Verpeaux*, La supraconstitutionnalité existe-t-elle? Réflexions sur un mythe et quelques réalités, in: L. P. A. vom 8. März 1995, S. 12-17.

511 Vgl. *Vedel*, Schengen (FN. 109), S. 175, 179, der die Suprakonstitutionalität als „site extra-juridique" bezeichnet, als „mystérieuse „supra-constitutionnalité", die „emprunte au droit naturel sa commode plasticité et au droit positif sa vertu de contrainte". Vgl. *Chaltiel*, La souveraineté de l'Etat (FN. 8), S. 184: „En invitant le constituant à permettre qu'il soit porté atteinte à la souveraineté nationale, le Conseil constitutionnel condamne toute doctrine tendant à affirmer le caractère supraconstitutionnel de la souveraineté auquel le Constituant ne saurait lui-même déroger"; vgl. *Luchaire*, L'Union européenne et la Constitution (FN. 272), S. 606. Contra *Favoreu*, Souveraineté et supraconstitutionnalité (FN. 466), S. 73. Ferner *Rousseau*, Droit du contentieux (FN. 483), S. 185 ff.

512 *Scelle*, De la prétendue inconstitutionnalité interne des traités („A propos du Traité sur la Communauté européenne de défense"), in: R. D. P. 68 (1952), S. 1012-1028 (Fn. 13).

513 *Zoller*, Droit constitutionnel (FN. 388), S. 87.

VII. Die Rechtsprechung des Verfassungsrats zu den „wesentlichen Bedingungen der Ausübung der nationalen Souveränität"

Es gilt zu untersuchen, ob die Souveränität Frankreichs vor einem schleichenden Souveränitätsverlust in der Form zunehmender Souveränitätsübertragungen auf die Europäische Gemeinschaft bzw. die Europäischen Union geschützt wird und welche Rolle dem Verfassungsrat als „Hüter" des Prinzips der nationalen Souveränität zukommt[514].

Das Prinzip der nationalen Souveränität ist als Referenznorm für die Kontrolle des Verfassungsrats über die Vereinbarkeit internationaler Verträge mit der französischen Verfassung von großer Bedeutung[515] und hat sich parallel zur europäischen Integration entwickelt.

1. Die Rechtsprechung vor Maastricht

Der Begriff der „wesentlichen Bedingungen der nationalen Souveränitätsausübung" befindet sich nicht in der Verfassung, sondern wurde bereits 1970[516] vom Verfassungsrat erfunden. Von 1976[517] bis 1992[518] bevorzugte der Verfassungsrat aber die Differenzierung zwischen Souveränitätseinschränkungen und Souveränitätsübertragungen.

---

[514] Ausführlich dazu *Hecker*, Europäische Integration als Verfassungsproblem in Frankreich. Schriften zum Europäischen Recht, Bd. 48, Berlin 1998, insbes. S. 166 ff., 178 ff.

[515] C. C. Nr. 70-39 DC vom 19. Juni 1970, Rec. S. 15, Erwägung Nr. 9; C. C. Nr. 76-71 DC vom 30. Dezember 1976, Rec. S. 15, Erwägungen Nr. 2, 4, 6 und 7; C. C. Nr. 78-93 DC vom 29. April 1978, Rec. S. 23, Erwägungen Nr. 1, 3, 4 und 7; C. C. Nr. 80-116 DC vom 17. Juli 1980, Rec. S. 36, Erwägungen Nr. 3 und 4; C. C. Nr. 85-188 DC vom 22. Mai 1985, Rec. S. 15, Erwägung Nr. 3; C. C. Nr. 91-293 DC vom 23. Juli 1991, Rec. S. 77, Erwägung Nr. 11; C. C. Nr. 91-294 DC vom 25. Juli 1991, Rec. S. 91, Erwägung Nr. 35; C. C. Nr. 92-308 DC vom 9. April 1992, Rec. S. 55, Erwägungen Nr. 13, 14, 34, 43 und 49; C. C. Nr. 97-394 DC vom 31. Dezember 1997, Rec. S. 344, Erwägungen Nr. 6, 7, 9, 21, 22, 25, 28 und 30; C. C. Nr. 98-399 DC vom 5. Mai 1998, Rec. S. 245, Erwägung Nr. 15 und 17; C. C. Nr. 98-408 DC vom 22. Januar 1999, Rec. S. 29, Erwägung Nr. 13, 32, 33, 34, 37, 38 und 40; C. C. Nr. 99-412 DC vom 15. Juni 1999, Rec. S. 71, Erwägung Nr. 5.

[516] C. C. Nr. 70-39 DC vom 19. Juni 1970, Rec. S. 15, Erwägung Nr. 9.

[517] C. C. Nr. 76-71 DC vom 29/30. Dezember 1976, Rec. S. 15, Erwägung Nr. 2.

[518] C. C. Nr. 92-308 DC vom 9. April 1992, Rec. S. 55, Erwägungen Nr. 13, 14, 34, 43 und 49, wo der Verfassungsrat dem Kriterium der wesentlichen Bedingungen der Ausübung der nationalen Souveränität den Vorzug gegeben hat.

a. Die Differenzierung zwischen Souveränitätseinschränkungen und Souveränitätsübertragungen

Die Quelle der Theorie zur Differenzierung zwischen Souveränitätseinschränkungen und Souveränitätsübertragungen ist in der zweiten Erwägung der Entscheidung des Verfassungsrats Nr. 76-71 DC[519] zu finden, die sich auf Absatz 15 der Präambel der Verfassung von 1946 stützt[520]. Der Verfassungsrat wurde am 3. Dezember 1976 durch den Antrag des Präsidenten der Republik gemäß Art. 54 der Verfassung mit der Frage konfrontiert, ob die Entscheidung des Rates der Europäischen Gemeinschaften vom 20. Dezember 1976 über die allgemeine und direkte Wahl der Europäischen Versammlung eine verfassungswidrige Klausel enthält. In diesem Falle hat der Verfassungsrat keine Verfassungswidrigkeit feststellen können. Begründet wurde es dadurch, dass Souveränitätseinschränkungen unter bestimmten Voraussetzungen erlaubt, Souveränitätsübertragungen aber verboten sind, es sei denn es findet eine Verfassungsänderung statt.

In dieser Unterscheidung spiegelt sich die französische Einheitsstaatlichkeit wider, denn es wird betont, dass die Staatsgewalt notwendig einheitlich und zuhöchst sein soll bzw. keinem Dritten übertragen werden darf[521]. Die Souveränitätseinschränkungen beinhalten eine freiwillige Einwilligung des Staates, seine Souveränität in einem bestimmten Bereich unter dem Vorbehalt der Gegenseitigkeit nicht auszuüben. Im Gegensatz dazu handelt es sich um Souveränitätsübertragungen, wenn wesentliche Kompetenzen Gegenstand eines Verzichts zugunsten eines Drittens sind[522]: Die Einschränkung stellt zwar einen Verzicht dar, der jedoch dem Vorbehalt der Gegenseitigkeit unterworfen ist und keine Souveränitätsausübung durch einen Dritten nach sich zieht. Die Übertragung bedeutet ihrerseits ein Verzicht zugunsten eines Drittens und hat eine Souveränitätsveräußerung zur Folge. Die Entscheidung des Verfassungsrats lässt sich somit anhand des Prinzips der Unveräußerlichkeit der Souveränität auslegen. Sobald eine internationale Organisation Entscheidungen trifft, der sich die Mitgliedstaaten nicht widersetzen können, befindet man sich vor einer Souveränitätsübertragung, die verfassungswidrig ist.

---

519 C. C. Nr. 76-71 DC vom 30. Dezember 1976, Rec. S. 15. Dazu *Ress*, Souveränitätsverständnis (FN. 334).

520 Absatz 15 der Präambel der Verf. v. 1946: „Unter dem Vorbehalt der Gegenseitigkeit stimmt Frankreich den zur Organisation und Verteidigung des Friedens notwendigen Einschränkungen seiner Souveränität zu".

521 *Jacqué*, La Souveraineté française et l'élection du Parlement Européen au suffrage universel direct, in: *Ress*, Souveränitätsverständnis (FN. 334), S. 71-90 (81).

522 *Jacqué*, La Souveraineté française (FN. 521), S. 82.

Die Befürchtung, die Entscheidung des Verfassungsrats würde die europäische Integration erheblich behindern, wurde nicht bestätigt, da bis 1992 der Verfassungsrat keinen internationalen Vertrag für verfassungswidrig erklärt hat. Der vorherrschenden Meinung nach war aber die Differenzierung unanwendbar, da die Unmöglichkeit, für einen Staat eine Kompetenz auszuüben, mit der Übertragung dieser Kompetenz auf die Gemeinschaft verknüpft ist[523]. Insofern ergeben sich die Souveränitätseinschränkungen aus Souveränitätsübertragungen. Diese Kritik stützte sich u. a. auf die Entscheidung des Europäischen Gerichtshofs vom 15. Juli 1964[524]. Diese Differenzierung ist nur sinnvoll, wenn eine Situation vorliegt wie im Jahre 1976, das heißt, wenn es sich um den Fall einer Kompetenzübertragung von einem nationalen Organ auf ein internationales Organ handelt. 1970 enthielt der analysierte Vertrag nur Vorschriften über das interne Verfahren innerhalb der Gemeinschaften. 1985 enthielt der internationale Vertrag gar keine Übertragung. In beiden Fällen hat der Verfassungsrat den Begriff der „wesentlichen Bedingungen der Souveränitätsausübung" angewandt, der über die Differenzierung zwischen Souveränitätseinschränkungen und Souveränitätsübertragungen hinausgeht[525].

b. Der Begriff der „wesentlichen Bedingungen der nationalen Souveränitätsausübung"

Die erste Anwendung dieses Begriffes findet man in der Entscheidung des Verfassungsrats vom 19. Juni 1970[526]; er wurde jedoch erst in der Entscheidung vom 22. Mai 1985[527] präzisiert. Nachdem der Verfassungsrat den Begriff der wesentlichen Bedingungen der nationalen Souveränitätsausübung alternativ[528]

---

523 *Luchaire*, Le Conseil constitutionnel et la souveraineté nationale, in: R. D. P. 107 (1991), S. 1499-1526 (1504): wenn sie nicht einseitig ist, ist die Einschränkung die Folge einer Übertragung.; ferner *Hamon*, La souveraineté nationale, la constitution, ...et les négociations européennes en cours, in : Recueil Dalloz 1991, II, Chronique, S. 301-303.

524 EuGH vom 15. Juli 1964, Rs. 6/64 – Flaminio COSTA gegen E. N. E. L., Slg. 1964, Bd. 10, S. 1251 ff., S. 1270 f.

525 Allgemein dazu *Jacqué*, Commentaire de la décision du Conseil constitutionnel no 92-308 DC du 9 avril 1992, in: R. T. D. E. (1992), S. 251-264 (256).

526 C. C. Nr. 70-39 DC vom 19. Juni 1970, Rec., S. 15, Erwägung Nr. 9.

527 C. C. Nr. 85-188 DC vom 22 Mai 1985, Rec. S. 15, Erwägung Nr. 2 und 3.

528 In der Entscheidung C. C. Nr. 80-116 DC vom 17. Juli 1980, Rec. S. 36, Erwägungen Nr. 3 und 4 bezieht sich der Verfassungsrat nicht auf die wesentlichen Bedingungen der Ausübung der nationalen Souveränität, sondern auf die „Souveränität" bzw. auf die „nationale Souveränität". Anders in der Entscheidung C. C. Nr. 85-188 DC vom 22. Mai 1985, Rec. S. 15, Erwägung Nr. 3, wo der Verfassungsrat sich auf die wesentlichen Bedingungen der nationalen Souveränität bezieht.

oder kumulativ[529] mit der Differenzierung zwischen Souveränitätseinschränkungen und Souveränitätsübertragungen zur Prüfung der Verfassungsmäßigkeit internationaler Verträge angewendet hat, hat in seiner Entscheidung vom 9. April 1992[530] dem Kriterium der wesentlichen Bedingungen der Souveränitätsausübung den Vorzug gegeben.

Die umfassende Formulierung der „wesentlichen Bedingungen der nationalen Souveränitätsausübung" schließt die Differenzierung zwischen Souveränitätseinschränkungen und Souveränitätsübertragungen mit ein und kann daher auf Fälle ohne Übertragungen angewandt werden, da es dann ausreicht, wenn gegen die nationale Souveränität bzw. gegen die wesentlichen Bedingungen ihrer Ausübung verstoßen wird. Fraglich ist dennoch, was unter „wesentliche Bedingungen" verstanden werden kann.

Die Entscheidung Nr. 85-188 DC stellt im Hinblick auf das Kriterium der wesentlichen Bedingungen der Ausübung der nationalen Souveränität einen Katalog auf, der die Achtung der Institutionen der Republik, die Kontinuität des Lebens der Nation und die Gewährleistung der Rechte und Freiheiten der Bürger[531] umfasst, wobei manche Autoren der Meinung sind, dieser Katalog stelle keine erschöpfende Aufzählung dar[532]. Der Verfassungsrat selbst hat sich in der Entscheidung Nr. 85-188 DC nicht weiter zum Inhalt dieser Aufzählung geäußert.

Der Bezug dieser Aufzählung zu den wesentlichen Bedingungen der Ausübung der nationalen Souveränität ist auch unklar. Der Verfassungsrat erklärt zwar, dass das Zusatzprotokoll Nr. 6 zur Konvention zum Schutze der Menschenrechte und Grundfreiheiten über die Abschaffung der Todesstrafe „mit der Pflicht des Staates, die Achtung der Institutionen der Republik, die Kontinuität des Lebens der Nation und die Gewährleistung der Rechten und Freiheiten der Staatsbürger zu sichern, nicht unvereinbar" ist[533], schließt aber daraus, dass das Protokoll Nr. 6 weder gegen die wesentlichen Bedingungen der Ausübung der nationalen

---

529 C. C. Nr. 91-293 DC vom 23. Juli 1991, Rec. S. 77, Erwägung Nr. 11, wo der Verfassungsrat sowohl die „Ausübung der Souveränität" als auch die „wesentlichen Bedingungen der Ausübung der nationalen Souveränität" erwähnt; C. C. Nr. 91-294 DC vom 25. Juli 1991, Rec. S. 91, wo der Verfassungsrat, sich auf den Antrag der Abgeordneten beziehend (Erwägungen Nr. 5 und 6) sowohl den Verstoß gegen die wesentlichen Bedingungen der Ausübung der nationalen Souveränität (Erwägung Nr. 35) als auch die Souveränitätsübertragung erwähnt (Erwägung Nr. 39).

530 C. C. Nr. 92-308 DC vom 9. April 1992, Rec. S. 55, Erwägungen Nr. 13, 14, 34, 43 und 49.

531 C. C. Nr. 85-188 DC vom 22. Mai 1985, Rec. S. 15, Erwägung Nr. 2.

532 *Grewe / Ruiz Fabri*, Le Conseil constitutionnel et l'intégration européenne – jurisprudence de juillet 1991 à septembre 1992 –, in: R. U. D. H., Bd. 5, Nr. 8-9 (1992), S. 277-293 (283).

533 C. C. Nr. 85-188 DC vom 22. Mai 1985, Rec. S. 15, Erwägung Nr. 2.

Souveränität verstößt, noch enthält es eine verfassungswidrige Vorschrift[534]. Das Kriterium der Achtung der Institutionen der Republik könnte sich also an Art. 5, Abs. 1, Satz 2. der Verfassung von 1958 orientieren[535]. Nach diesem Artikel sichert der Präsident der Republik „durch seine Schiedsgewalt die ordnungsgemäße Tätigkeit der öffentlichen Gewalt sowie die Kontinuität des Staates". Die Achtung der Institutionen der Republik würde ihrerseits auf den verfassungsrechtlichen Status und die Funktionsvoraussetzungen der öffentlichen Gewalt verweisen[536]. Das Kriterium der Kontinuität des Lebens der Nation, in Verbindung mit der Wahrung der Institutionen der Republik, scheint sich auf Art. 16 der Verfassung zu stützen, der vom Präsidenten der Republik angewandt werden kann, wenn „die Institutionen der Republik, die Unabhängigkeit der Nation, die Integrität ihres Staatsgebietes oder die Erfüllung ihrer internationalen Verpflichtungen schwer und unmittelbar bedroht sind (...)". Insgesamt betrifft der vom Verfassungsrat hervorgehobene Katalog die gesamten Aufgaben der Regierung[537].

Erst 1991 wurde der vom Verfassungsrat in seiner Entscheidung Nr. 85-188 DC erwähnte Katalog präzisiert.

Eine Beeinträchtigung der Tätigkeit der Institutionen der Republik wurde von den Antragstellern im Hinblick auf Art. 2 Abs. 1 des Schengener Abkommens hervorgehoben. Nach diesem Artikel sollen die inneren Grenzkontrollen im Hinblick auf die Freizügigkeit abgeschafft werden, da die Grenzen der territorialen Zuständigkeiten dadurch unsicher würden[538]. Der Verfassungsrat wies die Klage ab, indem er erklärte, dass die Grenzüberschreitung ohne zwangsläufige Personenkontrolle mit einer Abschaffung oder einer Veränderung der Grenzen, welche aus juristischer Sicht die territoriale Zuständigkeit des Staates abgrenzen, nicht gleichzusetzen sei[539].

Die Antragsteller warfen ferner dem Art. 2 des Schengener Abkommens vor, das Leben der Nation im Hinblick auf seine Folge im Bezug auf die Erwerbungsmodalitäten der Staatsangehörigkeit und auf die Kontrolle des Wanderungs-

---

[534] C. C. Nr. 85-188 DC vom 22. Mai 1985, Rec. S. 15, Erwägung Nr. 3: „Considérant, dès lors, que le protocole n° 6 ne porte pas atteinte aux conditions essentielles de l'exercice de la souveraineté nationale et qu'il ne contient aucune clause contraire à la Constitution".

[535] *Vgl. Jacqué*, Commentaire (FN. 525), S. 256.

[536] *Jacqué*, Commentaire (FN. 525), S. 257.

[537] *Favoreu*, La décision du Conseil constitutionnel du 22 mai 1985 relative au protocole n° 6 additionnel à la Convention européenne des droits de l'homme, in : A. F. D. I (1985), Bd. 31, S. 868-875 (873).

[538] C. C. Nr. 91-294 DC vom 25. Juli 1991, Rec. S. 91, Erwägung Nr. 10.

[539] C. C. Nr. 91-294 DC vom 25. Juli 1991, Rec. S. 91, Erwägung Nr. 11.

verkehrs zu gefährden[540]. Der Verfassungsrat wies darauf hin, dass das Abkommen die Vorschriften des französischen Staatsangehörigkeitsgesetzes nicht ändere und – im Bezug auf die Anwendung des Staatsangehörigkeitsrechts –, dass der Abkommen die Residenz oder der Aufenthalt in einem anderen Unterzeichnerstaat mit einem Aufenthalt in Frankreich nicht gleichgestellt würde[541]. Den Umfang des Art. 2 des Schengener Abkommens hat der Verfassungsrat ferner anhand der anderen Vorschriften des Abkommens überprüft, insbesondere im Bezug auf die Bestimmungen über die Zu- und Auswanderungspolitik, um im Ergebnis eine Beeinträchtigung der Kontinuität des Lebens der Nation zu verneinen[542].

Im Hinblick auf die Gewährleistung der Rechte und Freiheiten der Staatsbürger hat der Verfassungsrat erklärt, dass das Abkommen gegen den „objectif de valeur constitutionnelle de sauvegarde de l'ordre public"[543], der die Wahrung des Schutzes der Personen voraussetzt, nicht verstößt. Darauf hin bezog sich der Verfassungsrat auf die Tatsache, dass das Prinzip der Freizügigkeit Kontrollmaßnahmen an den Außengrenzen der Unterzeichnerstaaten einbeziehe, dass Art. 2 §2 des Abkommens die Möglichkeit vorsehe, für eine begrenzte Zeit die nationalen Grenzkontrolle wiederherzustellen, wenn die öffentliche Ordnung oder die nationale Sicherheit es erfordern und, dass nach Art. 2 §3 des Abkommens die Abschaffung der Personenkontrolle an den inneren Grenzen der Mitgliedstaaten die Ausübung der polizeilichen Befugnisse, die jedem Mitgliedstaat auf seinem Gesamtterritorium zuerkannt ist, nicht beeinträchtige. Der Verfassungsrat schließt daraus, dass die gesetzliche Regelung der Personenkontrolle im Rahmen des nationalen Territoriums durch Art. 2 des Abkommens nicht geändert wurde.

Ein weiterer Hinweis auf die Gewährleistung der Rechte und Freiheiten der Staatsbürger gibt der Verfassungsrat in seiner Entscheidung vom 9. April 1992[544], wo er die Vereinbarkeit von Art. F §2 EUV (heute Art. 6 Abs. 2 EUV[545]) mit den Regeln und Prinzipien mit Verfassungsrang nachprüft. Gemäß Art. F §2 EUV

---

540 C. C. Nr. 91-294 DC vom 25. Juli 1991, Rec. S. 91, Erwägung Nr. 12.

541 C. C. Nr. 91-294 DC vom 25. Juli 1991, Rec. S. 91, Erwägung Nr. 13.

542 C. C. Nr. 91-294 DC vom 25. Juli 1991, Rec. S. 91, Erwägung Nr. 15.

543 C. C. Nr. 91-294 DC vom 25. Juli 1991, Rec. S. 91, Erwägung Nr. 17. Die Zuerkennung durch den Verfassungsrats der Aufrechterhaltung der öffentlichen Ordnung als Objektiv mit Verfassungsrang erfolgte durch die Entscheidung C. C. Nr. 89-248 DC vom 17. Januar 1989, Rec. 18, Erwägung Nr. 26.

544 C. C. Nr. 92-308 DC vom 9. April 1992, Rec. S. 55, Erwägung Nr. 17.

545 Art. 6 Abs. 2 EUV lautet: Die Union achtet die Grundrechte, wie sie in der am 4. November 1950 in Rom unterzeichneten Europäischen Konvention zum Schutze der Menschenrechte und Grundfreiheiten gewährleistet sind und wie sie sich aus den gemeinsamen Verfassungsüberlieferungen der Mitgliedstaaten als allgemeine Grundsätze des Gemeinschaftsrechts ergeben".

achtet die Union die Grundrechte. Laut Verfassungsrat wird insgesamt ein gleichwertiger Grundrechtsschutz in der Europäischen Union gewährleistet, da die Möglichkeit einer Überprüfung der Vollzugsakte durch die nationalen Gerichte bestehe und der Klageweg zum Europäischen Gerichtshof gegen unmittelbar wirkende Rechtsakte offen stehe. Keine Kompetenzübertragung würde dann das verfassungsmäßige Gewährleistungsniveau gefährden[546].

Nach den Entscheidungen Nr. 91-293 DC[547] und 91-294 DC[548] wurden zwei verschiedene Auffassungen im französischen juristischen Schrifttum erkennbar[549], die die Zweideutigkeit der Rechtsprechung des Verfassungsrats in seiner Entscheidung Nr. 91-294 DC reflektierten[550]. Der Verfassungsrat hatte die Anträge der Antragsteller analysiert und festgestellt, dass weder eine Übertragung, noch eine Einschränkung oder ein Verstoß gegen die „wesentlichen Bedingungen der nationalen Souveränitätsausübung" gegeben seien[551], ohne sich explizit für eine bestimmte Theorie zu entscheiden. Hieraus konnte implizit geschlossen werden, dass er die kumulative Anwendung beider Lösungen befürwortete[552]. Ein Teil der Lehre war demnach der Auffassung, dass eine Verfassungswidrigkeit nur vorliegen könne, wenn ein Verstoß gegen die wesentlichen Bedingungen der Souveränitätsausübung im Rahmen ihrer drei Möglichkeiten – Achtung der Institutionen der Republik, Gewährleistung der Rechte und Freiheiten der Bürger, Kontinuität des Lebens der Nation – gegeben war, und zwar in den Fällen, in denen keine Übertragungen vorgesehen waren. Ein anderer Teil der Lehre aber zog die kumulative Anwendung der Prinzipien vor, um daraus zu schließen, dass jede Souveränitätsübertragung per se verfassungswidrig sei und dass eine einfache Einschränkung zwar prinzipiell

546 Vgl. *Jacqué*, Commentaire (FN. 525), S. 257. Ferner C. C. Nr. 95-360 DC vom 2. Februar 1995, Rec. S. 195, im Hinblick auf die Kompetenzverteilung zwischen der französischen Republik und dem Überseegebiet des französischen Polynesiens. Nach dem Verfassungsrat (Erwägung Nr. 29) sollen die wesentlichen Bedingungen der Ausführung der Grundfreiheiten auf dem Gebiet der französischen Republik einheitlich sein.

547 C. C. Nr. 91-293 DC vom 23. Juli 1991, Rec. S. 77, Erwägung Nr. 11.

548 C. C. Nr. 91-294 DC vom 25. Juli 1991, Rec. S. 91, Erwägungen Nr. 11, 12 ff., 16 ff.

549 Dazu *Genevois*, Le Traité sur l'Union européenne et la Constitution, A propos de la décision n° 92-308 DC du 9 avril 1992, in: R.F.D.A. (1992), Heft 3, S. 373-408 (381 ff.).

550 Da die Antragsteller sich sowohl auf die Entscheidung Nr. 76-71 DC, als auch auf die Entscheidung Nr. 85-188 DC stützten, hat sich der Verfassungsrat bei der Entscheidungsfindung von Elementen beider Theorien leiten lassen, ohne dabei einer eindeutig den Vorzug zu geben.

551 C. C. Nr. 91-294 DC, Erwägungen Nr. 10 ff. für die wesentlichen Bedingungen der Ausübung der nationalen Souveränität, Erwägungen Nr. 23 ff. für die Souveränitätsübertragungen. Ferner dazu *Luchaire*, Le Conseil constitutionnel (FN. 523), S.1499.

552 *Genevois*, Le Traité sur l'Union européenne et la Constitution (FN. 549), S. 382.

erlaubt sei, jedoch zum Verbot werde, wenn ein Verstoß gegen die wesentlichen Bedingungen der nationalen Souveränitätsausübung bestehe[553].

Aus der Rechtsprechung des Verfassungsrats ergibt sich, dass der Verfassungsrat den „point de non retour" der verfassungsmäßigen Souveränitätseinschränkungen bestimmt[554]. Diese können erlaubt sein, solange sie nicht den Kernpunkt der nationalen Souveränität und deren Ausübung berühren. Das Problem einer solchen Rechtsprechung liegt darin, dass sich der Verfassungsrat einen breiten Spielraum geschaffen hat, um zu entscheiden, ob wesentliche Bedingungen berührt sind oder nicht[555], ohne dass dabei eine exakte Bestimmung des veränderungsfesten Verfassungskerns erkennbar ist. Der vom Verfassungsrat hervorgehobene Katalog betrifft die gesamten Aufgaben der Regierung[556]. Manche Autoren sind sogar der Ansicht, der Verfassungsrat lasse diese „Lücke" absichtlich offen[557]. *Vedel* deutet die Zurückhaltung des Verfassungsrats dahingehend, dass es dem Verfassungsrat schwergefallen sei, seine künftige Entscheidung zum Vertrag über die Europäische Union voreilig zu beeinflussen[558].

2. Die Rechtsprechung zum Maastricht-Vertrag und zum Vertrag von Amsterdam

Mit seiner Entscheidung Nr. 92-308 DC vom 9. April 1992 hat der Verfassungsrat zum ersten Mal Vertragsklauseln für verfassungswidrig erklärt[559] und drei Beeinträchtigungen der „wesentlichen Bedingungen der nationalen Souveränitätsausübung" hervorgehoben. Die erste Beeinträchtigung lag im Bereich des Kommunalwahlrechts der EU- Angehörigen[560], die zweite im Bereich der Wirtschafts- und Währungsunion[561] und die dritte im Bereich der Visapolitik[562].

553 Ebenda. Vgl. *Gaia*, Observations sur la décision n° 91-294 DC vom 25. Juli 1991, „Accord de Schengen", in: R. F. D. C. (1991), Nr. 5, S. 707.

554 Vgl. *Gaia*, Observations (FN. 553), S.707.

555 Vgl. *Favoreu*, La décision du Conseil constitutionnelle du 22 mai 1985 (FN. 537), S. 873. Dem Autor zufolge handelt es sich um eine Ermessensentscheidung des Verfassungsrat.

556 Ebenda.

557 *Jacqué*, Commentaire (FN. 525), S. 262. Zur Unbestimmtheit des Begriffs der wesentlichen Bedingungen *Favoreu / Philip*, Les grandes décisions (FN. 60), S. 808: „formule globale ou générale recouvrant des atteintes à des normes non individualisables ou identifiables"; vgl. *Chaltiel*, La souveraineté de l'Etat (FN. 8), S. 178, Fn. 4: „synthèse des dispositions constitutionnelles relatives à la souveraineté".

558 *Vedel*, Schengen (FN. 109), S. 173.

559 *Leclercq*, Droit constitutionnel (FN. 38), S. 530, 531 ff.

560 C. C. Nr. 92-308 DC vom 2. April 1992, Rec. S. 55, Erwägung Nr. 27.

561 C. C. Nr. 92-308 DC vom 9. April 1992, Rec. S. 55, Erwägung Nr. 43.

Diese Verfassungswidrigkeiten wurden durch das Verfassungsgesetz vom 25. Juni 1992[563], das unter anderem den Art. 88-2 und 88-3 in die Verfassung eingefügt hat, beseitigt. Die Entscheidung Nr. 92-308 DC stellt nach überwiegender Auffassung den Verzicht auf die Differenzierung zwischen Souveränitätseinschränkungen und Souveränitätsübertragungen dar[564]. Die Opposition Einschränkung / Übertragung der Souveränität wird durch die gegenseitige Ergänzung Souveränitätseinschränkung / Kompetenzübertragung ersetzt[565]. Diese Lösung hatte den Vorteil, den direkten Verstoß gegen Art. 3 der Erklärung von 1789 bzw. gegen Art. 3 der Verfassung zu vermeiden[566] und entsprach außerdem der Rechtsprechung des Europäischen Gerichtshofs, besonders seiner Entscheidung vom 15. Juli 1964, Costa gegen E. N. E. L.[567].

Die Idee der „Kompetenz" Übertragung kann das gemeinschaftliche Phänomen besser reflektieren[568]. Kompetenzübertragungen sind möglich, vorausgesetzt, sie verstoßen nicht direkt gegen die Verfassung oder gegen die „wesentlichen Bedingungen der nationalen Souveränitätsausübung". Die Autoren sind sich einig, dass diese Entscheidung eine wichtige Etappe in der Rechtsprechung des Verfassungsrates gegenüber der Entwicklung der Gemeinschaft darstellt. Der Verfassungsrat stellt damit seine ursprüngliche Souveränitätsauffassung in Frage, indem er sie „entsakralisiert"[569]. Er verknüpft beide Begriffe, den der Souveränität

---

562 C. C. Nr. 92-308 DC vom 9. April 1992, Rec. S. 55, Erwägung Nr. 49.

563 Verfassungsgesetz Nr. 92-554 vom 25. Juni 1992, J. O. R. F. vom 26. Juni 1992, S. 8406.

564 So z. B. *Jacqué*, Commentaire (FN. 525), S. 251, wo der Autor sogar einen Umschwung in der Rechtsprechung des Verfassungsrates („revirement de jurisprudence") erwähnt. Diese Auslegung kritisierend, *Chaltiel*, La souveraineté de l'Etat (FN. 8), S. 170, Fn. 4. A. A. *Prétot*, Le principe constitutionnel de la souveraineté nationale et l'Europe, in: La Constitution et l'Europe, Paris 1992, S. 33-66 (44). Nach *Prétot* sind beide Kriterien „complémentaires": Der Verfassungsrat prüft zuerst, ob der Vertrag eine Souveränitätsübertragung enthält, so dass er mit der Verfassung unvereinbar ist. Erst wenn er keine Souveränitätsübertragung feststellen kann prüft der Verfassungsrat, ob der Vertrag gegen die wesentlichen Bedingungen der nationalen Souveränitätsausübung verstößt.

565 Vgl. *Grewe / Ruiz – Fabri*, Le Conseil constitutionnel et l'intégration (FN. 532), S. 282; *dies.*, La révision constitutionnelle en vue de la ratification du Traité de Maastricht, in R. F. D. C., Nr. 11 (1992), S. 413-438 (432).

566 *Chaltiel*, La souveraineté de l'Etat (FN. 8), S. 163, schließt daraus die Bemühung des Verfassungsrates, die europäische Integration nicht zu hindern.

567 EuGH vom 15. Juli 1964, Rs. 6/64 – Flaminio COSTA gegen E. N. E. L., Slg. 1964, Bd. 10, S. 1251 ff.

568 So etwa *Jacqué*, Commentaire (FN. 525), S. 256.

569 *Luchaire*, L'Union européenne et la Constitution (FN. 272), S. 606.

und den der Kompetenz[570], da er sowohl die Souveränitätseinschränkungen als auch die Souveränitätsübertragungen zugunsten der Union zulässt[571].

Schließlich gibt der Verfassungsrat dem verfassungsändernden Gesetzgeber keine Hinweise über die Art und Weise, wie die Verfassung zu ändern wäre. Dies lässt sich hingehend verstehen, dass der Verfassungsrat zwar Hüter der Verfassung, nicht aber Wächter gegenüber dem „pouvoir constituant" ist. Die Verfassungsänderung vom 25. Juni 1992 hatte aber nicht die Absicht, die Beeinträchtigungen der wesentlichen Bedingungen der nationalen Souveränitätsausübung zu beseitigen, sondern sie verfassungsrechtlich zu ermöglichen. Diese Stellungnahme des Verfassungsrates wird gegenüber dem Vertrag von Amsterdam wiederholt.

Die Entscheidung Nr. 97-394 DC befindet sich in der direkten Kontinuität der Maastricht-Entscheidungen. Der Verfassungsrat wiederholt die in seiner Maastricht I – Entscheidung entwickelte Definition der Europäischen Union und weist nicht direkt auf den Verstoß gegen Art. 3 der Erklärung bzw. Art. 3 der Verfassung von 1958 hin, welchen angesichts der Souveränität eine symbolische Bedeutung zukommt. Der Vertrag von Amsterdam gibt aber dem Verfassungsrat die Möglichkeit, eine erste Auslegung des neuen Titels XV der Verfassung und der Art. 88-1 und 88-2 der Verfassung von 1958 zu geben, und dadurch seine Lehre der „wesentlichen Bedingungen der nationalen Souveränitätsausübung" zu präzisieren.

Erneut betont der Verfassungsrat, dass in Fällen, in denen internationale Verträge eine verfassungswidrige Klausel beinhalten oder gegen die wesentlichen Bedingungen der Ausübung der nationalen Souveränität verstoßen, eine Verfassungsänderung notwendig sei[572].

Im Hinblick auf die wesentlichen Bedingungen der Ausübung der nationalen Souveränität gibt der Verfassungsrat in der Entscheidung 97-394 DC keine definitive Definition dieses Begriffs bzw. übernimmt nicht systematisch die Kriterien, die er in seiner Entscheidung 85-188 DC hervorgehoben hatte. Der Verfassungsrat schließt aus Art. 88-2 der Verfassung, dass die Bestimmungen des Vertrags von Amsterdam, welche Kompetenzübertragungen auf die Europäische Gemeinschaft vorsehen, die die wesentlichen Bedingungen der Ausübung der

---

570 *Chaltiel*, La souveraineté de l'Etat (FN. 8), S. 170.

571 Dazu *Roux*, Le principe de la souveraineté (FN. 7), Bd, 1, S. 28 ff., wo der Autor allgemein zwischen den Kompetenzverzichten, den Kompetenzübertragungen und den Kompetenzeinschränkungen unterscheidet. Andere Autoren unterscheiden die „renonciations abdicatives" von den „renonciations translatives", so *Blumann*, L'article 54 de la Constitution et le contrôle de la constitutionnalité des traités en France, in: R. G. D. I. P. (1978), S. 537-618 (590).

572 C. C. Nr. 97-394 DC vom 31. Dezember 1997, Rec. S. 344, Erwägung Nr. 7; vgl. C. C. Nr. 92-308 DC vom 9. April 1992, Rec. S. 55, Erwägung Nr. 14.

nationalen Souveränität beeinträchtigen, eine Verfassungsänderung erfordern. Der Begriff der wesentlichen Bedingungen der Ausübung der nationalen Souveränität wird dadurch präzisiert, dass der Verfassungsrat zwischen zwei Beeinträchtigungstypen unterscheidet[573]: Entweder berühren die im Vertrag vorgesehenen Übertragungen einen anderen Bereich als den der Errichtung der Wirtschafts- und Währungsunion und den Bereich der Überschreitung der gemeinsamen Außengrenzen oder diese Vertragsklauseln bestimmen andere Modalitäten als die, die im Vertrag über die Europäische Union vom 7. Februar 1992 für die Ausübung der durch Art. C. 88-2 zugestimmten Kompetenzen vorgesehen waren. Zwei Elemente – ein materiellrechtliches und ein verfahrensrechtliches – der Definition der wesentlichen Bedingungen der Ausübung der nationalen Souveränität sind demnach zu erkennen.

Bezüglich des Umfangs der übertragenen Kompetenzen ist der Verfassungsrat der Auffassung, dass das Vorhandensein des Subsidiaritätsprinzips im Vertrag eine potentielle Beeinträchtigung der Souveränität durch bestimmte Vertragsvorschriften nicht vermeide[574]. Bezüglich der Modalitäten hatte der Verfassungsrat schon in der Entscheidung 92-308 DC zum Vertrag von Maastricht erklärt, dass der Übergang von der Einstimmigkeit zum Mehrheitsverfahren bezüglich der Visapolitik verfassungswidrig war[575]. Diese Entscheidung enthielt also bereits stillschweigend beide Elemente der Rechtsnatur und der Modalität der Kompetenzausübung.

3. Die weitere Rechtsprechung über die wesentlichen Bedingungen der Ausübung der nationalen Souveränität

Das Kriterium der wesentlichen Bedingungen der Ausübung der nationalen Souveränität für die Prüfung der Vereinbarkeit eines internationalen Vertrags mit der französischen Verfassung durch den Verfassungsrat wurde in der Entscheidung Nr. 98-399 DC[576] und Nr. 98-408 DC[577] präzisiert.

---

[573] C. C. Nr. 97-394 DC vom 31. Dezember 1997, Rec. S. 344, Erwägung Nr. 9.

[574] C. C. Nr. 97-394 DC vom 31. Dezember 1997, Rec. S. 344, Erwägung Nr. 22.

[575] C. C. Nr. 92-308 DC vom 9. April 1992, Rec. S. 55, Erwägung Nr. 49. Vgl. C. C. Nr. 97-394 DC vom 31. Dezember 1997, Rec. S. 344, Erwägungen Nr. 24 und 25 im Bezug auf die im Vertrag von Amsterdam vorgesehenen Maßnahmen über den Asyl, die Einwanderung und die Überschreitung der inneren Grenzen der Mitgliedstaaten und Erwägung Nr. 28 im Bezug auf die Maßnahmen über die Überschreitung der Außengrenzen der Mitgliedstaaten.

[576] C. C. Nr. 98-399 DC vom 5. Mai 1998, Rec. S. 245, Erwägung Nr. 17.

[577] C. C. Nr. 98-408 DC vom 22. Januar 1999, Rec. S. 29, Erwägungen Nr. 13, 32, 33, 34, 37, 38 und 40.

In der Entscheidung Nr. 98-399 DC erklärte der Verfassungsrat, dass das Vorhandensein eines Drittels der Vertreter des Hohen Kommissariats der Vereinten Nationen für die Flüchtlinge in jeder Abteilung der Berufungskommission für die Flüchtlinge sowie in ihrer Zusammensetzung in „sections réunies" gegen die wesentlichen Bedingungen der Ausübung der nationalen Souveränität nicht verstoße, da diese Vertreter nur eine Minderheit bildeten[578].

Die Entscheidung Nr. 98-408 DC ist ihrerseits in zwei Hinsichten interessant. Im Hinblick auf die Gewährleistung der Rechte und Freiheiten handelt es sich bei der Entscheidung Nr. 98-408 DC um eine weitere Unklarheit, da der Verfassungsrat im Hinblick auf den Vertrag über den Statut des Internationalen Strafgerichtshofs vom 18. Juli 1998 die verfassungsrechtlich garantierten Rechte und Freiheiten von den wesentlichen Bedingungen der Ausübung der nationalen Souveränität unterscheidet[579].

Ferner hat der Verfassungsrat die Vertragsbestimmungen, die das Ergänzungsprinzip der Zuständigkeit des Internationalen Strafgerichtshofs gegenüber den nationalen Strafgerichten beschränken im Falle einer absichtlichen Nichtbeachtung durch einen Vertragsstaat seiner vertragsrechtlichen Verpflichtungen, anhand der Regel „Pacta sunt servanda" und des Kriteriums der wesentlichen Bedingungen der Ausübung der nationalen Souveränität geprüft[580]. Die Tatsache, dass die Zuständigkeit des Internationalen Strafgerichtshofs begrenzt und objektiv durch bestimmte Vertragsbestimmungen geregelt ist, führt dazu, dass die wesentlichen Bedingungen der Ausübung der nationalen Souveränität nicht beeinträchtigt sind. Auch die Vertragsvorschriften über die Zuständigkeit des Internationalen Strafgerichtshofs im Falle des Zusammenbruchs oder der Nichtverfügbarkeit des innerstaatlichen Justizsystems stellen keinen Verstoß gegen die wesentlichen Bedingungen der Ausübung der nationalen Souveränität dar[581]. Ähnliches gilt für die Anträge des Internationalen Gerichtshofs zur Zusammenarbeit und Unterstützung der Vertragsstaaten sowie für die Ermittlungsmaßnahmen, die von der Vorfahrenskammer zugelassen sind[582] und für die

---

[578] C. C. Nr. 98-399 DC vom 5. Mai 1998, Rec. S. 245, Erwägung Nr. 17: „ (...) la présence, à proportion d'un tiers, dans chacune des sections de la commission de recours des réfugiés, ainsi que dans sa formation dite de sections „réunies", de représentants du haut commissariat aux réfugiés des Nations Unies, ne porte pas atteinte, compte tenu du caractère minoritaire de cette présence, aux conditions essentielles d'exercice de la souveraineté nationale".

[579] C. C. Nr. 98-408 DC vom 22. Januar 1999, Rec. S. 29, Erwägung Nr. 13: „Considérant toutefois, qu'au cas où ces engagements contiennent une clause contraire à la Constitution, mettent en cause les droits et les libertés constitutionnellement garantis ou portent atteinte aux conditions essentielles d'exercice de la souveraineté nationale (...)."

[580] C. C. Nr. 98-408 DC vom 22. Januar 1999, Rec. S. 29, Erwägung Nr. 32.

[581] C. C. Nr. 98-408 DC vom 22. Januar 1999, Rec. S. 29, Erwägung Nr. 33.

[582] C. C. Nr. 98-408 DC vom 22. Januar 1999, Rec. S. 29, Erwägung Nr. 34 und 37.

Bestimmungen des Kapitels X des Statuts des Internationalen Gerichtshofs über die Strafvollstreckung[583].

Im Gegensatz dazu ergibt sich aus dem Statut des Internationalen Gerichtshofs, dass dieses allein wegen der Anwendung eines Amnestiegesetzes oder der innerstaatlichen Verjährungsvorschriften zulässigerweise angerufen werden kann. In einem solchen Fall könnte nach dem Verfassungsrat Frankreich – außer im Fall mangelnden Willens oder der Unfähigkeit des Staates – dazu veranlasst werden, eine Person wegen Tatsachen zu verhaften und dem Gerichtshof zu überstellen, die nach französischem Recht der Amnestie oder der Verjährung unterlägen. Dieser Fall stellt laut Verfassungsrat eine Beeinträchtigung der wesentlichen Bedingungen der Ausübung der nationalen Souveränität dar[584].

Eine andere Beeinträchtigung der wesentlichen Bedingungen der nationalen Souveränität ergibt sich aus Art. 99 Nr. 4 des Statuts des Internationalen Strafgerichtshofs. Danach kann der Ankläger im Hoheitsgebiet eines Vertragsstaates bestimmte Untersuchungsmaßnahmen in Abwesenheit der nationalen Justizbehörden vornehmen, ohne dass das Justizsystem unverfügbar sei. Insbesondere kann der Ankläger Zeugenbeweise erheben und die Untersuchung einer öffentlichen Stätte oder eines sonstigen öffentlichen Ortes vornehmen. Aus Mangel an besonderen Umständen und obwohl diese Maßnahmen ohne jeden zwang erfolgen, führt die Tatsache, dass der Ankläger diese Maßnahmen ohne die Anwesenheit der zuständigen französischen Justizbehörde durchführen kann, zu einem Verstoß gegen die wesentlichen Bedingungen der Ausübung der nationalen Souveränität[585]. Daraus folgt, dass die Zustimmung zur Ratifizierung des Vertrags

---

583 C. C. Nr. 98-408 DC vom 22. Januar 1999, Rec. S. 29, Erwägung Nr. 40, wobei der Verfassungsrat diese Bestimmungen auch anhand des Art. 17 der Verfassung von 1958 geprüft hat.

584 C. C. Nr. 98-408 DC vom 22. Januar 1999, Rec. S. 29, Erwägung Nr. 34: „Considérant, en revanche, qu'il résulte du statut que la Cour pénale internationale pourrait être valablement saisie du seul fait de l'application d'une loi d'amnistie ou des règles internes en matière de prescription; qu'en pareil cas, la France, en dehors de tout manque de volonté ou d'indisponibilité de l'Etat, pourrait être conduite à arrêter et à remettre à la Cour une personne à raison de faits couverts, selon la loi française, par l'amnistie ou la prescription; qu'il serait, dans ces conditions, porté atteinte aux conditions essentielles d'exercice de la souveraineté nationale".

585 C. C. Nr. 98-408 DC vom 22. Januar 1999, Rec. S. 29, Erwägung Nr. 38: „Considérant, en revanche, qu'en application du 4 de l'article 99 du statut, le procureur peut, en dehors même du cas où l'appareil judiciaire national est indisponible, procéder à certains actes d'enquête hors la présence des autorités de l'Etat requis et sur le territoire de ce dernier; qu'il peut notamment recueillir des dépositions de témoins et „inspecter un site public ou un autre lieu public"; qu'en l'absence de circonstances particulières, et alors même que ces mesures sont exclusives de toute contrainte, le pouvoir reconnu au procureur de réaliser ces actes hors la

über den Statut des Internationalen Strafgerichtshofs eine Verfassungsänderung erfordert[586], die am 8. Juli 1999 erfolgt ist[587].

D. Zusammenfassung

Die moderne Form der Souveränität ist die Ausstattung des Volkes mit der verfassunggebenden Gewalt. Dies führt dazu, dass der direkte Ausdruck der nationalen Souveränität, der in Frankreich per Referendum erfolgt, keiner verfassungsrechtlichen Kontrolle unterliegt. Grundlegend dafür ist die aus der Revolution ererbte Sichtweise, nach der die Verfassung ein einseitiger Willensakt der Nation ist, so dass die Nation die Verfassung jederzeit frei ändern kann.

Die Verfassung wird vorwiegend formell betrachtet, so dass dem prinzipiell freien „pouvoir constituant" keine materiellen Schranken gesetzt sind. Der Prozess der Konstitutionalisierung der Europäischen Integration erfolgt von daher in Frankreich bisher in einer Reihe von Verfassungsänderungen, die die französische Verfassung in eine „duale Verfassung" verwandelt haben. Im Rahmen seiner Rechtsprechung beschränkt sich der Verfassungsrat darauf, die Nichtbeeinträchtigung der „wesentlichen Bedingungen der Ausübung der nationalen Souveränität" zu prüfen.

---

présence des autorités judiciaires françaises compétentes est de nature à porter atteinte aux conditions essentielles d'exercice de la souveraineté nationale".

586 C. C. Nr. 98-408 DC vom 22. Januar 1999, Rec. S. 29, Erwägung Nr. 42.

587 Verfassungsgesetz Nr. 99-568 vom 8. Juli 1999, das einen Art. 53-2 in die Verfassung von 1958 eingefügt hat. Art. 53-2 lautet: „Die Republik kann die Gerichtsbarkeit des Internationalen Strafgerichtshofes nach Maßgabe des am 18. Juli 1998 unterzeichneten Vertrages anerkennen". Der Vertrag vom 18. Juni 1998 über den Statut des Internationalen Strafgerichtshofs ist aber noch nicht in Kraft getreten.

Teil 2: Zur Funktion der Souveränität

Fraglich ist, welche Funktion der Souveränitätsbegriff noch erfüllt bzw. und im Hinblick auf die europäische Integration noch erfüllen kann. Im Folgenden wird untersucht, welche Funktion der Souveränitätsbegriff (Kapitel 1) und das Prinzip der nationalen Souveränität (Kapitel 2) aus geschichtlicher Perspektive in Frankreich erfüllt haben. Die ursprüngliche Auffassung der Souveränität bzw. der nationalen Souveränität als „eins und unteilbar" kann im Hinblick auf die Erfordernisse der Europäischen Integration nicht mehr vertreten werden. Insofern befindet sich das Prinzip der nationalen Souveränität in einem Wandlungsprozess (Kapitel 3), der in der Unterscheidung zwischen der „souveraineté démocratique" einerseits und der „souveraineté de l'Etat" andererseits am deutlichsten zum Ausdruck kommt.

Kapitel 1: Der Souveränitätsbegriff als Funktionsbegriff

Bevor sie juristisch erfasst wurde, war die Souveränität grundsätzlich eine politische Idee[1], die sich die französischen Könige zunutze gemacht haben und eine doppelte Funktion erfüllte, nämlich eine auf die Macht bezogene, instrumentale Funktion und eine auf die Vereinheitlichung des Staats bezogene, strukturierende Funktion. Diese doppelte, ursprüngliche Funktion des Souveränitätsbegriffs ist nicht ohne einen Rückblick auf den sprachlichen[2] und historischen[3] Kontext der Entstehung der französischen Souveränitätstheorie zu verstehen.

A. Die Wurzeln des Souveränitätsbegriffs

Über die französische Herkunft des Wortes Souveränität sind sich die Autoren einig[4]. Das französische Wort[5] „souveraineté" stammt aus dem Volkslatein

---

1 Vgl. *Goyard-Fabre*, Les principes du droit politique moderne, Paris 1997, S. 156.

2 Interessant in dieser Hinsicht *Brunel*, L'Etat et le souverain, Littératures modernes, Paris 1978, insbes. Kap. III, S. 87 ff., 116 ff.

3 Vgl. *Burdeau*, Traité de science politique, Bd. 2, L'Etat, Paris 1980, S. 3; *Koppensteiner*, Die Europäische Integration und das Souveränitätsproblem. Schriftenreihe zum Handbuch für Europäische Wirtschaft, Bd. 14, hrsg. von Rieber, Baden-Baden 1963, S. 16, spricht in dieser Hinsicht von einer „historischen Hypothek"; vgl. *Jellinek*, Allgemeine Staatslehre, 3. Aufl., Darmstadt 1959, S. 487, nach dem der Souveränitätsbegriff einer „historischen Kategorie" angehört.

4 *Carré de Malberg*, Contribution à la théorie générale de l'Etat spécialement d'après les données fournies par le droit constitutionnel français, 2 Bde., Paris 1920, 1922, Bd 1, S. 73; *Rey* (Dir.), Dictionnaire historique de la langue française. Dictionnaires Le Robert, Paris 1992,

„superanus" („höchste"), abgeleitet von der klassischen Form „super" („oben", „über") und ist durch eine gewisse ursprüngliche Vieldeutigkeit[6] geprägt. Bezieht man das Wort „superanus" auf den höchsten Grad der politischen Hierarchie, so drückt es die Idee des Primats aus; das Wort kann aber auch verschiedene Grade von Superiorität bezeichnen[7]. So nimmt die Souveränität bald eine absolute, bald eine relative Bedeutung ein. Im Mittelalter werden das Adjektiv „superus" („oben befindlich") und das Substantiv „superanus" oder „supremus" (der „Oberste", „Höchste") gebildet. Aus „superanus" bildet der altfranzösische Sprachgebrauch das Adjektiv „soverain" („sovrain", „sofrain", „sobrain") sowie das Substantiv „soveraineté" („sovrainetez"), wobei der ursprüngliche und relative Sinn immer mehr von der superlativen – im Sinne von „oberste", „höchste" – Bedeutung verdrängt wird.

Über das erste Auftauchen des Souveränitätsbegriffs in der französischen Sprache existieren unterschiedliche Meinungen[8]. Die neuesten Forschungen legen den Beginn der Entwicklung bereits ins 10. und 11. Jahrhundert[9], andere Autoren aber datieren die Erscheinung des Wortes erst auf das 13. Jahrhundert[10]. Nach *Quaritsch* stammt der erste Beleg des Substantivs „souveraineté", in der Form von „suvrainetet", aus dem Jahre 1120, dem Erscheinungsdatum des Oxford-Psalters, und bezeichnet in der Form von „es souverainetez des monz" die „höchste Höhe", den „Gipfel" der Berge[11]. Das Adjektiv seinerseits ist zuerst im „Roman de Thèbes" um 1150 nachgewiesen, auch hier noch bezogen auf die räumliche Höhe

Bd. 2, Art. „souverain, aine", S. 2000; *Tobler / Lommatzsch* (Hrsg.), Altfranzösisches Wörterbuch, 12 Bde., Bd. 9, Wiesbaden 1973, S. 1032, „soveraineté". Ferner dazu *Quaritsch*, Souveränität. Entstehung und Entwicklung des Begriffs in Frankreich und Deutschland vom 13. Jahrhundert bis 1806, Schriften zur Verfassungsgeschichte, Bd. 38, Berlin 1986, S. 13.

5 Zur Etymologie ausführlich *Quaritsch*, Souveränität (FN. 4), S. 13 ff.; *ders.*, Staat und Souveränität, Bd. 1, Die Grundlagen, Frankfurt 1970, S. 249 ff.; *Boldt*, Staat und Souveränität, in: Brunner / Conze / Koselleck (Hrsg.), Geschichtliche Grundbegriffe. Historisches Lexikon zur politisch-sozialen Sprache in Deutschland, Bd. 6, Stuttgart 1990, S. 4-154 (128 ff.); Vgl. *Meyer*, Lehrbuch des deutschen Staatsrechts, 7. Aufl., bearb. von Anschütz, München und Leipzig 1919, S. 5, 21 ff.; *Rehm*, Allgemeine Staatslehre, Freiburg u. a. 1899, S. 40 ff.; *Reineck*, Allgemeine Staatslehre und Deutsches Staatsrecht, 12. Aufl., Herford 1993, S. 34; *Von der Heydte*, „Souveränität", in: Staatslexikon, Bd. 7, 6. Aufl., Freiburg 1962, S. 137; vgl. *Reifferscheid* u. a., Lexikon des Rechts, Bd. 1, Darmstadt, Januar 1968, S. 481.

6 Vgl. *Beaud*, La puissance de l'Etat, Paris 1994, S. 35 ff.; *Goyard-Fabre*, Philosophie politique, Paris 1987, S. 77 ff.

7 Vgl. *Carré de Malberg*, Contribution, Bd. 1, S. 74.

8 Einen Überblick über die verschiedenen Meinungen zur Geburtsstunde des Souveränitätsbegriffs bietet *Quaritsch*, Souveränität (FN. 4), S. 38, FN. 38; auch *Dreier*, „Souveränität", in: Staatslexikon: Recht – Wirtschaft – Gesellschaft, 5 Bde., Freiburg u. a. 1988, S. 1204; *Von der Heydte*, „Souveränität" (FN. 5), S. 136.

9 Nachweise bei *Randelzhofer*, Staatsgewalt und Souveränität, in: HStR, Bd. 1, Heidelberg 1987, § 15, S. 695 f.

10 *Picot*, Cardin le Bret (1558-1655) et la doctrine de la souveraineté, Nancy 1948, S. 97; auch *David*, La souveraineté du peuple, Paris 1996, S. 9.

11 *Tobler / Lommatzsch*, Altfranzösisches Wörterbuch (FN. 4), S. 1032.

im Sinne von „überragend" in der Form von „La tour est haute et souveraigne"[12]. Der Sinn wird fast gleichzeitig in den religiösen Bereich übernommen, während im weltlichen Bereich das Adjektiv eine ungewöhnliche, „überragende" Tapferkeit, Tugend oder Gerechtigkeit kennzeichnet. Aus den Begriffen „suverain" und „soverain" entwickelte sich im 12. Jahrhundert das Wort „souverain", das gleichermaßen als Adjektiv wie auch als Substantiv gebraucht wird.

Erst im 13. Jahrhundert werden Substantiv und Adjektiv mit Herrschaftspositionen verbunden[13]. Die zwischen 1280 und 1283 von *Beaumanoir* geschriebenen „Coutumes de Beauvaisis"[14], reflektieren diese Wende, wobei der König als ein „souverain" dargestellt und seine Spitzenstellung im Königreich gelegentlich „souveraineté" genannt wird[15]. Ursprünglich war das Adjektiv „souverain" nicht nur dem König vorbehalten. Das Wort „souveraineté" soll ursprünglich ausdrücken, dass die Macht innerhalb ihres Territoriums keine Gleich- sondern nur Untergeordnete anerkennt und nach außen nur durch ihren eigenen Willen gebunden werden kann[16]. „Souverains" im Sinne von „supérieurs"[17] sind

---

[12] Zit. in *Godefroy*, Dictionnaire de l'ancienne langue française et de tous ses dialectes du IXe au XVe siècle, 10 Bde. (1881-1902), Bd. 7, Paris 1892, S. 569.

[13] *Quaritsch*, Souveränität (FN. 4), S. 14; vgl. *Rey*, Dictionnaire historique (FN. 4), S. 2000.

[14] *Beaumanoir*, Coutumes de Beauvaisis, hrsg. von Salmon, 2 Bde., Paris 1899, 1900, Bd. 1, Kap. X, S. 147: „seigneur souverain"; Kap. XXX, S. 447: „Et pour ce si tost comme teus aliances vienent a la connoissance du souverain ou d'autres seigneurs (...)"; Bd. 2, Kap. XXXIV, S. 23-24: „Pour ce que nous parlons en cest livre en pluseurs lieus du souverain et de ce qu'il puet et doir fere, li aucun pourroient entendre pour ce que nous ne nommons conte ne duc, que ce fust du roi; mes en tous les lieus la ou li rois n'est pas nommés, nous entendons de ceus qui tienent en baronie, car chascuns barons est souverains en sa baronie. Voirs est que li rois est souverains par dessus tous et a de son droit la general garde de tout son roiaume, par quoi il puet fere teus establissemens comme il li plest pour le commun pourfit, et ce qu'il establist doit estre tenu. Et si n'i a nul si grant dessous li qui ne puist estre tres en sa court pour defaute de droit ou pour faus jugement et pour tous les cas qui touchent le roi. Et pour ce qu'il est souverains par desseur tous, nous le nommons quant nous parlons d'aucune souveraineté qui a li appartient". Ferner dazu *Ellul*, Histoire des Institutions, 12. Aufl., Bd. 3, Le Moyen-âge, Paris 1993, S. 120.

[15] Ferner dazu *Quaritsch*, Souveränität (FN. 4), S. 14; *Boldt*, Staat und Souveränität (FN. 5), S. 100, wobei die Autoren auf andere Schriftweisen des Wortes „souveraineté" hinweisen bzw. auf „sovrain", „sovreineté".

[16] In diesem Sinne erwähnt *Krulic*, La revendication de la souveraineté, in: Revue Pouvoirs, Nr. 66 / 67, Paris 1993, S. 21-32, den Übergang der „horizontalen" Legitimität zur „vertikalen" Legitimität der politischen Macht ab dem 16. Jahrhundert bis heute.

[17] *Jouvenel*, De la souveraineté. A la recherche du bien politique, Paris 1955, S. 217: „Sieur, sire, seigneur ont la même racine, souverain et suzerain en ont une autre, étroitement apparentée. Seigneur vient de *seniorem*, sire et sieur viennent de *senior*: les trois termes viennent du mot *senex* et comportent l'idée de supériorité liée à l'idée de vieillesse. D'autre part, le latin populaire *superanum* dérivé de *super*, a donné souverain, tandis que suzerain découle de la racine *sus*. Pour les deux mots, c'est la même idée d'être au-dessus, de supériorité". Zum Übergang der „suzeraineté" zur „souveraineté" auch *Rigaudière*, L'invention de la souveraineté, in. Revue Pouvoirs, Nr. 66 / 67, Paris 1993, S. 5-20 (10).

abgesehen vom König auch alle diejenigen, die Macht beanspruchen können[18]. *Carré de Malberg* bezeichnet die Souveränität im Mittelalter als ein „comparatif marquant un certain degré de puissance“[19], obgleich schon zu dieser Zeit der König als der Souverän an sich erscheint[20]. Die französischen Kommentatoren benutzen das Wort „souveraineté“, sowohl um die Souveränität des Königs[21] als auch um die Souveränität der Landesherren[22] zu bezeichnen. Dies führt zu einer gewissen Verwirrung, und es wird in diesem Zusammenhang von der „doppelten Souveränität“[23] – des Königs und der Landesherren gesprochen. Andere Autoren bezeichnen Frankreich als „divisée en souverainetés multiples“[24] (in eine Vielfalt von Souveränitäten aufgeteilt). Ferner ist umstritten, ob sich die Frage der Souveränität im Mittelalter überhaupt stellt[25].

Obgleich aus verschiedenen Blickwinkeln sind sich die Spezialisten des öffentlichen Rechts mit den Historikern darüber einig, dass eine Reflexion über die Souveränität im Mittelalter als anachronistisch betrachtet werden muss[26]. Die Juristen stützen sich auf die Ausführungen *Bodins*[27], wenn sie davon ausgehen,

18 Vgl. *Boldt*, Staat und Souveränität (FN. 5), S. 100: „Entscheidend ist aber, dass nicht allein der König, sondern ebenfalls Vorgesetzte der Beginen, der Erzbischof oder allgemein der Dienstherr als *souverain* bzw. *Soueregn* bezeichnet werden“.

19 *Carré de Malberg*, Contribution (FN. 4), Bd. 1, S. 73.

20 *Beaumanoir*, Coutumes de Beauvaisis (FN. 14), Bd. 2, Kap. XXXIV, S. 23-24.

21 *Ellul*, Histoire des Institutions (FN. 14), S. 138.

22 *Olivier-Martin*, Histoire du droit français des origines à la Révolution, 2. Aufl., Paris 1951, S. 109.

23 *Quaritsch*, Souveränität (FN. 4), S. 19.

24 *Bainville*, Histoire de France, Marabout université, Paris 1986, S. 46.

25 Ablehnend, *Rigaudière*, L'invention de la souveraineté (FN. 17), S. 6: „Aussi longtemps que subsiste, pendant les premiers siècles du Moyen-âge, l'idée d'un peuple chrétien d'Occident soumis à la seule *potestas* de l'Empereur et à l'unique *auctoritas* du Pape, le problème de la souveraineté ne se pose pas“.

26 *David*, La souveraineté et les limites du pouvoir monarchique du IXe au XVe siècle, Annales de la Faculté de droit et des sciences politiques de Strasbourg, Paris 1990, S. 13.

27 *Bodin*, Les six livres de la République, deuxième réimpression de l'édition de Paris 1583, Aalen 1977. Zitiert wird nach der Übersetzung der französischen Ausgabe 1583 durch Wimmer: *Bodin*, Sechs Bücher über den Staat, eingeleitet und hrsg. von P. C. Mayer-Tasch, München 1981 (Bd. 1, Buch I-III), 1986 (Bd. 2, Buch IV-VI), Buch I, Kap. 8, S. 205: „An dieser Stelle eine Definition der Souveränität zu geben ist deshalb notwendig, weil sich noch nie ein Rechtsgelehrter oder ein Vertreter der politischen Philosophie dieser Mühe unterzogen hat“. Dennoch ist diese „Vaterschaft“ umstritten, so z. B. *Derathé*, La place de Jean Bodin dans l'histoire des théories de la souveraineté, in: Denzer (Hrsg.), Jean Bodin. Verhandlungen der internationalen Bodin Tagung in München, 1973, S. 245-260. Mehrere Autoren bemühen sich, auf eine historische Sichtweise gestützt, den kaiserlichen Ursprung des Souveränitätsbegriffs zu beweisen, so z. B. *Mesnard*, Jean Bodin a-t-il établi la théorie de la monocratie?, Recueils de la société Jean Bodin, Bruxelles 1969, Nr. 21, S. 637-656; *Nicolet*, L'Empire romain est-il un „Etat moderne“?, in: Genet / Le Menet (Dir.), L'Etat moderne: genèse, Colloque international du CNRS, Paris 1990, S. 11 ff.; *Chevallier*, Histoire de la pensée politique, Bd. 1, Paris 1983, S. 189 ff.; auch *Rigaudière*, L'invention de la souveraineté (FN. 17), S. 11.

dass die Souveränität erst im 16. Jahrhundert konzipiert wurde, d. h. zur Zeit der Aufteilung der europäischen Gesellschaft in Nationalstaaten, mit der die Negation jeder weltlichen supranationalen Herrschaft einhergeht. Die Historiker hingegen betonen die Eigenart der politischen Denker des Mittelalters, die Probleme der politischen Macht zu betrachten und zu lösen[28].

Darum seien ihre Gedanken mit den modernen Kategorien unvereinbar. Dennoch sind die drei Bedeutungen des Wortes „Souveränität" in der Form von „auctoritas" – das Wort umfasst sowohl die höchste Autorität, als auch die Ablehnung einer höheren Macht – und „potestas" im Sinne von „puissance publique" (Staatsgewalt), in der mittelalterlichen politischen Sprache vorhanden, obgleich an die Struktur der politischen Gesellschaft der Zeit angepasst. Insofern ist das politische Denken der mittelalterlichen Epoche dem der französischen Staatslehre des 16. Jahrhunderts und dem heutigen weit voraus, da zwei Begriffe zur Verfügung stehen, um den zwei Facetten der Souveränität, nämlich der abstrakten, absoluten Facette (auctoritas) und der materiellen, relativen Facette (potestas) Rechnung zu tragen[29].

Die Tatsache, dass sowohl die Landesherren als auch der König als „souverains" bezeichnet werden, führt nichtsdestoweniger zu einer gewissen Relativierung des Souveränitätsbegriffs in dieser Epoche. Darüber hinaus ist vor dem 16. Jahrhundert mehr von den „droits royaux" und den „droits de souveraineté" als von der „souveraineté" schlechthin die Rede, wobei eine Verteilung dieser Rechte nicht von vornherein ausgeschlossen ist[30]. Parallel zu den steigenden Machtan-sprüchen der französischen Könige ab dem 13. Jahrhundert gegenüber dem Papsttum, dem Kaiser und dem Feudalismus, erlebt der Souveränitätsbegriff eine Bedeutungsänderung und wandelt sich allmählich im 16. Jahrhundert von einem komparativen zu einem superlativen Begriff[31]. Im Folgenden soll untersucht

---

[28] *David*, La souveraineté et les limites (FN. 26).

[29] Erst vor kurzem und im Hinblick auf die europäische Integration mit der Notwendigkeit, die Souveränität als teilbar zu fassen, kehren die französischen Staatslehrer zur mittelalterlichen Unterscheidung zwischen „auctoritas" und „potestas" zurück und versuchen damit, das französische „absolute" Souveränitätsverständnis, nach dem die Souveränität „einzig und unteilbar" („une et indivisible") ist, anhand der Geschichte zu relativieren, so z. B. *Chaltiel*, La souveraineté de l'Etat et l'Union européenne, Recherches sur la souveraineté de l'Etat membre, Bibliothèque constitutionelle et de science politique, Bd. 99, Paris 2000, S. 29 ff., 38, 48 f.

[30] Vgl. *Rigaudière*, L'invention de la souveraineté (FN. 17), S. 17. Zur Ausübung von „droits de puissance publique" durch die Landesherren: *Ellul*, Histoire des Institutions (FN. 14), Bd. 3, S. 128, oder von „prérogatives de souveraineté", (Hoheitsrechten) wie Krieg, Währung, Justiz, Polizei, oder das Steuerwesen *Olivier-Martin*, Histoire du droit français (FN. 22), S. 126.

[31] *Carré de Malberg*, Contribution (FN. 4), Bd. 1, S. 73; vgl. *David*, La souveraineté du peuple (FN. 10), S. 20.

werden, wie sich der Souveränitätsbegriff als Kampfbegriff[32] für die französischen Könige erwies.

B. Der Souveränitätsbegriff als „Kampfbegriff" zugunsten der französischen Könige

Vor der Revolution ist der französische Staat eine greifbare Wirklichkeit als eine „Gemeinschaft von Menschen, die in einem eigenen Territorium sesshaft sind und aus deren Organisation im Hinblick auf die Verhältnisse der Gruppe mit seinen Mitgliedern eine höchste Handlungs-, Befehls- und Zwangsgewalt entsteht"[33]. Durch andauernde Bemühungen hat die Monarchie seit der Dynastie der Kapetinger[34] ihre Macht institutionalisiert und die Rechtsnatur ihrer Befugnisse geändert. Das politische Werk der französischen Monarchen stützt sich auf die Theorie des Souveränitätsbegriffs, der von den königlichen Legisten[35] entwickelt wurde, die seit Philipp August (1180-1223) in wachsender Zahl Aufnahme in den königlichen Rat finden[36].

Im 13. Jahrhundert beginnt also mit dem Anspruch französischer Könige auf Autonomie die „große Unternehmung" der französischen Monarchen und deren Juristen, nämlich die Erfindung und Herstellung des französischen souveränen Staates[37]. Die französische Königswürde des Mittelalters muss ihre Macht gegenüber drei anderen Mächten behaupten und verteidigen[38]: im Inneren

---

32 Vgl. *Carré de Malberg*, Contribution (FN. 4), S. 74: „ (…) arme forgée par la royauté pour les besoins de sa lutte avec l'empereur, le pape et les seigneurs, lutte dont elle est un produit direct".

33 *Carré de Malberg*, Contribution (FN. 4), Bd. 1, S. 7: „(…) communauté d'hommes fixés sur un territoire propre et possédant une organisation d'où résulte pour le groupe envisagé dans des rapports avec ses membres une puissance suprême d'action, de commandement et de coercition".

34 *Gangl*, Verfassungsfragen der fünften Republik, Grazer rechts- und staatswissenschaftliche Studien, Bd. 13, Graz 1964, S. 91.

35 Vgl. dazu vor allem *Schmitt*, Die Formung des französischen Geistes durch den Legisten, in: Deutschland-Frankreich. Vierteljahresschrift des Deutschen Instituts in Paris, Jg. 1, (1942), S. 1 ff., 12 ff.

36 *Holtzmann*, Französische Verfassungsgeschichte. Von der Mitte des neunten Jahrhunderts bis zur Revolution. Handbuch der mittelalterlichen und neueren Geschichte / Georg von Below. Abt. 3: Verfassung, Recht, Wirtschaft, München und Berlin 1910, S. 196. Interessant dazu mit Literaturhinweisen: *Gangl*, Verfassungsfragen (FN. 34), S. 91 ff.

37 Ebenda. S. 176 ff., 177. Der Autor weist ferner darauf hin, dass drei Kapetingern das Verdienst zugesprochen wird, den französischen Staat geschaffen zu haben: es sind dies Philipp II. (1180-1223), den sein Geschichtsschreiber „Augustus" nannte, Ludwig IX. (1226-1270), der „heilige König", und Philipp IV. (1285-1314), der den Beinamen des „Schönen" erhielt.

38 *Carré de Malberg*, Contribution (FN. 4), Bd. 1, S. 74.

gegenüber dem Lehnswesen[39], nach außen gegenüber dem Papsttum[40] sowie gegenüber dem Deutschen Kaiser[41].

Die Grundlagen des Feudalismus sind in Frankreich bereits ab dem 11. Jahrhundert durch eine Verkettung von Faktoren erschüttert worden[42]. Gegen den kaiserlichen Anspruch auf „auctoritas“ erscheint *Philipp Augustus* als der Hauptverfechter der Behauptung der königlichen Unabhängigkeit. Er lässt den Unterricht in römischem Recht in Paris, der die kaiserlichen Ansprüche unterstützt, verbieten und stützt sich auf die Dekretale „Per Venerabilem“ von Papst *Innocenz* III. im Jahre 1202, um zu erklären, dass „Superiorem in temporalibus minime recognoscat“[43]. Daraus entsteht das Prinzip, nach dem der König seine Macht unmittelbar von Gott und sich selbst erhält[44]. Auf Grund dieses Prinzips kann im 13. Jahrhundert die Meinung vertreten werden, der König sei Kaiser in seinem Königreich, dem Dogma der kaiserlichen Allmacht wird somit ein Ende bereitet[45]. Der entscheidende Schritt wird erreicht mit dem Kanonisten *Huguccio von Pisa* (gestorben 1210), der die „plena et absoluta potestas“ dem Kaiser zuspricht und die „suprema potestas principalis et major“ für die Könige im Rahmen ihres Königtums reserviert. Gegen die kaiserliche „potestas“ führt die „potestas regia“ zur Möglichkeit der Entstehung souveräner Staaten.

Im Inneren stützt sich das französische Königtum zunächst auf das Lehnssystem, um es zu seinen Gunsten auszunutzen[46], doch nur um im Nachhinein die Macht auf dem Gesamtterritorium ausüben zu können und der lehnsherrlichen Ausübung

39 Dazu *Chianea*, Histoire des institutions publiques de la France, 3 Bde., Bd. 1, Paris 1994, S. 115 ff.

40 Auseinandersetzung zwischen Philipp dem Schönen (1285-1314) und dem Papst Bonifaz 8, dazu *Chevallier*, Histoire de la pensée (FN. 27), Bd. 1, S. 192.

41 Nachweise über den Unabhängigkeitsanspruch des französischen Königs gegenüber dem Heiligen Römischen Reich Deutscher Nation bei *Olivier-Martin*, Histoire du droit français (FN. 22), S. 206 f.

42 Ab dem 11. Jahrhundert ist das Ziel der Gregorianischen Reform die Befreiung der Kirche von der laizistischen, sowohl kaiserlichen als auch feudalen Herrschaft. Diese Reform erreicht ihren Höhepunkt in der Regierungszeit des Papstes Gregor VII. (1073-1085). Die wesentlichsten Elemente dieser Reform sind in den Dictatus papae von 1075 enthalten, wo angekündigt wird, dass der Papst souveräner Herr der Kirche (maître souverain de l'Eglise) und Herr der Könige und Kaiser („chef des rois et Empereurs“) ist. Außerdem können die Bischöfe ihre Macht nicht aus der Hand eines Laien bekommen, dazu *Ellul*, Histoire des Institutions (FN. 14), Bd. 3, S. 215, 238 f.; vgl. *Legoherel*, Histoire du droit public français, Paris 1986, S. 18.

43 Diese Formel findet sich in den Etablissements de Saint Louis (um 1272) wieder, in der Form von „Li rois n'a point de souverains es choses tempories“, Etablissements de Saint-Louis, éd. Viollet, Bd. 2, S: 370, zit. in: *Carré de Malberg*, Contribution (FN. 4), Bd. 1, S. 73 f.

44 *Rigaudière*, L'invention de la souveraineté (FN. 17), S. 8 ; dazu ferner *Devaux / Canabis*, Histoire des Institutions de la France (1er-14e siècle), Paris 1993, S. 164; vgl. *Foreville*, Le Pape Innocent III et la France, Stuttgart 1992, S. 287 ff.

45 Vgl. *Rigaudière*, L'invention de la souveraineté (FN. 17), S. 6.

46 Dazu *Chianea*, Histoire des institutions (FN. 39), Bd. 1, S. 147; *Ellul*, Histoire des Institutions (FN. 14), Bd. 3, S. 268; *Rigaudière*, L'invention de la souveraineté (FN. 17), 9 f.

der Justiz[47] bzw. den Privatfehden ein Ende zu setzen[48]. Die Strategie besteht darin, mit Hilfe des Lehnsrechts bzw. seiner Legitimitätsgrundlagen, die Anzahl der unmittelbaren Vassallen zu steigern und die Gesamtheit der Landgüter an sich zu ziehen. So erstreckt die Monarchie ihre Herrschaft auf die Normandie, Anjou, Poitou, bis sie alle französischen Provinzen um die Krone herum sammelt. Durch eine konsequente Beauftragtenpolitik besetzt der König daraufhin die wichtigen Posten, um die noch nicht erlangte Einheit zu schaffen[49]. In einem zweiten Schritt wird diese Herrschaftsgrundlage mit Hilfe der Souveränitätstheorie programmatisch legitimiert und gefestigt. Denn die königlichen Legisten meinen, den „Instituten" von Justinian und anderen Werken des römischen Rechts die Idee der Souveränität als bedingungsloser Macht entnehmen zu können. Sich auf das römische Konzept des „imperiums" stützend entwickeln sie dann der Begriff einer einheitlichen, unteilbaren und dauerhaften Souveränität zugunsten des Königs[50]. Besonders *Philipp* IV. (1285-1314) hört auf den Rat seiner Juristen[51]: „Rex Franciae superiorem non recognoscat" und „Rex Franciae est princeps in regno suo" sind häufig verwendete Sätze, die den Schlussstrich unter das mittelalterliche Reichsdenken ziehen[52].

Die Souveränitätstheorie erfüllt folglich keine juristische, sondern eine politisch-programmatische Funktion. Sie behauptet sich nicht durch sich selbst, sondern durch die Verwendung der feudalen Legitimitätsgrundlagen, die sie gerade abzubauen trachtet[53]. Programmatisch charakterisieren die französischen Legisten

---

47 *Quaritsch*, Souveränität (FN. 4), S. 32 ff., weist darauf hin, dass in der Mitte des 16. Jahrhunderts der Begriff „souverän" mehr ein Begriff der Gerichtsverfassung als ein eigentümlich staatsrechtlicher Begriff ist, da sich im Mittelalter „die nach innen gerichtete Herrschaftsgewalt des Königs vorzugsweise im letztinstanzlichen Richterspruch verwirklichte und in Frankreich diese Zuständigkeit dazu benutzt werden konnte, die Herrschaftskonkurrenten des Königs zu entmachten. Insofern war die Gerichtsverfassung zugleich Staatsverfassung".

48 Dazu *Rouland*, L'Etat français et le pluralisme, histoire politique des institutions publiques de 476 à 1792, Paris 1995, S. 156; vgl. *Rigaudière*, L'invention de la souveraineté (FN. 17), S. 14.

49 *Strayer*, Die mittelalterlichen Grundlagen des modernen Staates, Köln 1975, S. 46 ff.

50 Zur Idee der Konzentration der Macht beim König im Rom des 6. Jahrhunderts : *Ellul*, Recherche sur la conception de la souveraineté dans la Rome primitive, in: Mélanges offerts à Georges Burdeau: Le pouvoir, Paris 1977, S. 265-279 (276). Der Autor bezieht sich auf das „Regnum". Um die Autorität des Königs zu verteidigen bzw. zu steigern, hat *Colbert* noch zur Zeit Ludwig des XIV. eine ganze Reihe von Memoiren durch seine Juristen ausarbeiten lassen, da „il n'est pas possible d'avoir en la monarchie, pair et compagnon", dazu *Gicquel*, Droit constitutionnel et institutions politiques, 15. Aufl., Paris 1997, S. 402.

51 *Gangl*, Verfassungsfragen (FN. 34), S. 93.

52 *Schmitt*, Die Formung des französischen Geistes (FN. 35), S. 6. Ferner dazu *Boldt*, Staat und Souveränität (FN. 5), S. 104 f.

53 *Kriele*, Einführung in die Staatslehre. Die geschichtlichen Legitimitätsgrundlagen des demokratischen Verfassungsstaats, 5. Aufl., Opladen 1994, S. 63 f. Der Autor weist auf den aus dieser doppelten Legitimitätsgrundlage hervorgehenden Mangel an Folgerichtigkeit hin, der

nicht nur konkrete Sachbereiche als königlich, die bis dahin keineswegs dem König zugeordnet sind, sondern sprechen dem König den Vorbehalt unbenannter Befugnisse zu[54]. Insoweit trennen sie sich von der früheren „doppelten Souveränität“[55], nach der sowohl Feudalherr als auch König „zuhöchst“ und im Rahmen ihrer jeweiligen Zuständigkeiten keinem irdischen Herrn unterworfen sind. Die Behauptung der Unveräußerlichkeit des Krongebiets[56] vollendet nach der Beseitigung der größten Lehnsherrlichkeiten die französische territoriale Einheit und trägt zugleich zur Institutionalisierung der Macht bzw. zur modernen Auffassung der Souveränität bei. Denn der König kann nun keinen Landstrich und keine Provinz Frankreichs ohne ausdrückliche Zustimmung des Volkes, das heißt der Generalstände, ans Ausland abtreten[57]. Darüber hinaus wird die königliche Souveränität gegenüber einer Bevölkerung ausgeübt, deren Zusammengehörigkeitsgefühl sich immer mehr verstärkt[58].

Mit den königlichen Einheitsbestrebungen wird die Absicht verfolgt, die persönliche Herrschaft des Königs zu betonen und zu sichern. Als der König sein Ziel schließlich erreicht, wird die Souveränität dem König selbst, das heißt der Person, zugeordnet. Damit verkörpert der französische König die Staatsspitze, er ist der „Souverän“ seines Landes[59]. Der Übergang von der komparativen Souveränität zur superlativen Souveränität führt ferner zur Gleichstellung der Souveränität des Staates mit der Souveränität des Königs[60]. Ferner kann nur die

dazu beiträgt, das Ansehen des Königtums zu beeinträchtigen, bis es durch republikanische Verfassungsformen ersetzt wird.

54 Dazu *Quaritsch*, Souveränität (FN. 4), S. 21.

55 *Quaritsch*, Souveränität (FN. 4), S. 19.

56 Bis zum Anfang des 16. Jahrhunderts konnte der König frei über sein Territorium verfügen. Die Unveräußerlichkeit des Krongebiets wurde durch die Ordonnance von Moulins im Februar 1566 angekündigt und durch die Ordonnance von Blois im Mai 1579 bestätigt. Die Ordonnance unterscheidet zwischen dem „domaine fixe“, streng unveräußerlich, und dem „domaine casuel“, der aus den königlichen Erwerbungen, über die der König verfügen kann, besteht. Nach zehn Jahren wird jedes Element des „domaine casuel“, das nicht veräußert wurde, automatisch zum Teil des „domaine fixe“, dazu *Declareuil*, Histoire générale du droit français des origines à 1789, Paris 1925, S. 418 ff.

57 *Hartmann*, Französische Verfassungsgeschichte der Neuzeit (1450-1980). Ein Überblick, Grundzüge, Bd. 61, Darmstadt 1985, S. 6; vgl. Art. 53 Abs. 1 der Verfassung von 1958, wonach internationale Verträge, welche „den Tausch oder Erwerb von Gebieten enthalten, (nur) kraft eines Gesetzes ratifiziert oder genehmigt werden [können]“.

58 Dazu *Caron*, La nation, l'Etat et la démocratie en France de 1789 à 1914, Paris 1995, S. 32 ff. Die Entstehung des Nationalgefühls wird von manchen Autoren auf die Schlacht von Bouvine 1214 zurückgeführt, so z. B. *Duguit*, Souveraineté et liberté, Leçons faites à l'Université Columbia (New York), 1920-1921, Paris 1922, S. 54 f.; vgl. *Decaux*, Dictionnaire historique, „Bouvine“.

59 *Hartmann*, Französische Verfassungsgeschichte (FN. 57), S. 7.

60 *Burdeau / Hamon / Troper*, Droit constitutionnel, 25. Aufl., Paris 1997, S. 181; vgl. *Strayer* (FN. 49), S. 46, wo der Autor Philipp den Schönen als den „eigentlichen Gründer des französischen Staates“ betrachtet, eine Formel, die auf die Gleichstellung bzw. Verwechselung

königliche Zentralherrschaft souverän sein, da sie allein die höchste ist, eine Auffassung, die bei *Loyseau* bestätigt wird[61]. Im Inneren verfügt der König über die volle „puissance d'Etat" („Staatsgewalt") und das Gesetz entspringt allein seinem Willen. In seiner Person konzentrieren sich also die drei Gewalten, die nach der modernen Staatsauffassung getrennt sein sollen, nämlich die Judikative, die Legislative und die Exekutive. Er übt diese drei Gewalten in unbegrenzter Kompetenz aus. Er ist somit oberster Gerichtsherr des Landes, höchster Gesetzgeber, Staatsoberhaupt und „Regierungschef" in einer Person[62]. In der Praxis muss er natürlich diese Fülle der Kompetenzen an seine Richter, Staatssekretäre und Beamten delegieren, die demzufolge ihre Funktionen nur von Königs Gnaden ausüben. Da er seine Macht direkt von Gott erhält, vertritt er niemanden. Der König wird dem Staat gleichgesetzt und ist auch auf internationaler Ebene souverän. Die Bindung zwischen der Souveränität und dem Staat als juristischer Person wird besonders von *Hobbes* hervorgehoben, der in der Souveränität nichts weniger als die Seele des Staates sieht[63]. Während des Ancien Régime liegt nach diesen Modellen die Souveränität beim Monarchen, der dann das Subjekt der Souveränität ist. Folglich wird die Souveränität als konstitutives Element des Staates bzw. als Kennzeichnen des Staates als juristischer Person begriffen und wird infolgedessen als unteilbar und absolut konzipiert. Die rechtstheoretische Systematisierung der Souveränität erfolgt dennoch erst durch *Bodin*.

---

zwischen der Souveränität des Staates und der Souveränität des Königs zur Zeit der Bildung des souveränen monarchischen Staates verweist.

61 *Loyseau*, Traicté Des seigneuries, Paris 1609, Kap. II, Nr. 4 bis 9: „La souveraineté consiste en puissance absolue, c'est-à-dire parfaite et entière de tout point; et par conséquent elle est sans degré de supériorité, car celui qui a un supérieur, ne peut être suprême et souverain"; Dazu *Carré de Malberg*, Contribution (FN. 4), Bd. 1, S. 74. Dies wird von *Pasquier*, Les Recherches de la France, Paris 1665, Buch VIII, Kap. XIX, S. 688 bestätigt: „Par ainsi voila comme d'un mot de *souuerain* s'employoit communément à tous ceux qui tenoient les premieres dignitez de la France, mais non absolument, nous l'auons auec le temps accommodé au premier de tous les premiers, ie veux dire au roy" ; vgl. Präambel der Verfassungscharta vom 4. Juni 1814 : „(...) l'autorité toute entière (réside) en France dans la personne du Roi".

62 *Hartmann*, Französische Verfassungsgeschichte (FN. 57), S. 7.

63 *Hobbes*, Elementa philosophica de Cive, Amsterodani 1647, Kap. 6, § XIX, S. 116 f.: „Qui civitatem & cives cum homine & membris ejus comparare solent, dicunt penè omnes, eum qui *Summum imperium* obtinet in civitate, esse ad civitatem totam id quod caput est ad totum hominem. Caeterum ex antedictis apparet, eum qui tali imperio praeditus est (sive *Homo* sit, sive *curia*) habere ad civitatem, rationem, non capitis, sed animae. Nam anima est per quam homo habet voluntatem, hoc est, potest velle & nolle. ita per eum qui Summum habet imperium, & non aliter, voluntatem habet, & potest velle & nolle civitas. Cum capite conferendus potiùs est coetus consiliariorium, sive consiliarius unus, cujus solius consilio (si alicujus solius) is qui habet *Summum imperium* in regenda civitate, in rebus maximi momenti utitur. capitis enim officium consulere est, sicut animae imperare".

C. Zur Funktion der Souveränität bei Bodin

Die Lehre von der Souveränität geht auf den französischen Staatsphilosophen *Jean Bodin*[64] (1529-1596) zurück[65], der den Begriff der Souveränität in den Mittelpunkt einer Theorie des modernen Staats gestellt hat. Erst im 16. Jahrhundert wird also der Souveränitätsbegriff systematisiert. Der Souveränitätsbegriff stößt dabei auch außerhalb Frankreichs auf ein großes Interesse[66]. Auch an dieser Stelle ist die Funktion der Souveränitätstheorie *Bodins* nicht ohne einen Rückblick auf ihren historischen Kontext zu verstehen.

I. Die Souveränität als Instrument des Friedens

Die Souveränitätstheorie *Bodins* wird mit dem Ziel entwickelt, die Greuel des konfessionellen Bürgerkriegs in Frankreich zwischen Katholiken und Protestanten zu überwinden. Als bedeutendster Theoretiker unter den „Politiques"[67] ist *Bodin* der Auffassung, dass die Souveränität die einzige Chance für einen konfessionellen Frieden bilde, welcher sich nur gewinnen lasse, wenn der Souverän das Risiko eingehe, statt der Toleranzstrategie[68] die Unterwerfungsstrategie zu wählen[69]. Die Souveränität ist also für *Bodin* das bestmögliche Mittel

64 *Bodin*, Sechs Bücher über den Staat (FN. 27). Zum Einfluss *Bodins* auf *Loyseau*, Traicté (FN. 61) und *Le Bret* (De la souveraineté du roi, 1632), *Derathé*, La place de Jean Bodin (FN. 27), S. 254 ff.; ferner *Moreau-Reibel*, Bodin et le droit public comparé dans ses rapports avec la philosophie de l'histoire, Paris 1933; *Von Albertini*, Das politische Denken in Frankreich zur Zeit Richelieus, Marburg 1951.

65 *Reineck*, Allgemeine Staatslehre (FN. 5), S. 34; *Quaritsch*, Staat und Souveränität (FN. 5), Bd. 1, S. 39 ff.; *ders.*, Souveränität (FN. 4), S. 49; *Dreier*, Staatslexikon (FN. 8), „Souveränität ", S. 1204.

66 Insbesondere die Übernahme des französischen Souveränitätsbegriffs durch die deutsche Staatslehre erfolgte unter dem Einfluss *Bodins*, dessen Werk „Sechs Bücher über den Staat" kurz nach seiner lateinischen Fassung auf Deutsch erschien, um sofort einen großen Erfolg zu erleben, dazu z. B. *Hoke*, Bodins Einfluß auf die Anfänge der Dogmatik des deutschen Reichsstaatsrechts, in: Denzer, Jean Bodin. Verhandlungen der internationalen Bodin-Tagung in München, Münchener Studien zur Politik, Bd. 18, München 1973, S. 315-332; dazu auch *Stolleis*, Geschichte des öffentlichen Rechts in Deutschland, 3 Bde., Bd. 1, S. 170 ff., insbesondere S. 174 ff.

67 *Kriele*, Einführung (FN. 53), S. 51.

68 „Die französischen Könige schwankten zwischen Toleranz und Beteiligung am konfessionellen Terror. Einerseits versuchten sie Einheit und Frieden des Königsreichs durch Toleranzedikte zu wahren: mit den Edikten von Antoine 1563, Saint Germain 1570, Beaulieu 1576 und Poitiers 1577. Aber es gelang ihnen nicht, dem blutigen Treiben ein Ende zu setzen: weder ihre Autorität noch die darauf basierende militärische Macht reichten hin, um die Beachtung dieser Edikte durchzusetzen. Sie waren eben noch nicht „souverän", sondern der auf eigenen Rechten beruhenden Macht der Städte und Stände ausgeliefert oder jedenfalls zu schwach, um sich gegen sie durchsetzen zu können", Ebenda. (FN. 53), S. 49.

69 Ebenda., (FN. 53), S. 102.

zur Wahrung des inneren und äußeren Friedens[70]. Ziel der Souveränität ist, die Aufspaltung der Herrschaft auf viele, etwa religiös, lehnsrechtlich oder ständisch legitimierte Träger zu beseitigen[71]. Die souveräne Gewalt erscheint bei *Bodin* als die höchste Gewalt und die Souveränität als der höchste Grad der Macht. Alle Staatsgewalt konzentriert sich im Souverän und kann nicht geteilt werden. Mittels seiner Souveränitätstheorie beseitigt *Bodin* einen für das Mittelalter typischen Konfliktstoff und begründet die staatliche Kompetenz, die eigenen Kompetenzen selbst zu wählen und auszufüllen[72].

II. Die Souveränität als konstitutives Element des Staates

Die Entstehung des Staates in seinem modernen Sinne ist mit der Bodinschen Systematisierung des Souveränitätsbegriffs im 16. Jahrhundert[73] und dessen Entwicklung sehr eng verbunden, da *Bodin* den Begriff der Souveränität in den Mittelpunkt seiner Theorie des modernen Staates[74] gestellt hat. Die Souveränität erscheint in diesem Sinne nicht nur als „Schlüsselbegriff im Entwicklungsprozess des modernen Staates"[75], sondern auch als Kriterium für die Staatlichkeit schlechthin[76]. *Bodin* spricht zwar immer noch von „République", darunter wird aber jede Form von politischer Organisation[77] verstanden, so dass in der bodinschen Souveränitätstheorie „République" mit „Staat" in seinem modernen Sinn gleichgestellt werden kann[78]. Er bezeichnet die Souveränität als „die dem Staat eignende absolute und zeitlich unbegrenzte Gewalt"[79] (puissance absolue et perpétuelle d'une République). Die zumindest für die „äußere Souveränität" noch heute maßgebliche Verbindung zwischen Staatsbegriff und Souveränität wird von *Bodin* hergestellt, indem er die „puissance souveraine" als wichtigstes Merkmal

---

70 *Quaritsch*, Souveränität (FN. 4), S. 53; dazu auch *Kriele*, Einführung (FN. 53), S. 51 ff.

71 *Boldt*, Staat und Souveränität (FN. 15), S. 108.

72 *Quaritsch*, Souveränität (FN. 4), S. 36.

73 *Mayer-Tasch* erwähnt aber in seinem Vorwort (S. 10), dass der Abt „des russischen Klosters Volok Lamskij, *Josef Ssanin*, bereits um die Wende vom 15. zum 16. Jahrhundert eine der Bodinschen vergleichbare Souveränitätslehre geschaffen" habe.

74 *Von der Heydte*, „Souveränität" (FN. 5), S. 136; ähnlich *Dreier*, Staatslexikon (FN. 8), „Souveränität" S. 1204; vgl. *Carré de Malberg*, Contribution (FN. 4), Bd. 1, S. 75.

75 *Dreier*, Staatslexikon (FN. 8), „Souveränität", S. 1203; vgl. *Stern*, Das Staatsrecht der Bundesrepublik Deutschland, Bd. 1, München 1984-, S. 51: „Charakteristikum des Staates"; vgl. *Rigaudière*, L'invention de la souveraineté (FN. 17), S. 5.

76 Dazu *Duverger*, Institutions politiques et droit constitutionnel, 12. Aufl., Bd. 1, Paris 1971, S. 33.

77 *Leroy*, Requiem pour la souveraineté, anachronisme pernicieux, in: Présence du droit public et des droits de l'homme, Mélanges offerts à Jacques Velu, Bd. 1, Bruxelles 1992, S. 91-106 (92).

78 Zum Übersetzungsproblem: *Wimmer*, Vorbemerkung, in: *Bodin*, Sechs Bücher über den Staat (FN. 27), Bd. 1, S. 60 ff.; dazu *Polin*, L'Idée de République selon Jean Bodin, in: Denzer, Jean Bodin. Verhandlungen der internationalen Bodin-Tagung in München, S. 343-357.

79 *Bodin*, Sechs Bücher über den Staat (FN. 27), Buch I, Kap. 8, S. 205.

des Staates auffasst[80]. Damit stellt *Bodin* die Souveränität als ein konstitutives Element des Staates[81] dar, während sie bis dahin nur als ein persönliches Attribut des Monarchen verstanden wurde. Staatssouveränität und Souveränität des Souveräns fallen dennoch nicht ununterscheidbar in eins. Die Erklärung *Bodins*, die Souveränität sei ein wesentliches Attribut des Staates, bedeutet nicht, dass der Staat selbst das Subjekt der Staatsgewalt ist[82]. Vielmehr ist darunter zu verstehen, dass jeder Staat die Existenz einer Staatsorganisation voraussetzt, die über die höchste Gewalt verfügt. Dementsprechend spricht *Bodin* nicht von der Souveränität als Eigenschaft des Staates, sondern des Herrschers – des Fürsten oder bei Demokratien des Volkes – und kennt insofern keine Staats-, sondern nur eine Staatsorgansouveränität[83]: Der Träger der Staatsgewalt ist zugleich ihr Subjekt, der Staat also lediglich Objekt, nicht Subjekt der Staatsgewalt[84].

III. Souveränität und Gesetzgebung

Vor *Bodin* sind zwar im 16. Jahrhundert die königlichen Befugnisse zur „puissance absolue" zusammengezogen worden, *Bodin* hebt dennoch ausdrücklich die Kompetenz „allen Untertanen ohne Ausnahme, ob nun in ihrer Gesamtheit oder als einzelnen, das Gesetz vorzuschreiben"[85] hervor d. h. die gesetzgebende Gewalt als wesentlichstes Souveränitätsattribut unter den wahren Merkmalen der Souveränität, von der aus alle anderen Attribute ausgeübt werden können[86]. Dementsprechend ist die Gesetzgebungskompetenz als absolut und umfassend

---

80 *Bodin*, Sechs Bücher über den Staat (FN. 27), Buch I, Kap. I, S. 205: „(...) der Staat [ist] gekennzeichnet durch eine am Recht orientierte souveräne Regierungsgewalt über eine Vielzahl von Haushaltungen und das was ihnen gemeinsam ist" (La République est un droit-gouvernement de plusieurs ménages et de ce qui leur est commun avec puissance souveraine). Später wird *Duguit* die Existenz eines rechtlichen Verhältnisses zwischen der Souveränität und dem Staat als juristische Person verneinen, indem er das Konzept einer staatlichen juristischen Person ablehnt, *Duguit*, Le droit social, le droit individuel et la transformation de l'Etat, 3. Aufl., Paris 1908, S. 5 ff.

81 *Carré de Malberg*, Contribution (FN. 4), Bd. 1, S. 75 ff.; vgl. *Fardella*, Le dogme de la souveraineté de l'Etat, in: Archives de Philosophie du Droit (1997), Bd. 41, S. 115-134 (117).

82 *Carré de Malberg*, Contribution (FN. 4), Bd. 1, S. 77; *Meyer*, Lehrbuch (FN. 5), S. 22.

83 *Rehm*, Geschichte der Staatsrechtswissenschaft, Freiburg 1896, S. 224; *ders.*, Allgemeine Staatslehre (FN. 5), S. 55; vgl. *Carré de Malberg*, Contribution (FN. 4), Bd. 1, S. 77.

84 *Rehm*, Allgemeine Staatslehre (FN. 5), S. 55.

85 *Bodin*, Sechs Bücher über den Staat (FN. 27), Buch I, Kap. 10, S. 289, 292: „Daraus folgt, dass das Hauptmerkmal des souveränen Fürsten darin besteht, der Gesamtheit und den einzelnen das Gesetz vorschreiben zu können und zwar, so ist hinzuzufügen, ohne auf die Zustimmung eines Höheren, oder Gleichberechtigten oder gar Niedrigeren angewiesen zu sein". Dazu aber *Villey*, Politique et loi dans la Somme théologique de Saint Thomas d'Aquin, in: Genet / Le Menet (Dir.), L'Etat moderne: genèse (FN. 27), S. 17 ff., wo der Autor darauf hinweist, dass schon bei Thomas von Aquin das Gesetz als erstes Attribut der öffentlichen Gewalt dargestellt wird.

86 *Quaritsch*, Souveränität (FN. 4), S. 46 ff., 55.

gekennzeichnet. Mit dem Mittel eines Rechtsakts – „loy“[87] – kann der Staat gleichsam über Krieg und Frieden entscheiden, Steuern erheben und eintreiben usw. Die Gesetzgebung ist das wichtigste Element der Souveränität. In diesem Sinne umfasst die Souveränität die absolute (letztinstanzliche) und einseitige (autonome) Entscheidung[88], was zur Folge hat, dass der Souverän nicht an die normalen Gesetze gebunden ist[89]. Die Souveränität ist unteilbar, dauerhaft und absolut.

1. Unteilbarkeit der Souveränität

Die in der Staatslehre überwiegende absolute Auslegung der Bodinschen Souveränitätstheorie hat dazu geführt, dass die Souveränität des Staates als unteilbar gekennzeichnet wird[90]. In der Tat erwähnt *Bodin* mehrmals die Unteilbarkeit der Souveränität[91]. Die Bodinsche Souveränitätstheorie selbst weist dennoch auf eine gewisse Entwicklung hinsichtlich der Teilbarkeit bzw. Unteilbarkeit der Souveränität hin. *Franklin*[92] zeigt, wie *Bodin* allmählich seine Souveränitätsauffassung in der Zeit zwischen der „Methodus ad facilem historiarum cognitionem“ (1566) und den „Six Livres de la République“ (1576) neugestaltet hat. In seinem ersten Werk zeigt *Bodin*, dass, wenn die Souveränität grundsätzlich unteilbar ist, diese Unteilbarkeit dennoch nicht notwendig den absoluten Charakter zur Folge hat. Im zweiten Werk dagegen folgt der absolute Charakter der Souveränität aus ihrer Unteilbarkeit.

---

87 Interessant zu diesem Begriff, *Beaud*, La Puissance de l'Etat (FN. 6), S. 53 ff., 69 ff., 95 ff. *Beaud* stützt sich auf den Begriff „loy“, der die Souveränitätsmerkmale umfasst. Aus der Unteilbarkeit des Gesetzes ergibt sich nach *Beaud* die Unteilbarkeit der Souveränität, ebenda, S. 144.

88 Eine Ausnahme besteht aber für die Steuer. Zum „Steuerparadoxon“, ausführlich *Quaritsch*, Souveränität (FN. 4), S. 60 ff.

89 *Bodin*, Sechs Bücher über den Staat (FN. 27), Buch I, Kap. 8, S. 215: „Der Fürst ist also nicht etwa an seine eigenen Gesetze oder die seiner Vorgänger gebunden (...)“. *Bodin* verweist auf die lateinische Bedeutung des Wortes „Gesetz“, das „zugleich die Befehlsgewalt dessen bedeutet, der die Souveränität innehat“ (S. 213).

90 So z. B. *Moreau-Reibel*, Bodin et le droit public (FN. 64), S. 153: „Entre tous les caractères que doit posséder la souveraineté, il en est un qui dirige la pensée de Bodin (...), il s'agit de l'indivisibilité“.

91 *Bodin*, Sechs Bücher über den Staat (FN. 27), Buch I, Kap. 10, S. 286-287: „Denn die Merkmale der Souveränität müssen so beschaffen sein, daß sie allein dem souveränen Fürsten zukommen dürfen; würden sie nämlich auch Untertanen zugeschrieben werden können, könnte man sie nicht mehr als Souveränitätsmerkmale bezeichnen. Denn genauso wie ein Kranz aufhört, ein solcher zu sein, wenn man ihn auflöst oder seiner Blumenzier entblößt, verliert auch die Souveränität ihre Pracht, wenn man den geringsten Einbruch in sie zulässt“; Buch II, Kap. I, S. 321: „Denn wenn die Souveränität wie dargelegt unteilbar ist“.

92 *Franklin*, Jean Bodin and the Rise of Absolutist Theory, Cambridge 1973, insbes. S. 23 ff.

Sich auf diese Auslegung der Souveränitätstheorie *Bodins* stützend hat die Idee der unteilbaren Souveränität in Frankreich im Laufe der Zeit die Züge eines Dogmas angenommen, das erst im neueren Schrifttum in Frage gestellt wird[93]. Ferner führt die Unteilbarkeit der Souveränität zu dem Grundsatz der „Allzuständigkeit" („principe d'omnicompétence") des Staates: Der Staat kann jeden politisch wichtigen Gegenstand an sich ziehen[94].

2. Dauerhaftigkeit und Absolutheit der Souveränität

Die Dauerhaftigkeit der Republik kann schon von vornherein dadurch relativiert werden, dass Bodin über den Anfang und das Ende der Republik spricht[95].

Die absolute Souveränität ihrerseits ist eine moderne Idee[96], die vom Übergang von der relativen Souveränität der feudalen Monarchie zur absoluten Souveränität der absoluten Monarchie des 17. Jahrhunderts geprägt ist[97]. Ab dem 16. Jahrhundert nimmt das Wort „souveraineté" im wissenschaftlichen Sprachgebrauch eine absolute Bedeutung an bzw. wird die königliche Herrschaft als „absolue" bezeichnet[98]. Die Souveränität verliert damit ihren relativen Charakter bzw. der Komparativ wird zum Superlativ und heißt „unverantwortlich", „unüberprüfbar"[99]. Das Merkmal der Unüberprüfbarkeit haben die Adjektive „absolu" und „souverain" gemeinsam. Das Adjektiv „absolu" bezieht sich auf die allein dem König zur einseitigen Entscheidung vorbehaltenen Zuständigkeiten, das Adjektiv „souverain" auf die abschließenden Streitentscheidungen des Königs, des Parlaments und bestimmter königlicher Amtsträger. Diese Verwandtschaft ermöglichte es *Bodin* die Begriffe zu verschmelzen.

Im ersten Buch der „Sechs Bücher über den Staat" definiert *Bodin* den Staat als ein „droit-gouvernement de plusieurs ménages et de ce qui leur est commun avec puissance souveraine" („eine am Recht orientierte souveräne Regierungsgewalt"[100]). In dieser Definition ist das Wort „souverain" („souverän") als

---

93 Sich auf die Beobachtung der Befugnisse der deutschen Länder beziehend: *Franklin*, Sovereignty and the mixed constitution: Bodin and his critics, in: Burns (ed.), The Cambridge History of Political Though 1450-1700, Cambridge 1991, S. 298-328 (298): „But Bodin's account of sovereignty was also the source of much confusion, since he was primarily responsible for introducing the seductive but erroneus notion that sovereignty is indivisible".

94 *Beaud*, La Puissance de l'Etat (FN. 6), 1994, S. 144 f.

95 *Bodin*, Sechs Bücher über den Staat (FN. 27), Buch IV, Kap. 1: „Von Entstehung, Wachstum, Blüte, Verfall und Untergang der Staaten" (De la naissance, accroissement, estat fleurissant, décadence et ruine des républiques).

96 *Jouvenel*, De la souveraineté (FN. 17), S. 216.

97 Dazu Kapitel 2, A.

98 *Quaritsch*, Souveränität (FN. 4), S. 30 ff.; kritisch *Carré de Malberg*, Contribution (FN. 4), Bd. 1, S. 74.

99 Ebenda

100 *Bodin*, Sechs Bücher über den Staat (FN. 27), Buch. I, Kap. 8, S. 205.

„höchste", „oberste" Macht zu verstehen, da *Bodin* in seiner lateinischen Ausgabe den Ausdruck „summa potestas" und „maiestas" verwendet[101]. Der Souveränitätsbegriff *Bodins* überwindet die sich in der bisherigen französischen und lateinischen Terminologie ausdrückenden Beschränkungen staatlicher Herrschaft: Die Souveränitätsmerkmale stehen dem souveränen Fürst allein zu und dies „unter Ausschluß jedes anderen Gerichtsherrn, Magistrats und Untertanen"; Ihrem Wesen gemäß sind die Souveränitätsmerkmale „unübertragbar, unveräußerlich und unverwirkbar"[102] und werden nicht nur säkularisiert, sondern auch nicht auf die Temporalien fixiert: „Car celuy est absolument souverain, qui ne recognoist rien de plus grand que soy apres Dieu" (denn der „souveräne Fürst (...) ist eben niemandem außer Gott Rechenschaft schuldig"[103]) Diese Auffassung wird später von *Loyseau*[104] übernommen. Doch erst bei *Hobbes*[105] und seinen Nachfolgern wird der Begriff der absoluten Souveränität gedanklich vollendet. Nach *Hobbes* beruht das Commonwealth auf einem Vertrag von jedem mit jedem. Der Vertrag bestimmt einen Souverän und gibt ihm eine unwiderstehliche, absolute Macht. Da der Souverän selbst nicht Vertragspartei ist, ist er an den Vertrag nicht gebunden.

IV. Die Relativierung der Souveränitätstheorie Bodins

Die Notwendigkeit, im Hinblick auf die Europäische Integration die Souveränität als teilbar zu erfassen, hat im französischen Schrifttum zu einer „neuen" Auslegung der Souveränitätstheorie *Bodins* geführt, die in der deutschen Staatslehre schon längst erfolgt war[106].

---

[101] Dazu *Carré de Malberg*, Contribution (FN. 4), Bd. 1, S. 75; vgl. *Kriele*, Einführung (FN. 53), S. 58.

[102] *Bodin*, Sechs Bücher über den Staat (FN. 27), Buch I, Kap. 8, S. 318.

[103] Ebenda, S. 207; vgl. S. 211: „Eine solchermaßen verliehene Gewalt ist absolut souverän, weil sie unter keinen anderen Bedingungen als den Geboten Gottes und der Natur übertragen ist".

[104] *Loyseau*, Traicté (FN. 61), S. 25; *Loyseau* definiert die Souveränität als die „(…) puissance absolue et entière de tout point que les Canonistes appellent plénitude de puissance. Et par conséquent elle est sans degré de supériorité: car celui qui a un supérieur ne peut être suprême et souverain; sans limitation de temps, autrement ce ne serait ni puissance absolue ni même seigneurie ainsi une puissance en garde ou dépôt; sans exception de personnes ou choses aucunes, qui soient de l'Estat, pour ce qui en serait excepté ne serait plus de l'Estat; et finalement sans limitation de pouvoir et autorité (…)".

[105] *Hobbes*, Leviathan. Oder Stoff, Form und Gewalt eines bürgerlichen und kirchlichen Staates, hrsg. von Fetscher, Frankfurt am Main u. a. 1976, insbes. Teil II, S. 130 ff.

[106] *Quaritsch*, Souveränität (FN. 4), S. 70.

1. Die „relative“ Auslegung der Souveränitätstheorie Bodins in Deutschland

Die Rezeption des französischen Souveränitätsbegriffs, wie er von *Bodin* entwickelt wurde, stößt in Deutschland auf sprachliche Schwierigkeiten[107]. So benutzt *Johann Oswaldt* 1592 den Begriff der „hohen Oberkeit“, welche nichts anders sei „dann ein vollmechtiger gwalt uber die Burger und Unterthanen, so ir weder maß noch Zeit stecken laßt“. *Johann Sommer* definiert in seiner Schrift von 1615 die Fürstengewalt als die „hohe Gewalt“, „welche aber Keyser, Könige oder andere hohe Obrigkeit ebenfalls innehaben“[108]. Erst 1678 wird das französische Wort „souveraineté“ von *Leibniz* in einen lateinischen Text integriert[109].

Weder das Verhältnis zwischen Kaiser und Reichsständen noch die Bedeutung der Landesherrschaft können mit dem Souveränitätsbegriff erfasst werden. Die lateinische Sprache beherrscht die Literatur des seit 1600 aufblühenden „ius publicum“[110], so dass „Souveränität“ im Deutschen Reich anhand von „maiestas“, „summa potestas“ oder „summum imperium“ behandelt wird[111]. Ungeklärt ist zum Beispiel, ob für „superioritas territorialis“ bzw. „Lands-Hoheit“ auch „maiestas“ oder „souveraineté“ gesetzt werden können[112].

Die deutsche Staatslehre des 17. Jahrhunderts ist mit der Schwierigkeit konfrontiert, anhand der bodinschen Souveränitätstheorie die Staatsform des Heiligen Römischen Reichs Deutscher Nation zu definieren[113]. Dieses Problem

---

107 Dazu ausführlich *Quaritsch*, Souveränität (FN. 4), S. 65 ff., wo der Autor eine gewisse „Begriffslosigkeit“ erwähnt, auch S. 66: „Sprachlosigkeit“.

108 *Johann Olorinus* (d. i. Johann Sommer), Von dem Recht und der Gewalt der hohen Obrigkeit uber die Unterthanen und von dem Ampt der Unterthanen gegen die Obrigkeit 6, 1, Magdeburg 1615, zit. in: *Boldt*, Staat und Souveränität (FN. 5), S. 115.

109 *Caesarini Fürstenerii* (Gottfried Wilhelm Leibniz), Tractatus de Jure suprematus ac legationis principum germaniae, editio secunda, Londini M DC LXXVII (1677), Kap. 1, S. 18, Praefatio: „(...) appello *Suprematum*: ut sit vox quae illi rei respondeat, quam exteri vocant *la Souveraineté*“. Bis dahin wendeten deutsche Autoren das Wort „souveraineté“ nur speziell auf das französische Verfassungsrecht an, *Willoweit*, Rechtsgrundlagen der Territorialgewalt. Landesobrigkeit, Herrschaftsrechte und Territorium in der Rechtswissenschaft der Neuzeit, Köln,Wien 1975, S. 156.

110 *Quaritsch*, Souveränität (FN. 4), S. 69.

111 Seit Otto I. begründete das Heilige Römische Reich seine Suprematie gegenüber den Königreichen auf der mittelalterlichen Unterscheidung zwischen „auctoritas“ und „potestas“. Die „auctoritas“ kam dem Kaiser zu, die „potestas“ wurde vom Kaiser an den König delegiert.

112 *Boldt*, Staat und Souveränität (FN. 5), S. 118 ff.

113 *Bodins* Klassifizierung des Reichs als Aristokratie (Buch II, Kap. 6, S. 381 f.) wurde zwar sofort radikal abgelehnt (*Quaritsch*, Souveränität (FN. 4), S. 71 f.), eine alternative Kennzeichnung trotz der Bemühungen der deutschen Staatsdenker ab dem 17. Jahrhundert jedoch nicht gefunden. So versuchte *Pufendorf*, Die Verfassung des Deutschen Reiches, 1667, hrsg. von Maier / Stolleis, Ndr. Frankfurt am Main und Leipzig 1994, Kap. VI, § 8, S. 196 ff., insbes. S. 198, die Diskussion der Staatsform des Reiches zu beenden, indem er dessen Verfassung als „irregulare“ und „monstro simile“ bezeichnete; vgl. *Dreier*, Staatslexikon (FN. 8), „Souveränität“, S. 1204: „heterogener Verband ohne echte Spitze“.

betrifft die Frage nach der Souveränität der einzelnen Reichsstände, also der Landesherren. So wirkt die Souveränitätslehre *Bodins* hauptsächlich in drei Richtungen, nämlich auf die Theorie über die richtige Verfassung der politischen Herrschaft, auf das Verständnis der Verfassung des Reiches und auf den Begriff der fürstlichen Territorialherrschaft[114]. Basierend auf der „maiestas" *Bodins* unterscheiden die deutschen Autoren zwischen „maiestas personalis" und „maiestas realis", eine Unterscheidung, die zur Folge hat, den Begriff der „maiestas" unschädlich zu machen[115]. Die „maiestas personalis" fasst die Befugnisse zusammen, die dem Kaiser nach dem Verfassungsrecht des Reiches zustehen. Die „maiestas" schlechthin, die „maiestas realis", liegt bei der „respublica" und wird von den Instanzen des Reiches je nach rechtlicher Zuweisung ausgeübt[116].

In der Linie *Grotius*[117] haben sich dann die deutschen Autoren an die These gehalten, die höchste Gewalt sei zwar prinzipiell unteilbar, müsse jedoch nicht

---

[114] So vor *Bodins* Einfluss schon *Johanne Limnaeo Jenensi* Iuris publici, Imperii Romano-Germanici: de civitatibus, imperialibus potissimum, liber septimum, Argentorati 1633, Cap. 1, S. 30 ff., insbes. S. 35 von der „landtsfürstlichen Obrigkeit": „Qui autem & Principes sunt, & simul habent territoria, juraq; territorialia, illi dicuntur habere landtsfürstliche Obrigkeit: tum Ratione personae principis sivè principalis: tum ratione territorii conjuctim"; *Hugo*, Disputatio inauguralis de statu regionum Germaniae, et regimine principum summae imperii reipubl. Aemulo, nec non de usu et auctoritate juris civilis privati, quam in hac parte juris publici obtinet, Helmst 1661 (Lipsiae recusa M DCC XXXVI) in: Disputat iuridicar, Bd. 99, Nr. VI, insbes. Caput. III, Nr. III: De superioritate territoriali, ejusque partibus: „*Non posse separari altum imperium a Superioritate Territoriali, eo quod omnes juris interpretes nonnisi unum merum & summum imperium noverint, idque in suas species dividant*: "ubi addit, in persona Principis merum Imperium & Superioritatem Territorialem unum idemque esse, Die hohe und Landes-Fürstliche Obrigkeit sey ein Ding" und angewandt an die Rechtslage des Heiligen Römischen Reichs Deutscher Nation, Caput IV, Nr. XI.

[115] Die Unterscheidung zwischen „maiestas realis" und „maiestas personalis" stützt sich auf das Römische Kaiserreich, dazu *Gunzellii*, Albertii, Disquisitio de majestate romani imperatoris, recusa MD CC XXX VIII (1738), in: Disputat iuridicar, Vol. CXIX, Nr. VIII, S. 4 ff. Sich für eine solche Unterscheidung auf der Theorie Bodins zu stützen führte dazu, dass „Bodins *maiestas* (...) im Reich *maiestas irrealis* geworden [war], denn mit der Übertragung auf die *respublica* verlor die *maiestas realis* das handlungsfähige Subjekt, das Bodin durch seine rigide, auf politisch handlungsfähige menschliche Einheiten bezogene Staatsformlehre herzustellen beabsichtigt hatte", *Quaritsch*, Souveränität (FN. 4), S. 71, 73. Ferner zur deutschen Staatslehre des 19. Jahrhunderts *Brie*, Der Bundesstaat. Eine historisch-dogmatische Untersuchung, Leipzig 1874, insbes. S. 16 ff.

[116] *Althusius*, Politica methodice digesta atque exemplis sacris et profanis illustrata, Herborn 1614, Ndr. der 3. Aufl. Aalen 1981, Caput XI, S. 196 ff., 202; *Kirchner*, Respublica. Methodicae disputationis Acie tum veterum tum recentiorum Politicorum opinionibus candidè & probè excussis, Marburg 1608, Disputatio II, De potestate majestatis, S. 19 ff.

[117] *Grotius*, De Jure Belli ac Pacis Libri Tres, In quibus jus Naturae & Gentium, item juris publici praecipua explicantur, Amsterdam 1646, Ndr. hrsg. von James Brown Scott, Carnegie Institution of Washington 1913, I 3 § XIII, XIV, S. 91: „(...) Sexto, si rex partem habeat summi imperii , partem alteram populus aut senatus, regi in partem non suam involanti, vis justa opponi poterit, quia eatenus imperium non habet (...) Septimo, si in delatione imperii

notwendig „plene" zur Verfügung stehen[118] und könne von daher unter mehreren aufgeteilt werden[119]. Der Gedanke der Teilbarkeit der Herrschaft spiegelt sich in der von *Leibniz*[120] übernommenen und im Hinblick auf die Reichsverfassung entwickelten Unterscheidung zwischen „suprematum" und „superioritas territorialis" wider, wobei das „Suprematum" sich auf die Kurfürsten und größere Territorialherren bezieht, „superioritas territorialis" hingegen auf die Grafen und Reichsstände. Den Supremat setzt er mit „souveraineté" gleich, während die Stellung und Befugnisse des Kaisers auf „honor", „dignitas" und „auctoritas" begrenzt werden, damit die Souveränität der Fürsten dabei nicht berührt wird[121]. Später taucht in der deutschen Staatsrechtswissenschaft der Begriff der „Halbsouveränität"[122] auf – ein Begriff, der im Hinblick auf das klassische absolute Verständnis der Souveränitätstheorie *Bodins* unvorstellbar ist[123].

Durch die Tatsache, dass im neueren französischen Schrifttum Anlässe zu einer Relativierung der Auslegung *Bodins* gegeben werden, gewinnen die Auseinandersetzungen der deutschen Staatsrechtswissenschaft des 18. Jahrhunderts mit dem Souveränitätsbegriff erneut an Aktualität.

---

dictum sit, ut certo eventu resisti regi possit, etiamsi eo pacto pars imperii retenta cenferi non possit, certe retenta est aliqua libertas naturalis, & exempta regio imperio. Potest autem qui jus fuum alienat, id jus pactis imminuere". Dazu *Quaritsch*, Souveränität (FN. 4), S. 75 ff.

118 Vgl. *Hugo*, Disputatio (FN. 114), Caput IV, Nr. XI: „*Principes posse in suo, quod Imperator in universo, similitudine juris, non paritate & plenitudine potestatis*".

119 Vgl. *Grotius*, De Jure Belli ac Pacis Libri Tres (FN. 117), I 3 § XVI, XVIII, S. 92.

120 *Leibniz*, De Jure Suprematus ac legationis Principum Germaniae (1677), in: Sämtliche Schriften und Briefe, bearbeitet und eingeleitet von Lotte Knabe, hrsg. von der Deutschen Akademie der Wissenschaftlichen Politischen Schriften, Bd. 2, Berlin-Ost 1963, S. 14-270. Diese Schrift wurde unter dem Namen Caesarini Fürstenerii veröffentlicht, „der einen gleich gut kayserlich und fürstlich gesinnten Schrifsteller anzeigen sollte" (*Pütter*, Litteratur des Teutschen Staatsrechts, Teil 1, Göttingen 1776, Nachdr. Frankfurt 1965, S. 251) und war eine Antwort auf die Weigerung Frankreichs, die Vertreter deutscher Landesherren auf dem Friedenskongress von Nimwegen (1678) als Gesandte anzuerkennen, *Quaritsch*, Souveränität (FN. 4), S. 77 f.

121 Ebenda.

122 Noch 1804 spricht *Gönner* von den „teutschen Landesherren" als „Halbsouverains", wobei das Wort „halbsouverän" sich auf die äußeren Beziehungen der Landesherren bezieht, *Gönner*, Teutsches Staatsrecht, Landshut 1804. Art. 4 der Rheinbunds-Akte von 1806 bestimmt zwar die „plénitude de la souveraineté" der Mitgliedstaaten, die Treuklausel des Art. VIII § 2 IPO spricht jedoch nur von „Halbsouveränität".

123 Interessant ist jedoch in dieser Hinsicht, der Hinweis auf die Definition des „souverain" durch einen Teil der französischen Lexika des 18. und 19. Jahrhunderts, siehe dazu mit Literaturhinweisen *Boldt*, Staat und Souveränität (FN. 5), S. 118.

2. Die „relative" Auslegung der Souveränitätstheorie Bodins im neueren französischen Schrifttum

Im Hinblick auf die dringende Notwendigkeit, die in der Wirklichkeit schon teilbare Souveränität[124] auf rechtstheoretischer Ebene als solche zu qualifizieren, hat das neuere französische Schrifttum den Versuch unternommen, eine „relative" Auslegung der Souveränitätstheorie *Bodins* durchzusetzen[125]. Diese „relative" Interpretation der Bodinschen Souveränitätstheorie stützt sich auf die von ihm entwickelte Idee der „wahren Merkmale der Souveränität"[126], die aus einer Reihe von Befugnissen besteht, die von der Vorstellung des Gesetzes des Souveräns bestimmt sind. Dabei handelt es sich um „das Recht, Krieg zu erklären oder Frieden zu schließen"[127]; „das Recht zur Ernennung der wichtigsten Beamten"[128]; „das Recht der höchstrichterlichen Entscheidungsgewalt"[129]; „die Befugnis, Verurteilten in Abweichung vom ergangenen Urteil oder der Strenge des Gesetzes Gnade zu gewähren (...)"[130].

Dieser materielle Aspekt offenbart eine gewisse Teilbarkeit der Souveränität, wobei das wesentlichste Souveränitätsattribut – die Gesetzgebung, von der aus alle anderen Attribute gesteuert werden können[131] – unberührt bleibt. Selbst *Bodin* geht von der Möglichkeit der Übertragbarkeit von Machtbefugnissen aus, solange der Souverän immer mehr Macht zurückbehält, als er übertragen hat[132]. Die wahren Merkmale der Souveränität sind also der Beweis für ein Doppelverständnis der Souveränität: Sie ist nicht nur abstrakt, sondern weist auf eine konkrete, materielle Seite hin. Der materielle Aspekt führt zu einer potentiellen Teilbarkeit, so dass man von einer abstrakten, dauerhaften (wesentlichen) Souveränität und von einer konkreten, von den Umständen abhängigen (teilbaren) Souveränität sprechen kann[133].

Ferner und trotz der Bezeichnung als „puissance absolue" ist die Souveränität keine schrankenlose Gewalt[134]. Der souveräne Fürst der Bodinschen Souveräni-

[124] *Favret*, L'intégration européenne et la France: quelques réflexions sur la divisibilité de la souveraineté, in: R. D. P. 115 (1999), S. 1741-1764 (1755).
[125] So z. B. *Chaltiel*, La souveraineté de l'Etat (FN. 29), S. 26 ff., 46 ff.
[126] *Bodin*, Sechs Bücher über den Staat (FN. 27), Buch I, Kap. 10, S. 284 ff.
[127] Ebenda S. 295 ff.
[128] Ebenda, S. 298 ff.
[129] Ebenda, S. 301 ff.
[130] Ebenda, S. 306 ff.
[131] *Quaritsch*, Souveränität (FN. 4), S. 46 ff.; *ders.*, Staat und Souveränität (FN. 5), Bd. 1, Frankfurt 1970, S. 41, S. 333 ff.
[132] *Bodin*, Sechs Bücher über den Staat (FN. 27), Buch I, Kap. 8, S. 206.
[133] *Chaltiel*, La souveraineté de l'Etat (FN. 29), S. 47 f.: „On pourrait en quelque sorte parler d'une souveraineté abstraite permanente, au sens de nécessaire, et d'une souveraineté concrète contingente, au sens de divisible".
[134] *Dupuy*, Droit international public, 5. Aufl., Paris 2000, S. 31.

tätslehre ist zwar „legibus solutus", nicht aber „iure solutus"[135]. Der Fürst bleibt an die grundlegenden Verfassungsgesetze oder „leges imperii", an das göttliche Recht und das Naturrecht, an die allen Völkern gemeinsamen Gesetze und an die von ihm geschlossenen Verträge mit auswärtigen Fürsten gebunden[136]. Ferner ist der Fürst an die Verträge mit seinen Untertanen gebunden, sofern er sie selbst (und nicht sein Vorgänger[137]) eingegangen ist[138]. Der Fürst ist also „zwar nicht an seine eigenen Gesetze oder die seiner Vorgänger" gebunden, „wohl aber an rechtmäßige und vernünftige Verträge (...), an deren Einhaltung die Untertanen in ihrer Gesamtheit oder als einzelne ein Interesse haben"[139]. Die Vertragstreue wurzelt nach *Bodin* in einem allgemeineren, den Staat transzendierenden Rechtsbereich, der auf Treu und Glauben beruht[140]. Diese Schranken entkräften den absolutistischen Charakter der Souveränität[141], zumindest in ihrer Ausübung.

Darüber hinaus entwickelt *Loyseau* die Idee, der Souveränität seien Schranken gesetzt, indem er zwischen der Souveränität als abstrakter Sache, die absolut ist, und ihrer Ausübung, die eingeschränkt werden muss, unterscheidet[142]. Dies ist in den zwei Sorten von Souveränitätsschranken, die er hervorhebt, erkennbar: Die Ausübung der Souveränität wird einerseits in den Beziehungen zu den „seigneuries privées" durch das Eigentum und die Freiheit eingeschränkt.

---

135 *Oberreuter*, Souveränität, in: Handlexikon zur Politikwissenschaft, hrsg. von Mickel, Bonn 1986, S. 451.

136 *Bodin*, Sechs Bücher über den Staat (FN. 27), Buch I, Kap. 8, S. 213: „(...) weil alle Fürsten der Erde den Gesetzen Gottes, dem Naturrecht und verschiedenen von den Menschen gemachten Gesetzen unterstehen, die allen Völkern gemeinsam sind", S. 214: „Somit erstreckt sich also die absolute Gewalt der Fürsten und souveränen Herrschaften in keiner Weise auf die Gesetze Gottes und der Natur (...)"; Buch V, Kap. 6; dazu *Quaritsch*, Souveränität (FN. 4), S. 51.

137 *Bodin*, Sechs Bücher über den Staat (FN. 27), Buch I, Kap. 8, S. 237 f.

138 Ebenda, S. 232: „(...) der Fürst [hat] die von ihm geschlossenen Verträge einzuhalten, gleichgültig, ob er sie mit Untertanen oder Fremden geschlossen hat". Dazu *Quaritsch*, Souveränität (FN. 4), S. 52.

139 *Bodin*, Sechs Bücher über den Staat (FN. 27), Buch I, Kap. 8, S. 215.

140 *Quaritsch*, Souveränität (FN. 4), S. 53; nuancierter *Randelzhofer*, Staatsgewalt (FN. 9), S. 17.

141 *Jouvenel*, De la Souveraineté (FN. 17), S. 233.

142 In seinem „Traicté des Seigneuries" unterscheidet *Loyseau* zwischen „seigneurie privée" und „seigneurie publique", wobei letztere auf zwei Seiten verweist. Die „suzeraineté" einerseits, welche die „seigneurs" ausüben und die „souveraineté" andererseits, die dem Staat zukommt. *Loyseau*, Traicté (FN. 61), S. 24: „Cette Souveraineté est la propre Seigneurie de l'Estat. Car combien que tout seigneurie publicque doit demeurer à l'estat, ce néanmoins les Seigneurs particuliers ont usurpé la Suzeraineté: mais la Souveraineté est du tout inséparable de l'Estat, duquel si elle était ostée, ce ne serait plus un Estat et celui qui l'aurait aurait l'Estat en tant et pour tout qu'il aurait la Seigneurie souveraine: comme quand le roy François quitta la souveraineté de Flandres, la Flandres fut par conséquent distraite et ostée de l'Estat de France et devint un Estat à part. Car en fin la Souveraineté est la forme qui donne l'estre à l'Estat, voire même l'Estat et la Souveraineté prise in concreto sont synonymes et l'Estat est ainsi appelé, pour ce que la Souveraineté est le comble et période de puissance où il faut que l'Estat s'arrête et s'établisse".

Andererseits ist die Hoheitsgewalt des Souveräns von drei Sorten von Gesetzen („loys") begrenzt, welche aber die abstrakte Souveränität als solche nicht betreffen: Die „loys de Dieu" die „règles de Justice naturelle et non positives" und die „loys fondamentales de l'Estat"[143]. Die Bodinsche Schrankentheorie wird dennoch durch die Tatsache, dass *Bodin* dem Volk und den Ständen keine effektiven Sanktionsbefugnisse einräumt und insbesondere ein Widerstandsrecht gegen souveräne Fürsten verneint, stark relativiert, da den Schranken der Souveränität keine Wächter zur Seite gestellt werden.

D. Zusammenfassung

Der Rückblick auf die Geschichte zeigt, dass der Souveränitätsbegriff ursprünglich ein Funktionsbegriff zur Machtergreifung und -sicherung für die französischen Könige ist. Allerdings ist der Souveränitätsbegriff durch seine prinzipielle und wesensimmanente „Offenheit"[144] und durch seine „rein formelle Natur"[145] geprägt. Er ist ein „Funktions- kein Substanzbegriff"[146]. Dies führt zur „geschichtlichen Wandelbarkeit dieses Begriffs"[147] hinsichtlich seines Inhalts. Die Revolution überträgt die Souveränität des Königs auf die Nation. Im Folgenden soll untersucht werden, welche Funktion der Souveränitätsbegriff, der dann zum Prinzip der „nationalen" Souveränität wurde, während der Revolution gespielt hat.

143 *Loyseau*, Traicté (FN. 61), S. 9.

144 *Lemmens*, Die Souveränität der Bundesrepublik Deutschland und die Integration der Europäischen Gemeinschaft, Konsequenzen der deutschen Vereinigung für eine künftige Europäische Union im Spiegel der EG-Entwicklung von 1957 bis 1992. Europäische Hochschulschriften, Reihe 31, Politikwissenschaft, Bd. 264, Frankfurt a. M. 1994, S. 35.

145 *Sacher*, „Souveränität", in: Staatslexikon, Freiburg 1931, S. 1639; vgl. *Herzog* u. a. (Hrsg.), Evangelisches Lexikon, 3. Aufl., Bd. 2, Stuttgart 1987, S. 3155.

146 Zum Souveränitätsbegriff als „Funktions-, kein Substanzbegriff", *Von der Heydte*, „Souveränität" (FN. 5), S. 138.

147 *Randelzhofer*, Staatsgewalt (FN. 9), S. 694.

Kapitel 2: Zur Funktion der Souveränität während der Revolution

Wie der Souveränitätsbegriff erfüllt das Prinzip der nationalen Souveränität eine Funktion, die es aus rechtsgeschichtlicher Perspektive eng mit der Entwicklung des Staats als politischer Organisationsform verbindet. Die Revolution vermittelt dennoch keine neue Souveränitätsauffassung, sondern ändert ihren Träger[148] bzw. überträgt die Souveränität des Königs auf die Nation. Nunmehr wird die Staatseinheit nicht mehr lediglich „von oben" geschaffen, sondern auch „von unten" ideell erfasst[149]. Obgleich Art. 3 der Erklärung der Menschenrechte an sich keinen größeren Aufruhr verursacht hat[150], hat die Auseinandersetzung zwischen den Ultrarevolutionären der Bergpartei („Montagnards")[151] der „Convention"[152] und den „modérés" zu zwei theoretischen Ansätzen über die Souveränität geführt: Die Volkssouveränität und die nationale Souveränität, deren Systematisierung dennoch erst von *Carré de Malberg* anfangs des 20. Jahrhunderts geleistet wurde[153]. So wie die Volkssouveränität hat sich die Theorie der nationalen Souveränität als Gegenreaktion zum königlichen Willen einer zunehmenden Inanspruchnahme der politischen Macht gebildet. Beide Souveränitätsauffassun-

---

148 *Vedel*, Schengen et Maastricht, à propos de la décision n° 91-294 DC du Conseil constitutionnel du 25 juillet 1991, in: R. F. D. A. 1992, S. 173-180 (175): „Historiquement, la souveraineté de la Nation fut proclamée par opposition à la souveraineté du Roi. Le premier et seul objet de la formule est, en sauvegardant et en renforçant la souveraineté forgée par les rois de France, leurs soldats et leurs légistes, de la faire passer de la tête du monarque sur celle des citoyens et donc de donner un nouveau fondement à la légitimité du pouvoir politique et de la société elle-même". Vgl. *Duguit*, Le droit social (FN. 81), S. 32: „La révolution a pris la notion de puissance publique telle que les légistes de l'ancienne France l'avaient empruntée au droit romain et restaurée au profit du roi, (...) elle a accepté cette puissance publique avec tous ses caractères de droit absolu, indivisible, inaliénable, imprescriptible, et qu'elle n'a fait qu'en changer le titulaire". Kritisch, *Mirkine-Guetzevitch*, La souveraineté de la nation, in: Revue politique et parlementaire, 1936, S. 130 ff., für den die Grundsätze von 1789 über eine lediglich Kompetenzübertragung hinausgehen.

149 *Gangl*, Verfassungsfragen (FN. 34), S. 96 f.

150 *Rials*, La Déclaration des droits de l'homme et du citoyen, Paris, 1988, S. 257; vgl. *Chaltiel*, La souveraineté de l'Etat (FN. 29), S. 60: „Il s'agit avant tout d'affirmer solennellement le changement du titulaire du pouvoir légitime dans l'Etat, le passage de la souveraineté du Roi à celle de la nation".

151 Mitglieder der „Bergpartei", das heißt der radikalsten Gruppe des Konvents.

152 Die „Convention" ist die verfassunggebende Versammlung, die im September 1792 als Nachfolgerin der Nationalversammlung (Assemblée Nationale) zur Ausarbeitung der Verfassung des Jahres I (1793) gewählt wurde.

153 Diese Unterscheidung kritisiert *Bacot*, Carré de Malberg et l'origine de la distinction entre souveraineté du peuple et souveraineté nationale, C. N. R. S., Paris 1985. Für den Autor hat die französische Revolution nur eine Lehre der Souveränität gekannt, nämlich die Lehre der absoluten Souveränität der unteilbaren Gemeinschaft der gegenwärtigen Bürger („collectivité indivisible des citoyens actuels"), so dass Volkssouveränität und nationale Souveränität grundsätzlich dieselben Sachen umfassen und keine bestimmte Machtausübungsmethode ausschließen.

gen haben zum Ziel, die Souveränität des Königs durch die des Volkes zu ersetzen, so dass sie eine instrumentale bzw. eine Demokratisierungsfunktion[154] erfüllen. In Bezug auf den Staat erfüllt außerdem die nationale Souveränität eine strukturierende, vereinheitlichende Funktion.

A. Die Demokratisierungsfunktion der Volkssouveränität

Die Wurzeln der Volkssouveränität lassen sich bereits in der griechisch-römischen und der jüdisch-christlichen Antike finden. Im 14. Jahrhundert wird mit der Lehre vom Gesellschaftsvertrag, nach der die Ausübung der Macht dem König vom Volk mit der Voraussetzung anvertraut wird, dass der König gegen diesen „acte de sujétion" (Unterwerfungspakt) nicht verstoßen darf, ohne dass das Volk dann die Ausübung der Macht wieder für sich in Anspruch nehmen könnte, die Idee der Volkssouveränität schon ausgedrückt[155]. Zur Zeit der Liga haben die katholischen Autoren das Prinzip der Volkssouveränität als absolute und originäre, ursprüngliche Macht entwickelt. Mangels systematischer Anwendung bleibt diese Theorie ohne großen Widerhall. Die absolute Souveränität des Königs, unterstützt und gefordert von *Bodin*, ist vorherrschend bis zum 18. Jahrhundert, das heißt bis *Rousseau*[156] der Volkssouveränität ihre entscheidende Prägung gibt[157].

Die Tatsache, dass die von *Rousseau* im „Contrat social" entwickelte Volkssouveränitätstheorie während der Revolution von 1789 eine solch große Rolle spielt, ist dennoch für ihren Erfinder selbst nicht vorhersehbar. Sie entspricht dem Geist der Aufklärungszeit und wird von den Revolutionären für die Demokratisierung der Macht instrumentalisiert[158]. In der Rousseauschen Souveränitätstheorie entsteht sich der Volkswille in der gesamten Gemeinschaft. Da diese Gemeinschaft ihre eigenen Interessen vor Augen hat, geht er davon aus, dass die Souveränität immer dem Gemeinwohl dienen soll. Aufgrund ihrer

---

[154] Vgl. *Vedel*, Schengen (FN. 148), S. 175: Der Autor spricht von einer „démocratisation de la souveraineté".

[155] Vgl. die Erklärung des Abgeordneten des Dritten Stands *Philipp Pot* bei den Generalständen von Tours 1484: „L'Etat est la chose du peuple. La souveraineté n'appartient pas aux princes qui n'existent que pour le peuple. La royauté est un office, ce n'est pas un héritage. Quelle est la puissance en France qui a le droit de régler la marche des affaires quand le roi est incapable de gouverner? Evidemment, cette charge ne retourne ni à un prince, ni au Conseil des princes, mais au peuple, *donateur du pouvoir*", zit. nach *Laferrière*, Manuel de droit constitutionnel, 2. Aufl., Paris 1947, S. 367.

[156] *Rousseau*, Der Gesellschaftsvertrag oder die Grundsätze des Staatsrechtes, Stuttgart 1971.

[157] *Leclercq*, Droit constitutionnel et institutions politiques, 9. Aufl., Paris 1995, S. 44.

[158] Vgl. *Furet*, Penser la révolution française, Paris 1978, S. 125; *ders.*, Jean-Jacques Rousseau und die Französische Revolution. Jan-Patočka-Gedächtnisvorlesung des IWM 1994, Passagen, Heft 12, Wien 1994, S. 26 ff. zum Einfluss *Rousseaus* auf die Revolution.

Einfachheit und ihrer Vereinbarkeit mit der Gleichheit[159] verzeichnet diese Theorie einen großen Erfolg[160]. *Rousseau* geht davon aus, dass die Menschen vor der Gründung des Staates über alle Freiheiten und Rechte verfügen. Die Unterzeichnung des Gesellschaftsvertrages habe diesen Naturzustand beendet und damit den Staat begründet. Damit ändert der Gesellschaftsvertrag einerseits die äußere Natur der Freiheit[161]: Die natürliche Freiheit wird zu einer bürgerlichen, vom Staat geschützten Freiheit. Andererseits wird die wesentliche Natur der Freiheit auch durch den Gesellschaftsvertrag geändert: Vor dem Gesellschaftsvertrag ist die Freiheit eine individuelle Freiheit, nach dem Gesellschaftsvertrag steht dem Menschen nur noch ein Anteil an der kollektiven Freiheit zu.

Fraglich ist, wer Träger dieser neuen Freiheit ist. Nach *Rousseau* ist es das kollektive Wesen, das aus dem Gesellschaftsvertrag entstanden ist, nämlich der Souverän, das Volk oder der Staat, da *Rousseau* diese drei Ausdrücke gleichsetzt. In der Theorie des Gesellschaftsvertrags wird der Staat lediglich als die Organisationsform der Volkssouveränität angesehen, er ist die Projektion dieses Prinzips auf institutioneller Ebene und der Staat kann nur als Volksstaat konzipiert sein[162].

Die Volkssouveränität stellt ferner die Frage nach dem Wesen der Souveränität. Nach *Rousseau* ist die Souveränität die höchste, unveräußerliche, unteilbare Gewalt, die auf der durch den Staatsvertrag erworbenen politischen und rechtlichen Gleichheit aller Menschen beruht[163]. Im vom Gesellschaftsvertrag

---

159 *Gicquel*, Droit constitutionnel (FN. 50), S. 200; auch *Boldt*, Staat und Souveränität (FN. 5) S. 126; Zur Verknüpfung der Volkssouveränität mit dem Gleichheitsgedanken vgl. auch *Fabre*, Principes républicains de droit constitutionnel, 4. Aufl., Paris 1984, S. 201: „Ce principe de la souveraineté du peuple, expression juridique de l'égalité dans la liberté politique (...)"

160 Das Prinzip der Volkssouveränität wurde zweimal in der französischen Verfassungsgeschichte verfassungsrechtlich normiert: in der Verfassung von 1793, Art. 25 und 26 sowie in der Verfassung des Jahres III, Art. 2: „L'universalité des citoyens français est le souverain", bevor sie ab 1848 mit der Anerkennung des allgemeinen Wahlrechts dauerhaft gesiegt hat. *Constant* hat die Idee eines auf der Volkssouveränität beruhenden Repräsentativsystems zu Beginn des 19. Jahrhunderts in seinen: Principes de Politique von 1815 formuliert: *Constant*, Œuvres, Texte présenté et annoté par Alfred Roulin. Bibliothèque de la Pléiade, Bd. 123, Paris 1957, S. 1099 ff.

161 *Fabre*, Principes (FN. 159), S. 44.

162 Ebenda, S. 43.

163 *Rousseau* formuliert dabei die Antithese zur deutschen Fürsten- und Ständesouveränität ebenso wie zu dualistischen Souveränitätskonzepten. Die Frage, wem die Souveränität zuzurechnen sei, wird in Deutschland zunächst mit der Theorie der „geteilten" bzw. „Doppelsouveränität" beantwortet, wobei Teilung hier eine Aufteilung des staatlichen Kompetenzbereichs bedeutet und nicht wie im unitarischen Verfassungsstaat die Teilhabe mehrerer an der Ausübung der souveränen Gewalt, ferner dazu *Brie*. Der Bundesstaat, (FN. 115), S. 19; Zur Lehre von der geteilten Souveränität, *Jellinek*, Die Lehre von den Staatenverbindungen, Wien 1882, NDr. Goldbach 1996, S. 35; *Preuß*, Gemeinde, Staat, Reich als Gebietskörperschaften. Versuch einer deutschen Staatskonstruktion auf Grundlage der Genossenschaftstheorie, Berlin 1889, Ndr. Aalen 1964, S. 91; *Dreyer*, Föderalismus als ordnungspolitisches und normatives

gegründeten Staat kann es nur eine souveräne Macht geben, nämlich diejenige des Volkes, die mit dem Gemeinwillen („volonté générale")[164] gleichgestellt wird. In der Theorie der Volkssouveränität nach *Rousseau* ist jedes Individuum des „corps social" Träger eines Teils der Souveränität, die unter den Staatsbürgern aufgeteilt ist[165]: Die Souveränität liegt in der Gesamtheit der Staatsbürger, als Summe der einzelnen Souveränitäten[166]. Diese Aufspaltung widerspricht aber nicht der Unteilbarkeit der Souveränität, da Volk und Bürger gleichgestellt werden. Damit soll nur ausgedrückt werden, dass es sich um ein kollektives Eigentum, nicht aber um Miteigentum an der Souveränität handelt. Volkssouveränität heißt, dass die Souveränität direkt vom Volk ausgeübt wird. Als Ausübung des Gemeinwillens ist sie unveräußerlich[167] und dementsprechend mit dem imperativen Mandat und dem Volksentscheid verbunden. In diesem Sinne schließt der Souveränitätsbegriff jede Form von Repräsentation aus. Die Volkssouveränität führt zum Wahlrecht, zur unmittelbaren Demokratie und zur Einheit der Macht[168]. Letzteres hat sie mit der nationalen Souveränität gemeinsam, die durch ihre Durchsetzung im französischen Verfassungssystem eine doppelte, demokratisierende und vereinheitlichende Funktion erfüllt.

Prinzip. Das föderative Denken der Deutschen im 19. Jahrhundert, Frankfurt am Main u. a. 1987, S. 207 ff. Zur „Doppelsouveränität" *Mode*, Doppelsouveränität im Deutschen Reiche. Zugleich ein civilistischer Beitrag zur Lehre von den Solidarrechten, Berlin 1900, S. 6.

164 Die von *Rousseau*, Der Gesellschaftsvertrag (FN. 156), Buch II, Kap. 6, S. 41 ff. entwickelte Theorie des Gesetzes als Ausdruck des Gemeinwillens hat bis 1958 die französischen Verwaltungs- und Verfassungsinstitutionen stark geprägt. Siehe z. B. *Carré de Malberg*, La loi, expression de la volonté générale, Préface de Georges Burdeau, Paris 1931, Ndr. Economica, collection „Classiques", Paris 1984, S. 5 ff.

165 *Rousseau*, Der Gesellschaftsvertrag (FN. 156), Buch III, Kap. I, S. 65. Ferner dazu z. B. *Ardant*, Institutions politiques & droit constitutionnel, 10. Aufl., Paris 1998, S. 173, spricht von einer „souveraineté fractionnée, atomisée".

166 *Rousseau*, Der Gesellschaftsvertrag (FN. 156), Buch III, Kap. 1, S. 65: „Nehmen wir an, daß der Staat aus zehntausend Bürgern bestehe. Das Staatsoberhaupt kann nur in der Gesamtheit und im ganzen betrachtet werden; jeder einzelne kommt dagegen als Untertan für sich allein in Betracht. Demnach verhält sich das Staatsoberhaupt zum Untertan wie zehntausend zu einem, das heißt, jedes Glied des Staates besitzt nur den zehntausendsten Teil der oberherrlichen Gewalt, obgleich er ihr gänzlich unterworfen ist".

167 Ebenda, Buch II, Kapitel 1, S. 28: „Ich behaupte also, daß die Staatshoheit, die nichts anderes als die Ausübung des allgemeinen Willens ist, nie veräußert werden kann und sich das Staatsoberhaupt als ein kollektives Wesen nur durch sich selbst darstellen läßt. Die Macht kann wohl übertragen werden, aber nicht der Wille".

168 Vgl. *Gicquel*, Droit constitutionnel (FN. 50), S. 200 ff.; auch *Ardant*, Institutions (FN. 165), S. 172 ff.

B. Die doppelte Funktion der nationalen Souveränität

Das Prinzip der nationalen Souveränität hat ursprünglich zwei Funktionen[169], nämlich eine „instrumentale", die den Übergang vom monarchischen Absolutismus zum revolutionären Absolutismus erlaubte, und eine „strukturierende", die zu einer engen Verbindung zwischen nationaler Souveränität und Einheitsstaatlichkeit führt.

I. Die instrumentale Funktion der nationalen Souveränität

Die Revolution macht aus dem Prinzip der nationalen Souveränität ein „Dogma"[170], ein „argumentaire politique"[171] (politisches Argument) zur Rechtfertigung der Opposition gegen die Monarchie bzw. ihrer Beseitigung. Sie ist nicht vor der politischen Praxis vorhanden, sondern wird mit der politischen Praxis im Nachhinein präzisiert und entwickelt. Durch diese „dimension instrumentale"[172] (instrumentale Dimension) erfüllt die nationale Souveränität eine politische Funktion als Legitimitätsprinzip[173]. Der Dritte Stand, der seit April 1789 mit dem Adel und dem Klerus Teil der „Assemblée générale" (Generalversammlung) ist, hat sich am 17. Juni 1789 als „Nationalversammlung" erklärt mit dem Anspruch, alleiniger Repräsentant des Willens der Nation zu sein[174]. Am 6./9. Juli 1789 konstituiert sich die Nationalversammlung als „Assemblée nationale constituante" (Verfassunggebende Nationalversammlung) und führt dadurch das Prinzip der „souveraineté de la nation" (Souveränität der Nation) ein. Sie versteht sich als deren Repräsentant und bestreitet die bisher gültige Legitimität monarchischer Herrschaft[175]. Dieser Anspruch wird gerechtfertigt durch die Verbreitung eines theoretischen Konstrukts, das die Nation als den originären Träger der Souveränität betrachtet.

Gestützt auf die Vertragstheorien wird dann der königlichen Macht ein vertraglicher Ursprung beigemessen. Da der König lediglich der Herrschaftsbeauftragte ist, kann der Vertrag jederzeit durch den Delegierenden gekündigt werden, wobei dieser dann die gesamte Fülle seiner Befugnisse wieder an sich nimmt. Die Nation ist dann nicht ein „neuer" Souverän, sie hat statt dessen nie

---

169 Die Unterscheidung zwischen der „instrumentalen" und der „strukturierenden" Funktion der nationalen Souveränität ist von: *Février*, Réflexions sur les fonctions de la souveraineté nationale dans l'histoire constitutionnelle française, in: R. R. J. 1 (2000), Heft 1, S. 159-282 (162 ff., 171 ff.) übernommen.

170 *Février*, Réflexions (FN. 169), S. 160, 162.

171 Ebenda, S. 162.

172 Ebenda, S. 161, 162 ff. Vgl. *Pierré-Caps*, Nation et peuples dans les constitutions modernes, Nancy 1987, S. 113, der seinerseits von einer „reinen Taktik" spricht.

173 Dazu *Février*, Réflexions (FN. 169), S. 163 ff.

174 *Hartmann*, Französische Verfassungsgeschichte (FN. 57), S. 46.

175 Ebenda.

aufgehört, souverän zu sein[176] und beansprucht die Möglichkeit, ihre Kompetenzen unmittelbar auszuüben. Die Theorie der nationalen Souveränität wird von Emmanuel *Sieyès*[177] entwickelt. Das Prinzip der Übertragung wird durch die Erklärung über die Zusammensetzung der Nationalversammlung vom 17. Juni 1789 festgelegt und in Art. 3 der Erklärung der Menschen – und Bürgerrechte[178] ausgedrückt. Mit dem Prinzip der Gewaltentrennung[179] bildet es dann die neue Grundlage der politischen Organisation Frankreichs. Die „Constituante" beschließt die „Déclaration des droits de l'homme et du citoyen" vom 26. August 1789[180] (Erklärung der Menschen- und Bürgerrechte) und arbeitete die Verfassung vom 3. September 1791[181] aus.

Dieser revolutionäre Ursprung lässt die Idee der nationalen Souveränität als ein typisch französisches Konzept erscheinen[182], das von den revolutionären „modérés" erfunden wird, um dem Volk die Ausübung der Macht zu verbieten[183],

176 Dazu *Furet*, Penser la Révolution française, Paris 1978, S. 59 ff.; Vgl. *Hauriou*, Précis de droit constitutionnel, 2. Aufl., Paris 1929, S. 137: „Il semble que cette conquête ait été pour le peuple la reprise de son dû".

177 *Sieyès*: „Was ist der Dritte Stand?", übersetzt und herausgegeben von Schmitt / Reichardt, E. J. Sieyès, Politische Schriften 1788-1790, Politica, Bd. 18, Darmstadt und Neuwied 1975, S. 117 ff.; Dazu z. B. *Bastid*, Sieyès et sa pensée, Paris 1939, Ndr. Genève 1978, S. 560 ff.; *Hafen*, Staat, Gesellschaft und Bürger im Denken von Emmanuel Joseph Sieyès, St. Galler Studien zur Politikwissenschaft, Bd. 17, Bern u. a. 1994, S. 93 ff.

178 Art. 3 der Erklärung von 1789 lautet: „Der Ursprung aller Souveränität liegt wesenhaft in der Nation. Keine Körperschaft und kein Einzelner kann eine Gewalt ausüben, die nicht ausdrücklich von ihr ausgeht". Deutsche Übersetzung, *Kimmel* (Hrsg.), Verfassungen der EU-Mitgliedstaaten, Textausgabe mit einer Einführung und einem Sachverzeichnis, 5. Aufl., München 2000, S. 5. Nach der Juli-Monarchie wird das Prinzip der Übertragung der Souveränität vom König auf die Nation nicht mehr in Frage gestellt und die nationale Souveränität wird zur Grundlage, auf der sich die verschiedenen französischen politischen Systeme ausdrücklich oder stillschweigend bilden.

179 Art. 16 der Erklärung der Menschen- und Bürgerrechte vom 26. August 1789 lautet: „Eine Gesellschaft, in der weder die Gewährleistung der Rechte gesichert noch die Gewaltenteilung festgelegt ist, hat keine Verfassung".

180 Text bei *Debbasch / Pontier*, Les Constitutions de la France, 3. Aufl., Paris 1996, S. 9 ff. Die Erklärung der Menschenrechte wurde am Anfang des Textes der Verfassung vom 3. September 1791 beigefügt und wurde auch in die Grundrechtskataloge bzw. Präambel der meisten modernen französischen Verfassungen bis zu den Verfassungen vom 27. Oktober 1946 und vom 4. Oktober 1958 aufgenommen. Seit der Entscheidung des Verfassungsrats vom 17. Januar 1971 ist die Erklärung der Menschen- und Bürgerrechte zusammen mit der Präambel der Verfassung von 1946, der Verfassung von 1958 und „les principes fondamentaux reconnus par les lois de la République" (den von den Gesetzen der Republik anerkannten Grundprinzipien) Teil des sogenannten „bloc de constitutionnalité".

181 Die Verfassung vom 3. September 1791 war zwar nur ein Jahr lang gültig, prägte aber die meisten späteren Verfassungen Frankreichs und Europas, *Hartmann*, Französische Verfassungsgeschichte (FN. 57), S. 47 f.

182 Vgl. *Carré de Malberg*, Contribution (FN. 4), Bd. 1, S. 73.

183 *Leclercq*, Droit constitutionnel (FN. 157), S. 45 ff.

da die Idee der Nation dem Bürgertum dienen sollt[184]. In der Tat schafft es *Sieyès*, die Nation mit dem Dritten Stand und den Dritten Stand mit dem Bürgertum gleichzusetzen[185]. Dennoch ist die Berufung auf die Nation nicht das Alleinrecht des Bürgertums und des Dritten Standes insgesamt, sondern ergibt sich auch aus dem Widerstand der Aristokratie gegenüber den königlichen Reformen zur Beseitigung der feudalen Institutionen. So wird die Nation, ähnlich wie früher die Souveränität zugunsten des Königs, zum „ciment éphémère"[186], das die verschiedenen Widerstandsbewegungen gegenüber dem König verbindet. In der Theorie der nationalen Souveränität ist die Nation Träger der Souveränität. Danach gehört die Souveränität zwar dem Volk, aber als abstraktem Wesen, der Nation. Das Volk bildet die Nation[187]. Die Nation ist als juristische Person souverän und getrennt von den Individuen, die sie bilden.

Dies ist der Hauptunterschied zur Theorie der Volkssouveränität, nach der jeder Bürger ursprünglich Träger der Souveränität ist. So schützen sich die Autoren der Erklärung der Menschenrechte vor der Gefahr der absoluten Monarchie einerseits, vor der Gefahr einer reinen, radikalen Demokratie andererseits[188]. Die Nation ist souverän und verfügt dauerhaft über die verfassunggebende Gewalt. Dabei ist sie nicht an die geltenden Gesetze gebunden bzw. ist ihr Wille immer gesetzlich, denn er ist das Gesetz selbst[189]. Ferner braucht die Nation als politisch-juristische

---

184 *Chantebout*, L'Etat et la Nation, in: Bourjol (Dir.), La commune, l'Etat et le droit. Bicentenaire de la Révolution et Marché unique européen, Paris 1990, S. 97-106 (98 ff.): „(…) idée de nation au service de la bourgeoisie".

185 Dazu ebenda, S. 100.

186 *Morabito / Bournand*, Histoire constitutionnelle et politique de la France (1789-1958), Paris 1996, S. 25.

187 *Sieyès*, Einleitung zur Verfassung. Annerkennung und erklärende Darstellung der Menschen- und Bürgerrechte. Am 20. und 21. Juli 1789 im Verfassungsausschuß verlesen, Paris 1789, in: *Schmitt / Reichardt* (FN. 177), S. 239 ff., S. 252, unterschied nicht zwischen den Begriffen der Nation und des Volkes: „Alle öffentlichen Gewalten leiten sich unterschiedslos aus dem Gemeinwillen ab; alle kommen vom Volk, das heißt von der Nation. Diese beiden Ausdrücke müssen synonym sein". Schon *Rousseau*, Der Gesellschaftsvertrag (FN. 156), bewendete – wenn auch seltener – im „Gesellschaftsvertrag" das Wort „nation" in der gleichen Bedeutung wie „peuple", z. B. Buch II, Kap. 8, S. 50 ff. Zur „Versöhnung" zwischen Volk und Nation bzw. zwischen den Theorien der Volkssouveränität und der nationalen Souveränität durch den Begriff vom „citoyen" (Staatsbürger), *Burdeau*, Traité (FN. 3), Bd. 6, Vol. 2, S. 52: „L'homme ne compte qu'en tant que citoyen, soit que ce titre lui vienne de son appartenance à la nation souveraine, soit qu'il le doive à sa participation à la volonté générale. Et de fait, c'est dans cette conception du citoyen que se réconcilient les deux thèses que l'on a coutume d'opposer"; ferner dazu *Baghestani*, Le titulaire de la souveraineté et son exercice dans la jurisprudence du Conseil constitutionnel, Dijon 1996, S. 83 ff.

188 *Hartmann*, Französische Verfassungsgeschichte (FN. 57), S. 47. Das Misstrauen gegenüber dem Volk findet einen deutlichen Ausdruck in der Verfassung vom 5. Fructidor des Jahres III (22. August 1795), dazu *Debbasch / Pontier*, Les Constitutions (FN. 180), S. 57 f.

189 *Sieyès*, „Was ist der Dritte Stand" (FN. 177), S. 167 ff., wobei der Autor dennoch die „natürliche" Grenze des Naturrechts erwähnt: „Vor und unter ihr gibt es nur das *Naturrecht*".

Person[190] ein Fundament: Die Verfassung, die der Körperschaft „eine Organisation, Verfahrensregeln und Gesetze [geben soll], die es ihr ermöglichen, die ihr gesetzten Aufgaben zu erfüllen“[191]. Die „Nation-personne“ kann nur einen Willen haben und ihre Souveränität, Ausdruck dieses Willens, ist demzufolge unteilbar und unveräußerlich[192]. Der Souveränitätsbegriff erscheint in diesem Sinne als eine „force de cohésion, d'union de la communauté politique, sans laquelle celle-ci se disloquerait“[193]. Die nationale Souveränität führt zur Einheit, zur Repräsentationstheorie[194] und zur Theorie der Wahlfunktion. Zur Unveräußerlichkeit gehört ferner, dass die Nation, die ihre Souveränität einem Dritten (z. B. einem Monarchen) anvertraut hat, sie jeder Zeit zurücknehmen kann, wenn das dem Nationalwillen entspricht[195]. Dies ermöglicht auch, dass die Verfassung, als Ausdruck des Willens der Nation, die Ausübung der Souveränität einem Monarchen zuspricht[196].

II. Die strukturierende Funktion der nationalen Souveränität

Von dem Moment an, wo die nationale Souveränität im positiven Recht festgelegt ist, hat sie bestimmte Konsequenzen für die politische Gesellschaft und ihr Verhältnis zum Staat[197]. Dieses Verhältnis spiegelt sich in der Suche nach Einheit

---

190 *Sieyès*, „Was ist der Dritte Stand?“ (FN. 177), S. 124, definiert die Nation als „Eine Körperschaft von Gesellschaftern, die unter einem *gemeinschaftlichen* Gesetz leben und durch dieselbe *gesetzgebende Versammlung* repräsentiert werden usw.“

191 *Sieyès*, „Was ist der Dritte Stand“ (FN. 177), S. 166.

192 Art. 3 der Erklärung der Menschen- und Bürgerrechte von 1789; Vgl. Art. 1 der Präambel des Titels III der Verfassung von 1791.

193 *Chevallier*, Les grandes œuvres politiques de Machiavel à nos jours, Paris 1970.

194 Titel III, Art. 2 der Verfassung von 1791 lautet: „La Nation, de qui seule émanent tous les pouvoirs, ne peut les exercer que par délégation“.

195 Dieser Gedanke ist im Titel VII, Art. 1 der Verfassung von 1791 zu finden: „L'Assemblée Nationale Constituante déclare que la Nation a le droit imprescriptible de changer sa Constitution“.

196 Die nationale Souveränitätstheorie ist mithin mit der Staatsform der Monarchie vereinbar, der König leitet aber seine Souveränität nur von der Nation ab. Er ist nicht mehr „Roi de France“ (König von Frankreich), sondern gemäß Titel III, Kap. II, Sektion 1, Art. 2 der Verfassung von 1791 „Roi des français“ (König der Franzosen), muss bei seinem Regierungsantritt den Treueid (Titel III, Kap. II, Sektion 1, Art. 4 der Verfassung von 1791) auf die Nation und auf die Verfassung leisten und kann unter bestimmten Umständen abgesetzt werden (Titel III, Kap. II, Sektion 1, Art. 5 bis 7 der Verfassung von 1791), das heißt im Fall einer Ablehnung oder Widerrufung des Treueids auf die Nation durch den König; im Fall eines militärischen Angriff des Königs gegen die Nation und im Fall einer Verweigerung des sich im Ausland befindenden Königs, trotz der Forderung des „corps législatif“ (legislative Körperschaft), zurückzukehren.

197 *Février*, Réflexions (FN. 169), S. 161, 171 ff.. Zur französischen Entwicklung der nationalen Souveränität, insbesondere zu *Carré de Malberg*, und zur Verwandschaft von „souveraineté nationale“ mit der in Deutschland gebräuchlichen „Staatssouveränität“ vgl. *Leisner*, Volk und

einerseits, in der radikalen Ablehnung des Föderalismus und im Prinzip der Unteilbarkeit der Republik andererseits, wider.

1. Die Einheitsbestrebungen

Die revolutionären Einheitsbestrebungen haben Ende des 18. Jahrhunderts zur Einheit von Staat und Nation geführt. Kurz vor der Revolution wird der Staat als der Staat des Volkes oder der Nation angesehen, er ist das normative Prinzip, dessen Vollendung die Entdeckung der Freiheit ist[198]. Als *Sieyès* seine Streitschrift „Was ist der Dritte Stand" ausarbeitet, gibt es noch keine französische Nation im modernen Sinne[199]. Frankreich ist vielmehr in mehrere Provinzen zersplittert[200]. Das Zusammenkommen dieser Provinzen wurde schon von den französischen Königen seit den Kapetingern, die vor Jahrhunderten angefangen hatten, die lokalen Partikularismen zu beseitigen[201], vorbereitet. Beispiele dafür sind die Verminderung der Provinzialstände ab der ersten Hälfte des 15. Jahrhunderts[202] oder die ab dem 16. Jahrhundert einsetzende Verminderung der Rechte der Städte, die dann unter staatliche Kontrolle gebracht werden[203]. Die im 16. Jahrhundert eingesetzten Intendanten, die insbesondere im 17. und 18. Jahrhundert die Regierungsvertreter „par excellence" sind[204], werden als Schlüsselfiguren der Verwaltung zu den aktivsten Instrumenten der allmählichen Zentralisation und Vereinheitlichung des Königreiches[205].

Die nationale Souveränität ist also von einer „logique unitaire"[206] (unitarischen Logik) abhängig, die auf mehreren Ebenen vorhanden ist. Sie spiegelt die durch

---

Nation als Rechtsbegriffe der französischen Revolution, in: Festschrift Hans Liermann, hrsg. von Obermayer, u. a., Erlangen 1964, S. 96 ff., 105.

198 *Goyard-Fabre*, Etat-Nation et Nation-Etat: problématique et problèmes, in: Bourjol (Dir.), La commune, l'Etat et le droit (FN. 184), S. 140-154 (146).

199 Dazu Teil 2, Kap. 3 A.

200 Dazu *Chantebout*, L'Etat et la Nation (FN. 184), S. 100. Interessant dazu *Sparwasser*, Zentralismus, Dezentralisation, Regionalismus und Föderalismus in Frankreich. Eine Institutionen-, theorien- und ideengeschichtliche Darstellung. Schriften zum Öffentlichen Recht, Bd. 511, Berlin 1986, S. 27: „So ergibt sich das Bild einer fortgeschrittenen Zentralisation einerseits, einer sehr differenziert zu betrachtenden verbliebenen „Provinzautonomie" andererseits".

201 Dazu *Elias*, Über den Prozeß der Zivilisation. Soziogenetische und psychogenetische Untersuchungen, 21. Aufl., Frankfurt am Main 1997, 2 Bde, Bd. 2: Wandlungen der Gesellschaft, Entwurf zu einer Theorie der Zivilisation, S. 26 ff., 34 ff.

202 Siehe *Hartmann*, Französische Verfassungsgeschichte (FN. 57), S. 27 ff.; ferner *Tocqueville*, Der alte Staat und die Revolution, Bremen 1959, S. 49 ff.

203 *Hartmann*, Französische Verfassungsgeschichte (FN. 57), S. 39.

204 Mit den später durch Napoléon eingesetzten Präfekten vergleichbar.

205 *Hartmann*, Französische Verfassungsgeschichte (FN. 57), S. 16.

206 *Février*, Réflexions (FN. 169), S. 161. Die Suche nach der Einheit, die mit dem Souveränitätsbegriff verbunden ist, findet sich in der Theorie des Staates wieder, nach der der

die Idee der Nation vereinheitlichte politische Gesellschaft einerseits so wie die staatliche Organisation andererseits wider. Die Nation bildet das „concept intermédiaire“[207] eines neuen Syllogismus, wobei Volk und Nation, Staat und Nation, Staat und Volk eine Einheit bilden. Der Staat ist die politische und juristische Form der Nation, er ist die organisierte Nation. Dadurch ergibt sich eine erhebliche Stärkung seiner Legitimität und seiner Befugnisse. Die staatliche Organisation spiegelt eine vorausgesetzte nationale Einheit wider, indem sie für die Gleichbehandlung bei der Verwaltung der Bürger und des territorialen Raumes sorgt. Die Einheit des Staates verwirklicht die nationale Idee und ermöglicht die soziale Bindung einer homogenen Menschengruppe[208]. Insofern ist der französische Staat de facto nicht das Produkt der Gesellschaft, sondern der Katalysator der französischen Einheit[209].

Dieser Prozess hat die verfassungsrechtliche Verkündung der nationalen Souveränität zur Folge, da die Souveränitätsidee einerseits die Konkurrenz anderer Mächte ausschließt, andererseits die Einheit ihres Trägers – auch eines Kollektivs wie der Nation – voraussetzt[210]. Die erste Folge dieser Politik ist die Stärkung des Staates[211]. Die Vervollkommnung der staatlichen Einigung Frankreichs wird von *Bonaparte* durchgeführt[212]. Er überlässt seinen Nachfolgern einen stark vereinheitlichten und zentralisierten Staat und erfüllt dabei eines der wesentlichsten Ziele der Revolution, nämlich eine fest gegründete, unteilbar vereinheitlichte Nation[213]. Insbesondere sind die Zentralismusbestrebungen Kern

---

Staat „réduit à une personne morale unitaire, un décalque de l'individu isolé, une entité unique et monolithique“ ist, *Ségur*, Le politique, Paris 1996, S. 88. Allgemein zum Ursprung der Theorie der Rechtspersönlichkeit des Staates, die später der Nation zur Verfügung gestellt wird, *Linditch*, Recherche sur la personnalité morale en droit administratif, Paris 1997, S. 83 ff.

207 *Chantebout*, L'Etat et la Nation (FN. 184), S. 101 f. Zum Übergang des „Etat-Nation“ zur „Nation-Etat“ während der Revolution, *Goyard-Fabre*, Etat-Nation et Nation-Etat (FN. 198).

208 Vgl. *Baghestani*, Le titulaire de la souveraineté (FN. 187), S. 12, FN. 2: „L'association du substantif „souveraineté“ au qualificatif „nationale“ devient le soutien théorique à l'œuvre de rassemblement entreprise en 1789. La composition des deux termes révèle le caractère unitaire de l'Etat auquel nulle Constitution française n'a, jusqu'à ce jour, failli“.

209 Vgl. in diesem Sinne *Chevallier*, L'Etat-nation, in: R. D. P. 96 (1980), S. 1271-1302 (1283); Vgl. *Jouvenel*, Du Pouvoir, Genève1947, S. 174.

210 Vgl. *Février*, Réflexions (FN. 169), S. 161.

211 *Chantebout*, L'Etat et la Nation (FN. 184), S. 101.

212 Die Vereinheitlichung Frankreichs findet auf dem Gebiet der Verwaltung ihren stärksten Ausdruck in dem Gesetz vom 17. Februar 1800 (Gesetz vom 28 Pluviôse des Jahres VIII), das die französische Verwaltungsstruktur neu gestaltet und die Unterordnung der Gemeindeverwaltungen gegenüber der Zentralmacht sichert. Dieses Gesetz wurde als unentbehrliche Ergänzung der Verfassung betrachtet.

213 In seiner Erklärung vom 14. Januar 1852 konnte Ludwig-Napoléon Bonaparte (Napoleon III.) feststellen: „Nous n'avons plus ni provinces, ni pays d'état, ni parlements, ni intendants, ni fermiers généraux, ni coutumes diverses, ni droits féodaux, ni classes privilégiés en possession exclusive des emplois civils et militaires, ni juridictions religieuses différentes“, die Erklärung ist abgedr. in: *Debbasch / Pontier*, Les Constitutions (FN. 180), S. 166 ff.

der voluntaristischen Handlung der „puissance publique" im 19. Jahrhundert, die die lokalen Partikularismen beseitigt[214], indem sie sie der staatlich organisierten französischen Nation systematisch anpasst. Indem sie sich auf die Prinzipien der Hierarchisierung und der Zentralisierung stützt, ermöglicht die aus den Reformen des Jahres VIII. entstandene sogenannte „Constitution administrative"[215] (Verwaltungsverfassung) trotz fehlender verfassungsrechtlicher[216] bzw. politischer Erklärung die Befestigung und Erhaltung der revolutionären Einheit. Als Konsequenz des Einheitswillens wird der Föderalismus als staatliche Organisationsform während der Revolution radikal abgelehnt.

2. Die radikale Ablehnung des Föderalismus während der Revolution

Während des Ancien Régime und vor 1792 ist in Frankreich die Idee der Unteilbarkeit mit der Staatsform der Monarchie verknüpft[217]. Die Aufteilung des französischen Staatsgebiets in Verwaltungskörperschaften von gleicher Größe und gleichem Status – die „Départements" – ist unternommen worden in der Hoffnung, dass sich das Königreich in der republikanischen Staatsform nicht in eine Vielfalt kleinerer Staaten aufsplittert[218]. Parallel zu ihrer Schaffung werden diese Gebietsaufteilungen mit der nationalen Souveränität verknüpft und diesem Prinzip unterworfen. Die Furcht vor einer „République fédérative" („Föderativ-

---

214 *Hartmann*, Französische Verfassungsgeschichte (FN. 57), S. 27 ff.

215 Zu diesem Begriff *Hauriou*, Droit constitutionnel et institutions politiques, 7. Aufl., Paris 1970, S. 280 f., FN. 1.

216 Die Verfassungsausschüsse, die im Jahre VIII die Verfassungsreform vorbereiten sollten, wurden beauftragt, die einheitliche und unteilbare Republik zu „verankern" („consacrer la République une et indivisible"). Art. 1 der Verfassung lautet: „ La République française est une et indivisible. Son territoire européen est distribué en départements et arrondissements communaux". Art. 65 lautet ferner: „Il y a pour toute la République, un Tribunal de cassation".

217 Art. 1, Titel II der Verfassung von 1791: „Le Royaume est un et indivisible". Interessant dazu *Ozouf*, „Föderalismus", in: Furet / Ozouf (Dir.), Kritisches Wörterbuch der Französischen Revolution, 2 Bde., Bd. 1, S. 49-66 (52).

218 Vgl. *Sieyès*, in: Archives Parlementaires, Bd. 8, S. 1251: „ (...) puisse espérer ne pas voir le royaume se déchirer en une multitude de petits Etats sous forme républicaine"; vgl. *Rabaut-Saint-Etienne*, in : Archives Parlementaires, Bd. 29, S. 301 ff., der sich für die Einführung einer Formel über die Einheit des Königtums in der Verfassung erklärte: „Afin qu'on ne puisse jamais dans la Constitution trouver un argument pour une subdivision en républiques fédératives, je demande que ce principe là soit consacré". *Rabaut Saint-Etienne* unterscheidet nicht zwischen „eins" und „unteilbar", zwei Adjektiven, die als Formulierung eines allgemeinen Einheitsprinzips erscheinen und denselben Zweck verfolgen, nämlich die Vereinheitlichung des Territoriums, dazu *Debbasch / Roux*, L'indivisibilité de la République, in: Mathieu / Verpeaux, La République en droit français, Paris 1996, S. 59-102 (60). Zur Departementsgesetzgebung der Konstituante, *Hintze*, Staatseinheit und Föderalismus im alten Frankreich und in der Revolution, Stuttgart, Berlin und Leipzig, 1928, S. 172 ff.

republik")[219] bezieht sich vor allem auf das amerikanische Modell[220], das sich mit der französischen Geschichte und Tradition nicht vereinbaren lässt[221]. Die von *Montesquieu* verteidigte Idee einer „République fédérative"[222] wurde radikal abgelehnt. Auch der feierliche Vollzug der „Fédération" auf dem Marsfeld am 14. Juli 1790[223] kann darüber nicht hinwegtäuschen. Er bezeichnet einen entscheidenden Moment in der unitarischen Behauptung des neuen Nationalbewusstseins. Am 14. Juli 1790 verzichten die Provinzen auf ihre Privilegien und Partikularismen und werden zu einer einzigen Gesamtheit. Die Bezeichnung „Fête de la Fédération" (Föderationsfest) darf also nicht falsch verstanden werden, da sie in der Kontinuität der königlichen Vereinheitlichungsbemühungen zu sehen ist[224]. Die Idee der „Föderation" entspricht 1790 der Behauptung der Einheit und der Homogenität aller Teile des Landes, die bisher verschiedene politische und verwaltungsrechtliche Statuten hatten. Sie entspricht der Besetzung des nationalen Raums, den Anschlüsses des Elsass, Savoyens und Korsikas an Frankreich. Insofern drückt das Pariser Föderationsfest die Beseitigung der inneren Grenzen und der regionalen Verschiedenheiten aus sowie die Verherrlichung eines vereinheitlichten Frankreichs und einer frei akzeptierten Autorität[225]. Zwei Jahre nach dem umjubelten Pariser Föderationsfest, das mit Vereinheitlichungsgedanken verbunden ist, werden die Begriffe „Fédération" und „Secession" häufig synonym verwandt[226]. Die Debatten in der „Société des Jacobins"[227] während der

---

219 Dazu *Hintze*, Staatseinheit (FN. 218), S. 68 ff., 69. Der Autor betont die Unklarheit des Begriffs „Föderation" im französischen Verständnis der Revolution, so dass der Begriff der „République fédérative" schließlich sowohl einen föderierten Staat, als auch ein überstaatliches Gebilde, etwa eine Föderation der Staaten Europas, einen Völkerbund bezeichnen konnte. Diese Feststellung kann auf die Gegenwart übertragen werden. Dazu Teil 3.

220 Vgl. *Ardant*, Institutions (FN. 165), S. 34.

221 Der Umstand, dass die Vereinigten Staaten aus kleinen, zunächst unabhängigen Republiken zusammengesetzt waren, die sich dann zusammenschlossen, ohne zuerst eine Nation zu bilden, stand im allzu deutlichen Widerspruch zum nationalen Impetus der Revolution.

222 *Montesquieu*, L'esprit des lois, Paris 1748, deutsche Übersetzung: Vom Geist der Gesetze, übersetzt und hrsg. von Ernst Forthoff, 2 Bde, Tübingen 1992, Bd. 1, Buch IX, Kap. I, S. 180: „Diese Regierungsform ist ein Vertrag, durch den mehrere politische Gemeinwesen dahin übereinkommen, Bürger eines größeren Staates zu werden, den sie bilden wollen. Sie ist eine Gesellschaft von Gesellschaften, die eine neue bilden, die sich durch den Anschluß weiterer Mitglieder vergrößern kann, bis ihre Macht für die Sicherheit aller Verbündeten ausreicht"; vgl. Buch X, Kap. VI, S. 196. Zum umstrittenen Beitrag *Rousseaus* zu dieser Idee, *Hintze*, Staatseinheit (FN. 218), S. 71 ff. Siehe auch Sparwasser, Zentralismus (FN. 200), S. 39 ff., 45 ff.

223 Dazu *Hintze*, Staatseinheit (FN. 218), S. 254 ff. Siehe auch *Ozouf*, „Föderation", in: Furet / Ozouf (Dir.), Kritisches Wörterbuch (FN. 217), S. 67-82 (78 ff.).

224 Vgl. *Chantebout*, L'Etat et la Nation (FN. 184), S. 101; vgl. dazu *Le Fur / Posener*, Bundesstaat und Staatenbund, 2 Bde, Bd. 1, Breslau 1902, S. 294 ff., 295.

225 Vgl. *Nora*, „Nation", in: Furet / Ozouf, Dictionnaire critique, S. 806.

226 Vgl. *Debbasch / Roux*, L'indivisibilité (FN. 218), S. 61.

Wochen vor der Verkündung der Einheit und Unteilbarkeit der Republik verraten das Misstrauen gegenüber einer föderalistischen Regierungsform[228]. Diejenigen, die der Idee der einheitlichen und unteilbaren Republik nicht zustimmen wollen, werden als „mauvais citoyens“[229] (schlechte Bürger) bezeichnet, so dass keiner dieses Risiko eingehen will[230]. Die radikale Ablehnung der Idee eines nationalen Föderalismus wird im Prinzip der Einheit und Unteilbarkeit der Republik offenbar[231], das als Pendant zum Prinzip der nationalen Souveränität gilt.

3. Die Verkündung des Prinzips der Unteilbarkeit der Republik durch die „Convention“

Der enge Zusammenhang zwischen nationaler Souveränität und Einheitsstaatlichkeit in Frankreich findet seinen deutlichsten Ausdruck im revolutionären Prinzip der Unteilbarkeit der Republik, das selbst eine Folge der Einheit und Unteilbarkeit der nationalen Souveränität ist. Vier Tage nach ihrer ersten

227 Die „Société des Jacobins“ war die Vorbereitungs- und Diskussionskammer der wichtigsten Entscheidungen, die von den Abgeordneten getroffen wurden.

228 *Debbasch / Roux*, L'indivisibilité (FN. 218), S. 61. Diesen Autoren zufolge wurde die begriffliche Verwirrung durch Revolutionsgegner gefördert, indem sie die Meinung verbreiteten, die föderalistische Form würde die französische Republik gegenüber den anderen europäischen Monarchien erheblich schwächen bzw. würde sie durch eine allgemeine Sezession schneller beseitigen. Ferner fasst der Ferrières-Abgeordnete die verschiedenen Kritiken mit der Behauptung zusammen: „Nos prétendues républiques modernes ne sont que des Etats agrégés, fédérés, dont chaque partie intégrante a des droits communs et des droits particuliers, et, par conséquent, est toujours prête à se séparer du tout à la première crise politique“, in: Archives Parlementaires, Bd. 28, S. 247 ff. Erhellend die Erklärungen von Robespierre: „Déclarons que la République française formera un Etat unique, soumis à des lois constitutionnelles uniformes. Il n'y a que la certitude de l'union la plus forte entre toutes les parties de la France qui puisse fournir les moyens de repousser ses ennemis avec autant d'énergie que de succès“, in: Archives Parlementaires, Bd. 52, S. 134.

229 Nach dem Wort des ehemaligen Kapuzinermönchs *Chabot*, zit. in: *Debbasch / Roux*, L'indivisibilité (FN. 218), S. 62.

230 Am 16. Dezember 1792 wurde auf Vorschlag von *Thuriot* die Todesstrafe durch die Konvention verordnet gegen „quiconque proposera ou tentera de rompre l'unité de la République française ou d'en détacher des parties intégrantes pour les unir à un territoire étranger“, in: Archives Parlementaires, Bd. 55, S. 79. Dazu *Zweig*, Die Lehre vom Pouvoir constituant. Ein Betrag zum Staatsrecht der französischen Revolution, Tübingen 1909, S. 338 f. Im Sommer 1793 fand der föderalistische Aufstand („révolte fédéraliste“) statt, wobei etwa sechzig „Départements“ sich gegen die Pariser Macht erhoben. Weil die Girondins an dieser Bewegung teilnahmen wurden sie als „fédéralistes“ bezeichnet. Dabei handelte es sich aber nur darum, die „Départements“ gegen die Gewaltstreiche aus Paris zu verbünden. Wegen ihrer Auseinandersetzung mit den Montagnards wurden 22 Abgeordneten der Gironde am 2. Juni 1793 aus der „Convention“ ausgeschlossen, so dass sie ihren politischen Einfluss verloren. Dazu *Burdeau*, Girondins, in: Duhamel / Mény, Dictionnaire constitutionnel, Paris 1992, S. 462.

231 Vgl. *Fabre*, Principes (FN. 159), S. 41: „L'allergie de la France au fédéralisme éclate dans la devise de l'unité et de l'indivisibilité de la République“.

Versammlung, in der die Abschaffung des Königtums beschlossen wird, hat die „Convention" am 25. September 1792 die „eine und unteilbare" französische Republik einstimmig verkündet[232]. Für die Republik ist die Assimilierung eine wesentliche Frage im wörtlichen Sinne, ja eine Frage des Wesens[233]. Die Republik ist die Regierung der Nation und die Nation die Quelle der Legitimität der Republik. Die Einheit der Republik ist somit mit der Einheit der Souveränität verknüpft, die selbst wiederum auf die Einheit der Nation und auf die des souveränen Volks[234] verweist[235]. Trotz der Verkündung des Prinzips der Einheit und Unteilbarkeit der Republik im Jahre 1792 kommt jedoch erst[236] mit der Verfassung vom 5. Fructidor des Jahres III (22. August 1795) eine sich auf dieses Prinzip[237] gründende Verfassung effektiv zur Geltung[238]. Die Republik wird trotz ihrer offiziellen Verkündung[239] am 13. September 1799 abgeschafft, um erst 1884[240] in der französischen Verfassungsgeschichte dauerhaft wieder aufzutreten. Außer im Jahre VIII[241] zeigen sich die Einheit und Unteilbarkeit der Republik als

232 Archives Parlementaires, Bd. 52, S. 129 ff. Ausführlich dazu *Debbasch / Roux*, L'indivisibilité (FN. 218); sieh auch z. B. *Fabre*, L'unité et l'indivisibilité de la République, réalité? fiction?, in: R. D. P. 98 (1982), S. 603-622 (605); *Maestre*, L'indivisibilité de la République française et l'exercice du droit à l'autodétermination, in: R. D. P. 92 (1976), S. 431-461 (433).

233 *Chantebout*, L'Etat et la Nation (FN. 184), S. 101. Vgl. den Bericht von *Condorcet* am 15. Februar 1793 im Namen des Verfassungskomitee: „Tout semble destiner la France à l'unité la plus entière: la disposition de son territoire, les rapports noués entre les habitants de ses diverses parties, la longue habitude d'être dirigée par un pouvoir unique", in: Archives Parlementaires, Bd. 58, S. 583 ff.

234 Art. 7 der Verfassung vom 24. Juni 1793 lautet: „Le peuple souverain est l'universalité des citoyens Français".

235 Vgl. *Grewe*, L'unité de l'Etat: entre indivisibilité et pluralisme, in: R. D. P. 114 (1998), S. 1349-1360.

236 Die Verfassung vom 24. Juni 1793 verkündete zwar das Prinzip der Einheit und Unteilbarkeit der französischen Republik, die Verfassung trat aber nie in Kraft, dazu *Hartmann*, Französische Verfassungsgeschichte (FN. 57), S. 57.

237 Art. 1 der Verfassung vom 22. August 1795.

238 Trotz der Verwendung des Ausdrucks „division du territoire" im Titel 1 der Verfassung von 1795 blieb die zunehmende Zentralisierung nicht verborgen. Die Gemeindeverwaltungen wurden zu tatsächlichen Handlungsinstrumenten der Zentralmacht und die gesamte Gesellschaft war vom Angleichungswillen geprägt (Art. 6).

239 Verfassung vom 22. Frimaire des Jahres VIII (13. Dezember 1799). Die unter Einfluss von *Sieyès* im Art. 1 verkündete Republik war in der Tat ein Dreierkonsulat, das Napoleon Bonaparte als erster Konsul beherrschte, dazu *Hartmann*, Französische Verfassungsgeschichte (FN. 57), S. 62 ff. Der französische Text der Verfassung vom 22. Frimaire des Jahres VIII ist in *Debbasch / Pontier*, Les Constitutions (FN. 180), S. 102 ff. abgedrückt.

240 Nach Art. 1 des Gesetzes vom 14. August 1884 zur partiellen Änderung der Verfassungsgesetze von 1875, der Art. 8 § 3 des Verfassungsgesetzes vom 25. Februar 1875 änderte, kann die republikanische Staatsform nicht Gegenstand eines Verfassungsänderungsvorschlags werden. Der Text des Gesetzes vom 14. August 1884 sowie der Text der Verfassungsgesetze von 1875 sind in, *Debbasch / Pontier*, Les Constitutions (FN. 180), S. 199 ff., 203 f. zu finden.

241 Verfassung vom 22. Frimaire des Jahres VIII (13. Dezember 1799).

Pendant zur nationalen Souveränität, eine Beziehung, die sich bis in die Verfassungen der IV. Republik[242] und der V. Republik[243] fortsetzt[244].

C. Zusammenfassung

Wie der Souveränitätsbegriff bestitzt auch das Prinzip der nationalen Souveränität zur Zeit der französischen Revolution weiterhin eine machtbezogene und eine auf die Einheit des Staates bezogene Funktion[245], die auf der Einheit des Staates mit der Nation beruht. Diese Funktion ist mit dem Prinzip der Unteilbarkeit der Souveränität verknüpft, eine Auffassung, die im Rahmen der Europäischen Union mit der Wirklichkeit nicht mehr übereinstimmt. Im Folgenden gilt es insofern zu untersuchen, ob das Prinzip der nationalen Souveränität die Idee der Teilbarkeit erlaubt.

---

242 Titel I, Art. 1 der Verfassung vom 27. Oktober 1946.

243 Seit dem Verfassungsgesetz vom 4. August 1995 ist das Prinzip der Einheit und Unteilbarkeit der Republik im Art. 1 (früher im Art. 2) der Verfassung vom 4. Oktober 1958 festgelegt.

244 Zum aktuellen Verhältnis von Unteilbarkeit der Republik und Unteilbarkeit der Souveränität im Bezug auf die Europäische Union, siehe Teil 2, Kap. 3.

245 Die unterschiedlichen Entwicklungen des Souveränitätsbegriffs in Frankreich und Deutschland belegt aber, dass dieser Begriff, obwohl mit ähnlichen Inhalten gefüllt, zur Erreichung gegensätzlicher Ziele, nämlich der Stärkung oder Schwächung der Zentralgewalt, eingesetzt werden kann, dazu *Quaritsch*, Souveränität (FN. 4).

Kapitel 3: Das Prinzip der nationalen Souveränität im Wandlungsprozess

Fraglich ist, ob die klassische Souveränitätstheorie, die sich in Frankreich immer noch grundsätzlich auf die Lehre *Bodins*, *Rousseaus*, *Sieyès* und *Carré de Malberg* bezieht, sich an die Europäische Integration anpassen lässt. Die Lehre der Unteilbarkeit der Souveränität ist nur noch auf rechtstheoretischer Ebene von Bedeutung und wird jeder Zeit durch die europäische bzw. völkerrechtliche Praxis widerlegt. Sich an die Unteilbarkeit der Souveränität bzw. der nationalen Souveränität zu halten bedeutet, sich am Rande jeglicher Wirklichkeit zu befinden. Im neueren juristischen Schrifttum werden im Zuge dieser Entwicklung zwei Dimensionen der Souveränität bzw. der nationalen Souveränität deutlich hervorgehoben, nämlich eine demokratische – auf die Nation bezogene – und eine staatliche Dimension.

A. Souveränität und Unteilbarkeit

In Frankreich stellt sich die Europäische Integration im Hinblick auf die – als unteilbar gedachte – Souveränität als ein Problem der „Schwelle“[246] („seuil“) dar. Umstritten ist, ob die Kompetenzübertragungen auf die Europäische Union, insbesondere durch die Währungsunion einen solchen Grad erreicht haben, dass der „noyau dur“[247] (harte Kern) der Souveränität als betroffen betrachtet werden kann. In diesem Fall wäre Frankreich nicht mehr souverän. Angesichts der immer noch herrschenden Meinung im Hinblick auf die Verbindung zwischen Staat und Souveränität – als zwei Begriffen, die einander bedingen – würde dies das Verschwinden der Staatlichkeit Frankreichs bedeuten. Die Konzeption einer „teilbaren“ Souveränität, der Souveränität als „teilbare Wirklichkeit“[248] erscheint daher notwendig[249]. Die Schwierigkeit liegt aber darin, dieser Auffassung eine rechtstheoretische Grundlage zu geben.

Im neueren Schrifttum wird manchmal auf die mittelalterliche Unterscheidung zwischen „auctoritas“ als Legitimationsprinzip und „potestas“ als Machtausübung

[246] Siehe Z. B. *Favoreu / Oberdorff*, Droit constitutionnel et droit communautaire. Les rapports de deux ordres juridiques. Entretien réalisé par Vignes, in: R. M. C. (2000), Nr. 435, S. 94-99 (99).

[247] *Chaumont*, Recherche du contenu irréductible du concept de souveraineté internationale de l'Etat, in: Hommage d'une génération de juristes au Président Basdevant, Paris 1960, S. 114-151.

[248] *Favret*, L'intégration européenne (FN. 124), S. 1755: „réalité divisible“.

[249] Die Idee einer geteilten Souveränität („souveraineté partagée“) befand sich schon implizit in der politischen Erklärung des Haager – Europakongresses von Mai 1948 und ist auch implizit in der Rechtsprechung des Europäischen Gerichtshofs enthalten, *Favret*, L'intégration européenne (FN. 124), S. 1756.

hingewiesen[250], um eine rechtshistorische Grundlage zur Differenzierung zwischen einer „abstrakten" und einer „materiellen" Souveränität anzubieten. Die drei Bedeutungen des Wortes „Souveränität" sind nämlich in der mittelalterlichen politischen Sprache bereits vorhanden, obgleich sie an die Struktur der politischen Gesellschaft der Zeit angepasst sind, da „auctoritas" sowohl die höchste Autorität als auch die Ablehnung einer höheren Macht umfasst, und „potestas" im Sinne von „puissance publique" zu verstehen ist[251].

Die Konzeption einer teilbaren Souveränität erweist sich als geeignet, Phänomene der europäischen Integration zu beleuchten, sei es die Neugestaltung der Souveränitäten der Mitgliedstaaten oder deren Fusion oder ihre gemeinsame Ausübung[252]. Darüber hinaus handelt es sich darum, zu bestimmen, ob der Mitgliedstaat oder die Gemeinschaft für diese oder jene Frage zuständig ist, ohne dass von Fall zu Fall gemeinsame Aufgaben oder die Durchsetzung von untergeordneten Aufgaben durch den Staat dadurch ausgeschlossen werden[253]. Schon 1972 hat *Pescatore*[254] hervorgehoben, dass der Prozess der europäischen Integration eine wirkliche Neugestaltung der Souveränitäten zur Folge habe, eine Neuaufteilung der Aufgaben im Rahmen eines Gesamtverbandes, welcher über die einzelnen Mitgliedstaaten hinausgehe[255], und dass Souveränität nicht mehr als vollkommen, unbeschränkt, unantastbar, unteilbar und nicht gestaltbar betrachtet werden könne[256]. Die Notwendigkeit, die Souveränität als teilbar zu konzipieren, kollidiert mit der französischen Tradition, die Souveränität grundsätzlich als unteilbar zu betrachten. Eine Theorie der geteilten Souveränität würde daher nach

---

250 Z. B. *David*, La souveraineté du peuple (FN. 10); *ders.*, La souveraineté et les limites (FN. 26), S. 67 ff.; vgl. *Chaltiel*, La souveraineté de l'Etat (FN. 29). Siehe oben, S. 115.

251 Das politische Denken der mittelalterlichen Epoche war insofern der französischen Staatslehre des 16. Jahrhunderts bis heute weit voraus als zwei Begriffe zur Verfügung standen, um den zwei Facetten der Souveränität, nämlich der abstrakten, absoluten Facette (auctoritas) und der materiellen, relativen Facette (potestas) Rechnung zu tragen, siehe dazu Teil 1 Kap. 1 A.

252 Vgl. *Louis*, L'ordre juridique communautaire, 6. Aufl., Luxembourg 1989, S. 13: „L'idée de la souveraineté divisible convient parfaitement pour décrire le fonctionnement d'un mécanisme d'intégration, que l'on évoque le réaménagement des souverainetés, la fusion de celles-ci ou leur exercice en commun que ce mécanisme comporte".

253 Vgl. Ebenda, (FN. 252), S. 13. Dem Autor zufolge handelt es sich dann nicht mehr um eine quantitative Auffassung der Souveränität, die an das Staatsgebiet gebunden ist.

254 *Pescatore*, Le droit de l'intégration, Leyden 1972.

255 Ebenda, S. 31: „(...) un véritable réaménagement des souverainetés, une redistribution des fonctions dans le cadre d'un ensemble qui dépasse les Etats membres individuels". *Pescatore* bezieht sich dabei auf die Souveränität des Gesetzes, seine Betrachtung lässt sich aber ohne weiteres auf die Souveränität des Staates übertragen.

256 *Pescatore*, La Constitution, son contenu, son utilité, in: Revue Dr Suisse (1992), S. 41-72 (51): „ (...) nulle souveraineté ne (peut) plus être considérée comme complète, ni absolue, ni intangible, ni indivisible, ni non-aménageable".

der überwiegenden Meinung letztendlich die französische Verfassungsgrundlage in Frage stellen[257].

Die geschichtliche, „revolutionäre“ Prägung des Prinzips der nationalen Souveränität führt dazu, dass dieses Prinzip sowohl die Einheitsstaatlichkeit als auch die Souveränität Frankreichs in ihrem demokratischen Aspekt umfasst. Nach klassischer französischer Auffassung seit der Revolution geht die Einheit der Nation als abstraktes Wesen mit der Einheit des Staates als gesellschaftlicher Organisationsform und als territorialem Raum einher. Die Gefahr ist groß, angesichts der aktuellen Fragen, vor denen die Souveränitätstheorie steht, einen „Anachronismus“[258] zu begehen, indem versucht wird, die Unteilbarkeit oder Unübertragbarkeit der Souveränität lediglich anhand ihrer revolutionären Symbolik zu betrachten, da die Zeit der Revolution die nationale Souveränität nur in ihrem inneren Aspekt betrachtet.

Die im Teil 1 dieser Arbeit bereits besprochene zunehmende Trennung zwischen Staat und Nation im französischen juristischen Schrifttum führt aber zu der Überlegung, dass diese Entwicklung nicht ohne Einfluss auf das Prinzip der nationalen Souveränität selbst bleiben kann, da dieses Prinzip bis heute gerade auf der Gleichsetzung von Staat und Nation beruht.

Die aus der revolutionären Epoche entstandenen zwei Funktionen der nationalen Souveränität, nämlich die instrumentale und die strukturierende Funktion, weisen darauf hin, dass die „nationale“ Souveränität – wenn sie erst einmal ihrer revolutionären Symbolik entledigt und nur unter ihrem funktionellen Aspekt betrachtet wird – nicht unbedingt eine undurchsichtige Einheit mit dem Staat bildet, sondern eher, dass sie verschiedene Aspekte enthält, die seit kurzem im französischen Schrifttum Berücksichtigung gefunden haben. Der „dogmatischen“, aus der Revolution entstandenen französischen Auffassung der nationalen Souveränität wird insofern eine „realistischere“, sich den Notwendigkeiten der europäischen Integration anpassende Auffassung der nationalen Souveränität gegenübergestellt.

B. Die Unterscheidung zwischen „souveraineté nationale“ und „souveraineté de l’Etat“

Die Verfassung von 1958 verweist in ihrem Titel I auf „die Souveränität“, nicht aber auf „die nationale Souveränität“, obwohl Titel I die Vorschriften über die

[257] *Mendras*, A la recherche d’une souveraineté perdue, in: Le Débat, Nr. 105, mai-août (1999), S. 70-85 (83): „On comprend que les juristes hésitent à élaborer une doctrine de la souveraineté partagée: en effet, dès qu’elle aura été formulée, un fondement de la Constitution sera ébranlé et une véritable refonte s’imposera“.

[258] *Vedel*, Les racines de la querelle constitutionnelle sur l’élection du Parlement européen, in: Revue Pouvoirs Nr. 2, (1977), S. 28 f.

nationale Souveränität enthält. Entweder deutet dies darauf hin, dass der Begriff „Souveränität" im französischen Schrifttum oft auf die „nationale Souveränität" verweist, als wäre es so selbstverständlich, dass auf das Attribut „nationale" verzichtet werden kann; oder es kann daraus geschlossen werden, dass das Prinzip der nationalen Souveränität – ebenso wie der Souveränitätsbegriff – verschiedene Aspekte haben kann und sich entweder auch auf die Souveränität des französischen Staates nach außen bezieht oder von dieser staatlichen Souveränität getrennt werden soll.

Das Problem der Unterscheidung zwischen der „souveraineté nationale" und der „souveraineté de l'Etat" wird von *Luchaire*[259] wie folgt dargelegt:

Aus rein verfassungsrechtlicher Sicht liegt das Problem einer solchen Unterscheidung darin, dass die Präambel der Verfassung von 1958 die Bestätigung und Ergänzung der Erklärung der Menschenrechte von 1789 einerseits, die Grundsätze der nationalen Souveränität durch die Präambel der Verfassung von 1946 andererseits erwähnt. In der Präambel von 1946 werden aber allein die Menschenrechte ausdrücklich bestätigt[260]. Dadurch ist die nationale Souveränität als solche nicht betroffen. Fraglich ist, in welchen Maße die Präambel von 1946 bzw. Abs. 15 das Prinzip der nationalen Souveränität, das in der Verfassung von 1958 zum Ausdruck kommt, ergänzt[261].

Luchaire verweist auf zwei mögliche Verfassungsauslegungen in Bezug auf die nationale Souveränität: Entweder geht man davon aus, dass Art. 3 der Erklärung von 1789 durch Art. 3 der Verfassung von 1958 und ihre Präambel in seiner externen Seite ergänzt wird[262]. Oder man unterscheidet zwischen der „souveraineté nationale" und der „souveraineté" ohne das Adjektiv „nationale", wobei in diesem zweiten Sinn die „souveraineté" die „souveraineté de l'Etat" ist[263]. In diesem Sinne wird die „souveraineté nationale" in Art. 3 und in der

---

259 *Luchaire*, Le Conseil constitutionnel et la souveraineté nationale, in: R. D. P. 107 (1991), S. 1499-1513 (1502 f.).

260 Abs. 1 Satz 2 der Präambel der Verfassung von 1946: „[Das französische Volk] bestätigt erneut feierlich die Rechte und Freiheiten des Menschen und Bürgers, die durch die Erklärung der Menschenrechte von 1789 (...) verbürgt sind".

261 Dazu *Roux*, Le principe de la souveraineté de l'Etat dans la jurisprudence du Conseil constitutionnel, 2 Bde., Montpellier I 1998, Bd. 1, S. 16 f.

262 C. C. Nr. 76-71 DC vom 30. Dezember 1976, Rec. S. 15, wo sich der Verfassungsrat sowohl auf die „souveraineté nationale" als auch auf die „souveraineté française" bezieht, dazu *Baghestani*, Le titulaire de la souveraineté (187) S. 44 ff. So auch die Antragsteller bei C. C. Nr. 91-294 DC vom 25. Juli 1991, Rec. S. 91, Erwägung Nr. 5.

263 In derselben Entscheidung C. C. Nr. 91-294 DC vom 25. Juli 1991, Rec. S. 91, scheinen sich die Antragsteller auch auf diese zweite Auslegung zu beziehen. In der Erwägung Nr. 37 in Bezug auf die übergrenzliche Strafverfolgung erwähnen die Antragsteller einen „transfert de souveraineté" (Souveränitätsübertragung), ohne das Adjektiv „nationale" zu benutzen. Ähnliches gilt für die Erwägung Nr. 56, wo die Antragsteller im Bezug auf das Fehlen im Schengener Abkommen einer Kündigungsklausel von einem „abandon de souveraineté" (Souveränitätsverzicht) sprechen.

Präambel der Verfassung von 1958 erwähnt; die „souveraineté“ ist ferner in Abs. 15 der Präambel der Verfassung von 1946 zu finden. Der Ausdruck „nationale“ bezieht sich auf die Souveränität der Nation, entspricht der ursprünglichen, revolutionären Bedeutung der nationalen Souveränität und hat infolgedessen nur eine interne Bedeutung[264]. Die „souveraineté“, die in Abs. 15 der Verfassung von 1946 erwähnt ist und nicht durch das Adjektiv „nationale“ ergänzt wird, ist eine „toute autre notion“[265] (ein ganz anderer Begriff), bezieht sich auf die Souveränität im internationalen Sinne des Wortes und bedeutet die „Behauptung, dass ein Staat nur an seine eigenen Gesetzen gebunden ist“[266]. Diese Definition der „souveraineté de l'Etat“ (Souveränität des Staates) führt wiederum zu einer Verwirrung, da diese Definition auf den souveränen Gesetzgeber – die Nation bzw. ihre Vertreter – verweist; so dass „souveraineté nationale“ und „souveraineté de l'Etat“ zwar nicht formell (Anwesenheit oder Abwesenheit des Adjektivs „nationale“), sondern materiell leicht verwechselt werden können.

Die Wahl einer oder der anderen der von *Luchaire* geschilderten Auslegungen ist insofern wichtig, da von ihr der Verfassungsrang der „souveraineté de l'Etat“ abhängig gemacht wird[267]: Geht man davon aus, dass die Ausdrücke „souveraineté nationale“ und „souveraineté“ dieselbe Bedeutung haben bzw. verweisen beide auf den externen Aspekt der Souveränität, so bekommt die „souveraineté“ Verfassungsrang. Daraus folgt, dass die von Abs. 15 der Präambel vorgesehene Möglichkeit der Souveränitätseinschränkung[268] eine Ausnahme ist, die streng ausgelegt werden muss. Unterstellt man aber, dass die Souveränität der Nation und die Souveränität des Staates, zwei unterschiedliche Begriffe sind, stellt die Anwendung des Abs. 15 der Präambel von 1946 keine Ausnahme mehr dar und bleibt für jede Auslegung offen[269].

Überraschend ist das Schlusswort *Luchaires*, der, nachdem er die zwei möglichen Auslegungen des Souveränitätsprinzips in der französischen Verfassung dargelegt und auf die Wichtigkeit der Unterscheidung zwischen nationaler Souveränität und

---

264 Vgl. *Luchaire*, Le Conseil constitutionnel (FN. 259), S. 1502.

265 Ebenda.

266 *Luchaire*, L'Europe et la souveraineté des Etats, in: Cahiers juridiques franco-allemands (Saarbrücken), Nr. 19, 1994, S. 3-18 (12): „(...) affirmation qu'un Etat n'est soumis qu'à ses propres lois“. Vgl. *Combacau*, La souveraineté internationale de l'Etat dans la jurisprudence du Conseil constitutionnel français, in: Les Cahiers du conseil constitutionnel, Nr. 9 (2000), S. 113-118 (113): „(...) souveraineté de la France, attribut purement négatif entendu comme le fait de ne pas connaître d'autorité supérieure dans l'ordre international, c'est-à-dire (...) de n'obéir qu'à des règles à l'effet desquelles elle a consenti, expressément ou par acquiescement“.

267 Vgl. *Luchaire*, Le Conseil constitutionnel (FN. 259), S. 1502.

268 Abs. 15 der Präambel der Verfassung von 1946 lautet. „Unter Vorbehalt der Gegenseitigkeit stimmt Frankreich den zur Organisation und Verteidigung des Friedens notwendigen Einschränkungen seiner Souveränität zu“.

269 Vgl. *Luchaire*, Le Conseil constitutionnel (FN. 259), S. 1503.

Souveränität hingewiesen hat, diese zwei Auslegungsmöglichkeiten widerlegt, indem er abrupt zur Theorie der Unteilbarkeit der Souveränität – ob „nationale" oder nicht –, zurückkehrt[270].

Die meisten französischen Verfassungsrechtler[271] und Völkerrechtler[272], machen keinen Unterschied zwischen der nationalen Souveränität und der Souveränität des Staates sondern weisen regelmäßig darauf hin, dass beide Aspekte – ähnlich wie die Wechselwirkung zwischen der inneren und der äußeren Seite des Souveränitätsbegriffs – eng miteinander verbunden sind und zwar nicht nur auf rechtstheoretischer Ebene, sondern auch aus praktischer Sicht, da die Vertreter der Nation auf innerer wie auf internationaler Ebene dieselben sind[273]. In manchen verfassungsrechtlichen Lehrbüchern spiegelt sich jedoch die Unterscheidung zwischen nationaler Souveränität und Souveränität des Staates wider, nämlich in der Differenzierung zwischen der Souveränität „des" Staates und der Souveränität „im" Staat, die von manchen Autoren hervorgehoben wird[274], nach der allein die Souveränität „im" Staat das wesentlichste Kriterium des Staates darstellt. In diesem Sinne ermöglicht die Souveränität dem Staat, seine Kompetenzen bzw. seine Grundprinzipien selbst zu bestimmen. Ferner bezeichnet die Souveränität im Staat die Autorität, die im Rahmen der staatlichen Grenzen über die ursprüngliche Gewalt verfügt.

---

270 Ebenda, S. 1512: „Utiliser le concept de souveraineté nationale pour s'opposer à des transferts de souveraineté tout en acceptant des limitations de celle-ci est contraire à toute logique (...); la souveraineté est un pouvoir illimité de commandement; l'idée même de souveraineté ne peut donc admettre ni limites ni une distinction entre conditions essentielles et conditions non essentielles de son exercice (...). La souveraineté est un bloc; elle ne se divise ni se partage, ni donc ne se limite (...). On ne peut donc à la fois faire de la souveraineté un principe constitutionnel et admettre qu'il lui soit porté la moindre atteinte".

271 So z. B. *Hauriou*, Principes de droit public, librairie de la société du Recueil Sirey, Paris 1916, S. 615: „La souveraineté nationale est la souveraineté de l'Etat en tant qu'elle réside dans la nation organisée corporativement".

272 So z. B. *Giraud*, Le rejet de l'idée de souveraineté, L'apect juridique et l'aspect politique de la question, in: La technique et les principes du droit public, Etudes en l'honneur de Georges Scelle, Bd. 1, Paris 1950, S. 253-266; siehe auch die Kommentare zu Abs. 14 und 15 der Präambel der Verfassung von 1946 bzw. zu Art. 3 der Erklärung von 1789 und Art. 3 der Verfassung von 1958 bei *Renoux / Villiers*, Code constitutionnel commenté et annoté, Paris 1994, S. 17-20, 208-216, 227-234, wo die Autoren zwischen der Souveränität des Staates und der nationalen Souveränität in diesen Verfassungsbestimmungen nicht unterscheiden.

273 Interessant dazu *Chaltiel*, La souveraineté de l'Etat (FN. 29).

274 So z. B. *Gicquel*, Droit constitutionnel (FN. 50), S. 53; *Pactet*, Institutions politiques, Droit constitutionnel, 12. Aufl., Paris 1996, S. 44, 87; *Turpin*, Droit constitutionnel, Paris 1994, S. 11, 151. Kritisch *Chaltiel*, La souveraineté de l'Etat (FN. 29), S. 57.

C. Zur Teilbarkeit der nationalen Souveränität

Damit das Prinzip der nationalen Souveränität als tragendes Prinzip des französischen Verfassungsrechts im Rahmen der Europäischen Union seine Funktion weiterhin erfüllen kann, muss es als teilbar[275] konzipiert werden. Der französische Begriff der nationalen Souveränität ist selbst „zweideutig“[276] bzw. hat sowohl eine innere (demokratische) als auch eine externe (staatliche) Bedeutung[277]. Fraglich ist, ob die „Zweideutigkeit“ zur „Teilbarkeit“ des Prinzips der nationalen Souveränität führen kann. Die Antwort auf diese Frage hängt von der Auffassung ab, in welcher Beziehung die demokratische Seite der Souveränität mit der Souveränität des Staates steht und inwiefern sie einander bedingen.

I. Die Unterscheidung zwischen „puissance publique“ und „souveraineté du peuple“

Die Debatte um den Vertrag von Maastricht vom 7. Februar 1992 gibt dem französischen Schrifttum Anlass, das Prinzip der nationalen Souveränität neu zu beleuchten. Wie einst *Carré de Malberg* versuchte, die deutsche Unterscheidung zwischen Staatsgewalt und Souveränität der französischen Theorie der nationalen Souveränität anzupassen, so stützt sich *Beaud*[278] auf das deutsche juristische Schrifttum und insbesondere auf die These des deutschen Staatsrechtslehrers *Murswiek*[279]. Für *Beaud* hat die nationale Souveränität zwei Aspekte, nämlich die „indivisibilité de la puissance publique“ (Unteilbarkeit der Staatsgewalt) und die

[275] Vgl. *Mendras*, A la recherche (FN. 257), S. 71; Siehe auch dazu, *Favret*, L'intégration européenne (FN. 124).

[276] *Fromont*, Frankreich und die Europäische Union, in: DÖV (1995), Heft 12, S. 481, wobei der Autor die Konsequenzen dieser Zweideutigkeit auf dem Gebiet der Staatssouveränität nicht zieht, da er einerseits von dem „Demokratieprinzip, d. h., alle staatliche Gewalt geht vom Volk aus“, andererseits vom Volk bzw. der französischen Nation – als „Träger der Souveränität besonders gegenüber ausländischen Gewalten“ spricht. Erst in dem Verweis auf die Entscheidung des Bundesverfassungsgerichts vom 12. Oktober 1993 erwähnt *Fromont* den Aspekt der Staatlichkeit, da das deutsche Gericht „zuerst das Demokratieprinzip als Grundsatznorm ausgelegt und dann zur Erhaltung der sogenannten Staatlichkeit der Bundesrepublik erweitert“, so dass das BVerfG „vom Demokratieprinzip (...) zum Prinzip der Bewahrung der Staatlichkeit der Bundesrepublik Deutschland übergangen“ ist.

[277] Für *Baghestani*, Le titulaire de la souveraineté (FN. 187), S. 30 f. hat das Prinzip der nationalen Souveränität bzw. ihrer Unteilbarkeit und Unveräußerlichkeit zwar heute eine „portée externe“, dies soll aber dazu führen, dass die „nationale“ Souveränität gegen jegliche nicht nationale Eingriffe geschützt werden soll.

[278] *Beaud*, La Puissance de l'Etat (FN. 6).

[279] *Murswiek*, Maastricht und der Pouvoir constituant. Zur Bedeutung der verfassunggebenden Gewalt im Prozess der europäischen Integration, in: Der Staat 32 (1993), Heft 1 / 4, S. 161-190 (163).

„autodétermination" (Selbstbestimmung)[280]. In Anlehnung an *Murswiek* weist *Beaud* darauf hin, dass der Vertrag von Maastricht zur Folge hat, dass der Staat auf wichtigen Gebieten keine „pouvoir autonome"[281] mehr ausübt, so dass seine Fähigkeit zur Selbstbestimmung in Frage gestellt ist.

Das Prinzip der nationalen Souveränität wirft nach *Beaud* die Frage nach seinen Ausübungsmodalitäten auf. Das Prinzip der nationalen Souveränität spricht die Souveränität dem Volk oder der Nation und demnach dem Souverän das Recht zu, über die Souveränitätsfrage zu entscheiden. Da der Ausdruck der Souveränität im besonderen Sinn die „maîtrise de la Constitution"[282] (Herrschaft über die Verfassung) bedeutet, heißt dies, dass die nationale Souveränität eine andere Bezeichnung der verfassunggebenden Gewalt des Volkes ist. Das Prinzip der nationalen Souveränität bedeutet aber auch das Recht eines Landes über sein eigenes Schicksal zu entscheiden[283] bzw. sich selbst zu regieren[284]. Aus externer Perspektive behindert dann die Souveränität im internationalen Recht die Übertragung dieser „compétence première" (Urkompetenz) – der verfassunggebenden Gewalt – außerhalb der nationalen Institutionen[285].

In diesem Fall bedeutet dies, dass der Schutz der Souveränität dem Volk als dem Hüter der Verfassung zukommt[286]. Materiell betrachtet ruft das Prinzip der nationalen Souveränität die Idee der „puissance publique" hervor[287], die unteilbar ist und seit *Bodin* dem Staat allein zukommt[288]. Diese „signification étatique"[289] (staatliche Bedeutung) der nationalen Souveränität ergibt sich dem Autor zufolge nicht direkt aus dem Text der Verfassung bzw. ist „occulté par les textes constitutionnels"[290] (von den Verfassungstexten verdeckt) und bildet die „face cachée"[291] (verborgene Seite) der nationalen Souveränität. Für *Beaud* lässt sich nämlich der Staat durch die „puissance" bestimmen[292]. Die „puissance" stellt die Verbindung her zwischen der rechtlichen Zuerkennung des „pouvoir constituant" an das Volk und der sich im Recht, sich selbst zu regieren enthaltenen

---

280 *Beaud*, La Puissance de l'Etat (FN. 6), S. 466.
281 Ebenda, S. 467.
282 Ebenda, S. 461.
283 *Beaud*, La Puissance de l'Etat (FN. 6), S. 461: „Elle représente le droit de disposer soi-même du destin de la France – nation indépendante – de décider par soi-même, en dernière analyse, de ses suprêmes affaires".
284 Ebenda.
285 Ebenda.
286 *Beaud* unterscheidet hier zwischen den sog. „Magistrats constitutionnels", die das Volk vertreten (Parlament, Staatschef, Regierung) und dem Volk selbst, das allein in der Lage sein soll, über sein eigenes politisches Schicksal zu entscheiden, ebenda.
287 Ebenda, S. 462.
288 Ebenda, S. 462.
289 Ebenda, S. 480.
290 Ebenda, S. 480.
291 Ebenda, S. 481.
292 Ebenda, S. 475.

Kompetenzfülle[293]. Für *Beaud* umfasst also die nationale Souveränität nicht nur die klassischen Ideen von Souveränität des Volks und „autodétermination" (Selbstbestimmung) sondern auch die Idee der „souveraineté de l'Etat", die er mit der „puissance publique" gleichsetzt[294].

Die „souveraineté de l'Etat" entspricht nach *Beaud* dem deutschen Begriff der Staatlichkeit und ist als „réseau de compétences indivisibles"[295] (Vernetzung von unteilbaren Kompetenzen), als „plénitude de compétence propre à une entité capable de s'autodéterminer"[296] (Kompetenzfülle, die einer zur Selbstbestimmung fähigen Einheit zu Eigen ist) bzw. als „principe d'omnicompétence"[297] (Allzuständigkeitsprinzip) zu verstehen, eine Auffassung, die mit dem „découpage en morceaux"[298] (Zerstückelung) der „puissance publique" oder mit dem Subsidiaritätsprinzip[299] unvereinbar ist. Für den Staat als Rechtssubjekt des Völkerrechts bedeutet dies, dass das internationale Recht die „puissance publique" voraussetzt[300]. Die unlösbare Verbindung zwischen der „nature d'Etat" (Staatlichkeit) und dem internationalen Recht erklärt die Tatsache, dass der Verlust der Souveränität im Sinne von „puissance publique" den Verlust der Qualität als Rechtssubjekt des Völkerrechts nach sich zieht[301]. Ferner bildet die „puissance publique" die Voraussetzung der nationalen Souveränität im Sinne von „souveraineté constituante" (verfassunggebende Souveränität) und „droit d'autodétermination" (Selbstbestimmungsrecht). Die „souveraineté de l'Etat" ist die „précondition"[302] (Voraussetzung) der nationalen Souveränität. Mit anderen Worten bildet die „puissance étatique" – ob beim Einheitsstaat oder beim Bundesstaat – die Voraussetzung für die demokratische Souveränität[303].

Nach *Beaud* zieht demzufolge die Beeinträchtigung der nationalen Souveränität eine Beeinträchtigung der Souveränität des Staates nach sich, die nur von der verfassunggebenden Gewalt legitimiert werden kann[304]. Der Autor sieht in der Bewahrung der „puissance publique" als „fondement de l'Etat" (Fundament des

---

293 Ebenda, S. 462: „ La 'puissance' (...) fait le lien entre la norme attributive de pouvoir constituant au peuple et la plénitude de compétence incluse dans le droit d'autogouvernement".

294 Ebenda, S. 460.

295 Ebenda, S. 462, FN. 7.

296 Ebenda, S. 463.

297 Ebenda, S. 467: „(...) envisagée dans sa globalité, la souveraineté de l'Etat signifie une plénitude de la puissance qui correspond à l'idée de puissance publique et que implique le principe d'omnicompétence".

298 Ebenda, S. 467.

299 Ebenda, S. 147.

300 Ebenda, S. 463.

301 Ebenda, S. 463; vgl. *Murswiek*, Maastricht und der Pouvoir constituant (FN. 279), S. 164.

302 *Beaud*, La Puissance de l'Etat (FN. 6), S. 468.

303 *Beaud*, Föderalismus und Souveränität. Bausteine zu einer verfassungsrechtlichen Lehre der Föderation, in: Der Staat 35 (1996), Heft 1, S. 45-66 (65).

304 *Beaud*, La Puissance de l'Etat (FN. 6), S. 460.

Staates) bzw. seiner Verfassung eine *„réserve de souveraineté de l'Etat*[305]" (Souveränitätsvorbehalt des Staates), die unantastbar ist. Dieser Souveränitätsvorbehalt des Staates bedeutet, dass allein die verfassunggebende Gewalt über die Souveränität verfügen kann[306]. Die nationale Souveränität setzt die nationale Autonomie voraus und die nationale Autonomie ist mit der äußeren Autonomie und der Unabhängigkeit des Staates verbunden[307]. Da die „souveraineté du peuple" (Souveränität des Volkes) die „puissance publique" voraussetzt, welche selbst Bedingung der Existenz der Staatsverfassung ist, hätte das Verschwinden der „puissance étatique" das Verschwinden der Souveränität des Volkes zur Folge[308], da der Übergang zu einem supranationalen – europäischen – Bundesstaat im Vergleich mit der Souveränität Europas zu einer „lokalen"[309] Souveränität auf Mitgliedstaatenebene führen würde.

Kritisch zu betrachten an der These *Beauds* ist die Tatsache, dass seine Unterscheidung zwischen „puissance publique" und „souveraineté du peuple" noch auf dem Gedanken beruht, dass der Staat durch seine als unteilbare, als Fülle von Kompetenzen gedachte, „puissance" bestimmt ist. Mit anderen Worten löst sich *Beaud* noch nicht von der seit *Bodin* im französischen klassischen juristischen Schrifttum als unteilbar konzipierten Souveränität, die wie bereits dargestellt[310], dennoch relativiert werden kann. Fraglich bleibt also, ob das Prinzip der nationalen Souveränität selbst die rechtstheoretische Grundlage für die Idee der „Teilbarkeit" der Souveränität bilden kann.

II. Die Unterscheidung zwischen demokratischer Souveränität und Souveränität des Staates

Eine von *Roux*[311] vertretene Ausffassung ist prima facie der These von *Beaud* ähnlich und geht davon aus, dass innerhalb der nationalen Souveränität zwischen

305 Ebenda, S. 462.

306 Ebenda, S. 464.

307 Ebenda, S. 461. Der Autor beruft sich dabei auf Abs. 14 und 15 der Präambel der Verfassung vom 27. Oktober 1946.

308 Vgl. *Murswiek*, Maastricht und der Pouvoir constituant (FN. 279).

309 *Beaud*, La Puissance de l'Etat (FN. 6), S. 463.

310 Teil 2 Kap. 1 C.

311 *Roux*, Le principe de la souveraineté de l'Etat (FN. 261), S. 10 ff.; *ders.*, Le principe de la souveraineté de l'Etat dans la jurisprudence du Conseil constitutionnel, in: Civitas Europa, Nr. 1, September 1996, S. 125-141; *ders.*, Finitude de la souveraineté de l'Etat et intangibilité de la souveraineté du peuple, (remarques sur la valeur supraconstitutionelle du principe de la souveraineté démocratique) in: Civitas Europa, Nr. 3, September 1999, S. 15-39. In diesem Sinne *Weber*, L'ordre juridique français: de la centralisation à la souveraineté partagée, in: Faberon / Agniel (Dir.), La souveraineté partagée en Nouvelle-Calédonie et en droit comparé, La Documentation française, Paris 2000, S. 19-28 (26).

der „souveraineté étatique“[312] (Souveränität des Staates) und der „souveraineté démocratique“ (demokratischer Souveränität) zu unterscheiden ist[313].

Die Verwendung des Wortes „souveraineté“ in beiden Fällen kann zwar zu einer Verwechselung[314] führen, und eine Unterscheidung zwischen „puissance publique“ und „souveraineté du peuple“ wie bei *Beaud*[315] mag sinnvoller erscheinen – wobei dann allein das Wort „souveraineté“ die Innehabung der Macht durch das Volk bezeichnet –, dennoch erinnert diese Begrifflichkeit daran, dass die demokratische Souveränität und die Souveränität des Staates Teil einer einzigen Souveränität sind, nämlich der nationalen Souveränität, die beide Seiten gleichzeitig umfasst.

In ihrem demokratischen Sinne ist die nationale Souveränität eine verfassungsrechtliche, für Frankreich spezifische Ausdrucksform des Demokratieprinzips, nach dem die Souveränität – als subjektives Recht betrachtet – dem Volk zusteht, das seinerseits durch die Nation personifiziert wird[316]. Die demokratische Souveränität bezeichnet die Innehabung der Macht durch das Volk. Es handelt sich darum, zu definieren, wer als Träger der Souveränität im Staat

312 Im Folgenden wird der französische Ausdruck „souveraineté de l'Etat“ mit „Souveränität des Staates“, nicht aber mit dem deutschen Wort „Staatssouveränität“ übersetzt. Der französische Begriff der „souveraineté de l'Etat“, der hier auf die Souveränität des Staates aus internationaler Perspektive hinweisen soll, darf nicht mit dem im 19. Jahrhundert in Deutschland dominierenden Begriff der Staatssouveränität verwechselt werden, der seinerseits als Antwort bzw. Nichtantwort auf die Frage des Trägers der Souveränität im Deutschen Reich gedacht wurde.
Trotz vieler Kritik hat sich die Idee der Staatssouveränität in Deutschland rasch durchgesetzt. Dieser Begriff war nämlich das Ergebnis des Kompromisses, der zwischen der Souveränität des Fürsten und der des Volkes vermittelte.
Zum „Begriffskompromiss“, *Dreier*, Staatslexikon (FN. 8), „Souveränität“, S. 1206. Ferner *Boldt*, Staat und Souveränität (FN. 5), S. 3. Zum Begriff der „Staatssouveränität“, *Zachariä*, Deutsches Staats- und Bundesrecht, 2 Teile, 3. Auflage, Göttingen 1865, 1867, Teil I, S. 68 f.: „An die Stelle des in sich unaltbaren, dem gefährlichsten Mißbrauch unterworfenen und jede Sttigkeit [Stätigkeit] der Staatsordnung ausschließenden, Begriff der Volkssouveränität, im Rousseau'schen oder andern vulgären Sinne, setzen wir den Begriff der Staatssouveränität, jedoch nur im Gegensatz zu der falschen und gemißbrauchten Fürstensouveränität, um damit den Gedanken auszudrücken, das nur das organische Gemeinwesen selbst (die Anstalt des Staats) die Quelle aller öffentlichen Macht sei“; ferner dazu *Boldt*, Staat und Souveränität (FN. 5), S. 144.

313 Vgl. auch *Pierré-Caps*, in : La Ve République et la souveraineté, Débat entre Bertrand Badie et Stéphane Pierré-Caps. Entretien réalisé par Jean-Michel Blanquer, in : R. D. P. 114 (1998), S. 1474-1484 (1477).

314 Dieser Aspekt ist *Roux* selbst bewußt, vgl. *Roux*, Souveraineté de l'Etat (FN. 311), S. 126.

315 *Beaud*, La Puissance de l'Etat (FN. 6), S. 460 ff. In diesem Sinne auch *Carré de Malberg*, Contribution (FN. 4), Bd. 1, S. 86 f.

316 Vgl. *Capitant* (Dir.), Vocabulaire juridique, Paris 1930, „Souveraineté“, S. 459: „Mode d'expression du principe démocratique, spécial au droit constitutionnel français, proclamant que la souveraineté, conçue comme un droit subjectif, appartient en propre au peuple personnifié dans la Nation“.

betrachtet werden kann. Das Prinzip der demokratischen Souveränität geht vom Volk als Urquelle der Macht aus[317].

Die Souveränität des Staates nimmt nach *Roux* mehrere Bedeutungen an: Sie wird zuerst als die internationale Form der Ausübung der Souveränität des Volkes[318] bezeichnet. Die Souveränität des Staates ist eine Folge der Souveränität des Volkes, der Staat ist aber nicht selbst „souverain". Die „nationale" Souveränität in ihrem Aspekt Staatssouveränität bildet den internationalen Ausdruck der Nation, deren „superstructure interne" der Staat ist. Die Souveränität gehört nicht zum Wesen des Staates, sondern wird als die Fähigkeit zur Ausübung bestimmter Kompetenzen betrachtet, welche sich aus dem vom Staat vermittelten Ausdruck der Existenz einer Nation ergeben[319].

Das Prinzip der Souveränität des Staates bezeichnet aber auch die Gesamtheit der staatlichen Kompetenzen aus internationaler Sicht[320]. Als Gesamtheit der staatlichen Kompetenzen aus internationaler Sicht ist der Begriff der Souveränität des Staates vom Begriff der „indépendance nationale"[321] (nationale Unabhängigkeit) zu unterscheiden. In den zwischenstaatlichen Beziehungen wird Souveränität mit Unabhängigkeit gleichgesetzt[322]. Die Souveränität des Staates und die nationale Unabhängigkeit haben zwar eine exklusive internationale Dimension, ihr Gegenstand ist dennoch unterschiedlich. Die Souveränität des Staates ist ein positiver Begriff, weil sie aus der Gesamtheit der Kompetenzen des Staates besteht. Die Unabhängigkeit des Staates hingegen ist ein negativer Begriff und bedeutet die Nichtunterwerfung unter eine andere Macht[323]. Dies wird durch die Rechtsprechung des Verfassungsrats bestätigt. Die einzige Entscheidung[324], in der

---

317 Vgl. *Roux*, Le principe de la souveraineté (FN. 261), Bd. 1, S. 17: „(...) le principe de la souveraineté démocratique consiste dans la détention par le peuple de l'origine première du pouvoir (...)".

318 *Roux*, Le principe de la souveraineté (FN. 261), Bd. 1, S. 16 ff.

319 Dazu *Chaumont*, Recherche (FN. 247), insbes. S. 133, 137, 142.

320 *Roux*, Le principe de la souveraineté (FN. 261), Bd. 1, S. 17: „(...) le principe de la souveraineté de l'Etat désigne l'ensemble des compétences étatiques considérées sous l'angle international (...)"; vgl. *Carré de Malberg*, Contribution (FN. 4), Bd. 3, S. 79.

321 Die nationale Unabhängigkeit ist in den Art. 15 und 16 der Verfassung erwähnt.

322 So der internationale Schiedsrichter Max Hubert bei der Streitsache Island of Palmas Case (Netherlands / U. S. A.), The Hague, April 1928, in: Reports of international arbitral Awards. Recueil des sentences arbitrales, Volume II, S. 829 ff., 838: „Sovereignity in the relations between States signifies independence".

323 Vgl. *Roux*, Le principe de la souveraineté (FN. 261), Bd. 1, S. 20, 140 ff.

324 In seiner Entscheidung Nr. 85-188 DC vom 22. Mai 1985, Rec., S. 15, erwähnt zwar der Verfassungsrat sowohl die „conditions essentielles d'exercice" (Erwägung Nr. 3) der Souveränität des Staates als auch indirekt Art. 5 und 16 der Verfassung von 1958 mit dem Bezug auf die Pflicht des Staates, die Institutionen der Republik und die Kontinuität der Nation zu beachten (Erwägung Nr. 2). Gemäß Art. 5 Abs. 2 der Verfassung ist der Präsident der Republik Garant der nationalen Unabhängigkeit; Art. 16 Abs. 1 erwähnt seinerseits die Unabhängigkeit der Nation. Der Begriff der nationalen Unabhängigkeit taucht aber nicht in der Entscheidung auf. Für *Roux*, Le principe de la souveraineté (FN. 261), Bd. 1, S. 20, 140

der Verfassungsrat die notwendige Achtung der nationalen Unabhängigkeit betont, bezieht sich nicht auf die Beeinträchtigung der Kompetenzen des Staates durch die Wirkung von internationalen Verträgen, die ihn binden, sondern bezieht sich auf die Privatisierung von nationalen Unternehmen und die Gefahr, dass fremde Mächte sie kontrollieren[325].

Roux' Auffassung der Souveränität des Staates beruht auf ihrer Betrachtung als ein „principe constitutionnel nuancé et subordonné"[326] (Ein nuanciertes und untergeordnetes Verfassungsprinzip). „Nuanciert", weil das Prinzip der Souveränität des französischen Staates sich an die Zwänge des internationalen Zusammenlebens anpassen muss, insbesondere mit der Möglichkeit der Selbstbindung; „untergeordnet", weil das Prinzip der Souveränität des Staates der verfassungsändernden Gewalt einerseits, den internationalen Rechtsnormen andererseits, unterworfen ist.

Die Unterscheidung *Roux*' zwischen den „zwei Prinzipien der nationalen Souveränität"[327] lehnt sich an die „irrtümliche" Anwendung der Pluralform in der Präambel der Verfassung von 1958 an, in der von „les principes" („die Grundsätzen"), nicht aber von „le principe" (dem Grundsatz) der Souveränität gesprochen wird und stützt sich ferner sowohl auf die Verfassung selbst als auch auf die Rechtsprechung des Verfassungsrats.

1. Der ursprüngliche „Irrtum"

In der Präambel der Verfassung von 1958 verkündet das Volk feierlich „seine Verbundenheit mit den Menschenrechten und mit den Grundsätzen der nationalen Souveränität, wie sie in der Erklärung von 1789 niedergelegt wurden, die durch die Präambel der Verfassung von 1946 bestätigt und ergänzt wurden". Im französischen Schrifttum wurde die Tatsache hervorgehoben, dass die Anwendung des Plurals „den Grundsätzen der nationalen Souveränität" das Ergebnis eines Schreibfehlers[328] sei bzw. wurde behauptet, dass trotz formeller

ff., steht dieser Teil der Entscheidung mit dem Begriff der wesentlichen Bedingungen der nationalen Souveränitätsausübung nicht in Zusammenhang. Diese Auslegung ist aber durch den Ausdruck „dès lors" (infolgedessen) widerlegt.

325 C. C. Nr. 86-207 DC vom 25.-26. Juni 1986, Rec., S. 61, Erwägungen Nr. 59 bis 61; Ferner zu dieser Entscheidung, *Favoreu / Philip*, Les grandes décisions du Conseil constitutionnel, 9. Aufl., Paris 1997, S. 661 ff.

326 Darauf bezieht sich die These *Roux*', Le principe de la souveraineté (FN. 261), Première partie: un principe constitutionnel nuancé, S. 23 ff.; Deuxième partie: Un principe constitutionnel subordonné, S. 260 ff.; Ein Resumee dieser Dissertation befindet sich in: *ders.*, Souveraineté de l'Etat (FN. 311), S. 126 ff.

327 *Roux*, Le principe de la souveraineté (FN. 261), Bd. 1, S. 6 ff.; siehe auch *ders.*, Souveraineté de l'Etat (FN. 311), S. 125; *ders.*, Finitude de la souveraineté de l'Etat (FN. 311), 18.

328 *Luchaire*, La souveraineté, in: R. F. D. C. 43 (2000), S. 451-470 (451) spricht in diesem Sinne von einer „grave erreur", da er der Meinung ist, es gäbe nur „ein" Prinzip der nationalen

Anwendung des Plurals es nur „ein" Prinzip der nationalen Souveränität geben könne[329]. Die Entstehungsgeschichte der Verfassung vom 4. Oktober 1958 lässt nämlich deutlich erkennen, dass sowohl in dem Verfassungsvorentwurf der Regierung vom 26.-29. Juli 1958[330], dem sogenannten „Livre rouge", der dem Verfassungsberatungsausschuss[331] überreicht wurde als auch in dem vorangehenden Vorentwurf[332] der Singular des Ausdrucks „principe de la souveraineté nationale" in der Präambel verwendet wurde. In den nächsten Etappen der Entstehungsgeschichte der Verfassung taucht der Plural auf, ohne jegliche Erklärung. Diesem „Schreibfehler" wurde dennoch durch das Referendum vom 28. September 1958 vom souveränen französischen Volk verfassungsrechtliche Geltung zugesprochen.

2. Die „zwei Prinzipien der nationalen Souveränität" in der Verfassung von 1958

Der Ausdruck „les principes de la souveraineté nationale" in der Präambel der Verfassung von 1958 rechtfertigt die Unterscheidung – im Verfassungstext selbst – innerhalb der nationalen Souveränität zwischen der demokratischen Souveränität und der Souveränität des Staates[333].

Souveränität. Er nutzt diesen Schreibfehler, um eine neue Theorie der nationalen Souveränität zu entwickeln, *Roux*, Le principe de la souveraineté (FN. 261), Bd. 1, S. 7. Andere Interpretationen bei *Philip*, La valeur juridique de la Déclaration des droits de l'homme et du citoyen du 26 août 1789, selon la jurisprudence du Conseil constitutionnel, in: Mélanges Kayser, 1979, Bd. 2, S. 328, insbes. FN. 30, wo der Autor dieser Pluralanwendung gar keine Bedeutung zuspricht; anders bei *Vedel*, La place de la Déclaration de 1789 dans le „bloc de constitutionnalité", in: La Déclaration des droits de l'homme et du citoyen et la jurisprudence, Paris 1989, S. 47 f.: *Vedel* ist der Meinung, dass diese Pluralanwendung nicht nur der nationalen Souveränität als solcher, sondern auch ihren Folgen („corollaires") Verfassungsrang zuspricht. Diese anhängenden Grundsätze werden in der Erklärung von 1789 anerkannt (Gewaltenteilung, Einrichtung einer Staatsgewalt, Steuerbewilligung des Volkes und Verantwortung der Beamte). Diese Grundsätze sind vom Autor als „propositions dérivées de la souveraineté nationale" beschrieben.

329 *Luchaire*, La souveraineté (FN. 328), S. 451.

330 Documents pour servir à l'histoire de l'élaboration de la Constitution du 4 octobre 1958 / Comité national chargé de la publication des travaux préparatoires des institutions de la Ve République, 3 Bde, la Documentation française, Paris 1987, Bd. 1, S. 501 ff.

331 Documents pour servir (FN. 330), Bd. 2, S. 21 ff.

332 Vorentwurf vom 15. Juli 1958, sog. „de La Celle-Saint-Cloud", Documents pour servir (FN. 330), Bd. 1, S. 429 ff.

333 *Roux*, Le principe de la souveraineté (FN. 261), Bd. 1, S. 7.

a. Die demokratische Souveränität in der französischen Verfassung

Die Verfassungen Frankreichs wurden de facto überwiegend von der Theorie der nationalen Souveränität geprägt[334]. Das Prinzip der nationalen Souveränität in ihrem demokratischen Sinne taucht im Art. 3 der Erklärung von 1789 auf, wonach „der Ursprung aller Souveränität (...) wesenhaft in der Nation [liegt]“[335]. Die grundlegende Idee des repräsentativen Systems wird ferner in der Erklärung, dass „Keine Körperschaft und kein Einzelner (...) eine Gewalt ausüben [kann], die nicht ausdrücklich von ihr ausgeht“[336] ausgedrückt. Nach der Revolution scheint in der politischen Praxis die Ansicht vorzuherrschen, als gehöre die Souveränität jedem einzelnen Bürger[337], eine Auffassung, die an die Theorie der Volkssouveränität anknüpft. Die Auseinandersetzung zwischen den Anhängern der einen und der anderen Auffassung erstreckt sich bis in die zweite Hälfte des 20. Jahrhunderts, wie die Debatten über die Verfassung vom 27. Oktober 1946 zwischen *Bastid* und *Coste-Floret* bezeugen[338]. Laut Verfassung von 1946 steht

[334] Art. 3 der Erklärung über die Menschenrechte von 1791, Art. 7 der Verfassung von 1793, Art. 17 der Verfassung vom 3. Fructidor vom Jahre III und Art. 1 der Verfassung vom 4. November 1848. Die Verfassungsgesetze von 1875 schweigen zwar darüber, es besteht aber Einigkeit darüber, dass sie die Substanz des Prinzips der nationalen Souveränität enthalten (*Burdeau*, Manuel de droit constitutionnel et institutions politiques, 20. Aufl., Paris 1984, S. 133 und 134; vgl. *Leclercq*, Droit constitutionnel (FN. 157), S. 47, obwohl die nationale Souveränität sich ab 1875 in eine parlamentarische Souveränität verwandelt. Als Souveränitätsbeauftragter übte das Parlament diese aus, ohne einer wirklichen gerichtlichen oder Volkskontrolle unterworfen zu sein, so dass das Parlament sich im Nachhinein und de facto als der Souverän selbst betrachtet hat. Die Überlegenheit der Vertreter der Nation drückte sich insbesondere aus in dem Konflikt zwischen *Mac Mahon* und der Republikanischen Mehrheit 1877, im Jahre 1879, mit der Erklärung von *Grévy*: „Je n'entrerai jamais en lutte contre la volonté nationale“ und im Jahre 1946, als die erste verfassunggebende Nationalversammlung sich für die Schaffung einer einzelnen und allmächtigen Kammer aussprach. Diese parlamentarische Überlegenheit wurde von General *de Gaulle* insbesondere in seiner Rede von Bayeux denunziert, wobei er dieses System als „régime des partis“ bezeichnete. Um den Einfluss der Parlamentarier zu konterkarieren und den „souverain captif“ zu befreien hat *de Gaulle* die Ratifizierung der Verfassung durch Referendum durchgesetzt. Am 21. Oktober 1945 wurde durch Referendum die Rückkehr zu den Institutionen von 1875 abgelehnt sowie am 5. Mai 1946 der erste Verfassungsentwurf. Am 13. Oktober 1946 wurde der zweite Verfassungsentwurf dennoch ratifiziert, *Barillon, u. a.*, Dictionnaire de la constitution, Les institutions de la Ve République, 2. Aufl., Paris 1986, „souveraineté nationale“, S. 451 ff., (452).

[335] Art. 3 Satz 1 der Erklärung von 1789: „Le principe de toute souveraineté réside essentiellement dans la Nation“.

[336] Art. 3 Satz 2 der Erklärung von 1789: „Nul corps, nul individu ne peut exercer d'autorité qui n'en émane expressément“.

[337] *Burdeau*, Manuel (FN. 334), S. 134; vgl. *Hauriou / Gicquel*, Droit constitutionnel et institutions politiques, 7. Aufl., Paris 1980, S. 378.

[338] J. O. R. F., Débats, Bd. 2, S. 3478 f.; siehe dazu *Burdeau*, Manuel (FN. 334), S. 134. Art. 3 des Verfassungsentwurfs vom 19. April 1946 lautete: „La souveraineté appartient au peuple“, eine Formel, die auf das Prinzip der Volkssouveränität hinwies. Im Schrifttum wurde die Meinung vertreten, die Ablehnung des Verfassungsentwurfs durch Volksentscheid vom 5. Mai

aber die Souveränität des Volkes nicht jedem einzelnen, sondern der Gemeinschaft zu[339]. Ähnliches gilt für Art. 3 der Verfassung von 1958, der den Art. 3 der Verfassung von 1946 beinahe wortwörtlich[340] übernimmt und wie sein Vorgänger als ein „Kompromiss"[341] bzw. als eine „synthèse"[342] zwischen der Volkssouveränität und der nationalen Souveränität erscheint. Art. 3 der Verfassung von 1958 lautet nämlich: „Die nationale Souveränität liegt beim Volk, das sie durch seine Vertreter und durch den Volksentscheid ausübt" (Abs. 1). „Weder ein Teil des Volkes noch eine Einzelperson kann ihre Ausübung für sich in Anspruch nehmen" (Abs. 2)[343]. Der Abgeordnete vertritt nicht seine Wählerschaft, sondern die ganze Nation. Während der V. Republik sind einige Elemente der unmittelbaren Demokratie hinzugefügt worden[344]. Dadurch wird ein Ausgleich zwischen den Theorien der repräsentativen Demokratie und der

---

1946 weise darauf hin, das französische Volk habe sich damit für die nationale Souveränität entschieden. Diese Auslegung wurde durch die Rechtsprechung des Verfassungsrats bestätigt, da er in seiner Entscheidung vom 16. Januar 1982 über die Verstaatlichungen auf die Ablehnung dieses Entwurfs vom Volk hinweist, ausführlich dazu *Pierré-Caps*, Nation et peuples dans les constitutions modernes, S. 327 ff.; auch z. B. *Leclercq*, Droit constitutionnel (FN. 157), S. 45.

339 *Ardant*, Institutions (FN. 165), S. 174.

340 Art. 3 der Verfassung von 1946 lautete „La souveraineté nationale appartient au peuple français. Aucune section du peuple ni aucun individu ne peut s'en attribuer l'exercice. Le peuple l'exerce, en matière constitutionnelle, par le vote de ses représentants et par le référendum. En toutes matières, il l'exerce par ses députés à l'Assemblée nationale, élus au suffrage universel, égal, direct et secret", zit. von *Duhamel*, L'écriture de la République. La souveraineté, in: Maus / Favoreu / Parodi (Dir.), L'écriture de la Constitution de 1958, Actes du Colloque du XXXe anniversaire, Aix-en-Provence 8, 9, 10 September 1988, Paris 1992, S. 657-665 (658). Der Unterschied liegt also darin, dass Art. 3 der Verfassung von 1958 das Adjektiv „français" nicht übernimmt und das Mittel des Volksentscheids nicht auf Verfassungsfragen beschränkt, dazu *Renoux / Villiers*, Code constitutionnel (FN. 272), Art. C. 3, S. 228.

341 *Ardant*, Institutions (FN. 165), S. 174; *Leclercq*, Droit constitutionnel (FN. 160), S. 47. Im Hinblick auf die Souveränität wurden die Art. 2 und 3 der Verfassung von 1946 in die Verfassung von 1958 quasi wortwörtlich abgeschrieben, so dass von einer „non-écriture de la souveraineté" in der Verfassung von 1958 gesprochen werden kann, *Duhamel*, L'écriture de la République (FN. 340), S. 663.

342 *Chatelain*, Article 3, in: La Constitution de la République française. Analyses et commentaires sous la direction de François Luchaire et Gérard Conac, Paris 1987, S. 179-207 (202).

343 Art. 3 Abs. 3 betrifft die Wahlmodalitäten, Abs. 4 die Wahlberechtigkeit und Abs. 5 den gleichen Zugang von Frauen und Männern zu Wahlmandaten und zu Wahlämtern.

344 So kann gemäß Art. 11 Abs. 1 der Verfassung von 1958 der Präsident der Republik „jeden Gesetzesentwurf zum Volksentscheid bringen, der die Organisation der öffentlichen Gewalten betrifft, Reformen der staatlichen Wirtschafts- und Sozialpolitik sowie die dazu beitragenden öffentlichen Dienste oder auf die Ermächtigung zur Ratifizierung eines Vertrages abzielt, der, ohne gegen die Verfassung zu verstoßen, Auswirkungen auf das Funktionieren der Institutionen hätte". Gemäß Art. 89 Abs. II Satz 2 der Verfassung von 1958 wird die Verfassungsänderung endgültig, „wenn sie durch einen Volksentscheid angenommen wird".

unmittelbaren Demokratie geschaffen[345], obwohl die nationale Demokratie nach überwiegender Meinung den faktischen Vorrang hat[346]. In Art. 3 der Verfassung von 1958 soll das „Volk" als Synonym einer einheitlichen und unteilbaren Gemeinschaft verstanden werden, das heißt der Nation[347]. Dies wird durch Art. 27 Abs. 1 der Verfassung von 1958 deutlich, der das imperative Mandat ablehnt[348]. Art. 4 und die Präambel der Verfassung von 1958 bevorzugen ebenfalls eindeutig die nationale Souveränität. Allgemeines Wahlrecht und Volksabstimmung werden heute ohne weiteres anerkannt, die Wahlpflicht aber definitiv abgelehnt. In Wirklichkeit drücken jedoch die Volksvertreter den Willen einer Mehrheit aus, nicht aber einer Nation oder des Volkes[349]. Sehr lange hat der Streit um die Volkssouveränität oder nationale Souveränität einen politischen Inhalt gehabt[350], er nimmt aber immer mehr formelle Züge an, so dass die Meinung vertreten werden kann, die Unterscheidung sei zumindest auf rein rechtlicher Ebene unnötig geworden[351].

b. Die Souveränität des Staates in der französischen Verfassung

Das Prinzip der nationalen Souveränität in ihrem äußeren – staatlichen – Aspekt erscheint einerseits im Abs. 14 der Präambel der Verfassung von 1946, wonach „Die französische Republik (...) sich, ihrer Tradition getreu, an die Regeln des Völkerrechts [hält][352]", andererseits im Abs. 15 der Präambel der Verfassung von 1946, nach dem Frankreich „unter dem Vorbehalt der Gegenseitigkeit den zur Organisation und Verteidigung des Friedens notwendigen Einschränkungen seiner Souveränität [zustimmt]"[353]. Diese Vorschrift lässt sich durch die Charta der Vereinigten Nationen vom 26. Juni 1945 erklären[354]. Interessant ist aber, dass sowohl Abs. 14 als auch Abs. 15 der Präambel der Verfassung von 1946 die

345 Aber auch insbesondere die Vorschriften über den Volksentscheid, Art. 11 und 89, sowie Art. 2 Abs. 5 der Verfassung von 1958, der auf die „Regierung des Volkes, durch das Volk und für das Volk" hinweist.

346 Vgl. *Leclercq*, Droit constitutionnel (FN. 157), S. 47.

347 Ebenda, S. 47.

348 Art. 27 Abs. 1 der Verfassung von 1958 lautet: „Jedes imperative Mandat ist nichtig".

349 *Ardant*, Institutions (FN. 165), S. 174.

350 Ebenda, S. 175. Der Autor weist darauf hin, dass die Idee der nationalen Souveränität eher konservativ war (Vereinbarkeit mit der Monarchie, eingeschränktes Wahlrecht, repräsentatives Mandat. Dies weist auf eine gewisse Missachtung des Volkes hin), während die Linke sich in der Theorie der Volkssouveränität und ihrer Ablehnung der Repräsentationsidee erkennt. Diese Spaltung ist auch heute noch nicht ganz aufgehoben.

351 Ebenda.

352 Abs. 14 der Präambel der Verfassung von 1946: „La République française, fidèle à ses traditions, se conforme aux règles du droit public international".

353 Abs. 15 der Präambel der Verfassung von 1946: „Sous réserve de réciprocité, la France consent aux limitations de souveraineté nécessaires à l'organisation et à la défense de la paix".

354 *Luchaire*, La souveraineté (FN. 328), S. 453.

Souveränität anhand ihrer Schranken behandelt. Die Auffassung, nach der zwischen nationaler Souveränität und Souveränität des Staates unterschieden wird, sowie die Auffassung, nach der das Prinzip der nationalen Souveränität zwei Seiten – die demokratische Souveränität und die Staatssouveränität – hat, ermöglicht eine Einschränkung der Souveränität des Staates durch Abs. 15 und Abs. 14 der Präambel der Verfassung von 1946, ohne dadurch die demokratische Seite der (nationalen) Souveränität zu berühren.

c. Demokratische Souveränität und Souveränität des Staates in Art. 4 der Verfassung

Wie einst *Luchaire* fragt sich *Roux*, ob Art. 4 der Verfassung, nach dem „die politischen Parteien und Gruppen (...) die Grundsätze der nationalen Souveränität und der Demokratie zu achten" haben, zwischen demokratischer Souveränität und Souveränität des Staates unterscheidet, da die Formulierung prima facie zweideutig ist[355]. Die Forderung neben den Grundsätzen der Demokratie, die Grundsätze der nationalen Souveränität zu achten, bezieht sich auf die in der Präambel der Verfassung von 1958 vorhandene Unterscheidung zwischen der Souveränität des Staates und der Souveränität des Volkes[356]. Die Achtung der Grundsätze der nationalen Souveränität und der Grundsätze der Demokratie in einem Satz zu verbinden, führt zu einer Wiederholung, denn das Prinzip der Volkssouveränität kann als das erste der Demokratieprinzipien betrachtet werden, da die Demokratie sich durch das Volk definieren lässt[357]. Eine zweite Auslegung des Art. 4 der Verfassung wäre jedoch möglich, wenn man davon ausgeht, dass die nationale Souveränität im Singular zu verstehen ist; der Ausdruck „les principes" würde dann auf die nationale Souveränität und auf die Demokratie verweisen, so dass in diesem Fall die nationale Souveränität mit der Souveränität des Staates[358] einerseits, die demokratischen Grundsätze mit der demokratischen Souveränität andererseits gleichgesetzt werden könnten.

Die Tatsache, dass Artikel 4 der Verfassung von 1958 beide Aspekte der nationalen Souveränität betrifft, wird durch die Debatten vor dem Conseil d'Etat deutlich, da dieser Artikel seinen Ursprung in einem Änderungsvorschlag findet, der dem „Comité consultatif constitutionnel" (verfassungsrechtlicher Beratungs-

---

355 *Roux*, Le principe de la souveraineté (FN. 261), Bd. 1, S. 14, FN. 44. Contra *Luchaire*, Le Conseil constitutionnel (FN. 259), S. 1501.

356 Vgl. Die Debatten beim Conseil d'Etat über den Art. 4 der Verfassung, wonach die Grundsätze der nationalen Souvernität sowohl die Beeinträchtigung der nationalen Unabhängigkeit als auch den imperativen Mandat verbieten, Diskussionsbeitrag von *Blondel*, in: Documents pour servir (FN. 330), Bd. 3, S. 297.

357 *Roux*, Le principe de la souveraineté (FN. 261), Bd. 1, S. 14, FN. 44.

358 Vgl. Abänderungsvorschlag der Herren *Bruyneel-Barrachin* und *Chardonnet*, in: Documents pour servir (FN. 330), Bd. 2; vgl. auch die Diskussion beim Verfassungskomitee, S. 128 ff.

ausschuss) vorgelegt wurde mit dem Ziel, die politischen Parteien, welche eine „obédience étrangère" (ausländischer Gehorsam) akzeptieren, zu verbannen. Zur damaligen Zeit ist damit die kommunistische Partei gemeint[359]. Diese Zweideutigkeit wird insbesondere von einem Mitglied des Staatsrats hervorgehoben, für den die Wörter „souveraineté nationale" zwei Bedeutungen haben: Einerseits verbieten sie das imperative Mandat[360], andererseits bedeuten sie die Unabhängigkeit, da es sich um die Souveränität handelt[361].

Hätte das Prinzip der Souveränität des Staates keinen Verfassungsrang erlangt, dann wäre es unnötig gewesen, die Möglichkeit seiner Einschränkung in der Verfassung selbst vorzusehen[362].

3. Die zwei Seiten der nationalen Souveränität in der Rechtsprechung des Verfassungsrats

Umstritten ist, ob auch der Verfassungsrat sich in seiner Rechtsprechung der Trennung von Souveränität des Staates und demokratischer Souveränität anschließt. Die Rechtsprechung des Verfassungsrats gibt Anlass für verschiedene Interpretationen. Entweder wird wie von *Chaltiel* die Auffassung vertreten, die Rechtsprechung des Verfassungsrats spiegele die Verwechselung zwischen nationaler Souveränität und Souveränität des Staates wider[363] oder man vertritt wie *Roux* die Auffassung, die Unterscheidung sei auf die Rechtsprechung des Verfassungsrats zu gründen[364], wobei der Autor eine terminologische Analyse[365]

---

359 Dazu *Renoux / Villiers*, Code constitutionnel (FN. 272), Art. C. 4, S. 235. Ferner *Luchaire*, Le Conseil constitutionnel (FN. 259), S. 1502; *Avril*, L'article 4 : explication d'un paradoxe, in : Maus / Favoreu / Parodi (Dir.), L'écriture de la constitution de 1958 (FN. 340), S. 713-719 (713).

360 Vgl. Art. 27 der Verfassung von 1958.

361 Documents pour servir (FN. 330), Bd. 3, S. 297, Erklärung *Blondels*: „Les mots souveraineté nationale veulent précisément dire deux choses: pas de mandat impératif. Nous ne sommes pas dans un régime de démocratie populaire (…) le second sens est précisément celui que vous dites, c'est-à-dire l'indépendance puisqu'il s'agit de souveraineté".

362 So *Roux*, Le principe de la souveraineté (FN. 261), Bd. 1, S. 21.

363 *Chaltiel*, La souveraineté de l'Etat (FN. 29), S. 3: „La grande proximité des notions de souveraineté de l'Etat et de souveraineté nationale est attestée par la jurisprudence du Conseil constitutionnel, révélatrice de la confusion des termes", ferner S. 57.

364 *Roux*, Le principe de la Souveraineté (FN. 261), Bd. 1, S. 10 f.: „En effet 'le principe de la souveraineté nationale', ou plus simplement 'la souveraineté nationale', sont des expressions qui, dans sa jurisprudence (des Verfassungsrates), désignent ensemble ou séparément, deux notions distinctes, la souveraineté du peuple ou la souveraineté de l'Etat".

365 Zum terminologischen Problem bei den verschiedenen Theorien über den Staat und über die Souveränität, die als metaphysische Konstrukte („constructions métaphysiques") zu betrachten sind und deren Gültigkeit nicht nachweisbar ist, *Troper*, Souveraineté de l'Etat et hiérarchie des normes dans la jurisprudence constitutionnelle. En guise d'introduction: La théorie constitutionnelle et le droit constitutionnel positif, in: Les Cahiers du Conseil constitutionnel, Nr. 9 (2000), S. 93-105 (94).

der Entscheidungen des Gerichts durchgeführt hat. Die folgende Analyse knüpft an *Roux*' Auffassung an.

a. Die Anerkennung der Zweiseitigkeit des Prinzips der nationalen Souveränität durch den Verfassungsrat

Die „dualité du principe de la souveraineté nationale“[366] (Zweiseitigkeit des Prinzips der nationalen Souveränität) ist nach *Roux* in der Entscheidung des Verfassungsrats vom 30. Dezember 1976 zu erkennen. In dieser Entscheidung erklärt der Verfassungsrat, dass die Souveränität, „die im Art. 3 der Verfassung bestimmt ist“, sowohl in Bezug auf ihre Grundlage als auch in Bezug auf ihre Ausübung, nur national sein kann[367]. Diese Formulierung weist darauf hin, dass es noch eine weitere Souveränität gibt, nämlich die Souveränität Frankreichs als Rechtssubjekt des Völkerrechts, die einerseits im Abs. 15 der Präambel der Verfassung von 1946 angedeutet wird, nach dem Frankreich den zur Organisation und Verteidigung des Friedens notwendigen Souveränitätseinschränkungen zustimmt, andererseits implizit in der allgemeinen Formel der Präambel der Verfassung von 1958 mit der Erwähnung der „principes de la souveraineté nationale“ angedeutet wird[368].

Die Anerkennung der zwei Seiten der nationalen Souveränität durch den Verfassungsrat scheint nach *Roux* durch die Verwendung der Singularform in drei seiner Entscheidungen[369] nicht in Frage gestellt werden zu müssen.

b. Die demokratische Souveränität in der Rechtsprechung des Verfassungsrats

Die demokratische Seite der nationalen Souveränität ist in mehreren Entscheidungen des Verfassungsrats zu erkennen[370]. Das Prinzip der demokrati-

---

366 *Roux*, Le principe de la souveraineté (FN. 261), Bd. 1, S. 12.

367 C. C. Nr. 76-71 DC vom 30. Dezember 1976, Rec., S. 15, Erwägung Nr. 6: „Considérant que la souveraineté qui est définie à l'article 3 de la Constitution de la République française, tant dans son fondement que dans son exercice, ne peut être que nationale (...)“.

368 Dazu *Roux*, Le principe de la souveraineté (FN. 261), Bd. 1, S. 20 f.

369 C. C. Nr. 78-93 DC vom 29. April 1978, Rec., S. 23, Erwägung Nr. 7; C. C. Nr. 80-116 DC vom 17. Juli 1980, Rec., S. 36, Erwägung Nr. 3 und 4; C. C. Nr. 89-265 DC vom 9. Januar 1990, Rec., S. 12, Erwägung Nr. 8. Der Verfassungsrat hat sich dabei selbst auf den „principe de la souveraineté nationale“ bezogen, da dieses Prinzip in den Anträgen nicht erwähnt wurde, siehe den Antrag vom 27 April 1978 in: *Maus*, Textes et Documents sur la pratique institutionnelle de la Ve République, La Documentation française, 2. Aufl., Paris 1982, S. 440; Antrag vom 20. Juni 1980, in: R. D. P. 96 (1980), S. 1683 f.; Antrag vom 21. Dezember 1989, in: J. O. R. F. vom 11. Januar 1990, S. 466. Die Entscheidung C. C. Nr. 93-324 vom 3. August 1993, Rec., S. 208, Erwägung Nr. 16, unterscheidet sich von den vorherigen, da der Verfassungsrat, indem er sich auf „le principe de souveraineté nationale“ bezieht, damit lediglich wörtlich den Antrag wiederholt.

schen Souveränität besteht in der Innehabung der Urquelle der Macht durch das Volk[371].

Der Verfassungsrat hat Gelegenheit gehabt, dem juristischen Begriff des „französischen Volkes" Verfassungsrang zuzuerkennen[372], ebenso dem Prinzip seiner Unteilbarkeit[373] bzw. seiner Einheitlichkeit[374]. Aus demokratischer Perspektive beruht das Prinzip der nationalen Souveränität auf dem Repräsentationsprinzip: Weder ein Teil des Volkes noch eine einzelne Person kann die Ausübung der nationalen Souveränität für sich in Anspruch nehmen[375].

Das Repräsentationsprinzip wird in der Rechtsprechung des Verfassungsrats zur Einführung der allgemeinen Direktwahl des Europäischen Parlaments angewendet. In seiner Entscheidung Nr. 76-71 DC erklärt der Verfassungsrat, dass „die allgemeine Direktwahl der Vertreter der Völker der Mitgliedstaaten (...) nicht zur Folge hat, eine Souveränität oder Institutionen zu schaffen, deren Rechtsnatur mit der Achtung der nationalen Souveränität unvereinbar wäre oder die Befugnisse und Institutionen der Republik und insbesondere des Parlaments zu beeinträchtigen"[376]. Ferner betont der Verfassungsrat, dass die im Rahmen der Institutionen der Republik gewählten Vertreter des französischen Volkes allein imstande sind, an der Ausübung der nationalen Souveränität teilzunehmen[377].

Darüber hinaus darf bei der Zusammensetzung der Zivil- und Verwaltungsgerichte, die „im Namen des französischen Volkes" entscheiden, nur eine Minderheit von Ausländern vertreten sein[378].

Bezüglich des Wahlrechts können verschiedene Entscheidungen des Verfassungsrats hervorgehoben werden, in denen der Verfassungsrat auf die Verbindung

370 C. C. Nr. 62-20 DC vom 6. November 1962, Rec., S. 15; C. C. Nr. 70-39 DC vom 19. Juni 1970, Rec. S. 15; C. C. Nr. 76-71 DC vom 30. Dezember 1976, Rec. S. 15; C. C. Nr. 78-93 DC vom 29. April 1978, Rec. S. 23; C. C. Nr. 82-146 DC vom 18. November 1982, Rec. S. 66; C. C. Nr. 84-181 DC vom 10.-11. Oktober 1984, Rec., S. 78; C. C. Nr. 89-265 DC vom 9. Januar 1990, Rec., S. 12; C. C. Nr. 91-290 DC vom 9. Mai 1991, Rec. S. 50; C. C. Nr. 92-308 DC vom 9. April 1992, Rec. S. 55; C. C. Nr. 92-312 DC vom 2. September 1992, Rec. S. 76; C. C. Nr. 92-313 DC vom 23. September 1992, Rec., S. 94; C. C. Nr. 93-324 DC vom 3. August 1993, Rec. S. 208, Erwägungen Nr. 17 und 18; C. C. Nr. 94-358 DC vom 26. Januar 1995, Rec. S. 183.

371 Vgl. *Roux*, Le principe de la souveraineté (FN. 261), S. 17.

372 C. C. Nr. 91-290 DC vom 9. Mai 1991, Rec. S. 50, Erwägung Nr. 12.

373 C. C. Nr. 91-290 DC vom 9. Mai 1991, Rec. S. 50, Erwägung Nr. 13.

374 C. C. Nr. 99-412 DC vom 15. Juni 1999, Rec. S. 71, Erwägung Nr. 5: „(...) que le principe d'unicité du peuple français (...) a également valeur constitutionnelle".

375 Art. 3 Abs. 1 Satz 2 der Verfassung von 1958; vgl. C. C. Nr. 99-412 DC vom 15. Juni 1999, Rec. S. 71, Erwägung Nr. 5.

376 C. C. Nr. 76-71 DC vom 30. Dezember 1976, Rec. S. 15, Erwägung Nr. 3.

377 C. C. Nr. 76-71 DC vom 30. Dezember 1976, Rec. S. 15, Erwägung Nr. 6. Ferner zum Begriff der Vertreter des Volkes, C. C. Nr. 91-290 DC vom 9. Mai 1991, S. 50, Erwägung Nr. 53.

378 C. C. Nr. 98-399 DC vom 5. Mai 1998, Rec. S. 245, Erwägungen Nr. 15 und 17.

zwischen der Staatsbürgerschaft und dem Wahlrecht hinweist[379] und eine Unterscheidung zwischen Wahlkandidaten auf Grund ihres Geschlechts für verfassungswidrig erklärt[380]. Sich auf Art. 3 Abs. 4 der Verfassung von 1958 stützend erklärt der Verfassungsrat, dass die Tatsache, dass der Senat als parlamentarische Versammlung an der Ausübung der nationalen Souveränität teilnimmt, dazu führt, dass bei Wahlen, die einen Einfluss auf die Wahl dieser parlamentarischen Versammlung haben, allein die französischen Staatsangehörigen das aktive und passive Wahlrecht haben können[381]. Der Verfassungsrat weist aber gleichzeitig darauf hin, dass aus Art. 3 Abs. 4 in Verbindung mit den anderen Absätzen desselben Artikels folgt, dass die verfassungsrechtliche Beschränkung des Wahlrechts auf französische Staatsangehörige nur für die Ausübung des Wahlrechts unter den in der Verfassung selbst vorgesehenen Bedingungen durchgesetzt wird[382].

Die demokratische Seite der nationalen Souveränität kommt auch in der Prüfung der Übereinstimmung eines internationalen Vertrags bzw. seiner Durchführungsmaßnahmen mit Art. 53[383] in Verbindung mit Art. 34 der Verfassung, denen zufolge eine gesetzliche Zustimmung zur Ratifizierung oder Genehmigung dieses internationalen Vertrages erforderlich ist[384], durch den Verfassungsrat zum Ausdruck. Gleiches gilt, wenn der Verfassungsrat die Achtung seiner eigenen Zuständigkeit durch den Gesetzgeber auf Grund der Verfassung nachprüft[385].

Es handelt sich auch um die demokratische Souveränität und nicht um die Souveränität des Staates, wenn der Verfassungsrat am 9. Januar 1990 erklärt, dass das Prinzip der nationalen Souveränität den Gesetzgeber im Rahmen seines Zuständigkeitsbereichs gemäß Art. 34 der Verfassung nicht daran hindert, frühere Gesetzesvorschriften zu ändern, zu ergänzen oder aufzuheben[386], und dass es in

---

[379] C. C. Nr. 82-146 DC vom 18. November 1982, Rec. S. 66, Erwägung Nr. 7.

[380] C. C. Nr. 82-146 DC vom 18. November 1982, Rec. S. 66, Erwägung Nr. 8.

[381] Vgl. C. C. Nr. 92-308 DC vom 9. April 1992, Rec. S. 55, Erwägung Nr. 26; vgl. die Argumente der Antragsteller in der Entscheidung C. C. Nr. 92-312 DC vom 2. September 1992, Rec. S. 76, Erwägung Nr. 17.

[382] C. C. Nr. 92-308 DC vom 9. April 1992, Rec. S. 55, Erwägung Nr. 31.

[383] Art. 53 der Verfassung lautet: „Friedensverträge, Handelsverträge, Verträge oder Abkommen über die internationale Ordnung, ferner solche, die Verpflichtungen für die Staatsfinanzen nach sich ziehen, die Bestimmungen gesetzlicher Art ändern, die den Personenstand betreffen oder die Abtretung, den Tausch oder Erwerb von Gebieten enthalten, können nur kraft eines Gesetzes ratifiziert oder genehmigt werden".

[384] C. C. Nr. 70-39 DC vom 19. Juni 1970, Rec. S. 15, Erwägung Nr. 6 und 7; vgl. C. C. Nr. 78-93 DC vom 29. April 1978, Rec. S. 23, Erwägung Nr. 7. Siehe auch die Klageschrift, in: *Maus*, Textes et documents sur la pratique institutionnelle de la Vème République, S. 440.

[385] C. C. Nr. 93-324 DC vom 3. August 1993, Rec. S. 208, Erwägungen Nr. 17 und 18; C. C. Nr. 94-358 DC vom 26. Januar 1995, Rec. S. 183, Erwägung Nr. 52 in fine.

[386] C. C. Nr. 89-265 DC vom 9. Januar 1990, Rec., S. 12, Erwägung Nr. 8: „Le principe de la souveraineté nationale ne fait nullement obstacle à ce que le législateur modifie, complète ou abroge des dispositions législatives antérieures".

dieser Hinsicht gleichgültig sei, ob die geänderten, ergänzten oder aufgehobenen Gesetzesvorschriften von einem Parlamentgesetz oder von einem Referendumsgesetz stammen[387]. Dem Verfassungsrat zufolge obliegt es dem Gesetzgeber lediglich, bei der Abschaffung eines Gesetzes, dafür zu sorgen, dass bestimmten Verfassungsprinzipien dadurch nicht jegliche gesetzliche Garantiegrundlage genommen wird.

Unklarer im Hinblick auf die demokratische Prägung der nationalen Souveränität ist die Entscheidung Nr. 84-181 DC vom 10.-11. Oktober 1984. In dieser Entscheidung sieht der Verfassungsrat in der Presse- und Meinungsäußerungsfreiheit des Art. 11 der Erklärung von 1789[388] eine Grundfreiheit, „die um so wertvoller ist als ihre Ausübung eine der wesentlichen Garantien der Achtung der anderen Rechte und Freiheiten sowie der nationalen Souveränität" ist[389]. Fraglich ist, was unter „nationale Souveränität" zu verstehen ist.

Die Gestaltung der Ausübung dieser Grundfreiheit durch den Gesetzgeber gemäß Art. 34 der Verfassung[390] kann nach dem Verfassungsrat nur mit dem Ziel einer größeren Effektivität oder mit dem Ziel erfolgen, es mit der Ausübung anderer Regeln oder Prinzipien mit Verfassungsrang in Übereinstimmung zu bringen. Der Verweis auf die nationale Souveränität bezieht sich in diesem Fall auf Art. 4 der Verfassung, nach dem die politischen Parteien und Gruppierungen bei den Wahlentscheidungen mitwirken (Abs. 1 Satz 1), die Bildung und die Ausübung der Tätigkeit der politischen Parteien frei sind (Abs. 1 Satz 2) und die politischen Parteien die Grundsätze der nationalen Souveränität und der Demokratie zu achten haben (Abs. 1 Satz 3). Bei dieser Entscheidung musste sich der Verfassungsrat mit der Frage befassen, ob auch die politischen Parteien durch die im Gesetz vorgesehenen Regelungen zur finanziellen Transparenz und zur Gewährleistung des Pluralismus der Presseunternehmen betroffen waren, so dass Art. 2 des Gesetzes[391] mit Art. 4 der Verfassung unvereinbar wäre. Für den Verfassungsrat[392] erkennt Art. 11 der Erklärung von 1789 im Hinblick auf die Pressefreiheit

---

387 C. C. Nr. 89-265 DC vom 9. Januar 1990, Rec., S. 12, Erwägung Nr. 8: „Il importe peu à cet égard que les dispositions législatives modifiées, complétées ou abrogées résultent d'une loi votée par le Parlement ou d'une loi adoptée par voie de référendum".

388 Art. 11 der Erklärung der Menschen- und Bürgerrechte von 1789 lautet: „Die freie Mitteilung der Gedanken und Meinungen ist eines der kostbarsten Menschenrechte. Jeder Bürger kann also frei reden, schreiben und drucken, vorbehaltlich seiner Verantwortlichkeit für den Missbrauch dieser Freiheit in den durch das Gesetz bestimmten Fällen".

389 C. C. Nr. 84-181 DC vom 10.-11. Oktober 1984, Rec., S. 78, Erwägung Nr. 37: „(...) une liberté fondamentale d'autant plus précieuse que son exercice est l'une des garanties essentielles du respect des autres droits et libertés et de la souveraineté nationale".

390 Art. 34 Abs. 1 lautet: „Die Gesetze werden vom Parlament beschlossen. Durch Gesetz werden geregelt:
- die Bürgerrechte und die den Staatsbürgern zur Ausübung ihrer Grundrechte gewährten grundlegenden Garantien (...)".

391 Gesetz vom 23. Oktober 1984, J. O. R. F. vom 24. Oktober 1984, S. 3323.

392 C. C. Nr. 84-181 DC vom 10. und 11. Oktober 1984, Rec. S. 73, Erwägungen Nr. 10 bis 14.

den politischen Parteien keine anderen Rechte zu als die, die dem normalen Staatsbürger durch diesen Artikel zuerkannt sind. Aufgabe des Gesetzgebers sei es lediglich, Regelungen zu treffen, die es vermeiden, dass die besondere Tätigkeit der politischen Parteien durch die Ausführung der Gesetzvorschriften über die finanzielle Transparenz und über den Pluralismus der Presseunternehmen behindert werde[393]. Im vorliegenden Fall liegt dem Verfassungsrat zufolge keine Behinderung vor[394].

Der Verweis auf die besondere Tätigkeit der politischen Parteien und somit indirekt auf die demokratische Seite der nationalen Souveränität in der Entscheidung Nr. 84-181 DC erklärt die Tatsache, dass der Verfassungsrat in seiner Entscheidung vom 29. Januar 1994 bei seiner Auslegung des Art. 11 der Erklärung von 1789 im Hinblick auf das Gesetz über die Anwendung der französischen Sprache[395] nicht mehr auf die nationale Souveränität verweist, sondern lediglich auf eine der „wesentlichen Garantien der Achtung der anderen Rechte und Freiheiten“[396].

Die Idee des Volkes als Inhaber der Urquelle der Macht findet aber ihren stärksten Ausdruck in den Entscheidungen vom 6. November 1962[397] und vom 23. September 1992[398], in denen der Verfassungsrat sich für die Verfassungsmäßigkeitskontrolle der Gesetze, die vom Volk per Referendum verabschiedet wurden und insofern als direkter Ausdruck der nationalen Souveränität betrachtet werden müssen, für unzuständig erklärt hat[399]. Auch die wiederholte Betonung der Souveränität der verfassunggebenden Gewalt durch den Verfassungsrat drückt die demokratische Seite der nationalen Souveränität aus[400].

---

393 C. C. Nr. 84-181 DC vom 10. und 11. Oktober 1984, Rec. S. 73, Erwägung Nr. 11.

394 C. C. Nr. 84-181 DC vom 10. und 11. Oktober 1984, Rec. S. 73, Erwägung Nr. 12-13.

395 Gesetz Nr. 94-665 vom 4. August 1994, J. O. R. F. .vom 5. August 1994. In seiner Entscheidung C. C. Nr. 94-345 DC vom 29. Juli 1994, Rec. S. 106, Erwägung Nr. 10, hat der Verfassungsrat die vom Gesetzgeber vorgesehene Möglichkeit, das Fernseh- und Rundfunkwesen zur Anwendung einer durch Verordnung bestimmten offiziellen Terminologie zu verpflichten bzw. den Verstoß gegen diese Verordnung als strafbar zu erklären, für verfassungswidrig erklärt.

396 C. C. Nr. 94-345 DC vom 29. Januar 1994, Rec. S. 106, Erwägung Nr. 5.

397 C. C. Nr. 62-20 DC vom 6. November 1962, Rec., S. 15, Erwägung Nr. 2.

398 C. C. Nr. 92-313 DC vom 23. September 1992, Rec., S. 94, Erwägung Nr. 2.

399 Die Formulierung befindet sich in beiden Entscheidungen: „lois qui, adoptées par le peuple, à la suite d'un référendum (...) constituent l'expression directe de la souveraineté nationale“. Zur demokratischen Bedeutung der nationalen Souveränität in diesen beiden Entscheidungen des Verfassungsrats, auch *Starke*, Die verfassungsgerichtliche Normenkontrolle durch den Conseil constitutionnel. Zum Kompetenztitel des Art. 61 der französischen Verfassung. Schriften zum internationalen und zum öffentlichen Recht, hrsg. von Gornig, Gilbert, Bd. 38, Frankfurt am Main u. a., S. 21. Ferner zur Nichtkontrolle des direkten Ausdrucks der nationalen Souveränität durch den Verfassungsrat, Teil 1, Kap. 3 C II.

400 C. C. Nr. 92-312 DC vom 2. September 1992, Rec. S. 76, Erwägungen Nr. 19, 34, 35, 40 und 43.

Die nationale Souveränität hat aber auch eine andere, auf den Staat bezogene Seite.

c. Die Souveränität des Staates in der Rechtsprechung des Verfassungsrats

Im Hinblick auf das zweite Prinzip der nationalen Souveränität, die Souveränität des Staates als internationale Form der Ausübung der Souveränität des Volkes einerseits und als Gesamtheit der Kompetenzen aus internationaler Sicht andererseits, können mehrere Entscheidungen des Verfassungsrats aufgeführt werden[401].

aa. Die Souveränität des Staates als internationale Form der Ausübung der demokratischen Souveränität in der Rechtsprechung des Verfassungsrats

Die Souveränität des Staates als internationale Form der Ausübung der demokratischen Souveränität wird am deutlichsten in der Entscheidung Nr. 76-71 DC, in der der Verfassungsrat erklärt, dass die Souveränität, die in Art. 3 der Verfassung der französischen Republik bestimmt ist, sowohl in ihrer Grundlage als auch in ihrer Ausübung nur national sein kann[402]. Hier stellt die Nation den „politisch-geographischen Rahmen"[403] der Souveränität dar. Der Verfassungsrat schließt daraus, dass allein die im Rahmen der Institutionen der Republik gewählten Vertreter des französischen Volkes an der Ausübung der nationalen Souveränität teilnehmen können[404]. Die Ausübung der nationalen Souveränität schließt im Kontext der Entscheidung Nr. 76-71 DC über die Direktwahl der Europäischen Versammlung die internationale Form der Ausübung der demokratischen Souveränität mit ein, da mit der Direktwahl der Europäischen Versammlung die Frage einer übernationalen Demokratie aufgeworfen wurde. Eine Versammlung, die dem institutionellen Gefüge der Republik nicht angehört, kann an der Ausübung der nationalen Souveränität nicht teilhaben[405]. Ferner weist der Verfassungsrat darauf hin, dass die Direktwahl der Vertreter der Völker der

---

[401] C. C. Nr. 70-39 DC vom 19. Juni 1970, Rec. S. 15; C. C. Nr. 76-71 DC vom 29- 30. Dezember 1976, Rec. S. 15; C. C. Nr. 78-93 DC vom 29. April 1978, Rec. S. 23; C. C. Nr. 80-116 DC vom 17. Juli 1980, Rec. S. 36; C. C. Nr. 85-188 DC vom 22. Mai 1985, Rec. S. 15; C. C. Nr. 91-294 DC vom 25. Juli 1991, Rec. S. 91; C. C. Nr. 92-308 DC vom 9. April 1992, Rec. S 55; C. C. Nr. 92-312 DC vom 2. September 1992, Rec. S. 76; C. C. Nr. 96-373 DC vom 9. April 1996, Rec. S. 43; C. C. Nr. 97-394 DC vom 31. Dezember 1997, Rec. S. 344; C. C. Nr. 98-399 DC vom 5. Mai 1998, Rec. S. 245; C. C. Nr. 98-408 DC vom 22. Januar 1999, Rec. S. 29. Ausführlich dazu *Combacau*, La souveraineté internationale de l'Etat (FN. 266).

[402] C. C. Nr. 76-71 DC vom 30. Dezember 1976, Rec. S. 15, Erwägung Nr. 6.

[403] *Vedel*, Souveraineté et supraconstitutionnalité, in: Revue pouvoirs Nr. 67 (1993), S. 79-97 (79). Siehe Teil 1, Kap. I B II

[404] C. C. Nr. 76-71 DC vom 30. Dezember 1976, Rec. S. 15, Erwägung Nr. 6.

[405] C. C. Nr. 76-71 DC vom 30. Dezember 1976, Rec. S. 15, Erwägung Nr. 7.

Mitgliedstaaten weder Souveränität begründen noch Institutionen, deren Rechtsnatur mit der Achtung der nationalen Souveränität unvereinbar wären, zu schaffen vermag und dass jede Änderung oder Abweichung allein durch den Weg der Vertragsänderung erfolgen kann[406].

bb. Die Souveränität des Staates als Gesamtheit von Kompetenzen in der Rechtsprechung des Verfassungsrats

Die Souveränität des Staates als Gesamtheit von Kompetenzen aus internationaler Sicht erscheint zum Beispiel in der Entscheidung Nr. 70-39 DC vom 19. Juni 1970, wo der Verfassungsrat sich mit der Entscheidung des Rates der Europäischen Gemeinschaften vom 21. April 1970 über die Ersetzung der finanziellen Beiträge der Mitgliedstaaten durch eigene Mittel der Europäischen Gemeinschaften befassen musste. Für den Verfassungsrat ist diese Entscheidung lediglich eine „Durchführungsmaßnahme" der Gemeinschaftsverträge, die ordnungsgemäß ratifiziert worden sind und in den Geltungsraum des Art. 55 der Verfassung eingetreten sind[407]. Diese Entscheidung ist Teil einer Gruppe von Durchführungsmaßnahmen, die mit der Errichtung einer gemeinsamen Politik verbunden sind und kann infolgedessen nicht als Prinzip betrachtet werden[408]. Die Tatsache, dass die Entscheidung des Rates der Europäischen Gemeinschaften sowohl die Bedingung der Gegenseitigkeit erfüllt als auch die Befugnisse des Gesetzgebers achtet, führt dazu, dass die Entscheidung „weder durch ihre Rechtsnatur, noch durch ihren Umfang gegen die wesentlichen Bedingungen der Ausübung der nationalen Souveränität"[409] verstößt.

In seiner Entscheidung Nr. 76-71 DC vom 30. Dezember 1976 über die Entscheidung des Rates der Europäischen Gemeinschaften über die allgemeine Direktwahl der Versammlung der Gemeinschaft hat der Verfassungsrat erklärt, indem er sich sowohl auf die Präambel der Verfassung von 1946 als auch auf die Präambel der Verfassung von 1958 stützte, dass die Zustimmung Frankreichs, unter Vorbehalt der Gegenseitigkeit seine Souveränität einzuschränken, nicht zur Übertragung eines Teils oder sogar der nationalen Souveränität als Ganzem führen darf.[410].

In seiner Entscheidung vom 29. April 1978 im Hinblick auf den zweiten Änderungsvorschlag des Statuts des Internationalen Währungsfonds schließt der Verfassungsrat jede Beeinträchtigung der nationalen Souveränität aus[411] und

---

406 C. C. Nr. 76-71 DC vom 30. Dezember 1976, Rec. S. .15, Erwägung Nr. 4.
407 C. C. Nr, 70-39 DC vom 19. Juni 1970, Rec. 15, Erwägung Nr. 6.
408 C. C. Nr. 70-39 DC vom 19. Juni 1970, Rec. 15, Erwägung Nr. 8.
409 C. C. Nr. 70-39 DC vom 19. Juni 1970, Rec. 15, Erwägung Nr. 9.
410 C. C. Nr. 76-71 DC vom 30. Dezember 1976, Rec. S. 15, Erwägung Nr. 2.
411 C. C. Nr. 78-93 DC vom 29. April 1978, Rec. S. 23, Erwägung Nr. 7.

erklärt, dass die Souveränität der Mitgliedstaaten des Internationalen Währungsfonds dadurch gesichert sei, dass jedem Mitglied die Freiheit, das Wechselkurssystem zu bestimmen, gewährleistet sei[412].

Am 17. Juli 1980[413] erklärt der Verfassungsrat, dass die deutsch-französische Konvention über die Zusammenarbeit im Bereich der Justiz nicht gegen das Prinzip der nationalen Souveränität verstoße[414], nachdem er festgestellt hat, dass die organisierte Rechtshilfe zwischen Frankreich und Deutschland abgelehnt werden kann, wenn der aufgeforderte Unterzeichnerstaat der Meinung ist, dass die Durchführung des Antrags zur Rechtshilfe von Natur aus eine Beeinträchtigung der Souveränität, der Sicherheit, der öffentlichen Ordnung oder der wesentlichen Interessen des Landes darstellt. Aus dieser Ausdrucksweise ergibt sich, dass die nationale Souveränität hier mit der Souveränität des Staates gleichgesetzt wird[415].

Diese Gleichsetzung der nationalen Souveränität mit der Souveränität des Staates wird übrigens in der Entscheidung vom 9. April 1992[416] bestätigt: Vor seiner Erklärung einer möglichen Beeinträchtigung der wesentlichen Bedingungen der Ausübung der nationalen Souveränität durch bestimmte Vorschriften des Vertrags von Maastricht in Bezug auf den Eintritt und die Freizügigkeit, erinnert der Verfassungsrat daran, dass die von den Behörden der französischen Republik unterzeichneten Abkommen den Staat nicht in der Ausübung von Kompetenzen, die die wesentlichen Bedingungen seiner Souveränität berühren, beeinträchtigen dürfen[417].

Am 9. April 1996[418] hat der Verfassungsrat geprüft, ob das Verfassungsergänzungsgesetz über das Autonomiestatut des französischen Polynesien gegen die Ausübung der nationalen Souveränität verstoßen[419] oder die Ausübung der Souveränität durch den Staat beeinträchtigen könnte[420]. Wird die nationale Souveränität mit der Souveränität des Staates gleichgestellt, dann ist die demokratische Idee nicht unmittelbar vorhanden[421], da der Staat in diesen Fällen als Rechtssubjekt des Völkerrechts betrachtet wird[422]. Im Rahmen der internatio-

---

412 C. C. Nr. 78-93 DC vom 29. April 1978, Erwägung Nr. 5.
413 C. C. Nr. 80-116 DC vom 17. Juli 1980, Rec., S. 36, Erwägung Nr. 3.
414 C. C. Nr. 80-116 DC vom 17. Juli 1980, Rec., S. 36, Erwägung Nr. 5.
415 Vgl. *Roux*, Le principe de la souveraineté (FN. 261), Bd. 1, S. 11.
416 C. C. Nr. 92-308 DC vom 9. April 1992, Rec., S. 55, Erwägung Nr. 49.
417 C. C. Nr. 92-308 DC vom 9. April 1992, Rec. S. 55, Erwägung Nr. 49.
418 C. C. Nr. 96-373 DC vom 9. April 1996, Rec., S. 43.
419 C. C. Nr. 96-373 DC vom 9. April 1996, Rec., S. 43, Erwägung Nr. 11.
420 C. C. Nr. 96-373 DC vom 9. April 1996, Rec., S. 43, Erwägung Nr. 30.
421 Durch die Verbindung des Staatssouveränität mit der Souveränität des Volkes ist die demokratische Idee dennoch indirekt vorhanden.
422 Vgl. C. C. Nr. 96-373 DC vom 9. April 1996. In dieser Entscheidung bezog sich zwar die Verfassungsmäßigkeitskontrolle auf ein Gesetz und nicht auf einen internationalen Vertrag, dennoch waren bestimmte Vorschriften dieses Gesetzes imstande, die Beziehungen des Staats

nalen Rechtsordnung ist der demokratische oder undemokratische Charakter der politischen Regierung gleichgültig.

4. Wechselwirkung von „souveraineté démocratique“ und „souveraineté étatique“

Im Gegensatz zu *Beaud* vertritt *Roux* die Auffassung, dass beide Prinzipien der nationalen Souveränität einander nicht bedingen. Die Unterscheidung *Roux*' zwischen der demokratischen Souveränität einerseits – wonach die Quelle der Macht dem Volke zukommt – und der Souveränität des Staates andererseits – als Gesamtheit der Kompetenzen des Staates – führt dazu, dass die „Souveränität“ des Staates stark relativiert werden kann, ja als „leeres Wort“[423] erscheint. Aus dieser Überlegung folgt, dass die demokratische Souveränität von der verfassungsändernden Gewalt nicht angetastet werden kann, da sie als Existenzvoraussetzung der Verfassung betrachtet werden kann, die selbst der normative Ausdruck „par excellence“ dieser Souveränität ist. Im Gegensatz dazu ist die Souveränität des Staates nicht – wie bei *Beaud* dargelegt – die Existenzvoraussetzung der Souveränität des Volkes bzw. der Verfassung, sondern stellt lediglich eine der Ausübungsformen der demokratischen Souveränität dar, nämlich ihre exklusive Ausübungsform in der internationalen Rechtsordnung. Die Verletzungen der Souveränität des Staates beeinträchtigen insofern lediglich die Ausübung der Souveränität des Volkes und lassen das Prinzip der demokratischen Souveränität selbst unberührt[424], so dass allein dieses Prinzip als „intangible“[425] (unantastbar) gelten kann.

Frankreichs zu anderen Mitgliedstaaten der internationalen Gesellschaft zu interessieren, dazu *Roux*, Le principe de la souveraineté (FN. 261), Bd. 1, S. 273 ff.

423 Vgl. *Roux*, Finitude de la souveraineté de l'Etat (FN. 311), S. 18.

424 *Roux*, Finitude de la souveraineté de l'Etat (FN. 311), S. 18. Der Autor bezieht sich auf die Rechtsprechung des Verfassungsrats angesichts der Ermangelung einer Rücktrittsklausel im Schengener-Abkommen und im Vertrag von Maastricht, C. C. Nr. 91-294 DC vom 25. Juli 1991, Rec. S. 91, Erwägung Nr. 58; vgl. C. C. Nr. 92-308 DC, Rec. S. 55, wo der Verfassungsrat diese Frage unbeachtet gelassen hat. Vgl. *ders.*, Le principe de la souveraineté de l'Etat (FN. 309), S. 126.

425 *Roux*, Finitude de la souveraineté de l'Etat (FN. 311), S. 19 ff., wobei der Autor zwischen einer „intangibilité relative“ (relative Unantastbarkeit) und einer „intangibilité absolue“ (absolute Unantastbarkeit) des Prinzips der demokratischen Souveränität unterscheidet, ebenda, S. 22 ff., 26 ff. Diese Unterscheidung beruht auf der Differenzierung zwischen dem in Art. 3 der Verfassung von 1958 enthaltenen Prinzip der Souveränität des französischen Volkes, das vom Volk zwar nicht als „législateur constitutionnel“, aber als „pouvoir constituant“ durch eine „ultime décision souveraine“ (*Roux*, ebenda S. 26; vgl. *ders.*, Souveraineté de l'Etat (FN. 311), S. 139, FN. 44) beseitigt werden kann, und auf dem in Art. 3 der Erklärung von 1789 enthaltenen Prinzip der demokratischen Souveränität. Letzteres bezieht sich auf keinen besonderen Träger, sondern hat einen abstrakten, sogar a-historischen Charakter und nimmt insofern auf eine „valeur supraconstituante“ (suprakonstitutionelle Bedeutung) an, so dass es vom Verfassungsgeber nicht aufgehoben (abrogé) werden kann.

D. Nationale Souveränität und Einheitsstaatlichkeit

Die strukturierende Funktion der nationalen Souveränität im Hinblick auf die Einheitsstaatlichkeit Frankreichs lässt sich anhand des Prinzips der Unteilbarkeit der Republik erkennen. Fraglich ist einerseits, inwiefern die französische Auffassung der „Republik“ sich mit der „Staatlichkeit“ verbinden lässt. Ferner führt die europäische Integration mit der Förderung der regionalen Ebene zu einer grundsätzlichen Infragestellung der klassischen Auffassung der Einheitsstaatlichkeit Frankreichs, die mit dem Prinzip der nationalen Souveränität eng verbunden ist.

I. Die Republik als „Staat“ in der französischen Verfassung

Das Wort „Etat“ taucht nur selten in der Verfassung von 1958 auf, nämlich in den Art. 5 Abs. 1 Satz 2, Art. 13 Abs. 2, Art. 34 Abs. 5 und 6 und Art. 53. Die anderen Verfassungsvorschriften erwähnen allgemein die „politische Vereinigung“[426], die „politische Institution“[427], die „Gesellschaft“[428], das „Kollektiv“[429] oder die „auswärtigen Mächte“[430].

Diese Zurückhaltung kann verwundern, wenn man die Verfassung als die schriftliche Grundlage des Staates betrachtet. Fraglich ist, ob mit der verfassungsrechtlichen Bezeichnung des französischen Staats als „République“, die nach allgemeiner Ansicht eine Regierungsform bezeichnet, auch die Staatlichkeit Frankreichs gemeint ist[431]. In der Tat ist die französische Verfassung von der

Diesen Betrachtungen fehlt es dennoch an rechtlicher Festigkeit. Im Hinblick auf die Rechtsprechung des Verfassungsrats spricht der Autor von „indices jurisprudentiels“ (Indizien der Rechtsprechung [des Verfassungsrats]) und von einer „reconnaissance discrète“ durch das Hohe Gericht (*Roux*, Finitude de la souveraineté de l'Etat (FN. 311), S. 24). Ferner erkennt der Autor selbst den eher politischen als juristischen Charakter („nature plus politique que juridique“) seiner Auslegung der Art. 3 und 16 der Erklärung von 1789, auf die sich die „intangibilité absolue“ des Prinzips der demokratischen Souveränität beziehen soll und beendet seinen Aufsatz mit der Erkennung einer jederzeit möglichen Abschaffung („abolition“) dieses Prinzips. Zur Unterscheidung zwischen Aufhebung und Abschaffung, *Beaud*, La Puissance de l'Etat (FN. 6), S. 310, 453.

426 Art. 2 Satz 1 der Erklärung von 1789.

427 Abs. 1 der Erklärung von 1789.

428 Art. 5 Abs. 1, Art. 15, Art. 16 der Erklärung von 1789; vgl. Abs. 1 der Erklärung von 1789 mit dem Ausdruck „corps social“.

429 Abs. 9 und 11 der Präambel der Verfassung von 1946.

430 Art. 14 Satz 1 der Verfassung von 1958.

431 Zur Zeit *Bodins* war „Republik“ mit „Staat“ gleichgestellt, dazu *Mayer-Tasch*, Einführung zu *Bodin*, Sechs Bücher über den Staat (FN. 27), S. 60 ff. Unter dem Vichy-Regime 1940-1945 wird das Wort „République“ durch das Wort „Staat“ ersetzt, *Leclercq*, Droit constitutionnel (FN. 157), S. 400.

„Republik" geprägt, ob institutionell[432] oder materiell[433]. Dabei kann die Republik sowohl als Synonym für Demokratie als auch als Synonym für „Staat" schlechthin betrachtet werden[434]. In diesem Sinne wird das Wort „République" als Synonym für „Etat" während des Ancien Régime und auch in diesem Sinne von *Bodin* 1576 verstanden[435], welcher dann von einer „république monarchique" spricht. Die in der französischen Lehre hervorgehobene Idee einer zukünftigen europäischen Republik als Ziel der europäischen Integration[436] weist darauf hin, dass „République" und „Etat" eng verbunden, ja gleichzusetzen sind.

Die Gleichsetzung von Staat und Republik erscheint am deutlichsten in den Verfassungsvorschriften, welche die Haltung der Französischen Republik im Hinblick auf das Völkerrecht bzw. auf die Staatengemeinschaft zum Gegenstand haben. Nach Abs. 14 der Präambel der Verfassung von 1946 hält sich die französische Republik an die Regeln des Völkerrechts. Subjekte des Völkerrechts sind zwar nicht nur die Staaten; doch die Tatsache, dass die Anerkennung Frankreichs als Staat nicht in Frage gestellt werden kann, führt zur Bestätigung, dass die „französische Republik" hier im Sinne von „französischer Staat" innerhalb der Staatengemeinschaft und als Subjekt des Völkerrechts zu verstehen ist.

Dies wird noch deutlicher im Hinblick auf Art. 53-1 Abs. 1, Art. 88 und Art. 88-1 der Verfassung von 1958. Nach Art. 53-1 kann die Republik „mit den

---

432 Abs. 14 der Präambel der Verfassung von 1946, Erklärung über das Verfassungsgebungsverfahren der Verfassung vom 3. Juni 1958, die Präambel und die Art. 16 Abs. 1, Art. 53-1 Abs. 1 und 2, Art. 72 Abs. 1, Art. 74 Abs. 1 und 2, Art. 75, Art. 76, Art. 88 und Art. 88-1 der Verfassung von 1958. Eine symbolische Bedeutung haben ferner die Art. 2 Abs. 1 und 2 Abs. 4 der Verfassung von 1958.

433 Art. 1 Satz 1, Art. 2 Abs. 5 der Verfassung von 1958.

434 So z. B. die zweite Definition der Republik bei *Cornu*, Vocabulaire juridique, Association Henri Capitant, 6. Aufl., Paris 1996, S. 731: „Parfois pris comme synonyme de démocratie, ou, plus largement encore, d'Etat en général"; siehe auch *Quermonne*, „République", in: Duhamel /Mény, Dictionnaire constitutionnel, S. 924; vgl. *Villiers*, Dictionnaire de droit constitutionnel, Paris 1998, S. 181, der unter den verschiedenen Definitionen des Wortes „République" den Staat als souveräne Herrschaft („l'Etat en tant que puissance souveraine") versteht. Allgemein zum französischen Verständnis der Republik z. B. *Peiser*, La notion de République dans la tradition politique française, in: Revue politique, 1959, S. 206-217; *Agulhon*, La République, 1880 à nos jours, Histoire de France, Paris 1990; *Duhamel*, La gauche et la Ve République, Paris 1980; *Fabre*, Principes (FN. 159); *ders.*, La République, sa perception constitutionnelle par les français, Aix-en-Provence 1988; Berstein / Rudelle (Dir.), Le modèle républicain, Paris 1992; *Mathieu / Verpeaux* (Dir.), La République en droit français, Paris 1996; *Quermonne / Chagnollaud*, Le gouvernement de la France sous la Ve République, Paris 1991.

435 *Quermonne*, „République" (FN. 434), S. 920.

436 *Quermonne*, Le système politique européen, Paris 1993, S. 152. In der 3. Auflage von 1998 verzichtet der Autor auf diese Bezeichnung, um nur noch von einer „europäischen Regierung" zu sprechen. Ferner *Foucher*, La République européenne, entre histoires et géographies, Paris 1998.

europäischen Staaten (...) Abkommen schließen". Ähnlich formuliert ist Art. 88 im Hinblick auf die Assoziierungsabkommen, wonach „die Republik (...) Abkommen mit Staaten schließen [kann], die sich mit ihr assoziieren wollen, um ihre Zivilisation zu entwickeln". Ferner und im Hinblick auf die Europäischen Gemeinschaften und die Europäische Union wirkt die Republik nach Art. 88-1 „an den Europäischen Gemeinschaften und der Europäischen Union mit, welche aus Staaten bestehen (...)". Diese Formulierung deutet darauf hin, dass die „Republik" hier als Synonym von „Staat" zu verstehen ist.

Eine positive Definition der Republik stößt auf verschiedene Schwierigkeiten. Einerseits hat Frankreich eine Mehrzahl an „republikanischen Verfassungen" kennengelernt und die Schaffung der V. Republik zum Beispiel ist vom Geist geprägt, der französischen republikanischen Tradition zu entsprechen. Die Republik wird also in der französischen Lehre nicht im Sinne von Staat, sondern überwiegend im Hinblick auf den Schutz der „forme républicaine de gouvernement" (republikanischen Staatsform) gemäß Art. 89 Abs. V der Verfassung e contrario definiert, nämlich als Gegensatz zu Monarchie und Kaisertum, die einen erblichen *„pouvoir personnel"*[437] (persönliche Macht) voraussetzen. Die Republik wird dann als ein Staat mit republikanischem Regierungssystem bezeichnet[438]. Andererseits – und darin liegt die hauptsächliche Schwierigkeit – hat das Wort Republik selbst grundsätzlich sowohl eine politische als auch eine technische Bedeutung. Politisch gesehen ist sie nur eine Regierungsform des Staates, sie ist das politische Regierungssystem, in dem der Staat als Eigentum dem Volk zukommt[439]. Die Schwierigkeit liegt aber darin, dass beide Bedeutungen miteinander verknüpft sind. In Frankreich ist die Republik

---

437 *Fabre*, Principes (FN. 159), S. 7: „La République n'étant ni la Monarchie ni l'Empire, on peut conclure que son trait fondamental est l'absence d'un chef d'Etat héréditaire, ou en terme de pouvoir, d'un pouvoir personnel".

438 So *Cornu*, Vocabulaire juridique (FN. 434), „République", S. 731. In einem ersten Sinn definiert *Cornu* die Republik als „Etat dont le régime est républicain", wobei das Wort dann als Gegensatz zur Monarchie genommen wird.

439 *Fabre*, Principes (FN. 159): „ (...) système politique dans laquelle la propriété de l'Etat appartient au peuple"; *ders.*, La République (FN. 434); vgl. die Definition der republikanischen Regierung von *Montesquieu*, Vom Geist der Gesetze (FN. 222), Buch II, Kap. I, S. 19: „Die republikanische Regierung ist diejenige, in der das Volk als Ganzes oder auch nur ein Teil des Volkes die oberste Gewalt innehat". Diese Definitionen sind aber mit der Definition der Demokratie vergleichbar. Die Schwierigkeit, die Republik juristisch zu definieren, liegt an der Tatsache, dass der Begriff der Republik politischer Natur ist und „porte au plus haut degré d'abstraction la relation de loyalisme unissant le citoyen au principe de légitimité fondant le mode de gouvernement" (trägt zum höchsten Abstraktionsgrad das Treueverhältnis, welches der Staatsbürger mit dem das Regierungssystem gründenden Legitimitätsprinzip verbindet), *Quermonne*, „République" (FN. 434), S: 924; In diesem Sinne der General *de Gaulle*, der am 4. September 1958 in seiner Rede bezüglich des am gleichen Tag stattfindenden Referendums die Republik als „la souveraineté du peuple, l'appel de la liberté, l'espérance de la justice" (die Souveränität des Volkes, der Ruf der Freiheit, die Hoffnung in der Justiz) definiert hat.

traditionsgemäß „une et indivisible“ (eins und unteilbar) und bezeichnet das politische Regierungssystem, welches den Nationalstaat als Typus gestaltet[440]. Die Unteilbarkeit der Republik wird als Garantie der Einheitsstaatlichkeit[441] verstanden, obwohl der aktuelle Verfassungstext auf die Erwähnung der „Einheit“ verzichtet hat, die bisher in den französischen Verfassungen neben der Unteilbarkeit erwähnt wurde. Das Verschwinden des Wortes „une“ aus dem Verfassungstext wird dadurch erklärt, dass die Unteilbarkeit selbstverständlich das Vorhandensein einer zu schützenden Einheit voraussetzt[442]. Andererseits wäre die Integration der überseeischen Gebiete in der Verfassung von 1958[443] mit der jakobinschen Auffassung der Einheit der Republik schwer vereinbar[444].

II. Frankreich als Einheitsstaat

Im Gegensatz zur deutschen Föderaltradition ist Frankreich traditionsgemäß[445] ein „Einheitsstaat“, das heißt ein Staat, in dem alle Staatsbürger einer einzigen Macht unterworfen sind[446]. Die Einheitsstaatlichkeit Frankreichs lässt sich also nicht durch eine staatliche Struktur beschreiben im Sinne z. B. der deutschen Bundesstaatlichkeit mit der Gliederung des Bundes in Länder, sondern durch eine einzige Machtquelle, das heißt durch die Souveränität, welche nur auf nationaler Ebene ihren Ausdruck und ihre Verwirklichung finden kann. Insofern „personalisiert“[447] das Prinzip der nationalen Souveränität die staatliche verfassungsrechtliche Ordnung. Dieses Prinzip beinhaltet eine einheitliche Auffassung

---

440 Vgl *Fabre*, Principes (FN. 159), S. 7: „(...) la République étant déclarée, en France, une et indivisible, elle est le régime politique qui organise l'Etat national type“.

441 In diesem Sinne *Fabre*, Principes (FN. 159), S. 7: „La République c'est donc l'Etat par excellence et tous les séparatistes ou autonomistes, bretons, occitans ou corses sont antirépublicains“. Vgl. *Gangl*, Verfassungsfragen (FN. 34), S. 18.

442 So etwa *Debbasch*, Le principe révolutionnaire d'unité et d'indivisibilité de la République, Paris 1988, S. 412.

443 Art. 72 ff. der Verfassung von 1958.

444 Vgl. *Fabre*, L'unité et l'indivisibilité (FN. 232), S. 614 und S. 605 für die Definition der Einheit als „la qualité de ce qui est seul, qui n'est pas associé à d'autres, ou comme celle de ne faire qu'un“ (Eigenschaft dessen, das allein [und] mit keinem anderen vereinigt ist bzw. [die Eigenschaft dessen], das unzertrennlich ist.

445 Interessant dazu *Ammon / Hartmeier*, Zentralismus und Föderalismus – die zwei prägenden Strukturprinzipien der europäischen Raumordnung, in: Ammon / Fischer / Hickmann / Stemmermann (Hrsg.), Föderalismus und Zentralismus: Europas Zukunft zwischen dem deutschen und dem französischen Modell, Schriftenreihe des Europäischen Zentrums für Föderalismus-Forschung, Bd. 11, Baden-Baden 1996, insbesondere S. 19 ff. zum „Zentralismus als Strukturprinzip für Frankreich“.

446 *Ardant*, Institutions (FN. 165), S. 34.

447 *Baghestani*, Le titulaire de la souveraineté (FN. 187), S. 100: „Le principe juridique de la souveraineté nationale (...) [personnalise] l'ordre constitutionnel étatique“.

vom französischen Staat, der nur eine Souveränitätsquelle kennt[448]. Jedoch hat Frankreich auch eine gewisse föderalistische Tradition.

1. Der Föderalismus „à la française“

Die Einheitstaatlichkeit Frankreichs schließt eine all zu weitgehende Dezentralisation zugunsten der Gebietskörperschaften aus. Einige Autoren heben aber hervor, dass die Einheitsstaatlichkeit der französischen Republik nicht ohne eine gewisse föderalistische Tradition[449] zu verstehen sei. *Chaltiel* weist z. B. auf den Anschluß Galliens an das Römische Reich, um daraus zu schließen, dass Gallien schon Teil einer umfassenderen politischen Struktur war, deren Recht sie unterworfen wurde[450]. Im Inneren wird jedoch die „föderalistische“ Tradition Frankreichs eher als eine Stärkung der Départements oder der Regionen betrachtet und dementsprechend als „départementalisme“ oder seit 1982 als „régionalisme“ bezeichnet.

Die V. Republik kommt aber besonders durch die „Communauté française“ mit dem Föderalismus in Berührung. Die Gemeinschaft („Communauté“) ist eine Assoziierung, die von der Verfassung von 1958 geschaffen wurde[451], um zwischen der französischen Republik und den Ländern des alten „Empire français“ mit Ausnahme von Guinea eine Staatenverbindung föderaler Natur[452] zu schaffen, mit einem der Republik und der Gemeinschaft gemeinsamen Präsident[453], einer gemeinsamen Staatsangehörigkeit[454] sowie unter anderem einer gemeinsamen Außen-, Währungs- und Verteidigungspolitik[455]. Die Tatsache aber, dass die Zentralmacht über die „compétences de principe“ verfügt, die überseeischen Gebiete lediglich über „compétences d'attribution“, verhindern die Bezeichnung des Gesamtgebilde – Metropol und überseeische Gebiete – als

---

448 Vgl. *Burdeau*, Traité (FN. 3), Bd. 2, S. 351: „(...) la souveraineté y est unique, parce qu'elle réside dans la collectivité envisagée globalement“.

449 *Ardant*, Institutions (FN. 165), S. 34. Interessant in dieser Hinsicht, *Sparwasser*, Zentralismus (FN. 200), insbes. S. 256 ff. zum „Föderalismus“ im unitarischen Staat.

450 *Chaltiel*, La souveraineté de l'Etat (FN. 29), S. 30.

451 Titel XIII, Art. 77 bis 87 der Verfassung von 1958.

452 *Villiers*, Dictionnaire (FN. 434), „Communauté“, S. 34. Andere Autoren erwähnen die Ähnlichkeit zur Konföderation, wie z. B. *Formery*, La Constitution commentée article par article, 4. Aufl., Paris 1998, S. 7. Art. 77 der Verfassung von 1958 lautete: „Dans la Communauté instituée par la présente Constitution, les Etats jouissent de l'autonomie, ils s'administrent eux-mêmes et gèrent démocratiquement et librement leurs propres affaires“. Ausführlich dazu *Plantey*, L'Outre-mer et la constitution, in: Maus / Favoreu / Parodi (Dir.), L'écriture de la constitution de 1958 (FN. 340), S. 731-746 (737). Dem Autor zufolge handelt es sich um ein „fédéralisme léger“.

453 Art. 80 der Verfassung von 1958.

454 Art. 77 Abs. 2 der Verfassung von 1958.

455 Art. 78 der Verfassung von 1958.

Föderation[456]. Zu dieser Zeit nimmt aber die französische Republik die Züge einer „entité confédérée“[457] an. Die französische Republik ist aber kein wirkliches Mitglied der Gemeinschaft, da sie einerseits allein über die internationale Rechtspersönlichkeit verfügt, die französische Republik andererseits ihre Diplomatie, ihr Heer, ihre Währung und ihre Wirtschaft der Gemeinschaft zur Verfügung stellt[458]. Die Verfassung von 1958[459] räumt aber den überseeiischen Gebieten die Möglichkeit eines Austritts aus der Französischen Gemeinschaft ein. Diese Möglichkeit nutzend entschloßen sich die afrikanischen und madegassischen Staaten 1961 für die Unabhängigkeit bzw. den Austritt aus der Gemeinschaft, so dass die Gemeinschaft bis 1995 zwar im Text der Verfassung vorhanden war[460], in Wirklichkeit aber einen leeren Rahmen darstellte. Erst 1995 wurde durch Verfassungsänderung der Titel XIII der Verfassung von 1958 über die Gemeinschaft aufgehoben.

2. Dezentralisierung und Regionalisierung

Der Einheitsstaat besitzt ein einziges politisches Impulszentrum[461]. Ein einziges Parlament erläßt Gesetze für alle Staatsbürger, die – unabhängig von ihrem Wohnort – der Autorität einer einzigen Regierung unterworfen sind. Dies ist mit der Aufteilung Frankreichs in verschiedene territoriale Ebenen vereinbar, solange die lokalen Einheiten über keinen „pouvoir normatif autonome“[462] (Rechtssetzungsautonomie), über keine „autonomie décisionnelle“[463] (Entscheidungsautonomie), verfügen. Die Qualifizierung der Souveränität als „nationale“ setzt andererseits eine einheitliche Machtausübung auf nationaler, nicht auf lokaler

---

456 *Quermonne*, La réforme de structure des territoires d'outre-mer et des territoires associés selon la loi cadre du 23 juin 1956, Paris 1957, S. 9 und 11. Ausführlich dazu *Michalon*, La République française, une Fédération qui s'ignore?, in: R. D. P. 98 (1982), S. 623-688 (676 ff.).

457 *Michalon*, La République française, une Fédération qui s'ignore (FN. 456), S. 684.

458 Vgl. *Borella*, Le fédéralisme dans la Constitution française du 4 octobre 1958 (Titre XII et XIII), in: Annuaire français de droit international, 1958, S. 659-681 (681), S. 681.

459 Art. 86 der Verfassung von 1958.

460 Art. 77 bis 88 der Verfassung von 1958.

461 *Leclercq*, Droit constitutionnel (FN. 157), S. 86.

462 *Favoreu / Philip*, Les grandes décisions (FN. 325), S. 508 f.

463 *Baghestani*, Le titulaire de la souveraineté (FN. 187) S 103 ff., 105. Interessant in dieser Hinsicht die Entscheidung C. C. Nr. 94-358 DC vom 26. Januar 1995, Rec. S. 183, Erwägung Nr. 57: „ (...) il appartient au législateur en vertu de l'article 34 de la Constitution de déterminer les principes fondamentaux de la libre administration des collectivités territoriales de leurs compétences et de leurs ressources; que par suite, il ne saurait renvoyer à une convention conclue entre des collectivités territoriales le soin de désigner l'une d'entre elles comme chef de file pour l'exercice d'une compétence ou d'un groupe de compétences relevant des autres sans définir les pouvoirs et les responsabilités afférents à cette fonction.“

Ebene voraus[464]. Abgelehnt wird in diesem Sinne der „libre gouvernement“[465], der allein dem Staat zukommen kann. Die Gebietskörperschaften verfügen lediglich über das Recht der „libre administration“ (Selbstverwaltung), die als die „libre gestion par des organes élus“[466] (freie Verwaltung durch gewählte Organe) der lokalen Angelegenheiten betrachtet werden soll. Das Recht der Selbstverwaltung durch die Gebietskörperschaften ist vom Verfassungsrat in seiner Entscheidung vom 23. Mai 1979 anerkannt worden[467]. In seiner Entscheidung vom 25. Februar 1982 betont der Verfassungsrat aber auch den unteilbaren Charakter der französischen Republik[468]. Die verschiedenen Gebietskörperschaften ermöglichen jedoch Verbindungen zwischen der Bevölkerung und der Zentralmacht in der Gestalt einer „citoyenneté de proximité“[469] (bürgernahe Staatsbürgerschaft).

Die territoriale Aufteilung ist in Frankreich das Produkt der Dekonzentration und der Dezentralisierung. Die Dekonzentration besteht darin, Befugnisse des Staates durch verschiedene Behörden ausüben zu lassen, die von ihm ernannt worden sind und auf mehrere Bezirke des Staatsgebiets verteilt wurden, wie z. B. die P. T. T. (Poste, Telecom et Télécommunications), die Eaux et Forêts, die Travaux Publics, die Impôts usw. Die Beamten oder „Agenten“ des Staates führen die Befehle der Zentralmacht aus und treffen Entscheidungen unter ihrer Kontrolle. Sie sind Teil einer Hierarchie[470]. Dennoch wird diese Tradition durch verstärkte wirtschaftliche

---

464 Eindeutig die Erklärung *Debrés* vor der Nationalversammlung (J. O. R. F., Débats, 1982, S. 246): „La décentralisation s'arrête où commence l'exercice de la souveraineté nationale. Le démembrement commence lorsque l'exercice de la souveraineté nationale devient impossible“, zit. in: *Baghestani*, Le titulaire de la souveraineté (FN. 187), S. 104.

465 *Baghestani*, Le titulaire de la souveraineté (FN. 187), S. 103.

466 *Favoreu*, Libre administration et principes constitutionnels, in: Moreau / Darcy (Dir.), Libre administration des collectivités locales. Réflexion sur la décentralisation, Paris 1984, S. 66.

467 C. C. Nr. 79-104 vom 23. Mai 1979, Rec. S. 27, Erwägung Nr. 9. Dazu *Favoreu*, Chronique constitutionnelle, in: R. D. P. 95 (1979), S. 1659-1713 (1694 ff.). Für eine Anwendung des Prinzips der freien Verwaltung der Gebietskörperschaften durch den Verfassungsrat siehe auch z. B. C. C. Nr. 94-358 DC vom 26. Januar 1995, Rec. S. 183, Erwägungen Nr. 11, 24, 34, 37, 39, 43, 47, 53

468 C. C. Nr. 82-137 DC vom 25. Februar 1982, Rec. S. 38, Erwägung Nr. 3 und 4; Vgl. C. C. Nr. 82-138 DC vom 25. Februar 1982, Rec. S. 41, Erwägung Nr. 9; Zu diesen Entscheidungen siehe z. B. *Favoreu / Philip*, Les grandes décisions (FN. 325), S. 497 ff. und im Hinblick auf die Unteilbarkeit der Republik insbes. S. 507 ff.; vgl. auch C. C. Nr. 94-358 DC vom 26. Januar 1995, Rec. S. 183, Erwägung Nr. 5. Ferner die Rechtsprechung des Verfassungsrats über die Unteilbarkeit der Republik: C. C. Nr. 83-160 DC vom 19. Juli 1983, Rec. S. 43, Erwägung Nr. 9; C. C. Nr. 84-177 DC vom 30. August 1984, Rec. S. 66, Erwägung Nr. 7; C. C. Nr. 84-178 DC vom 30. August 1984, Rec. S. 69, Erwägung Nr. 8; C. C. Nr. 91-290 DC vom 9. Mai 1991, Rec. S. 50, Erwägung Nr. 13; C. C. Nr. 91-294 DC vom 25. Juli 1991, Rec. S. 91, Erwägung Nr. 8 und 55; C. C. Nr. 93-321 DC vom 20. Juli 1993, Rec. S. 196, Erwägung Nr. 20; C. C. Nr. 99-412 DC vom 15. Juni 1999, Rec. S. 71, Erwägung Nr. 5.

469 *Badie*, La Ve République (FN. 313), S. 1479.

470 *Ardant*, Institutions (FN. 165), S. 35. Die Dezentralisierung wird in „funktionelle“ und „territoriale“ Dezentralisierung unterschieden. Die funktionelle Dezentralisierung besteht darin, bestimmte Tätigkeiten von öffentlichem Interesse durch autonome Organe oder durch

bzw. politische Bedeutung der Regionen geschwächt, so dass Frankreich sich einem europäischen föderalistischen Modell anzunähern scheint[471]. Die Gebietskörperschaften verfügen nicht über die Kompetenz-Kompetenz und können dementsprechend ihre eigene Organisation und ihre eigenen Kompetenzen nicht selbst bestimmen. Die Ausübung dieser Befugnisse ist einer Kontrolle durch die Staatsbehörde unterworfen, manchmal „tutelle“ (Vormundschaft) genannt[472]. Diese Kontrolle ist dennoch nicht so streng wie die Kontrolle, die die Staatshierarchie über eine dekonzentrierte Behörde ausübt. Ziel der Dezentralisierung ist, eine enge Teilnahme der Bürger zu sichern bei Entscheidungen, die sie betreffen[473].

Für die überwiegende Meinung ist der französische Staat als Einheitsstaat durch die Regionalisierung selbst in Form einer autonomen und spezifischen Gebietskörperschaft nicht in Frage gestellt worden, sondern bleibt ein dezentralisierter Einheitsstaat. Da der Staat „res communis“ ist, widerspricht die Behauptung des einheitsstaatlichen Charakter des Staates nicht der Streuung des Staates in verschiedene territoriale Ebenen, ob Regionen, Departements oder Gemeinden: Die Republik bleibt unteilbar, aber ihr Sitz ist nicht mehr auf Paris fixiert.

Oft wird dennoch diskutiert, ob die Regionalisierung rein administrativer[474] oder im Gegenteil politischer Natur ist[475]. In diesem Fall wäre in der Tat eine Entwicklung in Richtung eines „fédéralisme à la française“ denkbar. Diese zwei Auffassungen sind aber miteinander vereinbar: Die erste betrachtet die aktuelle Lage, die zweite hat die Zukunft vor Augen[476]. Die regionale Dezentralisierung wird in Zukunft Teil der politischen, wirtschaftlichen und sozialen Demokratie

juristische Personen verwalten zu lassen. Man spricht von einer „décentralisation par services“ oder „décentralisation fonctionnelle“, wie z. B. E. D. F. (Electricité de France), die Universitäten oder die Geschäftskammer. Die territoriale Dezentralisierung besteht ihrerseits darin, Behörden, die von den Bürgern auf der lokalen Ebene gewählt worden sind, mit eigenen Befugnissen auszustatten, wie z. B. die Gemeinden oder die Regionen. Die Befugnisse, die dieser Behörde anvertraut wurden, sind vom Gesetzgeber bestimmt, nicht aber von der Verfassung selbst, so dass sie durch einfaches Gesetz geändert werden können.

471 Dazu *Fromont*, Vor- und Nachteile dezentralisierter Aufgabenerfüllung, S. 59: „Gemäß Art. 2 der Verfassung ist Frankreich eine unteilbare Republik. Als eng verknüpft erweisen sich somit auch in pathetisch formulierten Texten das republikanische Ideal und die Zentralisierung der Verwaltung. All zu oft werden in Frankreich noch immer die Region und manchmal auch die Gemeinde als gefährliche Rivalen des republikanischen Staates hingestellt“.

472 Art. 72 Abs. 3 der Verfassung von 1958: „In den Departements und überseeischen Gebieten wahrt der Regierungsbeauftragte die nationalen Belange, übt die Aufsicht über die Verwaltung aus und wacht über die Einhaltung der Gesetze“; siehe z. B. C. C. Nr. 93-335 DC vom 21. Januar 1994, Rec. S. 40, Erwägung Nr. 5.

473 *Ardant*, Institutions (FN. 165), S. 35.

474 *Favoreu*, Décentralisation et Constitution, in. R. D. P. 98 (1982), S. 1259-1295 (1286).

475 Diese Entwicklung befürwortend, *Fougeyrollas*, Pour une France fédérale, vers l'unité européenne par la révolution régionale, Paris 1968, S. 202.

476 *Leclercq*, Droit constitutionnel (FN. 157), S. 499.

sein, obwohl die lokale Institution nicht über die Gesetzgebung oder über ein autonomes und allgemeines Verordnungsrecht verfügt. Nach dem Gesetz vom 6. Februar 1992 über die territoriale Verwaltung der Republik werden die territorialen Grenzen und der Name der Regionen per Gesetz nach Beratung der betroffenen Departements- oder Regionalversammlungen bestimmt. Eine oder mehrere Regionen können sich nach Beratung der betroffenen Departements- oder Regionalversammlungen zusammenschließen. Der Zusammenschluss wird durch Dekret im Staatsrat entschieden.

Der französische Regionalismus zieht aber notwendigerweise eine Aufteilung der politischen Macht nach sich. Seit 1982 kann eine Annäherung der französischen Regionen an das Modell der italienischen oder spanischen Regionen festgestellt werden[477]. In Frankreich sind sowohl die Abgeordneten[478] als auch der Präsident der Republik[479] die Vertreter der Nation. Was die Abgeordneten betrifft wird dieses grundsätzliche Prinzip durch das Gesetz vom 5. Juli 1972 gewissermaßen geändert, indem das Gesetz die Regionen schafft[480]. Dieses Gesetz sieht vor, dass Abgeordnete und Senatoren der Region Mitglied der Regionalversammlung sein sollen. Die Anwesenheit der Abgeordneten in der Regionalversammlung wird als eine Verminderung der klassischen Theorie angesehen, nach der die Abgeordneten die Vertreter der ganzen Nation und der Nation allein sind. Das Gesetz vom 2. März 1982[481] hat dieses Problem beseitigt, indem es vorsieht, dass die Mitglieder der Regionalversammlung durch direkte allgemeine Wahlen gewählt werden sollen. Außerdem ändert das Gesetz von 1982 den Status der Regionen, die ab diesem Datum als Gebietskörperschaften betrachtet werden[482]. Manche Autoren vertreten die Meinung, dass die nationale Souveränität neben mehrere regionale Souveränitäten tritt[483], und dass die nationale Demokratie durch die dezentralisierte Demokratie ersetzt wird[484]. Dies soll aber nicht zur Zerstückelung des Staates führen, sondern ermöglicht im Gegenteil eine Reduzierung der Distanz zwischen dem Staat und der Nation[485].

---

[477] *Leclercq*, Droit constitutionnel (FN. 157), S. 86.

[478] Art. 3 der Verfassung von 1958.

[479] Art. 5 der Verfassung von 1958.

[480] Art. 72 Abs. 1 der Verfassung von 1958 lautet: „Gebietskörperschaften der Republik sind die Gemeinden, die Departements und die überseeischen Gebiete. Jede andere Gebietskörperschaft wird durch Gesetz geschaffen". Eine Verfassungsänderung war also nicht nötig.

[481] Gesetz Nr. 82-214 vom 2. März 1982, J. O. R. F. vom 3. März 1982, S. 748, geändert durch das Gesetz Nr. 82-540 vom 22. Juli 1982, J. O. R. F. vom 28. und 29. Juni 1982, S. 2038.

[482] Vorher war die Region eine Körperschaft des öffentlichen Rechts („Etablissement public").

[483] So z. B. *Leclercq*, Droit constitutionnel (FN. 157), S. 49: „La souveraineté nationale est sans doute destinée à se superposer à de multiples „souverainetés régionales"".

[484] *Leclercq*, Droit constitutionnel (FN. 157), S. 487.

[485] *Leclercq*, Droit constitutionnel (FN. 157), S. 490. Aus dem verfassungsrechtlichen Prinzip der Unteilbarkeit der nationalen Souveränität folgt jedoch, dass das Stimmrecht nicht geteilt werden darf. Das Stimmrecht bleibt von politischer Natur, ob es auf kommunaler, departementaler, regionaler oder nationaler Ebene ausgeübt wird. In seiner Entscheidung C. C.

Die Idee einer dezentralisierten Demokratie hat erst vor kurzem wieder an Aktualität gewonnen, indem der französische Premierminister Raffarin nach seinem Regierungsantritt im Mai 2002 versprach, dass er die strafen Zügel des Zentralstaates lockern wolle um den Regionen mehr Kompetenzen zuzugestehen[486]. Sein Ziel ist es, die Stelle der Region als Gebietskörperschaft neben dem Departement, den Gemeinden sowie den überseeischen Gebieten im Verfassungstext zu schützen, indem die Region, deren Existenz als Gebietskörperschaft bisher dem Gesetzgeber freigelassen wurde, durch Verfassungsänderung im Art. 72 der Verfassung benannt werden soll. Ferner handelt es sich darum, das lokale gesetzliche „expérimentation" zu ermöglichen und die Kooperation zwischen den Gebietskörperschaften zu fördern.[487] Am 4. Oktober 2002 kündigte Premierminister Raffarin den Entwurf einer vorgesehenen Verfassungsänderung an, in welchem unter anderem die Bestimmung, das Land sei „dezentral organisiert", in Artikel 1 der Verfassung von 1958 eingefügt werden solle[488]. Weiterhin ist als Erneuerung vorgesehen, dass die Gebietskörperschaften einen Teil der nationalen Steuern erhalten sollen, wodurch sie eine gewisse finanzielle Autonomie erlangen würden. Als weiteres sollen in den Gebietskörperschaften, in Fragen, die bisher in die Kompetenzen der Gemeinden fallen, kommunale Volksentscheide ermöglicht werden[489]. Das Ziel dieser Förderung der Gebietskörperschaften besteht darin, durch eine Verantwortungsübertragung eine lokale Demokratie zu fördern. Fraglich ist hierbei jedoch, wie diese vorgesehene Verfassungsänderung mit dem Prinzip der Unteilbarkeit der Republik, mit dem Prinzip der Einheit des französischen Volkes, mit dem Prinzip der nationalen Souveränität sowie mit Art. 34 der Verfassung von 1958 zu vereinbaren werden wird.

3. Die nationale Souveränität und die Förderung der regionalen Ebene durch die europäische Integration

Die Förderung einer bürgernahen Politik kommt auch durch den europäischen Integrationsprozess zum Ausdruck.

Nr. 82-146 vom 18. November 1982, Rec. S. 66, Erwägung Nr. 5, hat sich der Verfassungsrat auf die Unteilbarkeit der Souveränität gestützt, um die Teilung der Wähler in Kategorien für verfassungswidrig zu erklären.

486 *Raffarin*, Déclaration de politique générale du Gouvernement, Nr. 20, Assemblée Nationale, 3 juillet 2002, www.assemblee-nat.fr/controle/documents/dec0020.htm

487 Der Text sieht vor, dass es den Gebietskörperschaften durch Gesetz oder Verordnung gestattet werden kann, auf experimenteller Weise die gesetzlichen oder verordnungsrechtlichen Bestimmungen abzuweichen, welche die Ausübung ihrer Kompetenzen regeln, es sei denn, dass Ausübungsbedingungen einer Grundfreiheit oder eines Grundrechtes betroffen sind.

488 Siehe Le Monde vom 5. Oktober 2002.

489 Siehe Le Monde vom 14. Oktober 2002.

Betrachtet man den Föderalismus als eine „technique d'organisation d'une société complexe et diversifiée, capable d'unir sans unifier"[490] erscheint der Föderalismus auch da, wo die Nationalmacht ihre Grenzen findet. Diese föderalistischen Tendenzen gefährden die klassische Auffassung des – als Einheit gedachten – Etat-nation auf zwei Ebenen: Intern braucht der Zentralstaat infranationale Strukturen, um die innere Vielfalt gestalten zu können und man kann in diesem Sinne von einem *„pseudo-fédéralisme interne"*[491] sprechen; extern muss sich der französische Einheitsstaat gegen die Entwicklung eines vom Subsidiaritätsprinzip[492] getragenen *„pseudo-fédéralisme européen"*[493] schützen. Als Ausdruck der nationalen Vielfalt sind die Regionen besser instande als der Staat, die nationale bzw. infranationale Vielfalt auf europäischer Ebene auszudrücken[494].

Zwar sind wir noch weit von einem „Europa der Regionen"[495] entfernt, insbesondere kommt dem durch den Vertrag von Maastricht geschaffenen Ausschuß der Regionen[496] nur eine beratende Funktion zu[497]. Die Unterstützung der wirtschaftlichen Entwicklung der Regionen[498] und der daraus folgenden Möglichkeit, ihre Projekte selbst zu finanzieren, gibt aber der regionalen und lokalen Gebietskörperschaften das Gefühl einer institutionnellen Existenz, die über den lediglichen nationalen Rahmen hinausgeht[499]. Dadurch werden die „partikularistischen Tendenzen"[500], die bisher lediglich im nationalen Rahmen zum Ausdruck kamen, erheblich verstärkt.

490 *Borella*, Le fédéralisme (FN. 458), S. 689 f.

491 *Webert*, Unité de l'Etat et diversité régionale en droit constitutionnel français, in: Civitas Europa, Nr. 2, März 1999, S. 173-188 (185).

492 Art. 5 EGV.

493 *Webert*, Unité de l'Etat (FN. 491), S. 185.

494 Vgl. *Brugmans*, „L'Europe des Etats" un double échec, in: Revue de droit prospectif (1977), Nr. 3 / 4 – spécial Europe, S. 55-59 (57).

495 Charakteristisch dazu der Begriff eines „Europa der Regionen" („Europe des régions"). Dazu *Héraud*, Vues prospectives pour une Europe des régions et des peuples, in: Bourjol (Dir.), La commune, l'Etat et le droit (FN. 184), S. 266-275 (267). Ferner *Vignes*, L'amenuisement de la souveraineté des Etats membres des Communautés européennes et l'intégration régionale européenne, in: Studia diplomatica, Bd. 47, 1994, Nr. 2, S. 49; *Fougeyrollas*, Pour une France fédérale. Vers l'unité européenne par la révolution régionale; *Lafont*, La Nation, l'Etat, les régions. Réflexions pour une fin de siècle et un début d'Europe, Berg international 1993 (Pensée politique et sciences sociales); *Commission Christian Blanc*, L'Etat en question. L'Etat entre l'Europe et les collectivités locales, in: Les Cahiers Français (1995), Nr. 271 : Les frontières de l'Etat, S. 3 ff.

496 Art. 263-265 EGV (ex-Art. 198a bis c in der Fassung von Maastricht).

497 Dazu z. B. *Oppermann*, Europarecht. Ein Studienbuch, 2. Aufl., München 1999, S: 160 ff.

498 Art. 158, 160 EGV.

499 Vgl. *Webert*, Unité de l'Etat (FN. 491), S. 184.

500 *Webert*, Unité de l'Etat (FN. 491), S. 186.

Die Förderung der Regionen, welche sogar zur Idee einer europäischen Föderation der Regionen und Völker führt[501] und die Erscheinung der Eurostädte („Eurocités") stellen den „Etat-nation" in Frage. Die Tatsache, dass durch die europäische Integration den regionalen und lokalen Gebietskörperschaften zusätzliche Mittel ihrer Durchsetzung gegen den Zentralstaat geboten werden, könnte z. B. dazu führen, dass das auf europäischer Ebene eingeführte Subsidiaritätsprinzip, nach dem die Gemeinschaft nur dann tätig wird, „sofern und soweit die Ziele der in Betracht gezogenen Maßnahmen auf Ebene der Mitgliedstaaten nicht ausreichend erreicht werden können (...)", auch auf infranationaler Ebene zum Ausdruck kommt. Fraglich ist dann, welche Rolle dem Zentralstaat in der Zukunft zukommen soll[502] bzw., ob der Staat nur noch als „relais territorial"[503] betrachtet wird, dessen Hauptaufgabe es ist, der nationalen Gemeinschaft einen Rahmen zu geben[504], als „garant de l'identité collective"[505] (Garant kollektiver Identität). Im Rahmen des europäischen Integrationsprozesses nimmt diese Frage extreme Züge an, indem durch die „Delokalisierung"[506] der Macht bzw. der Entscheidungsmacht dem Staat als Institution lediglich eine Legitimierungsfunktion[507] zuzukommen scheint.

Um eine solche Entwicklung zu vermeiden, verschanzt[508] sich der französische „Etat-nation" hinter dem einst revolutionären, heute eher konservativen Prinzip der Unteilbarkeit der Republik, das, gekoppelt an das Prinzip der nationalen Souveränität, als tragendes Prinzip der Einheitsstaatlichkeit erscheint.

---

501 *Héraud*, Vues prospectives pour une Europe des régions et des peuples, in: Bourjol (Dir.), La commune, l'Etat et le droit (FN. 184), S. 266-275 (268 ff.).

502 Dazu *Hecquard-Theron*, La notion d'Etat en droit communautaire, in: R. T. D. E. 26 (1990), S. 693-711.

503 *Soulier*, L'Europe fédérale et les Etats-Nations, in: Actualité de la question nationale. Etudes réunies par Cao-Huy Thuan, Publication de la Faculté de droit et des sciences politiques et sociales d'Amiens 1980, S. 9-32 (23).

504 Vgl. dazu Ebenda, S. 24.

505 *Commission Christian Blanc*, L'Etat en question. L'Etat, entre l'Europe et les collectivités locales, in : Les Cahiers français (1995), Nr. 271 : Les frontières de l'Etat, S. 2-11 (6).

506 Dazu insbes. *Bourjol*, Avant-propos, in : ders. (Dir.), La commune, l'Etat et le droit. Bicentenaire de la Révolution et Marché unique européen, Paris 1990, S. 1-14 (12) ; *Commission Christian Blanc*, L'Etat entre l'Europe et les collectivités locales (FN. 505), S. 3 ff.

507 *Soulier*, L'Europe fédérale et les Etats-nations (FN. 503), S. 24. Der Autor spricht in diesem Sinne von einer „mystification de la démocratie", da die Volksvertretung die Verantwortung für Entscheidungen trägt, die außerhalb ihres Rahmen verabschiedet wurden.

508 Vgl. *Brugmans*, „L'Europe des Etats" un double échec, S. 55-59 (59): „En tout cas, de quelque côté qu'on prenne le problème européen, qu'on l'aborde sous l'angle de la supranationalité indispensable, ou de la décentralisation tout aussi nécessaire, c'est toujours à la même résistance qu'on se heurte. C'est toujours le même principe qui doit être battu en brèche: celui de la souveraineté nationale et de l'indivisibilité des Etats. Principe jacobin qui a des racines profondes dans la psychologie de plus d'un peuple européen, mais nulle part davantage qu'en France".

III. Unteilbarkeit der Republik und Unteilbarkeit der nationalen Souveränität

Das Prinzip der Unteilbarkeit der Republik und das der Unteilbarkeit der Souveränität[509] dürfen nicht miteinander verwechselt werden, sind aber eng verbunden[510]. Die Unteilbarkeit der Republik[511] ist ein grundsätzliches Prinzip des französischen Verfassungsrechts[512], das nach klassischer Auffassung keine Ausnahme duldet und in Frankreich gegen die föderalistische Idee konzipiert bzw. entwickelt wurde[513]. Es hat zur Folge, dass dem Staat das Monopol der politischen Gewalt bzw. der Souveränität zukommt, ohne dass andere Gewaltträger mit ihm koexistieren können. Insofern betrachtet ein Teil der Lehre die Unteilbarkeit der Souveränität gemäß Art. 3 Abs. 1 Satz 2 der Verfassung von 1958 und Art. 3 der Erklärung von 1789 als das entscheidende Kriterium für die Erhaltung der Unteilbarkeit der Republik[514].

Einige Autoren betonen sogar, das Prinzip der Unteilbarkeit der Republik ergebe sich aus der nationalen Souveränität[515]. Da die Nation eine einzigartige Gemeinschaft ist, deren Grundlage der Willen ihrer Mitglieder zum Zusammenleben ist und deren Einheitlichkeit durch die ihr zuerkannte Souveränität verstärkt wird, sind sowohl die Nation, als auch die Souveränität mit Teilungs- bzw. Sezessionsgedanken unvereinbar. Diese Auffassung stützt sich auf den klassischen Gedanken, es gebe eine einzige – nationale – Souveränität, die als unteilbares Ganzes zu betrachten sei, einem einzigen Volk gehöre und sich auf

---

509 Dieses Prinzip befindet sich stillschweigend oder ausdrücklich in den meisten französischen Entscheidungen: Art. 3 der Erklärung der Menschen- und Bürgerrechte vom 26. August 1789; Art. 1 des Titels III der Verfassung von 1791; Art. 25 der Menschenrechtserklärung von 1793; Art. 18 der Menschenrechtserklärung von 1795; Art. 1 der Verfassung von 1848; Art. 3 der Verfassung von 1946; Art. 3 der Verfassung von 1958.

510 *Favret*, L'intégration européenne (FN. 124), 1757. A. A. *Grewe*, L'unité de l'Etat (FN. 235), S. 1349: „De l'indivisibilité de la République on passe à celle de la souveraineté, laquelle renvoie à l'unité de la Nation ainsi qu'au peuple souverain (...)".

511 Art. 1, Satz 1 der Verfassung von 1958; vgl. Art. 1 der Verfassung von 1793; Art. 1 der Verfassung von 1795; Art. 1 der Verfassung von 1799; Präambel der Verfassung von 1848; Art. 1 und 85 der Verfassung von 1946.

512 *Grewe*, L'unité de l'Etat (FN. 235), S. 46. Für einige Autoren ist dennoch das Prinzip der Unteilbarkeit der Republik ein Prinzip ohne wirklichen positiven Inhalt und vor allem dazu bestimmt, den einheitsstaatlichen Charakter des Staates zu schützen, *Debbasch / Roux*, L'indivisibilité (FN. 218), S. 59.

513 Diese Auffassung wird im heutigen Schrifttum immer noch vertreten, so etwa –*Baghestani*, Le titulaire de la souveraineté (FN. 187), S. 103: „Dans un Etat unitaire, la souveraineté est indivisible. Elle conduit à une interdiction de principe, de diviser le pouvoir politique et s'oppose à ce titre, au fédéralisme. Elle exige un pôle unique de souveraineté confié au pouvoir central qui seul peut détenir un pouvoir normatif initial".

514 So etwa z. B. *Baghestani*, Le titulaire de la souveraineté (FN. 187), S. 102: „Dès lors, la proclamation de l'indivisibilité de la République n'a de sens qu'à la condition essentielle que l'unité de l'Etat soit effective. Nécessairement, celle-ci suppose la préservation de l'unicité du pouvoir souverain lequel ne peut connaître qu'un seul titulaire".

515 *Bourdon*, „Indivisibilité", in: Duhamel / Mény, Dictionnaire constitutionnel, S. 504.

das ganze nationale Territorium erstrecke. Wie die Nation ist die Republik unteilbar[516]. In diesem Sinne verbietet das Prinzip der Unteilbarkeit dem Gesetzgeber, den Gebietskörperschaften einen Autonomiestatus zuzusprechen, der zu Verhältnissen föderaler Natur innerhalb der Republik führen könnte[517]. Demnach stellt sich das Prinzip der Unteilbarkeit als Garant des einheitlichen Charakters des Staates dar[518]. Dieser Auffassung nach kann es in einem Einheitsstaat nur eine einzige Souveränitätsquelle geben, die auf dem ganzen nationalen Territorium ausgeübt wird[519]. Das Prinzip der Unteilbarkeit der Republik verbietet nicht eine differenzierte Dezentralisierung bzw. ist mit dem Prinzip der Selbstverwaltung der territorialen Körperschaften[520] vereinbar und erlaubt sogar eine Modifizierung des Staatsgebiets unter der Voraussetzung der Zustimmung der betroffenen Bevölkerungen[521]. Bestimmten Gebietskörperschaften der Republik wie z. B. Korsika werden sogar besondere Statuten zuerkannt[522]. Die Dezentralisierung könnte aber nie solch extreme Züge

[516] Vgl. ebenda, S. 504.

[517] Schon *Duguit*, Traité de droit constitutionnel, 2. Aufl., Bd. 2, Paris 1923, S. 104-105: „Il résulte (...) de l'indivisibilité de la souveraineté et de la République qu'aucune collectivité ne peut être investie d'une quote-part de la souveraineté, et que le *fédéralisme*, contradictoire avec la nature même de la souveraineté, est contraire aux principes essentiels du droit public français".

[518] *Debbasch / Roux*, L'indivisibilité (FN. 218), S. 81; vgl. *Villiers*, Dictionnaire (FN. 434), S. 108.

[519] Schon *Burdeau*, Traité (FN. 3), Bd. 2, S. 352: „La souveraineté y est unique parce qu'elle réside dans la collectivité envisagée globalement, sans qu'il soit tenu compte de la diversité des aspirations locales ou de la variété des tendances des multiples groupements secondaires qu'englobe la société politique". Vgl. C. C. Nr. 82-137 DC vom 25. Februar 1982, Rec. S. 38, Erwägung Nr. 4 und C. C. Nr. 82-138 DC vom 25. Februar 1982, Rec. S. 41, Erwägung Nr. 9; C. C. Nr. 83-160 DC vom 19. Juli 1983, Erwägung Nr. 4. In diesen Entscheidungen erklärt der Verfassungsrat, dass die Unteilbarkeit der Republik sich an der Kompetenzverteilung zwischen den dezentralisierten Behörden und den Staatsbehörden messen lässt, ohne dennoch das Prinzip dadurch näher zu definieren. Der Verfassungsrat verleiht aber dem Prinzip die Funktion, die Einheit des Staates zu schützen. Damit geht das Prinzip über das lediglich Verbot eines Sezessionsrechts hinaus: so *Debbasch / Roux*, L'indivisibilité (FN 218), S. 81.

[520] Art. 72 der Verfassung von 1958.

[521] Art. 53 in fine der Verfassung von 1958; vgl. C. C. Nr. 75-59 DC vom 30 Dezember 1975, S. 26, Erwägung Nr. 4.

[522] Die Ausarbeitung eines besonderen Statuts Korsikas im Rahmen einer „catégorie de collectivités territoriales à exemplaire unique" gab dem Verfassungsrat die Gelegenheit, den Umfang des Prinzips der Unteilbarkeit zu präzisieren. Zuerst in der Entscheidung C. C. Nr. 82-138 DC vom 25. Februar 1982, Rec., S. 41, Erwägung Nr. 2: „Dans l'état actuel de la définition des attributions respectives des autorités décentralisées et des organes de l'Etat, le texte de la loi (...) ne comporte pas de disposition qui puisse, en tant que telle, être regardée comme portant atteinte au caractère indivisible de la République". Damit wurde Korsika kein autonomes Gesetzgebungsrecht anerkannt, Vgl. *Favoreu / Philip*, Les grandes décisions (FN. 325), S. 508. Im Gegenteil würde jede Rechtsnorm oder Status gegen das Prinzip der Unteilbarkeit der Republik verstoßen, der es dem Staat verwehren würde, über die Kompetenz-Kompetenz zu verfügen: *Renoux / Villiers*, Code constitutionnel (FN. 272), Art. C. 2. Die Frage nach dem Status Korsikas hat seit 1982 zu einer Reihe von Entscheidungen

annehmen, dass die Unteilbarkeit der Republik dadurch in Frage gestellt würde, da die Unteilbarkeit als das Wesen der Einheit und als Zeichen für die Wirkungskraft und Dauerhaftigkeit der Republik erscheint[523]. Im Hinblick auf die Unteilbarkeit der Souveränität fordert das Prinzip der Unteilbarkeit einerseits die Einheit der Rechtsetzungsbefugnis des Staates[524]. Andererseits soll die Selbstverwaltung mit Rücksicht auf die Prärogativen des Staates ausgeübt werden[525].

Die Diskussion über einen neuen Status Korsikas hat kürzlich den Streit um die Unteilbarkeit der Republik neu entflammt. Eine Vereinbarung wurde zwischen der Regierung und den Vertretern Korsikas ausgearbeitet, die am 28. Juli 2000 der Gebietsversammlung von Ajaccio vorgeschlagen wurde. Der Entwurf hat den Widerstand eines Teils der Opposition hervorgerufen[526]. Die Kritik richtete sich zum größten Teil gegen die Anerkennung einer eigenen gesetzgebenden Gewalt zugunsten der Versammlung Korsikas, die der Aufsicht und Kontrolle der Nationalversammlung entgehen könnte und demzufolge zur Beseitigung der nationalen Einheit und Unteilbarkeit der Republik führen würde[527].

In seiner Entscheidung Nr. 2001-454 DC vom 17. Januar 2002 hat der Verfassungsrat die Bestimmungen des Abschnitts IV des neuen Artikels L. 4424-2 des Code général des collectivités territoriales[528] für verfassungswidrig erklärt. In diesem Abschnitt war vorgesehen, dass die Versammlung Korsikas – wenn sie der Ansicht sei, dass im Hinblick auf die Ausübung ihrer Kompetenzen die geltenden sowie die noch im Ausarbeitungsverfahren stehenden Gesetzesbestimmungen Anwendungsschwierigkeiten darstellen, die mit der Eigenartigkeit Korsikas als Insel verbunden sind – die nationale Regierung dazu beauftragen kann, den nationalen Gesetzgeber dazu aufzufordern, der Versammlung Korsikas

---

des Verfassungsrats geführt, zuletzt C. C. Nr. 2001-454 DC vom 17. Januar 2002, in: R. D. P. 114 (2002), S. 899-906, wo der Verfassungsrat erneut das Prinzip der Unteilbarkeit der Republik betont hat, Erwägung Nr. 29, dazu *Luchaire*, La Corse et le Conseil constitutionnel: à propos de la décision du 17 janvier 2002, in: R. D. P. 114 (2002), S. 885-906 (886 f.).

523 Das Verfassungsgesetz Nr. 98-610 vom 20. Juli 1998 über Neukaledonien sieht dennoch vor, dass Neukaledonien zur vollen Souveränität gelangen kann. Insofern wird Neukaledonien zu einer „esquisse d'Etat fédéré", so, *Rousseau*, Droit du contentieux constitutionnel, 4. Aufl., Paris 1992, S. 205; vgl. *Webert*, Unité de l'Etat (FN. 491), S. 181.

524 C. C. Nr. 82-138 DC vom 25. Februar 1982, Rec. S. 41, Erwägung Nr. 9.

525 C. C. Nr. 82-137 DC vom 25. Februar 1982, Rec. S. 38, Erwägung Nr. 4.

526 Dazu die Erklärungen von *Debré*, in: Le Monde vom 23-24 Juli 2000. S. 5.

527 „L'unité nationale, l'indivisibilité de la République ne peuvent être l'objet de la moindre négociation, du moindre compromis, a fortiori du plus petit renoncement". *Debré*, in: le Monde vom 23-24. Juli 2000, S. 5. *Debré* verlangt dementsprechend ein nationales Referendum über diese Frage. Ein Teil der Politiker befürchtet eine Ansteckung anderer französischer Regionen wie der Bretagne, des Baskenlands, des Elsaß oder von Savoyen, wie z. B. *Chevènement*, in: Le Monde vom 19. Juli 2000, Rücktritt aus der Regierung wegen dieser „Korsika-Frage".

528 Der Code général des collectivités territoriales, Paris 2001, umfasst die Gesetzestexte, die sich auf die Gebietskörperschaften beziehen.

die Möglichkeit zu geben, gesetzlich zu „experimentieren" und gegebenenfalls von geltenden Gesetzesbestimmungen abzuweichen. Dies sollte angesichts der zukünftigen Verabschiedung geeigneterer Gesetzesbestimmungen durch die Nationalversammlung geschehen[529]. Die Antragsteller warfen diesem Artikel unter anderem vor, dass der Gebietskörperschaft Korsikas insofern Kompetenzen zugesprochen werden würden, die im Bereich des Gesetzes fallen, wodurch gegen das Prinzip der nationalen Souveränität und gegen Art. 3 und Art. 34 der Verfassung von 1958 verstossen werden würde. Indem der Gesetzgeber einer Gebietskörperschaft eine Befugnis erteilen würde, dass diese selbständig eine Gesetzgebung ausüben könne, hätte er somit seine Kompetenzen überschritten, da die Verfassung ein solches Verfahren nicht vorsieht, womit dieses dann verfassungswidrig wäre. Andererseits verstößt die Bestimmung des Abschnitts IV gegen das Prinzip der Gleichheit vor dem Gesetz sowie gegen das Prinzip der Unteilbarkeit der Republik[530]. Den Antragstellern folgend stützt sich der Verfassungsrat auf Art. 3, 34 und 38 der Verfassung von 1958, um das Abschnitt IV des Artikels L. 4424-2 des Code général des collectivités territoriales für verfassungswidrig zu erklären. Dieses geschah, obwohl die Kompetenzübertragung vom Gesetzgeber als eine Art Experiment sowie eine Ausnahme betrachtet und zeitlich begrenzt wurde. Indem der Gesetzgeber der Gebietskörperschaft Korsikas die Möglichkeit gestattet hat, Maßnahmen zu treffen, die im gesetzlichen Zuständigkeitsbereich fallen, hat sich der Gesetzgeber in einen Bereich begeben, der nur der Verfassung zukommt[531].

Ein Teil der Lehre behauptet, das Prinzip der Unteilbarkeit verhindere eine Souveränitätsübertragung auf eine internationale Organisation[532] bzw. das Prinzip lasse nur die Übertragung von Kompetenzen zu[533]. Die Vertreter dieser Auffassung stützen sich auf die Entscheidung des Verfassungsrats vom 30.

---

529 Art. L. 4424-2 IV des Code général des collectivités territoriales lautete: „Lorsque l'Assemblée de Corse estime que les dispositions législatives en vigueur ou en cours d'élaboration présentent, pour l'exercice des compétences de la collectivité territoriale, des difficultés d'application liées aux spécificités de l'île, elle peut demander au Gouvernement que le législateur lui ouvre la possibilité de procéder à des expérimentations comportant le cas échéant des dérogations aux règles en vigueur, en vue de l'adoption ultérieure par le Parlement de dispositions législatives appropriées (…)".

530 C. C. Nr. 2001-454 DC vom 17. januar 2002, in: R. D. P. 118 (2002), S. 899-906 (902 f.) Erwägungen Nr. 18-21.

531 Vgl. C. C. Nr. 2001-454 DC vom 17. Januar 2002, in: R. D. P. 118 (2002), S. 899-906 (903) Erwägung Nr. 21: „(...) en ouvrant au législateur, fût-ce à titre expérimental, dérogatoire et limité dans le temps, la possibilité d'autoriser la collectivité territoriale de Corse à prendre des mesures relevant du domaine de la loi, la loi déférée est intervenue dans un domaine qui ne relève que de la Constitution", dazu *Luchaire*, La Corse et le conseil constitutionnel (FN. 522) S. 892 f.

532 So z. B. *Bourdon*, „Indivisibilité" (FN. 515), S. 505; *Maestre*, Commentaire de l'article 2 de la Constitution, in: Luchaire / Conac (Dir.), La Constitution de la République française (FN. 342), S. 69. Kritisch *Debbasch / Roux*, L'indivisibilité (FN. 218), S. 80.

533 Vgl. *Gicquel*, Droit constitutionnel (FN. 50), S. 514.

Dezember 1976[534] zur allgemeinen Wahl der Versammlung der Europäischen Gemeinschaften, in der der Verfassungsrat zwischen den Souveränitätseinschränkungen, welche mit dem Prinzip der Unteilbarkeit vereinbar sind und den Souveränitätsübertragungen, welche mit demselben Prinzip unvereinbar sind, unterschieden hat. Die Wahl der Europäischen Versammlung solle demnach keine Kompetenzerweiterung zugunsten der Versammlung zur Folge haben und nur unter den Bedingungen stattfinden, die von der Verfassung vorgesehen worden sind. Insofern verbietet die Unteilbarkeit der Republik eine zunehmende europäische Integration ohne Verfassungsänderung[535].

Andere Autoren[536] weisen aber darauf hin, dass der Verfassungsrat sich bei der Frage der Souveränitätsübertragungen zugunsten einer internationalen Organisation im Rahmen der Verfassungsmäßigkeitskontrolle internationaler Verträge gar nicht auf das Prinzip der Unteilbarkeit beruft[537], sondern auf das Prinzip der nationalen Souveränität.

IV. Einheit und Unteilbarkeit des französischen Volkes

Die Unteilbarkeit des Volkes als kollektiver Träger der Souveränität gewährleistet die Unteilbarkeit der Souveränität. Als Staatsbegriff bezeichnet der Begriff des Volkes denjenigen, der im Staat dazu befugt ist, die „puissance d'Etat" zu legitimieren[538]. Daraus folgt, dass einerseits die Bürger in Übereinstimmung mit dem Prinzip der nationalen Souveränität das Recht auf eine gleiche und undifferenzierte Vertretung haben und andererseits, dass diese Vertretung selbst unteilbar ist[539].

---

534 C. C. Nr. 76-71 DC vom 30. Dezember 1976, Rec., S. 15.

535 Das Gesetz vom 7. Juli 1977 legt die Entscheidung des Verfassungsrates streng aus und macht aus dem Territorium der Republik einen einheitlichen Wahlbezirk zur Bestimmung der französischen Vertreter bei der europäischen Versammlung, *Bourdon*, „Indivisibilité" (FN. 515), S. 505.

536 So *Debbasch / Roux*, L'indivisibilité (FN. 218), S. 80.

537 C. C. Nr. 70-39 DC vom 19. Juni 1970, Rec., S. 15; C. C. Nr. 76-71 DC vom 30. Dezember 1976, Rec., S. 15; C. C. Nr. 78-93 DC vom 29. April 1978, Rec., S. 23; C. C. Nr. 80-116 DC vom 17. Juli 1980, Rec., S. 36; C. C. Nr. 85-188 DC vom 22. Mai 1985, Rec., S. 15; C. C. Nr. 88-247 DC vom 17. Januar 1989, Rec., S. 15; C. C Nr. 91-294 DC vom 25. Juli 1991, Rec., S. 91; C. C. Nr. 92-308 DC vom 9. April 1992, Rec. S. 55.

538 Vgl. *Beaud*, Le droit de vote des étrangers: l'apport de la jurisprudence constitutionnelle allemande à une théorie du droit de suffrage, in: R. F. D. A. (1992), S. 414: „Pour être juridiquement valable, la souveraineté du peuple présuppose de définir au préalable le peuple, c'est-à-dire l'ensemble des citoyens".

539 Diese klassische Auffassung des Bürgers wurde von *Sieyès*, „Was ist der Dritte Stand" (FN. 177), S. 188-189, dargestellt: „(...) daß die Staatsbürger nur aufgrund der Eigenschaften, die sie gemeinsam haben, das Recht besitzen, sich vertreten zu lassen, nicht aber aufgrund jener Eigenschaften, durch die sie sich unterscheiden. (...) Allein die bei allen Bürgern ähnlichen Interessen sind es also, über die sie gemeinsam verhandeln und in deren Namen sie politische

Der Begriff des Volkes findet in der Rechtsprechung des Verfassungsrates verschiedene Verwendungen. Entweder verweist der Verfassungsrat auf die Präambel und auf die Bindung des französischen Volkes an die Menschenrechte und an die Grundsätze der nationalen Souveränität[540], oder er verweist damit auf die Unteilbarkeit der Republik[541].

Ferner und in Verbindung mit dem Gleichheitsprinzip setzt das Prinzip der Unteilbarkeit der Republik die Einheit bzw. Einheitlichkeit (unicité) des französischen Volkes voraus und verhindert dadurch jede Differenzierung

---

Rechte, das heißt eine tätige Mitwirkung am Zustandekommen des gesellschaftlichen Gesetzes fordern können; sie allein verleihen somit dem Staatsbürger die Eigenschaft der *Repräsentationsfähigkeit* [la qualité représentable]". Vgl. *Carré de Malberg*, Contribution (FN. 4), Bd. 1, S. 241: „Cette conception implique d'abord que, désormais, l'individu concourra á l'élection du représentant non plus en tant que membre d'un groupe spécial, non plus en tant qu'ayant un intérêt particulier à faire représenter, mais en tant que citoyen égal à tous les autres citoyens et ayant une qualité semblable à celle de tous les autres citoyens". Der Autor schliesst daraus, dass: „seule la Nation prise dans son ensemble a droit à être représentée (...) et si l'on ajoute à cela le principe de l'indivisibilité de la souveraineté nationale... il en résultera que le droit à la représentation réside, non pas individuellement ou divisément dans chacun des citoyens qui composent la nation mais indivisiblement dans leur collectivité totale", ebenda, S. 242.

540 C. C. Nr. 92-308 DC vom 9. April 1992, Rec. S. 55, Erwägung Nr. 9: „In der Erwägung, dass das französische Volk in der Präambel der Verfassung von 1958 seine Verbundenheit mit den Menschenrechten und mit den Grundsätzen der nationalen Souveränität feierlich verkündet hat (...)"

541 C. C. Nr. 91-290 DC vom 9. Mai 1991, Rec. S. 50, Erwägung 11 und 13. Vgl. C. C. Nr. 76-71 DC vom 30. Dezember 1976, Rec., S. 15, Erwägung Nr. 5; Siehe auch C. C. Nr. 99-412 DC vom 15. Juni 1999, Charte européenne des langues régionales ou minoritaires, Erwägung Nr. 5; C. C. Nr. 96-373 DC vom 13. April 1996, Autonomie de la Polynésie française 1. Das Prinzip der Unteilbarkeit der Republik befindet sich im Mittelpunkt der Entscheidung des Verfassungsrates über den Status Korsikas, obwohl während der parlamentarischen Debatte und bei den Antragsgründen die Gegner des Begriffs „peuple corse" den Verstoß gegen dieses Prinzips hervorgehoben hatten. Erklärung dafür könnte die Tatsache sein, dass der Verfassungsrat die Einheit des französischen Volkes mit der im Abs. 2 der Präambel der Verfassung anerkannten Existenz der Völker der überseeischen Gebiete, die Teil der Republik sind in Übereinstimmung bringen sollte. In diesem Sinne *Pastorel*, Quelques réflexions à propos d'une récente décision du Conseil constitutionnel sur le statut de la Corse, in: R. R. J. (1992), S. 59. Indem er die Prinzipien der Gleichheit und der Unteilbarkeit miteinander verbindet, verbietet der Verfassungsrat dem Gesetzgeber, Minderheiten auf dem nationalen Territorium anzuerkennen, die über besondere Rechte im kulturellen, religiösen oder sprachlichen Gebiet verfügen könnten; vgl. die Vorbehalte Frankreichs gegenüber Art. 27 des Internationalen Pakts über bürgerliche und politische Rechte vom 19. Dezember 1966, dazu *Luchaire*, Le statut de la collectivité territoriale de Corse (Décision du Conseil constitutionnel en date du 9 mai 1991), in: R. D. P. 107 (1991), S. 943-979 (947); Die Verbindung zwischen der Unteilbarkeit der Republik und der Unteilbarkeit des Volkes, wonach jede Differenzierung zwischen den französischen Bürgern verboten wird, kann dennoch aus der früheren Rechtsprechung des Verfassungsrates abgeleitet werden, *Debbasch / Roux*, L'indivisibilité (FN. 218), S. 96.

zwischen den Bürgern desselben Volkes[542]. Diese Sichtweise geht vom Prinzip aus, dass die Bürger auwechselbar – im Sinne von ohne Unterschied – sind, indem die Eigenschaft als Bürger gerade zum Zweck hat, die Unterschiede zwischen den Komponenten der politischen Gesellschaft zu verdrängen[543]. Dadurch wird die Homogenität der politischen Gesellschaft (corps politique) sowie die Einheit der Repräsentation gewährleistet[544].

In seiner Entscheidung Nr. 91-290 DC vom 9. Mai 1991 über den Status Korsikas[545] hat der Verfassungsrat zum ersten Mal die Gelegenheit gehabt[546], über die Frage der Einheit des Volkes eine Entscheidung zu treffen. Die Antragsteller haben einen Verstoß gegen die Präambel der Verfassung von 1958 sowie Art. 2 zur Unteilbarkeit der Republik und Art. 3, der das Volk als einzigen Träger der nationalen Souveränität bezeichnet, gerügt. Andererseits beziehen sich die Antragsteller auf Art. 53 der Verfassung, der auf die „population intéressée" (betroffene Bevölkerung) eines Gebietes verweist, nicht aber auf den Volksbegriff[547]. Es wird darauf hingewiesen, dass der Ausdruck „le peuple" (das Volk), wenn er sich auf das französische Volk bezieht, als „catégorie unitaire"

---

542 C. C. Nr. 82-146 DC vom 19. November 1982, Rec., S. 66, Erwägung Nr. 8; C. C. Nr. 84-177 DC vom 30. August 1984, Rec. S. 66, Erwägung N. 7 und C. C. Nr. 84-178 DC vom 30. August 1984, Rec. S. 69, Erwägung Nr. 8. *Debbasch / Roux*, L'indivisibilité (FN. 218), S. 94 f.; vgl. *Luchaire*, Le statut de la collectivité territoriale de Corse (FN. 541), S. 946; dagegen aber *Houteer*, Le Conseil constitutionnel et la notion de peuple corse, in: L. P. A. 1991, Nr. 74, S. 16.

543 *Roux / Terneyre*, Principe d'égalité et droit de suffrage, in: Annuaire international de Justice constitutionnelle, 1989, Bd. 5, (1991), S. 252.

544 Vgl. C. C. Nr. 71-76 DC vom 30. Dezember 1976, Rec. S. 15, wo der Verfassungsrat sich im Hinblick auf das Wahlverfahren der Vertreter der europäischen Versammlung ausdrücklich und zum ersten Mal auf das Prinzip der Unteilbarkeit der Republik beruft, um jegliche Differenzierung zwischen französischen Bürgern für verfassungswidrig zu erklären und dadurch die Einheit der französischen Repräsentation in Straßburg zu sichern, vgl; Zur Entscheidung im Hinblick auf das Prinzip der Unteilbarkeit der Republik bzw. der französischen Repräsentation *Debbasch / Roux*, L'indivisibilité (FN. 218), S. 97; auch *Favoreu / Philip*, Election au suffrage universel direct des membres de l'Assemblée européenne (Décision des 29 et 30 décembre 1976), in: R. D. P. 93 (1977), S. 129-180 (150 f.)

545 C. C. Nr. 91-290 DC vom 9. Mai 1991, Rec. S. 50. Dazu *Luchaire*, Le statut de la collectivité territoriale de Corse (FN. 541), S. 943.

546 Art. 1 des Gesetzes über den Status der Gebietskörperschaft Korsika lautete: „La République française garantit à la communauté historique et culturelle vivante que constitue le peuple corse, composante du peuple français, les droits à la préservation de son identité culturelle et à la défense de ses intérêts économiques et sociaux spécifiques. Ces droits liés à l'insularité s'exercent dans le respect de l'unité nationale, dans le cadre de la Constitution, des lois de la République et du présent statut", Gesetz Nr. 91-428 DC vom 13. Mai 1991, J. O. R. F. vom 13. und 14. Mai 1991.

547 C. C. Nr. 91-290 DC vom 9. Mai 1991, Rec. S. 50, Erwägung Nr. 11. Die Autoren des dritten Antrags vor dem Verfassungsrat bezogen sich auf die Erklärung von 1789, die Präambel der Verfassung von 1946, das Verfassungsgesetz vom 3. Juni 1958, die Präambel und die Art. 2, 3 und 91 der Verfassung von 1958.

(einheitliche Kategorie) betrachtet werden muss, die durch Gesetz nicht geteilt werden darf[548].

Der Verfassungsrat[549] hat sich einerseits auf die Erwähnung des französischen Volkes in der Erklärung der Menschenrechte von 1789, in der Präambel der Verfassung von 1946 und in der Präambel der Verfassung von 1958, andererseits auf die Unterscheidung in der Verfassung von 1958 zwischen dem französischen Volk und den Völkern der überseeischen Gebiete, denen das Selbstbestimmungsrecht anerkannt wurde, bezogen. Insofern hat angesichts seiner herkömmlichen Stellung in den französischen Verfassungstexten seit zwei Jahrhunderten das juristische Konzept des „französischen Volkes" Verfassungsrang[550]. Der Verfassungsrat hat sich außerdem auf Art. 2 der Verfassung von 1958 bezogen[551] und somit auf die Unteilbarkeit der Republik hingewiesen[552]. Das Gericht schließt daraus, dass die Erwähnung des „peuple corse, composante du peuple français" (Volk Korsikas, Teil des französischen Volkes) durch den Gesetzgeber verfassungswidrig ist, da die Verfassung lediglich das französische Volk anerkennt, das sich aus allen französischen Staatsbürgern ohne Unterschied der Herkunft, der Rasse oder der Religion zusammensetzt[553]. Daraus folgt, dass es dem Gesetzgeber nicht zusteht, dem Volksbegriff Komponenten hinzuzufügen, da diese Befugnis ausschließlich dem „pouvoir constituant" zukommt[554].

Ferner weist der Verfassungsrat auf Art. 3 Abs. 1, Art. 24 Abs. 1, Art. 27 Abs. 1 und Art. 34 Abs. 1 der Verfassung von 1958 hin, um festzustellen, dass die nationale Vertretung einheitlich werden soll. Die Gestaltung eines besonderen Informationsverfahrens zugunsten der Abgeordneten der Departements Korsikas im Hinblick auf die Gesetzentwürfe, die der Versammlung Korsikas zur Stellungnahme vorgelegt werden sollen verstößt insofern gegen die verfassungsrechtliche Einheitlichkeit des Gesetzgebungsverfahren auf der Ebene der französischen Republik[555].

548 C. C. Nr. 91-290 DC vom 9. Mai 1991, Rec. S. 50, Erwägung Nr. 11.

549 C. C. Nr. 91-290 DC vom 9. Mai 1991, Rec. S. 50, Erwägung Nr. 12.

550 C. C. Nr. 91-290 DC vom 9. Mai 1991, Erwägung Nr. 12: „(...) que la référence faite au „peuple français" figure d'ailleurs depuis deux siècles dans de nombreux textes constitutionnels; qu'ainsi le concept juridique de „peuple français" a valeur constitutionnelle".

551 Seit dem Verfassungsänderungsgesetz vom 4. August 1995 Art. 1 Satz 1 und 2 der Verfassung: „Frankreich ist eine unteilbare, laizistische, demokratische und soziale Republik. Es gewährleistet die Gleichheit aller Bürger vor dem Gesetz ohne Unterschied der Herkunft, Rasse oder Religion".

552 C. C. Nr. 91-290 DC vom 9. Mai 1991, Rec. S. 50, Erwägung Nr. 13.

553 C. C. Nr. 91-290 DC vom 9. Mai 1991, Rec. S. 50, Erwägung Nr. 13: „ (...) la mention faite par le législateur du „peuple corse, composante du peuple français" est contraire à la Constitution, laquelle ne connaît que le peuple français, composé de tous les citoyens sans distinction d'origine, de race ou de religion".

554 Ferner dazu *Favoreu / Philip*, Les grandes décisions (FN. 325), S. 766 ff.

555 C. C. Nr. 91-290 DC vom 9. Mai 1991, Rec. S. 50, Erwägung Nr. 52 bis 55.

Die Entscheidung Nr. 99-412 DC[556] fügt eine neue Referenznorm ein, indem der Verfassungsrat auf die „Teile des Volkes" hinweist und sich damit ausdrücklich auf Art. 3 der Verfassung bezieht. Art. 3 der Verfassung setzt ein Volk voraus, das allein Träger der Souveränität ist, und damit jedes andere Organ oder jede andere Legitimitätsquelle ausschließt. Auf dieser Rechtsgrundlage hat der Verfassungsrat entschieden, dass die europäische Charta der regionalen und Minderheitssprachen verfassungswidrig ist, da sie spezifische Rechte zugunsten bestimmter Sprachgruppen auf einzelnen Gebieten der Republik einräumt. Diese Definition umfasst nicht nur den Gebrauch von Regionalensprachen, die mehr oder weniger gesprochen werden, sondern auch die Sprachen, die von ethnischen oder kulturellen Minderheiten hätten gesprochen werden können. Laut Verfassungsrat anerkennt die Charta ein Recht auf eine offizielle Sprache für Gemeinschaften jeglicher Natur, was mit dem Prinzip der Einheit des französischen Volkes unvereinbar ist[557].

Ferner gewährleistet die Ablehnung jeder Differenzierung zwischen Bürgern die Einheit der Repräsentation. In seiner Entscheidung Nr. 76-71 DC vom 30. Dezember 1976 betont der Verfassungsrat, dass Art. 7 des internationalen Abkommens vom 20. Dezember 1976 zur Einführung des allgemeinen Wahlrechtsverfahrens zur Wahl der europäischen Versammlung keine Vorschrift enthält, deren Modalitäten von Natur aus die Unteilbarkeit der Republik gefährden könnten[558]. Dementsprechend hat sich die französische Regierung für die Verhältniswahl der französischen Vertreter im nationalen Rahmen entschlossen[559]. Damit bildet die Republik einen einzigen Wahlkreis. Dies ermöglicht einerseits die Teilnahme der Wähler der überseeischen Departements und Gebiete an dieser Wahl, andererseits wird dadurch eine unteilbare Vertretung des

[556] C. C. Nr. 99-412 DC vom 15. Juni 1999, Rec. S. 71, Erwägung Nr. 5.

[557] Vgl. *Mathieu*, Chronique. Droit constitutionnel, in: J. C. P., Nr. 4, 26. Januar 2000, S. 144. Der Verfassungsrat stützte sich aber selbst auf das Prinzip der Einheit des französischen Volks, C. C. Nr. 99-412 DC vom 15. Juni 1999, Rec. S. 71, Erwägung Nr. 5. Zum Prinzip der Einheit des französischen Volkes in der Rechtsprechung des Verfassungsrats, siehe ferner C. C. Nr. 2000-428 DC vom 4. Mai 2000, Rec. S. 70, Erwägungen 9 und 10.

[558] C. C: Nr. 76-71 DC vom 30. Dezember 1976, Rec. S. 15, Erwägung Nr. 5: „(...) ne contient aucune stipulation fixant (...) des modalités de nature à mettre en cause l'indivisibilité de la République (...) que les termes de „procédure électorale uniforme" dont il est fait mention à l'article 7 de l'acte soumis au Conseil constitutionnel ne sauraient être interprétés comme pouvant permettre qu'il soit porté atteinte à ce principe (...) de façon générale, les textes d'application de cet acte devront respecter les principes énoncés ci-dessus ainsi que tous les autres principes de valeur constitutionnelle". Die Antragsteller beriefen sich auf die Gefahr eines Verstoßes gegen Art. 2 der Verfassung von 1958 (heute Art. 1 der Verfassung von 1958) für den Fall der Billigung eines Wahlverfahrens, das Frankreich in große regionale Wahlkreise aufteilt, so *Favoreu / Philip*, Election au suffrage universel direct (FN. 544), S. 152.

[559] Gesetz Nr. 77-729 vom 7. Juli 1977, geändert durch das Gesetz Nr. 85-690 vom 10. Juli 1985; Nr. 85-1406 vom 30. Dezember 1985 und Nr. 90-55 vom 15. Januar 1990; siehe den Code électoral, Paris 1991, S. 466.

französischen Volkes bei der europäischen Versammlung gewährleistet[560]. Dennoch steht in diesem Fall die Unteilbarkeit der Republik nicht in unmittelbarer Verbindung mit der nationalen Souveränität[561], da nach dem Verfassungsrat die europäische Versammlung nicht zum institutionellen Gefüge der französischen Republik gehört und an der Ausübung der nationalen Souveränität nicht teilnimmt[562].

Im Gegensatz zu seiner Entscheidung von 1976 bezieht sich der Verfassungsrat in seiner Entscheidung vom 9. April 1992 nicht mehr auf die Idee, nach der das Europäische Parlament aus „représentants de chacun des peuples"[563] (Vertretern jeder Völker) der Staaten der Gemeinschaft zusammengesetzt ist. Die Teilnahme von nichtnationalen Wählern an der Wahl französischer Vertreter hätte nämlich den Begriff des „französischen Volkes" beeinträchtigen können, dessen Verfassungsrang der Verfassungsrat anerkannt hat[564]. Der Verfassungsrat erinnert jedoch daran, dass der Vertrag von Maastricht zwar die Möglichkeit eines einheitlichen Wahlverfahrens für das europäische Parlament aufrechterhält, dies aber nur, soweit die einschlägigen Vertragsbestimmungen[565] nach den jeweiligen verfassungsrechtlichen Vorschriften von den Mitgliedstaaten angenommen werden[566]. Dadurch sichert sich der Verfassungsrat die Möglichkeit einer Kon-

560 *Favoreu / Philip*, Election au suffrage universel direct (FN. 544), S. 154 f.: „Aucun élu ne pourra se dire le représentant de telle ou telle région mais, comme les autres, représentant du peuple français tout entier".

561 Dagegen *Luchaire*, L'Union européenne et la Constitution, in: R. D. P. 108 (1992), S. 589-616 (600, FN. 9), der einen Widerspruch in der Entscheidung des Verfassungsrates in der Behauptung sieht, dass „d'une part (...) l'Assemblée européenne ne participe pas à l'exercice de la souveraineté en France (…), d'autre part (...) considère que sa composition ne doit pas porter atteinte à l'indivisibilité de cette dernière; il faut choisir ou c'est la France qui est représentée au Parlement européen et cette représentation ne peut être divisée, ou ce n'est pas la France souveraine et la Constitution n'impose aucune règle pour la composition de cette représentation".

562 „L'Assemblée européenne n'appartient pas à l'ordre institutionnel de la République française et (...) ne participe pas à l'exercice de la souveraineté nationale"; vgl. C. C. Nr. 92-308 DC vom 9. April 1992, Rec. S. 55, Erwägung Nr. 34.

563 *Favoreu*, Les décisions du Conseil constitutionnel relatives au traité sur l'Union européenne, in: R. F. D. C. Nr. 11 (1992), S. 395; *Genevois*, Le traité sur l'Union européenne et la Constitution. A propos de la décision n° 92-308 DC du 9 avril 1992, in: R. F. D. A. (1992), Heft 3, S. 373-408 (391); *Luchaire*, L'Union européenne et la Constitution (FN. 561), S. 600.

564 *Genevois*, Le traité sur l'Union européenne (FN. 353), S. 391. Ein Rückkehr zur Rechtsprechung von 1976 befürwortend *Favoreu*, in: R. F. D. C. Nr. 11-1992, S. 395: „La seule interprétation compatible avec la nécessité de représenter „les peuples" de la Communauté; car la conception adoptée par le Conseil aboutit en fait non à représenter les peuples des Etats mais le peuple européen"; vgl. *Rideau*, La recherche de l'adéquation de la Constitution française aux exigences de l'Union européenne, in: R. A. E. Nr. 3 (1992), S. 7-52 (23 f.)

565 Art. 8 Abs. 2 EUV unter Verweis auf Art. 138 Abs. 3 EGV.

566 C. C. Nr. 92-308 DC vom 9. April 1992, Rec. S. 55, Erwägung Nr. 28.

trolle der Verfassungsmäßigkeit eines einheitlichen Wahlverfahrens, besonders im Hinblick auf das Prinzip der Unteilbarkeit der Republik[567].

V. Einheit und Unteilbarkeit des nationalen Territoriums

In der französischen Lehre ist umstritten, ob das Prinzip der Unteilbarkeit der Republik die Unantastbarkeit des Territoriums der Republik schützen und die vielseitige Gestaltung der Territorialstrukturen oder die unterschiedlichen Rechte, die auf bestimmte Teile des nationalen Territoriums anwendbar sind, begrenzen kann[568]. Für den größten Teil der Lehre, der sich dabei auf den geschichtlichen Ursprung des Prinzips beruft, gewährleistet das Prinzip der Unteilbarkeit der Republik die Unantastbarkeit des Territoriums der Republik. In diesem Sinne wird sogar das Wort „Republik" mit „nationalem Territorium" gleichgestellt[569]. Andere Autoren weisen darauf hin, dass die Einheit der Republik nicht mehr zum Verfassungstext gehört und die territoriale Integrität des Staates dem Staatschef anvertraut ist[570]. Allgemein wird also angenommen, dass die Unteilbarkeit der Republik im Hinblick auf das Territorium durch die gesetzlichen Vorschriften zum Schutz der Integrität des Nationalgebiets[571] geschützt wird.

Die Rechtsprechung[572] des Verfassungsrats bestätigt diese Sichtweise, da sie zur Folge hat, dass die unteilbare Republik zwar eine Republik ist, die nur eine einzige politische Macht kennt, welche sich auf das gesamte Nationalterritorium

567 *Genevois*, Le traité sur l'Union européenne (FN. 353), S. 391.

568 Interessant dazu insbesondere im Hinblick auf die überseeischen Gebieten, *Michalons*, La République française, une fédération qui s'ignore? (FN. 456), S. 649 ff.

569 Dagegen *Debbasch / Roux*, L'indivisibilité (FN. 218), S. 86 ff., 101, wobei die Autoren sich auf die Rechtsprechung des Verfassungsrates beziehen.

570 Art. 5 und 16 der Verfassung von 1958.

571 Art. 86, 87 und 88 des Strafgesetzbuchs, Gesetz vom 1. Juli 1901 und Gesetz vom 10. Januar 1936.

572 In seiner Entscheidung C. C. Nr. 82-137 DC vom 25. Februar 1982, Rec. S. 38, Erwägung Nr. 3 stellt der Verfassungsrat den verfassungsrechtlichen Schutz der Unteilbarkeit der Republik neben den ebenso verfassungsrechtlichen Schutz der Integrität des Territoriums sowie der Festlegung der Organisation der öffentlichen Gewalt („pouvoirs publics"); Bei der Entscheidung C. C. Nr. 91-294 DC vom 25. Juli 1991, Rec. S. 91, Erwägung Nr. 8, behaupteten die Antragsteller, das Abkommen verstoße gegen das Prinzip der Unteilbarkeit der Republik, indem die überseeischen Departements und Gebiete nicht in seinen Anwendungsbereich fallen. Dabei konnten sich die Antragsteller sowohl auf die Rechtsprechung des Conseil d'Etat, C. E., Ass., vom 20. Oktober 1989 – Nicolo, Rec. 190 mit Schlußanträgen *Frydman*, als auch auf die Rechtsprechung des europäischen Gerichtshofes, EuGH vom 10. Oktober 1978, Rs. 148/77 – Hansen jun. & O. C. Balle GmbH & Co. Gegen Hauptzollamt Flensburg („Branntweinabgaben"), Slg. 1978-III, S. 1787 ff. berufen, nach dem die überseeischen Departements und Gebiete Teil der Republik sind.

erstreckt[573], das Prinzip der Unteilbarkeit aber Änderungen des Staatsgebiets nicht verhindert[574]. Als die V. Republik ausgerufen wurde, waren aber lediglich die Überseegebiete dazu befugt, aus der Republik auszutreten, entweder unmittelbar oder im Rahmen der „Communauté“[575]. Die anderen territorialen Komponenten können sich nur im Rahmen der Republik und unter den verfassungsrechtlichen Bedingungen[576] entwickeln. Die Republik kann ein Gebiet überlassen, tauschen, erwerben oder sogar dessen Sezession zulassen; dies steht also unter dem Vorbehalt der Einwilligung der betroffenen Bevölkerungen und des Parlaments[577]. Außerhalb dieses Verfahrens kann aber die territoriale Gestaltung der Republik nicht geändert werden[578]. Der Verfassungsrat hat 1991 geprüft, ob der Ausschluss eines Teils des nationalen Territoriums aus dem Anwendungsbereich eines internationalen Abkommens gegen das Prinzip der Unteilbarkeit der Republik verstößt. Laut Verfassungsrat soll die Achtung des Prinzips der Unteilbarkeit durch ein internationales Abkommen angesichts des vom Abkommen verfolgten Ziels geprüft werden. Zweck der Schengener-Abkommen sei in diesem Falle die Beseitigung der Grenzkontrolle an den gemeinsamen Grenzen der Unterzeichnerstaaten, woraus der Verfassungsrat schließt, dass die ausschließliche Anwendung des Abkommens auf dem europäischen Gebiet der Republik gegen das Prinzip der Unteilbarkeit nicht verstößt[579].

---

573 Mit Ausnahme von Rechtsnormen, deren Gegenstand dazu führt, dass sie nicht über das gesamte Nationalgebiet Anwendung finden; vgl. C. C. Nr. 91-294 DC vom 25. Juli 1991, Rec. S. 91, Erwägungen Nr. 52 bis 55.

574 *Debbasch*, Le principe révolutionnaire (FN. 442).

575 Dazu Teil 2 Kap. 3 D. II. 1.

576 Art. 53 der Verfassung von 1958; C. C. Nr. 75-59 DC vom 30. Dezember 1975, Rec. S. 26, Erwägung Nr. 6.

577 Art. 53 Abs. 3 der Verfassung von 1958: „Keine Abtretung, kein Tausch, kein Erwerb von Gebieten ist gültig ohne die Einwilligung der betroffenen Bevölkerung“. Zweck dieses Artikels war ursprünglich jede französische Bevölkerung vor einer Machtübertragung zugunsten eines fremden Staates zu schützen, wurde aber zur gesetzlichen Grundlage der Sezessionen aus dem französischen Staat. *Fabre*, Principes (FN. 159), S. 467.

578 Der Gesetzgeber kann zwar den Statut eines Teils des Staatsgebiets ändern, indem er z. B. eine neue Gebietskörperschaft gemäß Art. 72 der Verfassung von 1958 schafft, er kann aber das Prinzip der freien Verwaltung nicht dazu nutzen, einer Gebietskörperschaft das Sezessionsrecht zuzusprechen: *Bourdon*, „Indivisibilité“ (FN. 515), S. 505.

579 Dazu *Rousseau*, Chronique de jurisprudence constitutionnelle (juillet 1989-août 1991), in: R. D. P. 108 (1992), S. 37-109 (96). Eine Auslegung „e contrario“ der Entscheidung zeigt aber, dass das Prinzip der Unteilbarkeit als Grundlage einer Verfassungswidrigkeitsentscheidung dienen könnte, wenn das internationale Abkommen die vom Verfassungsrat in seiner Schengen-Entscheidung gestellten Bedingungen nicht erfüllen sollte, so *Debbasch / Roux*, L'indivisibilité (FN. 218), S. 94.

E. Zusammenfassung

Im Hinblick auf die europäische Integration ist die Relativierung der Souveränitätstheorie in Frankreich, wie sie von *Bodin* entwickelt wurde, nicht ohne Bedeutung. Der Verweis auf die abstrakte und die materielle Seite der Souveränität im neueren Schrifttum deutet auf die Möglichkeit hin, eine geteilte Souveränität im Rahmen der europäischen Union theoretisch greifbar zu machen.

Ähnlich wie der Souveränitätsbegriff hat das Prinzip der nationalen Souveränität während der französischen Revolution 1789 eine Funktion bzw. eine „doppelte" – instrumentale und strukturierende – Funktion erfüllt. Insofern drückt das Prinzip der nationalen Souveränität die Verbindung zwischen Nation, Souveränität und Staatlichkeit bzw. Einheitsstaatlichkeit aus und kann in seinen zwei Aspekten – Souveränität des Staates und demokratische Souveränität – betrachtet werden.

Das Prinzip der nationalen Souveränität enthält sowohl eine materielle, übertragbare Seite (die Souveränität des Staates) als auch eine abstrakte, unberührbare Seite (die demokratische Souveränität). Der Kern der Souveränität besteht insofern nicht aus Kompetenzen sondern in der Innehabung der Urquelle der Macht durch das Volk. Dies entspricht der ursprünglichen Bedeutung der nationalen Souveränität, wie sie zur Zeit der Revolution entwickelt wurde.

Die Unterscheidung zwischen demokratischer Souveränität und Staatssouveränität, die sich in der Rechtsprechung des Verfassungsrats findet und der Verfassung selbst entnommen werden kann, ermöglicht die Anpassung der französischen „nationalen" Souveränitätstheorie an die Realität der Europäischen Union. Nur so kann der Begriff der nationalen Souveränität im europäischen Kontext noch eine Funktion erfüllen, ohne dabei die europäische Integration zu gefährden. Die Bezeichnung der Souveränität des Staates als Gesamtheit der Kompetenzen aus internationaler Sicht erlaubt die Kompetenzübertragungen auf die Europäische Gemeinschaft, ohne dafür auf das Prinzip der nationalen Souveränität verzichten zu müssen, da die nationale Souveränität dann nur in ihrem Aspekt der Souveränität des Staates – nicht aber in ihrem Aspekt der demokratischen Souveränität- wesentlich betroffen wird. Dank dieser Unterscheidung können die Kompetenzübertragungen auf die Europäische Union gerechtfertig werden, ohne dass die nationale Souveränität zu einer leeren Hülle wird: Der ursprüngliche „Irrtum" im französischen Verfassungstext erweist sich sodann als „heilsamer Irrtum" zugunsten der französischen Souveränitätstheorie.

Teil 3: Die Nationale Souveränität Frankreichs unter dem Dach Europas

Das europäische Integrationswerk offenbart von Beginn an eine prinzipielle wechselseitige Beeinflussung der Begriffe von Staatlichkeit und Souveränität in der Form eines „Spannungsverhältnisses“[1] auf nationaler bzw. europäischer Ebene. Ein Beitrag des französischen juristischen Schrifttums zu einer allgemeinen Theorie der Souveränität des Staates als Mitglied der Europäischen Union wurde jedoch erst[2] vor kurzem hervorgebracht. Insbesondere hat *Chaltiel*[3] die Wechselwirkung („interaction“[4]) bzw. das „dialektische Verhältnis“[5] zwischen der Souveränität des Staates und der Europäischen Union systematisch analysiert und die Souveränität als „Schranke und Existenzvoraussetzung der Europäischen Union“[6] zugleich dargestellt.

Die bisher rein national bestimmte französische Souveränitätsauffassung, die vor allem auf dem Konzept des – souveränen – „Etat-nation“ beruht, kann insofern nicht mehr ohne Rücksicht auf die europäische Entwicklung betrachtet werden, ja befindet sich unter dem „Dach“[7] Europas. Fraglich ist jedoch, was unter „Europa“

---

1 *Ehrhardt*, Europa zwischen nationaler Souveränität und Integration, in: Außenpolitik 38 (1987), Heft 2, S. 103-119 (103).

2 Die Notwendigkeit einer Erneuerung der französischen Staatsrechtstheorie wurde insbes. von *Beaud*, L'honneur perdu de l'Etat, in: Droits, Nr. 15 (1992), S. 1-10 (2) betont.

3 *Chaltiel*, La souveraineté de l'Etat et l'Union européenne, l'exemple français. Recherches sur la souveraineté de l'Etat membre, Bibliothèque constitutionnelle et de science politique, Bd. 99, Paris 2000. *Chaltiel* bildet ihre Theorie der Souveränität des EU- Mitgliedstaates in zwei Schritten. Im ersten Teil ihrer Arbeit betrachtet die Autorin die Souveränität des Staates als Gründerin (fondatrice) der Europäischen Union, im zweiten Teil analysiert sie die Europäische Union als Neu-Gründerin (re-fondatrice) der Souveränität des Staates.

4 *Chaltiel*, La souveraineté de l'Etat (FN. 3), S. 13.

5 Ebenda, S. 18, Fn. 1: „La notion de dialectique semble correspondre parfaitement à la méthode de raisonnement qui sera retenue tout au long de cette étude. La définition première de la dialectique est la méthode qui consiste à analyser la réalité, à en faire ressortir les contradictions et à tenter de les dépasser (...) Outre cette définition générale, la dialectique hégélienne apparaît en adéquation avec la thèse ici retenue d'une altération de la souveraineté qui ne disparaît pas mais qui se modifie en revenant à un contenu essentiel“. Diese These wird insbesonde im zweiten Teil der Arbeit entwickelt, wobei die Autorin sich auf die Metapher der „vases communiquants“ (S. 259) bezieht.

6 *Chaltiel*, La souveraineté de l'Etat (FN. 3), S. 22, 23 ff., 133 ff., 133: „La souveraineté constitue à la fois l'obstacle et la condition de l'Union européenne. En tant qu'elle est au fondement même du droit international, elle est la condition sine qua non de l'union européenne (…) Dans ce schéma d'analyse, obstacle et condition ne doivent pas être concus comme s'opposant de façon irréductible, mais comme se complétant de facon dialectique“.

7 *Juppé*, Schwerpunkte der französischen Außenpolitik, in: Europa-Archiv 1/1993, S, 693-700 (693): „Es hat Missverständnisse darüber gegeben, was das Europa von morgen wirklich sein soll: kein Gemeinwesen, in dem die Nationen sich auflösen, sondern eine Union, unter deren Dach jeder Staat unter Wahrung seiner eigenen Identität, seiner Kultur und seiner Traditionen

zu verstehen ist. Die unüberschaubare Literatur über die Rechtsnatur der Europäischen Union hinterlässt den Eindruck eines „Glasperlenspiels“[8], einer „Begriffsjurisprudenz im schlechten Sinne, die jedes sicheren Bewertungskriteriums entbehrt“[9].

Die von *Schuppert* hervorgehobene „Unzulänglichkeit der überkommenen Begrifflichkeit“[10] nimmt in der Tat und im Hinblick auf jeden Versuch, die Rechtsnatur der Europäischen Union zu definieren, extreme Züge an (Kapitel 1). Ferner befindet sich die französische Theorie der nationalen Souveränität im Hinblick auf die Bedeutung der Europäischen Union als Rechtsgemeinschaft (Kapitel 2) und im Hinblick auf ihre – im Prozess der Kompetenzübertragungen auf die europäische Institutionen zunehmende – materielle Einschränkung (Kapitel 3) in einem Wandlungsprozess. Schließlich wird der französische Diskurs über die Möglichkeit eines Austritts Frankreichs aus der Europäischen Union beleuchtet (Kapitel 4).

---

durch die Annahme gemeinsamer Entscheidungen und Positionen und durch die Mobilisierung bedeutsamer Mittel an Stärke gewinnt“. Einen Überblick über die Stellungnahmen des französischen politischen Diskurses im Hinblick auf die Europäische Integration liefert *Jung*, Europa, made in France. Eine Analyse des politischen Diskurses Frankreichs zur Zukunft der Europäischen Gemeinschaft – von den Anfängen bis heute, Nomos Universitätsschriften, Politik, Bd. 97, Baden-Baden 1999, insbes. S. 57 ff.

8 *Bleckmann*, Grundprobleme und Methoden des Völkerrechts, Kolleg Rechtstheorie, Sonderband 1, München 1982, S. 60.

9 Ebenda.

10 *Schuppert*, Zur Staatswerdung Europas. Überlegungen zu Bedingungsfaktoren und Perspektiven der europäischen Verfassungsentwicklung, in: Staatswissenschaften und Staatspraxis 1994, S. 35-76 (53 ff.).

Kapitel 1: Der Staatscharakter der Europäischen Union aus französischer Sicht

Mit der Unterzeichnung des Vertrags von Maastricht über die Europäische Union im Februar 1992[11], der im November 1993 in Kraft trat, mit dem ihn ergänzenden Vertrag von Amsterdam[12], der am 1. Mai 1999 in Kraft getreten ist und dem am 10.-11. Dezember 2000 unterzeichneten Vertrag von Nizza[13], scheint sich der Prozess der Europäischen Einigung zu beschleunigen. Noch bevor der Vertrag von Nizza in Kraft getreten ist, hat der Konvent zur Reform der Europäischen Union mit den Vorbereitungen für die nächste Neuordnung der Europäischen Union angefangen[14]. Fraglich ist, zu welcher Unionsform der Prozess des immer engeren Zusammenschlusses der europäischen Völker führen wird. Wenn die Staatlichkeit der Europäischen Union überwiegend abgelehnt wird, bleibt die Frage nach ihrer Rechtsnatur immer noch offen.

A. Die Ablehnung der Staatsqualität der Europäischen Union

Grundlage der Europäischen Union sind die Europäischen Gemeinschaften, ergänzt durch die mit dem Vertrag von Maastricht eingeführten Politiken und Formen der Zusammenarbeit[15], d. h. die gemeinsame Außen- und Sicherheitspolitik[16] und die polizeiliche und justitielle Zusammenarbeit in Strafsachen[17]. Der Vertrag von Amsterdam integriert einige Elemente der zwischenstaatlichen Zusammenarbeit in das Gemeinschaftsverfahren bzw. stellt ein System der verstärkten Zusammenarbeit auf. Seit dem Vertrag von Maastricht wird die Gemeinschaft nicht mehr als „wirtschaftlich" bezeichnet, da ihr Tätigkeitsbereich weit über das Wirtschaftliche hinaus geht.

Die europäische Integration beruht grundsätzlich auf Kompetenzübertragungen seitens der EU-Mitgliedstaaten auf die europäischen Institutionen. Die Tatsache, dass es keine absolute Definition des Staates gibt, führt zu erheblichen Problemen, sobald die „Staatlichkeit" der Europäischen Union in Betracht gezogen werden soll. Der Staat ist „ein vom Recht erfasstes historisches, soziologisches und

---

11 Vertrag vom 2. Februar 1992 über die Europäische Union, BT-Drs. 12 / 3334, S. 7 = BGBl. II, S. 1253.

12 Amsterdamer Vertrag vom 2. Oktober 1997, BGBl. 1998 II S. 387, ber. BGBl. 1999 II S. 416.

13 Der Vertrag von Nizza wurde am 26. Februar 2001 unterzeichnet, Abl. EG Nr. C 80/1 vom 10. März 2001. Zum Zeitpunkt des Inkrafttretens der Neufassung siehe. Art. 12 Abs. 2 des Vertrags von Nizza.

14 FAZ vom 28. Februar 2002.

15 Art. 1 Abs. 3 EUV.

16 Titel V EUV.

17 Titel VI EUV.

politisches Phänomen“[18]. Auf völkerrechtlicher Ebene lässt sich die Staatlichkeit eines politischen Gebildes durch verschiedene, „objektive“ Kernvoraussetzungen herbeiführen, die auf der Drei-Elemente-Lehre *Jellineks* basieren: Der Staat ist „die mit ursprünglicher Herrschermacht ausgerüstete Verbandseinheit seßhafter Menschen“[19], wobei diese drei Staatselemente einander bedingen[20]. So wird in Frankreich zwischen „population“, „territoire“ und „gouvernement“ unterschieden. Ähnlich wie auf innerer Ebene gegenüber den anderen Gebietskörperschaften des öffentlichen Rechts stellt sich aber der Frage der Differenzierung zwischen dem Staate und den anderen Rechtssubjekten des Völkerrechts. Die „objektiven“ konstitutiven Staatselemente reichen nicht, um den Staaten die Überlegenheit gegenüber den anderen Rechtssubjekten des Völkerrechts zu sichern[21]. Die auf objektiven Kriterien basierende völkerrechtliche Definition des Staates wird also durch subjektive Elemente ergänzt, nämlich die Rechtspersönlichkeit und die Souveränität bzw. die Unabhängigkeit.

I. Die objektiven Kernvoraussetzungen europäischer Staatlichkeit

Die traditionellen Staatselemente „population“, „territoire“ und „gouvernement“ sind zwar im Rahmen der zunehmenden Globalisierung fragwürdig geworden[22], gelten jedoch immer noch als Kriterien für die Anerkennung eines Staates auf internationaler Ebene[23] und können insofern auf die Europäische Union angewandt werden.

1. „Population“

Grundsätzlich ist ein Staat ein menschlicher Verband, eine „collectivité humaine“[24] und kann infolgedessen nicht ohne eine Bevölkerung existieren. Im allgemeinen Sprachgebrauch umfasst die Bevölkerung eines Staates alle Einwohner, die auf seinem Hoheitsgebiet leben und arbeiten. Aus der Sicht des internationalen Rechts kennzeichnet die Bevölkerung – als konstitutives Element des Staates – die Gesamtheit der Individuen, die rechtlich, nämlich durch das

---

18 *Nguyen Quoc*, Droit international public, 6. Aufl., hrsg. von Daillier / Pellet, Paris 1999, S. 404.

19 *Jellinek*, Allgemeine Staatslehre, 3. Aufl., Darmstadt 1959, S. 180-181.

20 *Jellinek*, Das Recht des modernen Staats, Bd. 1, 2. Aufl., Berlin 1905, S. 413.

21 *Nguyen Quoc*, Droit international public (FN. 18), S. 404.

22 *Saladin*, Wozu noch Staaten?, Bern 1995, S. 16 ff.

23 Vgl. *Nguyen Quoc*, Droit international public (FN. 18), S. 404.

24 *Nguyen Quoc*, Droit international public (FN. 18), S. 405.

Nationalitätsverhältnis mit dem Staat verbunden sind[25], mit anderen Worten die Gesamtheit der Staatsangehörigen[26]. In dieser Hinsicht ist „population" mit dem deutschen Begriff des „Staatsvolks"[27] vergleichbar. Die Staatsangehörigkeit schafft eine persönliche Verbindung („allégeance personnelle") des Individuums mit dem Staat und gründet die Rechts- und Schutzhoheit des Staates gegenüber seinen Staatsangehörigen („compétence personnelle")[28].

Der Begriff der Bevölkerung reicht aber nicht, um alle Realitäten zu erfassen, die das internationale Recht bzw. die internationale Politik zu betrachten haben. Über die statistische bzw. juristische Wirklichkeit der Bevölkerung hinaus erscheinen soziologische und politische Begriffe wie „Nation" oder „Volk" besser imstande, die Homogenität einer Menschengruppe darzustellen bzw. von anderen Menschengruppen zu unterscheiden. Im Hinblick auf die auf völkerrechtlicher Ebene anerkannten Staatselemente kommt jedoch allein die Bevölkerung in Betracht[29].

Die Idee einer europäischen Bevölkerung stellt weder im völkerrechtlichen Sinne – als „Verbandseinheit seßhafter Menschen"[30] – noch im staatsrechtlichem Sinne – als „begrenzte Gruppe von Menschen, die einer bestimmten Rechtsordnung ausschließlich unterworfen ist"[31] – ein besonderes Problem dar[32]. Sprachliche, ethnische, religiöse und wirtschaftliche Unterschiede oder noch mögliche Zugehörigkeitsgefühle bleiben dabei unbeachtet.

Die Europäische Gemeinschaft bildet „eine neue Rechtsordnung (...), deren Rechtssubjekte nicht nur die Mitgliedstaaten sind, sondern auch deren Staatsangehörige"[33]. Der „lien d'allégeance" bzw. die rechtliche Verbindung zur

---

25 *Nguyen Quoc*, Droit international public (FN. 18), S. 406. Das Völkerrecht bestimmt keine quantitative Schwelle bezüglich der Anzahl der Bevölkerung, *Dupuy*, Droit international public, 5. Aufl., Paris 2000, S. 31.

26 *Nguyen Quoc*, Droit international public (FN. 18), S. 406.

27 *Grawert*, Staatsvolk und Staatsangehörigkeit, in: Isensee / Kirchhof (Hrsg.), Handbuch des Staatsrechts der Bundesrepublik Deutschland, Bd. 1, Heidelberg 1987, § 14, S. 663-690 (668.). Zum deutschen Begriff des Staatsvolks aus staatsrechtlicher und völkerrechtlicher Perspektive z. B. *Doehring*, Allgemeine Staatslehre, 2. Aufl., Heidelberg 2000, S. 25 ff.

28 *Nguyen Quoc*, Droit international public (FN. 18), S. 406.

29 So können mehrere Nationen innerhalb eines Staates koexistieren, deren Mitglieder diesselbe Nationalität im Sinne des Völkerrechts besitzen, dazu *Nguyen Quoc*, Droit international public (FN. 18), S. 409.

30 *Jellinek*, Allgemeine Staatslehre (FN. 19), S. 181.

31 *Burdeau / Hamon / Troper*, Droit constitutionnel, 25. Aufl., Paris 1997, S. 26: „ensemble limité d'hommes (...) soumis à un ordre juridique déterminé à l'exclusion de tout autre".

32 Vgl. dazu *Lutton*, La légitimité dans la communauté économique européenne, in: R. D. P. 103 (1987), S. 899-925 (902); siehe auch *Chaltiel*, La souveraineté de l'Etat (FN. 3), S. 359.

33 EuGH vom 5. Februar 1963, Rs. 26/62 – N. V. Algemene Transport-en expeditie Onderneming Van Gend & Loos gegen Niederländische Finanzverwaltung, Slg. 1963-IX, S. 1 ff.

Europäischen Gemeinschaft ergibt sich mittelbar aus der Staatsangehörigkeit zu einem Mitgliedstaat. Aus der unmittelbaren Geltung des Gemeinschaftsrechts und der Tatsache, dass gewisse europäische Normen Rechte und Pflichten für Privatpersonen unmittelbar schaffen, ergibt sich die praktische Existenz einer europäischen Bevölkerung. Zwischen der Gemeinschaft und den betroffenen Privatpersonen entstehen demzufolge und über den Staat hinaus unmittelbare Beziehungen, verstärkt durch die Möglichkeit für die Mitgliedstaatsangehörigen, vor dem Europäischen Gerichtshof ihre Rechte unmittelbar durchzusetzen oder durch das Prinzip des Vorrangs des Gemeinschaftsrechts, den Mitgliedstaaten zu verbieten, diese Rechte zu beeinträchtigen.

Die Einführung der Unionsbürgerschaft[34] durch den Vertrag von Maastricht vom 7. Februar 1992 hat die Existenz der europäischen Bevölkerung in dieser Hinsicht nur bestätigt, die rechtliche Verbindung der Menschen an die Europäische Union jedoch juristisch verankert. Unionsbürger bleibt aber, wer die Staatsangehörigkeit eines Mitgliedstaates besitzt. Darüber hinaus erwähnen jedoch einige Autoren die Idee eines „peuple en puissance“[35] auf europäischer Ebene. In der Tat bestätigt bzw. verstärkt die Unionsbürgerschaft die Rechte der Gemeinschaftsangehörigen und verleiht den neuen Unionsbürgern politische Rechte[36]. Die Rechte, die sich auf das aktive und passive Wahlrecht bei der Gemeindewahl sowie auf das Prinzip der allgemeinen Direktwahl des Europäischen Parlaments beziehen, haben nach dieser Auffassung in Bezug auf ihre integrative Funktion eine wichtige Rolle in der Entstehung eines europäischen Volks, dessen Existenz schon im Vertrag von Rom angedeutet wird und im Vertrag von Maastricht mit der Einführung einer Unionsbürgerschaft näher bestimmt wird. Das Prinzip der Wahl einer Versammlung durch eine Gruppe von Individuen ähnelt nämlich sehr dem Prinzip der Souveränität eines Volks, welches seine Souveränität durch gewählte Vertreter ausübt[37].

Trotz alledem und abgesehen von ständigen Bemühungen des Europäischen Parlaments zugunsten eines europäischen Föderalismus mit einer echten parlamentarischen Vertretung, scheint die Existenz eines europäischen Staatsvolks

---

34 Art. 8 und Art. 8 A EUV, heute Art. 17 bis 22 EUV.

35 *Chaltiel*, La souveraineté de l'Etat (FN. 3), S. 362 ff.

36 Dazu z. B. *Pliakos*, La nature juridique de l'Union européenne, in: R. T. D. E. 29 (1993), S. 187-224 (194).

37 *Chaltiel*, La souveraineté de l'Etat (FN. 3), S. 360 f. Die Autorin verweist auf die Tatsache, dass die Zusammensetzung des europäischen Parlaments von politischen Verwandschaften, nicht aber von der Nationalität abhängig ist. Ferner bestimmt Art. 191 EGV, dass „Politische Parteien (...) als Faktor der Integration in der Union [wichtig sind]“ und dazu beitragen, „ein europäisches Bewusstsein herauszubilden und den politischen Willen der Bürger der Union zum Ausdruck zu bringen“. Die Anwendung des Singulars für „europäisches Bewusstsein“ und den „politischen Willen“ verraten das Bestreben, die Schaffung einer europäischen politischen Gemeinschaft zu fordern.

immer noch eher auf einem Mythos[38] als auf einer Realität zu beruhen. Es kann zum Beispiel darauf hingewiesen werden, dass nach Art. 189 EGV das Europäische Parlament aus „Vertretern der Völker der in der Gemeinschaft zusammengeschlossenen Staaten" besteht, nicht aber aus Vertretern eines europäischen Volkes, das nirgendwo in den europäischen Verträgen als solches erwähnt wird. Die verschiedenen Wahlverfahren und die ungleiche demographische Vertretung zwischen den Mitgliedstaaten, die sich aus der Sitzverteilung in Bezug auf die Größe des jeweiligen Staatsvolks ergibt, hindern das Europäische Parlament, eine übergreifende Repräsentativität zu behaupten. Außerdem und trotz einer internen Organisation, die sich auf transnationale politische Gruppierungen stützt, bleibt die Festsetzung der parlamentarischen Vertretung überwiegend von nationalen Interessenkonflikten abhängig.

Ob die Supranationalität bzw. die föderalistischen Züge der Europäischen Union überhaupt eine „theoretische"[39] europäische Nation hervorrufen sollen, ist umstritten[40]. Die französischen „Mythifications"[41] bezüglich des Begriffs der Nation erschweren die europäische Integration. Fraglich ist dennoch, ob die neutrale Behauptung einer immer engeren Union als Indiz eines „vouloir vivre ensemble" im Sinne von *Renan*[42] verstanden werden kann[43].

Tatsache ist, dass die bisher rein staatlich bedingte Nation dabei ist, überholt zu werden. Die Nationalstaaten sind heute schon „Transnationalstaaten"[44]. Erwähnt wird in diesem Sinne eine „postnationale, virtuell kosmopolitische politische Gemeinschaft"[45] oder ein „multinationaler Mindeststaat"[46] als Ziel der europäischen Integration. Dem „gemeinsamen metanationalen Recht"[47] könnte dann ein

---

38 *Rideau*, in: ders. (Dir.), Les Etats membres de l'Union européenne, adaptations, mutations, résistances, Paris 1997, S. 3, spricht vom „mythique peuple européen".

39 *Debré*, L'idée européenne et sa déformation, in: Revue de droit prospectif (1997), Nr. 3 / 4 - spécial Europe, S. 43-49 (43).

40 Dagegen *Baechler*, Description des Etats-Unis d'Europe, in: Commentaire, Nr. 51 (1990), S. 468: „La constitution d'une nation européenne ne saurait être un préalable à la fédération européenne. Ce recoupement historique entre politie [i.e. unité d'action politique] et nation est purement contingent". Eine europäische „Nation" befürwortend, *Benda*, Discours à la nation européenne, Paris 1933, Ndr. Paris 1992; *Coudenhove-Kalergi*, Die europäische Nation, Stuttgart 1953.

41 *Sabourin*, L'Europe: fédération ou intégration d'Etats-Nation?, in: Bourjol (Dir.), La commune, l'Etat et le droit. Bicentenaire de la Révolution et Marché unique européen, Paris 1990, S. 241-256 (245).

42 *Renan*, Qu'est-ce qu'une Nation?, in: Forest, Ernest Renan, Paris 1992, S. 54.

43 Interessant dazu *Sabourin*, L'Europe (FN. 41), S. 245.

44 Ebenda, S. 248.

45 *Ferry*, La question de l'Etat européen, Paris 2000, S. 109: „*Communauté politique postnationale*, virtuellement *cosmopolitique*".

46 *Boissonnat / Albert*, Crise, Krack, Boom, Paris 1988, S. 213 f.: „Etat multinational minimum".

47 *Ferry*, La question (FN. 45), S. 109, über ein „droit commun métanational" als postnationale Strategie.

– europäischer – „Metanationalstaat“[48] entsprechen. Diese Terminologie ist jedoch nicht gerade geeignet, ein Zusammengehörigkeitsgefühl seitens der europäischen Bürger hervorzurufen. Allein die Idee einer europäischen „Kulturgemeinschaft“[49], der gemeinsamen Interessen oder eines europäischen „gemeinsamen Schicksals“[50] erscheint dazu imstande, die europäische Idee wiederzubeleben.

2. „Territoire“

Als zweites objektives Staatselement kommt das Territorium („territoire“)[51] in Betracht. Im französischen völkerrechtlichen und staatsrechtlichen Schrifttum wird überwiegend die Meinung vertreten, dass es keinen Staat ohne territoriale Fläche gibt. So wie ein Staat ohne Bevölkerung nicht bestehen kann, gibt es keinen Staat ohne ein „territoire“[52]. Das Territorium ist damit konstitutives Element des Staates. Es ist eng mit den zwei anderen konstitutiven Elementen des Staates verknüpft, namentlich der Bevölkerung und der Regierung, ja steht zu ihnen in einem Verhältnis der „Interdependenz“[53]. Die moderne staatliche Bevölkerung ist eine sesshafte Bevölkerung, die innerhalb der Grenzen des Territoriums lebt[54]. Auch mit dem „gouvernement“ steht das Territorium in enger

---

48 Ebenda.

49 Siehe *Coudenhove-Kalergi*, Die europäische Nation (FN. 40), S. 16 ff., 23. Interessant dazu auch *Stéphanou*, Identité et citoyenneté européenne, in: R. M. C. (1991), Nr. 343, S. 30-39 (30 f.).

50 Vgl. *Sidjanski*, L'avenir fédéraliste de l'Europe. La Communauté européenne, des origines au traité de Maastricht, Paris 1992, S. 440: „Les richesses des réalités et de la culture européennes qui sont à la base de l'union dans la diversité, ne peuvent s'épanouir que dans une fédération qui, tout en préservant les identités nationales et les diversités régionales, est susceptible de créer une communauté de destin et d'unir les Européens autour d'un grand projet commun“.

51 *Villiers*, Dictionnaire de droit constitutionnel, Paris 1998, S. 201; *Duhamel / Mény*, Dictionnaire constitutionnel, Paris 1992, S. 1029.

52 *Burdeau / Hamon / Troper*, Droit constitutionnel (FN. 31), S. 24. Nuancierter *Ardant*, Institutions politiques et droit constitutionnel, 10. Aufl., Paris 1998, S. 22: „Un Etat qui perd son territoire n'est plus un Etat; mais il ne se confond pas avec lui, s'il est amputé l'Etat demeure. Aussi s'agit-il d'un élément objectif essentiel de la définition de l'Etat“. *Gicquel*, Droit constitutionnel et institutions politiques, 15. Aufl., Paris 1997, S. 50.

53 *Nguyen Quoc*, Droit international public (FN. 18), S. 409. Vgl. *Dupuy*, Droit international public (FN. 25), S. 32: „Le territoire, „marqueur de souveraineté“, constitue la base matérielle sur laquelle le *gouvernement* peut exercer son autorité. Il est également lié à la *population*, qu'il stabilise à l'intérieur de ses limites“.

54 In dem selben Sinne bildet die Anwesenheit eines Individuums auf einem Staatsgebiet zwar keinen Beweis der Staatsangehörigkeit, konstituiert dennoch ein nützliches Indiz für die Feststellung eines Verhältnisses zum Staat im Fall eines Normenkonfliktes im Hinblick auf die Staatsangehörigkeit, so IGH vom 6. April 1955 – Affaire Nottebohm, Rec. 1955, S. 23.

Verbindung. Die modernen Bedingungen der politischen bzw. verwaltungsrechtlichen Machtausübung erfordern die Herrschaft über ein Territorium, unabhängig von seiner Größe.

Daher bezeichnet das „territoire" nicht nur eine geographische Fläche, die Voraussetzung für die Existenz einer Staatsgewalt ist, sondern auch die territoriale Reichweite dieser Staatsgewalt[55]. Das „territoire" gilt als unentbehrliche Voraussetzung der wirksamen Ausübung der Staatsgewalt. Dementsprechend hat das „territoire" eine politische Funktion[56], die in Deutschland durch die Begriffe „Staatsgebiet" oder „Hoheitsgebiet" bezeichnet wird. Die politische Funktion des „territoire" als Staatsgebiet verbindet ferner den Begriff des „territoire" mit dem Konzept der Nation[57], die in ihm ihren geographischen Rahmen, das heißt eine gewisse Konkretisierung findet[58]. Dies wird insbesondere im Ausdruck „territoire national" deutlich. Andererseits bietet das Nationalgebiet der „puissance étatique" („Staatsgewalt") eine Voraussetzung ihrer Unabhängigkeit, so wie einen Kompetenzraum[59] an. Die Nation wird durch das Gebiet verkörpert[60] und das „territoire national" als einziger legitimer Raum zur Ausübung der nationalen Souveränität konzipiert. Diese Verbindung setzt die Ausschließlichkeit der Kompetenzen des Souveräns auf dem Nationalgebiet voraus[61].

In der französischen Völkerrechtslehre werden vier Auffassungen über die Rechtsnatur des Staatsgebiets vertreten bzw. sind vertreten worden[62], nämlich die

---

55 Vgl. *Kriele*, Einführung in die Staatslehre. Die geschichtlichen Legitimitätsgrundlagen des demokratischen Verfassungsstaats, 5. Aufl., Opladen 1994, S. 77.

56 Dazu *Burdeau / Hamon / Troper*, Droit constitutionnel (FN. 31), S. 24-25.

57 Vgl. *Duguit*, Souveraineté et liberté, Leçons faites à l'Université Columbia (New-York), 1920-1921, Paris 1922, S. 28, der das Territorium als das „substratum fondamental de la nation" bezeichnet.

58 „Par la détermination d'un cadre territorial, *le pouvoir inscrit la nation sur le plan des réalités concrètes*: il permet de réaliser cette synthèse d'un sol et d'une idée qui est l'essence même de la nation", *Burdeau / Hamon / Troper*, Droit constitutionnel (FN. 31) S. 25.

59 *Burdeau / Hamon / Troper*, Droit constitutionnel (FN. 31), S. 25; *Duhamel / Mény*, Dictionnaire constitutionnel (FN. 51), S. 1030: „(...) espace à l'intérieur duquel s'exercent les compétences étatiques"; vgl. *Cohen*, La tentation hexagonale. La souveraineté à l'épreuve de la mondialisation, Paris 1996, S. 324; vgl. *Dupuy*, Droit international public (FN. 25), S. 32.

60 *Nora*, „Nation", in: Furet / Ozouf (Dir.), Dictionnaire de la révolution, Paris 1988, S. 806: Die Grenzen machen aus der Nation eine „valeur refuge", ein „symbole d'appartenance", ein „instrument d'enracinement". Zur Nation als nationaler Raum der Souveränität, Teil II.

61 „(...) à l'intérieur de son territoire, l'Etat est en principe le seul à pouvoir exercer son autorité", *Duhamel / Mény*, Dictionnaire constitutionnel (FN. 51), S. 1030.

62 Für eine umfassende Darstellung der verschiedenen Theorien über das Staatsgebiet („théories du territoire") siehe z. B. *Nguyen Quoc*, Droit international public (FN. 18) S. 410 f. Weder die Reichweite des Staatsgebiets bzw. seine unterbrochene oder ununterbrochene Struktur, noch die Größe der Bevölkerung sind aus Sicht des Völkerrechts von Bedeutung, *Dupuy*, Droit international public (FN. 25), S. 31.

Theorie des Territoriums als Subjekt („territoire-sujet"[63]), die Theorie des Territoriums als Gegenstand („territoire-objet"[64]), die Theorie des Territoriums als Grenze („territoire-limite"[65]) und die heute überwiegend vertretene Theorie des Territoriums als Kompetenztitel („territoire-titre de compétence"[66]). Wenn das staatliche Handlungsrecht sich aus dem Staatsgebiet ergibt, dann erscheint es als notwendig, die Befehlsgewalt des Staates auf sein Staatsgebiet zu beschränken. Die Abgrenzung des Staatsgebiets ist zwar von Nutzen, um Konflikte zwischen Nachbarstaaten zu vermeiden, ist aber keine juristische Verpflichtung. Das Fehlen einer Abgrenzung bzw. eine unklare Abgrenzung bildet kein Hindernis für die Annerkennung als Staat[67].

Diese Gedanken nehmen aber weder die internationale bzw. gemeinschaftliche Wirklichkeit noch die Tatsache wahr, dass die territoriale Kontinuität nicht mehr als die notwendige Grundlage einer gemeinsamen Erfahrung und eines gemeinsamen politischen Gefühls erscheint[68]. Das Gebiet als Anknüpfungsfläche staatlichen Handelns verliert immer mehr an rechtlicher bzw. praktisch-politischer Bedeutung. Die Staatsgrenzen werden systematisch „übersprungen"[69], wobei diese Entwicklung im Rahmen des europäischen Integrationsprozesses besonders

---

63 Die Theorie des „territoire-sujet" betrachtet das Staatsgebiet als Bestandteil des Staates als Person („Etat-personne") und wird als „Eigenschaft des Staates" („qualité de l'Etat"), als „Körper des Staates" („corps de l'Etat"), als „Element der Natur des Staates" („élément de la nature de l'Etat") oder gar als „Wesen des Staates" („essence de l'Etat") bezeichnet. Nach dieser Auffassung soll sich logischerweise die Identität des Staates mit jeder Veränderung seines Staatsgebiets ändern. Kritisch zu dieser Theorie, *Nguyen Quoc*, Droit international public (FN. 18), S. 410; auch *Dupuy*, Droit international public (FN. 25), S. 32.

64 Die Theorie des „territoire-objet" unterscheidet zwischen dem Staat und seinem Staatsgebiet. Vertreter dieser Auffassung gehen davon aus, dass der Staat ein dingliches Recht über sein Gebiet ausübt, welches mit einem Eigentumsrecht vergleichbar ist. Diese Theorie findet ihre Wurzeln in der patrimonialen Auffassung der absoluten Monarchie ihrem Hoheitsgebiet gegenüber und wurde bis ins 20. Jahrhundert vertreten. Kritisch zu dieser Theorie *Dupuy*, Droit international public (FN. 25), S. 32.

65 Die Theorie des „territoire-limite" entspricht mehr der Wirklichkeit und wurde in Frankreich z. B. von *Scelle*, Précis du droit des gens, principes et systématique, 2 Bde., Paris 1932, 1934, Bd. 1, S. 213 f.; *ders.*, Le Pacte des Nations et sa liaison avec Le Traité de Paix, Paris 1919, S. 97, vertreten. Diese Theorie hat den Vorteil, die enge Verbindung zwischen Staatsgebiet und Staatsgewalt widerzuspiegeln, betont aber nicht genug die Bedeutung des Staatsgebiets für die Existenz des Staates an sich, *Nguyen Quoc*, Droit international public (FN. 18), S. 411.

66 Die Theorie des „territoire-titre" geht davon aus, dass das Territorium einen wesentlichen Rechtstitel der staatlichen Kompetenz bildet. Die Theorie des „territoire-limite" soll aber die Theorie des „territoire-titre" ergänzen, so z. B. die Definition des Territoriums durch *Dupuy*, Droit international public (FN. 25), S. 32: „Le territoire n'est rien de plus, mais c'est fondamental, que l'*espace à l'intérieur duquel s'exercent les compétences propres à l'Etat souverain*".

67 *Nguyen Quoc, Dinh*, Droit international public (FN. 18), S. 412.

68 *Cohen*, La tentation (FN. 59), S. 66.

69 *Saladin*, Wozu noch Staaten? (FN. 22), S. 21.

deutlich wird. Zur juristischen Bezeichnung einer geographischen Fläche haben die Deutschen drei Wörter zur Verfügung: „Gebiet“ (oder „Territorium“), „Staatsgebiet“ und „Hoheitsgebiet“. Die Franzosen dagegen kennen allein das Wort „territoire“. Mit diesem einzigen Wort kann also je nachdem eine geographische Fläche, der Geltungsbereich juristischer Regeln oder die territoriale Grundlage eines Staates gemeint sein. Im letzteren Fall spricht man dennoch von „territoire étatique“ oder „territoire de l'Etat“ oder auch von „territoire national“. Diese Vieldeutigkeit des Begriffs „territoire“ spiegelt sich auf europäischer Ebene wider, so dass man von einer „démultiplication de la notion de territoire“[70] in der Gemeinschaft sprechen kann. So ist zum Beispiel vom „territoire fiscal communautaire“ oder vom „territoire douanier communautaire“ die Rede[71].

Ferner hat die Existenz bzw. Nichtexistenz eines gemeinschaftlichen Territoriums französischen Schrifttum zu einer Kontroverse geführt. Die enge Verknüpfung des Begriffs vom „territoire“ mit dem Staat führt zum Problem der Bezeichnung des Gemeinschaftsraums[72]. Umstritten ist, ob die Bezeichnung „territoire communautaire“ lediglich auf den Geltungsbereich der Gemeinschaftsverträge oder auf ein mögliches Hoheitsgebiet der Gemeinschaft verweist, wobei dann unvermeidlich die Staatlichkeit – in diesem Fall der Europäischen Union – angedeutet würde. In der französischen Lehre wird überwiegend die Meinung vertreten, das „territoire communautaire“ sei lediglich die Bezeichnung des Geltungsbereichs der Gemeinschaftsverträge[73] bzw. könne nicht mit dem „territoire national“ verglichen werden[74].

---

70 *Chaltiel*, La souveraineté de l'Etat (FN. 3), S. 368.

71 Ausführlich dazu *Rigaux*, Territoire communautaire, in: Répertoire Dalloz, octobre 1995, § 5, S. 3. Siehe auch *Dewost*, L'application territoriale du droit communautaire: disparition et résurgence de la notion de frontière, in: S. F. D. I., Colloque de Poitiers. La frontière, Paris 1980, S. 253-267 (263).

72 Interessant dazu *Groux*, „Territorialité“ et droit communautaire, in: R. T. D. E. 23 (1987), S. 5-33 (25 ff., 29 ff.), wo der Autor unter den Ausdruck „territoire“ communautaire ein „espace sans frontières intérieures“ und „pourvu d'une seule frontière extérieure“. Vgl. *Rideau*, Droit institutionnel de l'Union et des Communautés européennes, 2. Aufl., Paris 1997, S. 79.

73 Diese Meinung wird in Deutschland auch überwiegend vertreten, dazu z. B. *Oppermann*, Europarecht. Ein Studienbuch, 2. Aufl., München 1999, S. 339: „Die EU besitzt keine umfassende, d. h. virtuell unbegrenzte Verfügungsgewalt über ein „EU-Gebiet“ im Sinne eines grundlegenden Elementes der Staatlichkeit. Gemäß dem Prinzip der begrenzten Einzelzuständigkeiten übt die Gemeinschaft vielmehr im „räumlichen Geltungsbereich der Verträge“ (insbes. Art. 227 = 299 neu EVG) die ihr verliehenen Einzelzuständigkeiten punktuell aus“; ferner z. B. *Becker*, in: Schwarze (Hrsg.), EU-Kommentar, Baden-Baden 2000, Art. 299 EGV, S. 2349 ff. (2352)

74 Vgl. die Rechtsprechung des Verfassungsrats, wobei die Anwendung des Wortes „territoire“ sowohl im Hinblick auf den „territoire français“ als auch im Hinblick auf den „territoire de la Nouvelle-Calédonie“ eine lediglich „convention de langage de pure commodité“ ohne juristische Bedeutung ist, C. C. Nr. 83-160 DC vom 19. Juli 1983, Rec. S. 43, Erwägung Nr. 10.

Diese Auffassung stützt sich auf den Text des Vertrages zur Gründung der Europäischen Gemeinschaft selbst, da dort nirgendwo von einem hypothetischen gemeinschaftlichen Hoheitsgebiet bzw. Staatsgebiet die Rede ist[75]. Höchstens wird in manchen Vorschriften des primären Gemeinschaftsrechts ausdrücklich erklärt, dass diese Regeln „zwischen den Mitgliedstaaten"[76] oder „in" einem oder mehreren Mitgliedstaaten oder „auf dem Hoheitsgebiet eines oder mehrerer Mitgliedstaaten"[77] gelten. Dennoch findet der Ausdruck „territoire communautaire" im sekundären Gemeinschaftsrecht[78] Anwendung und wird systematisch in der gemeinschaftsrechtlichen Rechtsprechung benutzt[79]. Die genauere Lektüre des im Art. 299 EGV festgelegten Prinzips offenbart eine gewisse Doppelseitigkeit[80]: Einerseits regelt es das Problem des territorialen bzw. geographischen Geltungsbereichs des Vertrags zur Gründung der Europäischen Gemeinschaften, andererseits und darüber hinaus stellt das Prinzip des Art. 299 EGV ein „Kongruenzprinzip"[81] zwischen dem Geltungsraum des Gemeinschaftsrechts und dem Geltungsraum des Rechts der Mitgliedstaaten dar. Für Frankreich nimmt dieses Prinzip eine besondere Bedeutung an angesichts des Statuts seiner Überseegebiete im Rahmen der Gemeinschaften[82]. Mit anderen Worten kann der Geltungsbereich der Gemeinschaftsverträge potentiell auf jenen Raum erstreckt werden, auf den sich die Souveränität der Mitgliedstaaten erstreckt, und zwar

---

75 Art. 299 Abs. 1 EGV bestimmt, auf welche Mitgliedstaaten sein Geltungsbereich sich bezieht, ohne einen gemeinschaftlichen bzw. nationalen „territoire" zu erwähnen.

76 Z. B. Art. 23, 25, 28, 29, 30, 31 EVG im Bereich des freien Warenverkehrs, Art. 81 und 82 EGV im Bereich des Wettbewerbs.

77 Z. B. Art. 39, 43-46, 48 EGV im Bereich des freien Personenverkehrs; Art. 71 EGV im Bereich des Verkehrs; Art. 91 EGV im Bereich des Steuerwesens.

78 Vgl. die Richtlinie Nr. 86 / 560 des Rats vom 17. November 1986 zur Harmonisierung der Rechtsvorschriften der Mitgliedstaaten über die Umsatzsteuern – Verfahren der Erstattung der Mehrwertsteuer an nicht im Gebiet der Gemeinschaft ansässige Steuerpflichtige, AEG Nr. L 326 / 40 vom 21. November 1986.

79 Dazu *Rigaux*, Territoire communautaire (FN. 71), S. 3.

80 *Rigaux*, Territoire communautaire (FN. 71), S. 8.

81 *Rigaux*, Territoire communautaire (FN. 71), S. 8: „principe de coincidence".

82 So z. B. EuGH vom 10. Oktober 1978, Rs. 148/77 – Hansen jun. & O. C. Balle GmbH & Co. Gegen Hauptzollamt Flensburg („Branntweinabgaben"), Slg. 1978-III, S. 1787 ff., S. 1805 Rn. 10: „Aus Artikel 227 Abs. 1 ergibt sich, daß sich der Status der französischen überseeischen Departements innerhalb der Gemeinschaft in erster Linie durch Verweisung auf die französische Verfassung bestimmt, nach welcher diese Departements, wie die französische Regierung dargelegt hat, integrierender Bestandteil der Französischen Republik sind. Um jedoch der besonderen geographischen, wirtschaftlichen und sozialen Lage dieser Departements gerecht zu werden, sieht Artikel 227 Absatz 2 vor, daß der Vertrag nur stufenweise auf sie Anwendung findet, und trifft drüber hinaus im größtmöglichen Umfang Vorsorge für den Erlaß von den spezifischen Erfordernissen dieser Teile des französischen Gebietes angepaßten Sonderbestimmungen". Ausweichend jedoch die Antwort des EuGH auf die schriftliche Frage Nr. 1007 / 84, in: AEG 85/C62/46 vom 11. März 1985, S. 34, dazu *Rigaux*, Territoire communautaire (FN. 71), S. 9.

unabhängig von einer territorialen Grundlage. Das Gemeinschaftsgebiet ist vom Nationalgebiet der Staaten abhängig bzw. weder die Gemeinschaft noch die Europäische Union können über das „territoire" der Mitgliedstaaten verfügen: Eine auf Nationalebene beschlossene Territorialänderung bindet die Gemeinschaft bzw. die Europäische Union[83].

Nichtsdestoweniger nimmt das bisher an die (nationale) Staatlichkeit gebundene Konzept des „territoire" allmählich gemeinschaftliche Züge an. Die klassische Behauptung, das Konzept vom „territoire" sei ausschließlich auf das Staatsphänomen zu beziehen bzw. sei lediglich eine Frage der Begrenzung des territorialem Anwendungsbereichs des Rechts der Staaten, ist dementsprechend zu relativieren[84], obwohl die französische Staatslehre in diesem Bereich eine gewisse „obsession statomorphiste" beweist[85].

Im Hinblick auf die traditionelle Verbindung zwischen „Etat" und „territoire" kann jedoch die Reflexion *Scelles* über die Natur und die Funktion des Territoriums[86] herangezogen werden. *Scelle* hat nicht nur die klassische Territorialitätslehre abgelehnt, sondern stellte die Funktion des Gebiets in seinem juristischen Sinn als eine Kompetenzbegrenzung („délimitation des compétences"[87]) zwischen den Subjekten des öffentlichen Rechts dar.

Durch den Bezug auf die These *Scelles* kann gleichzeitig behauptet werden, die Gemeinschaft verfüge zwar nicht über ein eigenes Territorium, verfüge aber dennoch über die „territoriale Kompetenz"[88], ja verfüge über einen „Kompetenztitel". Dasselbe Territorium kann als territoriale Basis für die Ausübung von Kompetenzen verschiedener Körperschaften dienen, ob staatlicher, zwischenstaatlicher, überstaatlicher oder außerstaatlicher Natur[89]. *Scelles* Gedanken

83 Art. 53 Abs. 3, Satz 2 der Verfassung von 1958 lautet: „Keine Abtretung, kein Tausch, kein Erwerb von Gebieten ist gültig ohne die Einwilligung der betroffenen Bevölkerung; vgl. C. C. Nr. 75-59 DC vom 30. Dezember 1975, Rec. S. 26, Erwägung Nr. 6: „considérant que l'île de Mayotte fait partie de la République française; que cette constatation ne peut être faite que dans le cadre de la Constitution, nonobstant toute intervention d'une instance internationale, et que les dispositions de la loi déférée au Conseil constitutionnel qui concernent cette île ne mettent en cause aucune règle du droit public international".

84 *Rigaux*, Territoire communautaire (FN. 71), S. 25.

85 *Rigaux*, Territoire communautaire (FN. 71), S. 4.

86 *Scelle*, Précis (FN. 65), Bd. 1, S. 76 f., 213 f.

87 *Scelle*, Précis (FN. 65), Bd. 1, S. 76 ff., 83 ff. Vgl. *Chaltiel*, La souveraineté de l'Etat (FN. 3), S. 371: „(...) la conception patrimoniale du territoire est obsolète (...). L'acquisition d'un territoire signifie davantage l'acquisition du titre à exercer des compétences souveraines sur un territoire donné".

88 So z. B. *Manin*, Les Communautés européennes, L'Union européenne, Paris 1997, S. 74.

89 *Scelle*, Précis (FN. 65), Bd. 1, S. 76 f.: „Le même territoire peut (...) servir de support à différentes collectivités étatiques, inter-étatiques, supra-étatiques ou extra-étatiques et par conséquent délimiter la compétence *de plusieurs séries de gouvernants ou d'agents* (...) Le territoire ne peut donc pas être un élément distinctif d'un système juridique déterminé, en

bezogen sich zwar nicht auf das gemeinschaftliche Phänomen, bleiben im Hinblick auf den gemeinschaftlichen Integrationsprozess jedoch von besonderer Bedeutung[90]. *Scelles* Einführung der Idee einer Verdoppelung bzw. Teilbarkeit der Kompetenzen und ihrer territorialen Grundlage ermöglicht die Zuerkennung eines europäischen „Territoriums", das nicht ausschließlich mit staatlichen Kompetenzen verbunden sei.

3. „Gouvernement"

Wie die Bevölkerung und das Staatsgebiet ist ein politischer Apparat ein konstitutives Element der Existenz des Staates. Als juristische Person braucht der Staat Organe, die ihn vertreten und seinen Willen ausdrücken. Der Staat kann seine Kompetenzen nur durch Organe, die ihrerseits aus Individuen zusammengesetzt sind, ausüben. Auch nach internationalem Recht besteht die Notwendigkeit einer Regierung[91], unabhängig von ihrer Qualifizierung auf innerstaatlicher Ebene[92].

Als „Regierung" werden die exekutiven Staatsbehörden sowie die Gesamtheit seiner öffentlichen Gewalt („pouvoirs publics") aufgefasst. Gemeint ist damit die gesamte politische, gerichtliche und verwaltungsrechtliche innere Ordnung[93]. „Gouvernement" kann daher mit dem deutschen Begriff der Staatsgewalt gleichgesetzt werden, wenn unter „Staatsgewalt" eine „Organisation mit entsprechender Kompetenzverteilung"[94] zu verstehen ist. Das internationale Recht interessiert sich aber nur für die nationalen Institutionen, die den Staat völkerrechtlich binden können. Dadurch erscheint die Qualifizierung mancher Staatsbehörden als „autorités gouvernementales" durch das innere Recht als wenig entscheidend[95]. Wichtiger ist die tatsächliche Fähigkeit, alle staatliche Funktionen auszuüben[96]. Gemeint wird damit auch der Ordnungs- bzw.

l'espèce étatique, dès lors que d'autres systèmes juridiques utilisent *le même* territoire pour délimiter la compétence de leurs sujets de droit. L'utilisation du territoire n'est *jamais exclusive*, et l'évolution des rapports internationaux tend à la rendre de plus en plus *commune*".

90 *Rigaux*, Territoire communautaire (FN. 71), S. 25.

91 So die Stellungnahme des IGH vom 16. Oktober 1975 – Sahara occidental, Rec. 1975, S. 11-69 (42), wobei das Internationale Gerichtshof sich auf die soziale und politische Organisation bezieht.

92 Die politische bzw. verfassungsrechtliche Form der Regierung ist für das Völkerrecht herkömmlich gleichgültig, *Dupuy*, Droit international public (FN. 25), S. 31.

93 *Nguyen Quoc*, Droit international public (FN. 18), S. 413.

94 *Doehring*, Allgemeine Staatslehre (FN. 27), S. 37.

95 *Nguyen Quoc*, Droit international public (FN. 18), S. 413.

96 *Nguyen Quoc*, Droit international public (FN. 18), S. 413. Aus dieser tatsächlichen Handlungsfähigkeit ergibt sich die Anerkennung als Regierung. Dazu ebenda, S. 414 ff. Die

Sicherheitsschutz im Inneren und die Erfüllung internationaler Verpflichtungen. Die neuere Entwicklung führt jedoch zur Relativierung der Gleichgültigkeit des Rechts gegenüber der Regierungsform. Die Betonung des obligatorischen Charakters des Schutzes der Menschenrechte schließt eine bestimmte Organisation der Beziehungen zwischen Regierenden und Regierten ein und prägt damit die Organisation bzw. die Ausübung der Macht auf innerer Ebene[97].

Die Regierungsstruktur der europäischen Gemeinschaft deutet auf das langsame Auftauchen eines autonomen europäischen Regierungssystems hin[98]. Dieses Auftauchen ist nicht die Folge einer feierlichen Erklärung im Rahmen eines Gründungspakts, sondern das Ergebnis einer „allmählichen Vertiefung" („approfondissement progressif"[99]) auf Grund des Rechts der Gemeinschaftsverträge und des abgeleiteten europäischen Rechts. Die Regierungsfunktion der Europäischen Union ist aufgeteilt und zersplittert („partagée et fractionnée"[100]) zwischen dem Rat der Europäischen Union, der europäischen Kommission und dem Europäischen Parlament. Der Rat besteht seit 1992 aus je einem Vertreter jedes Mitgliedstaates auf Ministerebene, der befugt ist, für die Regierung des Mitgliedstaats verbindlich zu handeln[101].

Funktionell kann die Europäische Union also nicht als eine Gruppe zentraler Institutionen bezeichnet werden, welche das Monopol der legitimen Herrschaft haben, sondern als eine Gruppe gemeinschaftlicher und zwischenstaatlicher Institutionen, denen die Initiative einer legitimen Koordinierung der öffentlichen Politiken auf ihrem Territorium zukommt[102]. Sie ist die öffentliche Instanz, unter deren Ägide die Mitgliedstaaten zwar ihre Souveränitätsfunktion ausüben, jedoch unter der Bedingung, dass diese Ausübung zwischen ihnen abgestimmt wird. Was die Europäische Kommission angeht, so kann sie als solche nicht als Regierung bezeichnet werden, da sie vor dem Europäischen Parlament politisch nicht verantwortlich ist.

---

politischen und rechtlichen Folgen der Annerkennung als Regierung ergeben sich auf der Ebene der internationalen Vertretung bzw. Verantwortung des Staates.

97 Ferner dazu *Morin, Jacques-Yvan*, Institution internationale et droits de l'homme: vers de nouvelles exigences de légitimité de l'Etat, in: L'Etat souverain à l'aube du XXIème siècle, Colloque de Nancy, S. F. D. I., Paris 1993, S. 233-300 (292 ff.).

98 *Croisat / Quermonne*, L'Europe et le fédéralisme, 2. Aufl., Paris 1999, S. 88.

99 *Croisat / Quermonne*, L'Europe et le fédéralisme (FN. 98), S. 88.

100 *Croisat / Quermonne*, L'Europe et le fédéralisme (FN. 98), S. 105.

101 Art. 203 EGV.

102 *Ferry*, La question (FN. 45), S. 11: „ensemble d'institutions communautaires et intergouvernementales auxquelles revient l'initiative d'une coordination légitime des politiques publiques sur son territoire".

Die terminologische Entwicklung ist aber interessant, da die französischen Europarechtler von einer gemeinschaftlichen „gouvernance“[103] in Bezug auf die Tätigkeit der Kommission, des Rats und des Europäischen Parlaments sprechen. Der Ausdruck „gouvernance“ ist hier in dem Sinne zu verstehen, dass die „puissance publique“ mit Handlungsverfahren klarkommen soll, die parallel zu Hoheitsverfahren laufen und die auf die Methode der Programmierung, der Abstimmung und der Abwertung hinweisen. Die Effizienz ihrer Tätigkeit ist nämlich davon abhängig, dass unaufhörlich mit einer Vielzahl von Partnern verhandelt wird[104]

Der Niedergang der klassischen Auffassung des souveränen Staates[105], führt zu einer neuen Form der „intergouvernementalité“[106], wobei es fraglich ist, ob dies eine neue Form des Föderalismus darstellt[107], eine Art „fédéralisme coopératif sans Etat“[108] (kooperativer Föderalismus ohne Staat). Der Föderalismus wird in diesem Sinne als Struktur und Prozess zugleich betrachtet[109], eine Auffassung, die auf der Feststellung des „enchevêtrement institutionnel“ (institutionelle Verwicklung) der politischen und verwaltungsrechtlichen Exekutive der Mitgliedstaaten und der Europäischen Union beruht. Dabei kommt den Exekutiven beider Ebenen eine überwiegende strategische Rolle im gemeinschaftsrechtlichen Entscheidungsverfahren zu[110]. Die Auffassung des Föderalismus als „mode de

---

[103] Vgl. insbes. *Croisat / Quermonne*, L'Europe et le fédéralisme (FN. 98), S. 107 ff.: „Un fédéralisme en quête de gouvernance au sommet“. Ferner *Dutheil de la Rochère*, Quelques réflexions à propos du livre blanc de la Commission „Gouvernance européenne“, in: R. M. C. (2002), Nr. 454, S. 10-15 (12).

[104] Vgl. *Leca*, La gouvernance sous la Ve République, in: Arcy / Roubon (Dir.), De la Ve République à l'Europe, Hommage à Jean-Louis Quermonne, Paris 1996 S. 361: „ (…) la puissance publique doit composer avec des modes d'action qui, à côté des procédés régaliens, participent davantage des pratiques de la programmation, de la concertation et de l'évaluation, dans la mesure où son intervention ne s'avère efficace qu'à condition de sans cesse négocier avec de multiples partenaires“.

[105] *Kastoryanu* (Dir.), Quelle identité pour l'Europe?, Paris 1988.

[106] *Abélès*, En attente d'Europe, débat avec Jean-Louis Bourlanges, Paris 1996, S. 12.

[107] Ebenda, S. 12: „A-t-on à faire à une forme sophistiquée d'intergouvernementalité (ou) voit-on se dégager à travers la méthode communautaire une nouvelle variante du fédéralisme?“ Zum „fédéralisme intergouvernemental“ vgl. *Croisat / Quermonne*, L'Europe et le fédéralisme (FN. 98), S. 10, 59 ff., 87, 88 ff., 104, 119, 145.

[108] *Mény / Muller / Quermonne*, Politiques publiques en Europe. Actes du colloque de l'Association française de Science Politique, 23-24 Mars 1994, Collection „Logiques politiques“, Bd. 24, Paris 1995, S. 345.

[109] *Croisat / Quermonne*, L'Europe et le fédéralisme (FN. 98), S. 84.

[110] Vgl. ebenda, S. 119: „L'idée même de fédéralisme intergouvernemental, et la pratique qu'elle exprime, se fondement en effet sur l'observation de l'enchevêtrement institutionnel des exécutifs politiques et administratifs des Etats membres et des organes de l'Union qui confère aux exécutifs des deux niveaux une position stratégique prépondérante dans le processus de décision“.

gouvernement"[111] (Regierungsmethode) stützt sich auf einen gewissen Pragmatismus[112] und wird als „méthode communautaire" (Gemeinschaftsmethode) identifiziert[113]. Diese „méthode communautaire" besteht in einem unaufhörlichen Dialog zwischen einem europäischen Organismus einerseits, der dafür verantwortlich ist, Lösungen zu gemeinsamen Problemen vorzuschlagen, und nationalen Regierungen andererseits, die nationale Gesichtspunkte ausdrücken[114]. Insofern wird auch von einer „communauté administrative en réseau" gesprochen[115]. Ferner führt die Tatsache, dass die Europäische Kommission und der Rat „deux exécutifs asymétriques"[116] (zwei unsymetrische Exekutiven) darstellen, zur Feststellung, dass es sich nicht um eine richtige Regierung im staatlichen Sinne handeln kann.

Die Europäische Gemeinschaft verfügt zwar über ein Parlament, einen effizienten Gerichtshof und seit dem 1. Januar 1999 über eine mächtige Zentralbank. Dennoch führt die Rollenverzettelung zwischen dem Europarat, den verschiedenen Arbeitsgruppen („formations") des Unionsrats und dem Initiativrecht der Kommission im europäischen Gesetzgebungsverfahren dazu, dass die Europäische Gemeinschaft über keine richtige Exekutive verfügt[117]. Dazu kommt, dass die Europäische Kommission, das Europäische Parlament und der Europäische Gerichtshof immer noch vom Willen, vom Einfluß und von der Unterstützung der nationalen Regierungen abhängen. Fraglich ist ferner, ob die ursprünglich für sechs Staaten institutionalisierte „méthode communautaire" eine

111 *Scelle*, Fédéralisme et travaillisme, in: Le Monde vom 18.-19.-20. Juni 1950. Nach dem Autor ist der Föderalismus „ni un credo, ni une panacée, mais un mode de gouvernement pour faire prévaloir l'intérêt général des éléments fédéralistes sur l'exclusivisme de leurs intérêts particuliers, par un abattement de leurs compétences souveraines"; *Croisat / Quermonne*, L'Europe et le fédéralisme (FN. 98), S. 142.

112 *Brugmans / Duclos*, Le fédéralisme contemporain. Critères, Institutions, Perspectives, Leyde 1963, S. 18 f. Für die Autoren ist der Föderalismus „pragmatisme et variations". Vgl. mit der Auffassung *Monnets* eines „fédéralisme fonctionnel". In diesem Sinne auch die Idee der Europäischen Gemeinschaft als „Etat régulateur" im Sinne von Majone, La Communauté européenne: un Etat régulateur, Paris 1996. Ebenfalls die Idee der „gouvernance" européenne, *Croisat / Quermonne*, L'Europe et le fédéralisme (FN. 98), S. 60, 65.

113 Vgl. *Croisat / Quermonne*, L'Europe et le fédéralisme (FN. 98), S. 104.

114 *Monnet*, Mémoires, Paris 1983, S. 517: „Après une période de tâtonnements (...) un dialogue permanent entre un organisme européen responsable de proposer des solutions aux problèmes communs et les gouvernements nationaux qui expriment les points de vue nationaux. Cette méthode est tout à fait nouvelle. Elle ne comporte pas de gouvernement central. Mais elle aboutit à des discussions communautaires au sein du conseil des ministres, notamment parce que la proposition de solutions aux difficultés communes par l'organisme européen indépendant permet d'écarter valablement l'obligation d'unanimité. Le Parlement et la Cour de justice soulignent le caractère communautaire de cet ensemble. Cette méthode est le véritable „fédérateur" de l'Europe".

115 *Oberdorff*, Les institutions administratives, Paris 1998, S. 197 ff.

116 *Croisat / Quermonne*, L'Europe et le fédéralisme (FN. 98), S. 100 f.

117 Vgl. ebenda, S. 107, 114 ff.

Erweiterung auf 30 Mitgliedstaaten ertragen kann[118]. Solange die Europäische Union über keine richtige Regierung verfügt, kann sie auch nicht als Föderation im klassischen Sinne betrachtet werden[119].

II. Subjektive Kriterien europäischer Staatlichkeit

Auch nichtstaatliche Verbände und internationale Organisationen können sowohl über die Rechtspersönlichkeit als auch über eine Bevölkerung, ein Territorium und eine Regierung verfügen[120]. Als subjektive Kriterien der Staatlichkeit kommen die Rechtspersönlichkeit[121] und vor allem die Souveränität in Frage[122]. Im Hinblick auf den staatsähnlichen Charakter der Europäischen Gemeinschaft bzw. der Europäischen Union sind diese zwei Aspekte umstritten.

1. Rechtspersönlichkeit

An dieser Stelle muss zwischen der Europäischen Gemeinschaft, welche über eine ausdrückliche internationale Rechtspersönlichkeit verfügt, und der Europäischen Union, deren internationale Rechtspersönlichkeit umstritten ist, unterschieden werden. Die drei Europäischen Gemeinschaften sind durch das Abkommen über die gemeinsame Organe für die Europäischen Gemeinschaften vom 25. März 1957[123] und durch den Vertrag zur Einsetzung eines gemeinsamen Rates und einer gemeinsamen Kommission der Europäischen Gemeinschaften vom 8. April 1965[124] in ihren Organen vereinheitlicht worden[125]. Umstritten ist aber, ob aus dem zusammengesetzten[126] Charakter der Europäischen Union geschlossen werden kann, dass der Europäischen Union selbst Rechtspersönlichkeit zuerkannt werden kann.

---

118 Vgl. ebenda, S. 105.

119 Vgl. ebenda, S. 107, 108.

120 *Chaumont*, Recherche du contenu irréductible du concept de souveraineté internationale de l'Etat, in: Hommage d'une génération de juristes au Président Basdevant, Paris 1960, S. 114-151 (131).

121 *Capitant* (Dir.), Vocabulaire juridique, Paris 1930, „Etat", S. 236 f.: „groupement d'individus fixé sur un territoire déterminé et soumis à l'autorité d'un même gouvernement, auquel les juristes, le plus souvent, attribuent la personnalité juridique".

122 Dazu z. B. *Zoller*, Droit constitutionnel, Paris 1998, S. 22-25.

123 BGBl. II S. 1156.

124 BGBl. II S. 1454.

125 Die Regelungen über die gemeinsamen Organe finden sich in Art. 4 EUV und Art. 189 bis 248 EGV.

126 *Chaltiel*, La souveraineté de l'Etat (FN. 3), S. 6: „L'Union englobe, approfondit et complète la Communauté"; vgl. im deutschen Schrifttum, *Bogdandy / Nettesheim*, Die Verschmelzung der Europäischen Gemeinschaften in der Europäischen Union, in: NJW 1995, Heft 36, S. 2324-2328; contra *Pechstein / Koenig*, Die Europäische Union, 3. Aufl., Tübingen 2000, S. 9 ff.

a. Die internationale Rechtspersönlichkeit der Europäischen Gemeinschaft

Die Gründungsverträge über die Europäischen Gemeinschaften haben jeder der drei Gemeinschaften (EG, EGKS, EURATOM) der Rechtspersönlichkeit zugesprochen[127]. Diese lakonische Formulierung[128] bestimmt aber nicht, um welche Rechtspersönlichkeit es sich handelt, da die Lehre zwischen der inneren und der äußeren Rechtspersönlichkeit einer internationalen Organisation unterscheidet[129], je nach dem, ob die Rechtsfähigkeit der internationalen Organisation in der Rechtsordnung der Mitgliedstaaten oder in der internationalen Rechtsordnung anerkannt werden soll.

Die Europäische Gemeinschaft besitzt Rechtspersönlichkeit sowie „in jedem Mitgliedstaat die weitestgehende Rechts- und Geschäftsfähigkeit, die juristischen Personen nach dessen Rechtsvorschriften zuerkannt ist (...)“[130]. Zwar betreffen diese Artikel lediglich die innere Rechtspersönlichkeit der Gemeinschaft, es wird aber davon ausgegangen, dass die Anerkennung der internationalen Rechtspersönlichkeit in den Verträgen implizit enthalten ist[131]. Diese Auffassung wurde vom Europäischen Gerichtshof bestätigt. Dem Gericht nach umfasst die Anerkennung der – inneren – Rechtspersönlichkeit die internationale Rechtspersönlichkeit[132]. Die Anerkennung dieser internationalen Rechtspersönlichkeit kann dann als Indiz einer äußeren Souveränität der Gemeinschaft betrachtet werden[133]. Wie andere politische Einheiten[134] verfügt die Gemeinschaft über einige Attribute der internationalen Rechtspersönlichkeit, wie das aktive und passive Gesandtschaftsrecht oder das Recht, internationale Abkommen zu schließen[135], besonders im Bereich der Handelspolitik.

---

[127] Art. 281 EGV; vgl. Art. 6 Abs. 1 EGKS; Art. 184 EURATOM.

[128] Vgl. *Boulouis*, Le droit des Communautés dans ses rapports avec le droit international général, in: R. C. A. D. I. 1992, Bd. 235, S. 9-79 (51).

[129] Siehe *Dupuy*, Droit international public (FN. 25), S. 160 ff., 166 ff.

[130] Art. 282 EGV setzt fort: „(...) sie kann insbesondere bewegliches und unbewegliches Vermögen erwerben und veräußern sowie vor Gericht stehen. Zu diesem Zweck wird sie von der Kommission vertreten“.

[131] *Chaltiel*, La souveraineté de l'Etat (FN. 3), S. 349.

[132] EuGH vom 31. März 1971, Rs. 22/70 – Kommission der Europäischen Gemeinschaften gegen Rat der Europäischen Gemeinschaften („Europäisches Übereinkommen über Straßenverkehr“), Slg. 1971-XVII, S. 263 ff. Rn. 13/14.

[133] *Chaltiel*, La souveraineté de l'Etat (FN. 3), S. 349: „En termes génériques (...) il pourrait s'agir d'une forme de „souveraineté de l'Etat“ de la Communauté, autre face de son ébauche de „souveraineté nationale que sous-tend sa puissance interne“.

[134] Ebenda. *Chaltiel* spricht von einer „entité politique à part entière“, lehnt aber die Staatlichkeit ab.

[135] Dazu die dynamische Rechtsprechung des EuGH: EuGH vom 31. März 1971, Rs. 22/70 – Kommission der Europäischen Gemeinschaften gegen Rat der Europäischen Gemeinschaften („Europäisches Übereinkommen über Straßenverkehr“), Slg. 1971-XVII, S. 263 ff.; EuGH vom 14. Juli 1976, verbundene Rs. Nr. 3, 4 und 6/76 – Cornelis Kramer und andere (Ersuchen

b. Die internationale Rechtspersönlichkeit der Europäischen Union

Statt der Europäischen Union die Rechtspersönlichkeit – wie es bei der Europäischen Gemeinschaft der Fall ist – ausdrücklich zuzusprechen, enthält der Vertrag von Maastricht keine Vorschriften zur Rechtspersönlichkeit der Europäischen Union[136]. Auf internationaler Ebene ist der Mangel einer ausdrücklichen Erwähnung der Rechtspersönlichkeit einer internationalen Organisation nicht als ihre Verneinung zu verstehen. Im Gegenteil wird davon ausgegangen, dass die Gründung einer internationalen Organisation die Anerkennung ihrer Rechtspersönlichkeit nach sich zieht[137]. Bei der Frage, ob der Union eine implizite Rechtspersönlichkeit zuerkannt werden soll, sind sich aber die Autoren nicht einig[138]. Andere sprechen von einer „personnalité embryonnaire"[139] der europäischen Union.

Die Vorschriften über die Unionsbürgerschaft verweisen eindeutig auf dem Willen der Mitgliedstaaten, der Europäischen Union keine Rechtspersönlichkeit zuzuerkennen. So genießt jeder Unionsbürger „im Hoheitsgebiet eines dritten

um Vorabentscheidung, vorgelegt von den Arrondissementsrechtbanken Zwolle und Alkmaar) „Biologische Schätze des Meeres"; EuGH, Gutachten Nr. 1/76 vom 26. April 1977 – Gutachten erstattet aufgrund von Artikel 228 Absatz 1 Unterabsatz 2 des EWG-Vertrags, „Entwurf zu einem Übereinkommen über die Errichtung eines europäischen Stillegungsfonds für die binnenschiffahrt", Slg. 1977-I, S. 741 ff.; EUGH, Gutachten Nr. 1/94 vom 15. November 1994 – Gutachten, abgegeben gemäß Artikel 228 Absatz 6 EG-Vertrag, „Zuständigkeit der Gemeinschaft für den Abschluß völkerrechtlicher Abkommen auf dem Gebiet der Dienstleistungen und des Schutzes des geistigen Eigentums – Verfahren des Artikels 228 Absatz 6 EG-Vertrag", Slg. 1994-11/12, Teil 1, S. 5267 ff.; EuGH, Gutachten Nr. 1/91 vom 14. Dezember 1991 – Gutachten, erstattet auf der Grundlage von Artikel 228 Absatz 1 Unterabsatz 2 EWG-Vertrag, „Entwurf eines Abkommens zwischen der Gemeinschaft einerseits und den Ländern der Europäischen Freihandelsassoziation andererseits über die Schaffung des Europäischen Wirtschaftsraums", Slg. 1991-10, Teil 1, S. 6079 ff.; EuGH vom 27. Oktober 1992, Rs. C-240/90 – „Bundesrepublik Deutschland gegen Kommission der Europäischen Gemeinschaften", Slg. 1992-8, Teil 1, S. 5383 ff.; EuGH, Gutachten Nr. 2/91 vom 19. März 1993 – Gutachten nach Artikel 228 Absatz 1 Unterabsatz 2 EWG-Vertrag, „Übereinkommen Nr. 170 der Internationalen Arbeitsorganisation über Sicherheit bei der Verwendung chemischer Stoffe bei der Arbeit", Slg. 1993-3, Teil 1, S. 1061 ff.

[136] Interessant dazu *Pliakos*, La nature juridique de l'Union européenne (FN. 36), S. 211 ff.

[137] So *Nguyen Quoc*, Droit international public (FN. 18), S. 569, wo die Autoren den Ausnahme-Charakter der ausdrücklichen Feststellung der Rechtspersönlichkeit einer bestimmten internationalen Organisation betonen, wobei in dieser Hinsicht die Besonderheit des Art. 6 EGKS-Vertrags hervorzuheben ist.

[138] Dafür *Charpentier*, Quelques réflexions sur la personnalité juridique des organisations internationales, in: Mélanges Schwob, Bruxelles 1998, S. 3 ff.; *Constantinesco*, Les noms de l'Europe (Des Communautés européennes à l'Union européenne), in: Mélanges Schwob, Bruxelles 1998, S. 309 ff. Der Autor argumentiert zugunsten der Rechtspersönlichkeit der Union, betont aber, dass es unmöglich ist, mit Sicherheit zu entscheiden. Dagegen *Delpérée*, Le fédéralisme en Europe, Paris 1997, S. 78.

[139] *Rideau*, Droit institutionnel (FN. 72), S. 229.

Landes, in dem der Mitgliedstaat, dessen Staatsangehörigkeit er besitzt, nicht vertreten ist, den diplomatischen und konsularischen Schutz eines jeden Mitgliedstaats unter denselben Bedingungen wie Staatsangehörige dieses Staates"[140]. Der Verbleib der Interessenvertretung der Unionsbürger in der Verantwortung der Mitgliedstaaten verweist auf die Nichtanerkennung der Rechtspersönlichkeit der Europäischen Union[141].

Ähnliches gilt z. B. im Hinblick auf das koordiniertes Auftreten der Mitgliedstaaten auf internationaler Ebene, wobei es nach Art. 19 EUV[142] der Verantwortung der Mitgliedstaaten unterliegt, in internationalen Organisationen und auf internationalen Konferenzen für die gemeinsamen Standpunkte im Bereich der Außen- und Sicherheitspolitik einzutreten.

Unklarer ist Art. 24. EUV[143], der vorsieht, dass der Rat Übereinkünfte zur Durchführung der Gemeinsamen Außen- und Sicherheitspolitik mit einem oder mehreren Staaten oder mit internationalen Organisationen einstimmig beschließen kann. Zugunsten einer Rechtspersönlichkeit der Union könnte auch Art. 2 EUV[144] ausgelegt werden, der der Europäischen Union die „Behauptung ihrer Identität auf internationaler Ebene" zum Ziel setzt, wobei er die andeutungsvolle Formel der Präambel ergänzt, welche die „Unabhängigkeit" der Union erwähnt, es sei denn, man betrachtet solche Formulierungen als „voeux pieux"[145] ohne juristische Bedeutung.

In der Tat kann man sich fragen, wie die Union ohne Rechtspersönlichkeit ihre Identität[146] auf internationaler Ebene behaupten kann. Zur selben Logik gehören ferner die Institutionalisierung eines „Hohen Vertreters für die gemeinsame Außen- und Sicherheitspolitik"[147] sowie die vom Art. 3 EUV betonte Kohärenz der Außenpolitik im Rahmen der Gemeinschaft bzw. der Union und ferner Art. 301 EGV, der Wirtschaftssanktionen durch die Gemeinschaft auf Grund einer GASP-Aktion festsetzt. Nach Art. 18 EUV vertritt der Vorsitz des Rates die Union in Angelegenheiten der Gemeinsamen Außen- und Sicherheitspolitik bzw.

---

140 Art. 8 C EGV in der Fassung von Maastricht (heute Art. 20 EGV).

141 Dazu *Pliakos*, La nature juridique de l'Union européenne (FN. 36), S. 212.

142 Art. J. 9 EUV in der Fassung von Maastricht.

143 Art. J 14 EUV in der Fassung von Maastricht.

144 Art. B EUV in der Fassung von Maastricht.

145 *Pliakos*, La nature juridique de l'Union Européenne (FN. 36), S. 213.

146 Zum Problem der europäischen Identität allgemein *Bitsch* (Dir.), Institutions européennes et identités européennes, Bruxelles 1998; ferner aus deutscher Sicht *Pfetsch*, Die Problematik der europäischen Identität, in: Aus Politik und Zeitgeschichte, B. 25 / 26 (1998), S. 3-9 (4 ff.), wo der Autor auf die multiplen Dimensionen des Identitätsbegriffs hinweist; *ders.*, Europa eine Seele geben. Elemente einer gemeinsamen kulturellen Identität, in: Internationale Politik, August 2000, Nr. 8, S. 45-52; *Haltern*, Europäischer Kulturkampf. Zur Wahrung „nationaler Identität" im Unions-Vertrag, in: Der Staat, 37 (1998), Heft 4, S. 591-623.

147 Art. 207 Abs. 2 EGV.

ist für die Durchführung der in diesem Rahmen getroffenen Beschlüsse verantwortlich. In diesem Zusammenhang legt er den Standpunkt der Union in internationalen Organisationen und auf internationalen Konferenzen fest. Infolgedessen sind einige Autoren der Auffassung, dass die Tätigkeit der Union durch die Rechtspersönlichkeit der Gemeinschaft ausgeübt werden kann[148].

Ohne Rechtspersönlichkeit kann die Europäische Union nicht als internationale Organisation anerkannt werden[149].

2. Die Frage der europäischen „Souveränität"

Dem Europäischen Gerichtshof zufolge sind die Mitgliedstaaten übereingekommen, „eine Gemeinschaft für unbegrenzte Zeit mit ständigen Organen zu gründen, die über echte, aus der Beschränkung der Zuständigkeit der Mitgliedstaaten oder der Übertragung von Hoheitsrechten auf diese Gemeinschaft herrührende Hoheitsrechte verfügen. Nur durch eine ausdrückliche Vorschrift des Vertrages können daher die so übertragenen Aufgaben der Gemeinschaft wieder entzogen werden und die Materien, die ihr Gegenstand sind, in den alleinigen Zuständigkeitsbereich der Mitgliedstaaten zurückfallen"[150].

Der Vertrag über die Europäische Union hat im französischen Schrifttum nicht nur das Thema nationale Souveränität neu erweckt[151], sondern auch die Frage einer möglichen „Unionssouveränität" aufgeworfen[152]. Das französische Souveränitätsverständnis als Monopol des politischen Befehls und der legitimen Gewalt auf einem bestimmten Gebiet, gekoppelt mit der Vermutung, die Souveränität könne dem Staat allein zugebilligt werden, erlaubt auf den ersten Blick eine einfache Beantwortung der europäischen Souveränitätsfrage: Da die Europäische Union noch kein Staat ist, sondern immer noch eine internationale Organisation, kann sie nicht souverän sein, und es besteht daher kein Konflikt zwischen der Souveränität der Mitgliedstaaten und einer theoretischen europäischen suprana-

---

[148] *Rideau*, Droit institutionnel (FN. 72), S. 230; siehe auch *Simon*, Le système juridique communautaire, 2. Aufl., Paris 1998, S. 67.

[149] *Pliakos*, La nature juridique de l'Union européenne (FN. 36), S. 213 ff., 215. Dem Autor nach weist die Europäische Union auf konföderale Züge hin.

[150] EuGH vom 14. Dezember 1971, Rs. 7/71 – Kommission der Europäischen Gemeinschaften gegen Französische Republik, Slg. 1971, Bd. 17, S. 1003 ff., S. 1018 Rn. 18/20.

[151] Aus dem Fragebogen „sortie des urnes", der vom Institut B. V. A. für die Zeitung Libération und den Fernsehsender France 2 realisiert wurde, ergibt sich, dass die Befürchtung eines Souveränitätsverlustes Frankreichs der meist zitierte Grund (57 %) von den Bürgern war, die mit „nein" über den Vertrag von Maastricht abgestimmt haben, dazu Libération vom 22. September 1992.

[152] *Chaltiel*, La souveraineté de l'Etat (FN. 3).

tionalen Souveränität[153]. Der Ausdruck „Puissance *étatique*" bezieht sich wie „*Staats*gewalt" auf den Staat, so dass diese Begriffe schwer in Bezug auf die Europäische Union anwendbar sind, da diese keinen „Staat" im klassischen Sinne" darstellt.

Im französischen Schrifttum wird überwiegend die Meinung geäußert, die Originalität des Gemeinschaftssystems im Hinblick auf die Souveränität bestehe darin, den Rahmen zu bieten, in dem die Mitgliedstaaten gewisse Souveränitätsattribute gemeinsam ausüben[154]. Da die Europäische Union dennoch mehr als ein „Rahmen" oder ein „Raum" ist, sind die französischen Autoren gezwungen, die entstandene Unionsgewalt zu bezeichnen. Die auf nationaler Ebene schon erwähnte Sprachkonstellation kann angesichts der Union wieder zum Ausdruck kommen. Statt von Souveränität wird in diesem Sinne z. B. von „capacité européenne"[155] gesprochen, als von einer Entscheidungsebene, die über derjenigen der nationalen Souveränitäten stehe. Fraglich ist, ob die „capacité" als Quelle der Legitimität[156] betrachtet werden kann. Ferner wird immer wieder das Auftauchen einer „puissance"[157] der Europäischen Union betont, ohne dass klar wird, ob von einer Gewalt oder von Staatsgewalt im deutschen Sinne die Rede ist. Die größte Schwierigkeit der europäischen Integration liegt in der Ungewissheit über die Einheit, die Trägerin der allgemeinen Souveränität ist[158]. Versteht man aber die Souveränität als Monopol der Rechtserzeugung, ist letztendlich gleichgültig, in welchem Rahmen sie sich verwirklichen lässt. Die Idee einer inneren Unionsgewalt lässt sich in dieser Hinsicht durch ihre Fähigkeit definieren, einseitige Rechtsakte zu erzeugen bzw. durchzusetzen. Möglich wäre auch, die

---

153 Dazu die ständige Rechtsprechung des Verfassungsrates seit C. C. Nr. 76-71 DC vom 30. Dezember 1976, Rec. S. 15, Erwägung Nr. 4: „(...) l'élection au suffrage universel direct des représentants des peuples des Etats membres à l'Assemblée des communautés européennes n'a pour effet ni de créer une souveraineté ni des institutions dont la nature serait incompatible avec le respect de la souveraineté nationale". Ferner dazu z. B. *Berranger*, Constitutions nationales et construction communautaire. Essai d'approche comparative sur certains aspects constitutionnels nationaux de l'intégration européenne, Bibliothèque de droit public, Bd. 178, Paris 1995, S. 31.

154 *Boulouis*, Le sort des noyaux durs de la souveraineté nationale, in: Revue Administration, Nr. 149, 1990, S. 22 ff.

155 Vgl. *Delors*, Europe: Les embarras de la souveraineté, in: Politique Internationale, Nr. 41, 1988, S. 289-299 (297).

156 Das oft vorgeworfene demokratische Defizit auf europäischer Ebene beruht nicht auf ein Mangel an Demokratie wie dieser Ausdruck es denken lässt, sondern liegt an der dreifachen Legitmierungsquelle der institutionellen Struktur der Europäischen Gemeinschaft: die Legitimität der souveränen Staaten, die im Rat vertreten sind; das – durch die Europäische Kommission ausgedrückte – gemeinschaftsrechtliche Gemeinwohl und die Legitimität der – im Europäischen Parlament vertretenen – Völker der Mitgliedstaaten, *Dutheil de la Rochère*, Quelques réflexions (FN. 103), S. 10.

157 *Chaltiel*, La souveraineté de l'Etat (FN. 3), S. 325 ff.

158 Ebenda, S. 325, Fn. 2.

Souveränität der Mitgliedstaaten als „souveraineté source" und die Souveränität der Union als „souveraineté d'exercice" zu bezeichnen.

In den Gemeinschaftsverträgen wird aber nur von „Kompetenzen" geredet, wobei zwischen „Alltagskompetenzen" („compétences de quotidienneté"), welche den harten Kern der Souveränität nicht berühren, und den Souveränitätskompetenzen („compétences de souveraineté") unterschieden werden kann[159]. Andere Autoren verweisen am Beispiel des Bundesverfassungsgerichts[160] auf die mangelnde Kompetenz-Kompetenz der europäischen Gemeinschaft, so dass ihr keine europäische Souveränität zugesprochen werden könne[161].

III. Die europäische Supranationalität

Die Supranationalitätsfrage tauchte früh in den Debatten um die Gründung der Europäischen Gemeinschaft für Kohle und Stahl auf[162], da Art. 9 EGKS-Vertrag[163] ursprünglich das Wort „supranational" in den Vertrag einführte. Diese

---

159 Ebenda, S. 340 f. für die „compétences de quotidienneté", S. 342 für die „compétences de souveraineté".

160 Vor dem Bundesverfassungsgericht wurde gerügt, Art. F Abs. 3 EUV in der Fassung von Maastricht (Art. 6 Abs. 4 EUV in der Fassung von Amsterdam) in Verbindung mit Art. 235 EGV (heute Art. 308 EGV) räume der Union eine Kompetenz-Kompetenz ein, indem er sie ermächtige, sich jeweils die benötigten Kompetenzen und Befugnisse selbst zu schaffen, BVerfGE 89, 155 [173]. Dem Bundesverfassungsgericht nach ist aber die Bestimmung des Art. F Abs. 3 EUV als politisch-programmatisch anzusehen: die Mitgliedstaaten bekunden damit ihren Willen, die Union mit hinreichenden Mitteln auszustatten (BVerfGE 89, 155 [94]). Ferner verfügt nach Auffassung des Bundesverfassungsgerichts die Europäische Union über keine gesonderte Rechtspersönlichkeit, so dass sie kein Rechtssubjekt ist, das Träger eigener Kompetenzen sein soll (BVerfGE 89, 155 [195]). Das Bundesverfassungsgericht erwähnt ferner Art. M EUV (heute Art. 47 EUV), der eine implizite Änderung der vorhandenen Verträge durch den Unions-Vertrag ausschließt (BVerfGE 89, 155 [196]). Zur „faktischen" und „normativen" Kompetenz-Kompetenz der Europäischen Gemeinschaft siehe *Di Fabio*, Der neue Art. 23 des Grundgesetzes. Positivierung vollzogenen Verfassungswandels oder Verfassungsneuschöpfung?, in: Der Staat, Bd. 32, Heft 1 / 4, Berlin 1993, S. 191-217 (197); ferner *Koenig*, Ist die Europäische Union verfassungsfähig?, in: DÖV, Heft 7 (1998), S. 268-275 (272 f.)

161 *Luchaire*, Que devient la souveraineté nationale?, in: Maus / Passelecq (Dir.), Le traité d'Amsterdam face aux constitutions nationales, Actes du colloque international organisé le 10 décembre 1997, Les Cahiers constitutionnels de Paris I, 1998, S. 108-109: „ (...) bien des compétences de l'Etat [ont été] transférées à la Communauté [mais] le principe de la souveraineté nationale (...) subsiste. Il n'y a pas de souveraineté européenne. Il manque en effet à l'Union européenne un élément incontournable de la souveraineté; c'est la compétence de sa propre compétence. L'Union n'a que des attributions limitativement énumérées. La compétence de principe, c'est-à-dire la souveraineté, reste à l'Etat".

162 Ausführlich dazu *Chaltiel*, La souveraineté de l'Etat (FN. 3), S. 199 ff.

163 Art. 9 EGKSV in der Fassung vom 20. Mai 1951, in: Europa-Archiv 6/1851, S. 3987 ff. (3996): „(...) ils s'abstiennent de tout acte incompatible avec le caractère supranational de

Vertragsbestimmung wurde aber durch Art. 19 des Brüsseler Vertrags vom 8. April 1965, des sog. Fusionsvertrags, aufgehoben. Formell wurde das Wort „Supranationalität" weder im Vertrag zur Gründung der Wirtschaftsgemeinschaft, noch im Vertrag zur Gründung der Atomgemeinschaft 1957 übernommen[164], da das Wort eine Macht bezeichnete, die sich stillschweigend die Kompetenzen der Staaten aneignete, wodurch ihre Legitimität zweifelhaft war. Der Begriff der Supranationalität wurde als Symbol für eine rigide und zentralisierende europäische Integration verstanden, die die nationalen Individualitäten der Staaten nicht respektiert. Abgesehen davon wurde darauf hingewiesen, dass die Staaten den Souveränitätstitel behalten, so dass nicht von einer aufrichtig integrierten, supranationalen Gemeinschaft gesprochen werden könne[165].

Höchstens für einen Teil ihrer Aktivitäten gehört dann die Europäische Gemeinschaft zur Kategorie der supranationalen Organisationen[166]. Trotz alledem hat sich materiell[167] – durch institutionelle Änderungen – der supranationale Charakter der Europäischen Gemeinschaft bestätigt. Außerdem kommt der ursprüngliche föderale Zweck[168] der Europäischen Gemeinschaft immer dadurch zum Ausdruck, dass die Übertragung der Souveränität der Mitgliedstaaten auf die Europäische Gemeinschaft als das Endziel des Integrationsprozesses zu sein scheint[169]. Mit dem Vertrag von Maastricht ist dennoch ein gewisses Zurückweichen zu erkennen[170], da das Wort „föderal" aus der ursprünglichen Vertragsfassung entfernt wurde, trotz des Wunsches des Europäischen Parlaments, den föderalen Charakter der zukünftigen Union im Vertragstext

leurs fonctions. Chaque Etat membre s'engage à respecter ce caractère supranational et à ne pas chercher à influencer les membres de la Haute-Autorité dans l'exécution de leur tâche". Dazu *Schweitzer*, Die Stellung der Luxemburger Vereinbarung im Europäischen Gemeinschaftsrecht, in: Burkei (Hrsg.), Rechtsfragen im Spektrum des Öffentlichen. Mainzer Festschrift für Hubert Armbruster, Berlin 1976, S. 75-94 (76).

164 *Lapie*, Les trois communautés, Paris 1960, S. 97: „Les négociateurs du traité du Marché commun ont eu à cœur de ne pas souligner le caractère supranational de la nouvelle institution communautaire. Ce mot avait fait trop de bruit et souvent trop de mal".

165 *Berranger*, Constitutions nationales (FN. 153), S. 27-28. Ferner aus geschichtlicher Perspektive *Zaorski*, L'obstacle supranational: Note à propos du conflit entre la souveraineté nationale et la supranationalité envisagé à travers l'exemple européen, in : Revue de droit prospectif (1977), Nr. 3 et 4 – spécial Europe, S. 75-78 (76 f.).

166 *Isaac*, Droit communautaire général, 7. Aufl., Paris 1999, S. 325, der auf Befugnisse der Europäischen Gemeinschaft hinweist, welche die territoriale Ausschließlichkeit der Staaten in Frage stellen.

167 *Chaltiel*, La souveraineté de l'Etat (FN. 3), S. 203 ff.

168 *Sabourin*, L'Europe (FN. 41), S. 250.

169 *Chaltiel*, La souveraineté de l'Etat (FN. 3), S. 227, 391, spricht schon in diesem Sinne von „Indizien" einer europäischen Souveränität.

170 Vgl. *Kinsky*, Echec du fédéralisme?, in: Europe en formation, Nr. 283 (1992), S. 19

einzutragen[171]. Schließlich bleibt es problematisch, den Begriff der Supranationalität zu definieren[172]. Einige Autoren erwähnen ein Indizienbündel („faisceau d'indices"), das die gemeinsamen Werte effektiver und autonomer Befugnisse darstellt[173].

Das Wort „supranationalité" wird oft mit dem Wort „intégration" gleichgesetzt[174], wobei unter „intégrationnisme" „tout ce qui tend à donner des pouvoirs autonomes à la Communauté, par opposition à la notion de coopération" verstanden werden kann[175]. Dieses Sprachproblem ändert aber nichts daran, dass die Europäische Union heute allgemein als eine „supranationale Organisation", ja sogar als „Supranationale Union"[176] verstanden wird.

Die Europäische Gemeinschaft nimmt immer mehr die Züge eines Staates bzw. eines Bundesstaates an[177], befindet sich aber bisher in einer Zwischenlage zwischen Staatenbund und Bundesstaat[178]. Dennoch wird die Frage, ob die Europäische Union über die staatlichen konstitutiven Elemente verfügt, die sie als Staat im klassischen Sinne erscheinen lassen könnten, in der französischen[179] wie

---

171 Der Europäische Parlament hat diesen Wunsch in seiner Resolution vom 7. April 1992 über die in Maastricht erlangten Ergebnisse wiederholt. Siehe auch *Genscher*, Une vocation fédérale pour l'Europe, in: Le Monde vom 15. Mai 1992.

172 *Boulouis*, Le sort des noyaux durs (FN. 154), S. 22.

173 So *Pescatore*, Le droit de l'intégration, l'émergence d'un phénomène nouveau dans les relations internationales selon l'expérience des Communautés européennes, I. U. H. E. I., Genève 1972, S. 48 ff.

174 *Chaltiel*, La souveraineté de l'Etat (FN. 3), S. 141 f.

175 *Reuter*, Organisations européennes, Paris 1970, S. 35 ff.; *ders.*, la C. E. C. A., Paris 1953, S. 138. Kritisch *Chaltiel*, La souveraineté de l'Etat (FN. 3), S. 142, 261, wo die Autorin von einem Euphemismus spricht, der dazu bestimmt ist, die Entstehung einer europäischen Souveränität nicht anerkennen zu müssen: „sorte d'euphémisme évitant de reconnaître l'émergence d'une souveraineté européenne".

176 *Schmitz*, Integration in der Supranationalen Union. Das europäische Organisationsmodell einer prozeßhaften geo-regionalen Integration und seine rechtlichen und staatstheoretischen Implikationen, Schriftenreihe Europäisches Recht, Politik und Wirtschaft, Bd. 245, Baden-Baden 2001.

177 *Soulier*, L'Europe fédérale et les Etats-Nations, Actualité de la question nationale, Etudes réunies par Cao-Huy Thuan, Publications de la Faculté de droit et des sciences politiques et sociales d'Amiens, 1980, S. 9-32, S. 21.

178 *Isaac*, Droit communautaire général (FN. 166), S. 324 ff.; *Gicquel / Hauriou*, Droit constitutionnel et institutions politiques, Paris 1985, S. 120 f.; vgl. *Croisat / Quermonne*, L'Europe et le fédéralisme (FN. 98), S. 61 ff. Immer noch finden sich Autoren, die die Europäische Gemeinschaft als eine „confédération" betrachten, so z. B. *Gicquel*, Droit constitutionnel (FN. 52), S. 66. Zur Notwendigkeit, sich vom herkömmlichen Vergleich der Europäischen Union mit einer Konföderation zu entfernen, *Chaltiel*, La souveraineté de l'Etat (FN. 3), S. 324.

179 *Leben*, A propos de la nature juridique des Communautés européennes, in: Droits, Nr. 14 (1991), S. 61-72 (62); *Delpérée*, Le fédéralisme (FN. 138), S. 4, 77; *Maritain*, L'Europe et l'idée fédérale, Textes inédits (1940), in: L'Europe et l'idée fédérale, Textes publiés par le

in der deutschen[180] Lehre überwiegend negativ beantwortet. Fraglich ist aber, welche Rechtsnatur dann der Europäischen Union zukommen soll. Hier sind auch die herkömmlichen Staats- und Souveränitätsbegriffe auf eine harte Probe gestellt.

B. Die Rechtsnatur der Europäischen Union: Versuch einer Bestimmung

Der Union kann keine Souveränität anerkannt werden, solange sie ein „non-être politique“[181] bzw. ein „objet politique non identifié“[182] bleibt. In Frankreich besteht bisher weder auf juristischer noch auf politischer Ebene Einigkeit darüber, wie die Europäische Union zu bezeichnen ist[183]. Die Erörterung der Frage nach der Rechtsnatur der Europäischen Union im französischen Schrifttum lässt die zwiespältige Einstellung Frankreichs gegenüber der Europäischen Integration zum Vorschein kommen. Diese zwiespältige Einstellung wurde insbesondere mit de Gaulles Vision einer „Union d'Etats“ ausgedrückt und findet sich wieder in der Idee einer „Fédération d'Etats-nations“, die von *Delors* vorgeschlagen wurde und seitdem vom französischen politischen und juristischen Schrifttum als Pendant zum deutschen Begriff des „Staatenverbunds“ übernommen wurde. Die

---

Cercle d'études Jacques et Raïssa Maritain, Paris 1993, S. 25, 57: keine Schaffung eines „super-Etat“.

180 Bis 1992 und der Unterzeichnung des Vertrags über die Europäische Union wurde in Deutschland die Europäische Gemeinschaft überwiegend als eine „internationale Organisation besonderer Prägung“ charakterisiert, *Wolf*, Die Revision des Grundgesetzes durch Maastricht, in: JZ, Heft 12, 1993, S. 594-601 (595, 600); vgl. BVerfGE 37, 271 [278 f.]; BVerfGE 75, 223 [242]., eine „zwischenstaatliche Einrichtung“ im Sinne des Art. 24 Abs. 1 GG, *Scholz*, Zu Art. 23 GG, in: Maunz / Dürig, Grundgesetz-Kommentar, Bd. 2, München 1996, S. 42-43, Rn. 14. Mit der Unterzeichnung des Vertrags von Maastricht wurde es klar, dass diese Beziehung der Europäischen Union nicht entsprach, der Union aber wurde im deutschen Schrifttum die Staatlichkeit abgesprochen, *Di Fabio*, Der neue Art. 23 des Grundgesetzes (FN. 160), S. 192 ff., 195: „Der Europäischen Gemeinschaft wird (...) immer noch die Staatlichkeit abgesprochen, weil sie nach außen kein selbständig handelndes staatliches Völkerrechtssubjekt sei und nach innen nicht über das Souveränitätsmerkmal der schrankenlosen Kompetenz-Kompetenz verfüge“. Auch das Bundesverfassungsgericht lehnte jegliche europäische Staatlichkeit ab, BVerfGE 89, 155 [181, 212].

181 *Bouvet*, La nouvelle crise de la conscience européenne: L'Europe politique entre nation et fédération, in: Notre Europe, France-Allemagne: le bond en avant, Paris, 1988, S. 130 ff.. Der Autor fügt hinzu, dass die Europäische Union lediglich die Nebeneinanderstellung der nationalen Souveränitäten ist, ohne dass sich daraus die Überlagerung einer europäischen Souveränität ergibt („juxtaposition des souverainetés nationales, sans qu'il y ait superposition d'une souveraineté européenne“).

182 Der damalige Vorsitzende der Europäischen Kommission, *Delors*, hat in diesem Sinne die Europäischen Gemeinschaften als „O. P. N. I.“ d. h. „objet politiquement non identifié“ (“unidentifiziertes politisches Objekt“) bezeichnet , zit. z. B. in: *Quermonne*, Le système politique de l'Union européenne. Des Communautés économiques à l'Union politique, 3. Aufl., Paris 1998, S. 8.

183 *Zorgbibe*, Les relations internationales, Paris 1975, S. 116 ff.

Schwierigkeit, die Europäische Union juristisch zu bestimmen, liegt aber grundsätzlich darin, dass die Europäische Union vor allem ein „dynamisches System“[184] ist, ein Prozess der Verwirklichung einer immer engeren Union der Völker Europas[185]. Dieser „*dynamische Prozeß*“[186] lässt sich schwer an die Begriffssprache des Staatsrechts, die an „*statischen Zuständen*“[187] orientiert ist, anpassen.

I. Prinzipielle Begriffslosigkeit

Die Schwierigkeit, Europa zu begreifen, liegt darin, dass nichts genügend zur Reife gebracht wurde, um als Vollendung umfasst bzw. begriffen werden zu können[188]. Die „prästaatliche“[189] Dimension des europäischen Aufbaus wurde in Frankreich lange ignoriert[190], da allein über die Organisation, die Kompetenzen und Befugnisse der europäischen Institutionen berichtet wurde, wobei der Staat allein unter dem Gesichtspunkt der normativen Verhältnisse zwischen Gemeinschaftsrecht und nationalem Recht betrachtet wurde[191]. Der „Mangel an Informationen“[192] führte in Frankreich zum paradoxen Ergebnis, dass der Föderalismus in Europa zwar schon als Realität anerkannt war, dennoch als solcher von der Wissenschaft bzw. von den Politikern und Bürgern kaum wahrgenommen wurde. Diese Lage hat sich mit der Unterzeichnung und Ratifizierung des Vertrags über die Europäische Union[193] radikal geändert. Von nun an wurde auch in Frankreich die Tatsache anerkannt, dass das Thema Staatlichkeit und Souveränität in der Europäischen Union sich nicht mehr vom Problem der Staatlichkeit und Souveränität der Europäischen Union selbst trennen

---

184 Dazu mit geschichtlichem Überblick, *Schuppert*, Zur Staatswerdung (FN. 10), S. 36 ff.

185 Präambel des EUV, Art. 1 Abs. 2 EUV; vgl. Präambel EGV.

186 *Schuppert*, Zur Staatswerdung (FN. 10), S. 53. Der Autor ist der Meinung, der europäischen Integration fehle eine „*Begriffssprache der Skalierung*“.

187 Ebenda.

188 Vgl. *Ferry*, La question (FN. 45), S. 13: „La difficulté de „penser l'Europe“ tient à ce que rien n'est venu suffisamment à maturité pour être saisi dans son achèvement, c'est-à-dire conçu“. Vgl. dazu Schmitz, Integration in der Supranationalen Union (FN. 176), S. 76 ff.

189 *Di Fabio*, Der neue Art. 23 des Grundgesetzes (FN. 160), S. 197.

190 Diese Feststellung gilt besonders für die 60er Jahre. In den 70er Jahren wurden die ersten Studien bzw. Analysen über den Platz und die Rolle der Staaten im europäischen Rechtssystem veröffentlicht. Aber erst Ende der 80er und im Laufe der 90er Jahre hat diese Bewegung an Bedeutung gewonnen.

191 *Rideau*, in: ders. (Dir.), Les Etats membres (FN. 38), S. 1.

192 *Soulier*, L'Europe fédérale (FN. 177), S. 9 ff.

193 Eine Chronologie der „bataille de Maastricht“ aus französischer Sicht liefert *Petot*, L'Europe, la France et son président, in: R. D. P. 109 (1993), 325-395 (372 ff.)

lässt[194]. Diese in Deutschland schon fortgeschrittene Diskussion ist dennoch in Frankreich bisher ohne vergleichbares Echo geblieben.

Der Semantik kommt in der Rechts- und Politikwissenschaft, wie überall, eine besondere Bedeutung zu[195]. Die zukünftige Rechtsform der Europäischen Union führt zu einer Entwertung der herkömmlichen juristischen Begrifflichkeiten[196]. Es handelt sich aber nicht darum, Begriffe abschaffen zu wollen, sondern ihre europäische Dimension wahrzunehmen, sie ans Licht der europäischen Integration zu heben. Fraglich ist, welche Funktion Begriffe wie „Staat", „Souveränität", „Nation" oder „Verfassung" im Hinblick auf die Europäische Union spielen. Problematisch ist zum Beispiel, ob sie die Realität der Europäischen Union schon erfassen. Der Mangel an Visionen bezüglich der europäischen Einigung[197] ist sehr lange zu spüren gewesen, so dass mit dem Qualitätssprung des Vertrags von Maastricht die Politiker und Juristen sich vor der dringenden Notwendigkeit befinden, neue Konzepte zu entwickeln, um die europäische Konstruktion zu bezeichnen und damit die wirtschaftliche und politische Realität Europas den Bürgern greifbarer zu machen.

1. Prinzipielle Begriffslosigkeit auf politischer Ebene

Die ursprüngliche Vision der Vereinigten Staaten Europas („Etats-Unis d'Europe") ist längst nicht mehr aktuell. Im französischen Schrifttum wird zwar häufig von einer „fédération en puissance"[198] gesprochen; damit wird aber nur auf den Föderalisierungsprozess hingewiesen. Im Gegensatz zu Deutschland, wo vor 1992 auch eine gewisse Sprachverwirrung im Hinblick auf die europäische Integration herrschte, hat Frankreich keine bundesstaatliche Erfahrung. Dies führt dazu, dass die bis heute in Frankreich auf politischer Ebene vertretenen Visionen über die zukünftige Rechtsform Europas als „Föderation" einige Unklarheiten aufweisen[199], die in mancher Hinsicht nicht ohne Ähnlichkeit mit den

194 Der Artikel von *Soulier*, L'Europe fédérale (FN. 177) erscheint in diesem Hinblick als Vorgänger, da der Autor schon 1980 die föderale Entwicklung der Europäischen Gemeinschaft zusammen mit den Verwandlungen des Etat-nation analysierte.

195 *Sabourin*, L'Europe (FN. 41), S. 242.

196 Allgemein dazu z. B. *Wolkowitsch*, La forme de l'Europe et la dilution des concepts juridiques traditionnels, in: Revue de droit prospectif (1977), Nr. 3 und 4 – spécial Europe, S. 90-92.

197 Vgl. *Soulier*, L'Europe fédérale (FN. 177), S. 22: „Il peut sembler paradoxal que ceux qui réclamaient si fort des Etats-Unis d'Europe avant que le fédéralisme ne soit devenu effectif, se taisent aujourd'hui où l'essentiel est fait".

198 *Leben*, A propos de la nature juridique (FN. 179), S. 61.

199 So z. B. *Briand*: „Je pense qu'entre les peuples (...) de l'Europe, il doit exister une sorte de lien fédéral (...) sans toucher à la souveraineté commune des nations", zit. in: *Gerbet*, La construction de l'Europe, 2. Aufl., Paris 1994, S. 35; auch in: *Soulier*, L'Europe: Histoire, Civilisation, Institutions, Paris 1994, S. 253. *Chaltiel*, La souveraineté de l'Etat (FN. 3), S. 151

französischen Debatten um die föderale oder einheitliche Form der Republik zur Zeit der Revolution sind[200]. Abgesehen davon kann grundsätzlich festgestellt werden, dass sich Frankreich seit dem Anfang der europäischen Integration zwiespaltig verhält, nämlich als Anhänger der Integration einerseits und als zäher Verteidiger seiner Souveränität andererseits[201].

a. Die „Etats-Unis d'Europe"

Die Wurzeln der europäischen Einigung reichen weit in die Geschichte zurück[202]. Die Idee Europas[203] wurde ab dem 17. Jahrhundert vor allem von Schriftstellern

spricht in dieser Hinsicht von einem französischen Paradoxon. Eine gewisse Sprachverwirrung im Hinblick auf die europäische Integration herrschte auch in Deutschland vor 1992: siehe z. B. die bei *Steiger*, Staatlichkeit und Überstaatlichkeit: Eine Untersuchung zur rechtlichen und politischen Stellung der Europäischen Gemeinschaften. Schriften zum öffentlichen Recht, Bd. 31, Berlin 1966, S. 55, Fn. 8, genannten Autoren.

200 Dazu Teil 1.

201 *Chaltiel*, La souveraineté de l'Etat (FN. 3), S. 11 ff., 12: „C'est en France que la contradiction est la plus évidente: l'Etat, en vertu même de sa souveraineté a été à la fois un ardent promoteur d'une Europe unie et un défenseur jaloux de sa souveraineté. C'est cette sorte de schizophrénie politico-juridique qui explique que l'Union européenne est une réalité juridique à la fois attractive et répulsive pour la souveraineté de l'Etat".

202 Die Wurzeln der Europaidee sind schon im Humanismus der griechisch-römischen Kultur und im Christentum zu finden. *Loth*, Der Weg nach Europa. Geschichte der europäischen Integration 1939-1957, 2. Aufl., Kleine Vandenhoeck-Reihe 1551, Göttingen 1991, S. 9: „Pläne zu europäischer Einigung hat es seit dem Beginn moderner Staatenbildung in Europa gegeben. Sehnsucht nach der verlorenen Einheit der Christenheit, universalistisches Harmoniestreben und häufig auch imperiale Ambitionen führten immer wieder zur Entwicklung von Konzeptionen zur Überwindung der zwischenstaatlichen Anarchie in Europa"; Zur Geschichte der europäischen Idee, 1990; *Rougemont*, Vingt huit siècles d'Europe, d'Hésiode à nos jours, 2. Aufl., Paris 1990; *Carbonell*, Une histoire *européenne* de l'Europe, 2 Bde., Bd. 1: Mythes et fondements (Des origines au XVe siècle), Bd. 2: D'une renaissance à l'autre? (XVe-XXe siècle), Toulouse 1999. Zur Geschichte der europäischen Integration, z. B. *Zorgbibe*, Histoire de la construction européenne, 2. Aufl., Paris 1997; *Bitsch*, Histoire de la construction européenne de 1945 à nos jours, Bruxelles 1999; *Teyssier / Baudier*, La construction de l'Europe, Paris 2000. Zur Verknüpfung bzw. zum Spannungsverhältnis zwischen der Befestigung der Idee Europas und der Entstehung bzw. Festigung der Souveränität der Staaten *Chaltiel*, La souveraineté de l'Etat (FN. 3), S. 109 ff.

203 *Bleckmann*, Europarecht. Das Recht der Europäischen Union und der Europäischen Gemeinschaften, 6. Aufl., Köln u. a. 1997, S. 2. Der europäische Gedanke war ursprünglich mit Friedenssorgen, die selbst mit politischen bzw. geographischen Machtansprüchen verknüpft waren, verbunden. Dabei wurde die Idee der Einigung Europas mit der Organisation der Welt gleichgestellt, so dass die ersten europäischen Pläne nicht die Idee eines europäischen Regionalismus widerspiegeln, sondern den Wunsch nach einer internationalen Organisation für die kollektive Sicherheit ausdrücken, wobei durch die Idee Europas in Wirklichkeit ein Völkerbund gemeint wird: Dazu *Zorgbibe*, Histoire de la construction (FN. 202), S. 1 ff.

und Philosophen vertreten[204]. Später, im 19. Jahrhundert, zur Zeit der Geburt und Entwicklung des Nationalstaats[205], haben sich erneut Stimmen für eine institutionalisierte Organisation des europäischen Staatensystems ausgesprochen[206], wobei diese Begeisterung mehrere ideologische Facetten hatte[207]. Der von den Befürwortern[208] einer institutionalisierten Organisation des europäischen Staatensystems zu dieser Zeit gebrauchte Ausdruck „Etats-Unis d'Europe" („Vereinigte Staaten Europas") soll aber nicht vergessen lassen, dass die europäische Idee der Sorge um die internationale kollektive Sicherheit entsprach. Erst mit dem Ersten

---

204 In Frankreich entstanden Werke wie „Le nouveau Cynée" von Emeric Crucé, Priester und Professor für Mathematik zur Zeit Ludwigs XIII., wo der Autor die Organisation des internationalen Friedens durch die Schiedsgerichtsbarkeit befürwortet: Eine Ständige Versammlung würde zu diesem Zweck in Venedig tagen und zugleich die Friedenserhaltung sowie die Entwicklung des wirtschaftlichen Handelns ermöglichen (*Crucé*, Le nouveau Cynée, 1623). Als Minister unter Henri IV. schrieb *Sully* dem König seine eigenen Gedanken zu. Unter dem Titel „Grand dessein d'Henri IV" (1617) entwickelt er seine Auffassung eines Europas von fünfzehn Staaten mit einem gemeinsamen Rat: der „Conseil très chrétien". Ferner veröffentlicht anfangs des XVIII. Jahrhunderts der *Abbé de Saint-Pierre* sein „Projet de paix perpétuelle (1712), in dem er sich einen europäischen Senat mit legislativen und judikativen Zuständigkeiten vorstellt. Zu erwähnen ist aus dieser Zeit auch *Rousseaus* „Projet pour la paix perpétuelle" (1760). Die französische Revolution mit ihrem Anspruch auf weltweite Verbreitung, besonders nach 1793 gehört ebenso zu dieser Ideenbewegung. Das napoleonische System stellte bereits den Versuch einer Einigung Europas dar, wobei die Eroberungen Napoleons I jedoch das Gegenteil bewirkten, nämlich das Erwachen nationaler Gefühle, *Zorgbibe*, Histoire de la construction (FN. 202), S. 3. Der Ergänzungs Akt vom 22. April 1815 verweist auf diese europäischen Bestrebungen in seiner Präambel: „Nous avions alors pour but d'organiser un grand système fédératif européen, que nous avions adopté comme conforme à l'esprit du siècle, et favorable aux progrès de la civilisation", Text abgedr. in. *Debbasch / Pontier*, Les Constitutions de la France, 3. Aufl., Paris 1996, S. 125 ff. Ferner zur Geschichte der Europäischen Idee aus der Sicht europäischer Intellektueller, *Coudenhove-Kalergi*, Die europäische Nation (FN. 40), S. 61 ff. Seitens Deutschlands befürwortet *Kants* „Plan vom Ewigen Frieden" (1795) die Schaffung eines Völkerbundes auf Grund einer internationalen Rechtsstaatlichkeit. In weltbürgerlicher Gesinnung im Sinne der französischen Revolution zielte Kant auf eine allgemeine Konföderation der europäischen Staaten unter einer republikanischen Verfassung.

205 Dazu *Oppermann*, Europarecht (FN. 73), S. 6.

206 Französiche Schriftsteller wie Madame de Staël kündigten sogar eine Begeisterung für die europäische Idee an: „Désormais, il faut avoir l'esprit européen", zit. in: *Zorgbibe*, Histoire de la construction (FN. 202), S. 2.

207 Z. B. die sozialistischen Gedanken bei *Proudhon*, Du principe fédératif, Paris 1863, deutsche Übersetzung: Über das Föderative Prinzip und die Notwendigkeit, die Partei der Revolution wieder aufzubauen, 3 Teile, Frankfurt am Main u. a. 1989.

208 *Hugo*, der 1849 dem „Congrès des Amis de la paix" präsidierte, der die Vereinigten Staaten Europas förderte, erklärte in diesem Sinne: „Un jour viendra où les bombes seront remplacées (...) par le vénérable arbitrage d'un grand Sénat souverain qui sera à l'Europe ce que l'Assemblée législative est à la France", zit. in: *Zorgbibe*, Histoire de la construction (FN. 202), S. 2.

Weltkrieg[209] ging die Erkenntnis der Notwendigkeit einer Organisation der Region Europa über die Träume einiger Schriftsteller und Philosophen hinaus und wurde auf politischer Ebene zum ersten Mal bewusst wahrgenommen[210]. Nach 1919 erhoben sich Stimmen für eine europäische Einigung[211], wobei die zwei bis heute vertretenen Auffassungen des Aufbaus Europas schon Ausdruck fanden, nämlich die Vertreter einer einfachen staatlichen Kooperation, die die Souveränität der Staaten beibehalten wollten, und andererseits die Vertreter, die eine Überholung staatlicher Souveränität durch einen Einigungs- bzw. Integrationsprozess anstrebten. Die zweite Auffassung ist stark vom föderalistischen Gedanken geprägt, wobei die Idee der Vereinigten Staaten Europas Hoffnungen auf bessere Tage verkörperte[212]. Seitens Frankreichs hatte sich zwar der Radikale *Herriot* zugunsten einer solchen Vision Europas ausgesprochen[213], sein Sturz im Jahre 1925 hatte ihm aber jegliche Gelegenheit genommen, seine Ideen durchzusetzen. Die erste politische Initiative zur Gründung einer europäischen Union wurde vom Präsidenten des französischen Regierungsrat *Briand* am 5.

---

209 Der Krieg hatte die aus den Greueln der französischen Revolution entstandene monarchistische Solidarität zwischen vielen Staaten Europas aufgelöst und damit die Grundlage für eine internationale staatliche Zusammenarbeit in Frage gestellt: *Oppermann*, Europarecht (FN. 73), S. 6.

210 Vgl. *Zorgbibe*, Histoire de la construction (FN. 202), S. 5.

211 *Oppermann*, Europarecht (FN. 73), S. 6. Aus diesem Gedanken wurde der Völkerbund 1919 gegründet. Ursprünglich als zentrifugale Kraft konzipiert, erwies sich der Völkerbund jedoch bald als reine Instrumentalisierung des Versailler Friedensvertrags, dessen Entscheidungen mehr auf die Niederhaltung der besiegten Seite als auf eine dauerhafte Aussöhnung der Kriegsgegner gerichtet waren.

212 So z. B. *Thierry*, Les conditions de la Paix. Méditations d'un combattant, Teil II, „Des conditions de la paix européenne", Paris 1918, Appendice, S. 185, Nr. 58 ff.: „Satisfaction donnée ainsi aux besoins d'expansion de chaque peuple, les puissances victorieuses considèrent comme possible et presque comme prochain l'établissement d'une fédération entre les Etats-Unis d'Europe". Über den Status dieser Föderation erwähnt *Thierry* nur, dass „il se composera au jour le jour, invention par invention, vertu par vertu", ebenda, S. 185, Nr. 60. In der ersten Ausgabe 1915 wurde der Abschnitt über die „Etats-Unis d'Europe" der Zensur unterworfen. *Thierry* benutzt die Wörter Föderation und Konföderation, ohne zwischen ihnen zu unterscheiden. Nr. 59: „Réparations faites et précautions prises, l'Etat allemand ne sera pas exclu de cette confédération". Vgl. S. 40, Nr. 94: „confédération européenne". Das Wort „Féderation" gilt in diesem Sinne als „Verbindung" („rassemblement", „union"), nicht aber als „Bundesstaat" („Etat fédéral"): Eine Bedeutung, die heute noch das französische Verständnis einer europäischen Föderation prägt.

213 Vor dem französischen Senat erklärte er am 25. Januar 1925: „Mon plus grand désir est de voir un jour apparaître les Etats-Unis d'Europe", zit. in: *Soulier*, L'Europe (FN. 199), S. 253. *Soulier* weist darauf hin, dass die das erste Mal war, dass ein Politiker im Amt sich für ein solches Projekt erklärte. 1930 hat *Herriot* (Europe, Paris 1930) ein Buch über seine europäische Auffassung veröffentlicht, wo er von einer Union der souveränen Staaten, „Union d'Etats souverains", spricht: Entente européenne comprenant un volet économique fondé sur la suppression des barrières douanières, et un volet politique, fondé sur l'union d'Etats souverains", zit. in *Gerbet*, La construction de l'Europe (FN. 199), S. 7.

September 1929 vor der Völkerbundsversammlung formuliert[214]. Wie das Coudenhove-Kalergi-Projekt[215] hatte das Briand-Projekt zum Ziel, die für die Wahrung des Friedens als notwendig angesehene Vereinigung Europas zu organisieren, ohne die Souveränität der Staaten zu beeinträchtigen. Damit wiederholte sich das grundsätzliche Spannungsverhältnis zwischen Friedenswillen und Souveränitätswillen auf europäischer Ebene mit der Schwierigkeit, den Frieden durch das Recht zu sichern. *Briand* erwähnt Begriffe wie „lien fédéral", „lien de solidarité", „association", ohne sie im Näheren zu definieren. Zugleich betont *Briand* die Unmöglichkeit, die „souveraineté commune des nations" einzuschränken. Dieser Ausdruck weist in diesem Zusammenhang darauf hin, dass jeder europäische Staat souverän ist, so dass die Staaten die Souveränität gemeinsam haben.

Während des zweiten Weltkrieges äußert sich der Gedanke an eine Einigung Europas einerseits im Projekt einer Union zwischen Frankreich und Großbritannien[216], andererseits kommt die europäische Idee bei verschiedenen „Resistance"-Bewegungen[217] zum Ausdruck. Die notwendige Versöhnung zwischen Frankreich und Deutschland, die schon von *Briand* und *Stresemann* zwischen beiden Weltkriegen angestrebt wurde[218], stand im Mittelpunkt der von

---

[214] Auf Weisung der Völkerbundsversammlung hat *Briand* ein Memorandum ausgearbeitet, das am 1. Mai 1930 veröffentlicht wurde, ohne jedoch den erwarteten Beifall hervorzurufen, dazu *Brugmans*, L'idée européenne, 1920-1970, Bruges 1970, S. 64 ff.

[215] Unter den verschiedenen politischen Bewegungen zugunsten einer Einigung Europas bekam die 1923 in Wien gegründete paneuropäische Bewegung des Grafen *Coudenhove-Kalergi* (J'ai choisi l'Europe, Paris 1942) die stärkste Resonanz *Coudenhove-Kalergi* strebte ein „europäisches Kraftfeld" neben dem amerikanischen, britischen, russischen und ostasiatischen an und entwickelte die Idee der Vereinigten Staaten Europas, ohne jedoch das föderale amerikanische Modell zu übernehmen, dazu *Oppermann*, Europarecht (FN. 73), S. 6; *Soulier*, L'Europe (FN. 199), S. 252.

[216] Allgemein dazu *Gerbet*, La construction (FN. 199), S. 42.

[217] Die europäische Idee erscheint in der „Resistance" als eine Reaktion gegen die zum Krieg führenden Souveränitätsausschweifungen. In Frankreich befürworteten Zeitungen wie „Combat" im September 1942 oder „Résistance", „Le Populaire" 1943 die Schaffung der Vereinigten Staaten Europas nach dem Kriege. 1944 wird in Lyon ein „Comité français pour la fédération européenne" errichtet, das sich mit anderen europäischen Widerstandsbewegungen in Verbindung setzte. Diese Kontakte führten im Juli 1944 zu einer „Déclaration des résistances européennes", welche die Idee einer europäischen Föderation als einzigen Friedensfaktor in Europa entwickelte, *Zorgbibe*, Histoire de la construction (FN. 202), S. 7; *Gerbet*, La construction (FN. 199), S. 45; dazu auch *Bossuat*, La France et les constructions européennes, 1943-1957, in: Historiens et Géographes, août 1988, Nr. 319, S. 145-166; Ferner *Loth*, Die résistance und die Pläne zu europäischer Einigung, in: Dumoulin (Dir.), Plans des temps de guerre pour l'Europe d'après-guerre (1940-1947). Wartime plans for postwar Europe (1940-1947), Actes du Colloque de Bruxelles des 12-14 mai 1993, Bd. 5, Bruxelles 1995, S. 47-57 (55).

[218] *Briand*, Frankreich und Deutschland. Mit einer Einleitung von Gustav Stresemann, hrsg. von Rosenberg, Dresden 1928, S. 7.

Monnet noch während des Krieges eingeleiteten europäischen Einigungsbestrebungen[219]. In verschiedenen Reden und in seinen Memoiren erwähnt *Jean Monnet* zu verschiedentlich die „nécessaire fusion des souverainetés“[220], eine Formel, die auf die zukünftigen Schwierigkeiten hinweist angesichts des Willens, Europa zu einigen („fusion“), ohne auf die Souveränität („des souverainetés“) zu verzichten[221].

b. De Gaulles Vision einer „Union d'Etats“

Der rasche Rhythmus des Vertragswerks der Nachkriegsjahre auf dem Weg zur europäischen Supranationalität sollte dennoch bald den ersten Rückschlag seitens eines seiner bisher begeisterten Befürworter – Frankreichs – erleben. Die politische Lage dort hatte sich 1958 derart zugespitzt, dass General *de Gaulle* an die Regierung berufen wurde. Seine Staatsauffassung und seine Vision Europas[222]

---

219 Zu Beginn des Zweiten Weltkrieges hatte *Monnet* den Regierungschefs Frankreichs und Großbritanniens, *Daladier* und *Chamberlain*, einen Plan zur Zusammenfassung der Kriegsanstrengungen vorgelegt. Im November 1939 wurde er Leiter des alliierten Koordinierungskomitees in London. Am 13. Oktober begründete *Monnet* das Aktionskomitee für die Vereinigten Staaten Europas.

220 Rede bei der konstituierenden Sitzung der Hohen Behörde der Montanunion in Luxemburg vom 10. August 1952: „Aujourd'hui (…) six Parlements ont décidé, après mûre délibération et à des majorités massives, de créer la première Communauté européenne qui fusionne une partie des souveraineté nationales et les soumet à l'intérêt commun“, zit in *Zorgbibe*, Histoire de la construction (FN. 202), Document IV, S. 40; auch Rede bei der Sitzung der Wirtschaftskommission der Beratenden Versammlung des Europarates in Strassburg vom 28. März 1953: „(…) le Conseil de l'Europe est fondé sur la notion de souveraineté nationale, la Communauté du Charbon et de l'Acier, au contraire, est fondée sur la notion nouvelle de fusion des souverainetés“, zit. in: *Zorgbibe*, Histoire de la construction (FN. 202), Document IV, S. 42; Ferner *Monnet / Schuman*, Correspondance, 1947-1953, Fondation Jean Monnet pour l'Europe, centre de recherches européennes, Lausanne 1986, S. 15, 77.

221 *Monnets* Auffassung nach sollte aber Europa zu einer souveränen Gemeinschaft als „souveränes Europa“ („Europe souveraine“) : „La Communauté est une entité nouvelle et souveraine“, Rede bei der Sitzung der Wirtschaftskommission der Beratenden versammlung des Europarates in Straßburg vom 28. März 1953, zit. in: *Zorgbibe*, Histoire de la construction (FN. 202), S. 42, oder wenigstens zu einer Föderation führen, vgl. die Rede bei der Außerordentlichen Sitzung der Gemeinsamen Versammlung am 29. November 1954 im Europahaus: „Ce qui est en jeu finalement, c'est la conciliation entre les droits que conservent les Etats et un marché commun où se situent leurs productions et leurs échanges. Et ce problème fondamental se posera dans toute structure européenne qui ne serait pas la constitution d'un Etat unitaire et centralisé: si l'Europe parvient à la création de cette fédération dont la Communauté du Charbon et de l'Acier, selon la déclaration du 9 mai 1950 du Gouvernement français, doit être la première étape, l'expérience concrète que nous avons instituée aura par avance préparé les solutions aux problèmes les plus difficiles que susciterait une structure fédérale“, zit. in: *Zorgbibe*, Histoire de la construction (FN. 202), S. 43.

222 Zur Stellungnahme des General *de Gaulles* gegenüber Europa siehe allgemein *Institut Charles de Gaulle*: De Gaulle en son siècle, Actes des journées internationales tenues à l'UNESCO,

prägen immer noch die französische politische Reflexion über die zukünftige Gestaltung Europas[223]. Die Schaffung der V. Republik erlaubte es *de Gaulle*, der französischen Außenpolitik eine neue Richtung zu geben, die auf der Anerkennung der Nationen als Quelle der politischen Legitimität beruhte und gleichzeitig eine staatliche Zusammenarbeit erforderte. Ausdruck dafür war der Abschluss des deutsch-französischen Zusammenarbeitsvertrages, des sogenannten „Elysée-Vertrages" vom 22. Januar 1963, der zwar die deutsch-französischen Beziehungen erheblich vertieft hat, eine weitere europäische Zusammenarbeit jedoch nicht forderte[224].

Als er 1958 an die Macht kam, brachte *de Gaulle* eine neue Auffassung der Beziehungen zwischen den Staatsorganen sowie eine neue Vision der internationalen Beziehungen mit sich[225]. Die Europapolitik *de Gaulles* diente die Behauptung Frankreichs als souveräner Nationalstaat in der Europäischen Gemeinschaft[226]. *De Gaulle* bestritt zwei Postulate des sich bildenden Europa: den Vorrang der Supranationalität gegenüber der herkömmlichen zwischenstaatlichen Zusammenarbeit und die diplomatische Orientierung eines westlichen Europas, die an die Vereinigten Staaten von Amerika in einem großen atlantischen Raum gebunden ist[227]. Ferner ist *de Gaulles* Auffassung des Etat-nation bis heute auf der politischen Ebene von großer Bedeutung. In Wirklichkeit war seine Einstellung gegenüber Europa äußerst kompliziert und nuanciert[228]. Die Reaktion *de Gaulles* gegenüber Europa nahm zugleich Züge der Missbilligung, der Forderung und der Prophezeiung an[229]. Bezüglich der Supranationalität haben sich die Ideen des

Paris 19-24. novembre 1990, La Documentation française, Paris 1992, Bd. 5: L'Europe; *Jouve*, Le Général de Gaulle et l'Europe: 1940-1966, 2 Bde., Paris 1967; *ders.*, De Gaulle et l'Europe, in: Rideau (Dir.), La France et les Communautés européennes, Paris 1975, S. 49 ff.; Ferner *Maillard*, De Gaulle et l'Europe entre la nation et Maastricht, Paris 1995.

223 Dazu *Chaltiel*, La souveraineté de l'Etat (FN. 3), S. 295 ff.

224 Vgl. *Oppermann*, Europarecht (FN. 73), S. 14.

225 Vgl. *Zorgbibe*, Histoire de la construction (FN. 202), S. 50.

226 „Affirmation de la France comme Etat souverain dans la Communauté européenne", zit. in: *Kolboom*, Charles de Gaulle et le malentendu franco-allemand sur la nation et l'Europe, Institut Charles de Gaulle: De Gaulle en son siècle, Actes des journées internationales tenues à l'UNESCO, Paris 19-24. November 1990, La Documentation française, Bd. 5: L'Europe, Paris 1992, S. 36 ff.

227 Dazu *Zorgbibe*, Histoire de la construction (FN. 202), S. 61 ff.

228 Zur Zweideutigkeit der Europapolitik de Gaulles, *Loth*, Pour une nouvelle lecture de la politique européenne du Général de Gaulle, Institut Charles de Gaulle: De Gaulle en son siècle, S. 71 ff. (144). Zu Stellungnahmen de Gaulles gegenüber Europa, *Duverger*, L'Europe dans tous ses Etats, Paris 1995, S. 37 ff.

229 *Jouve*, Le général de Gaulle et l'Europe, in: Rideau / Chevallier / Gerbet / Torrelli (Dir.), La France et les Communautés européennes, Paris 1975, S. 51: „L'Europe fut réprouvée, poursuivie et prophétisée par le général. Elle fut réprouvée en ce qu'elle avait de supranational, elle fut poursuivie dans la mesure où elle servait les intérêts français, elle fut pour ce qu'elle pourrait être en devenant une Europe des Etats".

Generals jedoch nie geändert[230]. *De Gaulle*, sich auf die nationale Souveränität berufend, betrachtete die supranationale Integration äußerst skeptisch[231].

Dennoch weist seine Terminologie einige Ungenauigkeiten auf. In seiner Rede vom 25. Juni 1950 bei einer Tagung des Rassemblement pour la France (RPF) und in einer Pressekonferenz vom 22. Juni 1951 erwähnt der General eine „fédération européenne". In der Pressekonferenz vom 25. Februar 1953, die die Europäische Verteidigungsgemeinschaft zum Thema hatte, ist die föderale Bezeichnung jedoch durch das Wort „confédération" ersetzt. Als die Experten später verschiedene Entwürfe zur Gründung einer europäischen Union herstellten, tauchten lediglich die Mechanismen eines regelmäßigen Kolloquiums zwischen Staats- und Regierungschefs in der Art des „europäischen Konzerts" auf[232].

Die Opposition *de Gaulles* gegen ein integriertes, supranationales Europa, ja sogar gegen das Europa der Gemeinschaften wurde mehrmals seit 1958 wiederholt[233]. Der Gedanke einer „Union d'Etats" ist eng mit der Auffassung *de Gaulles* vom „Etat-nation" verknüpft, die auf der Erkenntnis beruht, dass allein der Staat als Organisationsmodell die notwendige Autorität und Wirksamkeit besitzt, um das Volk bzw. die Nation zu halten.

Die Gewährleistung der regelmäßigen Zusammenarbeit der europäischen Staaten auf dem wirtschaftlichen bzw. politischen oder kulturellen Gebiet ist zwar nach seiner Vorstellung wünschenswert, erfordert aber dennoch ein organisiertes, regelmäßiges Einvernehmen der verantwortlichen Regierungen und die Tätigkeit der den Regierungen unterstellten Spezialorganisationen auf jedem der gemeinsamen Gebiete[234]. Demzufolge wurde *de Gaulle* im französischen

---

230 Vgl. *Zorgbibe*, Histoire de la construction (FN. 202), S. 50.

231 *Von der Groeben*, Charles de Gaulle und die europäische Integration, Beitrag zur Tagung „De Gaulle en son siècle" in Paris v. 19.-24.11.1990, in: *ders.*, Deutschland und Europa in einem unruhigen Jahrhundert. Erlebnisse und Betrachtungen von Hans von der Groeben, Baden-Baden 1995, S. 489-497 (490).

232 *Zorgbibe*, Histoire de la construction (FN. 202), S. 50.

233 Am 5. September 1960 stellt sich de Gaulle gegen „certains organismes plus ou moins extranationaux qui ont leur valeur technique, mais n'ont pas, ne peuvent avoir d'autorité et, par conséquent, d'efficacité politique". Die Staaten sollen die Säule Europas bleiben: „seules entités qui aient le droit d'ordonner et le pouvoir d'être obéies". Am 15. Mai 1962 betont der General, dass für ihn das integrierte Europa „une espèce hybride, incapable d'avoir une politique et vouée à se mettre à la suite de quelqu'un" ist. Am 9. September 1965 kritisiert *de Gaulle* „les mythes abusifs et chimériques opposés au bon sens et à la réalité" und bezeichnet die gemeinschaftlichen Komponenten als eine „figuration d'exécutif", eine „figuration de législatif" und eine „technocratie en majeure partie étrangère", ein „aéropage technocratique apatride et irresponsable", zit. in: *Zorgbibe*, Histoire de la construction (FN. 202), S. 50 ff.

234 Pressekonferenz vom 5. September 1960, zit. in *Oppermann*, Europarecht (FN. 73), S. 14; vgl. Pressekonferenz vom 15. Mai 1962: „Mais, il est vrai que la patrie est un élément humain, sentimental, alors que c'est sur des éléments d'action, d'autorité, de responsabilité qu'on peut construire l'Europe. Quels éléments? Eh bien, les Etats! Car il n'y a que les Etats qui soient à

Schrifttum der Wunsch nach einem „Europa der Vaterländer" („Europe des Patries") zugesprochen[235], das auf der Zusammenarbeit souveräner Staaten beruht. Diese Stellungnahme de Gaulles stand unzweifelhaft in Widerspruch zu der von den Föderalisten angestrebten, demokratisch legitimierten, bundesstaatlichen Organisation, welche wesentliche politische, wirtschaftliche und soziale Aufgaben übernehmen sollte.

c. Die Idee einer „Fédération d'Etats-nations"

Das Wort „fédération" mit kleinem „f" stammt ursprünglich vom Lateinischen „foedus" und bezeichnet den Vertragsakt („acte conventionnel"[236]), durch den zwei oder mehrere politische Verbände eine gemeinsame politische Einheit bilden. In diesem Sinne wird unter „fédération" oft ein Zusammenschluß oder eine Verbindung verstanden[237], die nicht notwendig auf einen staatlichen Charakter verweist und die Identität ihrer Mitglieder sichert. Häufiger wird aber unter „Fédération" mit großem „F" eine bestimmte Staatsform verstanden bzw.

---

cet égard valables, légitimes et capables de réaliser. J'ai déjà dit et je répète, qu'à l'heure qu'il est, il ne peut pas y avoir d'autre Europe que celle des Etats, en dehors naturellement des mythes, des fictions, des parades. Ce qui se passe pour la Communauté économique le prouve tous les jours, car ce sont les Etats, et les Etats seulement qui ont créé cette Communauté économique, qui l'ont pourvue de crédits, qui l'ont dotée de fonctionnaires. Et ce sont les Etats qui lui donnent une réalité et une efficacité, d'autant plus qu'on ne peut prendre aucune mesure économique importante sans commettre un acte politique"

235 Dennoch zu Unrecht: „(...) je n'ai jamais, quant à moi, dans aucune de mes déclarations, parlé de „l'Europe des patries", bien qu'on prétende toujours que je l'ai fait. Ce n'est pas, bien sûr, que je renie, moi, la mienne; bien au contraire, j'y suis attaché plus que jamais et je ne crois pas que l'Europe puisse avoir aucune réalité vivante si elle ne comporte pas la France avec ses français, l'Allemagne avec ses allemands, l'Italie avec ses italiens, etc. Dante, Goethe, Chateaubriand, appartiennent à toute l'Europe dans la mesure même où ils étaient respectivement et éminemment Italien, Allemand et français. Ils n'auraient pas beaucoup servi l'Europe s'ils avaient été des apatrides et s'ils avaient pensé, écrit en quelque „esperanto" ou „volapük" intégré(...)", Pressekonferenz vom 15. Mai 1962. Kritisch zur Idee der „Europe des patries", *Brugmans*, „L'Europe des Etats", un double échec, in: Revue de droit prospectif (1977), Nr. 3 / 4 – spécial Europe, S. 55-59 (56).

236 *Witte*, „Fédération", in: *Duhamel / Mény*, Dictionnaire constitutionnel (FN. 51), S. 434 f.; vgl. *Croisat / Quermonne*, L'Europe et le fédéralisme (FN. 98), S. 11: „Dans son sens général, à partir de l'éthymologie du mot, le fédéralismem est un mode de gouvernement qui repose sur une convention (foedus) associant des communautés politiques, séparées et égales, pour agir ensemble tout en demeurant elles-mêmes. La onvention fondatrice de l'association établit les institutions communes, les principes constitutifs de leur organisation et les modalités de fonctionnement, ainsi que les buts communs à atteindre".

237 *Beaud*, Föderalismus und Souveränität. Bausteine zu einer verfassungsrechtlichen Lehre der Föderation, in: Der Staat 35 (1996), Heft 1, S. 45-66 (53), nach dem die Föderation „eine Verbindung von politischen Einheiten bezeichnet, die sich vereinigen, um eine neue, andere politische Einheit zu gründen, ohne sich aber in ihr aufzulösen".

wird das Wort „Fédération" mit „Etat fédéral" (Bundesstaat) gleichgesetzt[238]. Dann stellt sich das Problem der Souveränität, da die Idee einer „Doppelsouveränität"[239] in Frankreich überwiegend abgelehnt wird und die französische Rechtswissenschaft den Unterschied zwischen Souveränität und Staatsgewalt überwiegend nicht anerkennt[240].

Die Föderation setzt eine materielle Teilung der Staatsgewalt zwischen der Föderation einerseits und den Mitgliedstaaten andererseits voraus. Dies widerspricht grundsätzlich der französischen seit *Bodin* üblichen Auffassung einer einheitlichen, unteilbaren Souveränität[241] bzw. der „Allzuständigkeit" des Staates. Geht man davon aus, dass die Souveränität die Unteilbarkeit der Staatsgewalt impliziert, so kann in einer Föderation keiner der beiden Bestandteile, ob Föderation oder Mitgliedstaaten, als wirklich souverän betrachtet werden[242].

Föderalismus und Souveränität scheinen in diesem Sinne als antinomisch[243], ihre Zusammensetzung „unsinnig"[244] zu sein. Die Schwierigkeiten für die französische Staatsrechtslehre, Föderation und Souveränität als zwei kompatible Begriffe zu denken, führt zu erheblichen Problemen im Hinblick auf die europäische Einigung. Dies wird aber dadurch gelöst, dass „Föderation" vom „Staat" unterschieden wird[245]. Die Souveränität wird allein – als sein „grundsätzliches

---

238 *Witte*, „Fédération", in: *Duhamel / Mény*, Dictionnaire constitutionnel (FN. 51), S. 434 ff. In diesem Sinne z. B. *Capitant*, Vocabulaire juridique (FN. 121), „Fédération", S. 251. Vgl. Z. B. *Giraud*, Le rejet de l'idée de souveraineté. L'aspect juridique et l'aspect politique de la question, in: La technique et les principes du droit public. Etudes en l'honneur de G. Scelle, Bd. 1, Paris 1950, S. 250-266 (257): „Si l'on veut créer une Fédération d'Etats au sens propre du mot c'est-à-dire un Etat fédéral (…)". Für andere Autoren befindet sich die Föderation in einer Zwischenstellung zwischen Staat und Kaiserreich, dazu z. B. „La Fédération entre l'Etat et l'Empire", in: Théret (Dir.), L'Etat, la finance, le social, Paris 1995, S. 282 ff. Der Unterschied liegt aber darin, dass die Föderation das freiwillige Zusammenkommen souveräner Staaten als Grundlage hat, das Reich dagegen erkämpft wird.

239 *Beaud*, Föderalismus und Souveränität (FN. 237), S. 61.

240 Dazu Teil I, Kap. 2 C.

241 Wobei die neuere Auslegung der „Sechs Bücher über den Staat" *Bodins* diese Sichtweise stark relativieren, *Bodin*, Les six livres de la République, deuxième réimpression de l'édition de Paris 1583, Aalen 1977. Zitiert wird nach der Übersetzung der französischen Ausgabe 1583 durch Wimmer: *Bodin*, Sechs Bücher über den Staat, eingeleitet und herausgegeben von P. C. Mayer-Tasch, München 1981 (Bd. 1, Buch I-III), 1986 (Bd. 2, Buch IV-VI). Siehe dazu Teil 2, Kap 1 C.

242 *Beaud*, Föderalismus und Souveränität (FN. 237), S. 61.

243 Ebenda, S. 45; vgl. z. B. *Giraud*, Le rejet (FN. 238), S. 257: „Si l'on veut créer une Fédération d'Etats au sens propre du mot c'est-à-dire un Etat fédéral qu'il soit régional, continental, intercontinental ou universel, il faudra alors dans le cadre plus ou moins vaste qui aura été choisi, répudier le principe de souveraineté".

244 *Beaud*, Föderalismus und Souveränität (FN. 237), S. 46.

245 Ebenda, S. 48, 49 ff. Dabei bezieht sich der Autor auf die Bundeslehre *Schmitts* bzw. auf die Unterscheidung zwischen Staatenbund und Bundesstaat, wobei die Souveränität als Hauptkriterium erscheint, *Schmitt*, Verfassungslehre (1928), 3. Aufl., Berlin 1957, S. 372 f.

rechtliches Charakteristikum"[246] – dem Staat zuerkannt. Die „Föderation" hingegen, obgleich sie als „politische Einheit"[247] bezeichnet werden kann, sei mit dem Begriff „Souveränität" unvereinbar. Wenn man mit „fédéralisme" „tout groupement libre et volontaire de deux ou plusieurs Etats" versteht – als Wiederspiegelungen im Rahmen der zwischenstaatlichen Beziehungen der Theorie des Gesellschaftsvertrags bzw. des Demokratieprinzips[248] – kann man von einer „Fédération d'Etats-nations" sprechen, als einer Art dritter Weg („troisième voie"[249]) zwischen Staatenbund und Bundesstaat. Diese begriffliche Verwirrung spiegelt das „französische Paradoxon"[250] gegenüber der europäischen Integration wider sowie die rechtlichen Ungewissenheiten über die Art und Weise, wie die europäische Einigung zu bezeichnen bzw. mit der Souveränität kompatibel zu machen ist[251]. Der Integrationsstrategie, die die ersten Jahre der europäischen Einigung prägte, folgte unter französischem Einfluss die Kooperationsstrategie, die das europäische Aufbauwerk bis heute prägen sollte[252].

---

[246] *Beaud*, Föderalismus und Souveränität (FN. 237), S. 48.

[247] Ebenda, S. 48, 52 ff.

[248] *Fabre*, Principes républicains de droit constitutionnel, 4. Aufl., Paris 1984, S. 25.

[249] *Croisat / Quermonne*, L'Europe et le fédéralisme (FN. 98), S. 146.

[250] Vgl. *Chaltiel*, La souveraineté de l'Etat (FN. 3), S. 151.

[251] So z. B. die Erklärungen von *Debré* und *Chirac* während der parlamentarischen Debatten zur allgemeinen Direktwahl des europäischen Parlaments, wo *Debré* sowohl die „souveraineté de la France", als auch „l'établissement de liens durables permettant de constituer une union d'Etats européens" oder eine „Konföderation" erwähnte. Für *Chirac* entnimmt die allgemeine Direktwahl des europäischen Parlaments Frankreich ein wesentliches Teil seiner nationalen Souveränität („prive la France d'une part essentielle de sa souveraineté nationale") und dennoch befürwortet *Chirac* gleichzeitig die Notwendigkeit eines konföderalen bzw. unabhängigen Europas, an dem Frankreich aktiv teilnehmen soll, J. O. R. F. Assemblée nationale, 1ère séance, 14 juin 1977, S. 3731 und 3735.

[252] Vgl. die französische Stellungnahme zugunsten eines Systems der „coopérations renforcées" (verstärkte Zusammenarbeit). Auf der Linie *de Gaulles* schlug *Chiracs* Sonderberater *Monod* vor, die Europäische Union durch eine „Souveräne Union der Republiken und Monarchien Europas" zu ersetzen. Danach solle Europa auf der Grundlage der „historischen Nationen" neugebaut werden. Darunter versteht er eine Abkehr vom Harmonisierungsdruck, der als Aggression empfunden werde. *Monod* will nur eine „kritische Masse" an Gemeinschaftsverfahren verantworten wie die Geld- oder die Verteidigungspolitik; für alle anderen Gebiete müssten die Nationen ihre Souveränitätsrechte zurückerhalten, *Monod / Magoudi*, Manifeste pour une Europe souveraine, ou comment les nations européennes retrouveront ensemble leur liberté, Paris 1999, S. 67 ff. Als *Chirac* zum ersten Mal seine Vorstellungen von „Notre Europe" („Unserem Europa") vor dem Deutschen Bundestag am 27. Juni 2000 darlegte, griff er auf diese Ideen zurück. *Chirac* sprach sich für die Bildung einer Pioniergruppe aus mit Deutschland und Frankreich als Kern. „Diese Gruppe würde die Rolle eines Wegbereiters spielen, indem sie auf das bei der Regierungskonferenz festgelegte Verfahren zur verstärkten Zusammenarbeit zurückgreift" (...) Mein Wunsch ist deshalb, dass die Pioniergruppe bereits im nächsten Jahr unter anderem folgende Aufgaben in Angriff nimmt: Verbesserung der Koordinierung der Wirtschaftspolitiken, Stärkung der Verteidigungs- und Sicherheitspolitik sowie Gewährleistung einer größeren Effizienz bei der Bekämpfung der Kriminalität", sagte

Ziel der „Fédération d'Etats-nations" ist damit, Vertiefung und Erweiterung im Rahmen einer föderativen Union auf kontinentaler Ebene zu vereinbaren[253]. Die „Fédération" unterscheidet sich danach vom „Etat fédéral" bzw. von der Idee eines „super-Etat"[254].

Die Idee einer „Fédération d'Etats-nations" findet in Frankreich ihren Ursprung in der Theorien *Proudhons*[255] und *Rougemonts*[256]. *Proudhon* spricht sich für eine „fédération progressive"[257] aus, zuerst durch freie Verträge und beschränkte Befugnisübertragungen von regionalen Gruppierungen, dann in einer „association universelle des peuples", einer „fédération de fédérations"[258]. Im Gegensatz zum Pragmatismus *Monnets* versuchte *Rougemont*, den europäischen Föderalismus zu konzeptualisieren[259]. Zuerst durch den Verzicht auf Hegemonie und auf den „esprit de système", da der Föderalismus die Verbindung von heterogenen Elementen ist. Föderalismus heißt weiter den Schutz der Minderheit und das Fortbestehen der Nationen, der Länder und der Regionen. Der Föderalismus ist so der Gegensatz der von einer Zentralmacht erzwungenen Uniformisierung und

---

Chirac. Der Präsident schlug weiter vor, ein Sekretariat zu schaffen, das die Arbeit der Pioniergruppe zu koordinieren habe.

253 *Cohen*, La tentation (FN. 59), S. 172 ff.

254 So *Maritain*, L'Europe (FN. 179), S. 25, der schon 1940 ein föderales Europa, welches Frankreich und Deutschland umfasst befürwortete: „Une solution de type fédéral implique l'abandon par les Etats de certaines des prérogatives les moins douteuses de leur souveraineté, au bénéfice, non pas sans doute d'un super-Etat, mais d'organes subordonnés concernant les secteurs communs de leur activité, et le bien commun de la fédération".

255 *Proudhon*, Du principe fédératif (FN. 207), S. 129 f.: „Ainsi, au rebours de ce qui se passe dans les autres gouvernements, l'idée d'une confédération universelle est contradictoire. En cela se manifeste une fois de plus la supériorité morale du système fédératif sur le système unitaire, soumis à tous les inconvénients et à tous les vices de l'indéfini, de l'illimité, de l'absolu, de l'idéal. L'Europe serait encore trop grande pour une confédération unique: elle ne pourrait former qu'une confédération de confédérations. C'est d'après cette idée que j'indiquais, dans ma dernière publication, comme le premier pas à faire dans la réforme du droit public européen, le rétablissement des confédérations italienne, grecque, batave, scandinave et danubienne, prélude de la décentralisation des grands Etats, et par suite, du désarmement général. Alors toute nationalité reviendrait à la liberté; alors se réaliserait l'idée d'un équilibre européen prévu par tous les publicistes et hommes d'Etat, mais impossible à obtenir avec de grandes puissances à constitutions unitaires". Zum Föderalismus bei *Proudhon*, siehe insbes. *Goriely*, Proudhon et les nationalités (FN. 255), S. 151-161 (160 f.), in: L'actualité de Proudhon, Colloque de novembre 1965, Bruxelles 1967, wo der Autor auf die Nichtunterscheidung *Proudhons* zwischen „confédération" und „fédération" hinweist; ferner *Sidjanski*, L'avenir fédéraliste (FN. 50), S. 261 ff.

256 *Rougemont*, L'Europe en jeu, Neuchâtel 1948, S. 70 ff.

257 *Goriely*, Proudhon et les nationalités (FN. 255), S. 158.

258 Wobei *Proudhon* die Wörter „fédération" und „confédération" ununterschiedlich benutzt, dazu *Goriely*, Proudhon et les nationalités (FN. 255), S. 160. Später wird die Idee einer „Föderation von Föderationen" von *Coudenhove-Kalergi*, Kampf um Paneuropa, Bd. 2, Wien-Leipzig 1926, S. 64 übernommen.

259 Dazu *Sidjanski*, L'avenir fédéraliste (FN. 50), S. 271 ff., 273.

fördert eine vielseitige Gestaltung auf kultureller, demokratischer und regionaler Ebene und wird durch Menschen und Gruppen vermittelt. Wie die Region ist der Föderalismus nach *Rougemont* eine natürliche, funktionelle Sache.

Nach der Auffassung *Delors* soll die „Fédération d'Etats-nations" eine tiefere Währungs- und Wirtschaftsunion durch eine bessere Koordinierung der verschiedenen Wirtschaftspolitiken erlauben sowie eine einheitliche Verteidigung oder gemeinsame Handlungen auf der Ebene der Außenpolitik hervorrufen. Ferner sollte ein Sicherheitsraum für die Unionsbürger geschaffen werden, der nicht nur die Sicherheit im Sinne der öffentlichen Ordnung oder der Kriminalität betrifft, sondern auch die Sicherheit auf dem Gebiet des Lebensmittelhandels und der Umwelt. Dabei ermöglicht die föderale Methode eine klare Verteilung der Verantwortungen und die Durchsetzung von Sanktionen. Andererseits sind die Etats-nations die Produkte der Geschichte und sollten nicht als solche verschwinden[260]. Nach *Delors* erlaubt die gemeinschaftliche Methode eine Vereinigung beider Aspekte[261].

Die Idee einer „Fédération d'Etats-Nations" wird zwar oft als grundsätzlicher Widerspruch betrachtet[262]; sie hat aber den Vorteil, bestimmte politische Empfindlichkeiten bezüglich der Verteidigung der nationalen Souveränität zu schonen. Dieser Ausdruck, der die institutionelle Zukunft der Union bezeichnen soll, deutet auf einen Kompromiss zwischen der von den Gründern in den 50er Jahren geträumten „fédération des peuples" und der von *de Gaulle* beabsichtigten „Confédération d'Etats", die heute unzureichend ist[263]. Diese „hybridation des concepts"[264] widerspiegelt die Bestimmung der Nationalstaaten, Vermittler des gemeinschafltichen Integrationsprozesses zu bleiben. Dennoch spiegelt der Ausdruck eher die Idee eines „fédéralisme-association" als die Idee der Bundesstaatlichkeit wider. Fraglich ist, wie die Idee der „Fédération d'Etats-Nation" juristisch anwendbar ist, da sie zwei staatliche Begriffe verbindet, die beide durch gegensätzliche historische bzw. theoretische Einflüsse geprägt sind und in den Mitgliedstaaten gar nicht dieselbe Bedeutung haben und auch nicht dieselben Symbole hervorrufen[265].

---

260 „Etats nations, parce que je n'ai jamais cru au dépérissement de la nation, qui reste pour moi vitale et doit entretenir un sentiment d'appartenance et de citoyenneté active, et fédération, parce que c'est le seul système qui permet à chaque citoyen de comprendre qui fait quoi et à qui il doit s'en prendre", in: Le Monde vom 24.- 25. März 1996.

261 Le Monde vom 19. Januar 2000.

262 Le Monde vom 19. Januar 2000. Vgl. *Noël*, L'érosion de l'Etat-nation dans un système d'intégration économique: le cas de la communauté européenne, in: Philip / Soldatos (Dir.), Au-delà et en-deça de l'Etat-nation, Bruxelles 1996, S. 93-109 (108): „formule paradoxale".

263 *Cohen*, La tentation (FN. 59), S. 174.

264 *Cohen*, La tentation (FN. 59), S. 174. Ferner *Clergerie*, L'avenir fédéral de l'Union européenne, in : R. D. P. 116 (2000), S. 1529-1543 (1532).

265 Ferner dazu *Sabourin*, L'Europe (FN. 41), S. 241-256.

2. Prinzipielle Begriffslosigkeit auf juristischer Ebene

Die politische Diskussion um die Bezeichnung der Rechtsnatur der Europäischen Union wurde auf juristischer Ebene übernommen. Seit Anfang des europäischen Integrationsprozesses ist die Frage nach der Rechtsnatur der Gemeinschaft Gegenstand vieler Erörterungen auf juristischer Ebene. Die Schwierigkeit, die Rechtsnatur der Europäischen Union zu bezeichnen[266], ist aber sehr eng mit der Tatsache verbunden, dass sie lediglich eine Etappe innerhalb eines dynamischen Integrationsprozesses[267] darstellt, so dass sie sich nur schwer begrifflich erfassen lässt. Den europäischen Juristen kommt insofern eine sehr wichtige Rolle zu, die mit der Rolle der französischen königlichen Legisten im Mittelalter verglichen werden kann, besonders im Bezug auf die notwendige Bildung eines europäischen Bewusstseins. Die Begriffssprache des Staatsrechts ist aber mit diesem dynamischen Prozess schwer vereinbar, da sie sich an statischen Zuständen orientiert. Der Europäischen Integration fehlt es an einer „Begriffssprache der Skalierung“[268]. Der Prozess der Europäischen Integration ist unvollendet, weist auf einen gemischten Charakter[269] hin und kann keiner vorhandenen juristischen Kategorie zugeordnet werden.

Dazu kommt, dass zwischen den Europäischen Gemeinschaften und der vom Vertrag von Maastricht geschaffenen Europäischen Union unterschieden werden muss. Die Autoren sind sich uneinig, ob beide eine Einheit bilden oder nicht.

---

266 *Constantinesco* hatte das Konzept der integrierenden Organisation („organisation intégrante“) entwickelt, um über die Rechtsnatur der Europäischen Gemeinschaften zu berichten, die seiner Auffassung nach weniger ein „Sein“, als ein „Werden“ darstellt, *Constantinesco*, La nature juridique des communautés européennes, conférence Spaak, Liège 1980, S. 188; vgl. zur Idee eines Föderalismus als Struktur und Prozess zugleich, *Croisat / Quermonne*, L'Europe et le fédéralisme (FN. 98), S. 84. Ferner *Leben*, A propos de la nature juridique (FN. 179), S. 61-72 (62, 71 f.); *Monjal*, La nature juridique de l'Union européenne, en attendant Godot, in: Petites Affiches, 12. Mai 1995, S. 16; *Lejeune*, L'idée contemporaine de confédération en Europe : quelques enseignements tirés de l'expérience de l'Union européenne, in : Le concept contemporain de confédération. Actes du Séminaire UniDem organisé à Santorin du 22 au 25 septembre 1994, en coopération avec le ministère des Affaires étrangères de la Grèce, Commission européenne pour la démocratie par le droit, Strasbourg 1995, quatrième séance de travail, S. 126-148 (139 ff.).

267 In der Präambel des EGV erklären sich die Signatarstaaten „vom festen Willen bewegt, die Grundlagen für einen immer engeren Zusammenschluß der europäischen Völker zu schaffen. Interessant dazu z. B. *Pliakos*, La nature juridique de l'Union européenne (FN. 36), S. 188, der die „confusio in terminis“ zwischen der Schaffung durch den Vertrag von Maastricht einer Europischen Union und die Bezeichnung dieser als „neue Stufe in einer immer engeren Union“ hervorhebt.

268 *Schuppert*, Zur Staatswerdung (FN. 10), S. 53. Siehe auch *Pernice*, „Europäische Union“ – die Sprachverwirrung von Maastricht, in: ZeuP, Heft 2, 1995, S. 177-180 (180).

269 *Stephanou*, L'Union européenne et les analogies fédérales et confédérales. Réflexions dans la perspective de la Conférence intergouvernementale de 1996, in: R. A. E. 1 (1995), S. 83-89 (85).

Nach allgemeiner Auffassung befindet sich die Europäische Union in einer Zwischenlage zwischen Staatenbund und Bundesstaat[270]. Wie oben gesehen kann der Europäischen Union in ihrem heutigen Entwicklungsstand die Staatsqualität im klassischen Sinne nicht zugesprochen werden. Mangels eines Referenzmodells tendieren die Autoren dazu, den Status der Gemeinschaft negativ zu bezeichnen, indem sie die Tatsache betonen, dass sie weder eine klassische internationale Organisation noch ein Bundesstaat ist[271]. Höchstens kann angenommen werden, dass angesichts des Entwicklungsstands der Gemeinschaft das Referenzmodell das föderale System sein wird, obgleich dann die Spezifizität der Europäischen Gemeinschaft berücksichtigt werden muss[272]. Die Überlegungen über den Bundesstaat als Staatsform weisen aber auf die grundsätzliche Unfähigkeit des Souveränitätsbegriffs hin, die nichthierarchische Überlagerung der Europäischen Union und ihrer staatlichen Komponenten sowie die mangelnde Kompetenzverteilung widerzuspiegeln[273]. Insofern erheben sich immer mehr Stimmen, die Europäische Union als eine völlig neue Kategorie bzw. eine neue Staatsform[274] zu begreifen.

Weil sie die traditionellen Souveränitätsattribute ihrer Mitglieder ausübt, ist die Gemeinschaft mehr als eine Organisation für zwischenstaatliche Zusammenarbeit[275]. Oft wird auf die Natur „sui generis" der Europäischen Gemeinschaft verwiesen, um den Mangel an adäquaten Konzepten zu erklären[276]. Der Europäische Gerichtshof hat zuerst die europäische Gemeinschaft als „neue Rechtsordnung des Völkerrechts"[277] bezeichnet, um später auf das Adjektiv „völkerrechtlich" zu verzichten und die EWG als „eigene Rechtsordnung"[278] mit

---

270 *Isaac*, Droit communautaire général (FN. 166), S. 324 ff.; *Gicquel / Hauriou*, Droit constitutionnel (FN. 178), S. 120 f.; vgl. *Croisat / Quermonne*, L'Europe et le fédéralisme (FN. 98), S. 61 ff. Immer noch finden sich Autoren, die die Europäische Gemeinschaft als eine „confédération" betrachten, so z. B. *Gicquel*, Droit constitutionnel (FN. 52), S. 66. Zur Notwendigkeit, sich vom herkömmlichen Vergleich der Europäischen Union mit einer Föderation oder einer Konföderation zu entfernen, *Chaltiel*, La souveraineté de l'Etat (FN. 3), S. 324.

271 *Jacqué*, Droit institutionnel communautaire, Collège d'Europe, année académique 1998-1999, S. 28.

272 Vgl. *Jacqué*, Droit institutionnel (FN. 271), S. 29.

273 Vgl. *Jacqué*, Droit institutionnel (FN. 271), S. 27; ferner *Hannequart*, L'Etat fédéré en droit international, Tours 1991, S. 390 ff.

274 *Ferry*, La question (FN. 45), S. 10.

275 Zur Feststellung, dass die Gemeinschaft keine gewöhnliche zwischenstaatliche Organisation ist z.B. *Isaac*, Droit communautaire général (FN. 166), S. 324; *Labouz*, Le système communautaire européen, Paris, 1988, S. 81.

276 Vgl. *Leben*, A propos de la nature juridique (FN. 179), S. 61.

277 EuGH vom 5. Februar 1963, Rs. 26/62 – N. V. Algemene Transport-en expeditie Onderneming Van Gend en Loos gegen Niederländische Finanzverwaltung, Slg. 1963-IX, S. 5 ff., 25.

278 EuGH vom 15. Juli 1964, Rs. 6/64 – Flaminio Costa gegen E. N. E. L., Slg. 1964-X, S. 1251 ff., 1269.

eigener spezifischen Verfassungsordnung zu betrachten[279]. Im europäischen Schrifttum wird vor allem auf die Spezifität der europäischen Organisation hingewiesen[280], die mit der internationalen Rechtsordnung nicht vergleichbar sei, besonders auf Grund der unmittelbaren Geltung des Gemeinschaftsrechts für die Individuen. Auf internationaler Ebene wird überwiegend[281] die Europäische Gemeinschaft als „internationale Rechtsordnung“ („ordre juridique international“) bezeichnet, eine Bezeichnung, die die Frage nach ihrer potentiellen Staatsqualität von vornherein beiseite legt. Die Europäische Union ist weder eine Föderation noch eine Konföderation oder eine internationale Organisation im klassischen Sinne[282], sie ist eine Rechtsform einer Staatenverbindung, eine politische Struktur, die das Gebiet des Internationalen verlassen hat, ohne dafür das Gebiet des Staatlichen betreten zu haben[283].

Die „Unzulänglichkeit der überkommenen Begrifflichkeit“[284] und der Mangel an neuen Konzepten zur Kennzeichnung der europäischen Rechtsordnung wird im staatsrechtlichen Schrifttum immer mehr betont und bedauert. Die europäische Integration stellt für die herkömmlichen Kategorien der politischen Wissenschaft bis in die Terminologie eine Herausforderung bzw. eine Verwirrung dar, indem sie die Gewaltenteilung, die Übereinstimmung zwischen Staat, Nation, Bürgerschaft und Staatsgebiet oder den Vorrang des Politischen über das Rechtliche in Frage stellt[285]. Die Versuche, die Staatswerdung Europas zu begreifen, stoßen weiter auf das Problem, dass die Begriffssprache des Staatsrechts an statischen Zuständen orientiert ist. Begriffe wie „Staatlichkeit“ und „Souveränität“ sind keine Begriffe der Skalierung, sie sind nicht geeignet, Übergänge und graduelle Abstufungen zu erfassen[286]. Die vielgestaltige Wirklichkeit der Union erklärt die Schwierigkeiten, die Union juristisch zu bezeichnen. Die Union befindet sich im Mittelpunkt zwischen internationalem Recht und Verfassungsrecht und scheint wegen ihrer potentiellen bzw. tatsächlichen Beeinträchtigungen der Souveränität des Staates undefiniert bleiben

---

279 Später hat der EuGH den Geltungsbereich der aus den Gründungsverträgen hergeleiteten Grundsätze auf das sekundäre Gemeinschaftsrecht ausgedehnt, EuGH vom 9. März 1978, Rs. 106/77 – Staatliche Finanzverwaltung gegen S. p. A. Simmenthal, Slg. 1978-I, S. 629 ff. S. 644 Rn. 17/18.

280 *Isaac*, Droit communautaire général (FN. 166), S. 325.

281 Vgl. *Leben*, A propos de la nature juridique (FN. 179), S. 61 ff.; Dazu auch *Beaud*, La Puissance de l'Etat Paris 1994, S. 487

282 *Soulier*, L'Europe fédérale (FN. 177), S. 12.

283 Vgl. *Isaac*, Droit communautaire général (FN. 166), S. 325

284 *Schuppert*, Zur Staatswerdung (FN. 10), S. 53.

285 Vgl. *Cohen-Tanugi*, Le choix de l'Europe, Paris 1995, S. 33.

286 Vgl. *Schuppert*, Zur Staatswerdung (FN. 10), S. 53.

zu müssen. Dieser Mangel kann dennoch als Stärke[287] empfunden werden, da dadurch der europäischen Entwicklung die Gelegenheit geboten wird, ihre eigene Begrifflichkeit zu schaffen.

II. Zurückhaltung des Conseil constitutionnel

Im Gegensatz zum Bundesverfassungsgericht in seinem Maastricht-Urteil von Oktober 1993, das die Europäische Union als „europäischen Staatenverbund“[288] bezeichnet hat, um den Entwicklungstand der Gemeinschaft zwischen Staatenbund und Staat zu umschreiben[289], ist der Verfassungsrat mit einer Stellungnahme im Hinblick auf die Rechtsnatur der Europäischen Union immer vorsichtig gewesen. In seinen Entscheidungen Nr. 92-308 DC vom 2. September 1992[290] und Nr. 97-394 DC vom 31. Dezember 1997[291] hat der Verfassungsrat seine klassische Rechtsprechung über die Natur der Europäischen Gemeinschaften bestätigt, indem er sie als eine einfache internationale Organisation betrachtet[292]. Ihrerseits ist die Europäische Union nach Auffassung des Verfassungsrates, die von der Lehre geteilt wird, keine internationale Organisation[293].

---

287 *Badura*, Bewahrung und Veränderung demokratischer und föderativer Verfassungsprinzipien der in Europa verbundenen Staaten, in: Zeitschrift für Schweizerisches Recht, N. F. Bd. 109, 1990, S. 115-134 (132).

288 Die Bezeichnung der Europäischen Union als „Staatenverbund“ wird vom Bundesverfassungsgericht in seiner Entscheidung mehrere Male wiederholt: BVerfGE 89, 155 [183, 184, 185, 186, 188, 190]. Das Bundesverfassungsgericht spricht aber auch von einer „Staatengemeinschaft“ [182], von einer „zwischenstaatlichen Gemeinschaft“ [183], von einer „Rechtsgemeinschaft“ [202, 204] oder von einer „supranational organisierten zwischenstaatlichen Gemeinschaft“ [184, vgl. 187].

289 *Häde*, Das Bundesverfassungsgericht und der Vertrag von Maastricht, in: B. B. (1993), Bd. 2, S. 2457-2463 (2459). Nach dem Bundesverfassungsgericht versteht der Unionsvertrag die Union „nicht als eigenständiges Rechtssubjekt, sondern als Bezeichnung für die gemeinsam, durch ihre Regierungen handelnden Mitgliedstaaten“ (BVerfGE 89, 155 [200]). Die Europäische Union ist daher „primär gouvernemental bestimmt“ (BVerfGE 89, 155 [186]). Die Souveränität der Mitgliedstaaten wird daher gemeinsam ausgeübt (BVerfGE 89, 155 [188, 189]), wobei die Mitgliedstaaten vor allem „Herren der Verträge“ bleiben.

290 C. C. Nr. 92-308 DC vom 9. April 1992, Rec. S. 55.

291 C. C. Nr. 97-394 DC vom 31. Dezember 1997, Rec. S. 344, Erwägung Nr. 6: „Considérant qu'il résulte de ces textes de valeur constitutionnelle que le respect de la souveraineté nationale ne fait pas obstacle à ce que, sur le fondement des dispositions précitées du préambule de la Constitution de 1946, la France puisse conclure, sous réserve de réciprocité, des engagements internationaux en vue de participer à la création ou au développement d'une organisation internationale permanente, dotée de la personnalité juridique et investie de pouvoirs de décision par l'effet de transferts de compétences consentis par les Etats membres“.

292 C. C. Nr. 76-71 DC vom 30. Dezember 1976, Rec., S. 15, Erwägung Nr. 2.

293 Vgl. *Prétot*, Le Principe constitutionnel de la souveraineté nationale et l'Europe, in: La Constitution et l'Europe, Journée d'étude du 25 mars 1992 au Sénat, Paris 1992, S. 33-66 (41).

Ferner wird die Spezifität internationaler Verträge, die eine internationale Organisation schaffen zwar vom Verfassungsrat anerkannt, den Gemeinschaftsnormen kommt aber als solche keine besondere Behandlung zu[294]. Diese Rechtsprechung wurde dadurch bestätigt, dass die französische Verfassung bis zur Verfassungsänderung vom 25. Juni 1992 keine besondere Regeln enthielt, welche die Organisation Europas betrafen[295]. Dazu kommt, dass der Verfassungsrat sich bei der Prüfung der Verfassungsmäßigkeit der Gemeinschaftsverträge auf Art. 55 der Verfassung von 1958 sowie auf Abs. 14 der Präambel der Verfassung von 1946 bezieht. Die Rechtsordnung der Europäischen Gemeinschaft ist zwar nach Auffassung des Verfassungsrates in die nationalen Rechtsordnungen der Mitgliedstaaten eingebunden, doch gehört sie nicht zum institutionellen Gefüge der französischen Republik. Der Rat bestätigt also seine Rechtsprechung vom 30. Dezember 1976, obwohl sie von der Lehre kritisiert wurde. Es wurde dem Verfassungsrat insbesondere vorgeworfen, seine Rechtsprechung sei mit der Rechtsprechung des Europäischen Gerichtshofes über die Natur „sui generis"[296] oder die Spezifität der Europäischen Gemeinschaft unvereinbar.

Im Hinblick auf eine potentielle Präsouveränität der Europäischen Union führt die Rechtsprechung des Verfassungsrates zu dem Ergebnis, dass im Rahmen der europäischen Integration also nur von Kompetenzübertragungen („transferts de compétences") die Rede sein kann, da die Europäische Union lediglich eine internationale Organisation ist und gar kein werdender Staat[297]. Die Souveränität ist begrenzbar, aber unteilbar, und ein Organ, das nicht selbst souverän ist, kann nicht Souveränitätsübertragungen empfangen. Das Wichtigste ist also weniger der Inhalt als die Natur der Übertragung. Das ist die Folge des vom Verfassungsrat behaupteten exklusiven Charakters der nationalen Souveränität[298]. Fraglich bleibt aber, ob durch den neuen Titel XV der Verfassung die Spezifität anerkannt worden ist[299]. Im Hinblick auf diese offenbar feste Rechtsprechung des Verfassungsrates ist dies aber zu bezweifeln.

294 Dazu ebenda, S. 40.

295 Die Erwähnung durch Abs. 15 der Präambel der Verfassung von 1946 der „allgemeinen Regeln des Völkerrechts" haben eine allgemeine Weite und finden ihren Ursprung in dem Willen des Verfassungsgebers, die Teilnahme Frankreichs zur UNO zu sichern. Dadurch war die Europäische Gemeinschaft nur „indirekt" einbezogen.

296 Vgl. EuGH vom 15. Juli 1964, Rs. 6/64 – Flaminio Costa gegen E. N. E. L., Slg. 1964-X, S. 1251 ff.

297 Vgl. *Grewe*, La révision constitutionnelle en vue de la ratification du Traité de Maastricht, in: R.F.D.C., Nr. 11 (1992), S. 413-438 (427).

298 *Prétot*, Le principe constitutionnel (FN. 293), S. 43: „Il en résulte l'inconstitutionnalité de tout engagement international qui conduirait à la substitution, fut-ce sur une question marginale par sa nature ou par son importance, d'une autre souveraineté à la souveraineté nationale".

299 *Renoux / Villiers*, Code constitutionnel commenté et annoté, Paris 1994, S. 615.

C. Zusammenfassung

Das Thema Staatlichkeit und Souveränität Frankreichs in der Europäischen Union kann vom Problem der Rechtsnatur[300] der Europäischen Union nicht mehr getrennt werden. Die Originalität des gemeinschaftlichen Organisationsmodells war ihren Gründern wohl bewusst[301]. Es besteht dennoch immer noch Uneinigkeit unter den 15 Mitgliedstaaten über die zukünftige Form der Europäischen Union. Dies wurde in Amsterdam und Nizza besonders deutlich, wo keine wesentliche institutionelle Reform erreicht werden konnte. An dieser Stelle befindet sich die Analyse an der Grenze zwischen dem Politischen und dem Juristischen, ja zwischen Traum und Wirklichkeit[302]. Vor ihrer juristischen Feststellung hängt die Bestimmung der Rechtsnatur der Europäischen Union zuerst vom politischen, souveränen Willen der EU-Mitgliedstaaten ab. Die Tatsache, dass eine juristische Bestimmung der Europäischen Gemeinschaften praktisch unmöglich ist, sobald man den Versuch unternimmt, sie lediglich einer der traditionellen Kategorien von Staatenverbindungen anzupassen[303], erscheint als problematisch, wenn man betrachtet, dass von der Frage der Rechtsnatur der Europäischen Union die Bestimmung der Rechtsnatur der Kompetenzübertragungen der Mitgliedstaaten abhängt[304].

Mangels eines Referenzmodells tendieren daher die Autoren dazu, den Status der Gemeinschaft negativ zu bezeichnen, indem sie die Tatsache betonen, dass sie weder eine klassische internationale Organisation noch ein Bundesstaat ist[305]. Höchstens kann angenommen werden, dass angesichts des Entwicklungsstands der Gemeinschaft das Referenzmodell das föderale System sein wird, obgleich dann die Eigenart der Europäischen Gemeinschaft berücksichtigt werden muss. Insofern erheben sich immer mehr Stimmen, die fordern, die Europäische Union

---

300 *Pliakos*, La nature juridique de l'Union européenne (FN. 36), S. 187.

301 *Monnet*, Mémoires (FN. 114), S. 615-616: „Ce que nous préparons, à travers l'action de la Communauté, n'a probablement pas de précédent"; Vgl. *Berranger*, Constitutions nationales (FN. 153), S. 20, wo der Autor von einem „modèle inédit" spricht; *Chaltiel*, La souveraineté de l'Etat (FN. 3), S. 335, spricht ihrerseits von einer „nouvelle entité politique".

302 So konnte *Morin*, Penser l'Europe, Paris 1988, S. 48 ironisch feststellen, dass „chez quelques esprits marginaux, l'idée de Fédération Européenne naît en même temps que les Etats-Nation et renaît à chaque guerre, à chaque traité de paix. Ainsi, le rêve contredit la réalité qui lui échappe". Zum aktuellen Problem der „Finalität" der Europäischen Union, z. B. *Oppermann*, Der Europäische Traum zur Jahrhundertwende, in: JZ 7 (1999), S. 317-368 (318, 320).

303 *Isaac*, Droit communautaire général (FN. 166), Paris 1998, S. 324: „Au terme de ce livre, il s'avère pratiquement impossible de qualifier les Communautés européennes si on se borne à tenter de les faire entrer dans une des catégories traditionnelles de regroupements d'Etats".

304 *Beaud*, La Puissance de l'Etat (FN. 281), S. 486.

305 *Jacqué*, Droit institutionnel (FN. 271), S. 29.

als eine völlig neue Kategorie bzw. eine „neue Staatsform“[306] zu begreifen, ohne sich aber über eine befriedigende Bezeichnung einigen zu können.

[306] Vgl. *Ferry*, La question (FN. 45), S. 10.

Kapitel 2: Die Bedeutung der Europäischen Union als Rechtsgemeinschaft für die nationale Souveränität

Zwischen der Entwicklung des Rechts auf internationaler[307] bzw. regionaler Ebene und der Erhaltung der Souveränität der Staaten besteht ein Spannungsverhältnis, ein „conflit en puissance"[308], das durch die europäische Integration verstärkt wird. Die Europäische Union erzeugt ein Recht, das sich gegenüber der Souveränität der Mitgliedstaaten immer mehr durchsetzt[309]. Nach Auffassung des Europäischen Gerichtshofes stellt das Gemeinschaftsrecht eine eigenständige Rechtsordnung dar[310] und die Union selbst wird im Schrifttum oft als Rechtsgemeinschaft oder als „Union des Rechts"[311] bezeichnet. Als Rechtsgemeinschaft ohne Staatsqualität kommt dem Recht in der Europäischen Gemeinschaft eine besondere Bedeutung zu. In dieser Hinsicht wird das Recht als „Instrument der gemeinsamen Interessen der Völker und Staaten der Gemeinschaft"[312] betrachtet.

A. Nationale Souveränität und Entstehung einer europäischen Gesetzgebung

Die europäische Integration bedingt eine Umstellung der verfassungsrechtlichen Terminologie – Symbol dafür ist der Begriff der gemeinschaftsrechtlichen

307 In dieser Hinsicht wird von einem „Paradoxon" des internationalen Rechts gesprochen, *Alland* (Dir.), Droit international public, Paris 2000, S. 21 ff.; vgl. *Combacau / Sur / Thierry / Vallee*, Droit international public, Paris, 1984, S. 230.

308 *Chaltiel*, Droit constitutionnel et droit communautaire, in: R. T. D. E. (1999), Nr. 35, Heft 3, S. 395-408 (395).

309 A. A. *Isaac*, Droit communautaire général (FN. 166), S. 160: „(…) le droit issu des sources communautaires n'est pas un droit étranger ni même un droit extérieur: il est le droit propre de chacun des Etats membres applicable sur son territoire tout autant que son droit national, avec cette qualité supplémentaire qu'il couronne la hiérarchie des textes normatifs de chacun d'eux".

310 Vgl. EuGH vom 15. Juli 1964, Rs. 6/64 – Flaminio Costa gegen E. N. E. L., Slg. 1964-X, S. 1251 ff . Zur Entstehung eines europäischen Rechtsstaats, *Chaltiel*, La souveraineté de l'Etat (FN. 3), S. 281 ff.

311 *Sander*, Kooperation zwischen BVerfG und EuGH am Beispiel der EG-Bananenmarktordnung, in: Scholz (Hrsg.), Europa als Union des Rechts : eine notwendige Zwischenbilanz im Prozeß der Vertiefung und Erweiterung ; Forschungsergebnisse im Überblick ; ein Almanach junger Wissenschaftler / VI Kongreß „Junge Juristen und Wirtschaft", Leipzig, 26.-28. Mai, 1999, hrsg. von Hanns Martin Schleyer-Stiftung, Köln 1999, S. 214-215 (215). Zum Phänomen der Internationalisierung des Rechts im Allgemeinen, ohne übrigens das Verfassungsrecht miteinzubeziehen, L'internationalisation du droit, Mélanges en l'honneur du doyen Yvon Loussouarn, Paris 1994; In dieser Hinsicht erscheint die Auseinandersetzung zwischen Monismus und Dualismus als überholt, *Leclercq*, La Constitution de 1958 face au face au défi du droit international, in: L'internationalité dans les institutions et le droit: convergences et défis. Etudes offertes à Alain Plantey, Paris 1995, S. 1-15 (5).

312 *Isaac*, Droit communautaire (FN. 166), S. 166.

Gesetze – sowie des staatlichen Gefüges durch die Neubestimmung der Funktionen der Legislative, der Exekutive, des Haushalts und der Verfassungsgebung[313]. Zwar ist der Vorrang[314] des Gemeinschaftsrechts vor dem nationalen Gesetz heute von der nationalen Gerichtsbarkeit grundsätzlich anerkannt und gewährleistet, der Mangel eines hierarchischen Verhältnisses zwischen Verfassung und gemeinschaftsrechtlicher Rechtsordnung[315] führt aber zu gewissen Unklarheiten[316] und Schwierigkeiten im Hinblick auf die Souveränität[317].

I. Begriffliche und theoretische Aspekte

Der für Frankreich spezifische „culte de la loi" als Produkt der nationalen Souveränität erklärt die französischen Schwierigkeiten gegenüber dem Vorrang und der Unmittelbarkeit des Gemeinschaftsrechts. Die besondere, symbolische Bedeutung des Gesetzes in Frankreich als Ausdruck der „volonté générale", mit anderen Worten als Ausdruck der „volonté présumée du souverain"[318], das heißt

313 Vgl. *Gaudin*, Amsterdam: l'échec de la hiérarchie des normes?, in: R. T. D. E. 35 (1999), S. 1-20 (2).

314 Dieses Prinzip entspricht dem föderalistischen Prinzip, nach dem Bundesrecht das jeweilige Landesrecht „bricht" (Art. 31 GG). Die institutionelle und materielle Schwäche des gemeinsamen Rechts (droit commun) führt aber zur Feststellung, dass das Gemeinschaftsrecht kein gemeinsames Föderalrecht ist, sondern lediglich dazu tendiert, sich der „perfection étatique" („staatlichen Vollkommenheit") anzunähern, vgl. *Beaud*, Ouverture: L'Europe entre droit commun et droit communautaire, in: Droits 14 (1991), S. 3-16 (14).

315 Vgl. *Chaltiel*, La Constitution française et l'Union européenne. A propos de la révision constitutionnelle du 25 janvier 1999, in: R. M. C., Nr. 427 (1999), S. 228-237 (236).

316 *Rideau*, L'interprétation de l'article 55 de la Constitution par la Cour de Cassation, in: La Cour de Cassation et la Constitution de la République, Actes du colloque des 9 et 10 décembre 1994, Presses universitaires d'Aix-Marseille, S. 227-243 (228): „La mention des seuls traités et accords internationaux par le texte constitutionnel ne répond pas aux questions posées par l'engagement de la France dans les Communautés européennes, fondé sur les traités constitutifs mais se traduisant par l'adoption de textes de droit communautaire dérivé sous la forme d'actes adoptés par les institutions. Ces actes participent-ils de l'autorité supérieure reconnue aux traités et accords? Le texte constitutionnel laisse également ouverte la question de l'autorité de la jurisprudence communautaire et de celle de la Cour européenne des droits de l'homme. Il ignore même la question des principes généraux de droit communautaire reconnus en tant que tels par la juridiction communautaire".

317 Vgl. *Prétot*, Constitution et Communauté, in: Gavalda / Kovar (Dir.), Répertoire de droit communautaire, Bd. 1, Paris 1992, S. 1-19, S. 3: „(...) la conception d'un ordre juridique communautaire doué de suprématie à l'égard des ordres nationaux, propre à la Cour de Luxembourg, n'étant pas toujours en harmonie avec les constitutions nationales souvent attachées, malgré une évolution réelle au cours des dernières décennies, au principe de la souveraineté".

318 *Troper*, Souveraineté de l'Etat et hiérarchie des normes dans la jurisprudence constitutionnelle. En guise d'introduction: La théorie constitutionnelle et le droit positif, in: Les Cahiers du Conseil constitutionnel, Nr. 9 (2000), S. 93-105 (96).

des Volkes, ist mit der Idee einer europäischen Gesetzgebung schwer vereinbar. Der Begriff des Gesetzes[319] ist in Frankreich sehr eng mit der Souveränität bzw. mit dem Staat verknüpft. Die gesetzgebende Gewalt wird seit Bodin als Hauptmerkmal der Souveränität[320] betrachtet und ist mit dem Staat selbst eng verknüpft[321]; sie ist eine spezifische Funktion des Staates[322]. Verbunden mit der Repräsentationslehre führt das auf die politische Philosophie *Rousseaus* zurückzuführende Prinzip des Gesetzes als Ausdruck des Gemeinwillens[323] zu einem engen Zusammenhang mit dem Prinzip der nationalen Souveränität. Souveränität und Gesetzgebung sind eng aufeinander bezogen[324]. Das Recht, welchem das Volk sich unterwirft, wird durch das Gesetz symbolisiert, welches als Souverän bezeichnet wird. Das Gesetz ist Ausdruck des Gemeinwillens, welcher wiederum Ausdruck der Souveränität ist. Die Ausdehnung der Theorie der nationalen Souveränität führt dazu, dass das Gesetz bzw. das Parlament als „souverän" bezeichnet werden[325]. Wie die nationale Souveränität ist der Gemeinwillen durch

---

319 Das Gesetz wird entweder formell definiert als „règle écrite, générale et permanente, élaborée par le Parlement" bzw. als „acte édicté par une autorité investie du pouvoir législatif dans les conditions fixées par la Constitution", so *Mathieu*, La loi, Paris, 1996, S. 2, oder materiell definiert als: „acte unilatéral applicable dans tous ses éléments, et situé à un haut niveau de hiérarchie des normes", vgl. *Bécane / Couderc*, La loi, Paris 1994, S. 31. Die Autoren stützen sich auf den allgemeinen und obligatorischen Charakter des Gesetzes, um einen Akt als „Gesetz" zu definieren. Erst die materielle Definition des Gesetzes ermöglicht es, europäische Rechtsnormen als „Gesetz" zu bezeichnen. So kann *Chaltiel*, La souveraineté de l'Etat (FN. 3), S. 335 erklären: „La définition organique de la loi n'étant plus exclusivement assimilée au Parlement, et sa définition matérielle la situant à un haut niveau dans la hiérarchie des normes, la notion de „loy européenne" semble pouvoir être défendue".

320 *Bodin*, Sechs Bücher über den Staat (FN. 241), Buch I, Kap. X, S. 289.

321 So z. B. *Goyard-Fabre*, L'Etat de droit, problématique et problèmes, in: Cahiers de philosophie politique et juridique de l'Université de Caen, Nr. 24, 1990, S. 11: „L'Etat implique un Pouvoir, que son autorité ou souveraineté habilite à légiférer". *Vimbert*, La tradition républicaine en droit public français, Paris 1992, S. 46. Dort zeigt der Autor, wie die Souveränität des Gesetzes die Behauptung der Staatsgewalt ermöglicht.

322 *Carré de Malberg*, Contribution à la théorie générale de l'Etat spécialement d'après les données fournies par le droit constitutionnel français, 2 Bde., Paris 1920, 1922, Bd. 1, S. 166: „fonction spécifique de l'Etat".

323 *Rousseau*, Der Gesellschaftsvertrag, Stuttgart 1971, insbes. Buch II, Kap. VI, S. 41 ff., 43. Zum Begriff des Gemeinwillens etwa *Hecker*, Europäische Integration als Verfassungsproblem in Frankreich, Schriften zum Europäischen Recht, Bd. 48, Berlin 1998, S. 29 ff.; vgl. *Rasenack*, Gesetz und Verordnung in Frankreich seit 1789, Berlin 1967, S. 21 ff.; Zum französischen Gesetzesbegriff, *Schlette*, Die Konzeption des Gesetzes im französischen Verfassungsrecht, in: JÖR 33 (1984), S. 279-313 ff. (288 ff.); ferner zum deutschen Begriff des Gesetzes im Vergleich mit dem französischen *Starck*, Der Gesetzesbegriff des Grundgesetzes, Baden-Baden 1970, S. 128 ff.

324 *Chaltiel*, La souveraineté de l'Etat (FN. 3), S. 334 erwähnt sogar die unvergängliche Verbindung zwischen der Souveränität und der Gesetzgebung („lien indéfectible existant entre la souveraineté et le pouvoir législatif").

325 *Burdeau / Hamon / Troper*, Droit constitutionnel (FN. 31), S. 179 f.; Vgl dazu *Carré de Malberg*, La Loi, expression de la volonté générale, Paris 1931, S. 20 ff., 215. Ferner *Redor*,

seine Abstraktheit, Allgemeinheit, Einheit und Unteilbarkeit[326] charakterisiert und wird durch seine Unantastbarkeit gekennzeichnet. Mit der Einfügung dieses Prinzips in den Art. 3 der Menschen- und Bürgerrechtserklärung vom 26. August 1789 gewann das Gesetzesverständnis praktisch den Rang einer offiziellen Staatsdoktrin[327]. Das Gesetz stellte bald als höchste und souveräne Willensäußerung einen „acte souverain" dar[328]. Die Tradition der Unantastbarkeit des Gesetzes ist also tief im französischen Verfassungsverständnis verwurzelt.

Erst mit der V. Republik und der Schaffung einer Verfassungsmäßigkeitskontrolle der Parlamentsgesetze[329] bzw. mit der Einführung der Technik des „rationalisierten Parlamentarismus", durch den der Regierung eine erhebliche Rolle bei der Gesetzgebung zukommt, wurde diese Tradition durchbrochen. Die V. Republik ist durch eine Verstärkung der Exekutive auf Kosten der Legislative geprägt[330]. Durch Art. 34 der Verfasssung von 1958 wird das Gesetz auf einen bestimmten Bereich eingeengt. Außerhalb dieses Bereichs ist die Regierung zuständig, obgleich der Umfang des Art. 34 sowie die seltene Benutzung des Unzulässigkeitsverfahrens das Prinzip der materiellen Begrenzung des Gesetzgebers nuancieren.

Der Übergang von einer europäischen Rechtsetzung zu einer europäischen Gesetzgebung wird im französischen Schrifttum immer mehr betont. Die symbolische Bedeutung des Gesetzesbegriffs im Hinblick auf die Souveränität führt jedoch dazu, dass die Gesetzgebungsfunktion der Europäischen Gemeinschaft zwar wahrgenommen wird[331], die Anwendung des Begriffs „loi" jedoch als

De l'Etat légal à l'Etat de droit. L'évolution des Conceptions de la Doctrine Publiciste Française 1879-1914, Paris 1992, S. 35 ff. Die Autorin spricht in diesem Sinne von „déviation" (Abweichung).

326 Zur Unteilbarkeit des Gemeinwillens *Rousseau*, Der Gesellschaftsvertrag (FN. 323), Buch II, Kap. II, S. 29 ff. Auf Grund dieses Merkmales schloss *Rousseau* eine Repräsentation durch ein gewähltes Vertretungsorgan aus. Erst im 19. Jahrhundert, insbes. im Anschluss an *Carré de Malberg* wurde in der französischen Staatslehre das Parlament Träger des Gemeinwillens und damit zur souveränen Instanz im Staat. Dies führte ferner zur Formalisierung des Gesetzesbegriffs, da für *Carré de Malberg* das Gesetz sich durch seine Form, nicht aber durch seinen Inhalt charakterisiert, *Carré de Malberg*, Contribution (FN. 322), Bd. 1, S. 285 ff., 326 ff.

327 *Hecker*, Europäische Integration (FN. 322), S. 30.

328 *Bécane / Couderc*, La loi (FN. 319), S. 341 ff.

329 Art. 61 der Verfassung von 1958, wobei dieser Artikel lediglich eine präventive verfassungsgerichtliche Normenkontrolle durch den Verfassungsrat gestaltet. Sobald das Gesetz veröffentlicht worden bzw. in Kraft getreten ist, kann es nicht mehr geprüft werden, *Renoux / Villiers*, Code constitutionnel (FN. 299), Art C. 61, S. 459.

330 Das durch die „eurosceptiques" vorgeworfene europäische Demokratiedefizit fängt also auf nationaler Ebene an, vgl. *Luchaire*, L'Europe et la souveraineté des Etats, in: Cahiers juridiques franco-allemands (Saarbrücken), Nr. 19, 1994, S. 5-18 (15).

331 Z. B. *Blumann*, La fonction législative communautaire, Paris 1995, S. 143; *Rideau*, Droit institutionnel (FN. 72), S. 101.

„Tabu“[332] erscheint, da man sich dann vor einer „'législation' gouvernementale“ befindet[333]. Sowohl in der europäischen Rechtsprechung[334] als auch in der Lehre wird insofern nur von „Gesetzgebung“ („législation“), nicht aber von „loi“ gesprochen [335], obwohl der Vergleich mit dem nationalen Gesetzgeber vom Europäischen Gerichtshof von Anfang an herangezogen wurde[336]. Beide Begriffe gehören dennoch demselben Begriffsfeld an und es erheben sich Stimmen zur Einführung des Wortes „loi“, um die Rechtsnormen der Gemeinschaft zu bezeichnen[337]. Einige Autoren vergleichen sogar den EuGH mit einem Gesetzgeber[338]. Der Vertrag von Amsterdam selbst bezeichnet den Rat der Europäischen Union als „Gesetzgeber“[339]. Die traditionelle französische

---

332 Vgl. *Chaltiel*, La souveraineté de l'Etat (FN. 3), S. 337.

333 Siehe schon *Foyer*, le contrôle des parlements nationaux sur la fonction normative des institutions communautaires, in: R. M. C. (1979), S. 161-168 (164).

334 EuGH vom 20. März 1959, Rs. 18/57 – Firma I. Nold, KG gegen Hohe Behörde der Europäischen Gemeinschaft für Kohle und Stahl, Slg. 1958-1959-V, S. 89 ff., S. 112, wo der Gerichtshof die im EGKS-Vertrag vorgesehenen allgemeinen Entscheidungen als „quasi-legislatorische Maßnahmen“ („actes quasi-législatifs“) bezeichnet; EuGH vom 15. Juli 1960, Rs. 20/59 – Regierung der Italienischen Republik gegen Hohe Behörde der Europäischen Gemeinschaft für Kohle und Stahl, Slg. 1960, VI, Teil II, S. 681 ff., S. 713: „„Gesetzgebungs“-Gewalt“ („compétence légiférante“) der Hohen Behörde; vgl. EuGH vom 17. Dezember 1970, Rs. 25/70 – Einfuhr- und Vorratssstelle für Getreide und Futtermittel gegen Köster, Berodt & Co., Slg. 1970-XVI, S. 1161 ff., 1179 Rn. 40: „Gemeinschaftsgesetzgeber“ („législateur communautaire“; EuGH vom 17. Dezember 1970, Rs. 11/70 – Internationale Handelsgesellschaft mbH gegen Einfuhr- und Vorratsstelle für Getreide- und Futtermittel, Slg. 1970-XVI, S. 1125 ff., S. 1140 Rn. 25: „Gemeinschaftsgesetzgeber“; EuGH vom 11. Mai 1983, Rs. 244/81 – Klöckner-Werke AG gegen Kommission der Europäischen Gemeinschaften, Slg. 1983-II, S. 1451 ff., S. 1477 Rn. 9: „Rechtssetzungssystem“; EuGH vom 9. März 1978, Rs. 106/77 – Staatliche Finanzverwaltung gegen S. p. A. Simmenthal, Slg. 1978-I, S. 629 ff., S. 644: „Rechtssetzungsgewalt“; EuGH vom 27. Oktober 1992, Rs. C-240/90 – Bundesrepublik Deutschland gegen Kommission der Europäischen Gemeinschaften, Slg. 1992-8, Teil I, S. 5383 ff., S. 5430 Rn. 20: „Gemeinschaftsgesetzgeber“.

335 Das Wort „loi“ ist auch in keinem der Gemeinschaftsverträge zu finden.

336 Z. B. EuGH vom 15. Juli 1960, Rs. 25/59 – Regierung des Königreichs der Niederlande gegen Hohe Behörde der Europäischen Gemeinschaft für Kohle und Stahl, Sl. 1960, S. 743 ff., S. 780: „Der Vertrag über die Gründung der Europäischen Gemeinschaft für Kohle und Stahl enthält zwar eine Reihe von Bestimmungen, die ebenso wie die vom nationalen Gesetzgeber erlassenen Vorschriften einer unmittelbaren Durchführung in den Mitgliedstaaten zugänglich sind und ohne weiteres von Rechts wegen durchgeführt werden müssen (...)“.

337 Vgl. dazu *Chaltiel*, La souveraineté de l'Etat (FN. 3), S. 333 ff., 334, wo die Autorin sogar die Entstehung einer Art „Loy européenne“ im Sinne von *Bodin* erwähnt. Der Vergleich mit *Bodin* wird aber dadurch geschwächt, dass für ihn die Souveränität der Macht, das Gesetz zu erlassen und aufzuheben, gleicht. Das nationale Gesetz kann aber gerade nicht von einer europäischen gerichtlichen Instanz oder Institution aufgehoben werden.

338 so z. B. *Bettati*, Le „law-making power“ de la Cour, in: Revue Pouvoirs, 1989, Nr. 48, S. 57 ff.

339 Art. 207-3 EGV. (ex. 151 Abs. 3).

Auffassung der Souveränität als „une et indivisible" führt andererseits dazu, den Staat als exklusiven Erzeuger des Rechts auf seinem Staatsgebiet zu betrachten und dementsprechend die Existenz eines internationalen Rechts, welches nicht exklusiv durch den Staat erzeugt wird, abzulehnen[340]. Diese klassische Auffassung führt zu manchen Widerstrebungen im Hinblick auf die Souveränität[341].

II. Gemeinschaftsrecht und nationales Gesetz

Angesichts der besonderen Symbolik des nationalen Gesetzes als Ausdruck des Gemeinwillens („volonté générale") nimmt das Problem der Normenhierarchie zwischen Gemeinschaftsrechts und nationalem recht bzw. nationalem Gesetz eine besondere Bedeutung an.

1. Die Prinzipien des Vorrangs und der Unmittelbarkeit des Gemeinschaftsrechts

Die Prinzipien des Vorrangs und der Unmittelbarkeit des Gemeinschaftsrechts erscheinen im französischen juristischen Schrifttum als Instrumente zur Verwirklichung des Föderalismus[342]. Das Recht ist der erste Integrationsfaktor eines europäischen Bewusstseins, das unmittelbar gegen die Wirklichkeit des „Etat-nation" verstößt[343]. Fraglich ist, ob die Idee eines Rechtsföderalismus verwirklicht werden kann. Das Monopol der Gesetzgebung berührt – zusammen mit dem Gewaltmonopol – am ehesten die Souveränität. Fraglich ist, inwiefern die Mitgliedstaaten noch Herren des Rechts auf ihrem Hoheitsgebiet sind. Wichtiger ist aber weniger die Behauptung des Prinzips vom Vorrang des Gemeinschaftsrechts durch den Europäischen Gerichtshof als der Grad seiner Wirksamkeit[344]. Insofern ist zum Beispiel fraglich, ob dem im Wege richterlicher Rechtsfortbildung für das Gemeinschaftsrecht entwickelten Vorrangprinzip relative oder absolute Rechtsgültigkeit zuerkannt werden soll, da keine ausdrückliche[345] Vorschrift im Unionsvertrag – wie es bei Bundesverfassungen

340 *Chaltiel*, La souveraineté de l'Etat (FN. 3), S. 2.

341 Dazu ebenda, S. 295 ff., 303 ff.

342 Vgl. *Carreau.*, Droit communautaire et droits nationaux, concurrence ou primauté? La contribution de l'arrêt Simmenthal, in: R. T. D. E. 1978, S. 381-418 (390, 401).

343 *Sabourin*, L'Europe (FN. 41), S. 246. Der Autor weist auf ein Paradox hin, da die Nationalstaaten Beeinträchtigungen ihrer Souveränität zwar zustimmen, dennoch Herren über die Bestrafung dieser Beeinträchtigungen bleiben.

344 Für eine unwiderstehliche Durchschlagskraft und eine vollständige Wirksamkeit, *Isaac* Primauté du droit communautaire (Oktober 1997), in: Gavalda / Kovar (Dir.), Répertoire de droit communautaire, Bd. 3, Paris 1992, S. 1-19 (1). Für eine relative Rechtskraft, *Chaltiel*, Droit constitutionnel et droit communautaire (FN. 308), S. 399, 400 ff.

345 Möglich ist aber, das implizite Vorhandensein des Vorranggebots in bestimmten Vertragsvorschriften zu erkennen. So scheint Art. 5 EGV-Maastrichter Fassung, der einer Bundes-

der Fall ist oder wie es der Entwurf des Europäischen Parlaments vom 14. Februar 1984 vorsah – die Frage der Normenhierarchie regelt. Auch im Vertrag von Amsterdam wurde das Vorranggebot nicht ausdrücklich festgestellt trotz der Erklärung Nr. 16 zur Rangordnung der Rechtsakte der Gemeinschaft, die dem Unionsvertrag beigefügt wurde[346]. Dieser Vorrang ist aber ein „allgemein anerkannter und notwendiger Bestandteil der Gemeinschaftsrechtsordnung“[347], der die einheitliche Anwendung des Gemeinschaftsrechts innerhalb der Gemeinschaft gewährleistet. Die Souveränität als Monopol des positiven Rechts wird dadurch beeinträchtigt und ihre Bedeutung modifiziert.

Bezieht man sich auf die französische klassische Souveränitätstheorie, so ergibt sich aus der Tatsache, dass die europäischen Behörden Rechtsnormen erzeugen können, die den nationalen Gesetzen gegenüber vorrangig sind, dass das nationale Gesetz dann nicht mehr als Ausdruck des Willens des Volkes oder dass das Volk nicht mehr als souverän betrachtet werden kann[348]. Der „supranationalisme normatif“[349], der im Prinzip des Vorrangs und im Prinzip der Unmittelbarkeit des Gemeinschaftsrechts zum Ausdruck kommt, findet seinen Ursprung zum größten Teil in der Rechtsprechung des Europäischen Gerichtshofs[350]. In den Entschei-

treueklausel ähnelt, auszuschließen, dass der Mitgliedstaat sich auf seine Verfassung stützen kann, um seine gemeinschaftlichen Verpflichtungen nicht zu erfüllen; zum Art. 5 EGV z. B. *Blanquet*, L'article 5 du traité C. E: E. Recherches sur les obligations de fidélité des Etats membres de la Communauté, Paris 1994.

346 Diese Erklärung lautet nämlich: „Die Konferenz kommt überein, dass die 1996 einzuberufende Regierungskonferenz prüfen wird, inwieweit es möglich ist, die Einteilung der Rechtsakte der verschiedenen Arten von Normen herzustellen“, dazu *Kovar*, La déclaration n° 16 annexée au traité sur l'Union européenne: chronique d'une mort annoncée?, in: C. D. E. (1997), Nr. 1-2, S. 3-11; *Monjal*, La conférence intergouvernementale de 1996 et la hiérarchie des normes communautaires, in: R. T. D. E. 1996, S. 681 ff. (716). Ferner *Gaudin*, Amsterdam (FN. 313), S. 1 ff.

347 *Sander*, Europäischer Gerichtshof und nationale Verfassungsgerichtsbarkeit, in: DÖV (2000), Heft 14, S. 588-596 (588 f.). Das Vorranggebot wurde auch als „condition existentielle“ des Gemeinschaftsrechts bezeichnet: *Pescatore*, L'ordre juridique des Communautés européennes, 2. Aufl., Liège 1973, S. 227. Zur wesentlichen Verbindung zwischen dem Vorrang und der Autonomie des Gemeinschaftsrechts, *Kovar*, La contribution de la Cour de justice des Communautés européennes à l'édification de l'ordre juridique communautaire, in: R. C. A. D. I. IV-I, 1995, S. 49 ff.

348 Vgl. *Troper*, Souveraineté de l'Etat (FN. 318), S. 96.

349 *Jacqué*, La Constitution de l'Union européenne, in: Flauss (Dir.), Vers un droit constitutionnel européen, quel droit constitutionnel européen?, Actes du colloque des 18 et 19 juin 1993, 40ème anniversaire de l'Institut des Hautes études européennes, Strasbourg, Université Robert Schumann, in: R. U. D. H., 29 décembre 1995, Nr. 11-12, S. 397-428 (401).

350 EuGH vom 15. Juli 1964, Rs. 6/64 – Flaminio Costa gegen E. N. E. L., Slg. 1964-X, S. 1251 ff. Dazu z. B. *Witte*, Retour à Costa, La primauté du droit communautaire à la lumière du droit international, in: R. T. D. E. (1984), S. 425-454 (433 ff.); *Simon*, Les exigences de la primauté du droit communautaire, continuité ou métamorphose?, in: L'Europe et le droit, Mélanges en hommage à Jean Boulouis, Paris 1991, S. 481-493. Das Prinzip der Unmittelbarkeit des

dungen „Internationale Handelsgesellschaft“[351] und „Simmenthal“[352] hat der Europäische Gerichtshof den Vorrang des Gemeinschaftsrechts vor „jeder“ Norm der inneren Rechtsordnung einzelner Staaten anerkannt. Aus diesem Grund besteht für sämtliche einzelstaatliche Gerichte und Verwaltungsbehörden die Verpflichtung, aus eigener Zuständigkeit unmittelbar wirkendes und unmittelbar anwendbares Gemeinschaftsrecht zu berücksichtigen und entgegenstehendes nationales Recht, gleich ob von Verfassungsrang, einschließlich der Grundrechte[353], oder einfaches Recht, nicht anzuwenden[354]. Die Doktrin der „souveraineté de la loi“ hat ihre Folgen auf die Rechtsprechung der französischen Gerichte über lange Zeit spüren lassen und zu beharrlichen Widerständen geführt[355], und zwar nicht nur im Hinblick auf eine richterliche Normenkontrolle am Maßstab der Verfassung, sondern auch im Hinblick auf die Anwendung völkerrechtlicher bzw. gemeinschaftsrechtlicher Verträge, die einer Gesetzesnorm jüngeren Datums entgegenstanden. Die französische Rechtstradition betrachtet die

Gemeinschaftsrechts führt dazu, dass die Individuen unmittelbar vom Gemeinschaftsrecht betroffen werden. Andererseits können sie sich auf das Gemeinschaftsrecht berufen, um ihre von diesem abgeleiteten Rechte zu schützen, siehe insbes. die Rechtsprechung auf Grund von Ausgleichsklage, dazu z. B. *Belaich*, La répétition de l'indu en droit communautaire dans la jurisprudence de la cour de justice des Communautés européennes, in : R. M. C. (2000), Nr. 435, S. 100-116 (105).

351 EuGH vom 17. Dezember 1970, Rs. 11/70 – Internationale Handelsgesellschaft mbH gegen Einfuhr- und Vorratsstelle für Getreide- und Futtermittel, Slg. 1970-XVI, S. 1125 ff.

352 EuGH vom 9. März 1978, Rs. 106/77 – Staatliche Finanzverwaltung gegen S. p. A. Simmenthal, Slg. 1978-I, S. 629 ff.

353 EuGH vom 17. Dezember 1970, Rs. 11/70 – Internationale Handelsgesellschaft mbH gegen Einfuhr- und Vorratsstelle für Getreide- und Futtermittel, Slg. 1970-XVI, 1125 ff.; EuGH vom 14. Dezember 1979, Rs. 44/79 – Liselotte Hauer gegen Land Rheinland-Pfalz, Slg. 1979-XXV, S. 3727 ff.; EuGH vom 8. Oktober 1986 Rs. 234/85 – Strafverfahren gegen Franz Keller, Slg. 1986-I, S. 2897 ff.; EuGH vom 21. Mai 1987 Rs. 249/85 – Albako Margarinefabrik Maria von der Linde GmbH & Co. KG gegen Bundesanstalt für landwirtschaftliche Marktordnung, Slg. 1987-I, S. 2345 ff. Dieser Aspekt ist in Deutschland von besonderer Wichtigkeit, da den Grundrechten ein suprakonstitutioneller Rang zugeordnet wurde, Art. 20 Abs. 1 GG i. V. m. Art. 79 Abs. III GG.

354 EuGH vom 9. März 1978, Rs. 106/77 – Staatliche Finanzverwaltung gegen S. p. A. Simmenthal, Slg. 1978-I, S. 629 ff.; EuGH vom 17. Dezember 1970, Rs. 11/70 – Internationale Handelsgesellschaft mbH gegen Einfuhr- und Vorratstelle für Getreide- und Futtermittel, Slg. 1970-XVI, S. 1125 ff., S. 1135 Rn. 3: „Die Gültigkeit einer Gemeinschaftshandlung oder deren Geltung in einem Mitgliedstaat [kann es] nicht berühren, wenn geltend gemacht wird, die Grundrechte in der ihnen von der Verfassung dieses Staates gegebenen Gestalt oder die Strukturprinzipien der nationalen Verfassung seien verletzt“. Der EuGH spricht in diesem Urteil von einer „Handlung“ der Gemeinschaft, nicht vom „Vertrag“, dazu *Soulier*, L'Europe fédérale (FN. 177), S. 15.

355 Dazu *Hecker*, Europäische Integration (FN. 322), S. 32 ff.; Leitentscheidungen sind im Hinblick auf die Verfassungskontrolle das „Arrighi“-Urteil des Conseil d'Etat, C. E. vom 6. November 1936 – Sieur Arrighi, Rec. S. 966; im Hinblick auf die Vertragskontrolle das Urteil der Cour de Cassation in der Sache „Sanchez c. Consorts Gozland“, Cass. Civ. vom 22. Dezember 1931, Sir. 1932, I, S. 257.

völkerrechtlichen Verträge als Akte der hohen Verwaltung, deren Auslegung dem Außenministerium obliegt[356]. Sehr lange wurde dementsprechend eine richterliche Überprüfung als ein unzulässiger Eingriff in die Befugnisse der vollziehenden Gewalt dargestellt[357]. Dies hat zu divergierenden Entscheidungen des Conseil constitutionnel, der Cour de Cassation und des Conseil d'Etat geführt[358].

2. Stellungnahme des Conseil constitutionnel

Wie das Bundesverfassungsgericht[359] erkennt der Conseil constitutionnel[360] grundsätzlich den Vorrang des Gemeinschaftsrechts vor nationalem Recht an. In seiner Entscheidung Nr. 74-54 vom 15. Januar 1975[361] entschied der Verfassungsrat einerseits über die Verfassungsmäßigkeit des vom Parlament beschlossenen Gesetzes über die Liberalisierung des freiwilligen Schwangerschaftsabbruchs („interruption volontaire de grossesse")[362], andererseits sollte das Gericht überprüfen, ob gegen den Art. 55 der Verfassung von 1958 (Prinzip der Höherrangigkeit völkerrechtlicher Verträge) wegen Unvereinbarkeit des Gesetzesentwurfes mit Art. 2 der Europäischen Menschenrechtskonvention verstoßen wurde[363]. Fraglich war, ob die gesetzgeberische Missachtung völkerrechtlicher Verträge wie der Europäischen Menschenrechtskonvention zugleich als Verfassungsverstoß betrachtet werden konnte, der in den Bereich der gewöhnlichen Verfassungskontrolle gemäß Art. 61 der Verfassung von 1958 fällt[364]. Der Verfassungsrat ging davon aus, dass das Prinzip des Vorrangs des Vertrags vor dem Gesetz gemäß Art. 55 der Verfassung im Rahmen der Verfassungs-

---

356 *Schlette*, Die Konzeption (FN. 323), S. 298.

357 *Constantinesco*, Das Recht der Europäischen Gemeinschaften, Bd. 1, Baden-Baden 1977, S. 736 ff.

358 Überblick bei *Gundel*, Die Einordnung des Gemeinschaftsrechts in die französische Rechtsordnung, Schriften zum Europäischen Recht, Bd. 42 , Berlin 1997, S. 399 ff.

359 BVerfGE 73, 339 [374 f.]. Zur Stellungnahme des Bundesverfassungsgerichts gegenüber der Rechtsprechung des europäischen Gerichtshofs, z. B. *Sander*, Europäischer Gerichtshof (FN. 347), S. 589 ff.

360 C. C. Nr. 77-89 DC vom 30. Dezember 1977, Rec. 46, Erwägung Nr. 6; C. C. Nr. 77-90 DC vom 30. Dezember 1977, Rec. S. 44, Erwägung Nr. 3.

361 C. C. Nr. 74-54 DC vom 15. Januar 1975, Rec., S. 19. Hierzu *Starke*, Die verfassungsgerichtliche Normenkontrolle durch den Conseil constitutionnel. Zum Kompetenztitel des Art. 61 der französischen Verfassung, Schriften zum internationalen und zum öffentlichen Recht, Bd. 38, Frankfurt am Main u. a. 2000, S. 85 ff.

362 Die Antragsteller sahen darin einen Verstoß sowohl gegen das Recht auf Leben als allgemeinen Rechtsgrundsatz als auch gegen die Präambel der Verfassung von 1946, deren Absatz 11 Kindern Gesundheitsschutz durch die Nation zusichert.

363 Dazu *Isaac*, Primauté (FN. 344), S. 5; *Hecker*, Europäische Integration (FN. 322), S. 57 ff.; Näher *Eissen*, Die Entscheidung des Conseil constitutionnel zum Gesetz über den freiwilligen Schwangerschaftsabbruch, in: EuGRZ (1975), S. 69-72 (71 f.)

364 *Hecker*, Europäische Integration (FN. 322), S. 58.

mäßigkeitskontrolle des Art. 61 keine Anwendung findet: Die Vertragswidrigkeit eines Gesetzes hat aus Sicht des Verfassungsrats nicht notwendig seine Verfassungswidrigkeit zu Folge[365].

Nach dem Verfassungsrat besteht insofern ein rechtlich-natürlicher Unterschied zwischen der Verfassungsmäßigkeits- und der Vertragsmäßigkeitskontrolle: Die Entscheidungen, die der Verfassungsrat im Rahmen des Art. 61 der Verfassung von 1958 trifft, besitzen einen unbedingten und endgültigen Charakter[366]. Diese Erkenntnis folgt auch aus dem Wortlaut des Art. 62 Abs. 1 der Verfassung, der besagt, dass eine für verfassungswidrig erklärte Bestimmung nicht verkündet oder angewandt werden kann sowie aus Art. 62 Abs. 2 Satz 1 der Verfassung, nach dem es gegen die Entscheidungen des Verfassungsrats kein Rechtsmittel gibt. Im Gegensatz dazu kommt dem Prinzip des Vorrangs internationaler Verträge vor nationalen Gesetzen ein relativer und zugleich ungewisser Charakter zu[367]: Einerseits ist er „auf das Anwendungsgebiet des Vertrages begrenzt", andererseits ist er „dem Erfordernis der Gegenseitigkeit unterworfen, dessen Erfüllung vom Verhalten des oder der anderen Unterzeichnerstaaten sowie von dem Zeitpunkt abhängt, in welchem jeweils die Erfüllung dieses Erfordernisses zu beurteilen ist"[368]. Die Begründung des Verfassungsrates hat Kritik sowohl bezüglich des Reichweiten-Arguments[369] als auch bezüglich des relativen und ungewissen Charakters des Vorrangs internationaler Normen vor nationalen Normen[370] hervorgerufen. Der Verfassungsrat hat sich zwar geweigert, die Vertragswidrigkeit des Gesetzes zu kontrollieren; dennoch missbilligt er jedes unmittelbar gegen Art. 55 der Verfassung von 1958 verstoßende Gesetz[371].

---

[365] C. C. Nr. 74-54 DC vom 15. Januar 1975, Rec., S. 19, Erwägung Nr. 5: „Une loi contraire à un traité ne serait pas, pour autant, contraire à la Constitution".

[366] C. C. Nr. 74-54 DC vom 15. Januar 1975, Rec., S. 19, Erwägung Nr. 4: „caractère absolu et définitif".

[367] C. C. Nr. 74-54 DC vom 15. Januar 1975, Rec., S. 19, Erwägung Nr. 4: „un caractère à la fois relatif et contingent, tenant, d'une part, à ce qu'elle est limitée au champ d'application du traité et, d'autre part, à ce qu'elle est subordonnée à une condition de réciprocité dont la réalisation peut varier selon le comportement du ou des Etats signataires du traité et le moment où doit s'apprécier le respect de cette condition".

[368] Übersetzt von *Hecker*, Europäische Integration (FN. 322), S. 58.

[369] Vgl. etwa *Ress*, Der Rang völkerrechtlicher Verträge nach französischem Verfassungsrecht, in: ZäoRV 35 (1975), S. 445 ff. (469).

[370] *Rideau*, Observations. Le Conseil constitutionnel et l'autorité supérieure des traités en droit français, in: C. D. E. (1975), Nr. 5-6, S. 608-630 (616 f.); siehe auch *Autexier*, Frankreich und die Europäische Konvention zum Schutze der Menschenrechte und Grundfreiheiten nach der Unterwerfungserklärung (Art. 25) vom 2. Oktober 1981, in: ZaöRVR 42 (1982), S. 327 ff. (338 f.).

[371] C. C. Nr. 86-216 vom 3. September 1986, Rec. S. 135.

Indem er die Rolle eines Hüters des Art. 55 der Verfassung ablehnte[372], wies der Verfassungsrat die Argumente zurück, die beabsichtigten, ihm diese Rolle zuzusprechen. Er eröffnete damit den Weg, zuerst implizit, dann aber ausdrücklich[373], zur ordentlichen Gerichtsbarkeit[374]. Seitdem hat der Verfassungsrat seine Rechtsprechung von 1975 zwar nicht revidiert, es scheint jedoch, als würde er im Nachhinein bestimmte Gemeinschaftsnormen in seine Referenznormen bzw. in den „bloc de constitutionnalité" integrieren[375]. In mehreren Entscheidungen[376] bezieht sich der Verfassungsrat nämlich sowohl auf das „originäre" Gemeinschaftsrecht als auch auf das „abgeleitete" Gemeinschaftsrecht, ohne aber eine ausdrückliche Stellungnahme bezüglich des hierarchischen Verhältnisses zwischen Gemeinschaftsrecht und nationalem Recht abzugeben.

3. Stellungnahme der Cour de cassation

Die Cour de Cassation hat sich lange an die Doktrin Matter[377] gehalten. Im Fall eines Konflikts zwischen einem Vertrag und einem früheren Gesetz gab es keine Schwierigkeiten: Da die Ratifizierung meist nur mit der vorherigen Zustimmung des Parlaments eintreten kann, wird das frühere vertragswidrige Gesetz automatisch aufgehoben[378]. Handelte es sich jedoch um ein späteres Gesetz, fand die „Matter-Doktrin" Anwendung. Danach soll der Richter durch seine Auslegung versuchen, den Konflikt zwischen dem nationalen Gesetz und dem Vertrag zu lösen. Erscheint dies als unmöglich, soll der Richter dem Gesetz den Vorzug geben. In einem Urteil vom 24. Mai 1975[379] hat die Cour de Cassation die

---

372 Abgesehen von dem Fall, wo er als „Wahlrichter", das heißt als ordentlicher Richter und nicht als „Verfassungsrichter" entscheiden soll: C. C. Nr. 88-1082 / 1117 vom 21. Oktober 1988, Rec., S. 183.

373 C. C. Nr. 86-216 vom 3. September 1986, Rec. S. 135.

374 Vgl. *Isaac*, Primauté (FN. 344), S. 5, Rn. 27.

375 *Chaltiel*, La Constitution française (FN. 315), S. 237.

376 C. C. Nr. 93-324 DC vom 3. August 1993, Rec. S. 208, wo der Verfassungsrat die Rechtsfolgen der Konstitutionalisierung der Kompetenzübertragungen in Bezug auf die Wirtschafts- und Währungsunion zieht; C. C. Nr. 97-393 DC vom 18. Dezember 1997, Rec. S. 545, wo der Verfassungsrat sich auf eine Richtlinie bezieht, ohne sich ausdrücklich über die Stellung des Gemeinschaftsrechts in der nationalen Normenhierarchie zu erklären.

377 Schlußanträge des Procureur Général *Matter* zur Cass. Civ. vom 22. Dezember 1931 – Sanchez c. Consorts Gozlaud, D, Jur., 1932, S. 17 in: R. D. P. 48 (1932), S. 131: „Il existe en quelque sorte une présomption que la loi n'a pas voulu empiéter sur le traité et cette présomption ne peut être détruite que par une déclaration formelle de la loi".

378 *Isaac*, Primauté (FN. 344), S. 5, Rn. 28. So haben insbesondere die gemeinschaftlichen Verordnungen Vorrang vor früheren nationalen Gesetzen: Cass. Crim. vom 7. Januar 1972-Gerrini, D. 1972, S. 497.

379 Cass. Ch. Mixte vom 24. Mai 1975 – Administration des Douanes c. Soc. „Jacques Vabre" et Cie, D, I Jur., 1975, S. 497, mit Schlußanträge *Touffait*. Deutsche Übersetzung in: C. D. E. (1975), Nr. 5-6, S. 631-636 mit Anmerkungen von *Kovar*, La primauté du droit

„Matter-Doktrin" aufgegeben. Gegenstand des Urteils war die Kollision zwischen Art. 95 EGV[380] und einem Gesetz vom 14. Dezember 1966. Die unteren Gerichte hatten sich für zuständig erklärt, Art. 55 der Verfassung anzuwenden, mit der Begründung, die Vereinbarkeitskontrolle eines späteren Gesetzes mit einem internationalen Vertrag sei keine Verfassungsmäßigkeitskontrolle eines Gesetzes, sondern nur eine Anwendung der Verfassung. Vor der Cour de cassation hatte der Generalanwalt *Touffait* in seinen Schlussanträgen aus der Entscheidung des Verfassungsrates über das Gesetz zum freiwilligen Schwangerschaftsabbruch geschlossen, die Verantwortung der Anwendung des Art. 55 komme der ordentlichen Gerichtsbarkeit zu, wolle sie nicht einen „déni de justice" (Rechtsverweigerung) betreiben[381]. *Touffait* war der Meinung, die Cour de Cassation solle sich dabei auf die gemeinschaftliche Rechtsordnung bzw. auf die „spécificité" der Gemeinschaftsverträge stützen, nicht aber auf Art. 55, da das Prinzip des Vorrangs der Gemeinschaftsnorm dieser Rechtsordnung inhärent sei und sich gleichermaßen in allen Mitgliedstaaten durchsetzen soll[382].

Die Cour de Cassation ist nur zum Teil dem Generalanwalt gefolgt. Sie verweist noch auf Art. 55 der Verfassung, um zu belegen, dass der Vertrag vom 25. März 1957 gemäß diesem Artikel einen höheren Rang als Gesetze besitzt, fügt jedoch hinzu, die Entscheidung des Europäischen Gerichtshofs Costa / E. N. E. L. paraphrasierend[383], dass der Vertrag eine eigenständige Rechtsordnung errichtet, die sich in diejenige der Mitgliedstaaten einfügt; aufgrund dieser Eigenart ist die von ihm geschaffene Rechtsordnung unmittelbar auf die Angehörigen dieser Staaten anwendbar und bindet ihre Gerichte[384].

Diese verbindende Anwendung einer Verfassungsgrundlage mit der Spezifität des Gemeinschaftsrechts ist im französischen Schrifttum nicht auf Einigkeit

communautaire sur la loi française, S. 636-664; ferner dazu *Hecker*, Europäische Integration (FN. 322), S. 59 ff.; Diese Rechtsprechung war ursprünglich für die Gemeinschaftsverträge bestimmt, wurde aber nach und nach auf die Gesamtheit der internationalen Verträge erstreckt, vgl. Cass., Plén., vom 21 déc. 1990 - Directeur général des impôts c/ Société Roval, Bull. AP, n° 12, p. 23.

380 Heute Art. 90 EGV.

381 *Touffait*, Schlußanträge, D. 1975, I Jur., S. 497-505 (502).

382 Schlußanträge, D. 1975, I Jur., S. 504. Ferner dazu *Kovar*, La primauté du droit communautaire (FN. 379), S. 657.

383 EuGH vom 15. Juli 1964, Rs. 6/64 – Flaminio Costa gegen E. N. E. L., Slg. 1964-X, S. 1251 ff. Dazu *Isaac*, Primauté (FN. 344), S. 5.

384 Cass. Ch. Mixte vom 24. Mai 1975 – Administration des Douanes c. Soc. „Jacques Vabre" et Cie, D. 1975, I Jur., S. 506: „Le traité de la CEE institue un ordre juridique propre intégré à celui des Etats membres; qu'en raison de cette spécificité, l'ordre juridique qu'il a créé est directement applicable aux ressortissants de ces Etats et s'impose à leurs juridictions; que, dès lors, c'est à bon droit (...) que la cour d'appel a décidé que l'article 95 du traité devait être appliqué en l'espèce, à l'exclusion de l'article 265 du code des douanes, bien que ce dernier soit postérieur". Übersetzung bei *Hecker*, Europäische Integration (FN. 322), S. 62, Fn. 157.

gestossen[385], wurde aber von der Cour de Cassation später bestätigt[386]. Zu bemerken ist jedoch, dass die Cour de cassation, der Rechtsprechung des Europäischen Gerichtshofs[387] folgend, das aus dem Vorbehalt der Gegenseitigkeit (Art. 55) gezogene Vorbringen zurückgewiesen hat.

4. Stellungnahme des Conseil d'Etat

Im Hinblick auf den Vorrang von internationalem Recht[388] bzw. Gemeinschaftsrecht vor nationalen Gesetzen hat der Conseil d'Etat ebenfalls lange an der „Matter-Doktrin" festgehalten, indem er der Auffassung war, Art. 55 würde ihn lediglich ermächtigen, den Vorrang internationaler Verträge vor früheren Gesetzen anzuerkennen[389]. Dies galt besonders für den Römischen Vertrag[390] und die Gemeinschaftsverordnungen[391]. In seiner „Semoules"- Entscheidung vom 1. März 1968[392] hatte das oberste französische Verwaltungsgericht, den Schlussan-

385 *Bieber*, Anmerkung, in: EuR 1975, Heft 4, S. 330-334 (331), spricht in diesem Sinne von einem „(...) integrationspolitischer Tendenzwechsel in Frankreich";

386 Z. B. Cass. crim. vom 1. Oktober 1979 – Rossi di Montalera, in: J. C. P. II 19554, Anm. *Roux*.

387 EuGH vom 13. November 1964, Rs. 90 und 91 / 63 – Kommission der Europäischen Gemeinschaft gegen Grossherzogtum Luxemburg und Königreich Belgien, Slg. 1964-X, S. 1329 ff., S. 1344. Daraus folgt, dass die Tatsache, dass der Rat seinen Verpflichtungen nicht nachkommt, die Mitgliedstaaten nicht von der Erfüllung ihrer Verpflichtungen entbinden kann.

388 In einem Urteil aus dem Jahre 1952 ließ der Conseil d'Etat zum ersten Mal eine gerichtliche Konfliktlösung zwischen einem nationalen Dekret und einem völkerrechtlichen Vertrag zu. C. E. vom 30. Mai 1952 – Dame Kirkwood, Rec., 1952, S. 291. Der Conseil d'Etat erklärt sich allerdings für befugt, unklare Vorschriften eines internationalen Vertrags zu interpretieren, und dies ohne Vorlage zur Vorabentscheidung des Außenministers: C. E., Ass., vom 29. Juni 1990 – Commune de Saint-Germain sur Morin c/ Association „Le conseil des parents d'élèves des écoles publiques de Saint-Germain sur Morin", Rec. S. 170, dazu *Sabiani*, Note de jurisprudence, in: R. D. P. 106 (1990), S. 1579-1599 (1581 ff.).

389 C. E., Ass. vom 7. Juli 1978- Ministre de l'Education c/ Phalippou, Rec. S. 292; dazu *Isaac*, Primauté (FN. 344), S. 6. Im Hinblick auf die Verwaltungsnormen machte der Staatsrat keine Schwierigkeiten in Bezug auf die Anerkennung des Vorrangs völkerrechtlicher Normen, vgl. dazu *Leclercq*, Libertés publiques, 2. Aufl., Paris 1994, S. 103.

390 C. E. vom 22. Januar 1982 – Conseil régional de Paris de l'Ordre des experts-comptables et comptables agréés et autre, Rec., S. 28. Sich an die Theorie de l'acte clair haltend lehnte der Conseil d'Etat die Einleitung eines Vorlageverfahrens ab und legte eine Vorschrift des EWG-Vertrags in eigener Zuständigkeit aus, C. E. vom 19. Juni 1964, Rec. S. 794, so dass im Ergebnis der Conseil den Vorrang verweigerte, C. E. vom 23. November 1984 – Roujansky et autres, Rec. S. 383.

391 C. E. vom 11. Dezember 1987 – Danielou, Rec., S. 409.

392 C. E. vom 1. März 1968 – Syndicat général des Fabricants de semoules de France, Rec. S. 149; dazu *Hecker*, Europäische Integration (FN. 322), S. 43 ff.

trägen[393] seiner Regierungskommissarin Frau Questiaux folgend, dem Anwendungsbefehl einer europäischen Verordnung[394] den Gehorsam verweigert unter Berufung auf eine entgegenstehende Ordonnance späteren Datums[395]. Der Conseil hat diese Stellungnahme in seiner folgenden Rechtsprechung ausdrücklich bestätigt, und zwar in zwei Angelegenheiten, wo der Conseil d'Etat das Gesetz Nr. 77-729 vom 7. Juli 1977[396] über die Wahl der Vertreter zur Europäischen Versammlung mit dem Art. 138 EGWV sowie mit dem Akt vom 20. September 1976[397] zur Einführung allgemeiner unmittelbarer Wahlen der Abgeordneten der Versammlung konfrontiert hatte[398].

Weder die Entscheidung des Verfassungsrates 1975 noch die Rechtsprechung der Cour de Cassation in der Sache „Jacques Vabre" sowie der Cour de cassation oder des Europäischen Gerichtshofs im Fall „Simmenthal" haben ihn von dieser ständigen Rechtsprechung – trotz des deutlichen Widerspruchs zu der monistischen Ausrichtung des Art. 55[399] – abringen können[400].

Für den Conseil d'Etat würde die Kontrolle des Gesetzes am Maßstab des Vertrags dazu führen, den Willen des Gesetzgebers zu beschränken, wenn er das spätere entgegenstehende Gesetz ausschlösse, obwohl es ihm im Hinblick auf die aus Art. 10 des Gesetzes vom 16-24. August 1790 entstandene französische Verfassungstradition verboten ist. Stillschweigend ist aber Art. 55 aus dem Gesetz von 1790 und aus dem Strafgesetzbuch gewichen und erlaubt nun den Gerichten, in diesem Punkt die Wirkung des Gesetzes zu begrenzen. In der Sache „Nicolo" vom 20. Oktober 1989[401], in der wie im Jahr 1979 der Conseil d'Etat das Gesetz vom 7. Juli 1977 mit dem Römischen Vertrag konfrontierte, hat sich das oberste Verwaltungsgericht auf Art. 55 der Verfassung gestützt und seine bisherige Stellungnahme revidiert, indem er die Nichtauflegung eines mit einem

---

393 *Questiaux*, Schlußanträge, in: A. J. D. A. 1968, S. 235. Frau *Questiaux* erklärte, dass die Bevorzugung des Vertrags gegenüber dem Gesetz gemäß Art. 55 der Verfassung einer Verfassungsmäßigkeitskontrolle des Gesetzes gleichen würde, obwohl gemäß Art. 61 der Verfassung diese Kontrolle dem Verfassungsrat, nicht aber der ordentlichen Gerichtsbarkeit zukommt, deren untergeordnete Aufgabe darin besteht, das Gesetz anzuwenden.

394 EWG-VO 19 / 62 vom 4. April 1962, die am 1. Juli 1962 in Kraft getreten ist und innerstaatlich durch Dekret vom 28. Juli 1962 umgesetzt wurde.

395 Ordonnance vom 19. September 1962, der durch Gesetz vom 15. Januar 1963 nachträglich Gesetzeskraft verliehen wurde.

396 Gesetz Nr. 77-29 vom 7. Juli 1977, D. 1977, II Législation, S. 271.

397 Akt zur Einführung allgemeiner unmittelbarer Wahlen der Abgeordneten der Versammlung, Amtsblatt der Europäischen Gemeinschaften Nr. L 278/5.

398 C. E., Ass, vom 22. Oktober 1979 – Election des représentants à l'Assemblée des communautés européennes, Rec. 385, Schlußanträge des Generalanwalts Fr. *Hagelsteen*, in: R. D. P. 96 (1980), S. 531-541 mit dem Text der Entscheidung.

399 *Sander*, Europäischer Gerichtshof (FN. 347), S. 593.

400 *Isaac*, Primauté (FN. 344), S. 6, Rn. 34.

401 C. E., Ass., vom 20. Oktober 1989 – Nicolo, Rec. S. 190.

internationalen Vertrag nicht vereinbaren *späteren* Gesetzes für möglich gehalten hat. Indem er sich auf Art. 55 der Verfassung stützte ist aber der Conseil d'Etat von der strikten Auslegung der Rechtsprechung des Europäischen Gerichtshofs abgewichen, indem er die Grundlage des Vorrangs des Römischen Vertrags bzw. die Rechtfertigung der gerichtlichen Kontrolle seiner Durchsetzung in der nationalen Verfassung selbst sah[402].

In dieser Hinsicht unterstellt die Verfassung das Vorranggebot dem Gegenseitigkeitsvorbehalt[403], der voraussetzt, dass die Abkommen oder Verträge von den Vertragspartnern angewandt werden. Nun hat der Conseil d'Etat das Gesetz vom 7. Juli 1977 am Maßstab des Art. 227-1 EWGV überprüft, ohne vorher die Erfüllung dieses Erfordernisses nachgeprüft zu haben[404]. Im Gegensatz zur Cour de cassation in ihrem Urteil Jacques Vabre hat sich der Conseil d'Etat nicht auf die Spezifität der gemeinschaftlichen Rechtsordnung gestützt, um den Vorbehalt der Gegenseitigkeit als gegenstandslos zu betrachten nicht anzuwenden. Schließlich hat der Conseil d'Etat in seinem Boisdet-Urteil[405] seine Nicolo-Rechtsprechung auf die gemeinschaftsrechtlichen Verordnungen ausgedehnt und sich in seinem Urteil vom 28. Februar 1992[406] für zuständig erklärt, die Vereinbarkeit eines Gesetzes mit den Zielen einer gemeinschaftsrechtlichen Richtlinie zu überprüfen bzw. die Anwendung des Gesetzes auszuschließen.

III. Vorrang des Gemeinschaftsrechts und nationale Verfassung

Die Frage des Vorrangs des Gemeinschaftsrechts vor der nationalen Verfassung verweist auf die Frage der Stellung internationaler Verträge in der innerstaatlichen Normenhierarchie[407]. Dem Europäischen Gerichtshof nach kommt dem Gemeinschaftsrecht Vorrang auch vor der Verfassung zu[408]. Dazu kommt, dass gemäß

402 *Isaac*, Primauté (FN. 344), S. 6.

403 Art. 55 Satz 2 der Verfassung.

404 Dazu *Isaac*, Primauté (FN. 344), S. 6, Rn. 36.

405 C. E. vom 24. September 1990 – Boisdet, Rec. S. 250.

406 C. E., Ass., vom 28. Februar 1992 – SA Rothmans International France et S. A. Philip Morris France, Rec. S. 81 mit Schlußanträgen Laroque.

407 Der Kassationshof und der Staatsrat haben jüngst die Gelegenheit gehabt, ihre Rechtsprechung dazu zu erläutern, Cass., Plén., vom 2. Juni 2000 - Mlle Pauline Fraisse, arrêt n° 450 P, dazu *Prétot*, La Cour de Cassation, la Constitution et les traités, A propos de l'arrêt de l'assemblée plénière du 2 juin 2000, in: R. D. P. 116 (2000), S. 1037-1049 (1044 ff.). Vgl. C. E., Ass., vom 30. Oktober 1998 – Sarran et Levacher et autres, Rec., S. 368; dazu z. B. *Teboul*, Ordre juridique international et ordre juridique interne. Quelques réflexions sur la jurisprudence du juge administratif, in: R. D. P. 115 (1999), S. 697-718 (709 ff.); *Flauss*, Note de jurisprudence, in: R. D. P. 115 (1999), S. 919-949.

408 EuGH vom 5. Februar 1963, Rs. 26/62 – N. V. Algemene Transport-en expeditie Onderneming Van Gend & Loos gegen Niederländische Finanzverwaltung, Slg. 1963-IX, S. 1

Art. 10 EGV die Mitgliedstaaten dazu verpflichtet sind, das nationale Recht den gemeinschaftsrechtlichen Anforderungen anzupassen[409]. Die Tatsache aber, dass in Frankreich das Prinzip des Vorrangs des Gemeinschaftsrechts seine Grundlage im Art. 55 der Verfassung von 1955 findet, führt zu einem „renversement des primautés"[410], da die gemeinschaftsrechtliche „spécificité" dadurch nicht anerkannt wird.

Am 30. Oktober 1998 erklärte der Conseil d'Etat ausdrücklich, dass in der innerstaatlichen Rechtsordnung die internationalen Verträge keinen Vorrang vor den verfassungsrechtlichen Normen haben[411]. Zwar bezieht sich das Urteil nicht auf das Gemeinschaftsrecht, jedoch hat der Conseil d'Etat nie den Eindruck erweckt, er erkenne eine „spécificité" (Eigenart) des Gemeinschaftsrechts gegenüber dem internationalen Recht an[412]. Im Gegensatz zu Deutschland[413] bekennt

ff.; EuGH vom 15. Juli 1964, Rs. 6/64 – Flaminio Costa gegen E. N. E. L., Slg. 1964-X, S. 1251 ff.

409 EuGH vom 24. März 1988, Rs. 104/86 – Kommission der Europäischen Gemeinschaften gegen Italienische Republik, Slg. 1988-II, S. 1799 ff., S. 1817 Rn. 12: „Der Vorrang und die unmittelbare Wirkung der Bestimmungen des Gemeinschaftsrechts [entbinden] die Mitgliedstaaten nicht von der Pflicht, aus ihrer innerstaatlichen Rechtsordnung die mit dem Gemeinschaftsrecht unvereinbaren Bestimmungen zu entfernen; denn ihre Beibehaltung führt zu Unklarheiten tatsächlicher Art, weil die betroffenen Normadressaten über ihre Möglichkeiten, sich auf das Gemeinschaftsrecht zu berufen, in einem Zustand der Ungewißheit gelassen werden"; vgl. EuGH vom 2. Juli 1996 Rs. C-290/94 – Kommission der Europäischen Gemeinschaften gegen Griechische Republik, Slg. 1996-7, Teil I, S. 3285 ff., S. 3326 Rn. 29; vgl. EuGH vom 11. Januar 2000, Rs. C-285/98 – Tanja Kreil gegen Bundesrepublik Deutschland, Slg. 2000-1, Teil I, S. 69 ff.

410 *Rohmer / Teitgen*, L'article 55 de la Constitution française du 4 novembre 1958 et le traité C. E. E., in: R. M. C. (1976), S. 381-395 (382 f.).

411 C. E., Ass., vom 30. Oktober 1998, Sarran et Levacher et autres, Rec. S. 368. Dazu *Simon*, L'arrêt Sarran: dualisme incompressible ou monisme inversé?, in: Europe, chron. März 1999, S. 3; *Dubouis*, Les trois logiques de la jurisprudence Sarran, in: R. F. D. A. (1999), S. 66; *Libchaber / Molfessis*, La hiérarchie des normes ressuscitée par le Conseil d'Etat, in: R. T. D. civ. (1), 1999, S. 232-235; Kritisch, *Alland*, Consécration d'un paradoxe: primauté du droit interne sur le droit international (Réflexions sur le vif à propos de l'arrêt du Conseil d'Etat, Sarran, Levacher et autres du 30 octobre 1998), in: R. F. D. A. 1998, S. 1094 ff. (1104), wo der Autor sich zugunsten eines Monismus mit Vorrang des internationalen Rechts („monisme avec primauté du droit international") erklärt; *ders.*, Le droit international „sous" la Constitution de la Ve République, in: R. D. P. 114 (1998), S. 1649-1670. Zur „persistance conflictuelle des deux ordres juridiques", *Chaltiel*, Droit constitutionnel et droit communautaire (FN. 308), S. 403 f. ; *dies.*, La constitution française et l'Union européenne. A propos de la révision constitutionnelle du 25 janvier 1999, in : R. M. C. (1999), Nr. 427, S. 228-237 (237) : Für die Autorin hat der Staatsrat durch den Urteil „Sarran" das Prinzip der „constitution écran" festgelegt.

412 Ebenda, S. 395.

413 Hinsichtlich der Geltung des Völkerrechts folgt Deutschland der dualistischen Auffassung. Dieses Prinzip findet hinsichtlich der europäischen Integration Anwendung. Nach Abs. 1 des sog. „Europa-Artikel" Art. 23 GG bedarf es eines Umsetzungsaktes der Verträge in der Form

sich die französische Lehre traditionsgemäß zur monistischen Lehre[414]. Die völkerrechtlichen Verträge sind anwendbar als solche, so dass staatliche Transformationsvorschriften bzw. Rechtsanwendungsbefehle entbehrlich sind[415]. Im Gegensatz zum deutschen Art. 23 GG in Verbindung mit Art. 79 Abs. 3 GG[416], sind dem Gemeinschaftsrecht durch die französische Verfassung grundsätzlich keine materiellen Grenzen gegenübergestellt. Fraglich ist dennoch, ob im Fall einer Abweichung der europäischen Organe von ihren vorgesehenen Zuständigkeiten oder im Fall eines Missbrauchs der Konflikt zugunsten der Verfassung gelöst werden soll. Diese Frage wurde vom Bundesverfassungsgericht in seinem Urteil vom 12. Oktober 1993[417] positiv beantwortet.

Darüber hinaus wurde im französischen Schrifttum vorgeschlagen[418], die Kohärenz und Koexistenz zwei verschiedener Rechtsordnungen bzw. zweier verschiedener Logiken dadurch zu sichern, dass der Verfassungsrat die Verfassungsmäßigkeit der Gemeinschaftsverträge nachprüft und insofern die Folgen des Urteils vom Conseil d'Etat „Sarran" zieht. Dies sollte auch im Hinblick auf das abgeleitete Gemeinschaftsrecht bzw. das nationale Durch-

---

eines Zustimmungsgesetzes. Durch den parlamentarischen Rechtsanwendungsbefehl des Zustimmungsgesetzes zu den Verträgen wird der Vorrang des Gemeinschaftsrechts vor deutschem nationalem Recht abgesichert und zugleich beschränkt, *Hesse*, Grundzüge des Verfassungsrechts der Bundesrepublik Deutschland, 20. Aufl., Heidelberg 1995, S. 47.

414 Dazu *Ress*, Der Rang völkerrechtlicher Verträge (FN. 369), S. 445 ff. Weder Frankreich, noch eine andere nationale Verfassung zieht zu Ende die Folgen des Monismus, ferner *Rideau*, Constitution et droit international dans les Etats membres des Communautés européennes, Réflexions générales et situation française, in: R. F. D. C. (1990), S. 259-296 (259, 425). Zur Unterscheidung zwischen Dualismus und Monismus siehe auch dazu *Teboul*, Ordre juridique international et ordre juridique interne (FN. 407), S. 698 ff.

415 *Hecker*, Europäische Integration (FN. 322), S. 24. 26.

416 Aus Art. 23 Abs. 1 GG folgt, wie früher aus Art. 24 GG, dass das Grundgesetz die innerstaatliche Rechtsordnung dem Vorrang und dem unmittelbaren Durchgriff des Gemeinschaftsrechts nur insoweit öffnet, als dieses Recht nicht „die Identität der geltenden Verfassung der Bundesrepublik Deutschland durch Einbruch in die sie konstituierenden Strukturen aufheben würde", BVerfGE 37, 271 [279 f.]; vgl. BVerfGE 58, 1 [40]; 73, 339 [375 f.], wobei in diesen Entscheidungen auf den immanenten Vorbehalt des Art. 24 GG hingewiesen wurde. Damit findet der Geltungs- und Anwendungsvorrang des Gemeinschaftsrechts in der Bundesrepublik im Art. 79 Abs. 3 GG seine Grenze, *Hesse*, Grundzüge (FN. 413), S. 47.

417 BVerfGE 89, 155 [195]. Nach Ansicht des Bundesverfassungsgerichts ist die Bundesrepublik nur vom Inhalt des Zustimmungsgesetzes gebunden. Dieser Inhalt bestimmt die zugestandenen Übertragungen von Hoheitsrechten und stellt insoweit Schranken fest. Falls die europäischen Organe durch ihre Auslegung oder Handhabung des Gemeinschaftsvertrags davon abweichen sollten, dann wäre dieses Handeln nicht mehr vom Zustimmungsgesetz gedeckt und somit für Deutschland rechtlich unverbindlich. Die deutschen Staatsorgane müssten sogar die Gefolgschaft verweigern.

418 *Dubouis*, Le juge français et le conflit entre norme constitutionnelle et norme européenne, in: L'Europe et le droit, Mélanges en hommage à Jean Boulouis, Paris 1991, S. 218 ff.

führungsgesetz gelten[419]. Am 13. März 1996 wurde ein Vorschlag zur Änderung des Titels XV der Verfasssung der Nationalversammlung eingereicht[420]. Es handelte sich darum, einen Artikel 88-5 in die Verfassung einzufügen, nach dem der Verfassungsrat über Entwürfe oder Vorschläge von Rechtsakten seitens der Europäischen Gemeinschaft oder der Europäischen Union hätte angerufen werden können. Im Fall einer Verfassungswidrigkeitserklärung durch den Verfassungsrat hätte der Gemeinschaftsakt nur nach Änderung der französischen Verfassung gebilligt werden können. Der Vorschlag wurde zwar abgelehnt, sorgte aber für heftige Diskussionen[421].

In den 70er Jahren hatte sogar der Verfassungsrat zu Durchsetzungsgesetzen des Gemeinschaftsrechts Stellung genommen[422]. Zwar hatte sich der Verfassungsrat für die Verfassungsmäßigkeit der Durchsetzungsgesetze ausgesprochen, betonte aber zugleich die Auswirkungen der europäischen Integration auf Art. 34 der

419 Z. B. *Favoreu / Philip*, Les grandes décisions du Conseil constitutionnel, 9. Aufl., Paris 1997, S. 812 f. Die Autoren stützen sich auf Art. 54 der Verfassung, um die Möglichkeit einer direkten Klage gegen einen Akt des abgeleiteten Gemeinschaftsrechts zu rechtfertigen. So könnten Abgeordnete den Verfassungsrat über Richtlinien bzw. Verordnungen anrufen. Diese Auslegung stützt sich auf die extensive Definition der „engagements internationaux" (internationale Verträge") durch den Verfassungsrat. Der der Konferenz der Verfassungsgerichte vom 25. und 26. September 1997 vorgelegte französische Bericht lehnt aber diese Möglichkeit ab. Siehe auch den Gesetzesvorschlag vom damaligen Vorsitzenden der Gesetzeskommission *Mazeaud* zur Einfügung eines neuen Art. 88-5 in die Verfassung: „Si le Conseil constitutionnel, saisi par le Président de la République, par le Premier ministre, par le Président de l'une ou de l'autre assemblée ou par 60 sénateurs, a constaté qu'un projet ou proposition d'acte des Communautés européennes ou de l'Union européenne comporte une disposition contraire à la Constitution, le gouvernement ne peut l'approuver qu'après révision de la Constitution", zit. in: *Delpérée*, le fédéralisme (FN. 138), S. 111, dazu *Bréhier*, Le recours de M. Mazeaud a été rejeté, in: Le Monde vom 25. September 1992. Zum Begriff des „engagement international", *Zoller*, Droit des relations extérieures, Paris 1992, S. 270: „c'est un mot attrape-tout (...) en fait l'immense majorité des actes juridiques internationaux sont des engagements". Der Autor fügt hinzu: „le Conseil constitutionnel en a tout naturellement tiré les conséquences en se reconnaissant compétent, en dépit des objections doctrinales, pour apprécier la constitutionnalité de tous les engagements juridiques pris en application des traités initiaux, qu'il s'agisse de traités constitutifs d'organisations internationales ou de traités communautaires, quand bien même ces engagements ne seraient ni des „traités" ni des „accords" au sens de l'article 53 de la Constitution".

420 Assemblée nationale, documents parlementaires, 1996, Nr. 2641. Siehe auch *Mazeaud* (Dir.), Rapport de la délégation pour l'Union européenne sur le „droit communautaire et les Constitutions nationales", Nr. 2630, 1996; contra *Dubouis*, Le contrôle de la compatibilité des décisions de l'Union européenne avec la Constitution française, in: Mélanges Schwob, Bruxelles 1997, S. 331 ff.

421 Nach *Luchaire*, Intervention, in: Les Constitutions nationales face au droit européen, Interventions et débats publiés in: R. F. D. C., Nr. 28, 1996, S. 698 ff., würde diese Stellungnahme dann eher dem Conseil d'Etat zukommen.

422 C. C. Nr. 77-90 DC vom 30. Dezember 1977, Rec., S. 46.

Verfassung von 1958. Diese Auffassung wurde aber kritisiert[423] mit dem Argument, der Nationalrichter könne die Rechtmäßigkeit von Rechtsnormen, die zur Durchsetzung eines Primärvertrags erzeugt wurden, nicht nachprüfen, sobald internationale gerichtliche Verfahrensmechanismen vorgesehen sind, die für jeden internationalen Vertrag im einzelnen bestimmt sind. Ist die Anwendung dieser Verfahrensmechanismen nicht möglich, dann erfolgt die Rechtmäßigkeitskontrolle des Verfassungsrats ausschließlich in Bezug auf die Verfassungsnormen, nicht aber in Bezug auf die internationalen Normen, da der internationale bzw. der Gemeinschaftsrichter dann zuständig ist. Ist der Verfassungsrat der Meinung, das internationale Abkommen kann nicht in die nationale Rechtsordnung eingefügt werden, ohne dass vorher die Verfassung revidiert wird, dann bezieht sich dieses auf die innere Gestaltung des Rechtsetzungsverfahrens von internationalen Abkommen in der nationalen Rechtsordnung[424].

Letztendlich ist dies alles eine Frage des Verfahrens. Eine Maßnahme, die durch ordentliches Gesetz verabschiedet und Gegenstand einer Verfassungswidrigkeitserklärung durch den Verfassungsrat wurde, wird von demselben Gericht gebilligt, wenn sie in der Form eines Verfassungsgesetzes verabschiedet wurde. Die Ratifizierung eines internationalen Vertrags kann entweder durch einfaches Gesetz oder durch ein Verfassungsgesetz erfolgen. Insofern ist die Diskussion über die Möglichkeit oder Unmöglichkeit von Souveränitätsübertragungen auch eine Verfahrensfrage, nämlich die Frage, ob die Verfassung es jedem Organ, das über keine verfassunggebende Gewalt verfügt, verbietet, Souveränitätsübertragungen zuzustimmen[425]. Fraglich ist aber, welcher Rang in der innerstaatlichen Normenhierarchie den Gemeinschaftsverträgen zukommt. In Frankreich ist umstritten, ob gemäß der Verfassung dem Gemeinschaftsrecht ein supralegislativer, ein Verfassungs-, oder ein suprakonstitutioneller Rang zugesprochen werden soll.

1. Der unumstrittene supralegislative Charakter des Gemeinschaftsrechts

Nimmt man den nationalen Rahmen als Maßstab, führt das Vorranggebot des Gemeinschaftsrechts dazu, dass den gemeinschaftlichen Rechtsnormen ein supralegislativer Charakter zukommt[426]. Die Bestimmung der „höheren Rechtskraft als die der Gesetze" („autorité supérieure à celle des lois"), die in Art. 26

---

423 *Carreau*, Droit communautaire et droits nationaux (FN. 342), S. 402.

424 *Favoreu / Philip*, Les grandes décisions (FN. 419), S. 813.

425 *Vedel*, Schengen et Maastricht, à propos de la décision n° 91-294 DC du Conseil constitutionnel du 25 juillet 1991, in: R. F. D. A. (1992), S. 173-180 (175): „le débat se concentre sur le point de savoir si (...) notre Constitution n'interdit pas à tout organe non pourvu du pouvoir constituant d'accepter des „transferts" de souveraineté".

426 *Chaltiel*, La souveraineté de l'Etat (FN. 3), S. 335.

und 28 Satz 1 der Verfassung von 1946, welche bei Inkrafttreten sowohl des Pariser Vertrages wie auch der Römischen Verträge in Geltung stand, besonders deutlich festgelegt war[427], wurde 1958 vom Verfassungsgeber in Art. 55 der Verfassung[428] übernommen[429]. Diese Vorschrift sollte auch später erlassenen nationalen Gesetzen gegenüber Anwendung finden[430], so dass der Vorrang des Völkerrechts bzw. des Gemeinschaftsrechts gesichert schien, zumal diese Vorschrift nicht nur das vertragliche Primärrecht, sondern auch das auf seiner Grundlage erlassene Sekundärrecht einschließt[431].

2. Der umstrittene Verfassungsrang des Gemeinschaftsrechts

Sämtliche Verbote, die sich von Seiten des Gemeinschaftsrechts gegen die Mitgliedstaaten richten, sollen dazu führen, dass der Erlass von gemeinschaftsrechtswidrigen Verfassungsvorschriften durch die Mitgliedstaaten ausgeschlosen bleibt[432]. Der Vertrag von Amsterdam sieht zwar keine ausdrückliche Normen-

---

427 Gemäß Art. 26 der Verfassung von 1946 haben ordnungsgemäß ratifizierte und veröffentlichte Verträge eine „Gesetzeskraft selbst in dem Falle, daß sie innerstaatlichen französischen Gesetzen entgegenstehen sollten, und zwar ohne daß zu ihrer Anwendung andere gesetzgeberische Bestimmungen nötig wären als diejenigen, die gegebenenfalls zu ihrer Ratifikation erforderlich waren", Übersetzung *Hecker*, Europäische Integration (FN. 322), S. 23. Zu diesem Artikel *Niboyet*, La Constitution nouvelle et certaines dispositions de Droit international, D. 1946, Chr., S. 89-92 (90); *Donnedieu de Vabres*, La Constitution de 1946 et le droit international, D. 1948, Chr., S. 5-8 (6); *Rousseau*, Le régime actuel de conclusion des traités en France, in: Festschrift Scelle, Bd. 2, Paris 1950, S. 565 ff., 583 f. Art. 28 Satz 1 der Verfassung von 1946 sicherte den höheren Rang ordnungsgemäß ratifizierter und veröffentlichter Verträge gegeüber den innerstaatlichen Gesetzen: „Da die ordnungsgemäß ratifizierten und veröffentlichten Verträge einen im Verhältnis zu den innerstaatlichen Gesetzen höheren Rang besitzen, können ihre Bestimmungen nur infolge einer ordnungsgemäßen, auf diplomatischen Wege mitgeteilten Kündigung außer Kraft gesetzt werden", Übersetzung: *Hecker*, Europäische Integration (FN. 322), S. 24.

428 Art. 55 der Verfassung lautet: „Die ordnungsgemäß ratifizierten oder genehmigten Verträge oder Abkommen erlangen mit ihrer Veröffentlichung höhere Rechtskraft als die Gesetze, vorausgesetzt, dass das Abkommen oder der Vertrag auch von der anderen Vertragspartei angewandt wird".

429 Zum (leicht abgeschwächten) monistischen Bekenntnis der Verfassung von 1958 sowie zu ihrem Verhältnis zur Verfassung von 1946 *Nguyen Quoc*, La Constitution de 1958 et le droit international, in: R. D. P. 75 (1959), S. 515-564 (551 ff.); siehe auch *Ress*, Der Rang völkerrechtlicher Verträge (FN. 369), S. 445 ff.

430 *Hecker*, Europäische Integration (FN. 322), S. 24.

431 Das in Art. 55 der Verfassung von 1958 aufgestellte Erfordernis einer Ratifizierung und nationaler Veröffentlichung wird zwar auf gemeinschaftliches Sekundärrecht nicht angewandt, seine Veröffentlichung im Amtsblatt der Gemeinschaften aber als ausreichend betrachtet, *Berranger*, Constitutions nationales (FN. 153), S. 189 f. Ferner dazu *Gundel*, Die Einordnung des Gemeinschaftsrechts (FN. 358), S. 47 f, 66.

432 Vgl. *Chaltiel*, Droit constitutionnel et droit communautaire (FN. 308), S. 401.

hierarchie vor, dennoch verdient der von diesem Vertrag eingefügte Art. 7 EUV die größte Aufmerksamkeit. Indem er dem Rat erlaubt, einstimmig einen Staat aus der EU auszuschließen, wenn dieser die rechtsstaatlichen Prinzipien, die im Vertrag bestimmt sind, nicht achtet, bedingt dieser Artikel das gesamte nationale Recht einschließlich des Verfassungsrechts.

Ferner weist das Protokoll über die Anwendung der Grundsätze der Subsidiarität und der Verhältnismäßigkeit in seinem § 2 ausdrücklich darauf hin, dass dadurch die vom Europäischen Gerichtshof aufgestellten Grundsätze für das Verhältnis zwischen einzelstaatlichem Recht und Gemeinschaftsrecht nicht berührt werden. Manche Autoren sind der Meinung, der Vorrang der internationalen Normen bleibe rein theoretisch, da in der Praxis kein Mittel vorhanden sei, um eine Anpassung der Verfassung zu erzwingen[433]. Zugunsten eines tatsächlichen Vorrangs internationaler Verträge bzw. des Gemeinschaftsrechts wird im Schrifttum ferner hervorgehoben, dass die Prüfung durch den Verfassungsrat lediglich die Prüfung der Vereinbarkeit bzw. der Unwidersprüchlichkeit sei, die vor Ratifizierung des internationalen Textes stattfinden solle[434]. Daraus kann nicht geschlossen werden, dass diese Kontrolle den Vorrang der Verfassung voraussetzt[435]. Diese Sichtweise wird dadurch bestätigt, dass die Unvereinbarkeit eines Vertrags mit der Verfassung zur Verfassungsänderung führt[436].

Diese Auffassung findet eine Bestätigung in der Rechtsprechung des Europäischen Gerichtshofs vom 17. Dezember 1970, da nach Auffassung des Gerichts die Gewährleistung der Grundrechte von den gemeinsamen Verfassungsüberlieferungen der Mitgliedstaaten „zwar getragen" sein soll, sie „sich aber auch in die Struktur und die Ziele der Gemeinschaft einfügen"[437] muss. Ferner gehört die

[433] *Pactet*, Institutions politiques et droit constitutionnel, 12. Aufl., Paris 1993, S. 544-545: „La supériorité des normes internationales demeure purement théorique. Dans la pratique, il n'existe aucun moyen de faire céder la norme constitutionnelle devant quelque autre norme que ce soit, même internationale. La Constitution se situe incontestablement, pour tout observateur lucide, dans l'ordre juridique français, au sommet de la hiérarchie des normes".

[434] *Rideau*, Constitution et droit international (FN. 414), S. 263-264: „examen de compatibilité ou de non-contrariété préalable à la ratification ou à l'approbation du texte international".

[435] *Leclercq*, La Constitution de 1958 face au défi international (FN. 311), S. 7.

[436] Art. 54 der Verfassung von 1958. vgl. *Rideau*, Constitution et droit international (FN. 414), S. 267. Siehe auch *Pinto*, Commentaire de l'article 55 de la Constitution, in: *Luchaire / Conac*, La Constitution de la République française, Paris 1987, S. 720: „Si le Constituant avait admis ou cru pouvoir consacrer la supériorité de la Constitution sur le traité, une telle procédure n'aurait pas été nécessaire".

[437] EuGH vom 17. Dezember 1970, Rs. 11/70 – Internationale Handelsgesellschaft mbH gegen Einfuhr- und Vorratsstelle für Getreide- und Futtermittel, Slg. 1970-XVI, S. 1125 ff., S. 1135 Rn. 3. Dazu *Bécane / Couderc*, La loi (FN. 319), S. 114. Beispiele einer ähnlichen Rechtsprechung im internationalen Recht gibt *Carreau*, Droit international, Paris 1986, S. 43. Abgesehen davon findet die Normentheorie *Kelsens*, nach der die internationalen Verträge Vorrang vor den nationalen Gesetzen haben, sowohl auf gemeinschaftlicher, als auch auf

Gewährleistung der Grundrechte „zu den allgemeinen Rechtsgrundsätzen, deren Wahrung der Gerichtshof zu sichern hat“[438]. Dennoch wird im französischen Schrifttum überwiegend[439] behauptet, das Gemeinschaftsrecht ordne sich zwischen Verfassung und Gesetzen ein[440]. Diese Einordnung zeigt eine gewisse Ähnlichkeit mit der Einordnung der völkerrechtlichen Verpflichtungen der Europäischen Gemeinschaft durch den Europäischen Gerichtshof zwischen Primär- und Sekundärrecht[441], oder mit der Einordnung der „principes généraux du droit“ in der Rechtsprechung des Conseil d'Etat[442] zwischen Gesetz und Verordnung.

Im Hinblick auf die europäische Integration würde die Anerkennung von Normen, die einen höheren Rang als die Verfassung von 1958 haben, voraussetzen, dass die Europäische Union institutionell wie eine Föderation gestaltet wird[443]. Dies ist aber noch nicht der Fall. Die Feststellung gemeinsamer Grundsätze der demokratischen Rechtsordnung bzw. die Existenz gemeinsamer Verfassungstraditionen in den Mitgliedstaaten der europäischen Gemeinschaft[444] mag zwar im Hinblick auf die politische Wissenschaft von Bedeutung sein; diese Betrachtungen haben aber keine normative Wirkung, die an eine Suprakonstitutionalität von Gemeinschaftsnormen denken lassen könnte[445]. Indem sie der französischen Unionsmitgliedschaft eine verfassungsrechtliche Grundlage gegeben hat, hat die französische verfassunggebende Gewalt notwendigerweise die gemeinschaftsrechtliche Eigenart anerkannt[446]. Zu überlegen wäre, ob aus der verfassungsrechtlichen Grundlage der Union nicht geschlossen werden kann, dass die Normen der Union Verfassungsrang haben[447].

Zwar gehören die internationalen Verträge grundsätzlich nicht zu den Maßstäben einer Verfassungsmäßigkeitskontrolle[448], die durch den Vertrag von Maastricht

---

internationaler Ebene ihren Ausdruck, so dass extrem gesehen und dieser Rechtsprechung folgend eine Anwendung des Vertrags von Maastricht auch ohne Verfassungsänderung wohl möglich gewesen wäre, *Leclercq*, La Constitution de 1958 face au défi international (FN. 311), S. 10.

438 Ebenda.

439 *Sander*, Europäischer Gerichtshof (FN. 347), S. 592.

440 Dazu *Berranger*, Constitutions nationales (FN. 153), S. 333 ff.

441 *Sander*, Europäischer Gerichtshof (FN. 347), S. 592.

442 Z. B. C. E., Sect. Vom 26. Juni 1959 – Syndicat général des ingénieurs-Conseils, Rec. S. 394.

443 *Renoux / villiers*, Code constitutionnel (FN. 299), Art. C. 61, S. 455-456.

444 EuGH vom 17. Dezember 1970, Rs. 11/70 – Internationale Handelsgesellschaft mbH gegen Einfuhr- und Vorratsstelle für Getreide- und Futtermittel, Slg. 1970-XVI, S. 1125 ff.

445 *Renoux / Villiers*, Code constitutionnel (FN. 299), Art. C. 61, S. 455.

446 Verfassungsgesetz vom 25 Juni 1992 und Verfassungsgesetz Nr. 99-49 vom 25. Januar 1999 zur Änderung der Art. C. 88-2 und C. 88-4, J. O. R. F. 26. Januar 1999, S. 1343.

447 Interessant dazu, *Starke*, Die verfassungsgerichtliche Normenkontrolle (FN. 361), S. 114 ff.

448 C. C. Nr. 74-54 DC vom 15. Januar 1975, Rec. S. 19. Diese Rechtsprechung wurde seitdem vom Verfassungsrat ständig bestätigt, z. B. C. C. Nr. 93-335 DC vom 21. Januar 1994, Rec. S.

hervorgerufene Verfassungsänderung vom 25. Juni 1992 hat dennoch die Lage im Hinblick auf die Gemeinschaftsverträge geändert. Fraglich ist, ob der Verweis durch den Art. 88-2 und 88-3 der Verfassung von 1958 auf bestimmte Vorschriften des Vertrags über die Europäische Union vom 7. Februar 1992 zu dem Ergebnis führt, den Vertrag als Ganzes als Maßstab für die Verfassungsmäßigkeitskontrolle zu betrachten[449]. Dies ist aber zu bezweifeln, da die Verweise sich jeweils nur auf spezifische Bereiche beziehen und demzufolge nicht dem Vertrag insgesamt Verfassungsrang zugesprochen wurde[450]. Insofern bleibt die verfassunggebende Gewalt souverän, da sie frei entscheiden kann, ob sie zum Zweck der Ratifizierung eines durch den Verfassungsrat für verfassungswidrig erklärten internationalen Vertrags die Verfassung ändert oder nicht[451]. Schließlich wird immer wieder betont, dass der Vertrag von Amsterdam wie die anderen Gründungsverträge nur auf Grund des souveränen Willens der Mitgliedstaaten existieren, dessen höchsten Ausdruck die Verfassung darstellt.

3. Die grundsätzliche Nichtanerkennung der Suprakonstitutionalität des Gemeinschaftsrechts

Aus dem Vorranggebot des Gemeinschaftsrechts ergibt sich die Frage nach der Anerkennung oder Nichtanerkennung der Suprakonstitutionalität in der französischen Lehre in Bezug auf die Gemeinschaftsverträge. Im französischen Schrifttum ist diese Frage zwar umstritten[452], die Tatsache aber, dass die ordentlichen französischen Gerichte sich auf Art. 55 der Verfassung stützen, um die Vereinbarkeit eines Gesetzes mit einem internationalen Vertrag bzw. mit einer Regel des Gemeinschaftsrechts nachzuprüfen führt zu einer negativen Antwort[453]. Aus französischer Sicht kann die Verfassung nur als höchstes Gesetz betrachtet werden, wenn sie alleine die hierarchische Stellung der äußeren Rechtsnorm innerhalb der innerstaatlichen Rechtsordnung bestimmt[454].

40, Erwägung Nr. 6. Diese Rechtsprechung darf aber nicht mit der Rechtsprechung verwechselt werden, nach der die verschiedenen Staatsorgane bzw. der Gesetzgeber im Rahmen ihrer jeweiligen Zuständigkeiten auf die Durchführung der internationalen Verträge achten sollen: C. C. Nr. 93-321 DC vom 20. Juli 1993, Rec. S. 196, Erwägung Nr. 37.

449 C. C. Nr. 93-324 DC vom 3. August 1993, Rec. S. 208, Erwägung Nr. 4; *Renoux / Villiers*, Code constitutionnel (FN. 299), Art. C. 61, S. 455.

450 Vgl. *Starke*, Die verfassungsgerichtliche Normenkontrolle (FN. 361), S. 115.

451 Art. 54 der Verfassung von 1958 weist zwar darauf hin, dass ein für verfassungswidrig erklärter Vertrag ohne vorherige Verfassungsänderung nicht ratifiziert werden kann, dennoch zwingt er nicht zur Verfassungsänderung.

452 Dazu Teil 1.

453 Ferner dazu *Gundel*, Die Einordnung des Gemeinschaftsrechts (FN. 358), S. 75 ff.

454 *Zoller*, Droit constitutionnel (FN. 122), S. 32: „(...) la constitution ne peut rester loi suprême que si c'est elle, et toujours elle, qui détermine la position hiérarchique de la norme externe

Die gemäß Art. 54 der Verfassung notwendige Verfassungsänderung, wenn der Verfassungsrat einen internationalen Vertrag vor seiner Ratifizierung für verfassungswidrig erklärt[455] führt auch zu dem Ergebnis, dass die Verfassung nicht auf Grund der Spezifizität bzw. der Natur sui generis des Gemeinschaftsrechts geändert werden soll, sondern auf Grund einer Verfassungsbestimmung.

Dies gilt auch im Rahmen des indirekten „Vertragsmäßigkeitskontrolle" der „lois organiques"[456] (Verfassungsergänzungsgesetze) durch den Verfassungsrat im Rahmen des Art. 88-3 der Verfassung von 1958[457]. Zur näheren Bestimmung der Anwendung des Art. 88-3 über das aktive und passive Wahlrecht auf Kommunalebene von Nichtfranzösischen EU-Angehörigen weist Art. 88-3 der Verfassung auf ein Verfassungsergänzungsgesetz hin, das in gleicher Fassung von beiden Kammern des Parlaments beschlossen werden soll. Da das Verfassungsergänzungsgesetz Gesetz gemäß den Bestimmungen des am 7. Februar 1992 unterzeichneten Vertrages über die Europäische Union erfolgen soll[458] ergibt sich eine indirekte Kontrolle der Vertragsmäßigkeit des verfassungsausführenden Gesetzes durch den Verfassungsrat [459].

B. Die Schranken der europäischen Gesetzgebung im Hinblick auf die nationale Souveränität

dans l'ordre juridique interne". Die Frage nach der Suprakonstitutionalität wurde vom Verfassungsrat in seiner Entscheidung vom 2. September 1992 teilweise beantwortet, in der er erklärte, dass die Existenz von suprakonstitutionellen Regeln gegen das Prinzip der Souveränität der verfassunggebenden Gewalt verstoßen würde, welche traditionell nicht eingeschränkt werden kann. Diese „feste" Stellungnahme wurde aber dadurch getrübt, dass der Verfassungsrat hinzufügte, die Souveränität der verfassunggebenden Gewalt sei unter Vorbehalt („sous réserve") zu verstehen, C. C. Nr. 92-312 DC vom 2. September 1992, Rec. S. 76, Erwägung Nr. 19.

455 C. C. 92-308 DC vom 9. April 1992, Rec. S. 55; C. C. Nr. 97-394 DC vom 31. Dezember 1997, Rec. S. 344.

456 Fraglich ist, welchen Rang den „lois organiques" (Verfassungsergänzungsgesetze) innerhalb des „bloc de constitutionnalité" zuzuordnen ist. Die Verfassungsergänzungsgesetze regeln Organisation und Funktion von Verfassungsorganen und dürfen nur ergehen, wenn ihr Erlaß in der Verfassung ausdrücklich vorgesehen ist, *Schlette*, die Konzeption des Gesetzes (FN. 323), S. 298.

457 Dazu *Gundel*, die Einordnung des Gemeinschaftsrechts (FN. 358), S. 97 ff., 105 f., wo der Autor auf die Möglichkeit der Aufnahme des Gemeinschaftsrechts selbst im „bloc de constitutionnalité" hinweist.

458 Art. 88-3 Satz 1.

459 C. C. Nr. 98-400 DC vom 20. Mai 1998, Rec. S. 251, Erwägung Nr. 4: „(...) en disposant que le droit de vote et d'éligibilité des citoyens de l'Union aux élections municipales est accordé „selon les modalités prévues par le Traité sur l'Union européenne", l'article 88-3 de la Constitution a expressément subordonné la constitutionnalité de la loi organique prévue pour son application à sa conformité aux normes communautaires". Der Verfassungsrat bezieht dann die Verfassungsmäßigkeitsprüfung des Verfassungsergänzungsgesetzes sowohl auf Art. 8 B EGV als auch auf die Richtlinie vom 19. Dezember 1994.

Im Hinblick auf die nationale Souveränität wird die europäische Gesetzgebung, die vom Mehrheitsentscheidungsverfahren geprägt ist, durch das Spezialitätsprinzip, das Subsidiaritätsprinzip und das Gebot der Achtung der nationalen Identität der Mitgliedstaaten beschränkt.

I. Nationale Souveränität und Mehrheitsentscheidungsverfahren

Im Hinblick auf die nationale Souveränität erscheint das Problem des Mehrheitsentscheidungsverfahrens weniger ein juristisches als vielmehr ein politisches, psychologisches oder moralisches Problem[460].

Das gemeinschaftliche Entscheidungsverfahren variiert zwischen einfacher Mehrheit[461], qualifizierter Mehrheit und Einstimmigkeit[462]. Die Konfrontation der nationalen Souveränität mit dem Mehrheitsentscheidungsverfahren fand ihren stärksten Ausdruck 1966. Die Auffassung des Staatspräsidenten *De Gaulles* von der unaufgebbaren Letztverantwortung der Mitgliedstaaten als den eigentlichen Herren der Gemeinschaft[463] musste mit denjenigen Regelungen des Vertrages in Konflikt geraten, nach denen ab 1966 Mehrheitsentscheidungen im Ministerrat in wichtigen Vertragsbereichen (u. a. Landwirtschaft und Gemeinsame Handelspolitik) möglich wurden. Die Entscheidung mit qualifizierter Mehrheit setzt nämlich die Möglichkeit der Überstimmung einzelner Mitgliedstaaten voraus. Bevor diese Regelung in Kraft trat, blockierte Frankreich ab dem 30. Juni 1965 die Arbeit des Ministerrats durch die sogenannte „Politik des leeren Stuhls"[464] („crise de la chaise vide"). Diese Politik führte zu den Luxemburger Beschlüssen der EWG-Außenminister (Luxemburger Kompromiss) vom 29. Januar 1966[465],

---

460 Vgl. *Giraud*, Le rejet (FN. 238), S. 265.

461 Art. 205 EGV.

462 Der Vertrag von Amsterdam hat zwar Fälle des Einstimmigkeitsverfahrens beseitigt (z. B. Art. 130 I und 130 0 EGV- Maastrichter Fassung, nach Vertragsänderung Art. 166 und Art. 172 EGV), fügt aber neue hinzu in neuen Tätigkeitsbereichen der Gemeinschaft (Art. 13, 67 und 133 EGV).

463 Pressekonferenz de Gaulles am 5. September 1960, zit. in: *Oppermann*, Europarecht (FN. 73), S. 14.

464 Der Anlaß Frankreichs, sich über ein halbes Jahr von den Arbeiten des Ministerrates zurückzuziehen, war die Nichteinhaltung von Vereinbarungen über die Finanzierung der Gemeinsamen Agrarpolitik und über die künftigen Haushaltsbefugnisse des Europäischen Parlament, näher dazu *Oppermann*, Europarecht (FN. 73), S. 15 f.

465 Abgedruckt bei *Schweitzer / Hummer*, Textbuch zum Europarecht, 5. Aufl.. München 1991, Nr. 10.; siehe auch für die französische Fassung *Isaac*, Droit communautaire général (FN. 166), S. 48 f. Näher zum Luxemburger Kompromiss, *Kranz*, Le vote dans la pratique du Conseil des ministres des Communautés européennes, in: R. T. D. E. (1982), S. 403-430 (408 ff.). Ferner zu den verschiedenen Stellungnmahmen auf politischer Ebene in Frankreich im Hinblick auf die Anwendung des Luxemburger Kompromisses, *Götz*, Mehrheitsbeschlüsse des

die eine „dérive intergouvernementale“[466] des Ministerrats mitbewirken sollte, indem der diplomatische Konsens befördert wurde.

Nach dem Luxemburger Kompromiss kann das Einstimmigkeitsverfahren wieder in Kraft gesetzt werden, falls „des intérêts très importants“[467] (sehr wichtige Interessen) eines Mitgliedstaates betroffen sind. Präsident *de Gaulle* weigerte sich damit, das Prinzip der freien Verfügung über die Verfassung aufzugeben, welches bestimmt, dass die nationale Souveränität beim Volk liegt, die sie ohne Ausnahme durch seine Vertreter und durch den Volksentscheid ausübt[468]. Der Luxemburger Kompromiss sollte als „rempart ultime“ gegenüber einer „dérive supranationale“ gelten[469]. Sehr lange war für Frankreich das Einstimmigkeitsprinzip eine wesentliche Garantie seiner nationalen Souveränität und der Besonderheit der französischen Politik und wurde sogar als „droit naturel“ jeder Nation angesehen[470].

Heute bestehen zwar immer noch Zweifel[471] an der Rechtmäßigkeit des Luxemburger Kompromisses. Es wurde darauf hingewiesen, dass der Europäische Gerichtshof im Jahre 1966 auf Grund Art. 5 EGV (heute Art. 10 EGV) Frankreich wegen Untätigkeit hätte verurteilen können, da dieser Artikel die Mitgliedstaaten zur Zusammenarbeit verpflichtet[472]. Die Wirksamkeit des Luxemburger-Kompromisses ist aber unbestritten: Die sich an diesen Beschlüssen orientierende politische Praxis führte dazu, dass Mehrheitsentscheidungen nur dann statt fanden, wenn alle Mitgliedstaaten damit einverstanden waren und gegebenenfalls signalisierten, dass ein „intérêt vital“ nicht betroffen sei und sie sich daher überstimmen lassen würden.

Der entscheidende Schritt im Hinblick auf das Mehrheitsentscheidungsverfahren wurde mit der Einheitlichen Akte von 1986 getan, die dem Ministerrat erlaubt, die

Rates der Europäischen Union, in: Ole u. a. (Hrsg.), Festschrift für Ulrich Everling, Baden-Baden 1995, Bd. 1, S. 339-353 (340ff.).

466 *Isaac*, Droit communautaire général (FN. 166), S. 49.

467 Zu den Schwierigkeiten einer Bestimmung dieses Begriffs auf politischer Ebene siehe *Kranz*, Le vote (FN. 465), S. 420 ff.

468 *Gaulle*, in: Le Monde vom 11. September 1965: refus de „renier (...) la libre disposition de nous-mêmes et de notre Constitution, laquelle fixe que „la souveraineté française appartient au peule français qui l'exerce par ses représentants et par la voie du référendum“, sans qu'il y soit prévu aucune espèce d'exception“.

469 Isaac, Droit communautaire général (FN. 166), S. 4, ferner S. 48 f.

470 Vgl. *Debré*, L'idée européenne (FN. 39), S. 48.

471 Die Rechtsverbindlichkeit der Luxemburger Beschlüsse verneinend *Streinz*, Europarecht, Heidelberg 1992, S. 67.

472 *Buffet-Tchakaloff*, la France devant la Cour de justice des Communautés européennes, Paris 1985, S. 88.

Mehrzahl seiner Entscheidungen mit qualifizierter Mehrheit zu treffen[473]. Indem dieses Verfahren bei einer intergouvernementalen Instanz eingeführt wurde, kann von einer „véritable synthèse entre l'intergouvernementalité et la „supranationalité" "[474] gesprochen werden.

Mit der Beitrittsverhandlungen Österreichs, Finnlands und Schwedens in die Europäische Union trat das Problem der Bestimmung der qualifizierten Mehrheit bzw. einer Sperrminorität im Rat wieder auf. Es handelt sich darum, den kleineren Mitgliedstaaten der Europäischen Union keinen allzu großen Vorteil gegenüber den großen Staaten zu verleihen. Das Problem wurde durch den sog. „Kompromiss von Ioannina" gelöst, der auf eine informelle Tagung der Außenminister am 29. März 1994 in Ioannina (Griechenland) zurückgeht. Auf dieser Tagung fasste der Rat unter anderem einen Beschluss[475] zur Frage der Mehrheitsentscheidungen in einer 16 Mitgliedstaaten umfassenden Union. Nachdem Norwegen nicht beigetreten war, wurde der Beschluss angepasst. Der Kompromiss sieht folgendes vor: Wenn Ratsmitglieder, die zwischen 23 (frühere Sperrminorität) und 26 (neue Sperrminorität) Stimmen haben, signalisieren, dass sie eine Mehrheitsentscheidung des Rates ablehnen, wird der Rat alles daran setzen, einer vernünftigen Frist zu einer zufriedenstellenden Lösung zu gelangen, die mit mindestens 65 von 87 Stimmen gebilligt werden kann. Das Problem der Bestimmung Sperrminorität beim Mehrheitsentscheidungsverfahren im Rat der Europäischen Union wird im Hinblick auf die geplante Osterweiterung der Europäischen Union und die entsprechende Erhöhung der Anzahl an Mitgliedstaaten von 15 auf 25 bis 30 noch akuter. Mit einer Erklärung[476] im Anhang zum Amsterdamer Vertrag wurde die Geltungsdauer des Kompromisses von Ioaninna bis zur nächsten Erweiterung verlängert.

---

473 Beim Gipfeltreffen von Paris vom 10. Dezember 1974 hatten sich die EG-Staats- und Regierungschefs für den Verzicht auf die Praxis erklärt, nach der jede Frage der Einstimmigkeit der Mitgliedstaaten bedarf. Am 18. Mai 1982 hat die Mehrheit des Ministerrats entschieden, dass der Luxemburger Kompromiss für eine „décision de gestion" (fixation annuelle des prix agricole) nicht anwendbar sei. Schließlich wurde die Wiedereinführung des Votums im Ministerrats dadurch bewirkt, dass eine Änderung der Geschäftsordnung des Ministerrats vorsah, dass „le Conseil procède au vote à l'initiative de son Président. Le Président est par ailleurs tenu d'ouvrir une procédure de vote à l'initiative d'un membre du Conseil ou de la Commission pour autant que la majorité des membres qui composent le Conseil se prononce en ce sens », zit. in: *Isaac*, Droit communautaire général (FN. 166), S. 48.

474 *Croisat / Quermonne*, L'Europe et le fédéralisme (FN. 98), S. 140.

475 Beschluss des Rates vom 29. März 1994 über die Beschlussfassung des Rates mit qualifizierter Mehrheit (94/C 105/01) in: Amtsblatt der Europäischen Gemeinschaften Nr. C. 105/1 vom 13. April 1994.

476 Erklärung Nr. 50 zum Protokoll Nr. 11 über die Organe im Hinblick auf die Erweiterung der Europäischen Union.

Der Vertrag von Amsterdam institutionalisiert ferner ein suspensives Veto[477]. So sieht Art. 40 Abs. 2 Satz 2 EUV[478] über die Voraussetzungen und das Verfahren einer engeren Zusammenarbeit einzelner Mitgliedstaaten vor, dass wenn ein Mitglied des Rates erklärt, dass es „aus wichtigen Gründen der nationalen Politik, die es auch nennen muß, die Absicht hat, eine mit qualifizierter Mehrheit zu erteilende Ermächtigung abzulehnen", keine Abstimmung erfolgt. Der Rat kann dann mit qualifizierter Mehrheit verlangen, dass die Frage zur einstimmigen Beschlussfassung an den Europäischen Rat verwiesen wird.

Unklar ist, ob das Veto auch auf anderen Gebieten möglich ist. In seiner Entscheidung Nr. 97-394 DC[479] zum Vertrag von Amsterdam weist der Verfassungsrat auf den Initiativ-Verlust der Mitgliedstaaten und vor allem auf das vom Art. 189 B EGV (heute Art. 251 EGV) vorgesehene Mitentscheidungsverfahren hin[480]. Aus der Tatsache, dass der Verfassungsrat es nicht ausdrücklich für verfassungswidrig erklärt hat, kann der Schluss gezogen werden, dass das Mitentscheidungsverfahren an sich nicht verfassungswidrig ist. Jedoch weist der Verfassungsrat darauf hin, dass für den Übergang von der Einstimmigkeit zur qualifizierten Mehrheit und zum Verfahren der „Mitentscheidung" dann „kein Akt der Ratifikation oder der nationalen Zustimmung vorgesehen ist und dass der Übergang daher auch nicht Gegenstand einer verfassungsgerichtlichen Kontrolle auf der Grundlage von Art. 54 oder Art. 61 Abs. 2 der Verfassung sein können wird"[481]. Unter diesen Bedingungen könnte das Mitentscheidungsverfahren dazu führen, dass die essentiellen Bedingungen der Ausübung der nationalen Souveränität beeinträchtigt werden[482]. Allein seine Anwendung auf souveränitätsrelevante Bereiche führt also zu seiner Verfassungswidrigkeit. In Verbindung mit dem Mitentscheidungsverfahren führt die Kompetenzübertragung in souveränitätsrelevanten Bereichen zur Verfassungswidrigkeitserklärung durch den Conseil constitutionnel. Somit lässt sich eine gewisse Intensivierung des Verstoßes gegen die wesentlichen Bedingungen der nationalen Souveränitätsausübung erkennen.

---

477 Für *Chaltiel*, La souveraineté de l'Etat (FN. 3), S. 298, wird damit der Luxemburger Kompromiss bezüglich der verstärkten Zusammenarbeit konstitutionalisiert. Allgemein bezeichnet die Autorin den Luxemburger Kompromiss als ein „principe général du droit communautaire" und als eine „réserve de souveraineté", obwohl diese Bezeichnung weder in den Gründungsverträgen noch in der Rechtsprechung des Europäischen Gerichtshofes enthalten ist.

478 Vgl. Art. 11 EGV.

479 C. C. Nr. 97-394 DC vom 31. Dezember 1997, Rec. S. 344, Erwägung Nr. 24.

480 Dazu Teil 3 Kap. 3 A II 2 b.

481 C. C. Nr. 97-394 DC vom 31. Dezember 1997, Rec. S. 344, Erwägung Nr. 24, übersetzt von *Walter*, Ratifikation des Vertrages von Amsterdam setzt Verfassungsänderung zur Klärung essentieller Souveränitätsfragen voraus, in: EuGRZ (1998), S. 27-32 (30).

482 C. C. Nr. 97-394 DC vom 31. Dezember 1997, Rec. S. 344, Erwägung Nr. 25.

II. Nationale Souveränität und Prinzip der begrenzten Einzelermächtigung

Die gemeinschaftsrechtliche Kompetenz ist durch das Prinzip der begrenzten Einzelermächtigung eingeschränkt, welches die internationalen Organisationen bzw. die Gemeinschaft und die Europäische Union immer noch prägt. Die Bezeichnung der europäischen Rechtsnormen als „Gesetz" könnte durch das Prinzip der begrenzten Einzelermächtigung, welches dem grundsätzlich allgemeinen Charakter des Gesetzes widerspricht, gehindert werden. In Deutschland hat sich das Bundesverfassungsgericht[483] unter anderem auf das Prinzip der begrenzten Einzelermächtigung bezogen, um eine Kompetenz-Kompetenz der Europäischen Union abzulehnen. Diesem Prinzip nach ist der Schluß von der Aufgabe auf eine Befugnis nicht zulässig[484]. So wie die Beschwerdeführer vor dem Bundesverfassungsgericht war ein Teil des deutschen Schrifttums der Meinung, es bestehe keine klare Kompetenzverteilung zwischen der Union und den Mitgliedstaaten und Art. 100a EGV (heute Art. 95 EGV) und 235 EGV (heute Art. 308 EGV) seien „generalklauselartige Kompetenzfestlegungen"[485]. Das Bundesverfassungsgericht[486] hat in seinem Urteil vom 12. Oktober 1993 aber festgestellt, dass die Befugnis der einzelnen Staaten die Regel sei, die der Gemeinschaft die Ausnahme.

In Frankreich wird jedoch die Meinung vertreten, das Prinzip der begrenzten Einzelermächtigung („principe de spécialité") sei nicht als solches ein Hindernis zur Anerkennung einer gewissen europäischen Souveränitätsform[487]. Andererseits kennt das Prinzip der begrenzten Einzelermächtigung Ausdehnungsmöglichkeiten, deren Ausdruck in der Rechtsprechung des Europäischen Gerichtshofes und in Art. 308 (ex- Art. 235) zu finden ist. Art. 308 EGV erlaubt den Mitgliedstaaten, die Kompetenzen der Gemeinschaft auszudehnen, falls sie es für notwendig halten. Diese Erweiterung der Kompetenzen der Gemeinschaft benötigen also nicht immer eine Vertragsänderung und in der französischen Lehre wurde in Folge dessen von einer schleichenden Vertragsänderung („révision rampante"[488]) gesprochen. Art. 308 EGV erlaubt andererseits der Gemeinschaft, ihre Kompetenzen an die von den Verträgen bestimmten Ziele anzupassen.

---

483 BVerfGE 89, 155 [192 ff.].

484 *Bleckmann / Pieper*, Maastricht, die grundgesetzliche Ordnung und die „Superrevisionsinstanz". Die Maastricht-Entscheidung des Bundesverfassungsgerichts, in: R. I. W., Heft 12 (1993), S. 969-977 (975).

485 *Di Fabio*, Der neue Art. 23 des Grundgesetzes (FN. 160), S. 196.

486 BVerfGE 89, 155 [193]. Das Bundesverfassungsgericht hat sich auf Art. B Abs. 2 EUV (heute Art. 2 EUV), Art. D EUV (heute Art. 4 EUV) und Art. E EUV (heute Art. 5 EUV) gestützt.

487 *Chaltiel*, La souveraineté de l'Etat (FN. 3), S. 338. Nach der Autorin stellt das Subsidiaritätsprinzip keine Hinderung der Anerkennung europäischer „Gesetze" („lois" européennes) dar.

488 Z. B. *Schwartz*, Le pouvoir normatif de la Communauté, notamment en vertu de l'article 235 – une compétence exclusive ou parallèle, in: R. M. C. (1976), S. 280-290.

III. Nationale Souveränität und Subsidiaritätsprinzip

Als allgemeines Prinzip des Gemeinschaftsrechts wurde das Subsidiaritätsprinzip zum ersten Mal[489] im Art. 3 B des Vertrags zur Gründung der Europäischen Gemeinschaft in der Fassung vom Vertrag von Maastricht über die Europäische Union vom 7. Februar 1992 festgelegt[490]. Demnach wird die Gemeinschaft „in den Bereichen, die nicht in ihre ausschließliche Zuständigkeiten fallen (...) nur tätig, sofern und soweit die Ziele der in Betracht gezogenen Maßnahmen auf Ebene der Mitgliedstaaten nicht ausreichend erreicht werden können und daher wegen ihres Umfangs oder ihrer Wirkungen besser auf Gemeinschaftsebene erreicht werden können“[491].

Das Subsidiaritätsprinzip[492] steht seit dem Vertrag von Maastricht im Mittelpunkt der juristisch-institutionellen Diskussion über die Tätigkeit und die Zukunft der Gemeinschaft. Aus der sozialen Doktrin der katholischen Kirche abgeleitet, wurde dieses Prinzip Anfang des 17. Jahrhunderts laizisiert und von den meisten

---

489 Das Subsidiaritätsprinzip wurde zwar im Spinelli-Projekt eines Vertrags zur Europäischen Union erwähnt, das vom Europäischen Parlament 1984 verabschiedet wurde, das Projekt wurde aber von den Mitgliedstaaten abgelehnt. Erst in der Europäischen Einheitlichen Akte von 1986 kommt das Subsidiaritätsprinzip im Gemeinschaftsvertrag zum Ausdruck, allerdings nur bezüglich des Umweltschutzes.

490 Das Subsidiaritätsprinzip wurde auf Wunsch Deutschlands in den Vertrag über die Europäische Union eingeführt. Zum Tag der Ratifizierung des Unionsvertrags (2. Dezember 1992) wurde in Deutschland das Grundgesetz geändert und unter anderm Art. 23 Abs. 1 GG dadurch modifiziert. Von nun an wird das Subsidiaritätsprinzip als eines der zur europäischen Integration notwendigen Prinzipien ausdrücklich erwähnt. Dies hat zur Folge, dass das Bundesverfassungsgericht sich auf diese Vorschrift stützen kann, um die Anwendung einer Gemeinschaftsmaßnahme abzulehnen, welche das Subsidiaritätsprinzip nicht achten würde. Die Stellungnahme des Bundesverfassungsgerichts erfolgte in seiner Maastricht-Entscheidung vom 12. Oktober 1993. Nach dem Bundesverfassungsgericht ist die nationale Identität der Mitgliedstaaten und dadurch ihre Unabhängigkeit und Souveränität unter anderem vom Subsidiaritätsprinzip gemäß Art. 3 B Abs. 2 EGV (heute Art. 5 Abs. 1 und 2 EGV), sowie vom Verhältnismäßigkeitsgrundsatz des Art. 3 B Abs. 3 EGV (heute Art. 5 Abs. 3 EGV) gewahrt, BVerfGE 89, 155 [190, 211 und 212]. Frankreich hat das Subsidiaritätsprinzip zwar nicht in seine Verfassung eingeführt, benutzt es aber auf politischer Ebene, um seine Interessen gegenüber bestimmten Gemeinschaftsinitiativen zu verteidigen, so z. B. *Borotra*, Faut-il défendre le service public?, Assemblée nationale, Document Nr. 2260, 6. Oktober 1995, S. 73 ff. (78).

491 Heute Art. 5 Abs. 2 EGV.

492 Allgemein dazu *Clergerie*, Le principe de subsidiarité, Paris 1997, S. 7 ff.; *Millon-Delsol*, Le principe de subsidiarité, Paris 1993; *dies.*, Déclin de l'Etat et subsidiarité, in: Philip / Soldatos, Au-delà et en-deçà de l'Etat-nation, Paris 1996, S. 237-255 (252 ff.), wo die Autorin die Frage der Bestimmung eines europäischen Gemeinwohls stellt.

Befürwortern des Föderalismus benutzt, zuerst in Deutschland, wo es mit dem Föderalismus eng verbunden ist[493], dann in ganz Europa.

Das Subsidiaritätsprinzip verdeutlicht den allgemeineren Prozess der Überholung des Nationalstaates „von Oben und von Unten", wobei die – relative – Einfachheit des souveränen unitarischen Zentralstaates zunehmend von komplexeren Formen der Machtverteilung überlagert wird, da die überstaatliche Ebene der Europäischen Gemeinschaft hinzukommt sowie die innerstaatliche Ebene der Regionen und anderer öffentlicher Gebietskörperschaften[494]. Es handelt sich um einen doppelten Prozeß der Verlagerung nationalstaatlicher Kompetenzen bzw. eine „doppelte Föderalisierung"[495] des Staates, parallel nach oben und nach unten. In Frankreich fand das Subsidiaritätsprinzip in *Rougemont* einen Befürworter, insbesondere im Hinblick auf die Ebene der Regionen[496].

Im Hinblick auf die Souveränität war umstritten, ob dieses Subsidiaritätsprinzip als Instrument zum Zweck eines föderalen Europas oder im Gegenteil als Gewährleistung der Staatenbefugnisse gegenüber der Gefahr einer unbegrenzten Kompetenzerweiterung der Europäischen Gemeinschaft betrachtet werden muss[497]. Das Subsidiaritätsprinzip befindet sich „im Spannungsfeld konkurrierender Kompetenzen zwischen den Mitgliedstaaten und der Union"[498] bzw. findet nur angesichts der gemeinsamen Kompetenzen zwischen der Gemeinschaft und den Mitgliedstaaten Anwendung. Es ist ein *„principe régulateur de l'exercice*

---

493 Verfassung des Kaiserreichs vom 16. April 1871, im 4. Mai 1871 in Kraft getreten; Grundgesetz vom 23. Mai 1949, Art. 30 GG; 72 GG, auch wenn das Subsidiaritätsprinzip nie ausdrücklich erwähnt ist, gilt dieses Prinzip als Grundlage der verfassungsrechtlichen Organisation Deutschlands, dazu *Clergerie*, Le principe de subsidiarité (FN. 492), S. 33 ff.

494 Vgl. dazu *Constantinesco*, Subsidiarität: Zentrales Verfassungsprinzip für die Politische Union, in: Integration (1990), S. 165-178 (166). Dem Autor zufolge führt das Subsidiaritätsprinzip zur „Notwendigkeit einer Neudefinition des Nationalstaates".

495 *Constantinesco*, Subsidiarität (FN. 494), S. 166.

496 *Rougemont*, L'Europe en jeu (FN. 256), S. 72: „Ne confiez jamais à une grande unité ce qui peut être fait dans une plus petite. Ce que la famille peut faire, la municipalité ne doit pas le faire. Ce que la municipalité peut faire, les Etats ne doivent pas le faire. Et ce que les Etats peuvent faire, le gouvernement fédéral ne doit pas le faire".

497 Die Polemik über den Inhalt des Subsidiaritätsprinzips, welches selbst mehr ein philosophisches als ein juristisches Konzept ist, führt dazu, dass diese Frage zur Zeit schwer zu beantworten ist, vgl. *Clergerie*, Le principe de subsidiarité (FN. 492), S. 5 f., ferner zur Zweideutigkeit des Subsidiaritätsprinzips, S. 105 ff.; vgl. *Degryse*, Dictionnaire de l'Union européenne, De Boeck Université, Bruxelles 1995, S. 465: „La subsidiarité demeure un concept éminemment ambigu. Il s'agit d'un principe tellement flou que chacun peut en tirer ce qu'il veut, estiment certains spécialistes. Ainsi, la Communauté l'utilisera pour communautariser certaines compétences tandis que des Etats membres s'en serviront pour en renationaliser d'autres".

498 *Constantinesco*, „Subsidiarität": Magisches Wort oder Handlungsprinzip der Europäischen Union?, in: EuZW (1991), Heft 18, S. 561-563 (562 f.)

de ces compétences“[499], nicht ein „principe d'attribution de ces compétences“. Es handelt sich um ein dynamisches Prinzip, welches die Ausübung der gemeinsamen Kompetenzen angesichts der Bedürfnisse und der Intensität der Tätigkeit und im Hinblick auf Effizienz[500]- und Mehrwertskriterien gestaltet[501].

Indem es die Kompetenzverteilung zwischen mehreren Autoritäten gestaltet, hat das Subsidiaritätsprinzip einen verfassungsrechtlichen Charakter[502], wobei die Regel die Kompetenz der Mitgliedstaaten, die Ausnahme die Kompetenz der Gemeinschaft ist, so dass auf „verfassungsrechtlicher“ Ebene eine Kompetenzliste der Mitgliedstaaten als unnötig erscheint[503]. Die Anwendung des Subsidiaritätsprinzips im Rahmen des Föderalismus trägt zur stillschweigenden Anerkennung der föderalistischen Züge der Union bei[504]. Indem das Subsidiaritätsprinzip die Zuständigkeit der Gemeinschaft ermöglicht, wenn die Ziele der Gemeinschaft besser auf Gemeinschaftsebene als auf mitgliedstaatlicher Ebene erreicht werden können, wird es von manchen Autoren als eine potentiell quasi-unbegrenzte[505] Erweiterung der Kompetenzen der Gemeinschaft betrachtet, welche der deutschen Idee der Kompetenz-Kompetenz nicht unähnlich ist. Aus dem Subsidiaritätsprinzip entsteht ferner die Idee eines europäischen bzw. gemeinschaftsrechtlichen

499 „Le principe de subsidiarité“, Communication de la Commission au Conseil et au Parlement européen, in: R. T. D. E. 28 (1992), S. 728-739 (733).

500 Vgl. *Kelsen*, Reine Rechtslehre, 2. Aufl., Wien 1960, Ndr. 1967, insbes. S. 336, 340. Dem Autor zufolge besteht die Souveränität in der Effizienz einer Rechtsordnung, die mit dem Staat identifiziert wird.

501 Das Protokoll über die Anwendung der Grundsätze der Subsidiarität und der Verhältnismäßigkeit, welches dem Vertrag von Amsterdam vom 2. Oktober 1997 beigefügt wurde, beschränkt sich darauf, den „modus operandi“ zu bestätigen, welcher von mehreren früheren Europaräten sowie vom interinstitutionellen Abkommen vom 29. Oktober 1993 für rechtwirksam erklärt wurde.

502 *Constantinesco.*, La Subsidiarité comme Principe Constitutionnel de l'Intégration Européenne, in: Außenwirtschaft 46 (1991), S. 439-459 (444); *ders.*, Subsidiarität. Zentrales Verfassungsprinzip für die Politische Union, in: Integration 4/1990, S. 165-178. Für *Chaltiel*, La souveraineté de l'Etat (FN. 3), S. 339, mildert das Subsidiaritätsprinzip die Stärke des Spezialitätsprinzips angesichts der Kompetenzen der Gemeinschaft.

503 „Le principe de subsidiarité“, Communication de la Commission (FN. 499), S. 733.

504 Vgl. *Chaltiel*, La souveraineté de l'Etat (FN. 3), S. 339: „Si la vocation fédérale de l'Union n'a finalement pas été inscrite dans le traité, le principe de subsidiarité apparaît comme un non-dit fédéral“. Vgl. *Chemillier-Gendreau*, Le Principe de subsidiarité: enjeu majeur, débats confus, in: Le Monde diplomatique, Nr. 460, Juli 1992, S. 13. Nach *Clergerie*, Le principe de subsidiarité (FN. 492), S. 69, gilt das Subsidiaritätsprinzip als Synonym für Föderalismus bzw. Souveränitätsverlust. Für *Delors*, Le Nouveau Concert européen, Paris 1992, S. 176, ist die Subsidiarität eine „pédagogie de l'approche fédérale“; siehe auch *Charpentier*, ferner z. B. *Charpentier*, Quelle subsidiarité?, in: Revue Pouvoirs, Nr. 69, April 1994, S. 49-62 (55).

505 Zur politischen Diskussion *Guigou*, La subsidiarité. Pour empêcher tout centralisme européen und *Seguin*, Le principe de subsidiarité: la porte ouverte à l'extension illimitée du droit communautaire, in: Supplément à Libération vom 31. August 1992, Le texte du traité de Maastricht analysé article par article par Elisabeth Guigou et Philippe Seguin, S. 4.

„bonum commune“[506], welches durch eine europäische politische Einheit gewährleistet werden soll.

Dennoch kann das Subsidiaritätsprinzip wiederum zugunsten der Mitgliedstaaten wirken. Der europäische Gesetzgeber kann gemäß Art. 5 Abs. 2 EGV[507] nur sofern und insoweit tätig werden, als „die Ziele der in Betracht gezogenen Maßnahmen auf Ebene der Mitgliedstaaten nicht ausreichend erreicht werden können und daher wegen ihres Umfangs oder ihrer Wirkungen besser auf Gemeinschaftsebene erreicht werden können“. In seiner Entscheidung vom 31. Dezember 1997[508] erklärte der Verfassungsrat dennoch, dass die Anwendung des Subsidiaritätsprinzips „allein nicht verhindern kann, dass die Kompetenzübertragungen (...) ein solches Ausmaß erreichen und unter solchen Bedingungen erfolgen, dass die essentiellen Bedingungen für die Ausübung der nationalen Souveränität betroffen sein können“[509].

IV. Achtung der nationalen Identität der Mitgliedstaaten

Die Notwendigkeit der Behauptung der Achtung der nationalen Identität der Mitgliedstaaten auf Vertragsebene wurde durch das besondere Gipfeltreffen des Rats in Birmingham im Oktober 1992 betont, im Hinblick auf die negativen Reaktionen der öffentlichen Meinungen in mehreren Mitgliedstaaten angesichts des Vertrags von Maastricht. Interessant ist in dieser Hinsicht die Schlussfolgerung der Präsidentschaft des Rats vom 11.-12. Dezember 1992 in Edinburch, wo die Union als ein Rahmen bezeichnet wird, innerhalb dessen unabhängige und souveräne Staaten der gemeinsamen Ausübung bestimmter Kompetenzen freiwillig und in Übereinstimmung mit den Gemeinschaftsverträgen zugestimmt haben. Im Vertrag über die Europäische Union wird diesbezüglich angekündigt, dass die Europäische Union „die nationale Identität der Mitgliedstaaten“ achtet[510]. Fraglich ist aber, was unter „nationaler Identität“ zu verstehen ist.

Die französische Verfassung kennt keine „Identitätssicherungsnorm“[511] im Sinne des Art. 79 Abs. III GG. Unter dem Begriff der „nationalen Identität“ wird in

---

506 Dazu *Chaltiel*, La souveraineté de l'Etat (FN. 3), S. 340.

507 Früher Art. 38 Abs. 2 EGV.

508 C. C. Nr. 97-394 DC vom 31. Dezember 1997, Rec. S. 344, Erwägung Nr. 22.

509 Übersetzung *Walter*, Ratifikation des Vertrages von Amsterdam (FN. 481), S. 30. Die französische Fassung lautet: „La seule mise en oeuvre du principe (de subsidiarité) pourrait ne pas faire obstacle à ce que les transferts de compétence autorisés par le traité (d'Amsterdam) revêtent une ampleur et interviennent selon des modalités telles que puissent être affectées les conditions essentielles d'exercice de la souveraineté nationale“.

510 Art. F Abs. 1 EUV in der Fassung von Maastricht, heute Art. 6 Abs. 3 EUV.

511 Dazu *Di Fabio*, Der neue Art. 23 des Grundgesetzes (FN. 160), S. 210 f. Interessant zur deutschen Auffassung der nationalen Identität, *Quaritsch*, La souveraineté de l'Etat dans la

Frankreich vor allem der Schutz der französischen Sprache, der seit der Verfassungsänderung Nr. 92-554 vom 25. Juni 1992 im Verfassungstext selbst verankert ist[512], verstanden. Anlass zur Einführung dieses Absatzes[513] war zwar der Vertrag über die Europäische Union, diese Vorschrift gehörte aber nicht zu den Vorschriften, die vom Verfassungsrat mit dem EUV als unvereinbar erklärt wurden. Im Hinblick auf die französische Sprache haben die Verfechter des Vertrags von Maastricht hervorgehoben, die Sprache sei mit dem nationalen Gefühl verbunden bzw. die französische Sprache sei Ausdruck der nationalen Identität[514]. Darin sei vor allem die Stellung der französischen Sprache neben der Nationalflagge, der Nationalhymne und der Freiheiten als ein Symbol zu betrachten[515].

Über diese symbolische Funktion hinaus verhindert diese Vorschrift, dass innerhalb Frankreichs andere Sprachen als das Französische in den französischen öffentlichen Tätigkeiten gesprochen werden[516]. In seiner Entscheidung Nr. 94-345 DC vom 29. Juli 1994 hat der Verfassungsrat die Reichweite des Art. 2 Abs. 1 der Verfassung von 1958 relativiert, indem er erklärte, dass die französische Sprache,

---

jurisprudence constitutionnelle allemande, in: Les Cahiers du Conseil constitutionnel, Nr. 9 (2000), S. 99-112 (103): „totalité des contenus d'idées par lesquels une nation décrit sa conception de soi". Der Autor schließt die – obwohl gewagte – Auffassung nicht aus, das Prinzip der Zugehörigkeit zur Union sei als Element des Begriffs der „nationalen Identität" zu betrachten.

512 Art. 2 Abs. 1 der Verfassung von 1958: „Die Sprache der Republik ist Französisch". Ausführlich dazu *Chaltiel*, La souveraineté de l'Etat de l'Etat (FN. 3), S. 239 ff., wobei die Autorin unter dem Begriff der „nationalen Identität" im französischen Sinne auch Art. 88-4 der Verfassung über die Mitwirkung des französischen Parlaments an der europäischen Gesetzgebung und Art. 74 der Verfassung zum Schutz des besonderen Aufbaus der überseeischen Gebiete der Republik versteht.

513 Ursprünglich war Art. 2 Abs. 1 der Verfassung von 1958 so formuliert: „Das Französische ist die offizielle Sprache der Republik"., zit. in: *Pierré-Caps*, Chronique constitutionnelle. Les révisions de la Cinquième République: temps, conflits et stratégies, in: R. D. P. 114 (1998), S. 409-431 (Fn. 22). Diese Formulierung wurde aber aufgegeben, da man hätte denken können, das Französische gehöre ausschließlich der Republik, was gegen die Frankofonie gewesen wäre, J. O. R. F., Débats, Sénat, 10. Juni 1992, S. 1539; dazu *Debbasch*, La reconnaissance constitutionnelle de la langue française, in: R. F. D. C. Nr. 11, 1992, S. 457 ff.

514 J. O. R. F., Débats, A. N. 12. Mai 1992, S. 1018. Zum Verhältnis zwischen der Sprache und dem nationalen Gefühl ferner *Sabourin*, L'Etat-nation face aux Europes, Paris 1994, S. 94.

515 So äußerte sich *Deniau*, in: J. O. R. F., Débats, A. N. 12. Mai 1992, S. 1018: „ (...) un symbole: la langue française va rejoindre, dans le plus magnifique des articles de notre Constitution (...) les principes majeurs de la République: l'hymne, la devise, le drapeau et les libertés".

516 *Chaltiel*, La souveraineté de l'Etat (FN. 3), S. 239 f. Mit Recht verweist die Autorin darauf hin, dass europäische Arbeitnehmer, die sich im Rahmen der von den Gemeinschaftsverträgen geschaffenen Freizügigkeit in Frankreich niederlassen wollen, durch diese Verfassungsvorschrift dazu gezwungen sind, sich auf Französisch ausdrücken zu können.

wie jede lebendige Sprache („comme toute langue vivante“[517]), sich grundsätzlich entwickeln können soll. Der Gebrauch einer offiziellen Terminologie kann nur für juristische Personen des öffentlichen Rechts und für Privatpersonen im Rahmen der Ausübung einer Aufgabe des öffentlichen Dienstes erzwungen werden[518].

Will man unter dem Begriff der „nationalen Identität“ wie in Deutschland die souveräne Staatlichkeit verstehen, stößt man auf das Problem, dass keine der Vorschriften der Gemeinschaftsverträge das Wort „Souveränität“ benutzt. Nirgendwo ist in den Gemeinschaftsverträgen von einer europäischen Souveränität die Rede und nirgendwo wird die Achtung der Souveränität der Mitgliedstaaten als solche erwähnt. Aus der Tatsache aber, dass diese Vorschrift die nationale Identität der „Mitglied*staaten*“ erwähnt, verbunden mit den vielen Vertragsvorschriften, wo die „Mitgliedstaaten“, „Einzelstaaten“ und „Staaten“ erwähnt sind, kann geschlossen werden, dass die Existenz der Mitgliedstaaten in den Gemeinschaftsverträgen selbst geschützt ist[519].

Fraglich ist, ob die im Vertrag über die Europäische Union verankerte Achtung der nationalen Identität der Mitgliedstaaten eine weite Auslegung erlaubt, indem man sich z. B. auf den einheitsstaatlichen oder bundesstaatlichen Charakter der Mitgliedstaaten, ihre Kultur, die von ihnen bestimmten Voraussetzungen der Staatsangehörigkeitsverleihung usw. bezieht[520]. Die Präambel des Vertrags über die Europäische Union könnte z. B. in diesem Sinne ausgelegt werden, da die Mitgliedstaaten den Wunsch nach der „Solidarität zwischen ihren Völkern unter Achtung ihrer Geschichte, ihrer Kultur und ihrer Traditionen zu stärken“ äußern. Symptomatisch ist aber, dass die „Achtung der nationalen Identität“ der Mitgliedstaaten im Vertrag über die Europäische Union, nicht aber im Vertrag über die Gründung der Europäischen Gemeinschaft[521], verankert ist. So erwähnt z. B. Art. 151 Abs. 2 EGV im Kulturbereich den Beitrag der Europäischen

517 C. C. Nr. 94-345 DC vom 29. Juli 1994, Rec. S. 106, Erwägung Nr. 6.

518 Der Verfassungsrat stützte sich dabei auf Art. 11 der Erklärung der Menschen- und Bürgerrechte vom 26. August 1789. Eine Liste der Fälle, wo der Gebrauch der französischen Sprache gezwungen wird ist im Gesetz Nr. 94-665 vom 4. August 1994, J. O. R. F., S. 11392, zu finden. Zur Anwendung der französischen Sprache als „offizielle Sprache“ des Überseeischen Gebiets des französischen Polynesien, C. C. Nr. 96-373 DC vom 9. April 1996, Rec. S. 43, Erwägung Nr. 91. In seiner Entscheidung C. C. Nr. 99-412 DC vom 15. Juni 1999, Rec. S. 71, Erwägung Nr. 11 hat der Verfassungsrat die europäische Charta über die Regionalsprachen im Hinblick auf Art. 2 Abs. 1 der Verfassung für verfassungswidrig erklärt.

519 Vgl. in diesem Sinne *Bieber*, les limites matérielles et formelles à la révision des traités instituant la Communauté européenne, in : R. M. C. (1993), S. 343-350 (349).

520 So *Luchaire*, L'Europe et la souveraineté des Etats (FN. 330), S. 12.

521 Das Verhältnis zwischen manchen Bestimmungen des EUV mit bestimmten Bestimmungen des EGV ist in Art. 41 und 42 EUV geregelt. Das Verhältnis des EUV zum Gemeinschaftsrecht ist im Art. 47 EUV geregelt.

Gemeinschaft „zur Entfaltung der Kulturen der Mitgliedstaaten unter Wahrung ihrer nationalen und regionalen Vielfalt".

Die nationale Vielfalt bezieht sich aber in diesem Rahmen eher auf die Kulturen als auf die Mitgliedstaaten selbst. Aus dem Inhalt des Vertrags zur Gründung der Europäischen Gemeinschaft ergibt sich also, dass die nationale Identität der Mitgliedstaaten eher eine kulturelle Angelegenheit ist[522], so dass der Schutz Frankreichs seiner „singularité"[523] durch die Behauptung der „exception culturelle" als Ausdruck seiner nationalen Identität verstanden werden kann.

C. Nationale Souveränität und europäische Verfassung

Das Verlangen nach einer europäischen Verfassung bzw. nach einer Vereinfachung der Gemeinschaftsverträge ist seit langem vorhanden. Allgemein wird anerkannt, dass das Übermaß an Verträgen, Protokollen usw. sowie die unklare Kompetenzverteilung zwischen der Union und den Mitgliedstaaten das Verständnis des gemeinschaftlichen Aufbaus grundsätzlich erschwert[524]. Ungeachtet der ersten Vorstöße, die im Vertrag von Amsterdam unternommen wurden, wurde insofern in der Erklärung von Nizza zur Zukunft der Union die Vereinfachung der Verträge unter den Fragen genannt, die zu erörtern sind, da „die demokratische Legitimation und die Tranparenz der Union und ihrer Organe verbessert und dauerhaft gesichert werden müssen, um diese den Bürgern der Mitgliedstaaten näher zu bringen"[525]. Die Erklärung von Laeken vom 15.

---

[522] Vgl. Art. 151 Abs. 2 Strich 1 EGV, wonach die Gemeinschaft die „Verbesserung der Kenntnis und Verbreitung der Kultur und Geschichte der europäischen Völker" fördert. Im Bereich der Sicherheit kann ein Mitgliedstaat zwar gemäß Art. 296 EGV („Vorbehalt nationaler Bestimmungen") die Wahrung seiner wesentlichen Sicherheitsinteressen hervorheben, um bestimmte „Auskünfte" nicht erteilen zu müssen (Art. 296 (1) a) EGV) oder „Maßnahmen zu ergreifen, soweit sie die Erzeugung von Waffen, Munition und Kriegsmaterial oder den Handel damit betreffen" (Art. 296 (1) b) EGV). Diese wesentlichen Sicherheitsinteressen können aber nicht unter dem Begriff der nationalen „Identität" einbezogen werden.

[523] *Soulier*, L'Europe (FN. 199), S. 357, bezeichnet die Europäischen Gemeinschaften bzw. die Europäische Union als eine „fédération librement consentie de communautés nationales ayant décidé de s'unir pour développer en commun certaines activités, mais aussi pour protéger collectivement leurs singularités, non pour les dissoudre".

[524] Siehe z. B. das „Spinelli-Projekts" einer Vertragsverfassung. Das „Spinelli-Projekt" hat den Maastricht-Vertrag beeinflusst und das Spannungsverhältnis zwischen exklusiven und geteilten Kompetenzen bzw. zwischen den Tätigkeiten, welche zur Zusammenarbeit gehören und denjenigen, welche zur Gemeinschaftskompetenz gehören, zumindest konzeptuell beseitigt. Vgl. das „Herman"-Projekt, welches stärkere föderalistische Züge aufweist und besonders zum Ziel hatte, Abhilfe gegen den sich aus den gesamten Gemeinschaftsverträgen ergebenden Mangel an Systematisierung und Lesbarkeit zu schaffen.

[525] Erklärung zur Zukunft der Union, Amtsbl. der Europäischen Gemeinschaften, 10. 3. 2001 C 80/1.

Dezember 2001 geht sogar noch weiter und spricht von dem „Weg zu einer Verfassung für die europäischen Bürger“[526].

Immer deutlicher wird im Schrifttum der Verfassungscharakter der europäischen Gründungsverträge als solche wahrgenommen[527] und auf das implizite Vorhandensein einer – materiellen – europäischen Verfassung hingewiesen[528]. Die Kontroverse, ob Europa eine „Verfassung“ hat bzw. eine solche braucht, wird vor allem in Deutschland heftig geführt[529]. In Frankreich[530] hat das Thema Anlaß zu einer Reihe von Verfassungsvorschlägen von juristischer[531] und politischer[532]

---

526 Beschluß der Tagung der Europäischen Rates der Staats- und Regierungschefs der Europäischen Union am 14. / 15. Dezember 2001 in Laeken.

527 Z. B. *Grimm*, Vertrag oder Verfassung. Die Rechtsgrundlage der Europäischen Union im Reformprozeß Maastricht II, in: Staatswissenschaften und Staatspraxis, Heft 4 (1995), S. 509-531 (513 ff., 527); *ders.*, in: Meier (Hrsg.), Braucht Europa eine Verfassung?, Carl Friedrich von Siemens Stiftung, Themen, Bd. 60, München 1994, S. 11-51 (25 ff.).

528 So. z. B. *Grewe / Ruiz Fabri*, La limitation par le droit international: l'émergence d'une Constitution européenne?, in: Droits constitutionnels européens, Paris 1995, S. 102-133 (121).

529 Zusammenfassend mit Literaturhinweisen, *Pechstein / Koenig*, Die Europäische Union. Die Verträge von Maastricht und Amsterdam, 2. Aufl., Tübingen 1998, S. 262 ff. Zu den verschiedenen aktuellen Stellungnahmen in vergleichender Perspektive *Rossi*, Entwicklungsperspektiven der europäischen Verfassung im Lichte des Vertrags von Amsterdam, Bericht über das Symposium des Walter Hallstein – Institut für Europäisches Verfassungsrecht und der Europäischen Kommission, in: DVBl. (1999), Heft 8, S. 529-534.

530 Für das juristische Schrifttum siehe z. B. *Louis*, L'ordre juridique communautaire, 6. Aufl., Luxembourg 1993, S. 37: „Constitution de la Communauté“. Auf politischer Ebene wurden die Debatten in Frankreich durch die Rede des deutschen Außenministers *Fischer* zugunsten einer europäischen föderalen Verfassung auf politischer Ebene erneut ausgelöst. Die Rede ist zum größten Teil in der F. A. Z. vom 12. Mai 2000 veröffentlicht worden; interessant dazu *Clergerie*, L'avenir fédéral (FN. 264), S. 1532. Siehe auch *Kinsky*, Quelle constitution? Pour quelle Europe? La renaissance d'un vieux débat, in : L'Europe en formation (2000), Nr. 317, S. 45-49 (48).

531 Z. B. *Touscoz*, La conférence intergouvernementale 2000 et la réforme des institutions de l'Union et de la Communauté européenne. Proposition d'un avant-projet de pacte fondamental pour l'Europe, in : L'Europe en formation (2000), Nr. 317, S. 51-76 (56 ff.) ; *Rousseau*, Pas d'Europe sans Constitution, in: Le Monde vom 18. Januar 1997; *ders.*, Le vrai problème est dans l'épuisement de la procédure des traités pour construire l'Europe, in: Le Monde vom 6. Januar 1998; *ders. u. a.*, L'après-euro, pour une Constitution européenne, in: Le Monde vom 5. Mai 1998.

532 Siehe z. B. am 13. Juni 2000 den „appel de Strasbourg“ vom 13. Juni 2000 von Bayrou und Cohn-Bendit; auch das europäische Verfassungsprojekt von *Chiracs* früherem Premierminister *Juppé* und vom früheren Justizminister *Toubon*. Das Projekt beruhte insbesondere auf einer klaren Festlegung auf Kompetenzen der Union und solchen, die geteilt sein sollten. Sich auf *de Gaulles* Vorstellungen stützend schlugen *Juppé* und *Toubon* eine Schwächung der gemeinschaftlichen Institutionen zugunsten einer Stärkung der intergouvernementalen Zusammenarbeit vor. Danach sollte die EU-Kommission abgeschafft werden zugunsten einer vom Rat der Regierungs- und Staatschefs abhängigen EU-Regierung, in: Le Figaro vom 16. Juni 2000. Ferner dazu *Carlier / Quermonne*, Dans la perspective de la conférence

Seite gegeben. Fraglich ist, inwiefern eine europäische „Verfassung“ die Souveränität bzw. das Wesen des Staates selbst berühren würde[533].

I. Das Verhältnis zwischen Verfassung und Staatlichkeit im Hinblick auf die Europäische Union

Die Schwierigkeit, sich das Verhältnis zwischen Staatlichkeit, Souveränität und Verfassung im Rahmen der europäischen Integration vorzustellen, wurde von *Burdeau* wie folgt zusammengefasst: „Der Konflikt, der gegenwärtig die Souveränität – in ihrem doppelten Sinne sowohl theoretisch (staatliche Souveränität) als auch politisch (nationale Souveränität) – den Verpflichtungen, die den Aufbau einer überstaatlichen Rechtsordnung voraussetzen, gegenübersetzt, stellt bloß einen Aspekt des Zerreißens der Einheit des juristischen Systems dar, von dessen Einheit der Verfassungsbegriff jedoch untrennbar ist“[534]. Auf internationaler Ebene dient herkömmlich das Wort „Verfassung“ als Kriterium, um zwischen den zwei staatlichen Erscheinungen „Föderation“ und „Konföderation“ zu unterscheiden[535]. Die Föderation beruht auf einer Verfassung, die Konföderation ihrerseits auf einem internationalen Vertrag. Diese klassische Analyse, die in dem internationalen oder internen Ursprung der geschaffenen Struktur die Quelle der Unterscheidung zwischen Föderation und Konföderation sah, hat jedoch einen rein formellen Charakter[536] und hindert die Staaten nicht, die

intergouvernementale 2000, Dialogue entre E. Carlier et J.-L. Quermonne sur l'évolution des institutions européennes, in : L'Europe en formation (2000), Nr. 317, S. 77-89 (88 f.).

533 Vgl. *Rideau*, in: ders., Les Etats membres (FN. 38), S. 10.

534 „Le conflit qui oppose présentement la souveraineté – dans son double sens théorique (souveraineté de l'Etat) et politique (souveraineté nationale) – aux impératifs qui conditionnent l'établissement d'un ordre juridique supra-étatique, n'est qu'un aspect de ce déchirement de l'unité du système juridique dont est inséparable la notion de constitution“, *Burdeau*, Une survivance: la notion de constitution, in: L'évolution du droit public, Etudes en l'honneur d'Achille Mestre, Paris 1956, S. 58 ff. Diese Einheit bzw. enge Verknüpfung wird heute von *Beaud* verteidigt, nach dem „die Volkssouveränität die Staatssouveränität (d. h. die Staatsgewalt)“ voraussetzt, „welche die Bedingung der Existenz der Staatsverfassung ist“, *Beaud*, Föderalismus und Souveränität (FN. 237), S. 65.

535 *Carré de Malberg*, Contribution (FN. 322), Bd. 1, S. 90: „Dans le premier cas (...) le mot confédération n'exprime qu'une simple relation entre Etats confédérés; cette relation, qui s'analyse pour eux en droits et obligations réciproques, est d'ordre purement contractuel; elle prend sa source dans le traité par lequel les Etats contractants se sont confédérés; elle demeure donc un pur rapport international et est régie exclusivement par le droit public externe. L'Etat fédéral au contraire est, comme tout Etat, fondé sur sa Constitution; la condition des Etats confédérés dans l'Etat fédéral, le fonctionnement de cet Etat, ses relations avec les Etats confédérés, tout cela ne dépend ni de stipulations contractuelles, ni des principes du droit international; mais tout cela relève du droit public interne et est régi par la Constitution“; diese Auffassung ist immer noch aktuell, z. B. *Ardant*, Institutions (FN. 52), S. 39.

536 *Jacqué*, La Constitution de la Communauté européenne (FN. 349), S. 398.

Technik des internationalen Rechts zu benutzen, um sich zu einem neuen Staat zu vereinigen[537].

Im französischen Schrifttum wird ferner bestritten, dass souveräne Staaten sich mit anderen Staaten bzw. mit internationalen Organisationen auf einer verfassungsrechtlichen Basis binden können[538]. Der Staat ist „eine" politische Gemeinschaft[539], nicht aber die einzige. Die Auffassung, nach der eine Verfassung nur im staatlichen Rahmen vorstellbar ist[540], geht davon aus, dass das staatliche Modell immer die einzige Organisationsform einer Gemeinschaft von Menschen ist und bleiben wird. Diese Auffassung verkennt die Erscheinung anderer Organisationsformen, die zwar aus Staaten bestehen, dennoch nicht nur in den Bereich des internationalen Rechts fallen[541].

Im Hinblick auf die europäische Diskussion bedeutet dies, dass die Ablehnung oder Befürwortung einer europäischen „Verfassung" als eine Stellungnahme für oder gegen einen europäischen Staat – ob konföderaler oder föderaler Natur – betrachtet wird[542]. Die Europäische Union ist aber kein Staat und soll auch kein Staat werden[543], so dass von europäischem Verfassungsrecht zu sprechen kein Vorgriff auf eine Staatswerdung Europas sein soll[544].

---

537 Dazu *Jacqué*, La Constitution de la Communauté européenne (FN. 349), S. 398. Bezüglich des Inhalts der internationalen Verträge sieht das internationale Recht keine Begrenzung vor, es sei denn, der Vertrag verstoße gegen eine Norm des jus cogens. *Le Fur* hat die These vertreten, der föderale Pakt sei eine internationale Vereinbarung, die bei der Durchführung zur Verfassung wird: *Le Fur*, Etat fédéral et confédération d'Etats, Paris 1896, S. 560.

538 Z. B. *Cohen*, La tentation (FN. 59), S. 326-327: „Un Etat souverain peut avoir des liens de toutes sortes avec d'autres Etats et des organismes internationaux, mais par définition il est un lien qu'il ne peut avoir avec eux, c'est le lien constitutionnel".

539 *Zoller*, Droit constitutionnel (FN. 122), S. 20.

540 So z. B. *Bastid*, L'idée de Constitution, Paris 1985, S. 17. Der Autor erwähnt die Verfassung nur im staatlichen Rahmen, den er übrigens mit dem nationalen Rahmen gleichstellt. *Constantinesco*, Synthèse, in: Flauss (Dir.), Vers un droit constitutionnel européen, quel droit constitutionnel européen? (FN. 349), S. 448, erwähnt seinerseits die „exclusivité constitutionnelle des Etats".

541 *Jacqué*, La Constitution de la Communauté européenne (FN. 349), S. 397.

542 „Il est paradoxal d'observer qu'aujourd'hui la revendication d'un tel pacte émane autant d'anciens eurosceptiques, désireux d'affirmer le domaine réservé à l'Etat nation, que de fervents fédéralistes soucieux d'opérer le passage du droit international au droit constitutionnel", *Croisat / Quermonne*, L'Europe et le fédéralisme (FN. 98), S. 134. Die Befürworter einer föderalen Entwicklung der Union beanspruchen mehr Demokratie und Legitimität, die Verteidiger der nationalen Souveränität fordern ihrerseits eine klare Kompetenzverteilung, siehe z. B. *Cohen-Tanugi*, Le choix de l'Europe (FN. 285), S. 176 ff.

543 Dazu Teil 3 Kap 1 A.

544 *Pernice*, Bericht, in : VVDStRL 60, S. 148-245 (149 f.).

Nimmt man die Verfassung in ihrem deskriptiven Sinn, lässt sich dieser Begriff sogar auf die Europäische Union anwenden[545], die zwar kein Staat ist, aber dennoch unzweifelhaft zur Kategorie der politischen Gemeinschaften gehört[546]. Bezieht man sich aber auf die Unterscheidung zwischen materieller und formeller Verfassung, können die europäischen Gründungsverträge zwar als materielle Verfassung angesehen werden, die Auffassung, nach der die Europäische Union über eine formelle Verfassung verfüge, ist aber mangels einer europäischen verfassunggebenden Gewalt unvertretbar. Dieser für die weitere europäische Entwicklung etwa belastende begriffliche Aspekt führt zum Problem der Bezeichnung der europäischen Gründungsverträge.

II. Die Bezeichnung der Gründungsverträge: „Verfassungscharta" oder „Verfassung"?

Die heutige Diskussion im französischen Schrifttum über die Bezeichnung der Europäischen Gründungsverträge wurde schon vom Generalanwalt *Lagrange* 1956 im Hinblick auf die Europäische Gemeinschaft für Kohle und Stahl prophetisch angedeutet, indem er den EGKS-Vertrag als „Charta" zur Bezeichnung des „internen Rechts der Gemeinschaft"[547] („Charte constituant le

[545] *Zoller*, Droit constitutionnel (FN. 122), S. 21: „En tant qu'elle s'applique à un mode de gouvernement ou, au sens large, à des institutions politiques, la notion de constitution s'applique à toutes les formes de communautés politiques passées ou présentes, y compris l'Union européenne". Versteht man dagegen unter Verfassung „la loi suprême et fondamentale que se donne un peuple libre", ebenda, S. 30, d. h. verwendet man den Begriff der Verfassung im normativen Sinne, dann ist die Bezeichnung der Gemeinschaftsverträge als „Verfassung" nicht mehr geeignet.

[546] Dazu Teil 1 Kap 1 B. Angesichts der Gewaltenteilung ist ihre Anknüpfung an den Staat auch nicht notwendig. Nichts weist darauf hin, dass die Gewaltenteilung notwendig diejenige sein muss, die in einem Staat vorhanden ist, so weist z. B. die Europäische Union auch eine gewisse Form der Gewaltenteilung auf.

[547] EuGH vom 16. Juli 1956, Rs. 8/55 – Fédération charbonnière de Belgique gegen Hohe Behörde der Europäischen Gemeinschaft für Kohle und Stahl, Slg. 1955-1956, Bd. 2, S. 197 ff., S. 266-267: "Es ließe sich zweifellos darauf hinweisen, daß unser Gerichtshof in keiner Weise ein internationaler Gerichtshof ist, sondern daß ihm die Rechtsprechung innerhalb einer von sechs Staaten geschaffenen Gemeinschaft obliegt, die weit eher einer bundesstaatlichen als einer internationalen Einrichtung gleicht, und daß der Vertrag, dessen Anwendung sicherzustellen Aufgabe des Gerichtshofes ist, wenn er auch in der Form internationaler Verträge abgeschlossen wurde und wenn er auch zweifelsohne ein solcher ist, von einem materiellen Gesichtspunkt aus betrachtet, darum nicht minder die Charta der Gemeinschaft darstellt, so daß die rechtlichen Bestimmungen, die sich aus ihm herleiten lassen, als *das interne Recht dieser Gemeinschaft* anzusehen sind. Was die Quellen dieses Rechts anbelangt, so steht dem offensichtlich nichts im Wege, dass man sie gegebenenfalls im internationalen Recht suche, normalerweise jedoch und am häufigsten wird man sie eher im inerstaatlichen Recht der verschiedenen Mitgliedstaaten finden".

droit interne de la communauté") bezeichnete[548]. Die Tatsache, dass der Begriff der Verfassung in der französischen Lehre überwiegend mit dem Staatsbegriff verknüpft wird, führt dazu, dass die Anwendung des Wortes „Verfassung" auf den Gemeinschaftsvertrag, im französischen Schrifttum einige Gegenstimmen hervorgerufen hat[549]. Vor allem wird befürchtet, die Schaffung einer europäischen Verfassung würde die nationalen Verfassungen beseitigen[550].

Da aber die Europäische Union nicht über verfassunggebende Gewalt verfügt, ist die Benutzung des Wortes „Verfassung", für die Gründungsverträge als ein rein „politischer Akt"[551] zu bewerten. Immer öfter werden verfassungsrechtliche Begriffe benutzt, um die europäische Rechtslage zu bezeichnen, und zwar sowohl in der gemeinschaftsrechtlichen Rechtsprechung als auch in der Lehre. Man spricht sogar von einer „constitutionalisation"[552] der gemeinschaftlichen Gründungsverträge. Die französische Lehre hat diese implizite Konstitutionalisierung zuerst punktuell[553], dann allgemein in den 80er Jahren[554] wahrgenommen. Wie für die Begriffe „Staat" und „Souveränität" ist die Anwendung des Wortes

548 Zur deutschen Diskussion siehe den Bericht von *Pernice*, Bericht (FN. 544), S. 150 f.

549 Kritisch zum Begriff einer europäischen „Verfassung" *Gouaud*, Le projet de Constitution européenne, in: R. F. D. C., Nr. 22, 1995, S. 287-319 (290 f.); ausführlich dazu *Jacqué*, La Constitution de la Communauté européenne (FN. 349). S. 397. Siehe auch *Piris*, L'Union européenne a-t-elle une Constitution? Lui en faut-il une?, in: R. T. D. E. 35 (1999), S. 599-635 (602 ff.). Dem Autor zufolge führt die Bezeichnung der Gründungsverträge als „Verfassungscharta" („charte constitutionnelle") zwar zum Vergleich mit einer „Verfassung", nicht aber mit der Verfassung eines Staates, da der EU einige der wesentlichen Merkmale des Staates fehlen. Eine Übersetzung dieses Artikels befindet sich in EuR (2000), Heft 3, S. 311-350. Ferner dazu *Huber*, Bericht, in: VVDStRL 60, S. 194-245 (S. 197 ff.) mit weiteren Literaturhinweisen.

550 *Delpérée*, Le fédéralisme (FN. 138), S. 106: „Un minimum de cohérence s'impose. Aucune Constitution ne tolère sur son territoire une autre Constitution. Ou elle n'est plus la Constitution. L'émergence d'une Constitution européenne ne peut que conduire à l'évanouissement des constitutions nationales. De règles primaires, les voici ramenées au rang de règles secondaires, et même subordonnées (...)".

551 *Piris*, L'Union européenne a t-elle une Constitution? (FN. 549), S. 601.

552 *Jacqué*, La Constitution de la Communauté européenne (FN. 349), S. 401; *Blumann*, La ratification par la France du traité de Maastricht, in: R. M. C. (1994), S. 393-406 (398 f.). Vgl. Dazu *Heintzen*, Hierarchisierungsprozesse innerhalb des Primärrechts der Europäischen Gemeinschaft, in: EuR (1994), Heft 1, S. 35-49 (41).

553 Z. B. *Münch*, Prolégomènes à une théorie constitutionnelle des Communautés européennes, in: Revista de Diritto Europeo, 1961, S. 127 ff.; *Vergès*, De quelques méthodes de développement institutionnel des Communautés européennes, in: Mélanges offerts à Paul Reuter : Le droit international : unité et diversité, Paris 1981, S. 501-517 (502): „La 'Constitution' communautaire est relativement rigide".

554 *Bernhard*, Les sources du droit communautaire: la „constitution" de la Communauté, in: Commission des Communautés européennes: Trente ans de droit communautaire, Luxembourg, OPOCE, 1982, S. 73-86. Der Autor bezieht sich auf die verschiedenen Bedeutungen des Verfassungsbegriffs, um dann die europäische Verfassung zu beschreiben, die ihm als selbstverständlich erscheint.

„Verfassung“ auf die Europäische Gemeinschaft bzw. Union nicht harmlos. Die Verfassung ist der moderne Ausdruck der Souveränität[555], so dass ihre Erwähnung im Rahmen der Union sowohl politisch als auch juristisch nicht bedeutungslos erscheint[556].

Sich auf die Eigenart der Gemeinschaft berufend, hat der Europäische Gerichtshof die Gründungsverträge als „Verfassungsurkunde der Gemeinschaft“[557] („Charte constitutionnelle de base“) oder als „innere Verfassung der Gemeinschaft“[558] („constitution interne de la Communauté“) bezeichnet. Der Begriff „Charte constitutionnelle“[559] („Verfassungscharta“) hat den Vorteil, zugleich an die internationale Grundlage der Gemeinschaftsverträge und an ihren materiell verfassungsrechtlichen Inhalt zu erinnern. Diese Bezeichnung beruht aber auf keiner Vertragsvorschrift, so dass die Rechtsprechung des Europäischen Gerichtshofs problematisch erscheint. Die Tatsache aber, dass die gemeinschaftlichen Gründungsverträge, das sogenannte originäre Gemeinschaftsrecht („droit communautaire originaire“), einen verfassungsrechtlichen Charakter haben, ist allgemein anerkannt[560].

Seit dem Vertrag von Maastricht ist die Idee einer europäischen Verfassung immer mehr Gegenstand der Reflexionen im französischen Schrifttum[561].

---

555 Dazu Teil 1, Kap 3 C.

556 Vgl. *Chaltiel*, La souveraineté de l'Etat (FN. 3), S. 331: „Sachant que la Constitution est la norme de souveraineté par excellence, en tant qu'elle est au sommet de la hiérarchie des normes, l'évoquer pour l'Union, c'est déjà entreprendre la théorisation d'une nouvelle souveraineté“.

557 EuGH vom 23. April 1986, Rs. 294/83 – Parti écologiste „Les Verts“ gegen Europäisches Parlament, Slg. 1986 I/2, S. 1339 ff., S. 1365 Rn. 23. EuGH Beschluß vom 13. Juli 1990, Rs. C-2/88 Imm. – J. J. Zwartveld und andere, Slg. 1990 I/5, S. 3365 ff.; EuGH vom 14. Dezember 1991, Gutachten Nr. 1/91 – Entwurf eines Abkommens zwischen der Gemeinschaft einerseits und den Ländern der Europäischen Freihandelsassoziation andererseits über die Schaffung des Europäischen Wirtschaftsraums, Slg. 1991 I/10, S. 6079 ff., S. 6102 Rn. 21.

558 EuGH Gutachten Nr. 1/76 vom 26. April 1977 – Entwurf zu einem Übereinkommen über die Errichtung eines europäischen Stillegungsfonds für die Binnenschiffahrt, Slg. 1977-I, S. 741 ff., S. 759 Rn. 12.

559 Z. B. bei *Favret*, Le Traité d'Amsterdam: une révision *a minima* de la „Charte constitutionnelle“ de l'Union européenne. De l'intégration à l'incantation?, in: C. D. E. (1997), Nr. 5-6, S. 555-605 (556 f.).

560 *Boulouis*, Droit communautaire et droit français, Recueil d'études, Paris 1999, S. 25 ff. Zum materiell verfassungsrechtlichen Inhalt internationaler Verträge siehe schon *Scelle*, Le droit constitutionnel international, in: Mélanges Raymond Carré de Malberg, Paris 1933, S. 501-515 (504). Für die Diskussion über den Vertrag von Maastricht *Favoreu*, Pour une clarification du débat constitutionnel, in: Le Figaro vom 15. Mai 1992, abgedruckt in: La Constitution et l'Europe (FN. 293), S. 359 f.

561 Z. B. *Grewe / Ruiz Fabri*, La limitation par le droit international (FN. 528). S. 121; *Chitibatelli*, Quelle Constitution pour l'Europe? in: Europe en formation, Nr. 298, (1995), S. 29-40; *Gerkrath*, L'émergence d'un droit constitutionnel pour l'Europe, éd. De l'Université de Bruxelles, 1997; *Labouz* (Dir.), Les accords de Maastricht et la constitution de l'Union

Deutlich ist auch, dass das Gemeinschaftsrecht sich heute weniger von einem föderalen Verfassungsrecht unterscheidet als von einem internationalen Rechtssystem[562]. Die Mechanismen der Ratifizierung der Verträge im Rahmen der Mitgliedstaaten bestätigen die Idee einer europäischen Verfassung[563]. Es handelt sich um eine „Constitution indirecte, ou encore par transitivité"[564]. Einerseits haben die Mitgliedstaaten ihre Mitgliedschaft zu den Europäischen Gemeinschaften bzw. der Union in ihren Verfassungen selbst festgelegt, so dass diese Mitgliedschaft konstitutionalisiert wurde, andererseits handelt es sich von nun an darum, die europäischen Verträge als solche zu konstitutionalisieren, das heißt ihnen einen verfassungsrechtlichen Charakter ausdrücklich zuzuerkennen, oder eine Verfassung zu schaffen[565], die sich formell, nicht aber materiell von den Gründungsverträgen unterscheidet. Sowohl in der Rechtsprechung, als auch in der

---

européenne, Paris 1993, S. 11; *Simon*, Le système juridique communautaire (FN. 148), Première partie: le système constitutionnel communautaire, S. 33 ff. Die deutsche Diskussion ist in dieser Hinsicht bereits weiter fortgeschritten, siehe dazu u. a. die Berichte von *Pernice* und *Huber*, in : VVDStRL 60, S. 148-193 und S. 194-245. *Pernice* vertritt hierbei die These, dass es eine europäische Verfassung schon gibt (S. 153), die Ausdruck eines europäischen „*contrat social*" ist (S. 167). *Huber* weist seinerseits darauf hin, dass das Primärrecht zwar praktisch allen Anforderungen eines formellen und materiellen Verfassungsbegriffs gerecht wird und, dass infolgedessen seine Bezeichnung als „Verfassung" als plausibel erscheint, er spricht sich aber eher für das „unionale Verfassungsrecht" bzw. für eine „Einbindung der unionalen und nationalen Ebene in einen Verfassungsverbund" aus (S. 199 ff.).

562 *Soulier*, L'Europe fédérale (FN. 177), S. 12; Diese Sichtweise erinnert an die durch *Le Fur* am Ende des 19. Jahrhunderts entwickelte Theorie des Übergangs vom internationalen Vertrag zur Verfassung, wobei der Autor den Übergang von einer vertraglichen Etappe („phase contractuelle") zur verfassunsrrechtlichen Etappe („phase constitutionnelle") erwähnt, *Le Fur*, Etat fédéral (FN. 537), S. 560 ff. Vgl. *Haenel*, Studien zum Deutschen Staatsrechte, Bd. 1: Die vertragsmäßigen Elemente der Deutschen Reichsverfassung, Leipzig 1873, S. 68 ff. Für *Le Fur* bildet die Konföderation geschichtlich nichts anderes als eine Etappe zur Föderation. Dabei verlieren die Mitgliedstaaten ihre Souveränität zugunsten der Föderation. Kritisch *Carré de Malberg*, Contribution (FN. 322), Bd. 1, S. 135, wobei der Autor eine „substitution des rapports constitutionnels aux rapports internationaux" erwähnt.

563 Vgl. *Le Fur*, der den Übergang des Vertrages zur Verfassung dadurch erklärt, dass die Zustimmung zum Gründungsakt durch das Volk dem Vertrag einen verfassungsrechtlichen Charakter verleiht, *Le Fur*, Etat fédéral (FN. 537), S. 543. Einige Autoren beziehen sich auf die Tatsache, dass es kein einheitliches europäisches Volk gäbe, um sich gegen die Idee einer europäischen Verfassung zu erklären. So *Kriegel*, Principes d'une constitution démocratique européenne. Propos sur la démocratie. Essais sur un idéal politique, Paris 1994, S. 95-99. In diesem Hinblick erwähnte der europäische Verfassungsentwurf von 1994 die europäischen Völker, nicht aber ein europäisches Volk. Nichts hindert aber die Organisation eines Referendums in jedem Unionsmitgliedstaat, so dass die Identität und Individualität jedes Volks der Union gewährleistet wird und trotzdem dadurch dem Vertrag bzw. der Verfassung durch die Völker zugestimmt würde, *Chaltiel*, La souveraineté de l'Etat (FN. 3), S. 330.

564 *Chaltiel*, La souveraineté de l'Etat (FN. 3), S. 329.

565 *Rousseau*, in: Le Monde vom 6. Januar 1998: „Le vrai problème est dans l'épuisement de la procédure des traités pour construire l'Europe".

Lehre wird zunehmend die „materielle"[566] Existenz einer europäischen Verfassung anerkannt.

III. Der Unionsvertrag als „Pacte constitutionnel"

Mit dem Vertrag von Maastricht hat sich die französische Lehre erneut die Frage gestellt, ob die Verträge, die die Souveränität der Staaten erheblich einschränken, materiell als Verfassung betrachtet werden sollen. Insbesondere wurde die deutsche Auffassung[567], nach der der Vertrag über die Europäische Union nur formell ein internationaler Vertrag ist, jedoch materiell als Verfassung[568] betrachtet werden sollte, von einigen französischen Autoren übernommen[569]. Schon während der Debatten zur Europäischen Verteidigungsgemeinschaft 1954 teilten sich die französischen Staatsrechtler in diejenigen, die eine formelle Auffassung der internationalen Verträge vertraten, und diejenigen, die eine materielle Auffassung der internationalen Verträge vertraten. Im Gegensatz zur formellen Auffassung im Hinblick auf die internationalen Verträge[570], wonach der Abschluß lediglich Ausdruck der Souveränität und diese Souveränität nicht einmal als Kriterium für die Existenz des Staates anerkannt ist, geht die materielle Auffassung davon aus, dass ein souveräner Staat einen Verfassungswechsel erlebt, wenn er auf ein wesentliches Element seines staatlichen bzw. souveränen Status verzichtet[571].

566 So wurde kürzlich in der französischen Lehre besonders betont, dass die europäischen Gründungsverträge ähnlich wie eine Verfassung allgemeine Vorschriften enthalten, die die Demokratie und die Rechtsstaatlichkeit gewährleisten und die Kompetenzen zwischen den europäischen Institutionen einerseits, zwischen gemeinschaftlicher und nationaler Ebene andererseits gestalten. Letzteres wird als Merkmal einer föderalen Verfassung anesehen, so *Chaltiel*, Droit constitutionnel et droit communautaire (FN. 308), S. 407. Die Autorin weist ferner darauf hin, dass die formelle Nichtexistenz einer europäischen Verfassung dennoch unvermeidlich einen Einfluss auf ihre materielle Wirklichkeit ausübt.

567 *Murswiek*, Maastricht und der pouvoir constituant. Zur Bedeutung der verfassungsgebenden Gewalt im Prozeß der europäischen Integration, in: Der Staat 32 (1993), Heft 1 / 4, S. 161-190; *Di Fabio, Udo*, Der neue Art. 23 des Grundgesetzes (FN. 160).

568 Im Gegensatz zur formellen Auffassung der Verfassung in Frankreich, (dazu Teil IV, Kap. 1 B) herrscht in Deutschland die materielle Auffassung der Verfassung. Dadurch wird in Deutschland die Vorstellung einer europäischen „Verfassung" erleichtert.

569 *Boulouis*, Intervention, in: La Constitution et l'Europe (FN. 293), S. 219; *Beaud*, La puissance de l'Etat (FN. 281), Paris 1994, S. 477; *Jacqué*, La Constitution de la Communauté européenne (FN. 349), S. 397; zusammenfassend *Gicquel*, Droit constitutionnel (FN. 52), S. 518: „(...) le traité de Rome modifié n'est que formellement un traité, matériellement c'est une constitution, davantage soumis à une vision institutionnelle qu'à une vision internationale".

570 *Vedel*, Introduction au Colloque sur l'Europe, in: La Constitution et l'Europe (FN. 293), S. 25.

571 Consultation, in: Le Monde vom 2. Juni 1954, veröffentlicht in: Droits, Nr. 16 (1992), S. 106: „Un Etat souverain qui, à un moment donné, renonce à un élément essentiel du statut d'Etat souverain (...), change (...) de Constitution". Vertreter der Idee, nach der die Verträge zur

Im französischen Schrifttum wurde dementsprechend vorgeschlagen, zwischen internationalen Verträgen, die die Souveränität einschränken, und internationalen Verträgen, die Souveränität übertragen, zu unterscheiden. Erstere seien nach dieser Auffassung verfassungsmäßig, letztere aber verfassungswidrig und bedürften zur Ratifizierung einer Verfassungsänderung.

Im Rahmen der Ratifizierung des Vertrages von Maastricht wurde diese Auffassung besonders durch *Beaud* vertreten, nach dem der Vertrag von Maastricht nur formell ein internationaler Vertrag ist, materiell aber ein „Pacte constitutionnel"[572], der eine Föderation begründet. *Beaud* stützt sich auf die Rechtsprechung des Verfassungsrates, der in seiner Maastricht I- Entscheidung[573] zwar das Prinzip der Vereinbarkeit von Teilnahme der Mitgliedstaaten an einer dauerhaften internationalen Organisation und nationaler Souveränität anerkennt[574], jedoch hinzufügt, dass „eine Verfassungsänderung notwendig ist, wenn zu diesem Zweck unterzeichnete völkerrechtliche Verträge Bestimmungen enthalten, die gegen die Verfassung verstoßen oder die wesentlichen Bedingungen der nationalen Souveränitätsausübung beeinträchtigen"[575]. *Beaud* ist der Meinung, dass diese Stellungnahme des Verfassungsrats eine stillschweigende Anerkennung des materiellen Kriteriums internationaler Verträge darstellt, wobei diese Auffassung bezüglich der Gemeinschaftsverträge, deren Ziel ein einheitliches Europa ist, besonders zum Ausdruck kommt[576].

IV. Das Problem einer europäischen verfassunggebenden Gewalt

Schon kurz nach dem Krieg war der Wunsch nach der Direktwahl einer „constituante européenne" Ziel von europäischen politischen Bewegungen, die sich nach dem Zweiten Weltkrieg gebildet hatten, wie der „Union paneuro-

Gründung einer internationalen Organisation „matériellement constitutionnels" sind: *Scelle*, Le droit constitutionnel international (FN. 560), S. 503.

572 *Beaud*, La Puissance de l'Etat (FN. 281), S. 479, 485, 489: „pacte constitutionnel fédératif"; vgl. *Boulouis*, Intervention (FN. 569), S. 286. Vgl. der Begriff des „Verfassungsvertrags" bei *Schmitt*, Verfassungslehre, 3. Aufl., Berlin 1957, S. 61 ff.. Dieser Ausdruck ist mit der Rechtsprechung des EuGH vereinbar, nach dem „le traité C. E. E., bien que conclu sous la forme d'un accord international, n'en constitue pas moins la charte constitutionnelle d'une communauté de droit", EuGH Beschluß vom 13. Juli 1990, Rs. C-2/88 Imm. – J. J. Zwartveld und andere, Slg. 1990 I/5, S. 3365 ff.; EuGH vom 14. Dezember 1991, Gutachten Nr. 1/91 – Entwurf eines Abkommens zwischen der Gemeinschaft einerseits und den Ländern der Europäischen Freihandelsassoziation andererseits über die Schaffung des Europäischen Wirtschaftsraums, Slg. 1991 I/10, S. 6079 ff., S. 6102 Rn. 21.

573 C. C. Nr. 92-308 DC vom 9. April 1992, Rec. S. 55.

574 C. C. Nr. 92-308 DC vom 9. April 1992, Rec. S. 55, Erwägung Nr. 13.

575 *Walter*, Die drei Entscheidungen des französischen Verfassungsrats zum Vertrag von Maastricht über die Europäische Union, in: EuGRZ (1993), S. 183-196 (189).

576 Vgl. *Beaud*, La Puissance de l'Etat (FN. 281), S. 478 f.

péenne", der „Union parlementaire européenne" und der „Union européenne des fédéralistes"[577]. Aus juristischer Sicht setzt eine Verfassung grundsätzlich eine verfassunggebende Gewalt voraus[578]. Aus normativer Sicht[579] ist die Verfassung der von einem freien Volk verabschiedete grundsätzliche, höchste gesetzliche Akt[580]. Sie bleibt Ausdruck der höchsten Macht, der sog. verfassunggebenden Gewalt, die selbst souverän ist[581]. Insofern bedingen Souveränität und Verfassungsautonomie einander. Sobald eine Institution, die von den Staaten geschaffen wurde, über eine große Autonomie diesen Staaten gegenüber sowie über eigene Institutionen zum Ausdruck ihres Willens verfügt, bewegt sie sich in einem materiell verfassungsrechtlichen Rahmen[582]. Die Europäische Union verfügt aber über keine Verfassungsautonomie, so dass sie nicht als föderale Institution betrachtet werden kann[583]. Seit langem strebt das Europäische Parlament an, neben den Staaten die verfassunggebende Gewalt ausüben zu können[584]. Der Europäischen Union eine Verfassung zu geben, ist jedoch ein verfassunggebender Akt („acte constituant"), der nur vom Souverän vorgenommen werden kann[585].

---

577 Dazu *Sidjanski*, L'avenir fédéraliste (FN. 50), S. 27 ff.

578 Vgl. *Sieyès*, Was ist der dritte Stand?, übersetzt und herausgegeben von Schmitt / Reichardt, Emmanuel Joseph Sieyès. Politische Schriften 1788-1790, Politica Bd. 43, Darmstadt und Neuwied 1975, S. 117-195 (167).

579 Teil I, Kap. 3 A.

580 *Zoller*, Droit constitutionnel (FN. 122) , S. 30.

581 C. C. Nr. 92-312 DC vom 2. September 1992, Rec. S. 76.

582 *Jacqué*, La Constitution de la Communauté européenne (FN. 349), S. 398; vgl. Bezüglich der Gründungsverträge zu internationalen Organisationen die These *Monacos*, die von einem großen Teil der Doktrin übernommen wurde: *Monaco*, Le caractère constitutionnel des actes institutifs d'organisations internationales, in: La Communauté internationale, Mélanges offerts à Charles Rousseau, Paris 1974, S. 153-172 (154).

583 Vgl. *Luchaire*, l'Europe et la souveraineté des Etats (FN. 330), S. 17.

584 *Rideau*, in: ders., Les Etats membres (FN. 38), S. 4. Das Europäische Parlament hat 1984 einen ersten Vertragsentwurf über die Europäische Union entworfen, das sog. Spinelli-Projekt. 1986 hat das Parlament vergebens versucht, seine Forderungen bei der Regierungskonferenz zum Einheitlichen Europäischen Akt durchzusetzen. Während der Ausarbeitung des Unionsvertrags hat das Parlament in verschiedenen Resolutionen seine Forderungen erneut erklärt, besonders in der Resolution vom Dezember 1990 über die verfassungsrechtlichen Grundlagen der Europäischen Union. Im Hinblick auf die Regierungskonferenz zur Vertragsänderung 1996 hat das Parlament einen Verfassungsentwurf 1994 verabschiedet und in zwei weiteren Resolutionen seine Forderungen geäußert: Resolution von 1995 über das Funktionieren des Vertrags über die Europäische Union und Resolution von 1996 über die Einberufung der Regierungskonferenz.

585 In diesem Sinne und zur aktuellen Idee eines „Pacte constitutionnel refondateur", siehe „L'Union européenne en quête d'institutions légitimes et efficaces", Rapport du groupe présidé par Jean-Louis Quermonne, Commissariat Général du Plan, La documentation française, Paris 1999, S. 136 ff. Zur Nichtunterscheidung zwischen Verfassunggebung und Verfassungsänderung auf europäischer Ebene, siehe *Heintzen*, Hierarchisierungsprozesse (FN. 552), S. 42.

Im Dezember 2001 wurde ein Europäischer Konvent zsammengesetzt, dessen Aufgabe ist es, die im Jahr 2004 geplante Reform der europäischen Institutionen, die durch die Osterweiterung notwendig wird, vorzubereiten. Der Konvent ist aus Vertretern der Regierungen, der nationalen Parlamente, des Europäischen Parlaments sowie der Europäischen Kommission zusammengesetzt. Ziel ist es, für die Europäische Union einen Rahmen und Strukturen vorzuschlagen, die den Entwicklungen in der Welt, den Bedürfnissen der europäischen Bürger und dem weiteren Ausbau der Europäischen Union gerecht werden. Nach Abschluss seiner Arbeiten im Laufe des Jahres 2003 wird der Konvent seine Vorschläge dem Europäischen Rat vorlegen, der in regelmäßigen Abständen die Staats- und Regierungschefs der Mitgliedstaaten der Union vereint. Dies wird die Grundlage für die Beratungen der nächsten Regierungskonferenz sein.

Die Bildung des Europäischen Konvents sollte zu einer Vertragsfusion führen. Ganz gleich, welche Formel für diesen Zweck gewählt wird, das Ergebnis wird ein umfangreicher und relativ komplizierter Text bleiben. Bei den ersten Diskussionen im Konvent hat sich bestätigt, dass die Beratungen des Konvents letztendlich zur Ausarbeitung eines neuen „Grundlagenvertrags" oder „Verfassungsvertrags" oder sogar einer „Verfassung" führen könnten[586]. In der Erklärung von Laeken im Hinblick auf eine umfassende „Neuordnung" der Verträge wurde die Frage aufgeworfen, ob „zwischen einem Basisvertrag und den übrigen Vertragsbestimmungen unterschieden werden" und ob sich diese Unterscheidung in unterschiedlichen „Änderungs- und Ratifikationsverfahren" niederschlagen soll[587]. Als wahrscheinlich gilt, dass die vom Reformkonvent erarbeitete Grundlage wie jeder andere Gemeinschaftsvertrag von den Mitgliedstaaten gemäß ihrer verfassungsrechtlichen Vorschriften ratifiziert wird[588]. Der „constituant communautaire"[589] bleibt weiterhin die Gesamtheit der Mitgliedstaaten[590].

---

[586] Vgl. insbesondere die Beiträge von Herrn *Haenel* (CONV 12/02), Herrn *Duff* (CONV 22/02 und 57/02), Herrn *Teufel* (CONV 23/02), Herrn *Trzcinski* (CONV 34/02) sowie Herrn *Hänsch* und Frau *Berès* (CONV 63/02), dazu z. B. den Übermittlungsvermerk des Sekretariats des Europäischen Konvents an die Mitglieder des Konvents vom 10. September 2002, CONV 250/02, S. 11, zu finden unter der Homepage vom Europäischen Konvent, Dokumente und Beiträge, http://european-convention.eu.int.

[587] Dazu der Übermittlungsvermerk des Sekretariats des Europäischen Konvents an die Mitglieder des Konvents vom 10. September 2002, CONV 250/02, S. 21 ff.

[588] Z. B. Art. 313 EGV i. V. m. Art. 48 EUV.

[589] *Rideau*, Communautés de droit et Etats de droit, in: Mélanges René-Jean Dupuy: Humanité et droit international, Paris 1991, S. 251.

[590] Für *Augustin*, Das Volk der Europäischen Union. Zu Inhalt und Kritik eines normativen Begriffs, Hamburger Studien zum Europäischen und Internationalen Recht, Bd. 26, Hamburg 2000, S. 402, bietet es sich an, „zunächst einen Vertrag zwischen den Mitgliedstaaten zu schließen, der dann von den Unionsbürgern als Verfassung gesetzt wird".

D. Durchsetzung des Vorrangs des Gemeinschaftsrechts

Die auf das Europäische Gemeinschaftsrecht zurückzuführende staatliche Tätigkeit in den Mitgliedstaaten läßt sich als Durchführung des Gemeinschaftsrechts zusammenfassen[591]. In Deutschland bestreitet das Bundesverfassungsgericht für bestimmte Fallkonstellationen die Letztentscheidungskompetenz des Europäischen Gerichtshofes mit Argumenten, die stark auf die Souveränität der Staaten abstellen[592]. Besonders im Hinblick auf die Grundrechte hat sich das Bundesverfassunsgericht über das Rangverhältnis zwischen nationalem Recht und Gemeinschaftsrecht geäußert[593]. Besonders akut war auch die Erklärung des Bundesverfassungsgerichts in seiner Maastricht-Entscheidung, es sei für die Kontrolle eines sog. „ausbrechenden Rechtsaktes" der Gemeinschaft zuständig. Darunter ist ein „Akt der Gemeinschaft, der den Ermächtigungsrahmen des deutschen Zustimmungsgesetzes zum EG-Vertrag überschreitet"[594], zu verstehen.

---

591 *Zuleeg*, Die Einheit des Gemeinschaftsrechts steht auf dem Spiel, in: Götz, u. a. (Dir.), Liber amicorum Günther Jaenicke – zum 85. Geburtstag, Beiträge zum ausländischen öffentlichen Recht und Völkerrecht, Bd. 125, Berlin 1998., S. 899-914 (910).

592 *Sander*, Europäischer Gerichtshof (FN. 347), S. 589.

593 Dies liegt daran, dass den Bürgern im Grundgesetz die Möglichkeit der Verfassungsbeschwerde gegen hoheitliche Maßnahmen eingeräumt wurde, so dass das Bundesverfassungsgericht eine detaillierte Rechtsprechung auf diesem Gebiet entwickeln konnte. Bes. die „Solange-I"-Entscheidung, BVerfGE 37, 271 ff., die „Vielleicht"-Entscheidung, BVerfGE 52, 187 ff. und die „Solange-II"-Entscheidung, BVerfGE 73, 339 ff. Im Anschluss an seine „Solange II"-Rechtsprechung führte das Gericht im Maastricht-Urteil vom 12. Oktober 1993 aus (BVerfGE 89, 155), dass es weiterhin eine Kontrollbefugnis über die öffentliche Gewalt der Gemeinschaft ausübe, diese allerdings auf einen unabdingbaren Grundrechtsstandard beschränke. Dem Bundesverfassungsgericht nach befinde es sich in dieser Hinsicht in einem „Kooperationsverhältnis" zum EuGH, BVerfGE 89, 155 [175]. Für eine Anwendung dieser Rechtsprechung siehe z. B. *Huber*, Das Kooperationsverhältnis zwischen BverfG und EuGH in Grundrechtsfragen, in: EuZW (1997), Heft 17, S. 517-521 (518 ff.). Dabei wird der Grundrechtsschutz „renationalisiert" und die Rolle des Bundesverfassungsgerichts als Hüter der Freiheitsrechte im Geltungsbereich des Grundgesetzes verstärkt, *Sander*, Europäischer Gerichtshof (FN. 347), S. 589. Bezüglich des sekundären Gemeinschaftsrechts erklärt sich das Bundesverfassungsgericht auch dazu befugt, dessen Vereinbarkeit mit deutschen Grundrechten sowie die Tatsache zu überprüfen, ob es in den Kompetenzbereich der Europäischen Gemeinschaft fällt (BVerfGE 89, 155 [188]). Gegebenenfalls wird für das deutsche Hoheitsgebiet die rechtliche Wirkung des Gemeinschaftsrechts verweigert. Kritisch *Zuleeg*, Die Einheit des Gemeinschaftsrechts (FN. 591), S. 902.

594 *Sander*, Europäischer Gerichtshof (FN. 347), S. 590. Dies ist der Fall, wenn die Gemeinschaft eine Regelung erlässt, die nicht in ihren vertraglich bestimmten Kompetenzbereich eingeordnet werden kann oder die rechtswidrig ist. Dies stellt einerseits die Frage nach der Abgrenzung zwischen zulässiger Vertragsauslegung und unzulässiger Vertragsänderung durch die Judikatur des Europäischen Gerichtshofes. Der Europäische Gerichtshof kann zwar durch seine Rechtsprechung das Recht fortbilden, die Rechtsschöpfung durch eine Vertragserweiterung bleibt ihm aber verwehrt, da sie in der ausschließlichen Befugnis der Mitgliedstaaten bleiben soll, *Kirchhof, Paul*, Das Kooperationsverhältnis zwischen Bundesverfassungsgericht und Europäischem Gerichtshof, in: Müller-Graff (Hrsg.), Perspektiven des Rechts in der

Damit schützt das Bundesverfassungsgericht letztlich die Befugnisse und den Gestaltungspielraum der nationalen verfassungsändernden Gewalt. Wenn man andererseits davon ausgeht, dass Deutschland der Gemeinschaft keine Kompetenz zum Völkerrechtsbruch übertragen habe[595], dann kann die Rechtsprechung des Bundesverfassungsgerichts erhebliche Folgen für den Vorrang des EG-Rechts in Deutschland haben bzw. die Einheitlichkeit der gemeinschaftsrechtlichen Rechtsprechung und der Gemeinschaftsordnung gefährden[596]. Ferner findet das Gemeinschaftrecht in Deutschland Anwendung und Geltung nur auf Grund und im Rahmen des Zustimmungsgesetzes[597]. Damit bleibt Deutschland ein „souveräner Staat aus eigenem Recht" und bewahrt „den Status der souveränen Gleichheit mit anderen Staaten im Sinne des Art. 2 Nr. 1 der Satzung der Vereinten Nationen vom 26. Juni 1945[598]. Sollten die europäischen Organe durch ihre Auslegung oder Handhabung des Vertrags vom Inhalt des Zustimmungsgesetzes abweichen, dann wäre dieses Handeln nicht mehr vom Zustimmungsgesetz gedeckt und somit für Deutschland rechtlich nicht verbindlich[599]. Die deutschen Staatsorgane müssten sogar die Gefolgschaft verweigern[600]. Die Stellungnahme des Bundesverfassungsgerichts hat viel Kritik sowohl in Deutschland als auch in Frankreich hervorgerufen. Eine vergleichbare Diskussion hinsichtlich des Schutzes der nationalen Souveränität durch den Conseil constitutionnel hat aber nicht stattgefunden. Der Conseil constitutionnel scheint seinerseits die Entscheidungen des Europäischen Gerichtshofes ohne weiteres zu akzeptieren.

Europäischen Union, Heidelberg Forum für europäisches Recht, Bd. 1, Heidelberg 1998, S. 163-182 (173).

595 Vgl. *Petersmann*, Darf die EG das Völkerrecht ignorieren?, in: EuZW (1997), S. 325-331 (330).

596 *Sander*, Europäischer Gerichtshof (FN. 347), S. 591, 594; vgl. *ders.*, Kooperation (FN. 311), S. 215.

597 BVerfGE 89, 155 [190]; vgl. BVerfGE 58, 1 [35]. Als „Wächter im Brückenhaus", so *Kirchhof*, Der deutsche Staat im Prozeß der europäischen Integration, in: Isensee / ders. (Hrsg.), HdBStR., Bd. 7, Heidelberg 1992, § 183, S. 855-886 (885), hat sich das Bundesverfassungsgericht dazu befugt erklärt zu untersuchen, ob das Zustimmungsgesetz den Voraussetzungen des Art. 23 Abs. 1 S. 1 und 3 GG gerecht wird. Dem Gericht nach sollte dementsprechend europäischem Recht, das vom Zustimmungsgesetz nicht gedeckt ist, die Geltung im Bundesgebiet verwehrt werden.

598 BGBl. 1973 II S. 430; BVerfGE 89, 155 [190].

599 BVerfGE 89, 155 [195].

600 BVerfGE 89, 155 [195].

I. Nationale Souveränität und europäische Rechtsprechung

Am Ursprung jeder souveränen Macht steht die Befugnis, Recht zu sprechen[601]. Es ist unbestritten, dass die Befugnis, Recht zu sprechen, ein herkömmliches Souveränitätsmerkmal ist. Im Hinblick auf das Gemeinschaftsrecht hat der nationale Richter aber nicht mehr das letzte Wort. Der von den Gründungsverträgen von Paris und Rom geschaffene Europäische Gerichtshof ist ein Produkt des souveränen Willens der Mitgliedstaaten. Durch seine Rechtsprechung[602] spielt der Europäische Gerichtshof die Rolle eines supranationalen Organs, da die Nationalstaaten vor dieser Rechtsprechung zurückweichen müssen. Daraus entsteht ein Paradoxon[603], da die souveränen Nationalstaaten einerseits für die Lösung, die Zustimmung und die Durchführung dieser Rechtsprechung zuständig sind, andererseits der Rechtsprechung dieses supranationalen Organs gehorchen müssen. Mangels einer europäischen Verfassung ist der Europäische Gerichtshof kein Verfassungsgericht im verfassungsrechtlichen Sinne, ja keine „supercour constitutionnelle“[604], so dass sein einseitiges Recht zur Auslegung der Gemeinschaftsverträge einige Kritik hervorrufen hat.

Indem der Staat seine Kompetenzen vertraglich einschränkt, übt er seine Souveränität aus[605]. Die Rechtsprechung des Europäischen Gerichtshofs bezieht sich insofern nicht unmittelbar auf die Souveränität der Mitgliedststaaten, sondern auf die Durchsetzungsvoraussetzungen der Verträge, die wichtige Kompetenzübertragungen vorsehen[606]. Die Bezeichnung der Europäischen Gemeinschaft als „Rechtsgemeinschaft“ und die Rolle des Europäischen Gerichtshofes, der sich von vornherein und dauerhaft als Förderer der gemeinschaftlichen Rechtsstaatlichkeit durchgesetzt hat[607], führt ferner zu der Feststellung, dass das Recht als

---

601 Vgl. *Luchaire*, L'Europe et la souveraineté des Etats (FN. 330), S. 9.

602 Z. B. EuGH vom 15. Juli 1964, Rs. 6/64 – Flaminio Costa gegen E. N. E. L., Slg. 1964-X, S. 1251 ff.; EuGH vom 9. März 1978, Rs. 106/77 – Staatliche Finanzverwaltung gegen S. p. A. Simmenthal, Slg. 1978-I, S. 629 ff.; EuGH vom 6. Oktober 1970, Rs. 9/70 – Franz Grad gegen Finanzamt Traunstein, Slg. 1970-XVI, S. 825 ff.

603 *Sabourin*, L'Europe (FN. 41), S. 244, 246. Der Autor weist darauf hin, dass Frankreich erst 1981 die individuelle Beschwerde vor dem Europäischen Gerichtshof für Menschenrechte zugestimmt hat. Ferner dazu *Burban*, Le Conseil de l'Europe, Paris 1985, S. 57 ff.

604 *Delpérée*, Le fédéralisme (FN. 138), S. 99.

605 C. P. J. I. vom 16. Januar 1923, Série A I. 10 – Affaire du vapeur „Wimbledon“; S. 13 ff., S. 25.

606 Dazu *Dutheil de La Rochère*, La jurisprudence de la Cour de justice des Communautés européennes et la souveraineté des Etats, in: La Constitution et l'Europe (FN. 293) S. 233-262 (233).

607 Dazu *Lecourt*, Le rôle unificateur du juge dans la communauté, in: Études de droit des Communautés Européennes, Mélanges offerts à Pierre-Henri Teitgen, Paris 1984, Paris 1984, S. 223-237 (229 ff.).

Föderalisierungsfaktor gilt[608]. Insofern ist die eigentliche supranationale Macht in Europa diejenige der Richter[609]. Auf systematischen und teleologischen Methoden sowie auf der Theorie der impliziten Kompetenzen beruhend hat die Rechtsprechung des Europäischen Gerichtshofs zur Effizienz des Gemeinschaftsrechts innerhalb der Europäischen Gemeinschaft erheblich beigetragen.

Die Theorie der impliziten Kompetenzen basiert auf dem Prinzip des „effet utile", welches nach dem Europäischen Gerichtshof eine Erstreckung der Zuständigkeit der Gemeinschaft auf die der Hoheitsgewalt der Mitgliedstaaten vorbehaltene Gebiete[610] zulässt. Während der internationale Richter, das Prinzip der Souveränität achtend, sich zur strikten Auslegung der Verträge verpflichtet fühlt, ist der Europäische Gerichtshof der Meinung, die Integrationsziele der Gemeinschaftsverträge lassen Auslegungen zu, welche über die reinen Vertragsbestimmungen hinausgehen und doch die Souveränität der Mitgliedstaaten unberücksichtigt lassen[611].

Dennoch bleibt die Effektivität des Gemeinschaftsrechts zum größten Teil von der normativen, administrativen und gerichtlichen Tätigkeit der Mitgliedstaaten abhängig[612]. Nach den Gründungsverträgen verfügt der Europäische Gerichtshof lediglich über Kompetenzzuweisungen und die Gemeinschaftsorgane verfügen

---

608 In diesem Sinne, *Beaud*, Ouverture (FN. 314), S. 14. Der Autor hebt insofern den Widerspruch zwischen dem schwachen Integrationsgrad des europäischen institutionelles Gefüge (Konföderation), und dem hohen Integrationsgrad des europäischen normativen Systems (Föderation). Vgl. *Christophe-Tchakaloff / Gohin*, La Constitution est-elle encore la norme fondamentale de la République?, D. 1999, Chr., S. 120-128 (124) : „dérive fédéraliste".

609 „Le fédérateur c'est le droit. Il existe un véritable pouvoir supranational en Europe: celui des juges", so der ehemalige Justizminister *Chalandon*, zit. in: *Bettati*, Le law-making power de la Cour, in: Revue Pouvoirs, Nr. 48, 1989, S. 50-65 (57 f.)

610 EuGH vom 23. Februar 1961, Rs. 30/59 – De Gezamenlijke Steenkolenmijnen in Limburg gegen Hohe Behörde der Europäischen Gemeinschaft für Kohle und Stahl, Slg. 1961-VII, S. 1 ff., S. 50.

611 EuGH vom 14. Dezember 1971, Rs. 7/71 – Kommission der Europäischen Gemeinschaften gegen Französische Republik, Slg. 1971-XVII, S. 1003 ff., S. 1018 Rn. 18/20: „Für die Hinfälligkeit von Bestimmungen des Vertrages streitet keine Vermutung (...) Nur durch ausdrückliche Vorschrift des Vertrages können daher die so übertragenen Aufgaben der Gemeinschaft wieder entzogen werden und die Materien, die ihr Gegenstand sind, in den alleinigen Zuständigkeitsbereich der Mitgliedstaaten zurückfallen". Im Gegensatz dazu erklärt der Europäischen Gerichtshof, dass „eine Zuständigkeit der Gemeinschaft zur Eingehung völkerrechtlicher Verpflichtungen sich nicht nur aus einer ausdrücklichen Verleihung durch den Vertrag [ergibt], sondern auch stillschweigend aus seinen Bestimmungen fließen kann", EuGH Gutachten Nr. 1/76 vom 26. April 1977 – Entwurf zu einem Übereinkommen über die Errichtung eines europäischen Stillegungsfonds für die Binnenschiffahrt, Slg. 1977-I, S. 741 ff., S. 755 Rn. 3; vgl, EuGH vom 8. April 1976, Rn. 43/75 – Gabrielle Defrenne gegen Société anonyme belge de navigation aérienne Sabena, Slg. 1976-I, S. 455 ff. Vgl. *Isaac*, Droit communautaire (FN. 166), S. 158.

612 Vgl. EuGH vom 25. September 1979, Rs. 232/78 – Kommission der Europäischen Gemeinschaften gegen Französische Republik, Slg. 1979-III, S. 2729 ff.

nur über begrenzte Zwangsmittel, deren Effizienz mangels Zwangsvollstreckung auf europäischer Ebene unvollkommen ist. Indem sie das Gemeinschaftsrecht anwenden, üben die nationalen Behörden normalerweise die Kompetenzen eines souveränen Staates aus[613].

Gemäß Art. 10 EGV treffen die Mitgliedstaaten alle geeigneten Maßnahmen zur Erfüllung der Verpflichtungen, die sich aus diesem Vertrag oder aus Handlungen der Organe der Gemeinschaft ergeben. Sie erleichtern dieser die Erfüllung ihrer Aufgaben[614]. Eine gewisse Einschränkung der Verfahrensautonomie der Mitgliedstaaten ist aber festzustellen[615]. Gemäß der Rechtsprechung des Europäischen Gerichtshofs ist der Nationalrichter dazu verpflichtet, das innere Recht konform mit dem Gemeinschaftsrecht auszulegen[616]. Andererseits wird der Nationalrichter gefordert, einstweiligen Anordnungen zu erlassen[617], um „die volle wirksamkeit der späteren Gerichtsentscheidung über das Bestehen der aus dem Gemein-

---

613 *Dutheil de La Rochère*, La jurisprudence (FN. 606), S. 248.

614 Vgl. EuGH vom 13. Dezember 1991, Rs. C-33/90 – Kommission der Europäischen Gemeinschaften gegen Italienische Republik, Slg. 1991-10/I, S. 5987 ff., S. 6006 Rn. 18.

615 EuGH vom 27. März 1980, Rs. 66, 127 und 128/79- Amministrazione delle Finanze dello Stato gegen Meridionale Industria Salumi Srl, Fratelli Vasanelli und Fratelli Ultrocchi, Slg. 1980-I, S. 1237 ff., S. 1263 Rn. 20. Dort erklärt der EuGH, dass „(…) bei Anwendung der einzelstaatlichen Rechtsvorschriften keine Unterschiede im Vergleich zu Verfahren gemacht werden dürfen, in denen über gleichartige, aber rein nationale Rechtsstreitigkeiten entschieden wird, und daß die Verfahrensmodalitäten nicht dazu führen dürfen, daß die Ausübung der durch das Gemeinschaftsrechts verliehenen Rechte praktisch unmöglich wird"; Vgl. EuGH vom 9. November 1983, Rs. 149/82 – Amministrazione delle finanze dello Stato gegen S.p.A. San Giorgio, Slg. 1983-IV, S. 3595 ff., S. 3612 Rn. 12. Die auf auf nationaler Ebene festgelegten Voraussetzungen (zur Erstattung von Abgaben) dürfen „nicht ungünstiger sein als bei ähnlichen Klagen, die nur inerstaatliches Recht betreffen, und sie dürfen nicht so ausgestaltet sein, daß sie die Ausübung der Rechte, die die Gemeinschaftsrechtsordnung einräumt, praktisch unmöglich machen".

616 EuGH vom 6. Juni 1972, Rs. 94/71 – Schlüter & Maack gegen Hauptzollamt Hamburg-Jonas, Slg. 1972-XVIII, S. 307 ff., S. 319 Rn. 10 und 11, nach dem der Vollzug einer Gemeinschaftsordnung nach den Form- und Verfahrensvorschriften des nationalen Rechts mit den Erfordernissen der einheitlichen Anwendung des Gemeinschaftsrechts in Einklang gebracht werden muß. Ferner zu den Auslegungsschranken des Gemeinschaftsrechts durch den Nationalrichter, EuGH vom 4. Februar 1988, Rs. 157/86 – Mary Murphy und andere gegen An Bord Telecom Eireann, Slg. 1988-I, S. 673 ff.; EuGH vom 10. April 1984, Rs. 14/83 – Sabine von Colson und Elisabeth Kamann gegen Land Nordrhein-Westfalen, Slg. 1984-II, S. 1891 ff.; EuGH vom 10. April 1984, Rs. 79/83 – Dorit Harz gegen Deutsche Tradax GmbH, Slg. 1984-II, S. 1921 ff.; EuGH vom 13. November 1990, Rs. C-106/89 – Marleasing SA gegen La Comercial Internacional de Alimentación SA, Slg. 1990 I/6, S. 4135 ff.

617 EuGH vom 19. Juni 1990, Rs. C-213/89 – The Queen gegen Secretary of State for Transport ex parte: Factortame Ltd und andere, Slg. 1990 I/4, S. 2433 ff., S. 2473 Rn. 19. Der EuGH stützte sich dabei auf Art. 5 EWG-Vertrag (Mitwirkungspflicht), heute Art. 10 EGV.

schaftsrecht hergeleiteten Rechte sicherzustellen“[618]. Dadurch wird dem nationalen Richter durch das Gemeinschaftsrecht die Befugnis eingeräumt, die Anwendung einer vermutlich gemeinschaftsrechtswidrigen nationalen Rechtsnorm vorläufig abzulehnen, bis eine definitive gerichtliche Lösung erfolgt. Der nationale Richter ist zwar nicht dazu verpflichtet, die Vollstreckung auszusetzen, wird aber dazu aufgefordert[619].

Schließlich wird die Verfahrensautonomie dadurch eingeschränkt, dass die Verantwortung des Staates wegen Missachtung des Gemeinschaftsrechts in Frage gestellt werden kann[620]. Danach ist der Mitgliedstaat dazu verpflichtet, die Schäden an Privatpersonen wiedergutzumachen, wenn diese Schäden sich aus Verletzungen des Gemeinschaftsrechts ergeben, die dem Staat zuzusprechen sind. Das Recht auf Schadensersatz findet zwar seine Grundlage unmittelbar im Gemeinschaftsrecht, wird aber im Rahmen des nationalen Haftungsrechts durchgeführt[621].

Fraglich ist, wie die französischen Gerichte über eine Schadensersatzklage entscheiden müssen, welche auf einer mangelhaften oder fehlenden Durchsetzung der Richtlinie durch den Gesetzgeber beruht[622]. Die institutionelle Autonomie und Verfahrensautonomie der Mitgliedstaaten besteht zwar noch, wird aber durch die

618 EuGH vom 19. Juni 1990, Rs. C-213/89 – The Queen gegen Secretary of State for Transport ex parte: Factortame Ltd und andere, Slg. 1990 I/4, S. 2433 ff., S. 2474, Rn. 21.

619 Ohne dafür Gründe zu geben hat der EuGH die Frage nach den Kriterien, die zu erfüllen sind, um Übergangsmaßnahmen zu entscheiden, nicht beantwortet. Aus diesem Schweigen kann geschlossen werden, dass der Nationalrichter diese Kriterien selbst bestimmen soll, *Dutheil de la Rochère*, La jurisprudence (FN. 606), S. 252. Im Fall Facortame hat sich der EuGH keine Gedanken darüber gemacht, ob die abzuweisende Regel ein Gesetz ist, oder ob dem Nationalrichter in diesem Fall nach nationalem Verfahrensrecht die Kompetenz dafür zuerkannt ist. *Boulouis* ist der Meinung, der „titre à agir“ des Nationalrichters als allgemeinzuständiger Richter des Gemeinschaftsrechts ergäbe sich dann unmittelbar aus dem Gemeinschaftsrecht, *Boulouis*, Droit institutionnel des communautés européennes, Paris 1991, S. 225; vgl. *Simon*, Les exigences (FN. 350), S. 481. A. A. *Barav*, La plénitude de compétence du juge national en sa qualité de juge communautaire, in: Mélanges Boulouis (FN. 295), S. 1, der hervor hebt, dass wenn der Nationalrichter auf Grund einer gemeinschaftsrechtlichen Ermächtigung handeln würde, es unmöglich sein könnte, seine Unterlassungen dem Staat zuzurechnen. Zu den Voraussetzungen der Aussetzungsgewährung, EuGH vom 26. Februar 1991, Rs. C-143/88 und C-92/89 – Zuckerfabrik Süderdithmarschen AG gegen Hauptzollamt Itzehoe und Zuckerfabrik Soest GmbH gegen Hauptzollamt Paderborn, Slg. 1991 I/2, S. 415 ff., in: A. J. D. A. 1991. S 237 mit Anm. *Le Mire*.

620 EuGH vom 19. November 1991, Rs. C-6/90 und C-9/90 – Andrea Francovich u. a. gegen Italienische Republik, Sl. 1991 I/9, S. 5357 ff. Allgemein dazu *Dubouis*, La responsabilité pour les dommages causés aux particuliers par la violation du droit communautaire, Décision de la Cour de Justice des Communautés Européennes, 19 novembre 1991, Francovitch et Bonifaci, aff. Jointes C. 6 / 9 et 9 / 90, in: R. F. D. A. (1992), S. 1-9.

621 Zur französischen Rechtsprechung, *Dantonel-Cor*, La mise en jeu de la responsabilité de l'Etat français pour violation du droit communautaire, in: R. T. D. E. 31 (1995), S. 471-507.

622 *Dubouis*, La responsabilité (FN. 620), S. 7.

Durchsetzung des Vorrangsprinzips und des Prinzips der Unmittelbarkeit immer mehr eingeschränkt[623]. In dieser Hinsicht ist darüber hinaus fraglich, welche Rolle dem Staat zukommt. In der französischen Lehre hat man sich die Frage gestellt, ob im Hinblick auf die Rechtsprechung des Europäischen Gerichtshofs eine gemeinschaftsrechtliche Auffassung des Staates als Instrument einer effektiven und harmonisierten Durchsetzung des Gemeinschaftsrechts dabei ist, sich zu entwickeln[624], so dass dem Staatsbegriff eine neue „Fonctionnalité"[625] zukommen würde. Die Idee eines gemeinschaftlichen Staatsbegriffs ist allerdings mit Vorsicht anzuwenden.

Aus Sicht des Europäischen Gerichtshofes als Hüter der einheitlichen (uniforme) Anwendung des Gemeinschaftsrechts müssen die staatlichen Behörden der Mitgliedstaaten eine Rolle als Vektor des Gemeinschaftsrechts spielen. Dabei scheint der Europäische Gerichtshof sich hauptsächlich mit der Einschränkung des Umfangs der öffentlich-rechtlichen Befugnisse (prérogatives exorbitantes du droit commun), welche in der Regel den staatlichen Behörden zukommen, beschäftigt zu haben[626]. Diese öffentlich-rechtlichen Befugnisse werden entweder als Instrument zur effektiven Durchsetzung des Gemeinschaftsrechts, oder als Hindernis zur Durchsetzung der in den Verträgen vorgesehenen Freiheiten und Wettbewerbsvorschriften betrachtet. Dadurch entsteht der Entwurf eines gemeinschaftlichen, funktionellen Staatsbegriffs[627]. Die Rechtsprechung des Europäischen Gerichtshofes könnte eines Tages dazu führen, die institutionelle

623 Vgl. *Dutheil de La Rochère*, La jurisprudence (FN. 606), S. 256.

624 *Hecquard-Théron*, La notion d'Etat en droit communautaire, in: R. T. D. E. 26 (1990), S. 693-711 (693).

625 *Dutheil de La Rochère*, La jurisprudence (FN. 606), S. 257.

626 Z. B. EuGH vom 19. Januar 1982, Rs. 8/81 – Ursula Becker gegen Finanzamt Münster-Innenstadt, Slg. 1982, S. 53 ff. Rn. 23 bis 25; EuGH vom 26. Feburar 1986, Rs. 152/84 – M. H. Marshall gegen Southampton and South-West Hampshire Area Health Authority (Teaching), Slg. 1986 I/1, S. 723 ff. Von Fall zu Fall hat der EuGH eine Liste der staatlichen Behörden bestimmt, die angesichts der Durchsetzung von Richtlinien dem Staat gleichgesetzt werden können, EuGH vom 15. Mai 1986, Rs. 222/84 – Marguerite Johnston gegen Chief Constable of the Royal Ulster Constabulary, Slg. 1986 I/2, S. 1651 ff.; EuGH vom 20. September 1988, Rs. 31/87 – Gebroeders Beentjes BV gegen Niederländischer Staat, Slg. 1988, Bd. 5, S. 4635 ff.; EuGH vom 22. Juni 1989, Rs. 103/88 – Fratelli Costanzo gegen Stadt Mailand, Slg. 1989, Bd. 2, S. 1839 ff.

627 EuGH vom 12. Juli 1990, Rs. C-188/89 – A. Foster und andere gegen Britisch Gas plc, Slg. 1990 I/5, S. 3313 ff., S. 3348 f. Rn. 20: „Einrichtung, die unabhängig von ihrer Rechtsform kraft staatlichen Rechtsakts unter staatlicher Aufsicht eine Dienstleistung im öffentlichen Interesse zu erbringen hat und die hierzu mit besonderen Rechten ausgestattet ist, die über das hinausgehen, was für die Beziehungen zwischen Privatpersonen gilt (…)"; vgl. die Rechtsprechung des EuGH zum Zugang Nichtstaatsangehöriger zum öffentlichen Dienst, wo das Gericht die „responsabilité pour la sauvegarde des intérêts généraux de l'Etat" erwähnt und dadurch den funktionellen Aspekt des Staatsbegriffs bzw. der staatlichen Behörde und der öffentlichen Verwaltung betont, *Dutheil de La Rochère*, La jurisprudence (FN. 606), S. 261.

Autonomie jedes einzelnen Mitgliedstaates im Hinblick auf die Organisation und die Tätigkeit seiner eigenen staatlichen Behörden in Frage zu stellen[628].

Aus dieser Rechtsprechung ergibt sich einerseits, dass der Staat als Rechtssubjekt des Gemeinschaftsrechts als unentbehrliches Instrument der Gemeinschaftsintegration erscheint[629], andererseits darf der Staat als Regelungs- oder Durchsetzungsinstrument des Gemeinschaftsrechts die Gemeinschaftsintegration nicht behindern[630]. Gemäß Art. 46 EUV ist die Zuständigkeit des Europäischen Gerichtshofes für die Außen- und Sicherheitspolitik sowie für die Zusammenarbeit im Bereich der Justiz und der Innenangelegenheiten ausgeschlossen. Der Europäische Gerichtshof kann also in diesen Bereichen über zukünftige Souveränitätsübertragungen nicht Stellung beziehen. Für die Gebiete, die nicht in den exklusiven Zuständigkeitsbereich des Europäischen Gerichtshofes fallen, ist der Europäische Gerichtshof an das Subsidiaritätsprinzip gebunden. Dennoch und obwohl er immer noch ein internationales Gericht ist, erscheint der Europäische Gerichtshof grundsätzlich („principalement") als eine „juridiction suprême interne"[631]. Einige Autoren haben sogar behauptet, er sei souverän, um die Achtung des Gemeinschaftsrechts zu gewährleisten[632].

II. Nationale Souveränität und Sanktionsmöglichkeiten der Europäischen Union gegen die Mitgliedstaaten

Um durchgesetzt werden zu können, muss das Recht sanktionierbar sein. Die Tatsache, dass die Staaten vor außernationalen Organen Rechenschaft ablegen, stellt eine Souveränitätseinschränkung dar[633]. Sowohl die europäische „Verfassung" als auch das europäische „Gesetz" werden durch den Europäischen Gerichtshof geschützt[634]. Die Entscheidungen des Europäischen Gerichtshofes auf

628 Ebenda, S. 257.

629 Ebenda, S. 259.

630 So z. B. Art. 86 Abs. 1 und 2 EGV.

631 *Simon*, La Cour de justice des Communautés européennes, in: Les juridictions suprêmes, du procès à la règle, Colloque, mai 1990, Centre de recherches critiques sur le droit, Publications de l'Université de Saint-Etienne, Université Jean Monnet, 1991, S: 134.

632 *Noël*, L'érosion de l'Etat-nation dans un système d'intégration économique: le cas de la Communauté européenne, in: Philip / Soldatos (Dir.), Au-delà et en-decà de l'Etat-nation (FN.), S. 93-109 (103).

633 Vgl. *Ruzié*, Souveraineté de l'Etat et protection internationale des droits de l'homme, in: Mélanges offerts à Georges Burdeau, Paris 1977, S. 963-979 (977). Für den Autor sind eine bestimmte Solidarität und eine gewisse Interessengemeinsamkeit zwischen den Staaten notwendig, um die Staaten zur Akzeptanz dieser Rechenschaft zu bringen.

634 EuGH vom 23. April 1986, Rs. 294/83 – Parti écologiste „Les Verts" gegen Europäisches Parlament, Slg. 1986, Bd. 2, S. 1339 ff., S. 1365 Rn. 23: „Die Europäische Wirtschaftsgemeinschaft [ist] eine Rechtsgemeinschaft der Art (...), daß weder die Mitgliedstaaten noch

Grund von Klageverfahren seitens der gemeinschaftlichen Institutionen – der Untätigkeitsklage[635] und der Nichtigkeitsklage[636] – sind als Mittel zur Prüfung der „Verfassungsmäßigkeit“ [637] der aktiven oder passiven Tätigkeit der Gemeinschaft zu betrachten.

Die Klageverfahren gegen die Mitgliedstaaten sind angesichts der Entstehung einer Unionsgewalt von besonderer Bedeutung. Die Untätigkeitsklage unterscheidet sich vom herkömmlichen internationalen Recht insofern, als sie weder die Existenz eines Schadens für die anderen Mitgliedstaaten noch ein Fehlverhalten des angeklagten Mitgliedstaates voraussetzt[638]. Ferner setzt dieses Verfahren nicht die Erschöpfung aller innerstaatlichen Rechtsmittel voraus. Der Europäische Gerichtshof hat sehr früh die Gelegenheit gehabt, die Eigenart des Untätigkeitsklageverfahrens[639] zur Ausfüllung der Verpflichtungen durch die Mitgliedstaaten – und dies trotz deren Widerstands – zu betonen[640]. Dabei handelt es sich um ein Verfahren zur Durchsetzung der Erfüllung der Pflichten der Mitgliedstaaten, welches bei weitem über das hinausgeht, was nach den bisher anerkannten Sätzen des klassischen Völkerrechts galt[641]. Insofern trägt die Sanktionsbefugnis auf Gemeinschaftsebene zur effektiven Verwirklichung einer Unionsgewalt bei.

---

die Gemeinschaftsorgane der Kontrolle darüber entzogen sind, ob ihre Handlungen im Einklang mit der Verfassungsurkunde der Gemeinschaft, dem Vertrag, stehen“.

635 Art. 232 EGV. Die Untätigkeitsklage zielt auf die Sanktionierung fehlender Tätigkeit der gemeinschaftlichen Institutionen, die zum Erlass von Gemeinschaftsrecht verpflichtet sind, wenn die Gemeinschaftsverträge es vorsehen. Das Organ, gegen das vorgegangen werden soll, wird zuerst aufgefordert tätig zu werden. Erst nach Ablauf einer Frist von zwei Monaten nach dieser Aufforderung kann Klage erhoben werden.

636 Art. 230 EGV. Die Nichtigkeitsklage zielt auch auf die Unterwerfung der Gemeinschaftsinstitutionen unter das Gemeinschaftsrecht und kann mit einer Legalitätskontrolle im weiteren Sinne bzw. mit der Anfechtungsklage („recours pour excès de pouvoir“) gleichgesetzt werden, Vgl. *Simon*, Le système juridique communautaire (FN. 148), S. 325.

637 So *Kovar*, Les Etats membres et la compétence de la Cour, in: La Cour de justice des Communautés européennes et les Etats membres, Bruxelles, Institut d'études européennes, Université de Bruxelles, 1981, S. 32-46 (42).

638 EuGH vom 14. Dezember 1971, Rs. 7/71 – Kommission der Europäischen Gemeinschaften gegen Französische Republik, Slg. 1971, Bd. 17, S. 1003 ff., S. 1021 Rn. 47/50.

639 EuGH vom 15. Juli 1960, Rs. 20/59 – Regierung der Italienischen Republik gegen Hohe Behörde der Europäischen Gemeinschaft für Kohle und Stahl, Slg. 1960, S. 681 ff., insbes. S. 711 ff.

640 EuGH vom 15. Juli 1960, Rs. 25/59 – Regierung des Königreichs der Niederlande gegen Hohe Behörde der Europäischen Gemeinschaft für Kohle und Stahl, Slg. 1960, S. 743 ff., S. 785: Art. 88 EGKS stellt die „ultima ratio zum Schutze der im Vertrag verankerten Belange der Gemeinschaft gegen die Untätigkeit oder den Widerstand der Mitgliedstaaten dar“.

641 Infolgedessen sprach sich der EuGH für eine enge Auslegung des Art. 88 EGKS, EuGH vom 15. Juli 1960, Rs. 25/59 – Regierung des Königreichs der Niederlande gegen Hohe Behörde der Europäischen Gemeinschaft für Kohle und Stahl, Slg. 1960, S. 743 ff., S. 785.

Interessant im Hinblick auf die nationale Souveränität ist die Einfügung durch den Amsterdamer Vertrag von neuen Sanktionsmöglichkeiten neben dem Zwangsgeld gemäß Art. 228 EGV[642]. Nach Art. 7 Abs. 1 EUV i. V. m. Art. 309 EGV kann der in der Zusammensetzung der Staats- und Regierungschefs tagende Rat auf Vorschlag eines Drittels der Mitgliedstaaten oder der Kommission und nach Zustimmung des Europäischen Parlaments einstimmig feststellen, dass eine schwerwiegende und anhaltende Verletzung von den in Art. 6 Abs. 1 EUV[643] genannten Grundsätzen durch einen Mitgliedstaat vorliegt, nachdem er die Regierung des betroffenen Mitgliedstaats zu einer Stellungnahme aufgefordert hat. Absatz 2 dieses Artikels fügt hinzu, dass im Fall einer solchen Feststellung der Rat mit qualifizierter Mehrheit beschließen kann, bestimmte Rechte auszusetzen, die sich aus der Anwendung des EUV[644] auf den betroffenen Mitgliedstaat ergeben. Dies schließt unter anderem auch eine Aussetzung der Stimmrechte des Vertreters der Regierung dieses Mitgliedstaates im Rat und damit dessen Vetorechts mit ein. Die Durchsetzung einer solchen Sanktion gegen Frankreich und die daraus folgende Aussetzung seines Vetorechts könnte zu einer Beeinträchtigung der wesentlichen Bedingungen der nationalen Souveränitätsausübung führen, da der Verfassungsrat die Voraussetzung der Einstimmigkeit in manchen, besonders empfindlichen Souveränitätsgebieten für wesentlich gehalten hat[645].

Dasselbe gilt im Rahmen des EGV[646]. Im französischen Schrifttum wurde hervorgehoben, dass ein solches Sanktionsverfahren Frankreich gegenüber nicht stattfinden könnte, da die in Art. 6 Abs. 1 EUV gewährleisteten Grundsätze in der französischen Verfassung geschützt sind bzw. es schwer vorstellbar sei, dass die französische Republik eine „schwerwiegende und anhaltende“ Grundrechtsverletzung begehen könnte[647]. Theoretisch spricht aber nichts dagegen, dass

---

642 Art. 228 EUV Abs. 2 Satz 2 bestimmt, dass der Mitgliedstaat, der die Maßnahmen, die sich aus einem Urteil des EuGH wegen Verstoßes gegen eine Vertragsverpflichtung ergeben, nicht innerhalb der von der Kommission gemäß Art. 228 Abs. 2 Satz 1 gesetzten Frist getroffen hat, der Verhängung eines Pauschalbetrags oder Zwangsgeldes durch den von der Kommission angerufenen EuGH ausgesetzt werden kann. Die Höhe des zu zahlenden Pauschalbetrags oder Zwangsgeldes ist dabei von der Kommission in ihrer Klage vor dem EuGH zu nennen.

643 Art. 6 Abs. 1 EUV lautet: „Die Union beruht auf den Grundsätzen der Freiheit, der Demokratie, der Achtung der Menschenrechte und Grundfreiheiten sowie der Rechtsstaatlichkeit; diese Grundsätze sind allen Mitgliedstaaten gemeinsam“.

644 Art. 309 Abs. 1 EGV: „Wurde die Aussetzung des Stimmrechts des Vertreters der Regierung eines Mitgliedstaates nach Artikel 7 Abs. 2 des Vertrags über die Europäische Union beschlossen, so gilt die Aussetzung dieser Stimmrechte auch in bezug auf diesen Vertrag“.

645 *Roux*, in: Maus / Passelecq (Dir.), Le Traité d'Amsterdam face aux constitutions nationales. Actes du colloque international organisé le 10 décembre 1997, Les Cahiers constitutionnels de Paris I, 1998, S. 131 f.

646 Art. 309 Abs. 4 EGV.

647 *Roux*, in: Maus / Passelecq, Le Traité d'Amsterdam (FN. 645), S. 132 f.

andere Staaten als Frankreich die Achtung dieser Grundprinzipien durch Frankreich beurteilen. Im Schrifttum wurde bedauert[648], der Verfassungsrat habe in seiner Entscheidung vom 31. Dezember 1997 implizit festgestellt, dass diese Vertragsvorschriften mit der Verfassung vereinbar sind bzw. keine Beeinträchtigung der wesentlichen Bedingungen der nationalen Souveränitätsausübung darstellen. Die Tatsache aber, dass die Gemeinschaftsverträge weder formelle richterliche Anordnungen noch eine Zwangsvollstreckung der Entscheidungen des Europäischen Gerichtshofes vorsehen, lässt einige Zweifel an der Existenz einer echten „Unionsgewalt" aufkommen. Der Europäische Gerichtshof kann ein nationales Gesetz weder aufheben noch für nichtig erklären[649]. Aus französischer Sicht und abgesehen von der immer noch symbolischen Bedeutung des Gesetzes auf nationaler Ebene erscheint die Nichtigkeitserklärung eines französischen Gesetzes durch den Europäischen Gerichtshof ohnehin schwer vorstellbar, da selbst der französische Verfassungsrat lediglich die Unvereinbarkeit des Gesetzes mit der Verfassung feststellen kann, ohne es für nichtig erklären zu können.

E. Zusammenfassung

In Frankreich kommt der Entwicklung einer europäischen Gesetzgebung angesichts der besonderen Symbolik des nationalen Gesetzes als Ausdruck des Gemeinwillens bzw. der nationalen Souveränität, eine besondere Bedeutung zu. Zwar ist diese Theorie mit der V. Republik und der Stärkung der Regierung auch im Gesetzgebungsverfahren praktisch zurückgedrängt worden; das Gesetz behält aber in Frankreich eine besondere, symbolische Bedeutung, die mit der Idee einer europäischen Gesetzgebung schwer vereinbar ist, solange man nicht von der Existenz eines europäischen Gemeinwillens ausgehen kann.

Das Prinzip des Vorrangs des Gemeinschaftsrechts stellt die Auffassung der Souveränität als Rechtserzeugungsmonopol in Frage. Der Nationalstaat ist nicht mehr die einzige Rechtsquelle, sondern wird für einen großen Teil seiner Zuständigkeiten als Durchführungsinstrument eines ihn bindenden Rechts angesehen.

Als moderner Ausdruck der Souveränität befindet sich die französische Verfassung in einer Zwischenlage zwischen der föderalistisch geprägten Stellung des Europäischen Gerichtshofes und der restriktiven, die Souveränität schützenden Position nationaler Autoren bzw. Politiker. Da Europa kein

[648] Z. B. *Roux*, in: Maus / Passelecq, Le Traité d'Amsterdam (FN. 645), S. 133.

[649] Dies gilt auch für Akte der Verwaltung eines Mitgliedstaates, EuGH vom 16. Dezember 1960, Rs. 6/60 – Jean E. Humblet gegen Belgischen Staat, Slg. 1960, S. 1163 ff., S. 1184 Dazu *Kovar*, Les Etats membres (FN. 637), S. 46.

Bundesstaat ist, bleibt die französische Verfassung das grundsätzliche Fundament der Normenhierarchie und die gesetzliche Grundlage von Staatlichkeit und Souveränität. Im Hinblick auf das Konzept einer europäischen „Verfassung" wird in Frankreich überwiegend die Meinung vertreten, es könne keine europäische Verfassung geben, solange kein europäisches Volk vorhanden ist, welches Träger der verfassunggebenden Gewalt sein kann.

Kapitel 3: Materielle Einschränkungen der nationalen Souveränität durch die Europäische Union

Seit dem Vertrag über die Gründung der Europäischen Gemeinschaft für Kohle und Stahl vom 18. April 1951 hat sich der Bereich der europäischen Integration ständig erweitert[650], so dass die Europäische Gemeinschaft heute Kompetenzen ausübt, die mit der Souveränität des Staates verbunden sind, wie die Währungspolitik, die Polizei oder die Außenpolitik[651]. Die Erweiterung des gemeinschaftlichen Zuständigkeitsbereichs betrifft beide Aspekte der nationalen Souveränität, nämlich die Souveränität des Staates und die demokratische Souveränität, jedoch mit unterschiedlicher Intensität.

A. Souveränität des Staates und Verlagerung von Kompetenzen auf die Europäische Union

Das Konzept der Souveränität des Staates schützt nicht die Staatlichkeit Frankreichs, da die Souveränität des Staates „lediglich" als die Gesamtheit der staatlichen Kompetenzen aus internationaler Sicht[652] betrachtet wird. Die Diskussion um die Kompetenzübertragungen auf die Europäische Gemeinschaft beruht im französischen juristischen Schrifttum grundsätzlich auf der Frage des harten Kerns[653] der Souveränität bzw. auf der Frage der Schwelle[654] der Kompetenzübertragungen auf die Europäische Union Es handelt sich darum zu verhindern, dass die „Souveränität des Staates" zu einer leeren Hülle wird. Unter den „fonctions régaliennes de l'Etat" kommen die Währungshoheit, die Innenpolitik und die Zusammenarbeit im Bereich der Justiz sowie die Außen- und Sicherheitspolitik in Betracht.

---

650 Dazu z. B. *Jacqué*, La communautarisation des politiques nationales, in: Revue Pouvoirs, Nr. 49 (1989), S. 29 ff. (30). In dieser Hinsicht spricht der Autor von einer „prise de conscience tardive des effets de l'intégration communautaire".

651 *Boulouis*, in: Rideau, (Dir.), Les Etats membres (FN. 38), S. 215; vgl., *Roux*, Le principe de la souveraineté de l'Etat dans la jurisprudence du Conseil constitutionnel, Bd. 1, Montpellier 1998, S. 201 bis 205, wo der Autor auf die Währung, das Steuerwesen, die Justiz, besonders die Strafgerichtsbarkeit und die Polizei hinweist; vgl. *Dubouis*, Le juge français et le conflit (FN. 418), S. 217: Nach dem Autor sind die Währungsunion, die öffentliche Ordnung, die Justiz, das Zwangsgewaltmonopol im Inneren, die Diplomatie und die Verteidigung Hoheitsrechte des Staates und Funktionen, die in enger Beziehung zu der Souveränität des Staates und zur nationalen Identität sind.

652 *Roux*, Le principe de la souveraineté (FN. 651), Bd. 1, S. 17.

653 *Chaumont*, Recherche (FN. 120), S. 114-151.

654 Siehe *Favoreu / Oberdorff*, Droit constitutionnel et droit communautaire. Les rapports de deux ordres juridiques. Entretien réalisé par Daniel Vignes, in : R. M. C. (2000), Nr. 435, S. 94-99 (99).

I. Währungshoheit

Am 3. Mai 1998 hat der Rat in der Zusammensetzung der Staats- und Regierungschefs elf Mitgliedstaaten als Mitglieder der Europäischen Währungsunion festgelegt[655]. Die Europäische Währungsunion ist damit am 1. Januar 1999 „automatisch" entstanden und wird in der Übergangszeit vom 1. Januar 1999 bis zum 31. Dezember 2002 „technisch" vollendet[656]. Zugleich wurde über die erste Besetzung des Direktoriums der Europäischen Zentralbank entschieden, die damit ihre Arbeit aufnahm[657]. Dieser „Vergemeinschaftung der Geldgewalt"[658] spiegelt einerseits den Verlust der nationalen Währungshoheit der Mitgliedstaaten wider und stellt andererseits ein Problem der politischen Identität Europas dar[659].

1. Währungsunion und Staatlichkeit Frankreichs

Der französische Staatslehrer Bodin ordnete „die Befugnis, den Untertanen Steuern und Abgaben aufzuerlegen oder einzelne davon auszunehmen"[660] unter die wahren Merkmale der Souveränität ein. Von diesem Recht aus hat sich der Staat[661] und später das französische Verständnis der nationalen Souveränität gebildet[662]. Das Münzrecht bzw. das Recht, das Volumen und den Wert der Währung mittels einer fixen Währungsparität oder eines Wechselkurses zu bestimmen, ist ebenfalls ein klassisches Attribut der Souveränität des Staates[663].

---

655 E 98 / 317 und VO 974/98 v. 3.5.1998, ABl. L 139/1,30). Diese erfolgte gemäß dem „Fahrplan" zu einer Europäischen Währungsunion, wie er in Art. 105 ff. = 105 ff. n. F. EGV in Maastricht 1991-1993 beschlossen worden war. Ausführlich dazu *Oppermann*, Europarecht (FN. 73), S. 373 ff.

656 *Oppermann*, Europarecht (FN. 73), S. 373.

657 Empf. 98 / 318 v. 3.5.1998, ABl. L 139 / 36 und Beschluss 98 / 345 v. 26.5.1998, Abl. L 154 / 33.

658 *Oppermann*, Europarecht (FN. 73), S. 374.

659 Die Währungsunion befindet sich am Scheideweg zwischen dem politischen und dem ökonomischen und in diesem Sinne im Kern der europäischen Integration, *Chaltiel*, La souveraineté de l'Etat (FN. 3), S. 226.

660 *Bodin*, Sechs Bücher über den Staat (FN. 241), Buch I, Kap X, S. 313. *Bodin* spricht auch von der „Befugnis, über die Bezeichnung der Währung, Anhebung und Senkung des Geldwerts und des Münzfußes zu bestimmen", ebenda, S. 294, 311.

661 Vgl. *Cohen*, La tentation (FN. 59), S. 337.

662 *Rousseau*, Droit du contentieux constitutionnel, 4. Aufl., Paris, 1995, S. 283: „Il est vrai que „battre monnaie" est la représentation à travers laquelle s'est construite la souveraineté nationale".

663 Z. B. *Grewe*, La révision constitutionnelle (FN. 297), S. 432: „La monnaie fait partie des prérogatives régaliennes par excellence". *Boissonnat*: „La monnaie, c'est l'Etat", zit. in: *Renoux / villiers*, Code constitutionnel (FN. 299), Art. C. 88-1, S. 610; *Chaltiel*, La

Das Münzrecht zählt zu den Staatsfunktionen, die nach französischem Verständnis zum Schutz der nationalen Identität absolut unentbehrlich sind und infolgedessen nur begrenzt eingeschränkt werden dürfen[664].

Die Einrichtung einer einheitlichen Währungs- und Wechselkurspolitik und eines europäischen Systems unabhängiger Zentralbanken mit einer europäischen Zentralbank nach Vorbild der deutschen Bundesbank an der Spitze sowie die Einführung des Verfahrens der qualifizierten Mehrheit im Bereich der Wechselkurspolitik berührt den Kern der Souveränität[665]. Im Laufe der parlamentarischen Debatten zum Vertrag von Maastricht wurde im Hinblick auf diesen Souveränitätsverlust zwischen realer und formeller Souveränität unterschieden[666]. Die Währung ist eine politische Angelegenheit und die Währungspolitik eine Staatsfunktion („fonction régalienne")[667].

Diese staatlichen Attribute der Europäischen Union zuzusprechen und die Währungssouveränität einer unabhängigen europäischen Zentralbank zu übertragen, ohne zugleich die demokratische Dimension der Union zu stärken, könnte ein Missverhältnis im Hinblick auf die Demokratie bzw. auf die europäische Bürgerschaft zur Folge haben[668]. Im französischen Schrifttum wird immer

souveraineté de l'Etat (FN. 3), S. 225, 373, spricht von einer „compétence de souveraineté par excellence".

664 *Dubouis*, Le juge français et le conflit (FN. 418), S. 217. Siehe im Hinblick auf die Unabhängigkeit der Banque de France, die Entscheidung C. C. Nr. 93-324 DC vom 3. August 1993, Rec. S. 208, insbesondere Erwägung Nr. 8, wo der Verfassungsrat sich auf Art. 20 (Die Regierung bestimmt und leitet die Politik der Nation) und 21 (der Premierminister leitet die Handlung der Regierung) der Verfassung von 1958 bezieht, um zu erklären, dass die Bestimmung der Währungspolitik ein wesentliches und unzertrennliches Element der allgemeinen Wirtschaftspolitik, deren Bestimmung und Leitung der Regierung zukommt unter Aufsicht des Premierministers („Considérant que la définition de la politique monétaire est un élément essentiel et indissociable de la politique économique générale dont la détermination et la conduite incombent au Gouvernement, sous la direction du Premier ministre (...)"

665 *Grewe / Ruiz Fabri*, Le Conseil constitutionnel et l'intégration européenne – jurisprudence de juillet 1991 à septembre 1992 –, in: R. U. D. H., Bd. 5, Nr. 8-9 (1992), S. 277-293 (285); auch *Rideau*, La recherche de l'adéquation de la Constitution française aux exigences de l'Union européenne, in: R. A. E., Nr. 3, 1992, S. 7-52 (26).

666 *Grewe*, La révision constitutionnelle (FN. 297), S. 433.

667 Zu den Differenzen bezüglich der Funktionen von Geldpolitik in Frankreich und Deutschland *Möschel*, An der Schwelle zur europäischen Währungsunion, in: JZ (1998), Heft 5, S. 217-223 (219).

668 *Cohen-Tanugi*, Le choix de l'Europe (FN. 285), S. 98. In der deutschen Lehre und Rechtsprechung wird dementsprechend die Meinung vertreten, die Währungsunion sei von der politischen Union bedingt. Diese Argumentation wird jedoch nicht von den Währungsfachleuten in Frankreich übernommen, die sich bewusst sind, dass angesichts der Globalisierung der Finanzmärkte der überkommenen nationalen Souveränität im Geld- und Finanzwesen kaum noch Einfluss zukommt. Das französische politische Schrifttum hat sich während der Debatten zum Vertrag von Maastricht mit der Frage befasst, ob die Währungsunion einen totalen Souveränitätsverlust im Bereich der Währung darstellt oder ob

häufiger anerkannt, dass die klassische Definition der nationalen Währungssouveränität als „la capacité des responsables élus à manier l'arme monétaire de façon autonome et efficace"[669] im Prozess der zunehmenden wirtschaftlichen Globalisierung seit langem in Frage gestellt worden ist[670], so dass der staatliche Handlungsspielraum in diesem Bereich schon vor der europäischen Wirtschafts- und Währungsunion relativ gering war. Bezeichnet man aber die nationale Währungssouveränität als die Fähigkeit eines Nationalstaates, allein oder in Übereinstimmung mit anderen die wirtschaftlichen Interessen seiner Bevölkerung in einer globalisierten Welt zu befriedigen, dann nimmt die Problematik andere Züge an. Eine Wirtschaftspolitik, die scheinbar autonom, aber dennoch nicht in der Lage ist, tatsächlich die Wünsche der Bürger und Wähler zu befriedigen, kann nicht als souverän betrachtet werden[671].

Die letzten Jahre haben die Gefahren dieser Scheinsouveränität („souveraineté apparente")[672] offensichtlich gemacht, und die Lähmung nationaler Wirtschaftspolitik hat allmählich zum Misstrauen gegenüber den nationalen politischen Strukturen geführt. Sollte aber die Währungsunion dem Wohlstand der europäischen Nationen dienen, dann könnte sie als Instrument der Zurückgewinnung der staatlichen Wirtschaftssouveränität betrachtet werden, obwohl dann von einer geteilten Souveränität („souveraineté partagée") die Rede ist[673]. Die Frage nach den Folgen der Übertragung der Währungshoheit auf eine europäische Ebene für die Staatlichkeit der Europäischen Union hat vom Verfassungsrat keine klare Antwort bekommen[674].

---

die Währungsunion das Instrument zur Zurückgewinnung eines gewissen Einflusses auf die Währungspolitik gegenüber Deutschland sein könnte, *Cohen*, La tentation (FN. 59), S. 330 ff.; *Delisle*, Souveraineté nationale et régulation économique. La monnaie unique est-elle viable?, in: Schlachther (Dir.), Questions d'Europe. Le débat économique et politique, Paris 1998, S. 50; zu den Differenzen bezüglich der Staatsfunktionen der Geldpolitik in Frankreich und Deutschland siehe *Möschel*, An der Schwelle (FN. 667), S. 219.

669 *Delisle*, Souveraineté nationale et régulation (FN. 668), S. 48.

670 Ebenda, S. 48-49. Der Autor weist darauf hin, dass das Konzept der nationalen Währungshoheit selbst in diesem Kontext in Frage gestellt werden muss; a. A. *Favret*, L'intégration européenne et la France: quelques réflexions sur la divisibilité de la souveraineté, in: R. D. P. 115 (1999), S. 1741-1764 (Fn. 25): „(...) les Etats membres n'ont pas abandonné leur souveraineté monétaire à Maastricht, car ils ont en réalité perdu leur indépendance monétaire depuis longtemps, depuis que les transactions en euro-monnaies se sont développées à un rythme qui rend illusoire la recherche isolée de la stabilité monétaire".

671 *Delisle*, Souveraineté nationale et régulation (FN. 668), S. 50.

672 Ebenda.

673 Vgl. ebenda, S. 50-51. Interessant dazu die Äußerungen des damaligen Wirtschafts und Finanzminister *Sapin*, in: Le Monde vom 6. Mai 1992 : „dans le monde d'aujourd'hui, la souveraineté est nécessairement limitée. Il s'agit de choisir entre l'exercice solitaire d'une souveraineté limitée et l'exercice en commun d'une souveraineté renforcée".

674 Art. 54 der Verfassung von 1958 verpflichtet den Verfassungsrat, sich an den Inhalt der Klage zu halten.

Der Verfassungsrat hat schon vor Maastricht die Gelegenheit gehabt, sich zur Verbindung zwischen Münzrecht und Souveränität des Staates zu äußern. In seiner Entscheidung vom 29. April 1978[675] hatte er erklärt, dass die Änderung des Statuts des Internationalen Währungsfonds in Bezug auf das Wechseln der Währungsparität die Souveränität der Mitgliedstaaten nicht beeinträchtigt, da einerseits jedes Mitglied seinen Wechselkurs frei wählen kann, andererseits im Fall der Einsetzung stabiler, aber flexibler Paritäten zwischen den Währungen die Souveränität durch die Satzungsbestimmung geschützt wird, nach der die Währungsparität eines Mitgliedstaates nur auf Vorschlag des interessierten Mitgliedstaates modifiziert werden kann[676].

Bezüglich der Staatseinkünfte knüpft der Verfassungsrat die Steuerzuständigkeit an die Souveränität des Staates. Diese Anknüpfung hat der Verfassungsrat e contrario betont, als er 1970 erklärte, dass im Einzelfall die Bewilligung zugunsten der Europäischen Gemeinschaften, über Eigenmittel zu verfügen, weder von Natur aus noch wegen ihres Umfangs die wesentlichen Bedingungen der nationalen Souveränitätsausübung beeinträchtige[677]. Der Verfassungsrat wies damit darauf hin, dass unter anderen Umständen eine Beeinträchtigung festzustellen gewesen wäre[678]. Ferner und unabhängig von jeglichem internationalen bzw. vertraglichen Kontext hat der Verfassungsrat bei der Prüfung des Haushaltsgesetzes 1991[679] erklärt, dass „le recouvrement d'une imposition contribuant, conformément à l'article 13 de la Déclaration de 1789, aux charges de la nation ne peut être effectué que par des services ou organismes placés sous l'autorité de l'Etat ou sous son contrôle“[680].

---

675 C. C. Nr. 78-93 DC vom 29. April 1978, Rec. S. 23. Gesetz Nr. 78-567 vom 29. April 1978, J. O. R. F. vom 30. April 1978, S. 1918.

676 C. C. Nr. 78-93 DC vom 29. April 1978, Rec. S. 23, Erwägung Nr. 3 und 5.

677 C. C. Nr. 70-39 DC vom 19. Juni 1970, Rec. S. 13, Erwägung Nr. 9.

678 *Roux*, Le principe de la souveraineté (FN. 651), Bd. 1, S. 202.

679 C. C. Nr. 90-285 DC vom 28. Dezember 1990, Rec. S. 95, Erwägung Nr. 45.

680 Indem er die Aufgabe der Steuerbeitreibung hauptsächlich juristischen Personen des Privatrechts anvertraute, hat der Gesetzgeber gegen diese Voraussetzung nicht verstoßen, da diese Einrichtungen einen Auftrag des öffentlichen Dienstes ausüben, worüber der Staat seine Aufsicht und Kontrolle ausübt: C. C. Nr. 90-285 DC vom 28. Dezember 1990, Rec., S. 95, Erwägung Nr. 46. Die Tatsache, dass der Verfassungsrat im Gegensatz zu den Antragstellern (siehe J. O. R. F. vom 30. Dezember 1990, S. 16 631) das Prinzip der Souveränität des Staates nicht hervorgehoben hat, um diese verfassungsrechtliche Voraussetzung zu rechtfertigen, liegt daran, dass der juristische Kontext des Einzelfalls den internen juristischen Rahmen nicht überschritt. Zur ausschließlichen internationalen Definition des Staates durch den Verfassungsrat siehe *Roux*, Le principe de la souveraineté (FN. 651), Bd. 2, S. 268 ff. Um auf das Prinzip der Souveränität des Staates hinweisen zu können, hätte die Verantwortung der Steuerbeitreibung einer ausländischen Einrichtung anvertraut werden müssen, ebenda, Bd. 1, S. 203, Fn. 295.

Der Vertrag von Maastricht hat dem Verfassungsrat Anlass gegeben, seine Rechtsprechung zu präzisieren. Einer der Schwerpunkte der Entscheidung Nr. 92-308 DC[681] lag bei den verfassungsrechtlichen Fragen, die sich durch die Einführung der gemeinsamen Währungs- und Wechselkurspolitik[682] stellten. Im Gegensatz zum Bundesverfassungsgericht, das die vertraglichen Vorschriften einer umfassenden gerichtlichen Prüfung unterwarf[683], beschränkte der Verfassungsrat seine Analyse[684] zum größten Teil auf eine Wiederholung der Vorschriften des Vertrags über die Europäische Union bezüglich der Wirtschafts- und Währungsunion.

Die mit dem Maastricht-Vertrag eingeführte Wirtschafts- und Währungsunion steht derart evident im Widerspruch zum Prinzip der nationalen Souveränität, dass der Verfassungsrat sich nicht bemüht hat, die Verfassungswidrigkeit näher zu begründen[685]. Er hat sich besonders auf die Vertragsvorschriften konzentriert, welche die währungspolitischen Elemente der Wirtschafts- und Währungsunion regeln[686] bzw. solche, die die dritte Stufe der Wirtschafts- und Währungsunion betreffen[687], und begrenzt dabei den Verfassungsverstoß ausdrücklich auf

681 C. C. Nr. 92-308 DC vom 9. April 1992, Rec., S. 55.

682 Art. 102 a ff. EGV.

683 Der Zweite Senat des Bundesverfassungsgerichts hat in seinem Maastricht-Urteil vom 12. Oktober 1993 gegenüber dem Vertrag von Maastricht einen Verfassungsvorbehalt, der besonders die Wirtschafts- und Währungsunion betraf, geäußert. Das Bundesverfassungsgericht betont zwar einerseits den gemeinschaftlichen Charakter der Währungsstabilität als Ziel des Vertrages und Grundlage des Kapitels über die Wirtschafts- und Währungsunion, andererseits unterwirft das Gericht die vertraglichen Vorschriften einer umfassenden gerichtlichen Prüfung, ob der Rechtsanwendungsbefehl einer genügenden Bestimmtheit und Klarheit entspricht, da nur klare und voraussehbare Übertragungen von Hoheitsrechten für das Bundesverfassungsgericht verfassungsmäßig sind, dazu *Weber*, Die Wirtschafts- und Währungsunion nach dem Maastricht-Urteil des Bundesverfassungsgerichts, in: JZ (1994), Heft 2, S. 53-60 (58).

684 Der Verfassungsrat beließ es bei der juristischen Analyse der WWU. Für eine politische Analyse siehe z. B. *Cohen-Tanugi*, L'Europe en danger, Paris 1992, S. 69.

685 Dazu *Rideau*, France, in: Masclet / Maus, (Dir.), Les constitutions nationales à l'épreuve de l'Europe, Paris 1992, S. 98-99; *Jacqué*, Commentaire de la décision du Conseil constitutionnel no 92-308 DC du 9 avril 1992, in: R. T. D. E. (1992), Heft 2, S. 251-264 (262); *Rousseau*, Droit du contentieux constitutionnel (FN. 662), S. 283. Siehe auch *Boulouis*, Le juge constitutionnel français et l'Union européenne (1991-1993), in: C. D. E (1994), Nr. 1-2, S. 505-522 (518). Andere Autoren wie z. B. *Chaltiel*, La souveraineté de l'Etat (FN. 3), S. 168, interpretieren diese mangelnde Stellungnahme als integrationsfreundlich.

686 *Hecker*, Europäische Integration (FN. 322), S. 221.

687 *Gautron*, A propos de la décision du Conseil constitutionnel du 9 avril 1992: le dit et le non-dit, in: la Constitution et l'Europe (FN. 293), S. 344 ff., 348; ausführlich dazu *Hecker*, Europäische Integration (FN. 322), S. 221-222.

Regelungen der dritten Stufe der Wirtschafts- und Währungsunion[688]. Die ab Beginn dieser dritten Stufe anwendbaren Bestimmungen führen nach dem Verfassungsrat zu einem Verlust an Kompetenzen für die Mitgliedstaaten in einem Bereich, wo bestimmte wesentliche Bedingungen der nationalen Souveränitätsausübung in Frage kommen[689].

Die Gefahr der Infragestellung der Währungsstabilität, das Demokratieprinzip oder die Möglichkeit eines Austritts wird anders als beim Bundesverfassungsgericht[690] in den Entscheidungen des Verfassungsrats zum Maastrichter Vertrag nicht angesprochen[691]. Abgesehen vom Mehrheitsentscheidungsverfahren kritisiert der Verfassungsrat den unwiderruflichen Verlust staatlicher Kompetenzen ab der dritten Phase zugunsten unabhängiger Einrichtungen, und zwar trotz der vorausgesehenen Einstimmigkeit zur Materialisierung dieses Verlustes[692].

Nach dem Verfassungsrat soll der Übergang zur dritten Phase der Wirtschafts- und Währungsunion für die Staaten, die die vier Konvergenzkriterien erfüllen, automatisch erfolgen[693]. Daraus folgt, dass eine vorherige Verfassungsänderung notwendig ist[694], bevor Frankreich der Wirtschafts- und Währungsunion beitreten

---

688 *Fromont*, Frankreich und die Europäische Union, in: DÖV (1995), Heft 12, S. 481-487 (485); Ferner *Gaïa*, Le droit constitutionnel national et l'intégration européenne (rapport français), in: Berichte für den 17. F. I. D. E.-Kongress, Baden-Baden 1996, S. 241.

689 C. C. Nr. 92-308 DC vom 9. April 1992, Rec. S. 55, Erwägung Nr. 43: „il résulte des dispositions applicables à compter du début de la troisième phase de l'Union économique et monétaire, que la réalisation d'un semblable objectif se traduira par la mise en œuvre d'une politique monétaire et d'une politique de change unique suivant des modalités telles qu'un Etat membre se trouvera privé de compétences propres dans un domaine où sont en cause les conditions essentielles d'exercice de la souveraineté". Diese Konzentration des Verfassungsrates auf die Vertragsbestimmungen, die in der dritten Stufe Anwendung finden werden, wird durch die im Erwägung Nr. 45 vorgenommene Einzelaufzählung der verworfenen EGV-Vorschriften (Art. 3 a Abs. 2, 105 Abs. 2, 105 a, 107, 109, 109 b Abs. 2, 109 g Abs. 2, 100 l Abs. 4 EGV) bestätigt. Ausführlich dazu *Hecker*, Europäische Integration (FN. 322), S. 222-223.

690 BVerfGE 89, 155.

691 *Grewe / Weber*, Le traité sur l'Union devant les juridictions constitutionnelles, in: A. I. J. C. IX-1993, S. 11-30 (18).

692 *Grewe / Ruiz Fabri*, Le Conseil constitutionnel et l'intégration (FN. 665), S. 286.

693 C. C. Nr. 92-308 DC vom 9. April 1992, Rec. S. 55, Erwägung Nr. 40. Der Verfassungsrat folgt in diesem Sinne. der Auslegung des Art. 109 J § 4 EUV -Maastrichter Fassung - durch die französische Regierung: Siehe *Gouze*, Rapport fait au nom de la Commission des lois constitutionnelles, de la législation et de l'administration générale de la République sur le projet de loi constitutionnelle (Nr. 2623) ajoutant à la Constitution un titre: „De l'Union européenne", Document de l'Assemblée Nationale Nr. 2672, 1992, S. 29. *Genevois*, le Traité sur l'Union européenne et la Constitution. A propos de la décision du Conseil constitutionnel no 92-308 DC du 9 avril 1992, in: R. F. D. A. 1992, Heft 3, S. 373-408 (395); *Rideau*, France (FN. 685), S. 98; *Grewe / Weber*, Le traité sur l'Union (FN. 691), S. 18; *Hecker*, Europäische Integration (FN. 322), S. 222.

694 C. C. Nr. 92-308 DC vom 9. April 1992, Rec. S. 55.

kann. Das Verfassungsänderungsgesetz stimmt dementsprechend der Übertragung der zur Schaffung der europäischen Wirtschafts- und Währungsunion erforderlichen Kompetenzen zugunsten der Europäischen Gemeinschaft zu, vorbehaltlich der Gegenseitigkeit und gemäß den Bestimmungen des am 7. Februar 1992 unterzeichneten Vertrags über die Europäische Union (Art. 88-2).

Der in der Maastricht-Entscheidung des Verfassungsrates definierte Verfassungsvorbehalt hat nicht zum Ziel, jede verfassungswidrige Vorschrift für verwerfbar zu erklären, sondern zu verhindern, dass der Staat einer seiner wesentlichsten Befugnisse entkleidet wird[695]. Übrigens hätte die Unvereinbarkeit des Unionsvertrags mit der Verfassung auch aus Art. 34 der Verfassung von 1958 hergeleitet werden können, wonach die Regelung der Geldemission durch Gesetz, welches vom Parlament beschlossen wird, erfolgt. Fraglich ist aber, ob dadurch auch das Prinzip der Geldemission als solcher gemeint ist. Auf jeden Fall wäre es eine Einladung an den pouvoir constituant gewesen, diesen Artikel zu ändern, was eine politische Diskussion über die Schwächung des Parlaments hätte entfachen können[696]. Nach der Verfassungsänderung vom 25. Juni 1992 bzw. der Einfügung des Art. 88-2 in die Verfassung von 1958 hat sich der Verfassungsrat in seiner Entscheidung Nr. 92-312 DC vom 2. September 1992 hinter der souveränen Gewalt des Verfassungsgebers „verschanzt“ und die Vereinbarkeit des Vertrags mit der Verfassung festgestellt.

2. Währungsunion und europäische Staatlichkeit

Die Währungsunion stellt einen neuen Schritt auf dem Weg zur politischen Integration dar[697]. Die Verbindung zwischen den Debatten über die Institutionen Europas und über die Währungsunion folgt grundsätzlich aus der Notwendigkeit, der Union eine politische und demokratische Basis zu geben[698]. Durch die Übertragung der Währungssouveränität auf die Europäische Union wird die Notwendigkeit einer demokratischen Legitimierung akuter[699]. Allgemein kann festgestellt werden, dass die nationale Währungspolitik, die den Unionsbürger unmittelbar betrifft, durch Institutionen gelenkt wird, die über keine – unmittelbare – demokratische Legitimation verfügen, so dass von einem „vide de légitimation“[700] in dieser Hinsicht gesprochen werden kann.

---

695 *Grewe / Ruiz Fabri*, Le Conseil constitutionnel et l'intégration (FN. 665), S. 286.

696 *Rousseau*, Droit du contentieux constitutionnel (FN. 662), S. 283: „Et c'est ainsi qu'en choisissant entre deux fondements le moins contraignant, le Conseil rend une décision à la fois juridiquement correcte et politiquement habile. En d'autres termes, une décision „sage“.

697 Vgl. *Cohen*, La tentation (FN. 59), S. 336.

698 *Cohen-Tanugi*, Le choix de l'Europe (FN. 285), S. 98.

699 Dazu *Pliakos*, La nature juridique de l'Union européenne (FN. 36), S. 205.

700 Ebenda, S. 219.

Ferner verstärkt der Übergang zur Währungsunion den supranationalen[701] Charakter der europäischen Konstruktion. Im französischen Schrifttum wird häufig die Meinung vertreten, die Überlagerung der Währungspolitik auf europäischer Ebene bestätige die föderale Natur der europäischen Konstruktion, die bisher von einer konföderalen bzw. intergouvernementalen Logik bestimmt war[702]. Durch ihre logischen politischen Folgen müsste dieser Ansicht nach die Wirtschafts- und Währungsunion de facto einen Kern föderaler Natur zwischen den Staaten hervorrufen[703]. Fraglich ist aber, ob diese Sichtweise nicht einfach die Frage nach der demokratischen Souveränität mit der Frage nach der geographischen Reichweite der Machtausübung verwechselt[704].

3. Europäische Zentralbank und Souveränität des Staates

Das Europäische System der Zentralbanken (ESZB) besteht aus der Europäischen Zentralbank und den nationalen Zentralbanken. Gemäß Art. 105 EGV besteht das vorrangige Ziel des Europäischen Systems der Zentralbanken darin, die Preisstabilität zu gewährleisten[705]. Gemäß Art. 108 EGV bestimmt die Europäische Zentralbank in voller Unabhängigkeit[706] gegenüber europäischen Organen und Einrichtungen sowie gegenüber den Regierungen der Mitgliedstaaten die Orientierungen der Währungspolitik und ihre Verwaltung. Die nationalen Zentralbanken ihrerseits führen die dezentralisierte Durchführung der auf europäischer Ebene bestimmten Währungspolitik aus und dies im Hinblick auf das Subsidiaritätsprinzip.

Das Problem einer Legitimierung im Währungsbereich beruht nicht allein auf dem von nun an europäischen Charakter der Währungshoheit. Die Unabhängigkeit der europäischen Zentralbank sowie ihre ausdrückliche Aufgabe, die Vorausset-

---

701 *Delisle*, Souveraineté nationale et régulation (FN. 668), S. 48.

702 Vgl. *Pliakos*, La nature juridique de l'Union européenne (FN. 36), S. 202 f., wobei dem Autor zufolge die föderalen Züge der Übertragung von Kompetenzen im Bereich der Währung durch das Verbleiben der Wirtschafts- und der Außen- und Sicherheitspolitik bei den Mitgliedstaaten gedämpft werden.

703 *Cohen-Tanugi*, Le choix de l'Europe (FN. 285), S. 85. Dadurch stellt die Wirtschafts- und Währungsunion ein Gegengewicht gegen die Osterweiterung der EU und die damit befürchtete Auflockerung des föderalen Aufbaus Europas dar.

704 *Delisle*, Souveraineté nationale et régulation (FN. 668), S. 48.

705 Vgl. Art. 88 GG im Hinblick auf die Bundesbank.

706 Art. 108 EGV lautet: „Bei der Wahrnehmung der ihnen durch diesen Vertrag und die Satzung des ESZB übertragenen Befugnisse, Aufgaben und Pflichten darf weder die EZB noch eine nationale Zentralbank noch ein Mitglied ihrer Beschlußorgane Weisungen von Organen oder Einrichtungen der Gemeinschaft, Regierungen der Mitgliedstaaten oder anderen Stellen einholen oder entgegennehmen. Die Organe und Einrichtungen der Gemeinschaft sowie die Regierungen der Mitgliedstaaten verpflichten sich, diesen Grundsatz zu beachten (...)“.

zungen eines nicht inflatorischen Wachstums zu schaffen, gibt der auf mitgliedstaatlicher Ebene schon vorhandenen Problematik der demokratischen Legitimität der Macht eine europäische Dimension. Die Europäische Zentralbank besteht aus zwei Exekutivorganen, dem Direktorium und dem EZB-Rat. Die sechs Mitglieder des Direktoriums haben eine Amtzeit von acht Jahren und ihre Wiederernennung ist unzulässig[707] so dass sie von der politischen Macht unabhängig sind[708]. Das Direktorium vertritt nur sich selbst und trifft seine Entscheidungen mit einfacher Mehrheit. Es hat insofern eine supranationale Dimension[709]. Das zweite Organ ist der EZB-Rat, der die allgemeinen Ziele der Währungspolitik bestimmt. Er besteht aus den Mitgliedern des Direktoriums der EZB und den Präsidenten der nationalen Zentralbanken, so dass jeder Mitgliedstaat über eine eigene Vertretung verfügt. Insofern können die nationalen Zentralbanken über den EZB-Rat Einfluß auf die Geldpolitik der Gemeinschaft ausüben[710]. Das ESZB kann also nur unabhängig sein, wenn seine Gouverneure unabhängig sind. Das ESZB hat insofern sowohl föderale Züge (Direktorium) als auch zwischenstaatliche Züge (EZB-Rat), so dass die Souveränitätsübertragung nicht vollständig ist und dass von einem „partage du pouvoir monétaire“[711] (Aufteilung der Macht in Währungsfragen) gesprochen werden kann.

II. Innenpolitik und Zusammenarbeit im Bereich der Justiz

Nach *Bodins* Auffassung gehörte das Gnadenrecht[712] sowie das Recht, Todesurteile[713] zu sprechen, allein dem Souverän. Aber die Befugnis, Recht zu sprechen ordnete Bodin nicht unter die Hauptmerkmale der Souveränität, da der Fürst dieses Recht mit niederen Magistratsbehörden teilt[714]. Dieser Bereich der Souveränitätsausübung, der von der mittelalterlichen Gesellschaftsstruktur geprägt war, hat sich seitdem erweitert. Die Justiz und das Gewaltmonopol im Inneren, d. h. nicht nur die Ausübung der Strafgerichtsbarkeit, sondern auch die

---

707 Art. 112 Abs. 2 b) EGV.

708 Vgl. *Commelin*, L'Euro au cœur de l'Europe, in: De la Serre / Lequesne (Dir.), Quelle Union pour quelle Europe? L'après-traité d'Amsterdam, Bruxelles 1998, S. 15-41 (19).

709 Ebenda.

710 *Heun*, Die Europäische Zentralbank in der Europäischen Währungsunion, in: JZ (1998), Heft 18, S. 866-876 (868).

711 *Commelin*, L'Euro au cœur de l'Europe (FN. 708), S. 19.

712 *Bodin*, Sechs Bücher über den Staat (FN. 241), Buch I, Kap. X, S. 306: „die Befugnis, Verurteilten in Abweichung vom ergangenen Urteil oder der Strenge des Gesetzes Gnade zu gewähren“.

713 *Bodin*, Sechs Bücher über den Staat, (FN. 241), Buch I, Kap X, S. 308 f.

714 *Bodin*, Sechs Bücher über den Staat (FN. 241), Buch I, Kap X, S. 303.

Bestimmung der strafbaren Handlungen und der Strafen sowie ihrer Vollstreckung, gehören heute zur Souveränität des Staates[715].

1. Souveränität des Staates und Justiz und Gewaltmonopol im Inneren

Der Verfassungsrat hat zwar nur die Abschaffung der Todesstrafe im Hinblick auf die wesentlichen Bedingungen der nationalen Souveränitätsausübung geprüft. Denkbar ist aber, dass er gegenüber Souveränitätseinschränkungen bezüglich milderer Strafen eine ähnliche Strenge bewiesen hätte[716]. Zum umfassenden Gebiet der Justiz und des Gewaltmonopols gehört auch die Befugnis, im Rahmen eines Ermittlungsverfahrens in Strafsachen bestimmte Strafverfolgungsmaßnahmen anzuordnen bzw. zu vollstrecken. Dies wurde vom Verfassungsrat in seiner Entscheidung über das deutsch-französische Abkommen über Rechtshilfe in Strafsachen bestätigt, da der Verfassungsrat erklärte, das Abkommen verstoße nicht gegen das Prinzip der nationalen Souveränität, da der Antrag eines Richters des ersuchenden Staates auf Untersuchung, Beschlagnahme oder Aushändigung eines Gegenstands im Hoheitsgebiet des ersuchten Staates dieselbe Rechtskraft hat wie eine Gerichtsentscheigung, die in diesem Staat zum selben Zweck gefällt wurde[717].

Noch deutlicher erklärt der Verfassungsrat in derselben Entscheidung, dass allein die französischen Justizbehörden, wie sie im französischen Gesetz bestimmt wurden, zuständig sind, die gesetzlichen Maßnahmen durchzuführen, die von fremden Behörden auf Grund der justiziellen Zusammenarbeit in Strafsachen beantragt werden. Hierbei bezieht er sich auf eine aus dem Prinzip der nationalen Souveränität hergeleitete Regel[718]. Ferner wird der enge Zusammenhang zwischen der Souveränität des Staates und der Durchführung von Polizeimaßnahmen durch die genaue Prüfung hervorgehoben, die der Verfassungsrat über die Vertragsvorschriften zum Beobachtungs- bzw. grenzüberschreitenden Strafverfolgungsverfahren vornimmt, die von ausländischen Polizeibehörden auf französischen Hoheitsgebiet durchgeführt werden[719].

Der Vertrag von Amsterdam hat gewisse Bestimmungen des Titels VI des Vertrags von Maastricht geändert, die die polizeiliche bzw. gerichtliche Zusammenarbeit bei Strafsachen betreffen. Diese Vorschriften verbleiben zwar im Bereich der zwischenstaatlichen Zusammenarbeit, betreffen aber dennoch die

---

715 *Roux*, Le principe de la souveraineté (FN. 651), Bd. 1, S. 203 f; *Dubouis*, Le juge français et le conflit (FN. 418), S. 217.

716 *Roux*, Le principe de la souveraineté (FN. 651), Bd. 1, S. 203.

717 C. C. Nr. 80-116 DC vom 17. Juli 1980, Rec. S. 36, Erwägung Nr. 2.

718 C. C. Nr. 80-116 DC, Rec. S. 36, Erwägung Nr. 4.

719 C. C. Nr. 91-294 DC vom 25. Juli 1991, Rec. S. 91, Erwägungen Nr. 33 bis 39.

„pouvoirs régaliens“ des Staates. Das Einstimmigkeitsverfahren und das Vorhandensein des Art. 33 EUV, wonach Titel VI EUV die Wahrnehmung der Zuständigkeiten der Mitgliedstaaten für die Aufrechterhaltung der öffentlichen Ordnung und den Schutz der inneren Sicherheit nicht berührt, hat dazu geführt, dass der Verfassungsrat in seiner Entscheidung Nr. 97-394 DC zum Vertrag von Amsterdam keine Verfassungswidrigkeit dieser Vorschriften festgestellt hat.

Die Verfassungsänderung vom 25. Januar 1999[720] hat Art. 88-2 der Verfassung modifiziert, indem diesem Artikel ein Absatz 2 beigefügt wurde und die Säule Justiz und innere Angelegenheiten damit teilweise konstitutionalisiert wurde. Die Erwähnung der „domaines qui lui sont liés“ mag zwar durch ihre mangelnde Präzision für eine größere Offenheit gegenüber der europäischen Integration sprechen[721], aber die Tatsache, dass Art. 42 EUV (früher Art. K 14 EUV) im Hinblick auf Maßnahmen in Bezug auf die polizeiliche und justitielle Zusammenarbeit in Strafsachen vorsieht, dass diese Entscheidung im Rat einstimmig erfolgen soll und durch die Mitgliedstaaten nach ihren Verfassungsvorschriften ratifiziert werden muss, könnte wohl zu einer erneuten Verfassungsmäßigkeitskontrolle führen und notfalls zu einer neuen Verfassungsänderung.

2. Souveränität des Staates und Asylpolitik und Grenzkontrolle

Die Aufrechterhaltung der öffentlichen Ordnung gehört ferner zu den Kompetenzbereichen, die eng mit der Ausübung der Souveränität verknüpft sind[722]. Daraus folgt, dass die Kompetenzübertragungen im Bereich der Kontrolle des Personenverkehres Gegenstand einer sorgfältigen Verfassungsmäßigkeitsprüfung wurden und dies sowohl bezüglich der Ausübung der Grenzkontrolle[723] als auch der Bestimmung der Visapolitik[724]. Die Rechtsprechung des Verfassungsrats hat sich diesbezüglich in zwei Schritten entwickelt.

---

[720] Art. 1 des Verfassungsgesetzes Nr. 99-49 vom 25. Januar 1999.

[721] Vgl. *Chaltiel*, La Constitution française (FN. 315), S. 232.

[722] *Dubouis*, Le juge français et le conflit (FN. 418), S. 217; auch *Jacqué*, Commentaire (FN. 685), S. 258.

[723] C. C. Nr. 91-294 DC vom 25. Juli 1991, Rec. S. 91, Erwägungen Nr. 10 bis 20.

[724] C. C. Nr. 91-294 DC vom 25. Juli 1991, Rec. S. 91, Erwägungen Nr. 21 und 24 bis 36; C. C. Nr. 92-308 DC vom 9. April 1992, Rec. S. 55, Erwägungen Nr. 46 bis 50; C. C. Nr. 97-394 DC vom 31. Dezember 1997, Rec. S. 344, Erwägungen Nr. 27 bis 30.

a. Visapolitik und Grenzkontrolle in der Maastricht-Entscheidung des Conseil constitutionnel

In einer Entscheidung vom 25. Februar 1992[725] hat der Verfassungsrat erklärt, dass die Bestimmung der Aufnahmebedingungen von Ausländern auf dem Gebiet der französischen Republik dem Staat zukommt[726]. Dieser Aspekt der Staatssouveränität wurde zum Argument für die Verfassungswidrigkeitserklärung der Maastricht I-Entscheidung durch den Verfassungsrat[727]. Ferner wurde die Frage, ob die Visapolitik als solche zu den wesentlichen Bedingungen der nationalen Souveränitätsausübung gehört, vom Verfassungsrat in seiner Entscheidung vom 9. April 1992 nicht ausdrücklich geklärt, da das Gericht das Problem allein unter dem Gesichtspunkt des Abstimmungsverfahrens im Rat betrachtet hat. Auch die Aufgabe des Einstimmigkeitserfordernisses ab dem 1. Januar 1996, wie sie Art. 100c Abs. 3 EGV[728] (durch Art. G des Unionsvertrags eingefügt) vorsieht, wurde vom Verfassungsrat für verfassungswidrig erklärt[729].

Die Tatsache, dass im Europäischen Rat für die Bestimmung der Drittländer, deren Staatsangehörige beim Überschreiten der Außengrenzen von Mitgliedstaaten im Besitz eines Visums sein müssen, ab dem 1. Januar 1996 nur die qualifizierte Mehrheit benötigt wird, sowie die Tatsache, dass der Rat vor diesem Zeitpunkt auf Vorschlag der Kommission und nach Anhörung des Europäischen Parlaments die Maßnahmen zur einheitlichen Visagestaltung erlässt, könnte die Ausübung wesentlicher Bestandteile der nationalen Souveränität beeinträchtigen.

Mit der Anwendung der Bedingungsform wird eine mögliche Beeinträchtigung in Betracht gezogen. Schließlich sind die Klauseln des Art. 100c Abs. 4 EGV[730] und des Art. 100c Abs. 5 EGV[731] als ungenügend betrachtet worden, um die Verfassungswidrigkeit des Art. 100c Abs. 3 EGV zu vermeiden. Die in Art. 100c Abs. 2 EGV vorgesehene qualifizierte Mehrheit im Rat, mit der im Falle einer Notlage, in der ein plötzlicher Zustrom von Staatsangehörigen des betroffenen Drittlandes

---

725 C. C. Nr. 92-307 DC vom 25. Februar 1992, Rec. S. 48.

726 dazu *Rousseau*, Chronique de jurisprudence constitutionnelle 1991-1992, in: R. D. P. 109 (1993), S. 5-55 (45).

727 C. C. Nr. 92-308 DC, Rec. S. 55, Erwägungen Nr. 49 und 50.

728 Art. 100 c wurde durch den Vertrag von Amsterdam aufgehoben.

729 C. C. Nr. 92-308 DC vom 9. April 1992, Rec. S. 55, Erwägung Nr. 49; dazu *Walter*, Die drei Entscheidungen (FN. 575), S. 192: „Die Aufgabe des Einstimmigkeitsprinzips ab dem 1. Januar 1996, wie sie Art. 100c Abs. 3 vorsieht, könnte trotz der Klauseln der Absätze 4 und 5 dazu führen, daß die Ausübung wesentlicher Bestandteile der nationalen Souveränität beeinträchtigt wird".

730 Art. 100c, Abs. 4 EGV lautete: „Die Kommission muß jeden von einem Mitgliedstaat gestellten Antrag prüfen, indem sie ersucht wird, dem Rat einen Vorschlag zu unterbreiten".

731 Art. 100c, Abs. 5 EGV lautete: „Die Zuständigkeit der Mitgliedstaaten für die Aufrechterhaltung der öffentlichen Ordnung und den Schutz der inneren Sicherheit bleibt unberührt".

in die Gemeinschaft droht, auf Vorschlag der Kommission ein Visumzwang eingeführt werden kann, verstößt nicht gegen die wesentlichen Bedingungen der nationalen Souveränitätsausübung: Es ist eine – sogar zeitlich begrenzte – Ausnahme. Die Verfassungswidrigkeit des Artikels 100c Abs. 3 EGV ist nach Verfassungsänderung im Wege der Einführung des neuen Artikels 88-2 der Verfassung von 1958, beseitigt worden. Dennoch ist jede Kompetenz im Bereich der Visapolitik nicht ipso facto eine souveräne Kompetenz. Die Übertragung der formellen Befugnis, zugunsten des Ministerrats mit qualifizierter Mehrheit auf Vorschlag der Kommission und nach Anhörung des Europäischen Parlaments die Maßnahmen zur einheitlichen Visagestaltung zu bestimmen[732], wurde insofern implizit vom Verfassungsrat als mit der Souveränität Frankreichs vereinbar erklärt[733].

b. Visapolitik und Grenzkontrolle in der Amsterdam-Entscheidung des Conseil constitutionnel

In seiner Entscheidung zum Vertrag von Amsterdam[734] präzisiert der Verfassungsrat anhand der Vorschriften über die Asylpolitik, die Einwanderungspolitik und die Überschreitung der Binnen- und Außengrenzen einerseits sowie bezüglich der Mehrheitsentscheidungen im Rat andererseits seine Stellungnahme hinsichtlich der Ausübungsmodalitäten der Kompetenzen, die die Souveränität beeinträchtigen könnten. Nach dem Verfassungsrat sind die durch den Vertrag von Amsterdam eingefügten Art. 73 J § 1 und 3 EGV und Art. 73 K EGV in Zusammenschau mit Art. 73 O EGV und die darin festgelegten Kompetenzübertragungen zugunsten der Gemeinschaft in den Bereichen Asyl, Einwanderung und Überschreitung der Binnengrenzen verfassungswidrig. Gemäß Art. 73 J § 1 EGV (heute Art. 62 Abs. 1 EGV) beschließt der Rat Maßnahmen, die sicherstellen, dass Personen, seien es Bürger der Union oder Staatsangehörige dritter Länder, beim Überschreiten der Binnengrenzen nicht kontrolliert werden; Art. 73 J § 3 EGV (heute Art. 62 Abs. 3 EGV) sieht seinerseits vor, dass der Rat Maßnahmen zur Festlegung der Bedingungen beschließt, unter denen Staatsangehörige dritter Länder im Hoheitsgebiet der Mitgliedstaaten während eines Aufenthalts von höchstens drei Monaten Reisefreiheit genießen.

Gemäß Art. 73 K EGV (heute Art. 63 EGV) beschließt der Rat Maßnahmen bezüglich des Asyls, der Flüchtlinge und der vertriebenen Personen sowie der Einwanderungspolitik, in Bezug auf die Einreise- und Aufenthaltsvoraussetzungen, der Normen für die Verfahren zur Erteilung von Visa und

---

[732] Art. 100c § 3 EGV -Maastrichter-Fassung.
[733] C. C. Nr. 92-308 DC vom 9. April 1992, Rec. S. 55.
[734] C.C. Nr. 97-394 DC vom 31. Dezember 1997, Rec. S. 344.

Aufenthaltstiteln, der illegalen Einwanderung und der Rechte der Staatsangehörigen dritter Länder, die sich rechtmäßig in einem Mitgliedstaat aufhalten. Innerhalb eines Zeitraums von fünf Jahren nach Inkrafttreten des Vertrags von Amsterdam erfolgt der Beschluss des Rates auf der Grundlage von Vorschlägen der Kommission, so dass die Mitgliedstaaten ihr Initiativrecht verlieren. Einstimmig kann der Rat außerdem beschließen, dass alle Maßnahmen, die diese Bereiche betreffen, nach dem qualifizierten Mehrheitsentscheidungsverfahren vom Rat beschlossen werden können.

Nach dem Verfassungsrat vermeiden weder das Subsidiaritätsprinzip noch die Möglichkeit für einen Staat, in den betroffenen Bereichen innerstaatliche Bestimmungen beizubehalten oder einzuführen, die mit dem Vertrag und mit internationalen Übereinkünften vereinbar sind, die Möglichkeit einer Beeinträchtigung der Souveränität durch diese Vorschriften[735].

Darauf wendet der Verfassungsrat also die Kriterien des Umfangs und der Modalitäten der Souveränitätsbeeinträchtigung an, um diese Vorschriften für verfassungswidrig zu erklären. Bezüglich der Maßnahmen über die Überschreitung der Außengrenzen der Mitgliedstaaten wendet der Verfassungsrat dieselben Kriterien an. Für verfassungswidrig[736] erklärt wurden die gemäß Art. 73 O § 4 EGV (heute Art. 67 Abs. 2 EGV) festgelegten Vertragsbestimmungen, die innerhalb eines Übergangszeitraums von fünf Jahren nach Inkrafttreten des Vertrags den automatischen Übergang zum qualifizierten Mehrheitsentscheidungsverfahren bzw. zum Mitentscheidungsverfahren ermöglichen. Dies ist der Fall bezüglich des Verfahrens und der Bedingungen der Visaerteilung für kurzfristige Aufenthalte in den Mitgliedstaaten und bezüglich der Vorschriften zu einer einheitlichen Visumgestaltung. Das Gleiche gilt für Art. 73 O § 2 i. V. m. Art. 73 J § 2a, der den Übergang zum qualifizierten Mehrheitsentscheidungsverfahren bzw. zum Mitentscheidungsverfahren im Hinblick auf die Festlegung der Normen und Modalitäten, in den Mitgliedstaaten im Rahmen einer Personenkontrolle beim Überschreiten der Außengrenzen beachten müssen, vorsieht[737].

III. Gemeinsame Außen- und Sicherheitspolitik

Die Frage der Vereinbarkeit der nationalen Souveränität – in ihrem Aspekt der Souveränität des Staates – mit der Europäischen Integration stellt sich im Hinblick

---

735 C. C: Nr. 97-394 DC vom 31. Dezember 1997, Rec. S. 344, Erwägungen Nr. 22 bis 25.

736 C. C. Nr. 97-394 DC vom 31. Dezember 1997, Rec. S. 344, Erwägung Nr. 28.

737 C. C. Nr. 97-394 DC vom 31. Dezember 1997, Rec. S. 344, Erwägung Nr. 30.

auf eine zukünftige europäische gemeinsame Verteidigung besonders deutlich[738]. Schon bei *Bodin* war die Befugnis „Krieg zu erklären oder Frieden zu schließen" eines der „wichtigsten Hoheitsrechte"[739] und das zweite Merkmal der Souveränität. Sehr lange wurden die Diplomatie und die Verteidigung als die Staatsattribute schlechthin, ja als der höchste Ausdruck der Nation angesehen. Dieser Auffassung nach würde ein Staat seine Staatlichkeit verlieren, wenn er nicht mehr über seine Verteidigung und seine Diplomatie verfügen könnte[740]. Diese Auffassung, wonach die Verteidigung Ausdruck der Nation ist, wird aber heute in Frage gestellt[741].

1. Souveränität des Staates und europäische Verteidigung

Die Europäische Verteidigungsgemeinschaft von 1954 wurde als Infragestellung der Existenz des französischen Militärs und der französischen Unabhängigkeit betrachtet[742]. Die Europäische Verteidigung gilt zugleich als Voraussetzung und Symbol des politischen Europas[743]. Die Geschichte der europäischen Verteidigung[744] vermischt sich mit der Geschichte eines politischen Europas[745]. Im Namen der „souveraineté de l'Etat" wurde 1954 die von der französischen Regierung befürwortete Europäische Verteidigungsgemeinschaft von der Nationalversammlung abgelehnt[746].

Der sog. „Pleven-Plan" wurde am 20. Oktober 1950 in die Nationalversammlung eingebracht und sah eine europäische Armee im Rahmen einer europäischen

---

738 Dazu *Gnesotto*, Défense européenne et partenariat atlantique, in: De la Serre / Lequesne, Quelle Union pour quelle Europe? (FN. 708), S. 67-95 (67, 69). Vgl. Die Stellungnahme der deutschen Regierung im Fall Kreil, EuGH vom 11. Januar 2000, Rs. C-285/98 – Tanja Kreil gegen Bundesrepublik Deutschland, Slg. 2000-1, Teil I, S. 69 ff., S. 102 Rn. 12, nach der „das Gemeinschaftsrecht [gelte] grundsätzlich nicht für Fragen der Verteidigung, die zur gemeinsamen Außen- und Sicherheitspolitik gehörten und in der Souveränität der Mitgliedstaaten verblieben seien".

739 *Bodin*, Sechs Bücher über den Staat (FN. 241), Buch I, Kap X, S. 295.

740 Vgl. *Debré*, L'idée européenne et sa déformation (FN. 36), S. 47.

741 Vgl. *Gnesotto*, La puissance et l'Europe, Paris 1998, S. 86, wo die Autorin eine „érosion de facto" der politischen Souveränität der Staaten feststellt.

742 Vgl. *Gnesotto*, La puissance et l'Europe (FN. 741), S. 16.

743 Ebenda, S. 29.

744 Siehe im Hinblick auf die Souveränität, ebenda, S. 69 ff.

745 Vgl. *Gnesotto*, Défense européenne et partenariat atlantique (FN. 738), S. 69.

746 Dazu *Fauvet*, Naissance et mort d'un Traité, in: Aron / Lerner (Dir.), La querelle de la C. E. D., Essai d'analyse sociologique, Paris 1956, S. 23-58. *Favoreu*, Quelques perspectives de l'intégration européenne après la décision du Conseil constitutionnel des 29-30 décembre 1976, in: Revue de droit prospectif 1977, Nr. 3-4, S. 79 ff. (81). Der Autor ist der Meinung, dass jede Kompetenzübertragung im Bereich der nationalen Verteidigung zugunsten der Gemeinschaft eine Verfassungsänderung fordert.

Verteidigungsgemeinschaft vor. Diese Initiative Frankreichs zugunsten Europas mit einem Projekt, das eine wesentliche Funktion seiner Souveränität berührt, ist seitens Frankreichs nur angesichts des internationalen Kontextes zu verstehen[747]. 1950 begann der Korea-Krieg und die Vereinigten Staaten befürworteten die Wiederbewaffnung Deutschlands. Der Pleven-Plan konnte also als ein Kompromiss[748] zwischen dem französischen Parlament, das gegen eine Wiederbewaffnung Deutschlands war, und dem amerikanischen Druck zugunsten der Wiederbewaffnung erscheinen[749].

Als Reaktion gegen die Bedrohung einer deutschen Wiederbewaffnung sollte die Entstehung einer europäischen Armee als ein „moindre mal" erscheinen[750]. Wenn angesichts der Souveränität des Staates die Zusammenlegung der Kohle- und Stahlindustrie als akzeptabel angesehen werden konnte[751], verstieß die Schaffung einer europäischen gemeinsamen Verteidigung allzu sehr gegen das französische Souveränitätsverständnis[752], wobei die Debatten nicht nur auf eine gewisse Abstufung in den zulässigen Souveränitätsbeeinträchtigungen hinwiesen, sondern auch auf eine schlichte Verwechselung zwischen Souveränität des Staates und nationaler Souveränität. Ohne Debatte[753] haben die französischen Abgeordneten am 30. August 1954 das inzwischen durch die Regierung unterzeichnete Projekt abgelehnt. Der Tindemans-Bericht über die Europäische Union erklärte, dass die Union unvollendet bleiben würde, solange sie über keine europäische Verteidigung verfüge.

---

747 *Olivi*, L'Europe difficile. Histoire politique de la Communauté européenne, Paris 1998, S. 7 ff.

748 *Aron*, Esquisse historique d'une grande querelle idéologique, in: Aron / Lerner (Dir.), La querelle de la C. E. D., Essais d'analyse sociologique, Cahiers de la F. N. S. P., Nr. 80, Paris 1956, S. 2.

749 *Aron*, Esquisse historique (FN. 748), S. 3.

750 *Chaltiel*, La souveraineté de l'Etat (FN. 3), S. 126.

751 Jedoch wurde der Vertrag von Paris in Frankreich nicht ohne Schwierigkeiten ratifiziert, dazu *Zorgbibe*, Histoire de la construction (FN. 202), S. 27.

752 Die parlamentarischen Debatten lassen die Souveränität des Staates als grundsätzliches Leitmotiv erscheinen. Erwähnt wurden die „Souveränitätseinschränkungen" („limitations de souveraineté"), J. O. R. F., Débats de l'Assemblée de l'Union française, 1ère séance, S. 962, die „Souveränitätsverzichte" („abandons de souveraineté"), J. O. R. F., Débats de l'Assemblée de l'Union française, 1ère séance, S. 969, 970, der „Verlust von Hoheitsrechten" („perte de droit de souveraineté"), J. O. R. F. Débats de l'Assemblée de l'Union française, 1ère séance, S. 925, die die Schaffung einer europäischen Armee zur Folge hätte. Die Armee erscheint als einer der „apanages des Etats", J. O. R. F., Débats de l'Assemblée de l'Union française, 2ème séance, 28. August 1954, S. 952. General *de Gaulle* erwähnte seinerseits am 5. Juni 1952 in einer Pressekonferenz den „mélange apatride", der aus der Gemeinsamen Verteidigungsgemeinschaft entstehen würde, zit. in: *Aron*, Esquisse historique (FN. 748), S. 29.

753 Die Verabschiedung der Vorfrage (question préalable) durch die Abgeordneten hatte eine schlichte Ablehnung ohne Debatte zur Folge. Die Vorfrage war zwar nicht in der Verfassung selbst, aber in den Geschäftsordnungen der Nationalversammlung (Art. 91 Abs. 4) und des Senats (Art. 44) geregelt, *Avril / Gicquel*, Droit parlementaire, 2. Aufl., Paris 1996, S. 153.

Der Vertrag von Maastricht[754] hat der europäischen Verteidigung die erste juristische Grundlage gegeben[755], jedoch im Zeichen der zwischenstaatlichen Zusammenarbeit[756]. Mit diesem Vertrag wurde eine Gemeinsame Außen- und Sicherheitspolitik (GASP) konzipiert[757] mit dem Ziel, eine politische Union parallel zur Wirtschafts- und Währungsunion aufzubauen. Mit der Öffnung der Regierungskonferenz der Europäischen Union am 29. März 1996 in Turin und mit dem Gipfeltreffen des atlantischen Verteidigungsbündnisses vom 3. und 4. Juni 1996 in Berlin begann die Perspektive einer europäischen Verteidigung, sich zu verwirklichen. Es schien, als wäre eine Vereinigung der nationalen Souveränitäten mit der europäischen Integration auf diesem empfindlichen Gebiet möglich[758].

Das Europäische Gipfeltreffen der Staats- und Regierungschefs von Amsterdam vom 17.-18. Juni 1997 war aber durch das Zurücktreten der Gemeinsamen Außen- und Sicherheitspolitik sowie durch das Scheitern der politischen Ambitionen der Europäischen Union geprägt. Das NATO-Gipfeltreffen in Madrid am 8.-9. Juli 1997 stimmt der Erweiterung der NATO zu, verweist aber im Hinblick auf eine europäische Verteidigungsidentität im Rahmen des atlantischen Verteidigungsbündnisses auf bessere Tage. Besonders zwischen Großbritanien, Frankreich und Deutschland wurde keine Einigkeit erzielt zwischen einer Auffassung Europas als Raum („Europe-espace") bzw. als Markt ohne politische Befugnisse und der Auffassung Europas als „Puissance"[759], dem im nachhinein alle Souveränitätsattribute insbesondere im Bereich der Diplomatie und des Militärs zuerkannt werden[760].

Das politische Europa bestimmt die nationale Souveränität der Staaten neu. Zwar werden die Staaten dadurch nicht beseitigt. Dies setzt aber eine gewisse Aufteilung der diplomatischen, später auch militärischen Souveränitäten voraus, eine Vorstellung, die für leidenschaftliche Debatten sorgt. Fraglich ist, wie die nationalen Souveränitäten mit der Bildung einer geteilten politischen Gewalt zu vereinbaren sind[761]. Der Amsterdamer Vertrag vom 31. Dezember 1997 hat zwar

---

754 Art. J. bis J. 18 EUV- Maastrichter-Fassung, heute Art. 11 bis 28 EUV.

755 Art. J. 7 EUV- Maastrichter-Fassung, heute Art. 17 EUV.

756 Siehe in diesem Sinne *Pliakos*, La nature juridique de l'Union européenne (FN. 36), S. 195 ff., 199 f. Dem Autor zufolge ist die Außen- und Sicherheitspolitik der Europäischen Union von einer „gemeinsamen Politik" im Sinne eines Bundesstaats weit entfernt.

757 Dazu *Oppermann*, Europarecht (FN. 73), S. 725 f.; S. 904 f.

758 Vgl. *Gnesotto*, Défense européenne (FN. 738), S. 65.

759 Dazu *Gnesotto*, La puissance et l'Europe (FN. 741), S. 12 ff., 22 ff.

760 Vgl. *Gnesotto*, Défense européenne (FN. 738), S. 69; *dies.*, La puissance et l'Europe (FN. 741), S. 11: „L'Amérique ou l'Europe, la nation ou l'intégration, tels sont les deux dilemmes fondamentaux, et jamais résolus, qui opposent les différents partenaires de la Communauté puis de l'Union (...)".

761 *Gnesotto*, La puissance et l'Europe (FN. 741), S. 11: „Comment conjuguer le respect des souverainetés nationales et l'édification d'une puissance politique partagée?"

die Gemeinsame Außen- und Sicherheitspolitik weiter ausgebaut[762], ohne aber ihren grundsätzlichen intergouvernementalen Charakter zu beeinträchtigen[763]. Das Vetorecht sorgt für eine dauerhafte Paralysierung der europäischen Diplomatie[764]. Daran haben weder der Vertrag von Maastricht noch der Vertrag von Amsterdam etwas geändert.

Im Hinblick auf die Souveränitätseinschränkungen, die sich aus den Bestimmungen des Unionsvertrags über die Gemeinsame Außen- und Sicherheitspolitik[765] in den Bereichen der Diplomatie und der Verteidigung ergeben, hat der Verfassungsrat keine ausdrückliche Verfassungsmäßigkeitsprüfung vorgenommen[766]. Dies heißt aber nicht, dass der Verfassungsrat diese Bereiche nicht der Kategorie der wesentlichen Bedingungen der nationalen Souveränitätsausübung zuordnet[767], da er sich auch nicht über die Bestimmungen zur Kooperation in den Bereichen der Justiz und der inneren Angelegenheiten geäußert hat, obwohl ein großer Teil dieser Bereiche die Souveränität berühren[768].

2. Zurückhaltung des Conseil constitutionnel

Die Zurückhaltung des Verfassungsrates lässt sich dadurch erklären, dass der Umfang der Souveränitätseinschränkungen in diesen Bereichen nur geringe Bedeutung hat[769] und sogar bezüglich der Verteidigung nicht vorhanden ist[770]. Die Entscheidungen des Verfassungsrats vom 26. Januar 1995[771] und vom 9. April 1996[772] spiegeln die Tatsache wider, dass die äußeren Beziehungen bzw. die

---

762 Art. 11-28 EUV.

763 Zu den Beziehungen zwischen GASP und WEU einerseits und zwischen GASP und OSZE andererseits *Oppermann*, Europarecht (FN. 73), S. 904 f.

764 *Gnesotto*, La puissance et l'Europe (FN. 741), S. 35.

765 Dazu *Hamon*, La souveraineté nationale, la Constitution…et les négociations „européennes" en cours, D. 1991, Chr. II, S. 301-303 (302) ; *ders.*, in: La Constitution et l'Europe (FN. 293), S. 221.

766 C. C. Nr. 92-308 DC vom 9. April 1992, Rec. S. 55; dazu *Roux*, Le principe de la souveraineté de l'Etat (FN. 651), S. 205.

767 In diesem Sinne *Rideau*, La recherche de l'adéquation (FN. 665), S. 31.

768 Dazu *Roux*, Le principe de la souveraineté de l'Etat (FN. 651), Bd. 1, S. 203-205.

769 *Roux*, Le principe de souveraineté de l'Etat (FN. 651), Bd. 1, S. 206, 218.

770 Vgl. Art. J 4 Abs. 1 EUV, der auf eine „auf längere Sicht [festgelegte] gemeinsame Verteidigungspolitik (...), die zu gegebener Zeit zu einer gemeinsamen Verteidigung führen könnte", verweist.

771 C. C. Nr. 94-358 DC vom 26. Januar 1995, Rec. S. 183.

772 C. C. Nr. 96-373 DC vom 9. April 1996, Rec. S. 43.

Verteidigung zu den Bereichen gehören, die die Staatssouveränität am meisten berühren[773].

In der Entscheidung vom 26. Januar 1995 hat der Verfassungsrat erklärt, dass die gesetzliche Möglichkeit für die französischen Gebietskörperschaften und ihre Gruppierungen, mit ausländischen Gebietskörperschaften Abkommen zu schließen, gegen die wesentlichen Bedingungen der nationalen Souveränitätsausübung nicht verstößt. Dadurch antwortete der Verfassungsrat stillschweigend auf die gegenseitige Äußerung der Regierung[774], nach der das umstrittene Gesetz den Gebietskörperschaften keine internationale Rechtspersönlichkeit zuspricht, die ihnen erlaubt, eine Souveränität im Sinne des internationalen Rechts auszuüben.

In der zweiten Entscheidung hat der Verfassungsrat erklärt, dass der Gesetzgeber gegen die wesentlichen Bedingungen der nationalen Souveränitätsausübung nicht verstoßen hat, indem er dem Präsidenten Französisch Polynesiens erlaubt, Abkommen mit fremden Staaten bzw. mit Organisationen, die von Spezialorganisationen der Vereinten Nationen abhängen, zu verhandeln und zu ratifizieren, die in Kompetenzbereiche des Staates oder des Territoriums eingreifen, „dès lors que pour ce faire le président du gouvernement doit avoir expressément reçu des autorités de la République, les pouvoirs appropriés et que ces accords demeurent soumis aux procédures prévues par les articles 52 et 53 de la Constitution“[775]. In beiden Entscheidungen hat der Verfassungsrat aber die Notwendigkeit des Monopols des Staates bei der Führung der äußeren Beziehungen betont[776].

B. Demokratische Souveränität und Einführung der Unionsbürgerschaft

Die demokratische Seite der nationalen Souveränität betrifft die Innehabung der Urquelle der Macht durch das Volk und wird im Repräsentationssystem durch Wahlen ausgedrückt. Das Bekenntnis zur Nation beruht in Frankreich auf der Staatsangehörigkeit, aus der die Staatsbürgerschaft erfolgt. Die Einführung der Unionsbürgerschaft durch den Vertrag von Maastricht hat die französische

---

773 Die Verbindung zwischen Staatssouveränität und nationaler Verteidigung wurde in der Entscheidung C. C. Nr. 96-373 DC vom 9. April 1996, Rec. S. 43, Erwägung Nr. 30 hervorgehoben, dazu *Roux*, Le principe de la souveraineté de l'Etat (FN. 651), Bd. 1, S. 206, Fn. 320.

774 J. O. R. F. vom 1. Februar 1995, S. 1721.

775 Der Verfassungsrat hat sich auf dieselben Gründe gestützt, um die Verfassungsmäßigkeit von Verwaltungsvereinbarungen zu erklären, welche vom Präsidenten der polynesischen Regierung in Achtung internationaler Abkommen mit den Verwaltungen der Staaten des Pazifik oder mit den regionalen Organisationen des Pazifik zu verhandeln bzw. zu schließen wären, C. C. Nr. 96-373 DC vom 9. April 1996, Rec. S. 43, Erwägung Nr. 13.

776 *Roux*, Le principe de la souveraineté de l'Etat (FN. 651), Bd. 1, S. 207.

traditionelle Auffassung des Verhältnises zwischen Staatsangehörigkeit und Staatsbürgerschaft, welches auf Einheit beruht[777], in Frage gestellt.

I. Das Verhältnis zwischen Staatsangehörigkeit, Staatsbürgerschaft und Souveränität

Im Rahmen der Europäischen Union stellt die Staatsangehörigkeit eine „letzte Bastion der Souveränität"[778] dar, da die Staaten in diesem Bereich weiterhin eine Entscheidungsfreiheit genießen, die sie auf anderen Gebieten zunehmend eingebüßt haben. Die Staatsangehörigkeit bestimmt das Rechtsverhältnis der Zugehörigkeit („lien juridique d'appartenance"[779]) eines Individuums zum Staat. Das französische „Code de la nationalité" bezeichnet die Staatsangehörigkeit als den „lien juridique et politique qui rattache une personne, physique ou morale, à un Etat"[780].

In Frankreich erlangt man die Staatsangehörigkeit entweder durch das „droit du sang"[781] (Blutrecht) oder durch das „double droit du sol"[782] (doppeltes Bodenrecht). Das doppeltes Bodenrecht wurde im Jahre 1997[783] Gegenstand einer Debatte. Die eine Ansicht war für eine voluntaristische und elektive Auffassung der Nation. Nach dieser Auffassung soll das in Frankreich geborene Kind, dessen Eltern Ausländer sind, freiwillig zwischen seinem 16. und seinem 21. Lebensjahr den Erwerb der französischen Staatsangehörigkeit beantragen können[784]. Die andere Ansicht, die vom Gesetzgeber nicht übernommen wurde, befürwortete einen automatischen Staatsangehörigkeitserwerb, und zwar zeitlich so nah an der Geburt wie möglich.

---

777 *Beaud*, Föderalismus und Souveränität (FN. 237), S. 65: „Der Einheit der Souveränität entspricht die Einheit der Staatsbürgerschaft".

778 *Brubaker*, Staats-Bürger, Deutschland und Frankreich im historischen Vergleich, Hamburg 1994, S. 233.

779 *Weil*, L'histoire de la nationalité française: une leçon pour l'Europe, in: Weil / Hansen (Dir.), Nationalité et citoyenneté en Europe, Paris 1999, S. 55-70 (55).

780 C. civ. Art. 17.

781 C. civ. Art. 18: „Est français, l'enfant dont l'un des deux parents au moins est français" (Franzose ist das Kind, wenn mindestens einer der beiden Eltern Franzose ist).

782 C. civ., Art. 19-3: „Est français, l'enfant né en France lorsque l'un des ses parents au moins y est lui-même né" (Franzose ist das Kind, das in Frankreich geboren ist, wenn mindesten einer der beiden Eltern in Frankreich geboren ist).

783 Gesetz vom 22. Juli 1997.

784 Siehe schon im Hinblick auf Art. 11 des Gesetzes Nr. 93-933 vom 22. Juli 1993 (J. O. R. F. vom 23. Juli 1993) die Entscheidung des Verfassungsrats C. C. Nr. 92-321 DC vom 20. Juli 1993, Rec. S. 196, Erwägung Nr. 5 bis 8.

Der Erwerb der Staatsangehörigkeit zieht den Erwerb der Staatsbürgerschaft nach sich[785] und infolgedessen das aktive und passive Wahlrecht. Die Staatsbürgerschaft ist also eng mit der Souveränität verknüpft[786] und hat vor allem die Teilnahme an der Ausübung der nationalen Souveränität in ihrem demokratischen Aspekt zur Folge.

In seiner Entscheidung Nr. 92-308 DC vom 9. April 1992 hat sich der Verfassungsrat über die Vereinbarkeit bzw. Nichtvereinbarkeit der Unionsbürgerschaft mit der nationalen Souveränität geäußert. Dies geschah einerseits im Hinblick auf das Wahlrecht zum Europäischen Parlament, andererseits im Hinblick auf das Gemeindewahlrecht von nichtfranzösischen EU-Angehörigen. Ferner hat sich der Verfassungsrat im Hinblick auf den Zugang fremder Staatsangehöriger zum öffentlichen Dienst in einer Entscheidung vom 23. Juli 1991 im Hinblick auf die nationale Souveränität geäußert.

II. Demokratische Souveränität und Wahlrecht zum europäischen Parlament

Seit 1976 gilt das System der Direktwahl der europäischen Abgeordneten. Die Einführung dieses Wahlverfahrens auf europäischer Ebene hat in Frankreich zu leidenschaftlichen Debatten hinsichtlich der Ausübung der nationalen Souveränität geführt. Das Europäische Parlament ist eine europäische Volksversammlung, auch wenn diese „Volksversammlung" die Versammlung der „Völker Europas" ist, nicht aber eines europäischen Volkes. Das Vorhandensein einer parlamentarischen Versammlung auf europäischer Ebene wirft die Frage nach deren demokratischen Legitimität auf. Gestützt auf Art 3 der Erklärung der Menschen- und Bürgerrechte wird im französischen Schrifttum die Auffassung vertreten, die Nation bilde den „cadre politico-géographique"[787] der Souveränität.

Darüber hinaus soll dann das Prinzip der nationalen Souveränität eine Verlagerung der Souveränität außerhalb des politisch-geographischen Rahmens der Nation verbieten[788]. Diese Sichtweise knüpft an die seit den fünfziger Jahren laufende Diskussion an, ob eine Demokratie, die nicht „national" ist, trotzdem

[785] Diese Verbindung prägt die Verfassungsgeschichte Frankreichs, vgl. *Peuchot*, Droit de vote et condition de nationalité, in: R. D. P. 107 (1991), S. 481-524 (488 ff.).

[786] Vgl. *Jaume*, „Citoyenneté", in: Raynaud / Rials, Dictionnaire de philosophie politique, Paris 1996, S. 80 ff. *Peuchot*, Droit de vote (FN. 785), S. 495: „La citoyenneté est bien intimement liée à la souveraineté puisque le citoyen contribue à édicter la loi à laquelle il obéira". Vgl. *Simon*, Synthèse, in: Labouz (Dir.), Les accords de Maastricht (FN. 561), S. 222.

[787] *Vedel*, Schengen (FN. 425); *ders.*, Souveraineté et supraconstitutionnalité, in: Revue Pouvoirs Nr. 67 (1993), S. 79-97 (79).

[788] Vgl. *Vedel*, Souveraineté et supraconstitutionnalité (FN. 787), S. 79.

legitim sein kann[789]. Mit anderen Worten ist es fraglich, ob das Demokratieprinzip mit der nationalen Demokratie synonym ist. Die Entscheidung des Verfassungsrats Nr. 76-71 DC vom 30. Dezember 1976 könnte eine Antwort geben, indem dass Gericht erklärte, dass die in Art. 3 der Verfassung definierte nationale Souveränität nur national sein kann, und zwar sowohl in Bezug auf ihre Grundlage, als auch auf ihre Ausübung[790]. Dieser Satz wurde dann so ausgelegt, als gewährleiste er den nationalen Rahmen der nationalen Souveränität.

Das Problem ist aber nicht dasjenige des Raumes, sondern der Legitimität: wenn man die Legitimität mit dem Demokratieprinzip, das nur im nationalen Rahmen gelten könne, gleichstellt, dann ist jede Überschreitung dieses Rahmens nicht mehr von der Legitimität gedeckt[791]. So können nur die Vertreter des französischen Volkes, die im Rahmen der Institutionen der Republik gewählt wurden, an die Ausübung der nationalen Souveränität teilnehmen. Wenn man aber die Demokratie alleine – und nicht ihren nationalen Charakter – für wesentlich hält, dann kann das Demokratieprinzip außerhalb der nationalen Rahmen eine Legitimität gewinnen. In diesem Sinne wäre eine supranationale Demokratie also möglich. Die verfassungsrechtlichen Texte könnten dann als Basis einer Demokratie-Erweiterung auf europäischer Ebene betrachtet werden, indem sie die demokratischen Voraussetzungen bestimmen[792].

Der Verfassungsrat hat im Hinblick auf diese Debatte in seiner Entscheidung Nr. 76-71 DC vom 30. Dezember 1976[793] nicht Stellung genommen. Der Verfassungsrat verneinte die Verfassungswidrigkeit, indem er hervorhob, dass die Europäische Versammlung aus Vertretern aller Völker der Mitgliedstaaten[794] zusammengesetzt ist und das Europäische Parlament gar nicht zum institutionellen Gefüge der Republik gehört bzw. keine nationale Souveränität ausüben kann.

In seiner Entscheidung vom 9. April 1992 (Maastricht I) musste sich der Verfassungsrat mit der Frage befassen, ob das aktive und passive Wahlrecht von in

789 *Vedel*, Les racines de la querelle constitutionnelle sur l'élection du Parlement européen, in: Revue Pouvoirs, Nr. 2 (1977), S. 26.

790 C. C. Nr. 76-71 DC, vom 30 Dezember 1976, Rec. S. 15, Erwägung Nr. 6: „la souveraineté, qui est définie à l'article 3 de la constitution de la république française, tant dans son fondement que dans son exercice, ne peut être que nationale (...)". In dieser Entscheidung erscheint das Volk als Quelle der Souveränität, die Nation als der – begrenzte – Raum der Souveränität des Volkes.

791 *Vedel*, Les racines (FN. 789), S. 32.

792 Vgl. *Vedel*, Les racines (FN. 789), S. 35. In diesem Sinne auch die deutsche Diskussion in Bezug auf die Entscheidung des Bundesverfassungsgerichts zum Vertrag von Maastricht, BVerfGE 89, 155.

793 C. C. Nr. 76-71 DC vom 30. Dezember 1976, Rec. S. 15.

794 C. C. Nr. 76-71 DC vom 29-30 Dezember 1976, Rec. S. 15, wobei die Versammlung „aus den Vertretern der jeweiligen Völker der Mitgliedstaaten besteht" (Erwägung Nr. 3).

Frankreich lebenden Unionsangehörigen zum Europäischen Parlament[795] verfassungswidrig ist[796]. Nachdem er dem Konzept des französischen Volks Verfassungsrang schon zuerkannt hatte[797], hätte der Verfassungsrat 1992 eigentlich auch entscheiden müssen, dass die Teilnahme von nichtfranzösischen Wählern an der Wahl der Vertreter Frankreichs gegen das Konzept des französischen Volkes verstößt.

Die Frage nach einem europäischen Volk stellte sich aber gar nicht für den Verfassungsrat, der allein das französische Volk als Träger der nationalen Souveränität anerkennt und die Europäische Union immer noch für keine besondere internationale Organisation hält. Imdem er sich auf seine frühere Rechtsprechung von 1976 stützte, konnte der Verfassungsrat erklären, das Europäische Parlament gehöre nicht zum institutionellen Gefüge der Republik und übe demnach keine Souveränität aus, „so dass die wechselseitige Anerkennung eines aktiven und passiven Wahlrechts für die Wahlen zum Europäischen Parlament für Unionsbürger (...) gegen Art. 3 der Verfassung nicht verstößt“[798]. Für die Wahl zum Europäischen Parlament ist das Wahlverfahren durch die europäische Richtlinie vom 6. Dezember 1993[799] und durch das Gesetz vom 5. Februar 1994 festgesetzt worden.

III. Demokratische Souveränität und Gemeindewahlrecht von nichtfranzösischen Unionsbürgern

Das Gemeindewahlrecht von EU-Angehörigen berührt den Kern der Souveränität[800], da die Staatsbürgerschaft das aktive und passive Wahlrecht[801] nach sich zieht. Die Wählbarkeit ist zwar in der Verfassung nicht ausdrücklich vorgesehen, man leitet sie aber vom aktiven Wahlrecht ab[802]. Wahlrecht und

---

[795] Art. 8b Abs. 2 EGV in der Fassung von Maastricht, heute Art. 19 Abs. 2 EGV.

[796] C. C. Nr. 92-308 DC vom 9. April 1992, Rec. S. 55, Erwägungen Nr. 28 bis 35.

[797] C. C. Nr. 91-290 DC vom 9. Mai 1991, Rec. S. 50, Erwägung Nr. 12.

[798] C. C. Nr. 92-308 DC vom 9. April 1992, Rec. S. 55, Erwägung Nr. 33. Kritisch *Chaltiel*, La souveraineté de l'Etat (FN. 3), S. 170. Die Autorin weist darauf hin, dass der Vertrag zur Gründung der Europäischen Union gegen die nationale Souveränität verstößt und das Europäische Parlament an der Anordnung von Gemeinschaftsnormen teilnimmt, so dass es an der Ausübung der nationalen Souveränität Teil hat.

[799] Dazu *Touret*, Droit de suffrage et élections européennes, in: R. F. D. C., 1995, S. 505 ff.

[800] Sehr interessant dazu und insbesondere zur historisch-rechtlichen Grundlage des Ausschlusses der Ausländer vom aktiven und passiven Wahlrecht in Frankreich, *Peuchot*, Droit de vote (FN. 785), S. 493 ff.

[801] C. C. Nr. 82-146 DC vom 18. November 1982, Rec. S. 66.

[802] Vgl. *Favoreu / Philip*, Les grandes décisions (FN. 419), S. 820.

Wählbarkeit sind untrennbar miteinander verbunden[803]. Dies ist vom Verfassungsrat in seiner Entscheidung Nr. 92-308 DC nicht in Frage gestellt worden. In Frankreich wird zwischen den politischen Wahlen und den Körperschaftswahlen unterschieden[804]. Dazu kommt, dass das Verfassungsänderungsgesetz vom 25. Juni 1992 eine Unterscheidung zwischen zwei Kategorien von Gemeinderäten eingeführt hat, nämlich denjenigen, die die französische Nationalität besitzen, und den Angehörigen anderer EG-Mitgliedstaaten[805]. Dies führt zur Infragestellung des Prinzips der Einheit des Wahlvolks als Träger der Souveränität bzw. der Unteilbarkeit der nationalen Souveränität[806], die in der Lehre besonders betont wird.

In der genannten Entscheidung hat der Verfassungsrat das aktive und passive Kommunalwahlrecht von Ausländern[807] für verfassungswidrig erklärt[808]. Das Problem lag dabei darin, dass aus Art. 3 in Verbindung mit Art. 24 und 72 der Verfassung von 1958 folgt, dass die Wahl der Gemeinderäte einen indirekten Einfluss auf die Wahl der Senatoren hat, welche wiederum Mitglied einer parlamentarischen Versammlung sind, die als solche an der Ausübung der nationalen Souveränität teilhat[809]. Da das Volk[810] der alleinige Träger der

---

[803] Vgl. *Favoreu / Philip*, Les grandes décisions (FN. 419), S. 808; C. C. Nr. 82-146 DC vom 18. November 1982, Rec. S. 66.

[804] C. C. Nr. 82-146 DC vom 18. November 1982, Rec. S. 66. Zur Unterscheidung zwischen politischen und nichtpolitischen Wahlen, siehe *Favoreu*, Le droit constitutionnel jurisprudentiel en 1981-1982, in: R. D. P. 99 (1983), S. 333-400 (368).

[805] Art. 88-3 der Verfassung von 1958 erlaubt Unionsbürgern mit Wohnsitz in Frankreich zwar das aktive und passive Wahlrecht bei Gemeindewahlen, verbietet ihnen jedoch, „das Amt eines Bürgermeisters oder eines Beigeordneten innezuhaben und an der Nominierung der Wahlmänner zum Senat oder an der Wahl der Senatoren teilzunehmen".

[806] C. C. Nr. 82-146 DC vom 18. November 1982, Rec. S. 66; *Favoreu / Philip*, Les grandes décisions (FN. 419), S. 818: „L'erreur de base de la distinction entre élections nationales et élections locales est de ne pas avoir considéré que le corps politique est unique et qu'il est composé, dans les deux cas, des mêmes citoyens „dont l'interchangeabilité garantit, avec la parfaite homogénéité du corps, l'indivisibilité de la souveraineté dont il est titulaire".

[807] Art. 8 b Abs. 1 EGV in der Fassung von Maastricht, heute Art. 19 Abs. 1 EGV.

[808] C. C. Nr. 92-308 DC vom 9. April 1992, Rec. S. 55, Erwägung Nr. 27. Das französische Wahlrechtssystem hat sich einmal mit dem Wahlrecht von Nichtstaatsangehörigen befassen müssen, nämlich in den alten Kolonien. Die Verordnung vom 7. August 1944 für die Mohammedaner aus Algerien und die Verordnung vom 22. August 1945 für die Ureinwohner der anderen französischen Kolonien schafften zwei Wahlgremien. In dem einen waren die weißen Staatsbürger vertreten, in dem anderen die Ureinwohner. Dieses Wahlsystem erkannte das Wahlrecht zugunsten von Individuen an, die keine Staatsbürger waren. Dazu *Fabre*, Principes (FN. 248), S. 43. Die endgültige Vereinheitlichung des Wahlsystems der überseeischen Departements und der Departements des Mutterlands erfolgte durch das Gesetz vom 31. Dezember 1975 und durch das Verfassungsergänzungsgesetz vom 31. Januar 1976 zur Änderung des Wahlgesetzbuches, J. O. R. F. vom 2. und 3. Januar 1976, S. 143 und vom 1. Februar 1976, S. 804.

[809] C. C. Nr. 92-308 DC vom 9. April 1992, Rec. S. 55, Erwägung Nr. 26.

nationalen Souveränität ist, stellt das Kommunalwahlrecht für nichtfranzösische Staatsangehörige ein Legitimationsproblem dar. *Luchaire* weist aber darauf hin, dass die Vorschrift, nach der „(...) alle volljährigen französischen Staatsangehörigen beiderlei Geschlechtes" wahlberechtigt sind, ursprünglich nicht ausschließlich gemeint war[811]. Es handelte sich damals darum, die Möglichkeit einer Gegenseitigkeit zwischen Frankreich und den afrikanischen Staaten, die Mitglieder der von der Verfassung von 1958 geschaffenen Gemeinschaft waren, vorzubehalten. Nach *Luchaire* reichte also die ledigliche Infragestellung des Art. 3 Abs. 4 der Verfassung nicht, um die Verfassungswidrigkeit des Vertrags zu begründen[812]. Diese Auseinandersetzung spiegelt die Debatte wider, ob *nur* die französischen Staatsangehörigen dazu berechtigt sind, das aktive und passive Wahlrecht bei der Wahl der Beschlussorgane der Gebietskörperschaften der Republik auszuüben, insbesondere bei den Gemeinderatswahlen und den Wahlen zum Rat von Paris[813], oder ob „*jedenfalls* die französischen Staatsangehörigen" hierunter zu verstehen sind[814].

In der Entscheidung Nr. 92-308 DC bezieht sich der Verfassungsrat auf Art. 3 Abs. 4 der Verfassung von 1958 aber nur in dem Maße, wie die Wahl der Gemeinderäte einen Einfluss auf die Wahl der Senatoren hat. Einige Kommentatoren haben dann hervorgehoben, dass EU-Angehörigen außerhalb dieser Rolle der Gemeinderäte das aktive und passive Wahlrecht bei Gemeindewahlen zugesprochen werden kann[815]. *Luchaire* hat ferner darauf hingewiesen, dass die Nominierung der Wahlmänner zum Senat durch die Gemeinderäte ihre Grundlage in einem einfachen Gesetz, nicht aber in der Verfassung selbst findet[816]. Dem Autor zufolge wäre es also möglich, durch einfaches Gesetz die Wahl der Senatoren von der Gemeindewahl zu trennen[817]. Die Tatsache aber, dass das

810 Mit „Volk" ist das französische Volk gemeint, obwohl Art. 3 der Verfassung von 1958, im Gegensatz zu Art. 3 der Verfassung von 1946, das Adjektiv „französisch", um das Volk zu bezeichnen, nicht übernommen hat. Gemeint war damit, dass wenn die Souveränität „national" ist, sie dann nur den Franzosen gehören könne, vgl. *Fabre*, Principes (FN. 248), S. 203, Fn. 3.

811 *Luchaire*, L'Union européenne et la Constitution, in: R. D. P. 108 (1992), S. 589-616 (597). Ferner dazu *Duhamel*, L'écriture de la République. La souveraineté, in: Maus / Favoreu / Parodi (Dir.), L'écriture de la Constitution de 1958. Actes du colloque du XXXe anniversaire, Aix en Provence 8, 9, 10 septembre 1988, Paris 1992, S. 657-665 (663 f.).

812 *Luchaire*, L'Union européenne et la Constitution (FN. 811), S. 598.

813 C. C. Nr. 92-308 DC vom 9. April 1992, Rec. S. 55, Erwägung Nr. 26.

814 Dazu z. B. *Walter*, Die drei Entscheidungen (FN. 575), S. 186.

815 *Favoreu*, Les accords de Maastricht et la Constitution, in: Le Figaro vom 7. April 1992.

816 *Luchaire*, L'Union européenne et la Constitution (FN. 811), S. 598.

817 Kritisch zu einer möglichen „déconnexion" (Trennung) der Gemeinde- und Senatswahlen durch einfaches Gesetz, *Favoreu / Philip*, Les grandes décision (FN. 419), S. 824; vgl. *Grewe*, La révision constitutionnelle (FN. 297), S. 428; dazu auch *Genevois*, Le traité sur l'Union européenne et la Constitution, A propos de la décision n° 92-308 DC du 9 avril 1992, in: R.F.D.A. (1992), Heft 3, S. 373-408 (389), für den diese Entscheidung „offre toutefois la

Wahlverfahren der Senatoren bzw. der Bürgermeister keine unmittelbare verfassungsrechtliche Grundlage hat, heißt aber nicht, dass die Souveränität nicht trotzdem betroffen ist[818]. Der Bürgermeister handelt manchmal als „agent de l'Etat" (Staatsangestellter) und nimmt also Teil an der Ausübung der Souveränität des Staates. Diese Sichtweise wurde durch das Verfassungsgesetz Nr. 92-554 vom 25. Juni 1992 bestätigt, indem Art. 88-3 in die Verfassung eingefügt wurde, nach dem die Unionsbürger weder das Amt eines Bürgermeisters oder eines Beigeordneten innehaben noch an der Nominierung der Wahlmänner zum Senat oder an der Wahl der Senatoren teilnehmen dürfen.

Die Verfassungswidrigkeit wurde zwar dadurch beseitigt, die Diskussion aber nicht beendet. In dem mit der Entscheidung Nr. 92-312 DC vom 2. September 1992 abgeschlossenen Verfahren rügten die Antragsteller, dass trotz Verfassungsänderung und Einführung des Art. 88-3 in die Verfassung der Vertrag über die Europäische Union verfassungswidrig bliebe, da weder Art. 3 der Verfassung von 1958 noch Art. 3 der Erklärung der allgemeinen Menschen- und Bürgerrechte geändert wurden. Ihrer Auffassung nach bekräftigen diese Artikel „das Prinzip der nationalen Souveränität ebenso wie die ausschließliche Ausübung des aktiven und passiven Wahlrechts durch französische Staatsbürger als Ausdruck der nationalen Souveränität"[819]. Art. 24 der Verfassung hätte auch geändert werden müssen, da die Wahl der Gemeinderäte die Wahl der Senatoren beeinflusse. Indem er die souveräne Gewalt des Verfassungsgebers erwähnte, hat der Verfassungsrat einerseits festgestellt, dass der neue Art. 88-3 Satz 1 der Verfassung eine Ausnahme[820] von dem in den Art. 3, 24, und 72 der Verfassung von 1958 enthaltenen Grundsatz ist, die mit Art. 8b Abs. 1 EGV unvereinbar war[821].

Andererseits hat das Gericht Art. 88-3 eine bestimmte Interpretation gegeben, nach der die nichtfranzösischen Unionsbürger in ihrer Eigenschaft als Gemeinderäte nicht an den späteren Phasen der Senatorenwahl gemäß Art. 59 der Verfassung teilnehmen dürfen[822]. Nur unter dieser Bedingung steht die geänderte Verfassung den Vorschriften des Unionsvertrages über das aktive und passive Wahlrecht für nichtfranzösische Unionsbürger nicht entgegen[823]. Dennoch sieht

particularité d'écarter une violation directe de l'article 3 pour retenir une contrariété au regard des dispositions combinées des articles 3, 24 et 72 de la constitution", vgl. *Verpeaux*, La souveraineté nationale et les élections locales, in: L. P. A. vom 28. August 1996, S. 9.

818 *Chaltiel*, La souveraineté de l'Etat (FN. 3), S. 168.

819 C. C. Nr. 92-312 DC vom 2. September 1992, Rec. S. 55, Erwägung Nr. 17.

820 Zu bemerken ist, dass der Verfassungsrat in seiner Entscheidung 92-308 DC sich nicht ausdrücklich über die Vorschriften geäußert hat, die geändert werden müssen. Dies ließ der Pouvoir constituant frei und vereinfachte die Verfassungsänderung, so *Luchaire*, L'Union européenne et la Constitution (FN. 811), S. 591 f.

821 C. C. Nr. 92-312 DC vom 2. September 1992, Rec. S. 76.

822 C. C. Nr. 92-312 DC vom 2. September 1992, Rec. S. 76, Erwägung Nr. 20.

823 C. C. Nr. 92-312 DC vom 2. September 1992, Rec. S. 76, Erwägung Nr. 24.

Art. 88-3 der Verfassung vor, dass das Nähere zur Anwendung des Wahlrechts der Unionsbürger durch ein von beiden Kammern in gleicher Fassung beschlossenes verfassungsausführendes Gesetz geregelt werden soll. Die französischen Vorbehalte wurden durch Art. 5 der Richtlinie Nr. 94 / 80 des Rates vom 19. Dezember 1994 zugelassen. Die französische Regierung hat es auch erreicht, dass die Durchsetzungsfrist der Richtlinie erst am 1. Januar 1996 fiel, so dass die nichtfranzösischen Unionsbürger bei den Gemeindewahlen vom Juni 1995 nicht teilnehmen durften[824]. Das verfassungsausführende Gesetz vom 25. Mai 1998[825] sieht vor, dass Unionsangehörige weder Bürgermeister noch Beigeordneter werden können; es wurde vom Verfassungsrat 1998 für verfassungsmäßig erklärt[826].

IV. Demokratische Souveränität und Zugang Nichtsstaatsangehöriger zum öffentlichen Dienst

Dem Europäischen Gerichtshof zufolge dürfen lediglich solche Tätigkeiten, die hoheitlichen Charakter besitzen oder auf die „Wahrung der allgemeinen Belange des Staates" gerichtet sind, für eigene Staatsangehörige reserviert werden[827]. Der Europäische Gerichtshof hat eine Liste der in den Anwendungsbereich von Art. 48 Abs. 4 EWG-Vertrag fallenden Stellen vorgeschlagen[828].

1986 war Frankreich bereits wegen Verstoßes gegen Art. 48 Abs. 4 EGWV durch den EuGH verurteilt worden[829], da Frankreich die französische Staatsangehörigkeit für die Rekrutierung von KrankenpflegerInnen als Beamte auf Lebenszeit forderte[830]. Die Frage der Öffnung des öffentlichen Dienstes zugunsten

---

824 *Dubouis*, in: Rideau (Dir.), Les Etats membres (FN. 38), S. 221. Dafür hat die französische Regierung den Wunsch der Nationalversammlung nicht erfüllt und keine besonderen Beschränkungen beantragt, die sich in den Gemeinden mit großer Anzahl an nichtfranzösischen Gemeinschaftsangehörigen, insbesondere in Paris, deren Rat zugleich Gemeinderat und Departementsversammlung ist, hätte ergeben können.

825 Verfassungsausführendes Gesetz Nr. 98-404 vom 25. Mai 1998 J. O. R. F. vom 26. Mai 1998. Dieses verfassungsausführende Gesetz wurde als Durchsetzung der europäischen Richtlinie vom 19. Dezember 1994 verabschiedet.

826 C. C. Nr. 98-400 DC vom 20. Mai 1998, Rec. S. 251.

827 EuGH vom 26. Mai .982, Rs. 149/79 – Kommission der Europäischen Gemeinschaften gegen Königreich Belgien, Slg. 1982, Bd. 2, S. 1845 ff., wobei unklar bleibt, ob diese Kriterien kumulativ vorliegen müssen.

828 EuGH vom 17. Dezember 1980, Rs. 149/79 – Kommission der Europäischen Gemeinschafen gegen Königreich Belgien, Slg. 1980, Bd. 4, S. 3881 ff.

829 EuGH vom 15. April 1986, Rs. 307/84 – Kommission der Europäischen Gemeinschaften gegen Französische Republik, Slg. 1986, Bd. 3, S. 1725 ff.

830 Dazu *Boulouis*, Fonction publique et nationalité. Quelques réflexions à propos de l'ouverture des emplois publics aux ressortissants des Etats membres des Communautés européennes, in: Mélanges Chapus Paris 1992, S. 81-89 (83 f.); *Gaïa*, Commentaires du Conseil

von EU-Angehörigen[831] wurde 1991 in Frankreich erneut unter dem Gesichtspunkt der Verletzung der nationalen Souveränität debattiert[832]. Bei seiner Entscheidung vom 23. Juli 1991[833] lag dem Verfassungsrat ein Antrag vor, der sich gegen die Öffnung des öffentlichen Dienstes für Ausländer wandte. Die Antragsteller rügten, Art. 6 der Menschenrechtserklärung von 1789 reserviere französischen Staatsangehörigen den Zugang zum öffentlichen Dienst, Ausländern jedenfalls dürften nicht solche Funktionen übertragen werden, die die Souveränität der Nation beträfen[834].

Im Rahmen der Novellierung des Gesetzes vom 13. Juli 1983 über die „droits et obligations des fonctionnaires" hatte der französische Gesetzgeber diesem Gesetz einen Artikel 5*bis* eingefügt, dessen erster Absatz festlegte, dass die Staatsangehörigen anderer Mitgliedsstaaten neben Franzosen unter den im allgemeinen Statut aufgestellten Bedingungen Zugang zu den „corps", „cadres d'emplois" und „emplois" haben, soweit zu deren Zuständigkeiten weder die Ausübung souveränitätsrelevanter Befugnisse noch die direkte oder indirekte Teilhabe an der Ausübung hoheitlicher Gewalt des Staates oder anderer öffentlicher Körperschaften gehört[835]. Damit wurde das öffentliche Dienstrecht an die vertraglich gewährleistete Arbeitnehmerfreiheit, insbesondere an die restriktive Auslegung von Art. 48 Abs. 4 EWGV (heute Art. 39 EGV) durch den Europäischen Gerichtshof angepasst. Der Verfassungsrat wies dennoch das Vorbringen der Antragsteller zurück, da seiner Auffassung nach Art. 6 der Menschenrechtserklärung nur Zugangsgleichheit zum öffentlichen Dienst garantiere, hingegen kein Inländerprivileg darstelle[836].

---

constitutionnel, 23 juillet 1991, fonction publique, et 25 juillet 1991, Schengen, in: R. F. D. C. (1991), S. 699-747.

831 Gesetz Nr. 91-715 vom 26. Juli 1991.

832 *Dubouis*, L'ouverture de la fonction publique aux ressortissants des autres Etats membres de la Communauté européenne, le législateur entre juge communautaire et juge constitutionnel, in: R. F. D. A. 1991, S. 901-919 (908).

833 C. C. Nr. 91-293 DC vom 23. Juli 1991, Rec. S. 77.

834 C. C. Nr. 91-293 DC vom 23. Juli 1991, Rec. S. 77, Erwägung Nr. 6. Zuerst rügten die Antragsteller den Verstoß gegen Art. 55 der Verfassung von 1958, da Art. 5*bis* des Gesetzes im Gegensatz zum EWG-Vertrag die öffentliche Verwaltung im Anwendungsbereich der Arbeitnehmerfreiheit einschloss: C. C. Nr. 91-293 DC vom 23. Juli 1991, Rec. S. 77, Erwägung Nr. 4. Die Rüge wurde dennoch vom Verfassungsrat aus Verfahrensgründen (Erwägung Nr. 5) verworfen, dazu *Hecker*, Europäische Integration (FN. 322), S. 137, 138, bes. Fn. 143.

835 Gemäß Art. 5 bis des Gesetz haben die Staatsangehörigen der EU-Mitgliedstaaten Zugang zum französischen öffentlichen Dienst, sobald „leurs attributions sont séparables de l'exercice de la souveraineté ou ne comprotent aucune participation à l'exercice de prérogatives de puissance publique", vgl. C. C. Nr. 91-293 DC vom 23. Juli 1991, Rec. S. 77, Erwägung Nr. 2.

836 C. C. Nr. 91-293 DC vom 23. Juli 1991, Rec. S. 77, Erwägung Nr. 8.

Die Voraussetzung der französischen Staatsbürgerschaft, um Beamte auf Lebenszeit zu werden, wurde nach Ansicht des Verfassungsrats durch Art. 2 des gerügten Gesetzes nicht abgeschafft, sondern es wurde lediglich eine Ausnahme zugunsten der Angehörigen der Mitgliedstaaten der europäischen Wirtschaftsgemeinschaft außerhalb Frankreichs geschaffen[837]. Ferner schloss das Gericht die Möglichkeit einer Verletzung des Prinzips der nationalen Souveränität sachlich aus, da der neu eingeführte Art. *5bis* den Zugang zu Ämtern des öffentlichen Dienstes für Ausländer auf Bereiche beschränkte, die souveränitätsirrelevant waren[838].

V. Unionsbürgerschaft und nationale Staatsbürgerschaft

Trotz der Einführung der Unionsbürgerschaft durch den Vertrag über die Europäische Union bleibt die nationale Staatsbürgerschaft ein wesentlicher Identitätsfaktor[839]. Durch die Unionsbürgerschaft geht die Europäische Union zwar über eine bloße Konföderation hinaus[840], die Unionsbürgerschaft bleibt aber von der Staatsangehörigkeit zu einem Mitgliedstaat abhängig[841]. Erwähnt wird in diesem Sinne eine „citoyenneté multiple"[842]. Es wird auch zwischen einer „citoyenneté d'attribution" (der Unionsbürgerschaft) und einer „citoyenneté de droit commun" (der Staatsbürgerschaft)[843] unterschieden. In der Tat entwickelt

---

837 C. C. Nr. 91-293 DC vom 23. Juli 1991, Rec. S. 77, Erwägung Nr. 10.

838 C. C. Nr. 91-293 DC vom 23. Juli 1991, Rec. S. 77, Erwägung Nr. 11: „Considérant que les dispositions de l'article 2 de la loi n'autorisent l'accès des personnes qu'elles visent qu'à ceux des corps, cadres d'emplois et emplois dont les attributions sont „séparables de l'exercice de la souveraineté"; que se trouve par là-même exclue toute atteinte aux conditions essentielles d'exercice de la souveraineté nationale".

839 Art. 17 EGV, eingeführt durch den Vertrag von Amsterdam, bestimmt, dass die Unionsbürgerschaft die nationale Staatsbürgerschaft ergänzt, aber nicht ersetzt. Einige Autoren sprechen von einer „Kontinuität" zwischen Unionsbürgerschaft und Staatsbürgerschaft, so z. B. *Hobsbawm*, Citoyenneté européenne et citoyenneté nationale, une solution de continuité, in: Théret (Dir.), L'Etat, la finance et le social (FN. 238), S. 553. Siehe auch *Stéphanou*, Identité et citoyenneté européennes (FN. 49), S. 35 ff.

840 *Croisat / Quermonne*, L'Europe et le fédéralisme (FN. 98), S. 102: „De ce point de vue, si la citoyenneté européenne n'existe encore qu'à l'état virtuel, elle n'en constitue pas moins déjà un symbole permettant de conclure que l'Union européenne – car il ne s'agit pas seulement ici de la Communauté – a franchi une étape qui la situe au-delà de la confédération d'Etats".

841 Art. 8 EGV. Die Abhängigkeit der Unionsbürgerschaft von der mitgliedstaatlichen Bürgerschaft wurde durch den EuGH vor kurzem bestätigt, EuGH vom 20. Februar 2001 Rs. C-192/99 – The Queen gegen Secretary of State for the Home Department, ex parte: Manjit Kaur, Slg. 2001-I/II, S. 1257 Rn. 5.

842 *Aubin*, La transposition dans l'ordre constitutionnel français du droit de vote et d'éligibilité des citoyens européens résidant en France aux élections municipales: vers une citoyenneté multiple?, in: L. P. A. vom 19. August 1998, S. 9.

843 *Kovar / Simon*, La citoyenneté européenne, in : R. T. D. E. 1993, S. 285 ff. (289).

sich neben der nationalen Bürgerschaft eine Art begrenzte Staatsbürgerschaft, die auf infranationaler und supranationaler Ebene zum Ausdruck kommt[844]. Sollte sich diese Entwicklung fortsetzen, würde sich dadurch die Ausschließlichkeit der Verbindung zwischen Nation bzw. Nationalstaat und Staatsbürgerschaft kaum noch aufrechterhalten[845].

Fraglich ist, ob eine nichtnationale Staatsbürgerschaft im Sinne eines „lien d'allégeance"[846] existieren kann. Im Hinblick auf die Europäische Union wird dies im französischen Schrifttum wegen des Fehlens eines europäischen Bewußtseins[847] bzw. eines europäischen Zusammengehörigkeitsgefühls[848] überwiegend verneint[849]. Staatsbürgerschaft, nationale Demokratie bzw. nationale Souveränität bleiben insofern eng aufeinander bezogen[850].

C. Zusammenfassung

Die Erweiterung des gemeinschaftlichen Zuständigkeitsbereichs betrifft beide Aspekte der nationalen Souveränität, nämlich die Souveränität des Staates und die demokratische Souveränität, jedoch mit unterschiedlicher Intensität. Die Unterscheidung zwischen der Souveränität des Staates und der demokratischen Souveränität innerhalb des Prinzips der nationalen Souveränität ermöglicht die weitere Übertragung der staatlichen Kompetenzen auf die Europäische Gemeinschaft bzw. auf die Europäische Union, ohne dafür auf das Prinzip der nationalen Souveränität verzichten zu müssen, da es in seiner demokratischen Seite unberührt bleibt. Das Volk bleibt die Urquelle der Macht und die Verfassung der

844 Vgl. *Février*, Réflexions sur les fonctions de la souveraineté nationale dans l'histoire constitutionnelle française, in: R. R. J. (2000), Heft 1, S. 159-282 (178).

845 Dazu *Brubaker*, Staats-Bürger (FN. 778), S. 241 f.

846 So. Z. B. *Croisat / Quermonne*, L'Europe et le fédéralisme (FN. 98), S. 101: „(...) la citoyenneté européenne n'est pas jumelée avec une nationalité commune capable d'exprimer une allégeance des ressortissants de l'Union à un ensemble post-national".

847 *Chaltiel*, La souveraineté de l'Etat (FN. 3), S. 364, erwähnt aber die Existenz von Indizien in dieser Richtung.

848 Obwohl einige Autoren einen „patriotisme européen" erwähnen, so z. B. *Balibar*, Une citoyenneté européenne est-elle possible?, in: Théret (Dir.), L'Etat, la finance et le social (FN. 238), S. 535 ff. (552).

849 Ferner *Boudant*, La citoyenneté européenne, in: Koubi (Dir.), De la citoyenneté. Actes du colloque des 3, 4 et 5 novembre 1993, Faculté de droit et des sciences politiques de Nantes, Paris 1996, S. 39 f. Der Autor erwähnt eine von der Idee der Nation getrennte Auffassung der Staatsbürgerschaft und fragt sich, ob eine multinationale Staatsbürgerschaft möglich sei. Vgl. *Aron*, Une citoyenneté multinationale est-elle possible?, in: Commentaires, 1992, Nr. 56, S. 695-704. Siehe auch *Saunier*, Citoyenneté et droit international, in: Koubi (Dir.), De la citoyenneté (FN. 849), S. 31-38.

850 Vgl. *Masclet*, Vers une citoyenneté européenne?, in: Cahiers français 1997, S. 81 ff, nach dem die Staatsbürgerschaft eng mit demokratischen Gedanken verknüpft ist.

Ausdruck dieser Souveränität. Offen bleibt aber, ob die französische Nation im Rahmen der Europäischen Union immer noch als „Herrin ihres Schicksals" gelten kann.

Kapitel 4: Nationale Souveränität und Austrittsrecht aus der Europäischen Union

Die Frage nach einem Austrittsrecht aus der Europäischen Gemeinschaft bzw. aus der Europäischen Union wurde insbesondere in Deutschland erörtert[851]. In seinem Maastricht-Urteil hatte das Bundesverfassungsgericht die Stellung der Mitgliedstaaten als „Herren der Verträge" betont und beim Scheitern der Stabilitätsgemeinschaft vor einer Lösung aus der Gemeinschaft gewarnt[852]. Im Folgenden soll untersucht werden inwiefern die Möglichkeit einer Lösung aus der Gemeinschaft als „ultima ratio"[853] im französischen Schrifttum und in der Rechtsprechung des Verfassungsrats in Betracht gezogen wurde.

A. Austrittsrecht und Souveränität

Im Gegensatz zum Status des Europarats sehen die Gemeinschaftsverträge nicht vor, dass die Mitgliedstaaten ihre Mitgliedschaft verlieren können. In diesen Verträgen werden weder ein Austrittsrecht noch die Möglichkeit eines Ausschlusses aus der Gemeinschaft vorgesehen[854]. Die Möglichkeit eines Austritts aus der Gemeinschaft ergibt sich insofern nicht unmittelbar aus den Gründungsverträgen. Das Recht, aus einer internationalen Organisation auszutreten, gehört aber wesentlich zur Souveränität der Staaten. Dies folgt aus dem klassischen völkerrechtlichen Prinzip des Voluntarismus, nach dem die Staaten nur durch ihren eigenen Willen gebunden werden können[855]. Die Austritts-, Kündigungs-

---

851 Ausführlich dazu *Waltemathe*, Austritt aus der EU. Sind die Mitgliedstaaten noch souverän?, Frankfurt am Main u. a. 2000. Immer noch aktuell auch *Everling*, Sind die Mitgliedstaaten der Europäischen Gemeinschaft noch Herren der Verträge? Zum Verhältnis von europäischem Gemeinschaftsrecht und Völkerrecht, in: Bernahrdt u. a. (Hrsg.), Völkerrecht als Rechtsordnung, Internationale Gerichtsbarkeit, Menschenrechte, Festschrift für Hermann Mosler, Berlin u. a. 1983, S. 173-191.

852 BVerfGE 89, 155 [204]. Das Bundesverfassungsgericht hat aber nicht präzisiert, ob es einen möglichen Rücktritt aus der Gemeinschaft oder bloß aus der Währungsunion vorsieht. Dazu z. B. *Götz*, Das Maastricht-Urteil des Bundesverfassungsgerichts, in: JZ (1993), S. 1081-1086 (1085).

853 *Waltemathe*, Austritt aus der EU (FN. 851), S. 117 ff.

854 Vgl. Status der deutschen Länder im Rahmen des Grundgesetzes, da das Grundgesetz auch kein Austrittsrecht vorsieht. Der sog. „projet Fouchet" (1960-1962), sah in seinem Art. 1 vor, dass die Union „indissoluble" ist. So erkennt er kein Sezessionsrecht zu, zit. in: *Sidjanski*, L'avenir fédéraliste (FN. 50), S. 72 und zu den „retouches présidentielles", S. 75 ff.

855 Ständiger internationaler Gerichtshof, Urteil vom 7. September 1927- Dampfer Lotus, Slg. IV-VI (1926-28), Reihe A, Nr. 9, S. 75 ff. (89): „Das internationale Recht bestimmt die Beziehungen zwischen unabhängigen Staaten. Die Rechtsregeln, die die Staaten binden, beruhen daher auf ihrem Willen (...). Es besteht also keine Vermutung für eine Einschränkung der Unabhängigkeit der Staaten".

oder Verlängerungsklauseln sind meistens im Vertrag selbst vorgesehen. Ist dies nicht der Fall, ist nach dem Wiener Übereinkommen über das Recht der Verträge vom 23. Mai 1969 der Austritt aus dem internationalen Vertrag, seine Kündigung oder seine Verlängerung grundsätzlich immer möglich, sofern nicht feststeht, dass die Vertragsparteien die Möglichkeit einer Kündigung oder eines Austritts ausschließen oder ein Kündigungs- oder Austrittsverbot sich aus der Natur des Vertrags herleiten lässt[856].

Fraglich ist, ob diese zwei Voraussetzungen von den Gemeinschaftsverträgen erfüllt sind[857]. Im Rahmen der vorliegenden Erörterung liegt das Problem darin, dass die europäischen Verträge sich über die Möglichkeit eines Austritts oder eines Ausschlusses von Mitgliedstaaten ausschweigen[858]. Daraus schließen die meisten französischen Autoren, dass die Mitgliedstaaten die Gemeinschaftsverträge nicht einseitig widerrufen dürfen bzw., dass die Zugehörigkeit zu den Europäischen Gemeinschaften unwiderruflich sei[859]. Manche Autoren[860] sind der Meinung, diese Möglichkeit sei dadurch stillschweigend ausgeschlossen worden bzw. die Unlösbarkeit des europäischen Aufbaus sei impliziert. Im Gegensatz zu Art. 97 EGKS, der vorsieht, dass der Vertrag für die Dauer von fünfzig Jahren vom Zeitpunkt seines Inkrafttretens an gilt[861], bestimmen Art. 312 EGV und Art. 208 EURATOM, dass diese Verträge auf unbegrenzte Zeit gelten[862], wobei „unbegrenzt" stärker als „unbefristet" wirkt. Dadurch soll der unwiderrufliche Charakter des Vertrags betont werden[863]. Diese Stellungnahme erinnert an den politischen Optimismus *Monnets* und *Schumans*, die an die Unwiderruflichkeit des europäischen Integrationsprozesses glaubten, mit der Absicht, die Fundamente einer immer engeren Union der Völker Europas[864] zu schaffen.

Diese Sichtweise wurde in der Rechtsprechung des Europäischen Gerichtshofes bestätigt. In seinem Urteil vom 15. Juli 1964 COSTA / E. N. E. L.[865] hat er die

---

856 Wiener Übereinkommen über das Recht der Verträge vom 23.05.1969, BGBl. 1985 II., S. 927, Art. 56.

857 Verneinend, *Boulouis*, Intervention (FN. 569), S. 219.

858 Art. 312 EGV, Art. 208 EURATOM und Art. Q EUV sehen vor, dass diese Verträge für eine unbegrenzte Zeit geschlossen worden sind, im Gegensatz zu Art. 97 EGKS, der die Geltung des Vertrags von Paris auf 50. Jahre ab seinem Inkrafttreten begrenzt hat.

859 *Isaac*, Droit communautaire général (FN. 166), S. 21: „Il faut en déduire que les Etats membres ne peuvent pas dénoncer unilatéralement les traités; combiné avec la durée illimitée de ceux-ci, cela signifie que l'appartenance aux Communautés est définitive". A. A. *Berranger*, Constitutions nationales (FN. 153), S. 20.

860 So *Isaac*, Droit communautaire général (FN. 166), S. 21.

861 Siehe die Bestimmungen des Vertrags von Nizza über die Nichtverlängerung des EGKS.

862 Vgl. Art. Q EUV.

863 *Berranger*, Constitutions nationales (FN. 153), S. 19.

864 Vgl. Abs. 1 der Präambel des EGV; Abs. 11 der Präambel des EUV.

865 EuGH vom 15. Juli 1964, Rs. 6/64 – Flaminio COSTA gegen E. N. E. L., Slg. 1964, Bd. 10, S. 1251 ff.

Mitgliedstaaten daran erinnert, dass sie einer endgültigen Beschränkung ihrer Hoheitsrechte zugestimmt haben, die durch spätere einseitige, mit dem Gemeinschaftsbegriff unvereinbare Maßnahmen nicht rückgängig gemacht werden kann[866]. In seinem Urteil vom 14. Dezember 1971[867] erinnert der Europäische Gerichtshof daran, dass „für die Hinfälligkeit von Bestimmungen des Vertrages keine Vermutung [streitet]“ und betont den auf Dauer angelegten Charakter der Gemeinschaft, die mangels ausdrücklicher Vertragsvorschriften auf unbegrenzte Zeit vorgesehen wurde[868]. Daher können die so übertragenen Aufgaben der Gemeinschaft nur auf Grund einer ausdrücklichen Vertragsvorschrift „wieder entzogen werden und die Materien, die ihr Gegenstand sind, in den alleinigen Zuständigkeitsbereich der Mitgliedstaaten zurückfallen“[869]. Einige Autoren[870] sind aber der Meinung, dass die Staaten ihre Zustimmung zurücknehmen können, was der Generalanwalt *Lagrange* bei der Rechtssache COSTA gegen E. N. E. L. selbst nicht ausgeschlossen hat[871]. Auf der politischen Ebene und angesichts des Integrationsstands der Europäischen Gemeinschaft kann man sich zwar schlecht vorstellen, dass die Regierungen und Völker die Entscheidung eines Austritts treffen. Auf politischem Gebiet ist aber alles möglich[872].

Andere Autoren[873] sind der Ansicht, eine solche Entscheidung könne nur in einem Ausnahmefall getroffen werden[874]. Andererseits und obwohl die wirtschaftliche

---

866 EuGH vom 15. Juli 1964, Rs. 6/64 – Flaminio COSTA gegen E. N. E. L., Slg. 1964, Bd. 10, S. 1251 ff., S. 1270 f.

867 EuGH vom 14. Dezember 1971, Rs. 7/71 – Kommission der Europäischen Gemeinschaften gegen Französische Republik, Slg. 1971, Bd. 17, S. 1003 ff.

868 EuGH vom 14. Dezember 1971, Rs. 7/71 – Kommission der Europäischen Gemeinschaften gegen Französische Republik, Slg. 1971, Bd. 17, S. 1003 ff., S. 1018 Rn. 18/20.

869 Ebenda.

870 Vgl. *Ferry*, La question (FN. 45), S. 11.

871 Schlußanträge des Generalanwalts *Lagrange* vom 25. Juni 1964, Slg. 1964, Bd. 10, S. 1279 ff., S. 1292.

872 Vgl. *Berranger*, Constitutions nationales (FN. 153), S. 20.

873 *Olmi*, Les rapports entre droit communautaire et droit national dans les arrêts des juridictions supérieures des Etats membres, in: R. M. C. (1981), S. 178-191 (184): „le départ d'un membre de la Communauté Européenne, de sa propre volonté ou par celle commune des Etats, ne peut être imaginé que dans des circonstances extraordinaires et ne peut trouver qu'une solution politique: le droit interviendrait *ex-post* pour régulariser le fait accompli“.

874 1973 wurde Grönland in die Europäische Gemeinschaft integriert, da es zu Dänemark gehört. Am 23. Februar 1982 hat sich die Bevölkerung Grönlands per Referendum und durch knappe Mehrheit dennoch gegen die Aufrechterhaltung der Zugehörigkeit der Insel zur EG erklärt. Im Februar 1984 wurde dementsprechend ein Abkommen gemäß dem Verfahren der formellen Vertragsänderung (Art. 236 EWG. Aufgehoben) zwischen der dänischen Regierung und der EG unterzeichnet. Das Abkommen wurde durch den Vertrag vom 13. März 1984 bestätigt. Der Vertrag sieht vor, dass Grönland ab dem 1. Februar 1985 aus der Gemeinschaft austreten soll, um den Status eines an die Gemeinschaft assoziierten überseeischen Gebiets anzunehmen: Bull. CE, 1985, Nr. 2, S. 17. Dazu *Berranger*, Constitutions nationales (FN.

Integration in mehreren Gebieten einen „point of no return“ erreicht hat, so dass ein Austritt katastrophale wirtschaftliche Folgen für den ausgetretenen Staat haben könnte, ist das Gemeinschaftssystem flexibel genug, um den Mitgliedstaaten zu erlauben, innerhalb der gemeinschaftlichen Institutionen Druck auszuüben. Infolgedessen darf die juristische Unwiderruflichkeit im Fall ihrer Anerkennung nicht überschätzt werden[875].

Mangels klarer Vertragsvorschriften, bleibt auf nationaler Ebene fraglich, ob die Europäische Gemeinschaft juristisch widerruflich ist oder ob der Meinung des Bundesverfassungsgerichts in seinem Maastricht-Urteil[876] zu folgen ist, wonach die Mitgliedstaaten immer noch Herren der Verträge sind und ein Austritt aus der Wirtschafts- und Währungsunion bzw. aus der Europäischen Union möglich ist[877].

B. Der Verfassungsrat und der Austritt aus der Gemeinschaft

Der Verfassungsrat hat mehrere Gelegenheiten gehabt, sich zu der Widerruflichkeit bzw. Unwiderruflichkeit der Europäischen Verträge zu äußern[878], jedoch keine klare Stellungnahme abgegeben. Dies hat zu verschiedenen, teilweise widersprüchlichen Auslegungen seiner Rechtsprechung in der französischen Lehre geführt[879].

---

153), S. 20, demzufolge es sich nur um eine einfache territoriale Verringerung handelte, nicht aber um den Austritt eines Mitgliedstaates.

875 *Isaac*, Droit communautaire général (FN. 166), S. 21: „L'interdiction juridique du retrait unilatéral ne saurait cependant être surestimée. D'abord, parce que, sans se retirer formellement des Communautés, un Etat membre peut largement faire obstacle à leur fonctionnement, dans la mesure où celui-ci exige une collaboration étroite, en pratiquant ce que l'on a appelé la „politique de la chaise vide“, c'est-à-dire en refusant de siéger dans les institutions et en particulier au sein du Conseil“. Der Autor erinnert an das Verhalten Frankreichs 1966 und 1985, das das Funktionieren der europäischen Institutionen monatelang gelähmt hatte. Vgl. die Drohungen des Premierminister *Jospin* im Februar 2001 während der BSE-Krise und die Weigerung der Europäischen Kommission, den französischen Landwirten eine finanzielle Hilfe zuzustimmen und Frankreich nationale Massnahmen ergreifen zu lassen.

876 BVerfGE 89, 155.

877 Über die Folgen eines solchen Austritts, *Tomuschat*, Die Europäische Union unter der Aufsicht des Bundesverfassungsgerichts, in: EuGRZ (1993), S. 489-496 (494 f).

878 Dazu *Rideau*, La recherche de l'adéquation (FN. 665), S. 29 f.

879 Dazu *Favoreu*, Les décisions du Conseil constitutionnel relatives au traité sur l'Union européenne, in : R. F. D. C. Nr. 11 (1992), S. 342, nach dem der Verfassungsrat durch diese Entscheidung die Unwiderruflichkeit des europäischen Integrationsprozesses bestätigt hat; auch *Rideau*, La recherche de l'adéquation (FN. 665), S. 30, nach dem „le Conseil admet la constitutionnalité des engagements internationaux irréversibles“. *Prétot*, Le principe constitutionnel (FN. 293), S. 50 seinerseits fügt hinzu, dass die Unwiderruflichkeit nur den ursprünglichen Inhalt des Vertrages prägt, ohne dass diese vertragliche Verpflichtung ohne die Zustimmung Frankreichs geändert werden könnte.

I. Die Rechtsprechung des Verfassungsrats vor Maastricht

In seiner Entscheidung vom 22. Mai 1985[880] weist der Verfassungsrat darauf hin, dass das Zusatzprotokoll Nr. 6 zur Europäischen Menschenrechtskonvention nur unter den in Art. 65 EMRK[881] (heute Art. 58 EMRK) vorgesehenen Bedingungen gekündigt werden könne. Für *Favoreu*[882] bedeutet dies, das diese Kündigungsklausel eine der Bedingungen für die Vereinbarkeit der Europäischen Menschenrechtskonvention mit der französischen Verfassung darstellt: Ein internationales Abkommen, das nicht in einer annehmbaren Frist gekündigt werden kann, wäre damit und für den Fall, dass es Souveränitätseinschränkungen beinhaltet, mit der Verfassung unvereinbar[883].

In seiner Entscheidung vom 25. Juli 1991[884] hat der Verfassungsrat erneut die Gelegenheit gehabt, sich indirekt über die Widerruflichkeit des europäischen Integrationsprozesses zu äußern. Der Verfassungsrat wurde am 28. Juni 1991 von einigen Abgeordneten gemäß Art. 61 Abs. 2 der Verfassung von 1958 angerufen, über das Zustimmungsgesetz zur Billigung des Durchführungsabkommens des Schengener Abkommens vom 14. Juni 1985 über die fortschreitende Beseitigung der Kontrolle an den gemeinsamen Grenzen der teilnehmenden Staaten zu urteilen. Unter anderem hoben die Antragsteller hervor, dass das Schengener-Abkommen verfassungswidrig sei, da im Abkommen keine Kündigungsklausel vorgesehen war. 1985 schien der Verfassungsrat die Existenz einer solchen Klausel als Voraussetzung für die Vereinbarkeit des internationalen Abkommens mit der Verfassung zu betrachten. 1991 erklärte er hingegen[885], dass im Hinblick

---

880 C. C. Nr. 85-188 DC vom 22. Mai 1985, Rec., S. 15; Dazu *Favoreu*, La décision du Conseil constitutionnel du 22 mai 1985 relative au protocole additionnel à la CEDH, in: A. F. D. I. 1985, S. 868 ff. (872): „cela signifie certainement que c'est une des conditions pour lui de la compatiblilité de l'accord avec la Constitution et donc, qu'un accord non susceptible de dénonciation dans un délai raisonnable ne serait pas compatible avec la constitution, du moins s'il comporte des limitations de souveraineté"; vgl. *Luchaire / Conac*, La Constitution de la république française (FN. 436), S. 101

881 Konvention zum Schutze der Menschenrechte und Grundfreiheiten vom 4. November 1950, BGBl. 1954 II S. 14.

882 *Favoreu*, La décision du Conseil constitutionnel du 22 mai 1985 relative au protocole n° 6 additionnel à la Convention européenne des droits de l'homme, in : A. F. D. I. (1985), Bd. 31, S. 868-875 (872) ; in diesem Sinne auch *Luchaire / Conac*, La Constitution de la République française (FN. 436), Paris 1987, S. 101

883 Zur Anwendung dieser Rechtsprechung auf die Europäische Gemeinschaft, *Berranger*, Constitutions nationales (FN. 153), S. 21.

884 C. C. Nr. 91-294 DC vom 25. Juli 1991, Rec. S. 91

885 C. C. Nr. 91-294 DC vom 25. Juli 1991, Rec. S. 91, Erwägung Nr. 58: „(...) au regard des procédures de modification ainsi prévues [Art. 140 de la Convention: adhésion de nouveaux Etats membres; Art. 141: modification de la Convention et art. 142: modification suite à d'autres conventions CEE], sur une base de réciprocité, dans le respect des règles du droit

auf die vorgesehenen Änderungsverfahren gemäß Art. 140 ff. des Schengener Abkommens das Fehlen einer Kündigungsklausel im Vertrag an sich keinen Souveränitätsverzicht darstellt. Voraussetzung dafür ist die Bewahrung der Gegenseitigkeit sowie die Achtung der nationalen Normen über die Einführung der internationalen Verträge in die innere Rechtsordnung[886]. Der Staat soll immer seinen Willen – ob durch Ratifizierung oder Bewilligung – ausdrücken können, so etwa im Falle einer Veränderung der Umstände in der Durchführung des Abkommens wie z. B. eines neuen Beitritts oder im Falle einer Änderung mancher Bestimmungen des Abkommens[887]. Daraus folgt, dass das Fehlen einer Kündigungsklausel in einem anderen Vertrag, den Verfassungsrat theoretisch dazu veranlassen könnte, die Verfassungswidrigkeit des Vertrags wegen Verstoßes gegen die nationale Souveränität zu erklären. Im Grunde genommen ist aber die Frage nach den Folgen eines Fehlens einer Kündigungs- oder Rücktrittsklausel vom Verfassungsrat unbeantwortet geblieben[888].

II. Die Maastricht-Entscheidung des Verfassungsrats und die Möglichkeit eines Austritts

In seiner Entscheidung vom 9. April 1992[889] über den Vertrag von Maastricht hat der Verfassungsrat u. a. die Art. 3 A § 2 (heute Art. 4 Abs. 2 EGV), 109 G Abs. 2 (heute Art. 118 Abs. 2 EGV) und 109 L § 4 EGV (heute Art. 123 Abs. 4) für verfassungswidrig erklärt. Art. 3A § 2 sieht die „unwiderrufliche" Feststellung der Wechselkurse im Hinblick auf die Einführung einer einheitlichen Währung" vor. Art. 109 G Abs. 2 EGV sieht die „unwiderrufliche" Festsetzung des Wertes der europäischen Währung nach Art. 109 L Abs. 4 die Umrechnungskurse, auf die die Währungen „unwiderruflich" festgelegt werden sowie die „unwiderruflich" festen Kurse vor, zu denen diese Währungen durch die europäische Währung ersetzt werden.

nationale relatives à l'introduction des traités dans l'ordre interne, l'absence de référence à une clause de retrait ne saurait constituer en elle-même un abandon de souveraineté"

886 Nach *Rideau* ist diese Bemerkung auf die Gründungsverträge der Europäischen Gemeinschaft und den Einheitlichen Europäischen Akt sowie auf den Vertrag über die Europäische Union anwendbar, *Rideau*, in: La Constitution et l'Europe (FN. 293), S. 152-153 (152).

887 Dazu *Hamon*, Note, D. 1991, I, Jur., S. 622-623 (622): „Sans doute le droit international public conventionnel, ayant priorité sur le droit nationale aux termes de l'art. C. 55, peut instituer des obligations sans être tenu de prévoir une possibilité nationale de retrait, même si une telle absence de droit de retrait doit, semble t-il, demeurer rare (...)"

888 *Rideau*, La recherche de l'adéquation (FN. 665), S. 29. Dazu auch *Prétot*, La conformité à la Constitution de la loi autorisant l'approbation de la Convention d'application de l'Accord de Schengen (Décision n° 91-294 DC du 25 juillet 1991), in: R. T. D. E. 28 (1992), S. 194-212 (208 f.); *ders.*, Le principe constitutionnel (FN. 293), S. 50

889 C. C. Nr. 92-308 DC vom 9. April 1992, Rec. S. 55. Diese Entscheidung wurde von der Entscheidung C. C. Nr. 93-324 DC vom 3. August 1993, Rec. S. 208 betätigt.

Die französische Lehre ist uneinig über die Interpretation dieser Bestimmungen, da der Verfassungsrat sich nicht ausdrücklich über die Verfassungsmäßigkeit dieser Automatik („automaticité") oder Unwiderruflichkeit geäußert hat. Dennoch kann man beobachten, dass alle Vertragsbestimmungen, die diese Unwiderruflichkeit erwähnen, wegen Verstoßes gegen die wesentlichen Bedingungen der nationalen Souveränitätsausübung im Bereich der Währungs- und Wechselkurspolitik vom Verfassungsrat für verfassungswidrig erklärt wurden. Fraglich ist, ob mit dem Ausdruck „Verstoß gegen die wesentlichen Bedingungen der nationalen Souveränitätsausübung" die Unwiderruflichkeit der Wirtschafts- und Währungsunion gemeint ist[890].

Ferner hat der Verfassungsrat auf den Abs. 14 der Präambel der Verfassung von 1946 hingewiesen, wonach Frankreich die Regel „Pacta sunt servanda" und infolgedessen auch die Regel „Rebus sic stantibus" beachten müßte[891]. Allerdings wird allgemein behauptet, die Regel „Rebus sic stantibus" sei eine Regel des internationalen Rechts, die keine Ausnahme dulde[892], infolgedessen jeder Mitgliedstaat von den Gemeinschaftsverträgen zurücktreten könnte, wenn er der Meinung ist, dass die Umstände es rechtfertigen oder dass seine Souveränität ansonsten nicht mehr geschützt wäre[893]. Dennoch kann man hinzufügen, dass Art. 88-1 der Verfassung von 1958, der die Mitwirkung Frankreichs an den Europäischen Gemeinschaften und an der Europäischen Union feierlich ankündigt, die Möglichkeit eines Austritts aus der Gemeinschaft erheblich erschwert.

---

890 Vgl. *Gaïa*, Commentaires (FN. 830), S. 722: „c'est cette absence formelle de consentement exprimé au moment même où le transfert sera censé s'opérer que le Conseil constitutionnel a également voulu condamner".

891 C. C. Nr. 92-308 DC vom 9. April 1992, Rec. S. 55, Erwägung Nr. 7.

892 Art. 60 und 62 des Wiener Übereinkommens über die erhebliche Verletzung eines Vertrags durch eine Vertragspartei und über die grundlegende Änderung der Umstände. In diesem Sinne *Luchaire*, Le Conseil constitutionnel et la souveraineté nationale, in: R. D. P. 107 (1991), S. 1499-1526 (1511); *Vedel*, Schengen (FN. 425), 1992, S. 174; *Guéna*, Délégation Sénatoriale pour les Communautés européennes, rapport d'information sur l'Union européenne, Nr. 307, 23. April 1992, S. 98; *Le Boucher*, L'irréversibilité en question, in: Le Monde vom 13. Mai 1992.

893 Nach *Rideau* ist diese Rücktrittsmöglichkeit der „refuge ultime de la défense de la souveraineté": *Rideau*, in: La Constitution et l'Europe (FN. 293), S. 89; Vgl. *Reuter*, Droit international public, 6. Aufl., Paris 1983, S. 151: „L'entrée dans une organisation qui serait éternelle serait presque toujours contraire à la Constitution des Etats membres".

Schlussfolgerungen

Staat, Nation und Souveränität stehen in einem sehr engen Zusammenhang, der in Frankreich von besonderer Bedeutung ist, da die Einheit der Nation bzw. der Souveränität mit der Einheit des Staates traditionell verbunden ist. Diese Auffassung, die in der Auffassung des Staates als der Personifizierung der Nation in der französischen klassischen Staatslehre zum Ausdruck kam, kann im Hinblick auf die europäische Entwicklung allerdings nicht mehr vertreten werden, da der Staat im Rahmen der Europäischen Union lediglich zu einem Raum der Ausübung von Kompetenzen geworden ist.

Der Souveränitätsbegriff ist ein vieldeutiger und vielschichtiger Begriff, der sich an der Grenze zwischen Recht und Politik befindet. Seine Verbindung mit der Entstehung des modernen Staates führt dazu, dass er als Charakteristikum der Staatlichkeit betrachtet wird. Diese Auffassung lässt sich mit den zunehmenden Kompetenzübertragungen auf die Europäische Union nur schwer vereinbaren. Die Auffassung der Souveränität als Geamtheit von Kompetenzen, die im französischen Schrifttum vorwiegend vertreten wird, lässt die Frage unbeantwortet, wann die Kompetenzübertragungen einen solchen Grad erreicht haben, dass nicht mehr von Souveränität bzw. von Staatlichkeit gesprochen werden kann.

Die moderne Form der Souveränität ist die Ausstattung des Volkes mit der verfassunggebenden Gewalt. Im Hinblick auf die Konstitutionalisierung der Europäischen Integration befindet sich die französische Verfassung in einer Zwischenlage zwischen der föderalistischen Stellungnahme des Europäischen Gerichtshofes und der restriktiven, die Souveränität schützenden Position nationaler Autoren bzw. Politiker. Da Europa kein Bundesstaat ist, bleibt die französische Verfassung das grundsätzliche Fundament der Normenhierarchie und die gesetzliche Grundlage von Staatlichkeit und Souveränität.

Die prinzipielle Freiheit des „pouvoir constituant" und die formelle Auffassung der Verfassung, die die Nichtanerkennung von materiellen Schranken der verfassunggebenden Gewalt zur Folge hat, führen aber dazu, dass das Souveränitätsprinzip bzw. die Staatlichkeit Frankreichs verfassungsrechtlich nicht geschützt sind. Der direkte Ausdruck der nationalen Souveränität, der in Frankreich per Referendum erfolgt, wird vom Verfassungsrat auf Grund der Freiheit des „pouvoir constituant" nicht geprüft, so dass der „pouvoir constituant" auf seine Souveränität verzichten könnte.

Im Fall der Beinträchtigung der wesentlichen Bedingungen der Ausübung der nationalen Souveränität durch einen völkerrechtlichen Vertrag muss die französische Verfassung geändert werden, bevor der Vertrag ratifiziert werden kann.

Ferner ist die Betrachtung des Souveränitätsbegriffs als Funktionsbegriff nicht ohne einen Rückblick auf seinen Ursprung zu verstehen. Der Souveränitätsbegriff ist geschichtlich geprägt und erfüllte zuerst eine politische Funktion. Er wurde im 16. Jahrhundert für eine bestimmte Lage und für ein bestimmtes Land – Frankreich – systematisiert und hat als „Kampfbegriff" die Epochen überlebt.

Die Revolution übertrug die Souveränität des Königs auf die Nation, so dass die Souveränität zur nationalen Souveränität wurde, ein Prinzip, das die doppelte Funktion der Instrumentalisierung der Macht und der Strukturierung des Staates als Einheitsstaat mit einer einzigen Legitimitätsquelle erfüllte. Aus historischer Perspektive ist die Verbindung zwischen nationaler Souveränität und Einheitsstaatlichkeit der wichtigste Charakterzug der französischen Staatsgeschichte. Die radikale Ablehnung des Föderalismus während der Revolution spiegelt dieses Verständnis wider sowie die Auffassung der nationalen Souveränität als „ein und unteilbar".

Das Thema Staatlichkeit und Souveränität Frankreichs in der Europäischen Union kann vom Problem der Rechtsnatur[894] der Europäischen Union nicht mehr getrennt werden. Der Europäischen Union selbst wird nach allen Ansichten keine Staatlichkeit zugesprochen. Die Frage nach ihrer Rechtsnatur, die über eine bloße internationale Organisation hinaus geht, bleibt in Frankreich aber im Übrigen, im Gegensatz zu Deutschland, unbeantwortet. Die Bezeichnung als „Fédération d'Etats-nation" mag zwar politisch erfolgreich sein, ist aber aus juristischer Perspektive wegen ihrer Widersprüchlichkeit unanwendbar.

Die Betrachtung der Europäischen Union als Rechtsgemeinschaft, die sich durch den Vorrang und die Unmittelbarkeit des Gemeinschaftsrechts auszeichnet, hat dagegen den Vorteil, zumindest auf europäischer Ebene geschichtlich belastete Konzepte zu vermeiden.

Problematisch ist dabei aber der Umstand, dass dem Gesetz in Frankreich als Ausdruck des Gemeinwillens bzw. der nationalen Souveränität eine besondere Bedeutung zukommt. Zwar ist diese Theorie der nationalen Gesetze mit der V. Republik und der Stärkung der Regierung auch im Gesetzgebungsverfahren praktisch zurückgedrängt worden; das Gesetz behält aber in Frankreich eine besondere, symbolische Bedeutung, die mit der Idee einer europäischen Gesetzgebung nur schwer vereinbar ist, solange man nicht von der Existenz eines europäischen Gemeinwillens ausgehen kann.

Die Idee einer europäischen Verfassung führt zu erheblichen Problemen im Hinblick auf die Auffassung der Verfassung als modernen Ausdruck der Souveränität. Der Europäischen Union eine Verfassung zu geben ist ein verfassunggebender Akt, der nur vom Souverän vorgenommen werden kann. Im

[894] *Pliakos*, La nature juridique de l'Union européenne (FN. 36), S. 187.

Hinblick auf das Konzept einer europäischen „Verfassung“ wird in Frankreich überwiegend die Meinung vertreten, es könne keine europäische Verfassung geben, solange kein europäisches Volk vorhanden ist, welches Träger der verfassunggebenden Gewalt sein kann.

Der Nationalstaat ist nicht mehr die einzige Rechtsquelle, sondern wird für einen großen Teil seiner Zuständigkeiten als Durchführungsinstrument eines ihn bindenden supranationalen Rechts angesehen.

Die nationale Souveränität ist mit der Nation enger verbunden, als mit dem Staat und bildet die absolute Entscheidungsmacht.

Die Analyse der Funktionen des Prinzips der nationalen Souveränität kann nicht mehr ohne Rücksicht auf den europäischen Einigungsprozess durchgeführt werden. Die gebotene Trennung von Staat und Nation ermöglicht die Unterscheidung innerhalb des Prinzips der nationalen Souveränität zwischen der Souveränität des Staates und der demokratischen Souveränität, die allein imstande ist, die Kompetenzübertragungen auf die Europäische Union mit der französischen Auffassung der nationalen Souveränität kompatibel zu machen.

Die Dissoziierung von Staat und Nation ist die Vorbedingung der Existenz eines europäischen politischen Gebildes. Diese „Entnationalisierung“ des Staates, heißt aber nicht, dass die Nation entstaatlicht (désétatisée) werden muss. Die Nation bleibt zwar staatlich organisiert, der Staat aber nicht mehr mit der Nation identisch. Wichtig ist nur, dass die demokratische Souveränität beim Volk bleibt. Die Auffassung einer in zwei Seiten geteilten nationalen Souveränität in eine staatliche und eine demokratische Souveränität ermöglicht die Weiterentwicklung der europäischen Integration, ohne auf das Prinzip der nationalen Souveränität verzichten zu müssen. Die Souveränität des Staates als Fülle von Kompetenzen kann auf europäischer Ebene von den Mitgliedstaaten gemeinsam ausgeübt werden. Nur die demokratische Souveränität, d. h. die Souveränität des Volkes, verdient von daher eine Sakralisierung.

Register der Entscheidungen des Conseil constitutionnel

Décision n° 62-20 DC du 6 novembre 1962, *Loi relative à l'élection du Président de la République au suffrage universel direct, adoptée par le référendum du 28 octobre 1962*, Rec. S. 27.

Décision n° 70-39 DC du 19 juin 1970, *Examen du traité, signé à Luxembourg le 22 avril 1970, portant modification de certaines dispositions budgétaires des traités instituant les Communautés européennes et du traité instituant un conseil unique et une commission unique des communautés européennes ainsi que de la décision du Conseil ces Communautés européennes en date du 21 avril 1970, relative au remplacement des contributions des Etats membres par des ressources propres aux Communautés*, Rec. S. 15.

Décision n° 75-59 DC du 30 décembre 1975, *Examen de la loi relative aux conséquences de l'autodétermination des îles des Comores*, Rec. S. 26.

Décision n° 71-76 DC du 30 décembre 1976, *Examen de la décision du Conseil des communautés européennes relative à l'élection de l'Assemblée des communautés au suffrage universel direct*, Rec. S. 15.

Décision n° 77-89 DC du 30 décembre 1977, *Examen de la loi de finances pour 1978 et, notamment, de ses articles 1er et 38 ainsi que de l'état A annexé*, Rec. S. 46.

Décision n° 77-90 DC du 30 décembre 1977, *Examen de la dernière loi de finances rectificative pour 1977 et, notamment, de son article 6*, Rec. S. 44.

Décision n° 78-93 DC du 29 avril 1978, *Examen de la loi autorisant l'augmentation de la quote-part de la France au Fonds monétaire international*, Rec. S. 23.

Décision n° 80-116 DC du 17 juillet 1980, *Examen de la loi autorisant la ratification de la Convention franco-allemande additionnelle à la Convention européenne d'entraide judiciaire en matière pénale du 20 avril 1959*, Rec. S. 36.

Décision n° 80-120 DC du 17 juillet 1980, *Examen de la loi modifiant les articles 13, 14 et 15 de la loi d'orientation de l'enseignement supérieur du 12 novembre 1968*, Rec. S. 39.

Décision N° 82-137 DC du 25 février 1982, *Loi relative aux droits et libertés des communes, des départements et des régions*, Rec. S. 38.

Décision N° 82-138 DC du 25 février 11982, *Loi portant statut particulier de la région de Corse*, Rec. S. 41.

Décision N° 82-140 DC du 28 juin 1982, *Loi de finances rectificative pour 1982*, Rec. S. 45.
Décision N° 82-146 DC du 18 novembre 1982, *Loi modifiant le Code électoral et le Code des communes et relative à l'élection des conseillers municipaux et aux conditions d'inscription des Français établis hors de France sur les listes électorales*, Rec. S. 66.

Décision N° 83-160 DC du 19 juillet 1983, *Loi portant approbation d'une convention fiscale avec le territoire d'outre-mer de la Nouvelle-Calédonie et dépendances*, Rec. S. 43.

Décision N° 83-161 DC du 19 juillet 1983, *Loi portant règlement définitif du budget de 1981*, Rec. S. 47.

Décision N° 84-177 DC du 30 août 1984, *Loi portant statut du territoire de la Polynésie française*, Rec. S. 66.

Décision N° 84-178 DC du 30 août 1984, *Loi portant statut du territoire de la Nouvelle-Calédonie et dépendances*, Rec. S. 69.

Décision N° 84-170 DC du 12 septembre 1984, *Loi relative à la limite d'âge dans la fonction publique et le secteur public*, Rec. S. 73.

Décision N° 84-181 DC des 10 et 11 octobre 1984, *Loi relative aux entreprises de presse (concentration, transparence financière, pluralisme)*, Rec. S. 78.

Décision N° 85 DC du 22 mai 1985, *Protocole n° 6 additionnel à la Convention européenne de sauvegarde des Droits de l'homme et des libertés fondamentales concernant l'abolition de la peine de mort*, Rec. S. 15.

Décision n° 86-207 DC des 25 et 26 juin 1986, *Loi autorisant le Gouvernement à prendre diverses mesures d'ordre économique et social*, Rec. S. 61.

Décision n° 86-208 DC des 1er et 2 juillet 1986, Rec. S. 78, *Loi relative à l'élection des députés, et autorisant le Gouvernement à délimiter par ordonnance les circonscriptions électorales*, Rec. S. 78.

Décision n° 86-216 DC du 3 septembre 1986, *Loi relative aux conditions d'entrée et de séjour des étrangers en France*, Rec. S. 135.

Décision n° 86-217 DC du 18 septembre 1986, *Loi relative à la liberté de communication*, Rec. S. 141.

Décision N°88-1082, 1117 du 21 octobre 1988, *A. N., Val-d'Oise (5ᵉ circonscription)*, Rec. S. 183.

Décision n° 88-247 DC du 17 janvier 1989, *Loi autorisant la ratification de la convention internationale du travail n° 159*, Rec. S. 15.

Décision n° 89-265 DC du 9 janvier 1990, *Loi portant amnistie d'infractions commises à l'occasion d'événements survenus en Nouvelle-Calédonie*, Rec. S. 12.

Décision n° 89-266 DC du 9 janvier 1990, *Loi modifiant l'ordonnance n° 45-2658 du 2 novembre 1945 relative aux conditions d'entrée et de séjour des étrangers en France*, Rec. S. 15.

Décision n° 90-285 DC du 28 décembre 1990, *Loi de finances pour 1991*, Rec. S. 95.

Décision n° 91-290 DC du 9 mai 1991, Rec. S. 50, *Loi portant statut de la collectivité territoriale de Corse*, Rec. S. 50.

Décision n° 91-293 DC du 23 juillet 1991, *Loi portant diverses dispositions relatives à la fonction publique*, Rec. S. 77.

Décision n° 91-295 DC du 23 juillet 1991, *Résolution modifiant l'article 10 du règlement du Sénat*, Rec. S. 81.

Décision n° 91-294 DC du 25 juillet 1991, *Loi autorisant l'approbation de la convention d'application de l'accord de Schengen du 14 juin 1985 entre les gouvernements des Etats de l'Union économique Benelux, de la République fédérale d'Allemagne et de la République française relatif à la suppression graduelle des contrôles aux frontières communes*, Rec. S. 91.

Décision n° 92-307 DC du 25 février 1992, *Loi portant modification de l'ordonnance n° 45-2658 du 2 novembre 11945 modifiée, relative aux conditions d'entrée et de séjour des étrangers en France*, Rec. S. 48.

Décision n° 92-308 DC du 9 avril 1992, *Traité sur l'Union européenne*, Rec. S. 55.

Décision n° 92-312 DC du 2 septembre 1992, *Traité sur l'Union européenne*, Rec. S. 76.

Décision n° 92-313 DC du 23 septembre 1992, *Loi autorisant la ratification du traité sur l'Union européenne*, Rec. S. 94.

Décision n° 93-321 DC du 20 juillet 1993, *Loi réformant le code de la nationalité*, Rec. S. 196.

Décision n° 93-324 DC du 3 août 1993, *Loi relative au statut de la Banque de France et à l'activité et au contrôle des établissements de crédit*, Rec. S. 208.

Décision n° 93-335 DC du 21 janvier 1994, *Loi portant diverses dispositions en matière d'urbanisme et de construction*, Rec. S. 40.

Décision n° 94-345 DC du 29 juillet 1994, *Loi relative à l'emploi de la langue française*, Rec. S. 106.
Décision n° 94-358 DC du 26 janvier 1995, Rec. S. 183, *Loi d'orientation pour l'aménagement et le développement du territoire*, Rec. S. 183.

Décision n° 96-373 DC du 9 avril 1996, *Loi organique portant statut d'autonomie de la Polynésie française*, Rec. S. 43.

Décision n° 96-374 DC du 9 avril 1996, *Loi complétant le statut d'autonomie de la Polynésie française*, Rec. S. 58.

Décision N° 97-394 DC du 31 décembre 1997, *Traité d'Amsterdam modifiant le traité sur l'Union européenne, les traités instituant les communautés européennes et certains actes connexes*, Rec. S. 344 ff.

Décision N° 98-399 DC du 5 mai 1998, *Loi relative à l'entrée et au séjour des étrangers en France et au droit d'asile*, Rec. S. 245.

Décision n° 98-400 DC du 20 mai 1998, *Loi organique déterminant les conditions d'application de l'article 88-3 de la Constitution relatif à l'exercice par les citoyens de l'Union européenne résidant en France, autres que les ressortissants français, du droit de vote et d'éligibilité aux élections municipales, et portant transposition de la directive 94 / 80 / CE du 19 décembre 1994*, Rec. S. 251.

Décision n° 98-408 DC du 22 janvier 1999, *Traité portant statut de la Cour pénale internationale*, Rec. S. 29.

Décision n° 99-412 DC du 15 juin 1999, *Charte européenne des langues régionales ou minoritaires*, Rec. S. 71.

Décision n° 2000-428 DC du 4 mai 2000, Loi organisant une consultation de la population de Mayotte, Rec. S. 70.

Décision n° 2001-454 DC du 17 janvier 2002, Loi relative à la Corse, in : R. D. P. 118 (2002), S. 899-906.

Literaturverzeichnis

Abélès, Marc, En attente d'Europe, débat avec Jean-Louis Bourlanges, Paris 1996.

Aglaé, Marie-Joseph, La souveraineté transfigurée, in: R. R. J. (1995), S. 925-950.

Agulhon, Maurice, La République. De Jules Ferry à François Mitterrand, 1880 à nos jours, Histoire de France, Paris 1990.

Alland, Denis (Dir.), Droit international public, Paris 2000.

- Consécration d'un paradoxe: primauté du droit interne sur le droit international (Réflexions sur le vif à propos de l'arrêt du Conseil d'Etat, Sarran, Levacher et autres du 30 octobre 1998), in: R. F. D. A. (1998), S. 1094 ff.
- Le droit international „sous" la Constitution de la Ve République, in : R. D. P. 114 (1998), S.1649-1670.
- L'Etat sans qualités (La souveraineté nationale et le traité de Maastricht); in: Droits, Nr. 16 (1992), S. 1-11.

Althusius, Johannes, Politica methodice digesta atque exemplis sacris et profanis illustrata, Herborn 1614, Ndr. der 3. Aufl. Aalen 1981.

Ammon, Günther / Fischer, Matthias / Hickmann, Thorsten / Stemmermann, Klaus (Hrsg.), Föderalismus und Zentralismus: Europas Zukunft zwischen dem deutschen und dem französischen Modell, Schriftenreihe des Europäischen Zentrums für Föderalismus-Forschung, Bd. 11, Baden-Baden 1996.

Andreotti, Giulio, Europäische Union: Eine Person sucht ihren Autor, Luxemburg 1985.

Arcy, Francois d' (Dir.), De la Ve République à l'Europe. Hommage à Jean-Louis Quermonne, Paris 1996.

Ardant, Philippe, Institutions politiques et droit constitutionnel, 10. Aufl., Paris 1998.

Arnaud, André-Jean u. a., Dictionnaire encyclopédique de théorie et de sociologie du droit, Paris 1988.

Arné, Serge, Existe-t-il des normes supraconstitutionnelles? Contribution à l'étude des droits fondamentaux et de la constitutionnalité, in: R. D. P. 109 (1993), S. 459-512.

Aron, Raymond, Une citoyenneté multinationale est-elle possible?, in: Commentaires (1992), Nr. 56, S. 695-704.

Aron, Raymond / Lerner, Daniel (Dir.), La querelle de la C. E. D., Essai d'analyse sociologique, in : Cahiers de la F. N. S. P., Nr. 80, Paris 1956.

Aubin, Emmanuel, La transposition dans l'ordre constitutionnel français du droit de vote et d'éligibilité des citoyens européens résidant en France aux élections municipales: vers une citoyenneté multiple?, in: L. P. A. vom 19. August 1998, S. 9.

Augustin, Angela, Das Volk der Europäischen Union. Zu Inhalt und Kritik eines normativen Begriffs, Hamburger Studien zum europäischen und internationalen Recht, Bd. 36, Berlin 2000.

Autexier, Christian, Frankreich und die Europäische Konvention zum Schutze der Menschenrechte und Grundfreiheiten nach der Unterwerfungserklärung (Art. 25) vom 2. Oktober 1981, in: ZaöRV 42 (1982), S. 327 ff.

Avril, Pierre, La Constitution, Lazare ou Janus?, in: R. D. P. 106 (1990), S. 949-960.

Avril, Pierre / Gicquel, Jean, Droit parlementaire, 2. Aufl., Paris 1996.

Bacot, Guillaume, Carré de Malberg et l'origine de la distinction entre souveraineté du peuple et souveraineté nationale, C. N. R. S., Paris 1985.

Badie, Bertrand, Un monde sans souveraineté: Les Etats entre ruse et responsabilité, Paris 1999.

Badura, Peter, Bewahrung und Veränderung demokratischer und föderativer Verfassungsprinzipien der in Europa verbundenen Staaten, in: Zeitschrift für Schweizerisches Recht, N. F. Bd. 109 (1990), S. 115 ff.

Baechler, Jean, Description des Etats-Unis d'Europe, in: Commentaire, Nr. 51 (1990), S. 468 ff.

– Dépérissement de la Nation?, in: Commentaire, Nr. 41 (1988), S. 104-112.

Baghestani, Laurence, Le titulaire de la souveraineté et son exercice dans la jurisprudence du Conseil constitutionnel, Dijon 1996.

Bainville, Jacques, Histoire de France, Marabout université, Paris 1986.

Baldus, Manfred, Zur Relevanz des Souveränitätsproblems für die Wissenschaft vom öffentlichen Recht, in: Der Staat 36 (1997), S. 381-398.

Barav, Ami, La plénitude de compétence du juge national en sa qualité de juge communautaire, in: L'Europe et le droit, Mélanges en hommage à Jean Boulouis, Paris 1991, S. 1 ff.

Barrillon, Raymond u. a., Dictionnaire de la constitution. Le institutions de la Ve République, 2. Aufl., Paris 1986.

Bastid, Paul, Sieyès et sa pensée, Paris 1939, Ndr. Genève 1978.

Beaud, Olivier, Fédéralisme et souveraineté, notes pour une théorie constitutionnelle de la fédération, in: R. D. P. 114 (1998), S. 83-122.

– Föderalismus und Souveränität. Bausteine zu einer verfassungsrechtlichen Lehre der Föderation, in: Der Staat 35 (1996), S. 445-66.

– La Puissance de l'Etat, Paris 1994.

– La souveraineté dans la „Contribution à la théorie générale de l'Etat" de Carré de Malberg, in: R. D. P. 110 (1994), S. 1251-1301.

– Le souverain, in: Revue Pouvoirs, Nr. 67 (1993), S. 33-45.

– La souveraineté de l'Etat, le pouvoir constituant et le traité de Maastricht. Remarques sur la méconnaissance de la limitation de la révision constitutionnelle, in: R. F. D. A. (1993), S. 1045-1068.

– Maastricht et la théorie constitutionnelle. La nécessaire et inévitable distinction entre le pouvoir constituant et le pouvoir de révision constitutionnelle, in: L. P. A. vom 31. März 1993, Nr. 40, S. 9.
– L'honneur perdu de l'Etat, in: Droits, Nr. 15 (1992), S. 1-10.
– Le droit de vote des étrangers: l'apport de la jurisprudence constitutionnelle allemande à une théorie du droit de suffrage, in: R. F. D. A. (1992), S. 409-415.
– Ouverture: L'Europe entre droit commun et droit communautaire, in: Droits, Nr. 14 (1991), S. 3-16.
– „Repräsentation" et „Stellvertretung": sur une distinction de C. Schmitt, in: Droits, Nr. 6 (1987), S. 11-19.
– La notion d'Etat, in: Archives de philosophie du droit (1990), Bd. 35, S. 119-141.

Beaumanoir, Philippe, Coutumes de Beauvaisis, hrsg. von Anédée Salmon, 2 Bde., Paris 1899, 1900.

Bécane, Jean-Claude / Couderc, Michel, La loi, Paris 1994.

Belaich, Fabrice, La répétition de l'indu en droit communautaire dans la jurisprudence de la Cour de justice des communautés européennes, in : R. M. C. (2000), Nr. 435, S. 100-116.

Benda, Julien, Discours à la nation européenne, Paris 1933, Ndr. Paris 1992.

Berding, Helmut (Hrsg.), Mythos und Nation. Studien zur Entwicklung des kollektiven Bewusstseins in der Neuzeit, Bd. 3, Frankfurt am Main 1996, S. 65-83.

Bernhardt, Rudolf, Les sources du droit communautaire: la „constitution" de la Communauté, in: Commission des Communautés européennes: Trente ans de droit communautaire, Luxembourg, O. P. O. C. E., 1982, S. 73-86.

Berstein, Serge / Rudelle, Odile (Dir.), Le modèle républicain, Paris 1992.

Berranger, Thibaut de, Constitutions nationales et construction communautaire. Essai d'approche comparative sur certains aspects constitutionnels nationaux de l'intégration européenne, Bibliothèque de droit public, Bd. 178, Paris 1995.

Bettati, Mario u. a. (Dir.), La souveraineté au XXe siècle, Paris 1971.

Bettati, Mario, Le „law-making power" de la Cour, in: Revue Pouvoirs (1989), Nr. 48, S. 57 ff.

Bieber, Roland, Les limites matérielles et formelles à la révision des traités instituant la Communauté européenne, in: R. M. C. (1993), S. 343-350.
– Anmerkung, EuR (1975), S. 330-334.

Bieber, Roland / Widmer, Pierre, (Dir.), L'espace constitutionnel européen, Publications de l'Institut suisse de droit comparé, Bd. 28, Zürich 1995.

Biedenkopf, Kurt (Hrsg.), Zur Lage der Nation. Reden anläßlich der ersten Jahresversammlung der Deutschen Nationalstiftung am 21. April 1994 im Deutschen Nationaltheater Weimar, Reinbek bei Hamburg 1994.

Bitsch, Marie-Thérèse (Dir.), Histoire de la construction européenne de 1945 à nos jours, Bruxelles 1999.

Blanquer, Jean-Michel, La Ve République et la souveraineté, Débat entre Bertrand Badie et Stéphane Pierré-Caps, in: R. D. P. 114 (1998), S. 1474-1484.

Blanquet, Marc, L'article 5 du traité C. E: E. Recherches sur les obligations de fidélité des Etats membres de la Communauté, Paris 1994.

Bleckmann, Albert, Europarecht. Das Recht der Europäischen Union und der Europäischen Gemeinschaften, 6. Aufl., Köln u. a. 1997.

– Grundprobleme und Methoden des Völkerrechts, Kolleg Rechtstheorie, Sonderband 1, München 1982.

Bleckmann, Albert / Pieper, Stefan Ulrich, Maastricht, die grundgesetzliche Ordnung und die „Superrevisionsinstanz". Die Maastricht-Entscheidung des Bundesverfassungsgerichts, in: R. I. W., Heft 12 (1993), S. 969-977.

Blumann, Claude, La fonction législative communautaire, Paris 1995.

– La ratification par la France du traité sur l'Union européenne, in: R. M. C. (1994), S. 393-406.

– L'article 54 de la Constitution et le contrôle de la constitutionnalité des traités en France, in: R. G. D. I. P. (1978), S. 537-618.

Bodin, Jean, Sechs Bücher über den Staat, Übersetzung der französischen Ausgabe 1583 durch Bernd Wimmer, eingeleitet und hrsg. von P. C. Mayer-Tasch, München 1981 (Bd. 1, Buch I-III), 1986 (Bd. 2, Buch IV-VI).

– Les six livres de la République, deuxième réimpression de l'édition de Paris 1583, Aalen 1977.

Boissonnat, Jean / Albert, Michel, Crise, Krach, Boom, Paris 1988.

Borella, Francois, Le fédéralisme dans la Constitution française du 4 octobre 1958 (Titre XII et XIII), in: Annuaire français de droit international (1958), S. 559-681.

Börner, Bodo u. a. (Hrsg.), Einigkeit und Recht und Freiheit, Festschrift für Karl Carsten, Bd. 1, Köln u. a., 1984, S. 231-245.

Borotra, Franck, Faut-il défendre le service public?, Assemblée nationale, Doc. Nr. 2260, 6. Oktober 1995, S. 73 ff.

Bossuat, Gérard, La France et les constructions européennes, 1943-1957, in: Historiens et Géographes, août 1988, Nr. 319, S. 145-166.

Bouissou, Michel, Pour une réhabilitation de l'institution référendaire, in: Le pouvoir: Mélanges offerts à Georges Burdeau, Paris 1977, S. 25-41.

Boulouis, Jean, Droit communautaire et droit français, Recueil d'études, Paris 1999, S. 25 ff.

– Le juge constitutionnel français et l'Union européenne (1991-1993), in: C. D. E. (1994), Nr. 1-2, S. 505-522.

– Droit institutionnel des Communautés européennes, 3. Aufl., Paris 1991 ; 4. Aufl., Paris 1993.

– Fonction publique et nationalité. Quelques réflexions à propos de l'ouverture des emplois publics aux ressortissants des Etats membres des Communautés

européennes, in: Mélanges René Chapus. Droit administratif, Paris 1992, S. 81-89.
- Le droit des Communautés dans ses rapports avec le droit international général, in: R. C. A. D. I. (1992), Bd. 235, S. 9 ff.
- Le sort des noyaux durs de la souveraineté nationale, in: Revue Administration, Nr. 149 (1990), S. 22 ff.

Bouretz, Pierre, „Souveraineté", in: *Duhamel, Olivier / Mény, Yves*, Dictionnaire constitutionnel, Paris 1992, S. 989-993.

Bourjol, Maurice (Dir.), La commune, l'Etat et le droit. Bicentenaire de la Révolution et Marché unique européen, Paris 1990.

Boutet, Didier, Vers l'Etat de droit. La théorie de l'Etat et du droit, Paris, 1991.

Bouvet, Laurent, La nouvelle crise de la conscience européenne: L'Europe politique entre nation et fédération, in: France-Allemagne: le bond en avant, Notre Europe, Paris 1998.

Brachet, Philippe, La révision de la Constitution sous la Ve République, Paris 1994.

Braibant, Guy, L'avenir de l'Etat, in: Etudes en l'honneur de Georges Dupuis, Paris 1997, S. 39-46.

Brancourt, Jean-Pierre, Des „estats" à l'Etat, évolution d'un mot, in: Archives de philosophie du droit (1976), Bd. 21, S. 45 ff.

Braudel, Fernand, L'identité de la France, Bd. 1, Paris 1986.

Briand, Aristide, Frankreich und Deutschland. Mit einer Einleitung von Gustav Stresemann, hrsg. von Artur Rosenberg, Dresden 1928.

Brie, Siegfried, Der Bundesstaat. Eine historisch-dogmatische Untersuchung, Leipzig 1874.

Brubaker, Rogers, Staats-Bürger, Deutschland und Frankreich im historischen Vergleich, Hamburg 1994. Frz. Übersetzung : Citoyenneté et nationalité en France et en Allemagne, Paris 1997.

Brugmans, Henri, „L'Europe des Etats" un double échec, in: Revue de droit prospectif (1977), Nr. 3 / 4 – spécial Europe, S. 55-59.
- L'idée européenne, 1920-1970, Bruges 1970.

Brugmans, Henri, / Duclos, Pierre, Le fédéralisme contemporain. Critères, Institutions, Perspectives, Leyde 1963.

Brunel, Pierre, L'Etat et le souverain, Littératures modernes, Bd. 15, Paris 1978.

Brunner, Otto / Conze, Werner / Koselleck, Reinhart (Hrsg.), Geschichtliche Grundbegriffe. Historisches Lexikon zur politisch-sozialen Sprache in Deutschland, Bd. 6, Stuttgart 1990, Bd. 7, Stuttgart 1992.

Buffet-Tchakaloff, Marie-France, la France devant la Cour de justice des Communautés européennes, Paris 1985.

Burban, Jean-Louis, Le Conseil de l'Europe, Paris 1985.

Burdeau, Georges, Manuel de droit constitutionnel et institutions politiques, 20. Aufl., Paris 1984.
- Traité de science politique, Bd. 2, L'Etat, Paris 1980.

– Droit constitutionnel et Institutions politiques. Conforme au programme des facultés de droit et écoles d' enseignement supérieur, Paris 1969.
– Une survivance: la notion de constitution, in: L'évolution du droit public, Etudes en l'honneur d'Achille Mestre, Paris 1956, S. 58 ff.
– Essai d'une théorie de la révision des lois constitutionnelles en droit positif français, Paris 1930.

Burdeau, Georges / Hamon, Francis / Troper, Michel, Droit constitutionnel, 25. Aufl., Paris 1997.

Burns, James Henderson (ed.), The Cambridge History of Political Thought 1450-1700, Cambridge 1991.

Caesarini Fürstenerii (Gottfried Wilhelm Leibniz), Tractatus de Jure suprematus ac legationis principum germaniae, editio secunda, Londini M DC LXXVII (1677).

Capitant, Henri (Dir.), Vocabulaire juridique, Paris 1930.

Carbonell, Charles Olivier u. a., Une histoire *européenne* de l'Europe, 2 Bde., Bd. 1: Mythes et fondements (Des origines au XVe siècle), Bd. 2: D'une renaissance à l'autre? (XVe-XXe siècle), Toulouse 1999.

Carlier, Edmond / Quermonne, Jean-Louis, Dans la perspective de la conférence intergouvernementale 2000. Dialogue entre E. Carlier et J.-L. Quermonne sur l'évolution des institutions européennes, in : L'europe en formation (2000), Nr. 317, S. 77-89.

Caron, Jean-Claude, La nation, l'Etat et la démocratie en France de 1789 à 1914, Paris 1995.

Carré de Malberg, Raymond, La loi, expression de la volonté générale. Etude sur le concept de la loi dans la Constitution de 1875, Paris 1931, Ndr. Paris 1984.
– Confrontation de la théorie de la formation du droit par degrés avec les idées et les institutions consacrées par le droit positif français relativement à sa formation, 1931.
– Contribution à la théorie générale de l'Etat spécialement d'après les données fournies par le droit constitutionnel français, 2 Bde., Paris 1920, 1922.

Carreau, Dominique, Droit international, Paris 1997.
– Droit communautaire et droits nationaux: concurrence ou primauté? La contribution de l'arrêt Simmenthal, in: R. T. D. E. (1978), S. 381-418.

Chalandon, Albin, le droit moteur de l'Europe, in: Revue administrative, sept-octobre 1986, S. 427, zit. in von *Bettati, Mario*, Le law-making power de la Cour, in: Revue Pouvoirs, Nr. 48 (1989), S. 50-65.

Chaltiel, Florence, La souveraineté de l'Etat et l'Union européenne, l'exemple français. Recherches sur la souveraineté de l'Etat membre, Bibliothèque constitutionnelle et de science politique, Bd. 99, Paris 2000.
– Le pouvoir constituant, marque contemporaine de souveraineté. A propos du refus présidentiel de révision constitutionnelle, D. (2000), Nr. 14, S. 225-228.

– Droit constitutionnel et droit communautaire, in: R. T. D. E. (1999), Nr. 35, Heft 3, S. 395-408.
– La Constitution française et l'Union européenne. A propos de la révision constitutionnelle du 25 janvier 1999, in: R. M. C., Nr. 427 (1999), S. 228-237.
Chapus, René, Droit administratif général, 2 Bde., Bd. 1, 12. Aufl., Paris 1998.
Charpentier, Jean, Quelques réflexions sur la personnalité juridique des organisations internationales: réalité ou fiction ?, in: Mélanges Schwob, Bruxelles 1998. S. 3 ff.
– Le phénomène étatique à travers les grandes mutations politiques contemporaines, in: Société française pour le droit international, Colloque de Nancy: L'Etat souverain à l'aube du XXIe siècle, Paris 1994, S. 11-38.
– Quelle subsidiarité?, in: Revue Pouvoirs, Nr. 9, April 1993, S. 49-62.
Chaumont, Charles, Recherche du contenu irréductible du concept de souveraineté de l'Etat, in: Hommage d'une génération de juristes au Président Basdevant, Paris 1960, S. 114-151.
Chemillier-Gendreau, Monique, Le Principe de subsidiarité: enjeu majeur, débats confus, in: Le Monde diplomatique, Nr. 460, Juli 1992, S. 13.
Chevallier, Jacques, L'Etat, Paris 1999.
– L'Etat de droit, 2 Aufl., Paris 1994.
– L'Etat de droit, in: R. D. P. 104 (1988), S. 313-380.
– Histoire de la pensée politique, Bd. 1, Paris 1983.
– L'Etat-nation, in: R. D. P. 96 (1980), S. 1271-1302.
– Les grandes œuvres politiques de Machiavel à nos jours, Paris 1970.
– L'idée de Nation et l'idée d'Etat dans l'idée de Nation, in: Annales de philosophie politique, Paris 1969, Nr. 8, S. 49 ff.
Chianéa, Gérard, Histoire des institutions publiques de la France, 3 Bde.: Bd. 1, Du démembrement à la reconstruction de l'Etat (476-1492), Paris 1994, Bd. 2, Essor et déclin de l'Etat monarchique (1492-1789), Paris 1995, Bd. 3, L'Etat moderne en France (1789-1870), Paris 1996.
Chitibatelli, Andréa, Quelle Constitution pour l'Europe? in: Europe en formation, Nr. 298 (1995), S. 29-40.
Christophe-Tchakaloff, Marie-France / Gohin, Olivier, La Constitution est-elle encore la norme fondamentale de la République?, D. (1999), Chronique, S. 120-128.
Citron, Suzanne, Le mythe national. L'histoire de France en question, Les éditions ouvrières / études et documentation internationales, Paris 1987.
Clergerie, Jean-Louis, Le principe de subsidiarité, Paris 1997.
– L'avenir fédéral de l'Union européenne, in : R. D. P. 116 (2000), S. 1529-1543.
Cohen, Elie, La tentation hexagonale. La souveraineté à l'épreuve de la mondialisation, Paris 1996.
Cohen-Tanugi, Laurent, Le choix de l'Europe, Paris 1995.
– L'Europe en danger, Paris 1992.

Colas, Dominique / Emeri, Claude / Zylberberg, Jacques (Dir.), Citoyenneté et nationalité, perspectives en France et au Québec, Paris 1991.

Collas, Patrice, Souveraineté des Etats et entreprises supranationales, in: R. R. J. (1993), S. 511-530.

Combacau , Jean / Sur, Serge, Droit international, Paris 1997.

Combacau, Jean / Sur, Serge / Thierry, Hubert / Vallee, Charles, Droit international public, Paris 1984.

Combacau, Jean, La souveraineté internationale de l'Etat dans la jurisprudence du Conseil constitutionnel français, in: Les Cahiers du conseil constitutionnel, Nr. 9 (2000), S. 113-118.

– Pas une Puissance, une liberté: la souveraineté internationale de l'Etat, in: Pouvoirs, Nr. 67 (1993), S. 48.

– Le droit international: bric-à-brac ou système, in: A. P. D., Bd. 1 (1986), S. 105.

Combothecra, Xénocrate S., La conception de la souveraineté, in: R. D. P. 8 (1897), S. 243 ff.

Commission Christian Blanc, L'Etat en question. L'Etat, entre l'Europe et les collectivités locales, in: Cahiers Français (1995), Nr. 271: Les frontières de l'Etat, S. 2-11.

Communication de la Commission au Conseil et au Parlement européen: Le principe de subsidiarité, in: R. T. D. E. 28 (1992), S. 728-739.

Condorcet, Jean Antoine Nicolas de Caritat de, Œuvres complètes, Bd. 12, Paris 1847, S. 422 (projet de déclaration des droits).

Constant, Benjamin, Oeuvres, Texte présenté et annoté par Alfred Roulin. Bibliothèque de la Pléiade, Bd. 123, Paris 1957.

Constantinesco, Leontin Jean, La nature juridique des communautés européennes, conférence Spaak, Liège 1980.

– Das Recht der Europäischen Gemeinschaften, Bd. 1: Das institutionelle Recht, Baden-Baden 1977.

Constantinesco, Vlad, Les noms de l'Europe (Des Communautés européennes à l'Union européenne), in: Mélanges Schwob, Bruxelles 1998, S. 309 ff.

– Subsidiarität. Zentrales Verfassungsprinzip für die politische Union, in: Integration (1990), S. 165-178.

– „Subsidiarität“: Magisches Wort oder Handlungsprinzip der Europäischen Union?, in: Europäische Zeitschrift für Wirtschaftsrecht (1991), Heft 18, S. 561-563.

– La Subsidiarité comme Principe Constitutionnel de l'Intégration Européenne, in: Außenwirtschaft 46 (1991), S. 439-459.

Cornu, Gérard (Dir.), Vocabulaire juridique, Association Henri Capitant, 6. Aufl., Paris 1996.

Coudenhove-Kalergi, Richard de, Die europäische Nation, Stuttgart 1953.

– J'ai choisi l'Europe, Paris 1942.

– Kampf um Paneuropa, aus dem 1. Jahrgang von Paneuropa, Wien-Leipzig 1925, Bd. 2 (1926)

Cousin, Victor, Cours d'histoire de la philosophie morale au dix-huitième siècle, Bd. 2, Paris 1839-1840.

Creifelds Carl, „Souveränität", in: Rechtswörterbuch, München 1996, S. 1124.

Croisat, Maurice / Quermonne, Jean-Louis, L'Europe et le fédéralisme, 2. Aufl., Paris 1999.

Crucé, Emeric, Le nouveau Cynée, Paris 1623.

Cubertafond, Bernard, „Souverainetés en crise?", in: R. D. P. (1989), S. 1273-1303.

Da Cruz Vilaca, José Luis / Piccarra, N.,Y-a-t-il des limites matérielles à la révision des traités instituant les Communautés européennes?, in: C. D. E. (1993), S. 1 ff.

Dantonel-Cor, Nadine, La mise en jeu de la responsabilité de l'Etat français pour violation du droit communautaire, in: R. T. D. E. 31 (1995), S. 471-507.

David, Marcel, A propos de la souveraineté: Deux relectures de Carl Schmitt, in: R: D. P. 115 (1999), S. 661-696.

– La souveraineté du peuple, Paris 1996.

– La souveraineté et les limites du pouvoir monarchique du IXe au XVe siècle, Annales de la Faculté de droit et des sciences politiques de Strasbourg, Bd. 1, Paris 1954.

De la Serre, Françoise / Lequesne, Christian (Dir.), Quelle Union pour quelle Europe? L'après-traité d'Amsterdam, Bruxelles 1998.

Debbasch, Roland, La reconnaissance constitutionnelle de la langue française, in: R. F. D. C. Nr. 11 (1992), S. 457 ff.

– Le principe révolutionnaire d'unité et d'indivisibilité de la République, Paris 1988.

Debbasch, Roland / Roux, André, L'indivisibilité de la République, in: Mathieu, Bertrand / Verpeaux, Michel (Dir.), La République en droit français, Paris 1996. S. 59-102.

Debbasch, Charles / Pontier, Jean-Marie, Les Constitutions de la France, 3. Aufl., Paris 1996.

Debré, Michel, L'idée européenne et sa déformation, in: Revue de droit prospectif (1977), Nr. 3 / 4 – spécial Europe, S. 43-49.

Decaux, Alain / Castellot, André (Dir.), Dictionnaire d'histoire de France, Paris 1981, édition du Club France-Loisirs, Paris 1986.

Declareuil, Joseph, Histoire générale du droit français des origines à 1789, Paris 1925.

Degryse, Christophe, Dictionnaire de l'Union européenne, De Boeck Université, Bruxelles 1995.

Delors, Jacques, Le Nouveau Concert européen, Paris 1992.

– Europe: Les embarras de la souveraineté, in: Politique Internationale, Nr. 41 (1988), S. 289-299.

Delpérée, Francis, Le fédéralisme en Europe, Paris 2000.

Demichel, Francine, Le rôle de la souveraineté dans les relations internationales contemporaines, in: Mélanges offerts à Georges Burdeau, Paris 1977, S. 1053-1071.

Denzer, Horst (Hrsg.), Jean Bodin. Verhandlungen der internationalen Bodin Tagung in München, Münchener Studien zur Politik, Bd. 18, München 1973, S. 343-357.

Devaux, Olivier / Cabanis, André, Histoire des Institutions de la France (1er-14e siècle), Paris 1993.

Dewost, Jean-Louis, L'application territoriale du droit communautaire: disparition et résurgence de la notion de frontière, in: S. F. D. I., Colloque de Poitiers. La frontière, Paris 1980, S. 253-267.

Di Fabio, Udo, Der neue Art. 23 des Grundgesetzes. Positivierung vollzogenen Verfassungswandels oder Verfassungsneuschöpfung?, in: Der Staat 32 (1993), Heft 1 / 4, S. 191-217.

Documents pour servir à l'histoire de la Constitution du 4 octobre 1958 / Comité national chargé de la publication des travaux préparatoires des institutions de la Ve République. 3 Bde., Documentation française, Paris 1987. Bd. 1: Des origines de la loi constitutionnelle du 3 juin 1958 à l'avant-projet du 29 juillet 1958; Bd. 2: Le Comité consultatif constitutionnel: de l'avant-projet du 29 juillet au projet du 21 août 1958; Bd. 3: Du Conseil d'Etat au référendum: 20 août-28 septembre 1958.

Doehring, Karl, Allgemeine Staatslehre. Eine systematische Darstellung, 2. Aufl., Heidelberg 2000.

Donnedieu de Vabres, Jacques, L'Etat, Paris 1992.

– La Constitution de 1946 et le droit international, D. (1948), Chr., S. 5-8.

Doucet, Michel / Fleck, Klaus E., Wörterbuch der Rechts- und Wirtschaftssprache, Bd. 1, München 1997.

Dreier, Horst, Staatslexikon: Recht - Wirtschaft – Gesellschaft, 5 Bde., Freiburg u. a. 1988.

Drevet, Paul, La procédure de révision de la Constitution du 27 octobre 1946 et ses applications, Paris 1958.

Dreyer, Michael, Föderalismus als ordnungspolitisches und normatives Prinzip. Das föderative Denken der Deutschen im 19. Jahrhundert, Frankfurt am Main u. a. 1987.

Dubouis, Louis, Les trois logiques de la jurisprudence Sarran, in: R. F. D. A. (1999), S. 66.

– Le contrôle de la compatibilité des décisions de l'Union européenne avec la Constitution française, in: Mélanges Schwob, Bruxelles 1997, S. 331 ff.

– La responsabilité pour les dommages causés aux particuliers par la violation du droit communautaire, Décision de la Cour de Justice des Communautés

Européennes, 19 novembre 1991, Francovitch et Bonifaci, aff. Jointes C. 6 / 9 et 9 / 90, in: R. F. D. A. (1992), S. 1-9.
- L'ouverture de la fonction publique aux ressortissants des autres Etats membres de la Communauté européenne, le législateur entre juge communautaire et juge constitutionnel, in: R. F. D. A. (1991), S. 901-919.
- Le juge français et le conflit entre norme constitutionnelle et norme européenne, in: L'Europe et le droit, Mélanges en hommage à Jean Boulouis, Paris 1991, S. 217 ff.

Duguit, Léon, Les transformations du droit public, 3. Aufl., Paris 1925.
- Traité de droit constitutionnel, 4 Bde., Paris 1923-1930.
- Le droit social, le droit individuel et la transformation de l'Etat, 3. Aufl., Paris 1922.
- Souveraineté et liberté, Leçons faites à l'Université Columbia (New-York), 1920-1921, Paris 1922.
- Manuel de droit public, Bd. 1: Droit constitutionnel, Paris 1907.
- L'Etat, le droit objectif et la loi positive, Paris 1901.

Duguit, Léon / Monnier, Henry / Bonnard, Roger, Les Constitutions et les principales lois politiques de la France depuis 1789 précédées de notices historiques par Léon Duguit et Henry Monnier. Continué par Roger Bonnard, 6. Aufl., Paris 1943.

Duhamel, Olivier, La gauche et la Ve République, Paris 1980.

Duhamel, Olivier / Mény, Yves, Dictionnaire constitutionnel, Paris 1992.

Duprat, Gérard (Dir.), L'Union européenne, droit, politique, démocratie, Paris 1996.

Dupront, Alphonse, Du sentiment national, in: François, Michel (Dir.), La France et les Français, Paris 1972.

Dupuy, Pierre-Marie, Droit international public, 5. Aufl., Paris 2000.
- (Dir.), Mélanges en l'honneur de Nicolas Valticos, Droit et justice, Paris 1999.

Dutheil de la Rochère, Jacqueline, Quelques réflexions à propos du livre blanc de la Commission „Gouvernance européenne", in: R. M. C. Nr. 454, Januar 2002, S. 10-15
- la jurisprudence de la Cour de justice des Communautés européennes et la souveraineté des Etats, in: La Constitution et l'Europe. Journée d'étude du 25 mars 1992 au Sénat, Montchrestien, Paris 1992, S. 233-262.

Duverger, Maurice, Institutions politiques et droit constitutionnel, 12. Aufl., Bd. 1, Paris 1971.
- L'Europe dans tous ses Etats, Paris 1995.

Ehrhardt, Carl A., Europa zwischen nationaler Souveränität und Integration, in: Außenpolitik 38 (1987), Heft 2, S. 103-119.

Eissen, Marc André, Die Entscheidung des Conseil constitutionnel zum Gesetz über den freiwilligen Schwangerschaftsabbruch, in: EuGRZ (1975), S. 69-72.

Elias, Norbert, Über den Prozeß der Zivilisation. Soziogenetische und psychogenetische Untersuchungen, 2 Bde, Bd. 1: Wandlungen des Verhaltens in den weltlichen Oberschichten des Abendlandes, Bd. 2: Wandlungen der Gesellschaft. Entwurf zu einer Theorie der Zivilisation, 21. Aufl., Frankfurt am Main 1997.

Ellul, Jacques, Histoire des institutions, 4. Bde.: Bd. 1, L'Antiquité, Bd. 2, le Moyen-Âge, Bd. 3, XVIe-XVIIIe siècle, Bd. 4, Le XIXe siècle, Paris 1993.

– Recherche sur la conception de la souveraineté dans la Rome primitive, in: Mélanges offerts à Georges Burdeau: Le pouvoir, Paris 1977, S. 265-279.

Esmein, Adhémar, Eléments de droit constitutionnel français et comparé, 8. Aufl., 2 Bde., Paris 1927-1928.

Esplugas, Pierre, Conseil constitutionnel et service public, Paris 1994.

Etien, Robert, Maastricht: le contrôle des opérations électorales par le Conseil constitutionnel, in: La Revue administrative (1992), S. 413 ff.

Everling, Ulrich, Sind die Mitgliedstaaten der Europäischen Gemeinschaft noch Herren der Verträge ? Zum Verhältnis von Europäischem gemeinschaftsrecht und Völkerrecht, in: Bernardt, Rudolf u.a. (Hrsg.), Völkerrecht als Rechtsordnung. Internationale Gerichtsbarkeit, Menschenrechte, Festschrift für Hermann Mosler (Beiträge zum ausländischen öffentlichen Recht und Völkerrecht), Bd. 81, Berlin u. a. 1983, S. 173-191.

Faberon, Jean-Yves / Agniel, Guy (Dir.), La souveraineté partagée en Nouvelle-Calédonie et en droit comparé, La Documentation française, Paris 2000.

Fabre, Michel-Henry, La République, sa perception constitutionnelle par les français, Aix-en-Provence 1988.

– Principes républicains de droit constitutionnel, 4. Aufl., Paris 1984.

– L'unité et l'indivisibilité de la République, réalité? fiction?, in: R. D. P. 98 (1982), S. 603-622.

Fardella, Franco, Le dogme de la souveraineté de l'Etat. Un bilan, in: Le privé et le public, Archives de philosophie du droit (1997), Bd. 41, S. 115-134.

Fassbender, Bardo, Zur Bedeutung des Souveränitätsbegriffes für die europäische Einigung, in: Europäische Integration – Schon eine „Union des Rechts"? Zwischen Erfolgsbilanz und Balanceverlust, Veröffentlichungen der Hanns Martin Schleyer-Stiftung, Bd. 47, Köln 1996, S. 161-168.

Favoreu, Louis, Le contrôle de constitutionnalité du Traité de Maastricht et le développement du „droit constitutionnel international", in: R. G. D. I. P., Bd. 97, Nr. 1 (1993), S. 39-66.

– La décision du Conseil constitutionnel du 22 mai 1985 relative au protocole n° 6 additionnel à la Convention européenne des droits de l'homme, in : A. F. D. I (1985), Bd. 31, S. 868-875.

– Le droit constitutionnel jurisprudentiel en 1982-1983, in: R. D. P. (1983), S. 333-400.

– Décentralisation et Constitution, in. R. D. P. 98 (1982), S. 1259-1295.

- La jurisprudence relative au domaine de la loi et du règlement. Le contrôle des lois organiques et des règlements d'assemblée. Les saisines parlementaires de l'année 1978-1979, in: R. D. P. 95 (1979), S. 1659-1713.
- Quelques perspectives de l'intégration européenne après la décision du Conseil constitutionnel des 29-30 décembre 1976, in: Revue de droit prospectif (1977), Nr. 3-4, S. 79 ff.
- Quel(s) modèle(s) constitutionnel(s) ?, in : Flauss, Jean-François (Dir.), Vers un droit constitutionnel européen, quel droit constitutionnel européen?, Actes du colloque des 18 et 19 juin 1993, 40ème anniversaire de l'Institut des Hautes études européennes, Strasbourg, Université Robert Schuman, in: R. U. D. H. (1995), Nr. 11-12, S. 357-364.
- Les décisions du Conseil constitutionnel relatives au traité sur l'Union européenne, in: R. F. D. C. Nr. 11 (1992), S. 392 ff.

Favoreu, Louis / Oberdorff, Henri, Droit constitutionnel et droit communautaire. Les rapports de deux ordres juridiques. Entretien réalisé par Daniel Vignes, in : R. M. C. (2000), Nr. 435, S.94-99.

Favoreu, Louis / Philip, Loïc, Les grandes décisions du Conseil constitutionnel, 9. Aufl., Paris 1997.
- Election au suffrage universel direct des membres de l'Assemblée européenne (Décision des 29 et 30 décembre 1976, in: R. D. P. 93 (1977), S. 129-180.

Favoreu, Louis, Souveraineté et supraconstitutionnalité, in: Revue Pouvoirs, Nr. 67 (1993), S. 71-77.

Favret, Jean-Marc, L'intégration européenne et la France: quelques réflexions sur la divisibilité de la souveraineté, in: R. D. P. 115 (1999), S. 1741-1764.
- Le Traité d'Amsterdam: une révision *a minima* de la „Charte constitutionnelle" de l'Union européenne. De l'intégration à l'incantation?, in: C. D. E. (1997), Nr. 5-6, S. 555-605.

Ferry, Jean-Marc, La question de l'Etat européen, Paris 2000.

Février, Jean-Marc, Réflexions sur les fonctions de la souveraineté nationale dans l'histoire constitutionnelle française, in: R. R. J. (2000), Heft 1, S. 159-282.

Fichte, Johann Gottlieb, Reden an die deutsche Nation, Berlin 1808.

Fink, Udo, Garantiert das Grundgesetz die Staatlichkeit der Bundesrepublik Deutschland?, in: DÖV (1998), Heft 4, S. 133-141.

Finkielkraut, Alain, La défaite de la pensée, Paris 1987.

Flauss, Jean-François, Note de jurisprudence, in: R. D. P. 115 (1999), S. 919-949.
- La souveraineté de l'Etat et la Convention européenne des droits de l'homme, in : Drago (Dir.), Souveraineté de l'Etat et interventions internationales, Paris 1996, S. 59-72.

Foreville, Raymonde, Le Pape Innocent III et la France, Stuttgart 1992.

Formery, Simon-Louis, La Constitution commentée article par article, 4. Aufl., Paris 1998.

Foucher, Michel, La République européenne, entre histoires et géographies, Paris 1998.
Fougeyrollas, Pierre, Pour une France fédérale. Vers l'unité européenne par la révolution régionale, Paris 1968.
Foyer, Jean, Le contrôle des parlements nationaux sur la fonction normative des institutions communautaires, in: R. M. C. (1979), S. 161.
François, Bastien, La naissance d'une Constitution. La cinquième République 1958-1962, Paris 1996.
Franklin, Julian H., Jean Bodin et la naissance de la théorie absolutiste, Paris 1993.
Fromont, Michel, Frankreich und die Europäische Union, in: DÖV (1995), Heft 12, S. 481-487.
Funk-Rüffert, Petra, Kooperation von Europäischem Gerichtshof und Bundesverfassungsgericht im Bereich des Grundrechtsschutzes. Tübinger Schriften zum internationalen und europäischen Recht, Bd. 48, Berlin 1999.
Furet, Francois / Ozouf, Mona (Dir.), Dictionnaire critique de la révolution française, Paris 1988.
– (Hrsg.), Kritisches Wörterbuch der Französischen Revolution, 2 Bde., Frankfurt am Main 1996.
Furet, Francois, Jean-Jacques Rousseau und die Französische Revolution. Jan-Patocka-Gedächtnisvorlesung des IWM 1994, Passagen, Heft 12, Wien 1994.
– Penser la révolution française, Paris 1978.

Gadamer, Hans Georg, Volk und Geschichte im Denken Herders, Wissenschaft und Gegenwart, Bd. 14, Frankfurt 1942.
Gaïa, Patrick, Le droit constitutionnel national et l'intégration européenne (rapport français), in: Berichte für den 17. F.I.D.E.-Kongress, Baden-Baden 1996, S. 241 ff.
– Commentaires du Conseil constitutionnel, 23 juillet 1991, fonction publique, et 25 juillet 1991, Schengen, in: R. F. D. C. (1991), S. 699-747.
Gangl, Hans, Verfassungsfragen der fünften Republik, Grazer rechts- und staatswissenschaftliche Studien, Bd. 13, Graz 1964.
Gaudemet, Paul-Marie, Paul Laband et la doctrine française, in: R. D. P. 105 (1989), S. 957-979.
Gaudin, Hélène, Amsterdam: l'échec de la hiérarchie des normes?, in: R. T. D. E. 35 (1999), S. 1-20.
Gaulle, Charles de, Discours et messages, 5 Bde., Paris 1970: Bd. 1: Pendant la guerre: juin 1940-janvier 1946; Bd. 2: Dans l'attente: février 1946-avril 1958; Bd. 3: Avec le renouveau: mai 1958-juillet 1962; Bd. 4: Pour l'effort: août 1962-décembre 1965; Bd. 5: Vers le terme: janvier 1966-avril 1969.
Gautron, Jean-Claude, A propos de la décision du Conseil constitutionnel du 9 avril 1992: le dit et le non-dit, in: La Constitution et l'Europe. Journée d'étude du 25 mars 1992 au Sénat, Montchrestien, Paris 1992, S. 344.

Gavalda, Christian / Kovar, Robert (Dir.), Répertoire de droit communautaire, Bd. 1 und Bd. 3, Dalloz, Paris 1992.

Genet, Jean Philippe / Le Menet, Michel (Dir.), L'Etat moderne: genèse, Colloque international du C. N. R. S., Paris 1990.

Genevois, Bruno, Le Traité sur l'Union européenne et la Constitution, A propos de la décision n° 92-308 DC du 9 avril 1992, in: R. F. D. A. (1992), Heft 3, S. 373-408.

– Le Traité sur l'Union européenne et la Constitution révisée. A propos de la décision du Conseil constitutionnel n° 92-312 DC du 2 septembre 1992, in : R. F. D. A. (1992), Heft 6, S. 937-955.

Gerbet, Pierre, La Construction de l'Europe, 2. Aufl., Paris 1994.

Gerkrath, Jörg, L'émergence d'un droit constitutionnel pour l'Europe, éd. De l'Université de Bruxelles, 1997.

Gicquel, Jean, Droit constitutionnel et institutions politiques, 15. Aufl., Paris 1997.

Gicquel, Jean / Hauriou, André, Droit constitutionnel et institutions politiques, Paris 1995.

Girardet, Raoul, Le Nationalisme Français, Paris 1966.

Giraud, Emile, Le rejet de l'idée de souveraineté. L'aspect juridique et l'aspect politique de la question, in: La technique et les principes du droit public. Etudes en l'honneur de G. Scelle, Bd. 1, Paris 1950, S. 250-266.

Gnesotto, Nicole, La puissance et l'Europe, Paris 1998.

Godefroy, Frédéric, Dictionnaire de l'ancienne langue française et de tous ses dialectes du IXe au XVe siècle, 10 Bde. (1881-1902), Bd. 7, Paris 1892.

Gohin, Olivier, La nation est-elle une réalité constitutionnelle en droit français?, in: Civitas Europa Nr. 1, September 1998, S. 93-106.

Gönner, Nicolaus Thaddaeus, Teutsches Staatsrecht, Landshut 1804.

Goriely, Georges, Proudhon et les nationalités, in: L'actualité de Proudhon, Colloque de novembre 1965, Bruxelles 1967, S. 151-161.

Götz, Volkmar u. a. (Hrsg.), Liber amicorum Günther Jaenicke - zum 85. Geburtstag, Beiträge zum ausländischen öffentlichen Recht und Völkerrecht, Bd. 125, Berlin 1998.

– Mehrheitsbeschlüsse des Rates der Europäischen Union, in: Ole, Due / Lutter, Marcus / Schwarze, Jürgen (Hrsg.), Festschrift für Ulrich Everling, 2 Bde., Baden-Baden 1995, Bd. 1, S.339-353.

– Das Maastricht-Urteil des Bundesverfassungsgerichts, in: JZ (1993), S. 1081-1086.

Gouaud, Christiane, Le projet de Constitution européenne, in: R. F. D. C., Nr. 22 (1995), S. 287-319.

Gounelle, Max, Relations internationales, 4. Aufl., Paris 1998.

Gouze, Gérard, Rapport fait au nom de la Commission des lois constitutionnelles, de la législation et de l'administration générale de la République sur le projet de loi constitutionnelle (Nr. 2623) ajoutant à la Constitution un titre: „De l'Union européenne", Document de l'Assemblée Nationale Nr. 2672 (1992).

Goyard-Fabre, Simone, Les principes du droit politique moderne, Paris 1997.

– L'Etat de droit, problématique et problèmes, in: Cahiers de philosophie politique et juridique de l'Université de Caen, Nr. 24 (1990), S. 11 ff.

– Philosophie politique, Paris 1987.

Grawert, Rolf / Schlink, Bernhard / Wahl, Rainer / Wieland, Joachim (Hrsg.), Offene Staatlichkeit. Festschrift für Ernst-Wolfgang Böckenförde zum 65. Geburtstag, Berlin 1995.

Grewe, Constance, L'unité de l'Etat: entre indivisibilité et pluralisme, in: R. D. P. 114 (1998), S. 1349-1360.

– L'arrêt de la Cour constitutionnelle allemande, in: R. U. D. H. (1993), S. 229.

– La révision constitutionnelle en vue de la ratification du Traité de Maastricht, in: R. F. D. C., Nr. 11 (1992), S. 413-438.

Grewe, Constance / Ruiz Fabri, Hélène, Droits constitutionnels européens, Paris 1995.

– La révision constitutionnelle en vue de la ratification du Traité de Maastricht, in R.F.D.C., Nr. 11 (1992), S. 413-438.

– Le Conseil constitutionnel et l'intégration européenne – jurisprudence de juillet 1991 à septembre 1992 -, in: R. U. D. H., Bd. 5, Nr. 8-9 (1992), S. 277-293.

Grewe, Constance / Weber, Albrecht, Le traité sur l'Union devant les juridictions constitutionnelles, in: A. I. J. C. IX-1993, S. 11-30.

Grimm, Dieter, Vertrag oder Verfassung. Die Rechtsgrundlage der Europäischen Union im Reformprozeß Maastricht II, in: Staatswissenschaften und Staatspraxis, Heft 4 (1995), S. 509-531.

– Braucht Europa eine Verfassung?, hrsg. von Heinrich Meier, Carl Friedrich von Siemens Stiftung, Themen, Bd. 60, München 1994.

Grotius, Hugo, De Jure Belli ac Pacis Libri Tres, In quibus jus Naturae & Gentium, item juris publici praecipua explicantur, Amsterdam 1646, Ndr. hrsg. von James Brown Scott, Carnegie Institution of Washington 1913.

Groux, Jean, „Territorialité" et droit communautaire, in: R. T. D. E. 23 (1987), S. 5-33.

Guéna, Yves, Délégation Sénatoriale pour les Communautés européennes, rapport d'information sur l'Union européenne, Nr. 307, 23. April 1992.

Guillien, Raymond / Vincent, Jean (Dir.), Lexique de termes juridiques, 12. Aufl., Dalloz, Paris 1999.

Guizot, François Pierre Guillaume, Du gouvernement de la France depuis la restauration et du ministère actuel, Paris 1821.

Gundel, Jörg, Die Einordnung des Gemeinschaftsrechts in die französische Rechtsordnung, Schriften zum Europäischen Recht, Bd. 42, Berlin 1997.

Gunzellii, Albertii, Disquisitio de majestate romani imperatoris, recusa MD CC XXX VIII (1738), in: Disputat iuridicar, Vol. 119, Nr. VIII.

Häberle, Peter (Hrsg.), Kulturstaatlichkeit und Kulturverfassungsrecht, Wissenschaftliche Buchgesellschaft, Darmstadt 1982.

Häde, Ulrich, Das Bundesverfassungsgericht und der Vertrag von Maastricht, in: B. B. (1993), Bd. 2, S. 2457-2463.

Haenel, Albert, Studien zum Deutschen Staatsrechte, Bd. 1: Die vertragsmäßigen Elemente der Deutschen Reichsverfassung, Leipzig 1873.

Hafen, Thomas, Staat, Gesellschaft und Bürger im Denken von Emmanuel Joseph Sièyes, St. Galler Studien zur Politikwissenschaft, Bd. 17, Bern u. a. 1994.

Haggenmacher, Peter, L'Etat en tant que sujet de droit international, de Victoria à Vattel, in: Droits, Nr. 16, L'Etat / 2 (1992), S. 11 ff.

Haltern, Ulrich R., Europäischer Kulturkampf. Zur Wahrung „nationaler Identität" im Unions-Vertrag, in: Der Staat 37 (1998), Heft 4, S. 591-623.

Hamon, Louis, La souveraineté nationale, la constitution,...et les négociations européennes en cours., in : Recueil Dalloz 1991, II, Chronique, S. 301-303.

– Note, in. Recueil Dalloz 1991, I, Jurisprudence, S. 622-623.

Hannequart, Jean-Pierre, L'Etat fédéré en droit international, Tours 1991.

Hartmann, Peter Claus, Französische Verfassungsgeschichte der Neuzeit (1450-1980). Ein Überblick, Grundzüge, Bd. 61, Darmstadt 1985.

Hauriou, André, Droit constitutionnel et Institutions politiques, 4. Aufl., Paris 1970.

Hauriou, André / Gicquel, Jean, Droit constitutionnel et institutions politiques, 7. Aufl., Paris 1980.

Hauriou, Maurice, Aux sources du droit. Le pouvoir, l'ordre et la liberté, Cahiers de la nouvelle journée, Bd. 23, Paris 1933.

– Précis de droit constitutionnel, 2. Aufl., Paris 1929.

– La théorie de l'institution et de la fondation, Cahiers de la Nouvelle journée, Bd. 4, 1925.

– Principes de droit public, librairie de la société du Recueil Sirey, Paris 1916.

– La souveraineté nationale, Recueil de législation de Toulouse, 1912.

Hecker, Jan, Europäische Integration als Verfassungsproblem in Frankreich, Schriften zum Europäischen Recht, Bd. 48, Berlin 1998.

Hecquard-Theron, Maryvonne, La notion d'Etat en droit communautaire, in: R. T. D. E. 26 (1990), Heft 4, S. 693-711.

Hegel, Georg Wilhelm Friedrich, Grundlinien der Philosophie des Rechts oder Naturrecht und Staatswissenschaft im Grundrisse: mit *Hegels* eigenhändigen Notizen und den mündlichen Zusätzen, 5. Aufl., Frankfurt am Main 1996.

– Gesammelte Werke, hrsg. von der Rheinisch-westfälischen Akademie der Wissenschaften, 21 Bde., Bd. 9, Phänomenologie des Geistes, hrsg. von Wolfgang Bonsiepen und Reinhard Heede, Hamburg 1980.

Heintzen, Markus, Hierarchisierungsprozesse innerhalb des Primärrechts der Europäischen Gemeinschaft, in: EuR (1994), S. 35-49.

Henrichs, Helmut, Der Vertrag über die Europäische Union und seine Auswirkungen auf die Verfassungen der Mitgliedstaaten, in: DÖV (1994), Heft 9, S. 368-377.

Héraud, Guy, Réflexions sur la souveraineté. Comment la réduire par le haut et par le bas, in: Autour de l'avenir est notre affaire, Entretiens de Crêt-Bérard, textes réunis et présentés par Gérard de Puymège, Fondation Ch. Veillon, Lausanne 1984.

Herder, Johann Gottfried von, Ideen zur Philosophie der Menschheit, 4 Theile (1784-1791), Riga und Leipzig.

Herriot, Edouard, Europe, Paris 1930.

Herzog, Roman, u. a. (Hrsg.), Evangelisches Staatsexikon, 3. Aufl., Bd. 2, Stuttgart 1987.

Hesse, Konrad, Grundzüge des Verfassungsrechts der Bundesrepublik Deutschland, 20. Aufl., Heidelberg 1995.

Heun, Werner, Die Europäische Zentralbank in der Europäischen Währungsunion, in: JZ (1998), Heft 18, S. 866-876.

Hobbes, Thomas, Elementa philosophica de Cive, Amsterodani 1647.

– Leviathan. Oder Stoff, Form und Gewalt eines bürgerlichen und kirchlichen Staates, hrsg. von Iring Fetscher, Frankfurt am Main u. a. 1976.

Hobe, Stephan, Der offene Verfassungsstaat zwischen Souveränität und Interdependenz. Eine Studie zur Wandlung des Staatsbegriffs der deutschsprachigen Staatslehre im Kontext internationaler institutionalisierter Kooperation, Veröffentlichungen des Walther-Schücking-Instituts für internationales Recht an der Universität Kiel, Bd. 122, Berlin 1998.

Hofmann, Hanns Hubert (Hrsg.), Die Entstehung des modernen souveränen Staates, Köln, Berlin 1967.

Holtzmann, Robert, Französische Verfassungsgeschichte. Von der Mitte des neunten Jahrhunderts bis zur Revolution. Handbuch der mittelalterlichen und neueren Geschichte / Georg von Below. Abt. 3: Verfassung, Recht, Wirtschaft, München und Berlin 1910.

Houteer, Gérard, Le Conseil constitutionnel et la notion de peuple corse, in: L. P. A. (1991), Nr. 74, S. 16.

Huber, Peter M., Das Kooperationsverhältnis zwischen BVerfG und EuGH in Grundrechtsfragen. Die Bananenmarktordnung und das Grundgesetz, in: Europäische Zeitschrift für Wirtschaftsrecht (1997), Heft 17, S. 517-521.

– 2. Bericht zum zweiten Beratungsgegenstand: Europäisches und nationales Verfassungsrecht, in: Veröffentlichungen der Vereinigung der Deutschen Staatsrechtslehrer 60 (2001), S. 194-245.

Hubrecht, Hubert-Gérald, Quarante ans après, un Etat garant de la cohésion nationale, in: R. D. P. 114 (1998), S. 1361-1378.

Hugo, Ludolphus, Disputatio inauguralis de statu regionum Germaniae, et regimine principum summae imperii reipubl. Aemulo, nec non de usu et auctoritate juris civilis privati, quam in hac parte juris publici obtinet, Helmst 1661 (Lipsiae recusa M DCC XXXVI) in: Disputat iuridicar, Bd. 119, Nr. VI.

Institut Charles de Gaulle: De Gaulle en son siècle, Actes des journées internationales tenues à l'Unesco, 19-24 novembre 1990, La Documentation francaise, 7 Bde., Bd. 5: L'Europe, Paris 1992.

Ipsen, Jörg (Hrsg.), Verfassungsrecht im Wandel, Köln u. a. 1995.

Isaac, Guy, Droit communautaire général, 7. Aufl., Paris 1999.

Isensee, Josef / Kirchhof, Paul (Hrsg.), Handbuch des Staatsrechts der Bundesrepublik Deutschland, Bd. 1, Heidelberg 1987; Bd. 2, Heidelberg 1992.

Jacqué, Jean-Paul, Droit institutionnel communautaire, Collège d'Europe, année académique 1998-1999.

– Commentaire de la décision du Conseil Constitutionnel n° 92-308 du 9 avril 1992, Traité sur l'Union européenne, in: R. T. D. E. (1992), Heft 2, S. 251-264.

– La communautarisation des politiques nationales, in: Revue Pouvoirs, Nr. 48 (1989), S. 29 ff.

Jeckel, Sebastian, Die Staatlichkeit Deutschlands in der Europäischen Union aus verfassungsrechtlicher und gemeinschaftlicher Sicht, Köln 1997.

Jellinek, Georg, Die Lehre von den Staatenverbindungen, Wien 1882, Ndr. Goldbach 1996.

– Allgemeine Staatslehre, 3. Aufl., Darmstadt 1959.

– Das Recht des modernen Staats, Bd. 1, 2. Aufl., Berlin 1905.

Jèze, Gaston, Essai d'une théorie générale de la compétence pour l'accomplissement des actes juridiques en droit français, in: R. D. P. (1923), S. 58 ff.

Jouve, Edmond, Le Général de Gaulle et la construction de l'Europe: 1940-1966, 2 Bde., Paris 1967.

Jouvenel, Bertrand de, De la souveraineté. A la recherche du bien politique, Paris 1955.

– Du Pouvoir, Genève 1947.

Jung, Sabine, Europa, made in France. Eine Analyse des politischen Diskurs Frankreichs zur Zukunft der Europäischen Gemeinschaft – von den Anfängen bis heute, Nomos Universitätsschriften, Politik, Bd. 97, Baden-Baden 1999.

Juppé, Alain, Schwerpunkte der französischen Außenpolitik, in: Europa-Archiv 1/1993, S. 693-700.

Kallscheuer, Otto / Leggewie, Claus, Deutsche Kulturnation versus französische Nation? Eine ideengeschichtliche Stichprobe, in: Berding, Helmut (Hrsg.), Nationales Bewußtsein und kollektive Identität. Studien zur Entwicklung des kollektiven Bewußtseins in der Neuzeit, Bd. 2, Frankfurt am Main 1994, S. 112-162.

Kastoryanu, Riva (Dir.), Quelle identité pour l'Europe?, Paris 1988.

Kelsen, Hans, Das Problem der Souveränität und die Theorie des Völkerrechts. Beitrag zu einer reinen Rechtslehre, 1920, 2. Aufl., Tübingen 1928, Ndr. Aalen 1960.

– Reine Rechtslehre. Mit einem Anhang : Das Problem der Gerechtigkeit, 2. Aufl., Wien 1960, Ndr. 1967.

Kimmel, Adolf (Hrsg.), Verfassungen der EU-Mitgliedstaaten. Textausgabe mit einer Einführung und einem Sachverzeichnis, 5. Aufl., München 2000.

Kinsky, Ferdinand, Echec du fédéralisme?, in: Europe en formation, Nr. 283 (1992), S. 19 ff.

– Réflexions sur la conférence intergouvernementale 2000, in : L'Europe en formation (2000), Nr. 317, S. 45-49.

Kirchhof, Paul, Das Kooperationsverhältnis zwischen Bundesverfassungsgericht und Europäischem Gerichtshof, in: Müller-Graff, Peter-Christian (Hrsg.), Perspektiven des Rechts in der Europäischen Union, Heidelberg Forum für europäisches Recht, Bd. 1, Heidelberg 1998, S. 163-182.

Kirchner, Hermanni, Respublica. Methodicae disputationis Acie tum veterum tum recentiorum Politicorum opinionibus candidè & probè excussis, Marburg 1608, Disputatio II, De potestate majestatis.

Klein, Claude, Théorie et pratique du pouvoir constituant, Paris 1996.

Koenig, Christian, Ist die Europäische Union verfassungsfähig?, in: DÖV, Heft 7 (1998), S. 268-275.

Kolboom, Ingo, Charles de Gaulle et le malentendu franco-allemand sur la nation et l'Europe, Institut Charles de Gaulle: De Gaulle en son siècle, Actes des journées internationales tenues à l'UNESCO, Paris 19-24. novembre 1990, La Documentation française, Paris 1992, Bd. 5, L'Europe, S. 36 ff.

Koppensteiner, Hans Georg, Die Europäische Integration und das Souveränitätsproblem. Schriftenreihe zum Handbuch für Europäische Wirtschaft, Bd. 14, hrsg. von Heinrich Rieber, Baden-Baden 1963.

Koubi, Geneviève (Dir.), De la citoyenneté, Actes du colloque des 3, 4 et 5 novembre 1993, Faculté de droit et des sciences politiques de Nantes, Paris 1996.

Kovar, Robert, La déclaration n° 16 annexée au traité sur l'Union européenne: chronique d'une mort annoncée?, in: C. D. E. (1997), Nr. 1-2, S. 3-11.

– La contribution de la Cour de justice des Communautés européennes à l'édification de l'ordre juridique communautaire, in : R. C. A. D. I. IV-I (1995), S. 21 ff.

– Les Etats membres et la compétence de la Cour, in: La Cour de justice des Communautés européennes et les Etats membres, Bruxelles, Institut d'études européennes, Université de Bruxelles, 1981, S. 32-46.

– Observations. La primauté du droit communautaire sur la loi française, in: C. D. E. (1975), Nr. 5-6, S. 636-664.

Kovar, Robert / Simon, Denys (Dir.), Service public et Communauté européenne: entre l'intérêt général et le marché, Actes du Colloque de la CEDECE à Strasbourg, 17-19 octobre 1996, Bd. 1 : Introductions et approche sectorielle ; Bd. 2 : Approche transversale et conclusions, La Documentation française, Paris 1998.
– La citoyenneté européenne, in: R. T. D. E. (1993), S. 285.
Krabbe, Hugo Die Lehre der Rechtssouveränität. Beitrag zur Staatslehre, Groningen 1906.
Kranz, Jerzy, Le vote dans la pratique du Conseil des ministres des Communautés européennes, in: R. T. D. E. (1982), S. 403-430.
Kriegel, Blandine, Principes d'une constitution démocratique européenne. Propos sur la démocratie. Essais sur un idéal politique, Paris 1994.
Kriele, Martin, Einführung in die Staatslehre. Die geschichtlichen Legitimitätsgrundlagen des demokratischen Verfassungsstaats, 5. Aufl., Opladen 1994.
Krüger, Herbert, Allgemeine Staatslehre, 2. Aufl., Stuttgart 1966.
Krulic, Joseph, La revendication de la souveraineté, in: Revue Pouvoirs, Nr. 66 / 67, (1993), S. 21-32.
Kunst, Hermann / Herzog, Roman / Schneemelcher, Wilhelm, Evangelisches Staatslexikon, 2. Aufl., Stuttgart, Berlin 1975.

L'internationalisation du droit, Mélanges en l'honneur du doyen Yvon Loussouarn, Paris 1994.
Laband, Paul, Das Staatsrecht des Deutschen Reiches, Freiburg, Tübingen 1883.
Labouz, Marie-Francoise (Dir.), Les accords de Maastricht et la constitution de l'Union européenne, Paris 1993.
– Le système communautaire européen, Berger-Levrault, 1988.
Laferrière, Julien, Manuel de droit constitutionnel, 2. Aufl., Paris 1947.
Lafont, Robert, La Nation, l'Etat, les régions : réflexions pour une fin de siècle et un début d'Europe, Berg international 1993 (Pensée politique et sciences sociales).
Lapie, Pierre-Olivier, Les trois communautés, Paris 1960.
Le Coustumer, Jean-Christophe, La notion de souveraineté nationale dans la jurisprudence du Conseil constitutionnel français, Mémoire de D. E. A., Université de Caen, 1995.
Le Fur, Louis / Posener, Paul, Bundesstaat und Staatenbund, 2 Bde., Breslau 1902.
Le Fur, Louis, Etat fédéral et confédération d'Etats, Paris 1896.
Le Gloannec, Anne-Marie (Dir.), Entre Union et Nations. L'Etat en Europe, Paris 1998.
Le Mong, Nguyen, Contribution à la théorie de la Constitution souveraine par le peuple, in: R. D. P. 87 (1971), S. 923-986.

Leben, Charles, A propos de la nature juridique des communautés européennes, in: Droits, Nr. 14 (1991), S. 61-72.

Leclercq, Claude, Droit constitutionnel et institutions politiques, 9. Aufl., Paris 1995.

– La Constitution de 1958 face au défi du droit international, in: L'internationalité dans les institutions et le droit: convergences et défis. Etudes offertes à Alain Plantey, Paris 1995, S. 1-15.

– Libertés publiques, 2. Aufl., Paris 1994.

Lecourt, Robert, Le rôle unificateur du juge dans la communauté, in: Études de droit des Communautés Européennes, Mélanges offerts à Pierre-Henri Teitgen, Paris 1984, Paris 1984, S. 223-237.

Legoherel, Henri, Histoire du droit public français : des origines à 1789, Paris 1986.

Leibniz, Gottfried Wilhelm, De Jure Suprematus ac legationis Principum Germaniae (1677), in: Sämtliche Schriften und Briefe, bearbeitet und eingeleitet von Lotte Knabe, hrsg. von der Deutschen Akademie der Wissenschaftlichen Politischen Schriften, Bd. 2, Berlin-Ost 1963, S. 14-270.

Leisner, Walter, Volk und Nation als Rechtsbegriffe der französischen Revolution, in: Festschrift Hans Liermann, hrsg. von Klaus Obermayer, u. a., Erlangen 1964, S. 96-123

Lejeune, Yves, L'idée contemporaine de confédération en Europe : quelques enseignements tirés de l'expérience de l'Union européenne, in : Le concept contemporain de confédération. Actes du Séminaire UniDem organisé à Santorin du 22 au 25 septembre 1994, en coopération avec le ministère des Affaires étrangères de la Grèce, Commission européenne pour la démocratie par le droit, Strasbourg 1995, quatrième séance de travail, S. 126-148.

Lemmens, Markus, Die Souveränität der Bundesrepublik Deutschland und die Integration der Europäischen Gemeinschaft. Konsequenzen der deutschen Vereinigung für eine künftige Europäische Union im Spiegel der EG-Entwicklung von 1957 bis 1992. Europäische Hochschulschriften, Reihe 31, Politikwissenschaft, Bd. 264, Frankfurt am Main 1994.

Lenoir, René / Lesourne, Jacques (Dir.), Où va l'Etat? La souveraineté économique en question, Paris 1992.

Lenz, Carl Otto (Hrsg.), EG-Vertrag Kommentar, 2. Aufl., Köln 1999.

Leroy, Michel, Requiem pour la souveraineté, anachronisme pernicieux, in: Présence du droit public et des droits de l'homme, Mélanges offerts à Jacques VELU, Bd. 1, Bruxelles 1992, S. 91-106.

Libchaber, Rémy / Molfessis, Nicolas, La hiérarchie des normes ressuscitée par le Conseil d'Etat, in: R. T. D. civ. (1) (1999), S. 232-235.

Limnaeo Jenensi, Johanne, Iuris publici, Imperii Romano-Germanici: de civitatibus, imperialibus potissimum, liber septimum, Argentorati 1633.

Linditch, Florian, Recherche sur la personnalité morale en droit administratif, Paris 1997.

Liska, Georges, Europe Ascendant, Presses de l'Université Johns Hopkins, Baltimore 1964.

Loewenstein, Karl, Volk und Parlament nach der Staatsauffassung der französischen Nationalversammlung von 1789. Studien zur Dogmengeschichte der unmittelbaren Volksgesetzgebung, München 1922, Ndr. Aalen 1964.

Lorenz, Norbert, Die Übertragung von Hoheitsrechten auf die Europäischen Gemeinschaften, Frankfurt am Main u. a. 1990.

Loth, Wilfried, Der Weg nach Europa. Geschichte der europäischen Integration 1939-1957, 2. Aufl., Kleine Vandenhoeck-Reihe 1551, Göttingen 1991.

– Die résistance und die Pläne zu europäischer Einigung, in: Dumoulin (Dir.), Plans des temps de guerre pour l'Europe d'après-guerre (1940-1947). Wartime plans for postwar Europe (1940-1947), Actes du Colloque de Bruxelles des 12-14 mai 1993, Bd. 5, Bruxelles 1995, S. 47-57.

Louis, Jean-Victor, L'ordre juridique communautaire, 6. Aufl., Luxembourg 1993.

– L'ordre juridique communautaire, 5. Aufl., Luxembourg 1989.

Loyseau, Charles, Traicté Des seigneuries, Paris 1609.

Luchaire, François, La souveraineté, in: R. F. D. C. 43 (2000), S. 451-470.

– L'Europe et la souveraineté des Etats, in: Cahiers juridiques franco-allemands (Saarbrücken), Nr. 19, 1994, S. 5-18.

– L'Union européenne et la Constitution, in: R. D. P.108 (1992), S. 589-616.

– Le Conseil constitutionnel et la souveraineté nationale, in: R. D. P. (1991), S. 1499-1526.

– Le statut de la collectivité territoriale de Corse (Décision du Conseil constitutionnel en date du 9 mai 1991), in: R. D. P. 107 (1991), S. 943-979.

– Le Conseil constitutionnel et la souveraineté nationale, in: R. D. P. 107 (1991), S. 1499-1513.

– Intervention, in: Les Constitutions nationales face au droit européen, Interventions et débats publiés in: R. F. D. C., Nr. 28 (1996), S. 698 ff.

Luchaire, François / Conac, Gérard (Dir.), La Constitution de la République française. Analyses et commentaires, Paris 1987.

Lutton, Philippe, La légitimité dans la Communauté économique européenne, in: R. D. P. 103 (1987), S. 899-925.

Machiavelli, Niccolò, Der Fürst, „il Principe", hrsg. von: Zorn, Rudolf, 4. Aufl., Stuttgart 1972.

Machiavelli, Niccolò, Le Prince, in: Œuvres, Paris 1952, S. 290.

Maestre, Jean-Claude, L'indivisibilité de la République française et l'exercice du droit à l'autodétermination, in: R. D. P. 92 (1976), S. 431-461.

Maillard, Pierre, De Gaulle et l'Europe entre la nation et Maastricht, Paris 1995.

Majone, Giandomenico, La communauté européenne, un Etat régulateur, Paris 1996.

Manin, Philippe, Les Communautés européennes, L'Union européenne, Paris 1997.

Marc, Alexandre, pour en finir avec l'Etat, in: L'Europe en formation, Nr. 284 (1992), S. 27-45.

Marché et Nation, regards croisés, Montchrestien, CEDIN, Paris I, Perspectives internationales, 1995.

Maritain, Jacques, L'Europe et l'idée fédérale, Textes inédits (1940), in: L'Europe et l'idée fédérale, Textes publiés par le Cercle d'études Jacques et Raïssa Maritain, Paris 1993, S. 25, 57.

Masclet, Jean-Claude, Vers une citoyenneté européenne?, in: Cahiers français (1997), S. 81 ff.

Masclet, Jean-Claude / Maus, Didier, (Hg.), Les constitutions nationales à l'épreuve de l'Europe, Paris 1992.

Mathieu, Bertrand / Verpeaux, Michel (Dir.), La République en droit français, 1792-1992. Actes du colloque de Dijon, 10 et 11 décembre 1992 organisé par le groupe d'études constitutionnelles appliquées et comparées de Dijon. Association française des constitutionnalistes, Paris 1996.

Mathieu, Bertrand, Chronique. Droit constitutionnel, in: J. C. P., Nr. 4, 26. Januar 2000, S. 144.

– La loi, Paris 1996.

Maunz, Theodor / Dürig, Günter, Grundgesetz-Kommentar, Bd. 2, München 1996.

Maus, Didier, Textes et Documents sur la pratique institutionnelle de la Ve République, La Documentation française, 2. Aufl., Paris 1982.

Maus, Didier / Favoreu, Louis / Parodi, Jean-Luc (Dir.), L'écriture de la constitution de 1958, Actes du Colloque du XXXe anniversaire, Aix-en-Provence, 8, 9, 10 September 1988, Paris 1992.

Maus, Didier / Passelecq, Georges (Dir.), Le traité d'Amsterdam face aux constitutions nationales, Actes du colloque international organisé le 10 décembre 1997, Les Cahiers constitutionnels de Paris I, 1998.

Mazeaud, Henri (Dir.), Rapport de la délégation pour l'Union européenne sur le „droit communautaire et les Constitutions nationales", Nr. 2630, 1996.

Mélanges Antoine Pillet. Reproduction de diverses études et notes de jurisprudence écrites par Antoine Pillet, 2 Bde., Paris 1929.

Mendras, Henri, A la recherche d'une souveraineté perdue, in: Le Débat, Nr. 105, mai-août (1999), S. 70-85.

Mény, Yves / Muller, Pierre / Quermonne, Jean-Louis (Dir), Politiques publiques en Europe. Actes du colloque de l'Association Française de Science Politique, 23 - 24 Mars 1994, Collection „Logiques politiques", Bd. 24, Paris 1995.

Mesnard, Jean, Jean Bodin a-t-il établi la théorie de la monocratie?, Recueils de la société Jean Bodin, Bruxelles 1969, Nr. 21, S. 637-656.

Meyer, Jürgen Bona, Über Fichte's Reden an die deutsche Nation, Hamburg 1862.

Meyer, Georg, Lehrbuch des deutschen Staatsrechts, 7. Aufl., bearb. von Gerhard Anschütz, München und Leipzig 1919.

Michalon, Thierry, La République française, une fédération qui s'ignore?, in: R. D. P. 98 (1982), S. 623-688.

Mickel, Wolfgang W. (Hrsg.), Handlexikon zur Politikwissenschaft, Bonn 1986.

Millon-Delsol, Chantal, Le principe de subsidiarité, Paris 1993.

– L'Etat subsidiaire. Ingérence et non-ingérence de l'Etat: le principe de subsidiarité aux fondements de l'histoire européenne, Paris 1992.

Mirkine-Guetzevitch, Boris, La souveraineté de la nation, in: R. P. P. (1936), S. 130 ff.

Mode, Richard, Doppelsouveränität im Deutschen Reiche. Zugleich ein civilistischer Beitrag zur Lehre von den Solidarrechten, Berlin 1900.

Monaco, Riccardo, Le caractère constitutionnel des actes institutifs d'organisations internationales, in: La Communauté internationale, Mélanges offerts à Charles Rousseau, Paris 1974, S. 153-172.

Monjal, Pierre-Yves, La conférence intergouvernementale de 1996 et la hiérarchie des normes communautaires, in: R. T. D. E. (1996), S. 681-716.

– La nature juridique de l'Union européenne, en attendant Godot, in: Les Petites Affiches, 12. Mai 1995, S. 16.

Monnet, Jean, Mémoires, Paris 1976, Paris 1983.

– Erinnerungen eines Europäers, München, Wien 1978.

Monnet, Jean / Schuman, Robert, Correspondance, 1947-1953, Fondation Jean Monnet pour l'Europe, centre de recherches européennes, Lausanne 1986.

Monod, Jérôme / Magoudi, Ali, Manifeste pour une Europe souveraine, ou comment les nations européennes retrouveront ensemble leur liberté, Paris 1999.

Montesquieu, Charles-Louis de Secondat, vom Geist der Gesetze, übersetzt und hrsg. von Ernst Forthoff, 2 Bde., Tübingen 1992.

Morabito, Marcel / Bourmand, Daniel, Histoire constitutionnelle et politique de la France (1789-1958), Paris 1996.

Moreau, Jacques / Darcy, Gilles (Dir.), La libre administration des collectivités locales. Réflexion sur la décentralisation. Actes du Colloque sur la libre adminaistration des collectivités locales Arc-et-Senans, Besançon, 19-20 avril 1984, Paris 1984.

Moreau-Reibel, Jean, Bodin et le droit public comparé dans ses rapports avec la philosophie de l'histoire, Paris 1933.

Morin, Edgard, Penser l'Europe, Paris 1988.

Möschel, Wernhard, An der Schwelle zur europäischen Währungsunion, in: JZ (1998), Heft 5, S. 217-223.

Moser, Friedrich Karl, Von dem Deutschen national-Geist, 1765.

Mouton, Jean-Denis, L'Etat selon le droit international: diversité et unité, in: L'Etat souverain à l'aube du XXIème siècle, Colloque de Nancy, S. F. D. I., Paris 1993, S. 79-106.

Münch, Fritz, Prolégomènes à une théorie constitutionnelle des Communautés européennes, in: Revista de Diritto Europeo, 1961.

Murswieck, Dietrich, Maastricht und der pouvoir constituant. Zur Bedeutung der verfassungsgebenden Gewalt im Prozeß der europäischen Integration, in: Der Staat 32 (1993), Heft 1 / 4, S. 161-190.

– Die verfassunggebende Gewalt nach dem Grundgesetz für die Bundesrepublik Deutschland, Berlin 1978.

Nguyen Quoc, Dinh, Droit international public, 6. Aufl., hrsg. von Patrick Daillier / Alain Pellet, Paris 1999.

– La Constitution de 1958 et le droit international, in: R. D. P. 75 (1959), S. 515-564.

Niboyet, Jean-Paulin, La Constitution nouvelle et certaines dispositions de droit international, D. (1946), Chr., S. 89-92.

Noblecourt, Virginie, Essai d'une construction juridique de la supranationalité, in: Civitas Europa, Nr. 3, September 1999, S. 279-308.

Oberdorff, Henri, Les institutions administratives, Paris 1998.

– A propos de l'actualité juridique de la Déclaration de 1789, in: R. D. P. 105 (1989), S. 665-684.

Olivi, Bino, L'Europe difficile. Histoire politique de la Communauté européenne, Paris 1998.

Olivier-Martin, François, Histoire du droit français des origines à la Révolution, 2. Aufl., Paris 1951.

Olmi, Giancarlo, Les rapports entre droit communautaire et droit national dans les arrêts des juridictions supérieures des Etats membres, in: R. M. C. (1981), S. 178-191.

Olorinus, Johann (d. i. Johann Sommer), Von dem Recht und der Gewalt der hohen Obrigkeit uber die Unterthanen und von dem Ampt der Unterthanen gegen die Obrigkeit 6, 1, Magdeburg 1615.

Onorio, Benoît d' (Dir.), La Subsidiarité. De la théorie à la pratique, Paris 1995.

Oppermann, Thomas, Europarecht. Ein Studienbuch, 2. Aufl., München 1999.

– Der Europäische Traum zur Jahrhundertwende, in: JZ 7 (1999), S. 317-368.

Pactet, Pierre, Institutions politiques, Droit constitutionnel, 12. Aufl., Paris 1993 und 17. Aufl., Paris 1998.

Pasquier, Éstienne, Les Recherches de la France, Paris 1665.

Pastorel, Jean-Paul, Quelques réflexions à propos d'une récente décision du Conseil constitutionnel sur le statut de la Corse, in: R. R. J. (1992), S. 59 ff.

Pechstein, Matthias / Koenig, Christian, Die Europäische Union. Die Verträge von Maastricht und Amsterdam, 2. Aufl., Tübingen 1998.

Peiser, Gustave, La notion de République dans la tradition politique française, in: Revue politique (1959), S. 206-217.

Penski, Ulrich, Bestand nationaler Staatlichkeit als Bestandteil der Änderungsgrenzen in Art. 79 Abs. III GG. Zugleich eine auf das Thema bezogene Stellungnahme zur Maastricht-Entscheidung des Bundesverfassungsgerichts, in: ZRP (1994), Heft 5, S. 192-196.

Pernice, Ingolf, „Europäische Union" – die Sprachverwirrung von Maastricht, in: Zeitschrift für Europäisches Privatrecht, Heft 2 (1995), S. 177-180.

– 1. Bericht zum zweiten Beratungsgegenstand: Europäisches und nationales Verfassungsrecht, in: Veröffentlichungen der Vereinigung der Deutschen Staatsrechtslehrer 60 (2001), S. 148-193.

Pescatore, Pierre, La Constitution, son contenu, son utilité, in: Revue Dr Suisse (1992), S. 41-72.

– L'ordre juridique des Communautés européennes, 2. Aufl., Liège 1973.

– Le droit de l'intégration, Leyden 1972.

– Le droit de l'intégration, l'émergence d'un phénomène nouveau dans les relations internationales selon l'expérience des Communautés européennes, I. U. H. E. I., Genève 1972.

Peters, Anne, Elemente einer Theorie der Verfassung Europas, Veröffentlichungen des Walther-Schücking-Instituts für Internationales Recht an der Universität Kiel, Bd. 137, Berlin 2001.

Petersmann, Ernst-Ulrich, Darf die EG das Völkerrecht ignorieren?, in: Europäische Zeitschrift für Wirtschaftsrecht (1997), S. 325-331.

Petot, Jean, L'Europe, la France et son président, in: R. D. P. 109 (1993), 325-395.

Peuchot, Eric, Droit de vote et condition de nationalité, in: R. D. P. 107 (1991), S. 481-524.

Pfetsch, Frank R., Die Problematik der europäischen Identität, in: Aus Politik und Zeitgeschichte, B. 25 / 26 (1998), S. 3-9.

– Europa eine Seele geben. Elemente einer gemeinsamen kulturellen Identität, in: Internationale Politik, August 2000, Nr. 8, S. 45-52.

Philip, Christian / Soldatos, Panayotis (Dir.), Au-delà et en-deçà de l'Etat-nation, Bruxelles 1996.

Philip, Christian, La valeur juridique de la Déclaration des droits de l'homme et du citoyen du 26 août 1789, selon la jurisprudence du Conseil constitutionnel, in: Mélanges Kayser, Bd. 2, Paris 1979, S. 328 ff.

Picot, Gilbert, Cardin le Bret (1558-1655) et la doctrine de la souveraineté, Nancy 1948.

Pierré-Caps, Stéphane, L'Union européenne, demos et légítimité: de l'Etat-Nation à la multination, in: Civitas Europa, Nr. 1, September 1998, S. 35-54.

– Les révisions de la Constitution de la Cinquième République: temps, conflits et stratégies, in: R. D. P. 114 (1998), S. 409-431.

– Nation et Peuples dans les Constitutions modernes, Nancy 1987.

Piris, Jean-Claude, Hat die Europäische Union eine Verfassung? Braucht sie eine?, in: Europarecht (2000), Heft 3, S. 311-350.

– L'Union européenne a-t-elle une constitution? Lui en faut-il une?, in: R. T. D. E. 35 (1999), S. 599-635;

Pliakos, Asteris. D., La nature juridique de l'Union européenne, in: R. T. D. E. 29 (1993), S. 187-224.

Polin, Raymonde, Nation et culture, in: Philosophie politique, Nr. 8 (1997), S. 71.

Politis, Nicolas, Le problème de la limitation de la souveraineté et la théorie de l'abus des droits dans les rapports internationaux, in: Revue critique de législation et de jurisprudence (1925), (VI), S. 110 ff.

Prétot, Xavier, La Cour de Cassation, la Constitution et les traités, A propos de l'arrêt de l'assemblée plénière du 2 juin 2000, in: R. D. P. 116 (2000), S. 1037-1049.

– Le principe constitutionnel de la souveraineté nationale et l'Europe, in: La Constitution et l'Europe, Paris 1992, S. 33-66.

– La conformité à la Constitution de la loi autorisant l'approbation de la Convention d'application de l'Accord de Schengen (Décision n° 91-294 DC du 25 juillet 1991), in: R. T. D. E. 28 (1992), S. 194-212.

Preuß, Hugo, Gemeinde, Staat, Reich als Gebietskörperschaften. Versuch einer deutschen Staatskonstruktion auf Grundlage der Genossenschaftstheorie, Berlin 1889, Ndr. Aalen 1964.

Prévost, Jean-François, Le droit référendaire dans l'ordonnancement juridique de la Constitution de 1958, in: R. D. P. 93 (1977), S. 5-54.

Proudhon, Pierre-Joseph, Du principe fédératif, 1863. Deutsche Übersetzung : Über das Föderative Prinzip und die Notwendigkeit, die Partei der Revolution wider aufzubauen, 3. Teile, in: Roemheld, Lutz (Hrsg.), Demokratie, Ökologie, Föderalismus, Schriftenreihe der Internationalen Gesellschaft für Politik, Friedens- und Umweltforschung e.V., Bd. 6, Frankfurt am Main 1989.

Pufendorf, Samuel von, Die Verfassung des Deutschen Reiches, 1667, Ndr. hrsg. von Maier, Hans / Stolleis, Michael, Frankfurt am Main, Leipzig 1994.

Pütter, Johann Stephan, Litteratur des Teutschen Staatsrechts, Teil 1, Göttingen 1776, Ndr. Frankfurt 1965.

Quaritsch, Helmut, La souveraineté de l'Etat dans la jurisprudence constitutionnelle allemande, in: Les Cahiers du Conseil constitutionnel, Nr. 9 (2000), S. 99-112.

– Souveränität. Entstehung und Entwicklung des Begriffs in Frankreich und Deutschland vom 13. Jahrhundert bis 1806, Schriften zur Verfassungsgeschichte, Bd. 38, Berlin 1986.

– Staat und Souveränität, Bd. 1, Die Grundlagen, Frankurt 1970.

Quermonne, Jean-Louis, Le système politique de l'Union européenne. Des Communautés économiques à l'Union politique, 3. Aufl., Paris 1998.

Quermonne Jean-Louis / Chagnollaud, Dominique, Le gouvernement de la France sous la Ve République, Paris 1991.

Randelzhofer, Helmut, Staatsgewalt und Souveränität, in: HStR., Bd. 1, Heidelberg 1987, § 15, S. 602.

Rasenack, Christian A. L., Gesetz und Verordnung in Frankreich seit 1789, Berlin 1967.

Raynaud, Philippe / Rials, Stéphane, Dictionnaire de philosophie politique, Paris 1996.

Recueil des Arrêts. Publications de la Cour permanente de justice internationale, Leyde 1923.

Redor, Marie-Joëlle, De l'Etat légal à l'Etat de droit. L'évolution des Conceptions de la Doctrine Publiciste Française 1879-1914, Paris 1992.

Redslob, Robert, Die Staatstheorien der französischen Nationalversammlung von 1789, Ihre Grundlagen in der Staatslehre der Aufklärungszeit und in den englischen und amerikanischen Verfassungsgedanken, Leipzig 1912.

Reglade, Marc, La notion juridique de l'Etat en droit public interne et en droit international public, in: La technique et les principes du droit public. Etudes en l'honneur de Georges Scelle, Bd. 2, Paris 1950, S. 507-533.

Rehm, Hermann, Allgemeine Staatslehre, Freiburg u. a. 1899.

– Geschichte der Staatsrechtswissenschaft, Freiburg 1896.

Reichardt, Rolf, Die Stiftung von Frankreichs nationaler Identität durch die Selbstmystifizierung der französischen Revolution am Beispiel der „Bastille", in: Berding, Helmut (Hrsg.), Mythos und Nation. Studien zur Entwicklung des kollektiven Bewusstseins in der Neuzeit, Bd. 3, Frankfurt am Main 1996, S. 133-163.

Reifferscheid, Adolf u. a., Lexikon des Rechts, Bd. 1, Darmstadt, Januar 1968.

Reineck, Karl-Michael, Allgemeine Staatslehre und Deutsches Staatsrecht, 12. Aufl., Herford 1993.

Renan, Ernest, Qu'est-ce qu'une nation?, in: Forest, Ernest Renan, Paris 1992.

Renaut, Alain, L'idée fichtéenne de Nation, in: Cahiers de Philosophie politique et juridique, Nr. 14, Etat et Nation, 1988, S. 189-206.

Renner, Karl, La Nation, Mythe et Réalité, Nancy 1998.

Renoux, Thierry S. / Villiers, Michel de, Code constitutionnel commenté et annoté, Paris 1994.

Ress, Georg (Hrsg.), Souveränitätsverständnis in den Europäischen Gemeinschaften. Europäische Direktwahlen und staatliches Souveränitätsverständnis / Auswärtige Befugnisse der Europäischen Gemeinschaften und nationale auswärtige Gewalt, Schriftenreihe des Arbeitskreises Europäische Integration e. V., Bd. 9, Baden-Baden 1980.

– Der Rang völkerrechtlicher Verträge nach französischem Verfassungsrecht, in: ZäoRV 35 (1975), S. 445 ff.

Reuter, Paul, Droit international public, 6. Aufl., Paris 1983.

– Organisations européennes, Paris 1970.

– La C. E. C. A., Paris 1953.

Rey, Alain (Dir.), Dictionnaire historique de la langue française. Dictionnaires Le Robert, Paris 1992.

Rials, Stéphane, La Déclaration des droits de l'homme et du citoyen, Paris, 1988.

- Supraconstitutionnalité et systématicité du droit, in: Archives de philosophie du droit (1986), Bd. 31: Le système juridique, S. 57-76.
- Les incertitudes de la notion de Constitution sous la Ve République, in: R. D. P. 100 (1984), S. 587-606.
- La puissance étatique et le droit dans l'ordre international, in: Archives de philosophie du droit (1987), Bd. 32, S. 189 ff.

Rideau, Joël (Dir.), Les Etats membres de l'Union européenne, adaptations, mutations, résistances, Paris 1997.

- Droit institutionnel de l'Union et des Communautés européennes, 2. Aufl., Paris 1997.
- L'interprétation de l'article 55 de la Constitution par la Cour de Cassation, in: La Cour de Cassation et la Constitution de la République, Actes du colloque des 9 et 10 déc. 1994, Presses universitaires d'Aix-Marseille, 1995, S. 227-243.
- (Dir.), La recherche de l'adéquation de la Constitution française aux exigences de l'Union européenne, in: R. A. E., Nr. 3 (1992), S. 7-52.
- Constitution et droit international dans les Etats membres des Communautés européennes, Réflexions générales et situation française, in: R. F. D. C. (1990), S. 259-296.
- Communautés de droit et Etats de droit, in: Mélanges René-Jean Dupuy: Humanité et droit international, Paris 1991, S. 251 ff.
- Constitution et droit international, in: R. F. D. C. (1990), S. 263-264.
- Observations. Le Conseil constitutionnel et l'autorité supérieure des traités en droit français, in: C. D. E. (1975), Nr. 5-6, S. 608-630.

Rideau, Joël / Chevallier, Roger-Michel / Gerbet, Pierre / Torrelli, Maurice (Dir.), La France et les Communautés européennes, Paris 1975.

Rigaudière, Albert, L'invention de la souveraineté, in. Revue Pouvoirs, Nr. 66 / 67 (1993), S. 5-20.

Rigaux, Marie-Françoise, Territoire communautaire, Répertoire Dalloz, octobre 1995, § 5, S. 1-27.

- La théorie des limites matérielles à l'Exercice de la fonction constituante, Bruxelles 1985.

Robert / Pual (Dir.), Le petit Robert. Dictionnaire alphabétique et analogique de la langue française, Bd. 4, Paris 1978.

Rohmer, François / Teitgen, Francis, L'article 55 de la Constitution française du 4 novembre 1958 et le traité C. E. E., in: R. M. C. (1976), S. 381-395.

Rosanvallon, Pierre, Les conditions d'un nouveau contrat social: la citoyenneté et les différences, in: Témoin (1997), Nr. 9.

Rosenstiel, Francis, Le principe de supranationalité, essai sur les rapports de la politique et du droit, Paris 1962.

Rossi, Matthias, Entwicklungsperspektiven der europäischen Verfassung im Lichte des Vertrags von Amsterdam, Bericht über das Symposium des Walter Hallstein – Institut für Europäisches Verfassungsrecht und der Europäischen Kommission, in: DVBl. (1999), Heft 8, S. 529-534.

Rougemont, Denis de, Vingt huit siècles d'Europe, d'Hésiode à nos jours, 2. Aufl., Paris 1990.

– L'Europe en jeu, Neuchâtel 1948.

Rouland, Norbert, L'Etat français et le pluralisme, histoire politique des institutions publiques de 476 à 1792, Paris 1995.

Rousseau, Charles, Le régime actuel de conclusion des traités en France, in: Festschrift Scelle, Bd. 2, Paris 1950, S. 565 ff.

– L'indépendance de l'Etat dans l'ordre international, in: R. C. A. D. I., (1948), II, Bd. 73, S. 171-253.

Rousseau, Dominique, Sur le Conseil constitutionnel, Paris 1997.

– Droit du contentieux constitutionnel, 4. Aufl., Paris 1995.

– Chronique de jurisprudence constitutionnelle (juillet 1989-août 1991), in: R. D. P. 108 (1992), S. 37-109.

– Une résurrection: la notion de Constitution, in: R. D. P. 106 (1990), S. 5-22.

Rousseau, Jean-Jacques, Der Gesellschaftsvertrag oder die Grundsätze des Staatsrechtes, Stuttgart 1971.

Roux, Jérôme, Le principe de la souveraineté de l'Etat dans la jurisprudence du Conseil constitutionnel, 2 Bde., Montpellier I 1998.

– Finitude de la souveraineté de l'Etat et intangibilité de la souveraineté du peuple (remarques sur la valeur supraconstitutionnelle du principe de la souveraineté démocratique), in: Civitas Europa, Nr. 3, September 1999, S. 15-39.

– Le principe de la souveraineté de l'Etat dans la jurisprudence du Conseil constitutionnel, in: Civitas Europa, Nr. 1, September 1996, S. 125-141.

Roux, André / Terneyre, Philippe, Principe d'égalité et droit de suffrage, in: Annuaire international de Justice constitutionnelle, 1989, Bd. 5 (1991), S. 252 ff.

Ruzié, David, Souveraineté de l'Etat et protection internationale des droits de l'homme, in: Mélanges offerts à Georges Burdeau, Paris 1977, S. 963-979.

Sabiani, François, Note de jurisprudence, in: R. D. P. 106 (1990), S. 1579-1599.

Sabourin, Paul, L'Etat-nation face aux Europes, Paris 1994.

Sacher, Hermann, „Souveränität", in: Staatslexikon, Bd. 4, Freiburg im Breisgau 1931.

Saladin, Michael, Wozu noch Staaten?, Bern 1995.

Sander, Gerald G., Europäischer Gerichtshof und nationale Verfassungsgerichtsbarkeit, in: DÖV (2000), Heft 14, S. 588-596.

Scheyhing, Robert (Hrsg.), Ergänzbares Lexikon des Rechts, 1 / 4, Darmstadt 1992.

Scelle, Georges, De la prétendue inconstitutionnalité interne des traités (A propos du Traité sur la „Communauté européenne de défense“), in: R. D. P. 68 (1952), S. 1012-1028.
– Manuel de droit international public, Paris 1948.
– Précis du droit des gens, principes et systématique, 2 Bde., Paris 1932, 1934.
– Le droit constitutionnel international, in: Mélanges Raymond Carré de Malberg, Paris 1933, S. 501-515.
– Le Pacte des Nations et sa liaison avec le Traité de Paix, Paris 1919.
Schelle, Gustave, Turgot, Paris 1909.
Schlachther, Didier (Dir.), Questions d'Europe. Le débat économique et politique, Paris 1998.
Schlette, Volker, Die Konzeption des Gesetzes im französischen Verfassungsrecht, in: JÖR 33 (1984), S. 279-313.
Schlochauer, Hans J. (Hrsg.), Wörterbuch des Völkerrechts, Bd. 3, Berlin 1962.
Schmitt, Carl, Verfassungslehre, 3. Aufl., Berlin 1957.
Schmitt, Eberhard, Die Formung des französischen Geistes durch den Legisten, in: Deutschland-Frankreich. Vierteljahresschrift des Deutschen Instituts in Paris, Jg. 1 (1942), S. 1 ff.
Schmitz, Thomas, Integration in der Supranationale Union. Das europäische Organisationsmodell einer prozeßhaften geo-regionalen Integration und seine rechtlichen und staatstheoretichen Implikationen, Schriftenreihe Europäisches Recht, Politik und Wirtschaft, Bd. 245, Baden-Baden 2001.
Schnapper, Dominique, La communauté des citoyens. Sur l'idée moderne de nation, Paris 1994.
Scholz, Rupert (Hrsg.), Europa als Union des Rechts: eine notwendige Zwischenbilanz im Prozeß der Vertiefung und Erweiterung; VI Kongreß „Junge Juristen und Wirtschaft“, Leipzig, 26.-28. Mai, 1999, hrsg. von Hanns Martin Schleyer-Stiftung, Köln 1999.
Schuppert, Gunnar Folke, Zur Staatswerdung Europas. Überlegungen zu Bedingungsfaktoren und Perspektiven der europäischen Verfassungsentwicklung, in: Staatswissenschaften und Staatspraxis (1994), S. 35-76.
Schwartz, Ivo E., Le pouvoir normatif de la Communauté, notamment en vertu de l'article 235 – une compétence exclusive ou parallèle, in: R. M. C. (1976), S. 280-290.
Schwarze, Jürgen (Hrsg.), EU-Kommentar, Baden-Baden 2000.
Schweitzer, Michael, Die Stellung der Luxemburger Vereinbarung im europäischen Gemeinschaftsrecht, in: Burkei, Franz / Polter, Dirk-Meints (Hrsg.), Rechtsfragen im Spektrum des Öffentlichen R. Mainzer Festschrift für Hubert Armbruster, Berlin 1976, S. 75-94.
Ségur, Philippe, Le politique, Paris 1996.
Sidjanski, Dusan, L'avenir fédéraliste de l'Europe. La Communauté européenne, des origines au traité de Maastricht, Paris 1992.

Sièyes, Emmanuel Joseph, Was ist der dritte Stand?, übersetzt und herausgegeben von Schmitt / Reichardt, Emmanuel Joseph Sieyès. Politische Schriften 1788-1790, Politica Bd. 18, Darmstadt und Neuwied 1975, S. 117-195.
Simon, Denys, L'arrêt Sarran: dualisme incompressible ou monisme inversé?, in: Europe, chron. März 1999, S. 3 ff.
– Le système juridique communautaire, 2. Aufl., Paris 1998.
– Le système juridique communautaire, Droit fondamental, droit international, Paris 1997.
– La Cour de justice des Communautés européennes, in: Les juridictions suprêmes, du procès à la règle, Colloque, mai 1990, Centre de recherches critiques sur le droit, Publications de l'Université de Saint-Etienne, Université Jean Monnet, 1991, S. 134 ff.
– Les exigences de la primauté du droit communautaire, continuité ou métamorphose?, in: L'Europe et le droit, Mélanges en hommage à Jean Boulouis, Paris 1991, S. 481-493.
Soulier, Gérard, L'Europe: Histoire, Civilisation, Institutions, Paris 1994.
– L'Europe fédérale et les Etats-Nations, Actualité de la question nationale, Etudes réunies par Cao-Huy Thuan, Publications de la Faculté de droit et des sciences politiques et sociales d'Amiens, 1980, S. 9-32.
Sparwasser, Reinhard, Zentralismus, Dezentralisation, Regionalismus und Föderalismus in Frankreich. Eine Institutionen-, theorien- und ideengeschichtliche Darstellung. Schriften zum Öffentlichen Recht, Bd. 511, Berlin 1986.
Starck, Christian, Der Gesetzesbegriff des Grundgesetzes, Baden-Baden 1970.
Starke, Jochen, Die verfassungsgerichtliche Normenkontrolle durch den Conseil constitutionnel. Zum Kompetenztitel des Art. 61 der französischen Verfassung, Schriften zum internationalen und zum öffentlichen Recht, Bd. 38, Frankfurt am Main u. a. 2000.
Steiger, Heinhard, Staatlichkeit und Überstaatlichkeit: Eine Untersuchung zur rechtlichen und politischen Stellung der Europäischen Gemeinschaften. Schriften zum öffentlichen Recht, Bd. 31, Berlin 1966.
Stephanou, Constantin A., L'Union européenne et les analogies fédérales et confédérales. Réflexions dans la perspective de la Conférence intergouvernementale de 1996, in: R. A. E. 1 (1995), S. 83-89.
– Identité et citoyenneté européenne, in: R. M. C. (1991), Nr. 343, S. 30-39.
Stern, Klaus, Das Staatsrecht der Bundesrepublik Deutschland I, München 1984.
Stolleis, Michael, Geschichte des öffentlichen Rechts in Deutschland, 3 Bde.: Bd. 1, Reichspublizistik und Policeywissenschaft (1600-1800), München 1988; Bd. 2, Staatsrechtslehre und Verwaltungswissenschaft (1800-1914), München 1992; Bd. 3, Staats- und Verwaltungsrehtswissenschaft (1914-1945), München 1999.
Strayer, Joseph R., Die mittelalterlichen Grundlagen des modernen Staates, Köln 1975.

Streinz, Rudlf, Europarecht, Heidelberg 1992, in: R. D. P. 115 (1999), S. 697-718.
Teboul, Gérard, Ordre juridique international et ordre juridique interne. Quelques réflexions sur la jurisprudence du juge administratif, in: R. D. P. 115 (1999), S. 697-718.

Texidor, René, La procédure de révision de la Constitution sous la Vè République, Paris II, 1987.
Teyssier, Francois de / Baudier, Gilles, La construction de l'Europe, Paris 2000.
Théret, Brunot (Dir.), L'Etat, la finance et le social, Paris 1995.
Thierry, Albert, Les conditions de la Paix. Méditations d'un combattant, Teil II, „Des conditions de la paix européenne", Paris 1918.
Tobler, Adolf / Lommatzsch, Erhard (Hrsg.), Altfranzösisches Wörterbuch, 12 Bde., Bd. 11, Wiesbaden 1973.
Tocqueville, Alexis de, Der alte Staat und die Revolution, Bremen 1959.
Tomuschat, Christian, Die Europäische Union unter der Aufsicht des Bundesverfassungsgerichts, in: EuGRZ (1993), Bd. 20, S. 489-496.
Torcheux, Le statut de la souveraineté dans la Constitution de 1958, in: De la souveraineté, Cahiers Louis XVI, 1991, S. 65 ff.
Touffait, François, Schlußanträge, D. (1975), Jur., S. 497-505.
Touraine, Alain, Un désir d'histoire, Paris 1977.
Touret, Corinne, Droit de suffrage et élections européennes, in: R. F. D. C. (1995), S. 505 ff.
Touscoz, Jean, Droit international, Paris 1994.
– La conférence intergouvernementale 2000 et la réforme des institutions de l'Union et de la Communauté européenne. Proposition d'un avant-projet de pacte fondamental pour l'Europe, in : L'Europe en formation (2000), Nr. 317, S. 51-76.
Troper, Michel, Souveraineté de l'Etat et hiérarchie des normes dans la jurisprudence constitutionnelle. En guise d'introduction: La théorie constitutionnelle et le droit constitutionnel positif, in: Les Cahiers du Conseil constitutionnel, Nr. 9 (2000), S. 93-105.
– Pour une théorie juridique de l'Etat, Paris 1994.
Turgeon, H. A., Une définition de l'Etat et de sa souveraineté, in: R. D. P. (1899), S. 75 ff.
Turpin, Dominique, Droit constitutionnel, 2. Aufl., Paris 1994.

Vedel, Georges, Souveraineté et supraconstitutionnalité, in. Revue Pouvoirs, Nr. 67 (1993), S. 79-97.
– Introduction au colloque: La Constitution et l'Europe, Paris 1992, S. 23-31.
– Schengen et Maastricht, à propos de la décision n° 91-294 DC du Conseil constitutionnel du 25 juillet 1991, in: R. F. D. A. (1992), S. 173-180.

– La place de la Déclaration de 1789 dans le „bloc de constitutionnalité", in: La Déclaration des droits de l'homme et du citoyen et la jurisprudence, Paris 1989, S. 47-48.
– Les racines de la querelle constitutionnelle sur l'élection du Parlement européen, in: Revue Pouvoirs, Nr. 2, (1977), S. 23-36.

Verdross, Alfred, Die Verfassung der Völkerrechtsgemeinschaft, Wien, Berlin 1926.
– Die Einheit des rechtlichen Weltbildes auf Grundlage der Völkerrechtsverfassung, Tübingen 1923.

Vergès, Jean, De quelques méthodes de développement institutionnel des Communautés européennes, in: Mélanges offerts à Paul Reuter, Le droit international : unité et diversité, Paris 1981, S. 501-517.

Verpeaux, Michel, La souveraineté nationale et les élections locales, in: L. P. A. vom 28. August 1996, S. 9.
– La supraconstitutionnalité existe-t-elle? Réflexions sur un mythe et quelques réalités, in: L. P. A. vom 8. März 1995, S. 12-17.

Vignes, Daniel, l'amenuisement de la souveraineté des Etats membres des Communautés européennes et l'intégration régionale européenne, in: Studia diplomatica, Bd. 47, (1994), Nr. 2, S. 49 ff.

Villiers, Michel de, Dictionnaire de droit constitutionnel, Paris 1998.

Von Albertini, Rudolf, Das politische Denken in Frankreich zur Zeit Richelieus, Marburg 1951.

Von der Groeben, Hans, Deutschland und Europa in einem unruhigen Jahrhundert. Erlebnisse und Betrachtungen von Hans von der Groeben, Baden-Baden 1995.

Von der Heydte, Friedrich August Frhr. (Hrsg.), Staatslexikon, Bd. 7, 6. Aufl., Freiburg 1962.

Von Gerber, Carl Friedrich, Grundzüge des deutschen Staatsrechts, 3. Aufl., Leipzig 1880.

Von Lindeiner-Wildau, Klaus, La supranationalité en tant que principe de droit, Genève 1970.

Waltemathe, Arved, Austritt aus der EU. Sind die Mitgliedstaaten noch souverän?, Europäische Hochschulschriften, Reihe II, Serie II, Bd. 2854, Frankfurt am Main u. a. 2000.

Walter, Christian, Ratifikation des Vertrages von Amsterdam setzt Verfassungsänderung zur Klärung essentieller Souveränitätsfragen voraus, in: Europäische Grundrechte Zeitschrift (1998), S. 27-32.
– Die drei Entscheidungen des französischen Verfassungsrats zum Vertrag von Maastricht über die Europäische Union, in: Europäische Grundrechte Zeitschrift (1993) S. 183-196.

Weber, Albrecht, Die Wirtschafts- und Währungsunion nach dem Maastricht-Urteil des Bundesverfassungsgerichts, in: JZ (1994), Heft 2, S. 53-60.

Weber, Max, Wirtschaft und Gesellschaft, Grundriß der verstehenden Soziologie, 5. Aufl., Tübingen 1980.

Webert, Francine, Unité de l'Etat et diversité régionale en droit constitutionnel français, in: Civitas Europa, Nr. 2, März 1999, S. 173-188.

Weidenfeld, Werner (Hrsg.), Wie Europa verfaßt sein soll, Güterloh 1991.

– Die Identität Europas, München 1985.

Weil, Patrick / Hansen, Randall (Dir.), Nationalité et citoyenneté en Europe, Editions La Découverte et Syros, Collection Recherches, Paris 1999.

Willoweit, Dietmar, Rechtsgrundlagen der Territorialgewalt. Landesobrigkeit, Herrschaftsrechte und Territorium in der Rechtswissenschaft der Neuzeit, Köln, Wien 1975.

Witte, Bruno de, Retour à Costa: la primauté du droit communautaire à la lumière du droit international, in: R. T. D. E. (1984), S. 425-454.

Wittekindt, Christoph, Materiell-rechtliche Schranken, von Verfassungsänderungen im deutschen und französischen Verfassungsrecht. Eine verfassungsvergleichende Untersuchung, Frankfurt u. a., 1999.

Wolf, Joachim, Die Revision des Grundgesetzes durch Maastricht, in: JZ, Heft 12 (1993), S. 594-601.

Wolkowitsch, Gilles, La forme de l'Europe et la dilution des concepts juridiques traditionnels, in: Revue de droit prospectif (1977), Nr. 3 und 4 - spécial Europe, S. 90-92.

Wolton, Dominique, La dernière utopie. Naissance de l'Europe démocratique, Paris 1993.

Zachariä, Heinrich Albert, Deutsches Staats- und Bundesrecht, 2 Teile, 3. Aufl., Göttingen 1865, 1867.

Zaorski, Jean-Marc, L'obstacle supranational: Note à propos du conflit entre la souveraineté nationale et la supranationalité envisagé à travers l'exemple européen, in : revue de droit prospectif (1977), Nr. 3 et 4 – spécial Europe, S. 75-78.

Zoller, Elisabeth, Droit constitutionnel, Paris 1998.

– Droit des relations extérieures, Paris 1992.

Zorgbibe, Charles, Histoire de la construction européenne, 2. Aufl., Paris 1997.

– Les relations internationales, Paris 1975.

Zweig, Egon, Die Lehre vom pouvoir constituant. Ein Beitrag zur Staatstheorie der französischen Revolution, Tübingen 1909.

Peter Lang · Europäischer Verlag der Wissenschaften

Kristina Gerteiser

Die Sicherheits- und Verteidigungspolitik der Europäischen Union

Rechtliche Analyse der gegenwärtigen Struktur und der Optionen zur weiteren Entwicklung

Frankfurt/M., Berlin, Bern, Bruxelles, New York, Oxford, Wien, 2002. 280 S.
Europäische Hochschulschriften: Reihe 2, Rechtswissenschaft. Bd. 3430
ISBN 3-631-39166-8 · br. € 45.50*

Die Frage einer europäischen Sicherheits- und Verteidigungspolitik stellt einen der wichtigsten Aspekte der europäischen Einigung dar. Zum einen ist sie ein feiner Gradmesser für die Integrationsfähig- und -willigkeit der Mitgliedstaaten, zum anderen wird sie in hohem Maße von der sich gerade derzeit stark verändernden globalen sicherheitspolitischen Lage beeinflußt. Die vorliegende Arbeit analysiert und erläutert die Sicherheits- und Verteidigungspolitik, wie sie in den Verträgen von Maastricht, Amsterdam und Nizza erarbeitet wurde und derzeit angewendet wird. Weiterhin werden zwei mögliche Szenarien der Weiterentwicklung der europäischen Sicherheits- und Verteidigungspolitik untersucht und mit ihren Voraussetzungen und Auswirkungen dargestellt.

Aus dem Inhalt: Entwicklung der europäischen Sicherheits- und Verteidigungspolitik im Kontext der europäischen Einigung · Ausprägung der ESVP im Vertrag von Amsterdam · Konzepte der Integration der Beistandsverpflichtung mittels eines fakultativen Zusatzprotokolls zum Unionsvertrag oder bei einer Integration des WEU-acquis in die GASP

Frankfurt/M · Berlin · Bern · Bruxelles · New York · Oxford · Wien
Auslieferung: Verlag Peter Lang AG
Moosstr. 1, CH-2542 Pieterlen
Telefax 00 41 (0) 32 / 376 17 27

*inklusive der in Deutschland gültigen Mehrwertsteuer
Preisänderungen vorbehalten

Homepage http://www.peterlang.de

FSC
www.fsc.org
MIX
Papier | Fördert gute Waldnutzung
FSC® C083411

Kolibri 360 GmbH
Ferdinand-Jühlke-Straße 7
99095 Erfurt, Deutschland
produktsicherheit@kolibri360.de

Druck:
CPI Druckdienstleistungen GmbH
im Auftrag der
Kolibri 360 GmbH
Ferdinand-Jühlke-Str. 7
99095 Erfurt